100% 합격을 위한
해커스금융 [   ]택

KB143931

필수계산문제집 (PDF)

PHM7WWAB79B84

해커스금융 사이트(fn.Hackers.com) 접속 후 로그인 ▶ 우측 상단의 [교재] 클릭 ▶
좌측의 [무료 자료 다운로드] 클릭 ▶ 본 교재 우측의 필수계산문제집 [다운로드] 클릭 ▶
위 쿠폰번호 입력 후 이용

▲
무료자료 다운로드
바로가기

이론정리+문제풀이 무료 인강

해커스금융 사이트(fn.Hackers.com) 접속 후 로그인 ▶ 우측 상단의 [무료강의] 클릭 ▶
과목별 무료강의 중 [금융투자자격증] 클릭하여 이용

* 본 교재 강의 중 일부 회차에 한해 무료 제공됩니다.

▲
무료강의
바로가기

무료 바로 채점 및 성적 분석 서비스

해커스금융 사이트(fn.Hackers.com) 접속 후 로그인 ▶ 우측 상단의 [교재] 클릭 ▶
좌측의 [바로채점/성적분석 서비스] 클릭 ▶ 본 교재 우측의 [채점하기] 클릭하여 이용

▲
바로 채점 & 성적 분석
서비스 바로가기

무료 시험후기/합격수기

해커스금융 사이트(fn.Hackers.com) 접속 후 로그인 ▶ 상단메뉴의 [금융투자] 클릭 ▶
좌측의 [학습게시판 → 시험후기/합격수기] 클릭하여 이용

▲
합격수기
바로가기

20% 할인쿠폰

최종핵심문제풀이 동영상강의

S905B887M668A696

해커스금융 사이트 (fn.Hackers.com) 접속 후 로그인 ▶ 우측 상단의 [마이클래스] 클릭 ▶
좌측의 [결제관리 → My 쿠폰 확인] 클릭 ▶ 위 쿠폰번호 입력 후 이용

* 유효기간: 2025년 12월 31일까지(등록 후 7일간 사용 가능, ID당 1회에 한해 등록 가능)
* 투자권유자문인력 최종핵심문제풀이 강의에만 사용 가능(이벤트/프로모션 강의 적용 불가)
* 이외 쿠폰 관련 문의는 해커스금융 고객센터(02-537-5000)로 연락 바랍니다.

합격의 기준, 해커스금융 **fn.Hackers.com**

금융자격증 1위* 해커스금융
무료 바로 채점&성적 분석 서비스

* [금융자격증 1위] 주간동아 선정 2022 올해의 교육 브랜드 파워 온·오프라인 금융자격증 부문 1위

한 눈에 보는 서비스 사용법

Step 1.

교재에 있는 모의고사를 풀고
바로 채점 서비스 확인!

Step 2.

[교재명 입력]란에
해당 교재명 입력!

Step 3.

교재 내 표시한 정답
바로 채점 서비스에 입력!

Step 4.

채점 후 나의 석차, 점수,
성적분석 결과 확인!

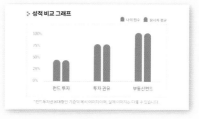

실시간 성적 분석 결과 확인

개인별 맞춤형 학습진단

**실력 최종 점검 후
탄탄하게 마무리**

합격의 기준, **해커스금융 fn.Hackers.com**

바로 이용하기 ▶

해커스

파생상품투자 권유자문인력

최종핵심정리문제집

해커스금융

▌이 책의 저자

민영기

학력
동국대학교 일반대학원 졸업(박사, 북한화폐경제전공)
세종대학교 산업경영대학원 졸업(경영학 석사)

경력
현 | 해커스금융 온라인 및 오프라인 전임교수
　　금융투자협회 등록교수
　　한국생산성본부 등록교수
　　동국대학교 일반대학원 석사과정 연구교수
　　성공회대학교 연구교수
전 | 상명대학교 리스크관리·보험학과 외래교수
　　세종대학교 산업대학원, 도시부동산대학원 외래교수

강의경력
현 | 해커스금융 동영상강의
전 | 삼성증권, 씨티은행, 하나금융투자, 메리츠증권,
　　현대해상 강의(펀드투자상담사)
　　국민은행, 기업은행, 신한생명, 알리안츠생명 강의
　　(투자설계, 부동산설계)
　　EBS강의(2006년), RTN(부동산TV) 출연(2011, 2009, 2007년)

저서
해커스 투자자산운용사 최종핵심정리문제집
해커스 금융투자분석사 최종핵심정리문제집
해커스 외환전문역 Ⅰ종 최종핵심정리문제집
해커스 증권투자권유대행인 최종핵심정리문제집
해커스 펀드투자권유대행인 최종핵심정리문제집
해커스 증권투자권유자문인력 최종핵심정리문제집
해커스 파생상품투자권유자문인력 최종핵심정리문제집
해커스 펀드투자권유자문인력 최종핵심정리문제집

송영욱

학력
숭실대학교 경영대학원 졸업(경영학 석사)
경희대학교 법학과 졸업(법학사)

경력
현 | 해커스금융 온라인 및 오프라인 전임교수
　　금융투자협회 등록교수
　　한국생산성본부 등록교수
　　중소기업청 등록교수
전 | 교보증권, 교보생명, 외환은행 근무

강의경력
현 | 해커스금융 동영상강의
전 | 대학생 대상 금융실무 및 취업특강(2007~2016년)
　　메가넥스트 금융마케팅 온라인 및 오프라인 강의
　　새빛에듀넷 펀드·증권·자산관리과정 온라인 및 오프라인 강의
　　한국생산성본부 대학생 대상 금융아카데미과정 강의
　　한국거래소 상장기업 KRX IR EXPO 펀드 및 자산관리 특강

저서
해커스 금융투자분석사 최종핵심정리문제집
해커스 증권투자권유대행인 최종핵심정리문제집
해커스 펀드투자권유대행인 최종핵심정리문제집
해커스 증권투자권유자문인력 최종핵심정리문제집
해커스 파생상품투자권유자문인력 최종핵심정리문제집
해커스 펀드투자권유자문인력 최종핵심정리문제집
해커스 한 권으로 끝내는 공기업 기출 일반상식

서문

방대한 학습량과 높은 난이도... 합격의 열쇠는?

합격의 비법을 제대로 담은 교재로 학습하는 것!

타 교재는 실전 대비를 위한 문제를 충분히 수록하지 않았거나, 합격을 좌우하는 계산 문제를 쉽게 해결할 방법이 없거나, 핵심 내용만 빠르게 정리할 수 있는 학습 자료가 부족하여 제대로 시험을 준비하기엔 턱없이 부족했습니다.

「해커스 파생상품투자권유자문인력 최종핵심정리문제집」은

1. **시험에 꼭 나오는 핵심 개념을 정리하고, 출제가능성이 높은 문제를 수록**하여, 단기 간에 효과적으로 실전에 대비할 수 있습니다.

2. **상세한 해설을 제공**하여 확실한 문제 이해가 가능하며, 문제를 푸는 것만으로도 핵심 개념이 정리되어, 이 책 한 권으로도 파생상품투자권유자문인력 시험에 충분히 대비 할 수 있습니다.

3. **실전모의고사 2회분을 수록**하여 시험 전 실력을 최종 점검하고, 실전 감각을 극대화 할 수 있습니다.

「해커스 파생상품투자권유자문인력 최종핵심정리문제집」과 함께 파생상품투자권유자 문인력 시험을 준비하는 수험생 모두 합격의 기쁨을 느끼고 더 큰 목표를 향해 한걸음 더 나아갈 수 있기를 바랍니다.

목차

제1과목

파생상품 I

제2과목

파생상품 II

제 3 과목

리스크관리 및 직무윤리

제 4 과목

파생상품법규

책의 특징

1 핵심 정리부터 실전 마무리까지 단기 완성

시험에 자주 나오는 핵심 개념을 정리하여 기본을 탄탄히 다지고, 출제가능성이 높은 문제를 수록하여 단기간에 효과적으로 실전에 대비할 수 있습니다.

2 최신 출제 경향을 분석하여 출제가능성이 높은 문제 수록

베스트셀러 1위 달성 노하우를 바탕으로 시험에 출제가능성이 높은 문제를 엄선해서 수록하여, 실전 감각을 높일 수 있습니다.

3 중요도에 따른 우선순위 학습 가능 및 맞춤형 학습플랜 제공

문제에 중요도를 ★~★★★로 표시하여, 중요한 내용부터 우선적으로 학습할 수 있습니다. 또한 5·7·10·20일 완성 학습플랜을 제공하여 원하는 학습 기간에 따라 맞춤형 학습할 수 있습니다.

4

확실한 핵심 개념 정리를 위한 상세한 해설 제공

모든 문제에 대해 상세한 해설을 제공하여 어려운 문제도 충분히 이해할 수 있고, 문제를 푸는 것만으로도 개념이 정리되어 보다 확실하게 시험에 대비할 수 있습니다.

5

철저한 실전 대비를 위한 '실전모의고사 2회분' 및 '필수암기공식 30' 수록

시험 전 최종 마무리를 위해 '실전모의고사 2회분'을 수록하였으며, 계산문제를 빠르고 정확하게 풀 수 있도록 시험에 꼭 나오는 공식을 엄선한 '필수암기공식 30'을 수록하였습니다. 또한 정답 및 해설에 있는 '바로 채점 및 성적 분석 서비스' QR코드를 스캔하여 취약점을 파악하고 보완할 수 있습니다.

6

시험장 필수 자료 '필수계산문제집' 제공(fn.Hackers.com)

해커스금융(fn.Hackers.com)에서는 출제가능성이 높은 공식과 계산문제를 함께 수록한 '필수계산문제집'을 제공합니다. 시험 직전까지 이를 활용하여 공식을 암기하면 계산문제에 매우 효과적으로 대비할 수 있습니다.

책의 구성 | 해커스 **파생상품투자권유자문인력** 최종핵심정리문제집

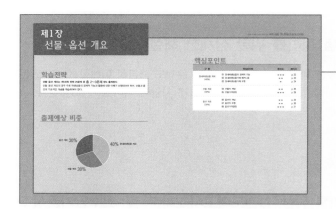

학습전략 · 출제예상 비중 · 핵심포인트

효율적인 학습을 위한 학습전략과 출제예상 비중 및 핵심포인트를 수록하였습니다. 핵심포인트에서는 핵심포인트별 중요도를 제시하여 중점적으로 학습해야 하는 부분을 한눈에 확인할 수 있습니다.

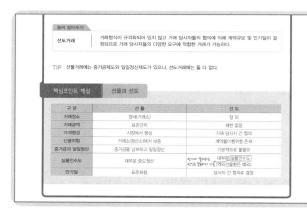

핵심포인트 해설

문제에 대한 핵심 개념을 충분히 이해할 수 있도록 핵심포인트 해설을 수록하여 문제를 푸는 것만으로도 핵심 개념을 확실히 정리할 수 있습니다. 또한 본문 내용 중 생소한 용어는 '용어 알아두기'를 통해 헷갈리는 전문용어를 바로 확인할 수 있습니다.

출제예상문제

출제예상문제

☑ 다시 봐야 할 문제(틀린 문제, 풀지 못한 문제, 헷갈리는 문제 등)는 문제 번호 하단의 네모박스(□)에 체크하여 반복학습하시기 바랍니다.

01 중요도 ★★★
□ 다음 중 파생상품의 유형에 대한 설명으로 거리가 먼 것은?
① 선도형 파생상품의 종류에는 선도(Forward), 선물(Futures), 스왑(Swap)이 있다.
② 캡(Cap)과 플로어(Floor)는 단일기간 콜옵션 또는 풋옵션을 결합한 옵션형 장내파생상품이다.
③ 합성형 파생상품에는 선물(Futures)과 옵션(Option)을 결합한 선물옵션(Futures Option), 스왑과 옵션을 결합한 스왑션(Swaption) 등이 있다.
④ 주식워런트증권(ELW)은 상품구조가 파생상품인 주식옵션과 유사하지만 주식옵션은 파생상품, ELW는 증권으로 인식되고 있다.

출제예상문제

출제가능성이 높은 문제를 수록하여 실전에 철저히 대비할 수 있습니다. 또한 모든 문제에 중요도(★~★★★)를 표시하여 중요한 문제부터 우선적으로 학습할 수 있습니다. 뿐만 아니라, 문제 번호 하단의 네모박스(□)에 다시 봐야 할 문제를 체크하여 복습 시 활용할 수 있습니다.

리스크관리

26 개별 VaR

① 개별 VaR = $\alpha \times \sigma \times$ V
② N일의 VaR = 1일 VaR $\times \sqrt{N}$
(α : 신뢰수준 상수, σ : 일일변동성, V : 기초자산가격)

27 포트폴리오 VaR

$$VaR_p = \sqrt{VaR_A^2 + VaR_B^2 + 2 \times \rho_{AB} \times VaR_A \times VaR_B}$$

① 상관관계가 1인 경우 : $VaR_p = VaR_A + VaR_B$
② 상관관계가 0인 경우 : $VaR_p = \sqrt{VaR_A^2 + VaR_B^2}$
③ 상관관계가 −1인 경우 : $VaR_p = |VaR_A - VaR_B|$

28 콜옵션 VaR

필수암기공식 30

계산문제에서 고득점할 수 있도록 시험에 자주 나오는 핵심 공식 30개를 엄선하였습니다. 이를 시험 직전까지 활용하면 실전에서 계산문제를 보다 빠르고 정확하게 풀 수 있습니다.

제2회 실전모의고사
fn.Hackers.com

제1과목 · 파생상품 I

01 선물가격결정에 관한 설명으로 잘못된 것은?
① 편의수익이란 현물을 실제로 보유할 때 선물매수 포지션이 주지 못하는 편익을 말한다.
② 상품선물의 가격결정 시 현물가격에 이자비용을 더하고 현금수입(배당금, 이표 등)을 차감한다.
③ 보유비용모형에 의하면 선물이론가격은 현물가격에 순보유비용을 더하여 결정된다.
④ 보유비용모형에 의하면 금융선물의 경우 순보유비용은 음(−)의 값을 가질 수 있다.

실전모의고사

실전모의고사 2회분을 수록하여 실력을 점검하고 실전 감각을 극대화하여 시험 전 최종 마무리할 수 있습니다.

정답 및 해설 | 제1회 실전모의고사

제1과목 · 파생상품 I

01 ④	02 ①	03 ③	04 ②	05 ②
06 ②	07 ①	08 ②	09 ④	10 ③
11 ②	12 ④	13 ②	14 ①	15 ②
16 ①	17 ④	18 ④	19 ③	20 ④
21 ②	22 ②	23 ③	24 ④	25 ④

제2과목 · 파생상품 II

26 ③	27 ①	28 ④	29 ①	30 ①
31 ③	32 ②	33 ④	34 ①	35 ③
36 ②	37 ①	38 ①	39 ④	40 ②
41 ①	42 ③	43 ①	44 ③	45 ①
46 ②	47 ②	48 ①	49 ③	50 ④

제1과목 · 파생상품 I

01 일일정산 결과, 계좌의 잔액이 유지증거금 수준 이하로 떨어지면 선물회사는 마진콜을 통보한다. 이때 고객은 다음 날 12시까지 선물회사에 추가증거금을 현금으로 납입해야 한다. 추가증거금의 납입 수준은 개시증거금(Initial Margin) 수준에 맞추면 된다.

02 옵션가격 = 내재가치 + 시간가치
• 콜옵션의 내재가치
· 기초자산가격 > 행사가격 : 기초자산 − 행사가격
· 기초자산가격 < 행사가격 : 0
• 풋옵션의 내재가치
· 기초자산가격 < 행사가격 : 행사가격 − 기초자산
· 기초자산가격 > 행사가격 : 0

실전모의고사 정답 및 해설

실전모의고사에 대한 상세하고 꼼꼼한 해설을 제공하여, 해설만으로도 문제와 관련된 개념을 확실히 이해하고 정리할 수 있습니다.

자격시험 안내

파생상품투자권유자문인력이란?

투자자를 상대로 파생상품, 파생결합증권 등에 대하여 투자권유 또는 투자자문업무를 수행하거나 파생상품 등에 투자하는 특정금전신탁 계약의 체결을 권유하는 인력을 말합니다.

※ 관련 투자자보호교육을 사전에 이수한 후 해당 자격시험에 합격한 자만이 업무 수행 가능

파생상품투자권유자문인력 자격시험 안내

■ 시험일정

구 분	시험일	시험시간	원서접수일	합격자발표
제32회	5/19(일)	10:00 ~ 12:00	4/22(월) ~ 4/26(금)	5/30(목)
제33회	11/24(일)	10:00 ~ 12:00	10/28(월) ~ 11/1(금)	12/5(목)

* 자세한 시험일정은 '금융투자협회 자격시험센터(license.kofia.or.kr)'에서도 확인할 수 있습니다.

■ 시험과목 및 문항수, 배점

시험과목		세부과목명	문항수	배 점	과락기준
제1과목	파생상품 I	선 물	13	25	13문항 미만 득점자
		옵 션	12		
제2과목	파생상품 II	스 왑	8	25	13문항 미만 득점자
		기타 파생상품·파생결합증권	17		
제3과목	리스크관리 및 직무윤리	리스크관리	8	25	13문항 미만 득점자
		영업실무	5		
		직무윤리·투자자분쟁예방	12		
제4과목	파생상품법규	자본시장 관련 법규	17	25	13문항 미만 득점자
		한국금융투자협회규정	4		
		한국거래소규정	4		
합 계			100	100	

■ 시험 관련 기타 정보

시험주관처	금융투자협회
원서접수처	금융투자협회 자격시험센터(license.kofia.or.kr)에서 온라인 접수만 가능
시험시간	120분
응시자격	사전교육을 이수한 금융회사 직원만 응시 가능
문제형식	객관식 4지선다형
합격기준	응시과목별 정답비율이 50% 이상인 자 중에서, 응시과목의 전체 정답비율이 70%(70문항) 이상인 자

시험 당일 유의사항

■ 고사장 가기 전

시험 당일 준비물	• 응시표, 규정신분증(주민등록증, 운전면허증, 여권), 계산기, 검정색 필기도구(연필 제외, 컴퓨터용 사인펜 권장)를 반드시 준비합니다. 참고 규정신분증 이외에 모바일 신분증, 학생증(대학, 대학원), 사원증, 각종 자격증, 임시 운전면허증, 전역증명서 등을 지참할 경우에는 시험에 응시할 수 없습니다.

■ 시험 시작 전

고사장 도착	• 시험 시작 20분 전까지 고사장에 입실 완료해야 합니다. 시험 시작 이후에는 고사장 입실 및 시험 응시가 불가합니다. • 시험이 시작되기 전에 응시표, 신분증, 계산기, 필기도구를 제외한 모든 소지품을 가방에 넣고 자리에 앉아 대기합니다.

■ 시험 시작 후

시험 문제풀이 및 답안지 마킹	• 시험지를 받으면 시험지의 인쇄상태를 확인한 후, 문제풀이를 시작합니다. • 시험 종료 후에 답안지 마킹을 할 경우 부정 처리되어 불이익을 당할 수 있으므로, 반드시 시험 종료 전에 마킹을 완료해야 합니다.

시험 종료	• 시험 종료 후, 시험지와 답안지 모두 제출합니다. 참고 고사장 퇴실은 시험 종료 40분 전부터 가능합니다.

단기 합격전략

단기 합격을 위한 학습전략

> ### 제1과목 파생상품 I
>
> 선물·옵션은 파생상품의 가장 기본이 되는 부분이며, 금융권(은행, 증권 등) 종사 시 반드시 알아야 하는 부분이므로 모든 내용을 꼼꼼하게 학습해야 합니다. 본 과목은 계산문제가 많이 출제되므로 해커스금융(fn. Hackers.com)에서 제공하는 '필수계산문제집'을 반드시 풀어보는 것이 좋습니다.
>
> - **제1장 선물·옵션 개요**에서는 선물(Futures)과 선도(Forward)의 차이를 이해하고, 콜옵션과 풋옵션이 어떻게 다른지 명확하게 학습해야 합니다.
> - **제2장 주식관련 선물·옵션**은 제1과목에서 가장 많이 출제되므로 선물·옵션의 개념, 이론가격 계산방법, 베이시스, 수익구조 등 모든 내용을 꼼꼼히 학습하도록 합니다.
> - **제3장 금리선물·옵션, 제4장 통화선물·옵션, 제5장 상품선물·옵션**은 먼저 각 장에서 헤지거래 및 차익거래에 대한 개념을 학습한 후, 해당 개념에 대한 문제를 출제예상문제와 실전모의고사를 통해 많이 풀어보아야 합니다.
>
> ### 제2과목 파생상품 II
>
> 스왑과 기타 파생상품·파생결합증권의 경우 개념을 먼저 이해한 후 내용을 암기하고 관련 문제를 풀면, 효과적으로 시험에 대비할 수 있습니다.
>
> - **제1장 스왑**에서는 기본적인 용어와 거래방식을 숙지하고 여러 가지 스왑 표현을 익히도록 합니다.
> - **제2장 기타 파생상품·파생결합증권**에서는 각 이색옵션들이 어느 분류에 들어가는지와 각 옵션과 관련된 용어 (배리어, 촉발가격, Knock-Out, Knock-In 등)를 기본적으로 암기합니다. 또한 신용파생상품 관련 문제는 CDS, TRS를 중심으로 꾸준히 출제되고 있으므로 주의 깊게 학습하도록 합니다.
>
> ### 제3과목 리스크관리 및 직무윤리
>
> 학습자들이 어렵게 느끼는 부분이지만 시험에 자주 출제되는 VaR 관련 내용을 확실하게 이해하고, 투자자보호제도를 중심으로 윤리원칙과 금융투자업종사자의 의무를 학습하는 것이 좋습니다.
>
> - **제1장 리스크관리**에서는 VaR의 정의와 특징을 이해해야 하며, VaR를 계산하는 문제에 대비하기 위해 '필수계산문제집'을 추가로 풀어보는 것이 좋습니다.
> - **제2장 영업실무**에서는 고객상담을 위한 금융투자상품 세제와 업무처리를 위한 파생상품거래제도를 중심으로 학습해야 합니다.
> - **제3장 직무윤리·투자자분쟁예방**에서는 금융투자업의 직무윤리, 분쟁조정, 자금세탁제도 등을 중심으로 학습해야 합니다.
>
> ### 제4과목 파생상품법규
>
> 학습범위가 방대하므로 파생상품 관련 제도 및 투자자보호 관련 규정을 중심으로 학습하는 것이 좋습니다.
>
> - **제1장 자본시장 관련 법규**는 금융법의 기본이 되는 법이므로 법규 과목 중 가장 집중하여 학습해야 합니다.
> - **제2장 한국금융투자협회규정**은 강행규정이 아닌 자율규정이라는 점을 유념하면서 상위법령에서 규제하는 사항을 중심으로 학습해야 합니다.
> - **제3장 한국거래소규정**은 주로 많이 이용되는 상장상품의 주요내용 및 거래제도를 중심으로 학습해야 합니다.

D-1 마무리 학습 TIP

- '실전모의고사 2회분'을 풉니다.
- '필수암기공식 30'을 보며 핵심 공식을 정리하고, 금융소비자보호법 주요 내용을 익힙니다.
- 해커스금융(fn.Hackers.com)에서 무료로 제공되는 '필수계산문제집'을 다운받아 문제를 풀고 공식을 암기하여, 계산문제에 철저하게 대비합니다.

학습자가 가장 궁금해하는 질문 BEST 4

Q1 파생상품투자권유자문인력 시험에 합격하기 위해서는 얼마 동안 공부를 해야 할까요?

A 20일 정도 공부하면 충분히 합격할 수 있습니다.

본 교재는 본문 모든 문제에 중요도를 ★~★★★로 표시하여 중요한 내용부터 우선적으로 학습할 수 있습니다. 따라서 중요도 높은 내용 위주로만 학습한다면 20일보다 더 빨리 시험준비를 마칠 수 있습니다.

Q2 파생상품투자권유자문인력 시험을 독학으로 대비할 수 있을까요?

A 네, 독학으로 시험에 대비할 수 있습니다.

파생상품투자권유자문인력 시험에 대비하기 위해서는 핵심 개념 및 공식을 암기하고, 시험과 유사한 문제를 많이 풀어보는 것이 중요합니다. 따라서 본 교재를 통하여 시험에 출제가능성이 높은 핵심 개념을 정리하고 출제예상문제와 실전모의고사를 풀어본다면, 독학으로도 충분히 시험에 대비할 수 있습니다.

Q3 이전에 파생상품투자상담사 자격증을 취득했는데, 파생상품투자권유자문인력 자격증을 추가로 취득해야 하나요?

A 아니요, 파생상품투자상담사 자격증을 취득했다면, 파생상품투자권유자문인력 자격증은 취득할 필요가 없습니다.

파생상품투자상담사 자격증 취득자는 동일시험 기합격자로 간주되어 파생상품투자권유자문인력 시험 응시 제한 대상에 해당합니다.

Q4 파생상품투자권유자문인력 시험은 누구나 응시할 수 있나요?

A 아니요, 파생상품투자권유자문인력 시험은 사전교육을 이수한 금융회사 직원만이 응시할 수 있습니다.

2015년부터 기존의 펀드·증권·파생상품투자상담사 자격시험이 금융회사 종사자 대상 투자권유자문인력 적격성 인증시험으로 전환되었고, 일반인이 응시 가능한 '투자권유대행인' 시험이 신설되었습니다.

학습플랜

자신에게 맞는 학습플랜을 선택하여 본 교재를 학습하세요.

이때 해커스금융(fn.Hackers.com) 동영상강의를 함께 수강하면 더 효과적이에요.

5일 완성 학습플랜

교재에 수록된 문제 중 중요도가 가장 높은 별 3개(★★★) 문제를 중심으로 5일 만에 시험 준비를 마칠 수 있어요.

<table>
<tr><td rowspan="5">1주</td><td>1일 ☐</td><td>제1과목
파생상품 I
별 3개(★★★)
문제 중심</td><td>제1장 선물·옵션 개요</td><td>p.20~37</td></tr>
<tr><td></td><td></td><td>제2장 주식 관련 선물·옵션</td><td>p.38~99</td></tr>
<tr><td></td><td></td><td>제3장 금리선물·옵션</td><td>p.100~131</td></tr>
<tr><td></td><td></td><td>제4장 통화선물·옵션</td><td>p.132~153</td></tr>
<tr><td></td><td></td><td>제5장 상품 관련 선물·옵션</td><td>p.154~175</td></tr>
</table>

1주	1일 ☐	제1과목 파생상품 I 별 3개(★★★) 문제 중심	제1장 선물·옵션 개요	p.20~37
			제2장 주식 관련 선물·옵션	p.38~99
			제3장 금리선물·옵션	p.100~131
			제4장 통화선물·옵션	p.132~153
			제5장 상품 관련 선물·옵션	p.154~175
	2일 ☐	제2과목 파생상품 II 별 3개(★★★) 문제 중심	제1장 스 왑	p.178~229
			제2장 기타 파생상품·파생결합증권	p.230~307
	3일 ☐	제3과목 리스크관리 및 직무윤리 별 3개(★★★) 문제 중심	제1장 리스크관리	p.310~357
			제2장 영업실무	p.358~403
			제3장 직무윤리·투자자분쟁예방	p.404~467
	4일 ☐	제4과목 파생상품법규 별 3개(★★★) 문제 중심	제1장 자본시장 관련 법규	p.470~549
			제2장 한국금융투자협회규정	p.550~575
			제3장 한국거래소규정	p.576~605
	5일 ☐	마무리	필수암기공식 30*	p.608~613
			제1·2회 실전모의고사 풀이	p.616~691

* 해커스금융(fn.Hackers.com)에서 무료로 제공하는 '필수계산문제집'과 함께 학습하면 더욱 효과가 좋습니다.

7일 완성 학습플랜

교재에 수록된 문제 중 중요도가 높은 별 3개(★★★)와 별 2개(★★) 문제를 중심으로 7일 만에 시험 준비를 마칠 수 있어요.

1주	1일 ☐	**제1과목 파생상품 I** 별 3개(★★★), 별 2개(★★) 문제 중심	제1장 선물·옵션 개요	p.20~37
			제2장 주식 관련 선물·옵션	p.38~99
			제3장 금리선물·옵션	p.100~131
	2일 ☐		제4장 통화선물·옵션	p.132~153
			제5장 상품 관련 선물·옵션	p.154~175
	3일 ☐	**제2과목 파생상품 II** 별 3개(★★★), 별 2개(★★) 문제 중심	제1장 스 왑	p.178~229
			제2장 기타 파생상품·파생결합증권	p.230~307
	4일 ☐	**제3과목 리스크관리 및 직무윤리** 별 3개(★★★), 별 2개(★★) 문제 중심	제1장 리스크관리	p.310~357
			제2장 영업실무	p.358~403
	5일 ☐		제3장 직무윤리·투자자분쟁예방	p.404~467
	6일 ☐	**제4과목 파생상품법규** 별 3개(★★★), 별 2개(★★) 문제 중심	제1장 자본시장 관련 법규	p.470~549
			제2장 한국금융투자협회규정	p.550~575
			제3장 한국거래소규정	p.576~605
	7일 ☐	**마무리**	필수암기공식 30*	p.608~613
			제1·2회 실전모의고사 풀이	p.616~691

* 해커스금융(fn.Hackers.com)에서 무료로 제공하는 '필수계산문제집'과 함께 학습하면 더욱 효과가 좋습니다.

10일 완성 학습플랜

교재의 모든 내용을 10일간 집중적으로 학습할 수 있어요.

1주	1일 ☐	제1과목 파생상품 I	제1장 선물·옵션 개요	p.20~37
			제2장 주식 관련 선물·옵션	p.38~99
	2일 ☐		제3장 금리선물·옵션	p.100~131
			제4장 통화선물·옵션	p.132~153
	3일 ☐		제5장 상품 관련 선물·옵션	p.154~175
	4일 ☐	제2과목 파생상품 II	제1장 스 왑	p.178~229
	5일 ☐		제2장 기타 파생상품·파생결합증권	p.230~307
2주	6일 ☐	제3과목 리스크관리 및 직무윤리	제1장 리스크관리	p.310~357
			제2장 영업실무	p.358~403
	7일 ☐		제3장 직무윤리·투자자분쟁예방	p.404~467
	8일 ☐	제4과목 파생상품법규	제1장 자본시장 관련 법규	p.470~549
	9일 ☐		제2장 한국금융투자협회규정	p.550~575
			제3장 한국거래소규정	p.576~605
	10일 ☐	마무리	필수암기공식 30*	p.608~613
			제1·2회 실전모의고사 풀이	p.616~691

* 해커스금융(fn.Hackers.com)에서 무료로 제공하는 '필수계산문제집'과 함께 학습하면 더욱 효과가 좋습니다.

20일 완성 학습플랜

교재의 모든 내용을 20일간 차근차근 학습할 수 있어요.

1주	1일 ☐	**제1과목** **파생상품 I**	제1장 선물·옵션 개요	p.20~37
	2일 ☐		제2장 주식 관련 선물·옵션	p.38~99
	3일 ☐		제3장 금리선물·옵션	p.100~131
	4일 ☐		제4장 통화선물·옵션	p.132~153
	5일 ☐		제5장 상품 관련 선물·옵션	p.154~175
2주	6일 ☐	**제2과목** **파생상품 II**	제1장 스 왑	p.178~229
	7일 ☐		제2장 기타 파생상품·파생결합증권	p.230~307
	8일 ☐	**제3과목** **리스크관리 및** **직무윤리**	제1장 리스크관리	p.310~357
	9일 ☐			
	10일 ☐		제2장 영업실무	p.358~403
	11일 ☐		제3장 직무윤리·투자자분쟁예방	p.404~467
	12일 ☐			
3주	13일 ☐	**제4과목** **파생상품법규**	제1장 자본시장 관련 법규	p.470~549
	14일 ☐			
	15일 ☐			
	16일 ☐		제2장 한국금융투자협회규정	p.550~575
	17일 ☐		제3장 한국거래소규정	p.576~605
4주	18일 ☐	**마무리**	필수암기공식 30*	p.608~613
	19일 ☐		제1·2회 실전모의고사 풀이	p.616~691
	20일 ☐		제1·2회 실전모의고사 복습	p.616~691

* 해커스금융(fn.Hackers.com)에서 무료로 제공하는 '필수계산문제집'과 함께 학습하면 더욱 효과가 좋습니다.

제1과목
파생상품 I

[총 25문항]

제1장
선물 · 옵션 개요

학습전략

선물 · 옵션 개요는 제1과목 전체 25문제 중 총 2~3문제 정도 출제된다.
선물 · 옵션 개요의 경우 주로 파생상품의 경제적 기능과 활용에 대한 이해가 선행되어야 하며, 선물과 옵션의 기초적인 개념을 학습하여야 한다.

출제예상 비중

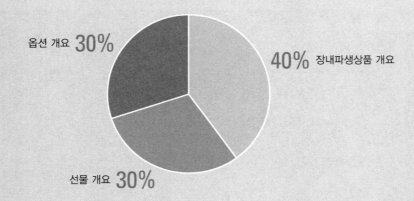

옵션 개요 30%

40% 장내파생상품 개요

선물 개요 30%

핵심포인트

구 분	핵심포인트	중요도	페이지
장내파생상품 개요 (40%)	01 장내파생상품의 경제적 기능	★★★	p. 22
	02 장내파생상품거래 메커니즘	★★	p. 23
	03 장내파생상품거래 유형	★	p. 24
선물 개요 (30%)	04 선물의 개념	★★	p. 25
	05 선물가격결정	★★★	p. 28
옵션 개요 (30%)	06 옵션의 개념	★★	p. 29
	07 옵션의 유형	★★	p. 30
	08 옵션가격결정	★★★	p. 31

파생상품의 기능에 대한 설명으로 거리가 먼 것은?

① 가격변동위험의 소멸

② 미래가격 발견

③ 거래비용 절감

④ 시장효율성 증대

용어 알아두기

가격변동위험	시장위험이라고 할 수 있다. 즉, 시장의 환경이 변화하면 보유하고 있는 자산의 가격이 움직이는데 이것이 가격변동위험이다.
파생상품	기초자산의 가치변동이나 지수의 변동에 따라서 가격이 결정되는 금융상품이다. 파생상품은 상품파생상품과 금융파생상품으로 구분된다.

TIP 파생상품이 있다고 하여 가격변동위험이 소멸되는 것은 아니고 투기자가 원할 경우 가격변동위험을 전가시킬 수 있다. 선물을 이용할 경우에도 베이시스위험은 남는다. 또한 파생상품을 이용한 가격위험의 노출 정도를 조정하는 등 위험관리가 가능해진다.

핵심포인트 해설 **파생상품**

(1) 파생상품의 개념과 경제적 기능

개 념	• 금융투자상품을 증권(원본만 손실)과 파생상품(원본초과손실 가능)으로 구분 • 파생상품은 원본 이외에도 추가적인 지급의무를 부담할 수 있는 금융투자상품으로 규정
경제적 기능	• 리스크(가격변동위험)의 전가기능 ·헤저(Hedger) : 가격변동위험을 회피하려는 거래자 ·투기자(Speculator) : 가격변동위험을 감수하면서 보다 높은 이익을 추구하는 거래자 ·위험회피 실수요자들이 처한 가격변동위험을 효율적으로 관리할 수 있는 수단을 제공 • 미래가격 발견기능 • 효율적인 자원배분기능 • 시장효율성 제고기능

(2) 파생상품의 유형

선도형	손익구조가 선형인 파생상품으로 선도, 선물, 스왑계약 등이 있음
옵션형	손익구조가 중간에 꺾이는 특성이 있는 파생상품으로 콜옵션, 풋옵션, 캡·플로어, 이색옵션 등이 있음
합성형	선도형과 옵션형 상품이 결합된 구조의 상품으로 선물옵션(Futures Option), 스왑션(Swaption) 등이 있음

정답 | ①

02

파생상품거래의 구성요소에 대한 설명으로 잘못된 것은?

① 계약단위(Contract Size)란 거래되는 파생상품의 기본 거래단위로서 한 계약의 크기를 나타낸다.

② 최소호가단위(Tick)에 계약단위(Contract Size)를 곱하면 최소호가단위가 1단위 변동할 때 계약당 손익금액(Tick Value)이 산출된다.

③ 거래량(Volume)은 파생상품 계약을 매도한 수량과 매수한 수량의 총합계로 표시하며 양쪽의 수량으로 표시한다.

④ 미결제계약수(Open Interest)의 크기가 증가하면 현재의 추세를 지속시킬 자금이 유입되고 있다고 본다.

TIP 거래량(Volume)은 파생상품 계약을 매도한 수량과 매수한 수량의 총합계로 표시하지 않고 한쪽의 수량만으로 표시한다.

핵심포인트 해설　　**장내파생상품거래 메커니즘**

(1) 장내파생상품의 특징
① 조직화된 거래소
② 표준화된 계약조건
③ 청산소(Clearing House)　→ 청산소가 없다면 현금결제나 실물인수도를 못함
④ 일일정산제도(Mark-to-Market)
⑤ 레버리지(Leverage) 효과
⑥ 높은 유동성

(2) 파생상품거래의 구성요소

기초자산(Underlying Asset)	선물계약의 거래대상
계약단위(Contract Size)	선물거래에서 거래되는 파생상품의 기본 거래단위로서 선물계약 1건의 크기
결제월(Delivery Month)	선물계약이 만기가 되어 실물의 인수도가 이루어지는 달
일일가격제한폭	기준가격 대비 각 단계별로 가격제한폭 설정
최소호가단위(Tick)	제시 가격의 최소가격변동단위
거래량(Volume)	파생상품 계약을 한쪽의 수량만으로 표시
미결제계약수	시장으로 유입 또는 유출되는 자금의 크기를 측정하는 데 이용

정답 | ③

현물 포지션에서 발생할 수 있는 손실 또는 이익을 선물·옵션 포지션의 이익 또는 손실로 상쇄하는 거래는?

① 헤지거래

② 투기거래

③ 스프레드거래

④ 차익거래

TIP 헤지거래에 관한 설명이다. 헤지거래에는 크게 매도헤지와 매수헤지가 있다.

핵심포인트 해설　장내파생상품거래 유형

(1) 개 요

이용목적과 거래행태에 따라 헤지거래, 투기거래, 스프레드거래, 차익거래 등으로 구분

(2) 유 형

헤지거래		미래 현물가격의 불확실한 변동으로부터 발생할 수 있는 가격변동위험을 관리하기 위해 선물·옵션 시장에서 현물 포지션과 반대되는 포지션을 취하는 거래
투기거래		현물 포지션을 보유하고 있지 않은 상태에서 선물가격이 상승할 것으로 예상되면 선물계약을 매입하고 선물가격이 하락할 것으로 예상되면 매도하여, 이후에 선물 포지션을 청산했을 때 매입가격과 매도가격 간의 시세차익을 얻으려는 거래전략
스프레드거래	상품 내 스프레드	동일한 선물의 서로 다른 결제월 간 스프레드의 변화를 예측하여 한 결제월물을 매수하는 동시에 다른 결제월물을 매도하는 거래
	상품 간 스프레드	기초자산은 다르나 가격움직임이 유사한 두 선물계약의 동일 결제월 간 가격차이의 변화를 예측하여 한 선물의 결제월물은 매수하는 동시에 다른 선물의 동일 결제월물은 매도하는 거래
차익거래		선물의 시장가격과 이론가격을 비교하여 고평가되어 있는 선물 또는 현물을 매도하는 동시에 상대적으로 저평가되어 있는 현물 또는 선물을 매수하여 무위험 차익을 추구하는 거래

정답 | ①

04

다음 중 선물거래와 선도거래를 비교하여 설명한 것으로 잘못된 것은?

① 선물계약은 항상 조직화된 거래소에서만 행해지나, 선도계약은 특정한 거래장소가 없다.

② 선물계약은 대상상품의 품질과 수량, 인수도 시점, 인수도 조건 및 거래가격의 변동 폭, 선물계약의 거래시간 등이 사전에 결정되어 있으나, 선도계약은 그렇지 않다.

③ 선물거래에는 계약의 이행을 보장하기 위하여 청산소가 존재하는 반면, 선도거래에는 청산소가 없어서 계약불이행의 위험이 있다.

④ 선물거래에는 증거금제도와 일일정산제도가 있으나, 선도거래에는 증거금제도만 있고 일일정산제도는 없다.

용어 알아두기

선도거래	거래형식이 규격화되어 있지 않고 거래 당사자들의 협의에 의해 계약규모 및 만기일이 결정되므로 거래 당사자들의 다양한 요구에 적합한 거래가 가능하다.

TIP 선물거래에는 증거금제도와 일일정산제도가 있으나, 선도거래에는 둘 다 없다.

핵심포인트 해설 **선물과 선도**

구 분	선 물	선 도
거래장소	장내(거래소)	장 외
거래금액	표준단위	제한 없음
가격형성	시장에서 형성	거래 당사자 간 협의
신용위험	거래소(청산소)에서 보증	계약불이행위험 존재
증거금과 일일정산	증거금을 납부하고 일일정산	기본적으로 불필요
실물인수도	대부분 중도청산	대부분 실물인수도 (역외선물환은 예외)
만기일	표준화됨	당사자 간 협의로 결정

(손글씨: 만기에 결제하는 방식은 종류마다 다름)

정답 | ④

다음 중 선물거래의 특징에 대한 설명으로 올바른 것은?

① 선물계약의 표준화를 통하여 시장유동성을 높여, 거래 시 거래상대방을 찾아 계약조건을 협의할 수 있다.

② 청산소제도를 통해 거래상대방의 신용위험을 완전히 제거할 수는 없다.

③ 매일 거래가 끝난 후 포지션을 정리한 매입자와 매도자의 손익으로부터 발생되는 일일대차만을 영(Zero)으로 만든다.

④ 현재 시점에서 미리 기초자산을 매수하거나 매도하겠다는 계약을 체결하고 미래의 일정 시점에 기초자산의 인도와 결제가 이루어지는 거래이다.

TIP ① 선물은 거래소에서 거래되므로 거래상대방을 찾아 계약조건을 협의할 필요가 없다.
② 청산소제도는 선물시장에서 거래상대방의 신용위험을 제거하기 위한 필수불가결한 제도이다.
③ 매일 거래가 끝난 후 포지션을 정리한 투자자뿐만 아니라 미결제계약자까지 포함하여 일일대차를 영(Zero)으로 만든다.

핵심포인트 해설   **선물의 개념 및 선물가격결정**

(1) 선물의 개념
현재 시점에서 미리 기초자산을 매수하거나 매도하겠다는 계약을 체결하고 미래의 일정 시점에 기초자산의 인도와 결제가 이루어지는 거래(예약거래의 일종)

(2) 선물가격결정
① 선물가격(F) = 현물가격(S) + 순보유비용(CC)
② 순보유비용(CC) = 이자비용(r) + 보관비용(c) − 현금수입(d) − 편의수익(y)
③ 순보유비용이 양(+)의 값이면 F > S, 음(−)의 값이면 F < S
④ 금융선물의 경우 : 보관비용(c) = 0, 편의수익(y) = 0
   ⊙ 금융선물가격 = 현물가격 + 이자비용 − 현금수입(배당금, 이표 등)
   ⓛ 금융선물의 경우 순보유비용이 음(−)이면 선물이론가격이 현물가격보다 낮음

정답 | ④

06

다음 중 선물거래의 특징에 대한 설명으로 가장 거리가 먼 것은?

① 계약조건에 대한 명확한 이해를 가능하게 하여 대량의 거래를 할 수 있을 뿐만 아니라 시장유동성을 높임으로써 만기에 실물인수도가 용이하다.

② 거래소가 결제이행 책임을 부담하므로 투자자는 선물거래 시 상대방의 신용상태를 파악할 필요가 없다.

③ 일일정산 결과 계좌잔액이 유지증거금 수준 이하로 떨어지면 마진콜이 통보된다.

④ 소액의 증거금(Margin)만 예치하면 현물거래와 동일한 금액의 거래를 할 수 있기 때문에 현물거래에 비하여 투자금액에 대한 기대수익률이 매우 높다.

용어 알아두기

마진콜 (Margin Call)	증거금을 Margin이라고 한다. 과거에는 Margin이 일정 수준 이하가 되면 청산소에서 거래자에게 증거금의 추가 납입을 전화로 요청했다. 이것을 Margin Call이라고 한다.

TIP 계약조건에 대한 명확한 이해를 가능하게 하여 대량의 거래를 할 수 있을 뿐만 아니라 시장유동성을 높임으로써 반대매매가 용이하다.

핵심포인트 해설　**선물의 개요**

(1) 선물의 개념과 종류

선물의 개념	• 현물거래(Spot Transactions, Cash Transactions) : 매매계약의 체결과 동시에 상품의 인도와 대금의 결제가 이루어짐 • 선도거래(Forward Transactions) : 매매계약 체결일로부터 일정 기간 후에 거래대상물과 대금이 교환되는 매매예약거래 • 선물거래(Futures Transactions) : 매매계약 체결일로부터 일정 기간 후에 거래대상물과 대금이 교환되는 매매예약거래(선도거래와 동일)
선물의 종류	• 상품선물(Commodity Futures) : 실물상품이 거래대상 ⇨ 농축산물, 에너지, 금속 등 • 금융선물(Financial Futures) : 금융자산이 거래대상 ⇨ 주식 또는 주가지수, 채권(금리), 통화 등 • 최근에는 자연현상(날씨, 허리케인), 공해(탄소배출권), 경제변수(소비자물가지수), 신용(신용부도스왑) 등을 기초자산으로 한 선물계약들도 속속 등장하고 있음

(2) 증거금제도(계약이행 보증금 성격)

개시증거금	최초 계약 체결 시 한 계약당 선물회사에 납부하는 증거금
유지증거금	계약 체결 후 계좌에서 유지해야 하는 잔액(일반적으로 개시증거금의 70% 수준)
마진콜	일일정산 결과 계좌의 잔액이 유지증거금 수준 이하로 떨어지면 통보함
추가증거금	마진콜을 받은 경우 현금(대용증권은 해당되지 않음)으로 납입해야 함

정답 | ①

보유비용모형을 이용하여 상품선물의 이론가격을 계산할 때 고려해야 할 순보유비용으로 가장 거리가 먼 것은?

① 편의수익   ② 현금수입

③ 이자비용   ④ 보관비용

용어 알아두기

보유비용	기초자산의 재고를 일정 시점까지 유지해나가는 데 드는 비용이다.

TIP 현금수입은 금융선물에서만 고려의 대상이 되며, 상품선물에서는 고려되지 않는다.

핵심포인트 해설   **기초자산별 선물이론가격**

주가지수선물	• 보유비용모형 = 현물가격 + 순보유비용 $$F_T = S + S \times (r - d) \times \frac{t}{365}$$ (F_T : 균형(이론)선물가격, S : 현물가격, r : 시장금리, d : 배당수익률, t : 잔존만기)
금리선물	• 단기 : IMM Index방식 $$\text{선물가격} = 100 - IFR(\text{내재선도금리})$$ • 장기 : 채권선물 $$F_T = S + S \times (r - d) \times \frac{t}{365}$$ (F_T : 균형(이론)선물가격, S : 현물가격, r : 시장금리, d : 표면이율, t : 잔존만기)
통화선물	• 이자율평형이론 : 양국의 금리 차이가 선물환율에 반영 $$F_T = S \times \frac{1 + r_d \times \frac{t}{365}}{1 + r_f \times \frac{t}{365}}$$ (F_T : 균형(이론)선물환율, S : 현물환율, r_f : 외국금리, r_d : 국내금리, d : 표면이율, t : 잔존만기)
상품선물	• 보유비용모형 = 현물가격 + 보유비용 $$F_T = S + S \times (r + u - y) \times \frac{t}{365}$$ (F_T : 균형(이론)선물가격, S : 현물가격, r : 시장금리, u : 보관비용, y : 편의수익, t : 잔존만기)

정답 | ②

08

다음 중 옵션에 대한 설명으로 가장 거리가 먼 것은?

① 옵션의 손익구조는 기초자산의 가격변화에 대하여 비대칭적이다.
② 풋옵션이 행사되었을 때 풋옵션 매도자는 기초자산을 행사가격에 매수할 의무가 있다.
③ 선물 풋옵션의 매수자가 권리를 행사하면 선물가격이 행사가격을 초과하는 만큼의 이익이 발생한다.
④ 일일정산과 위탁증거금의 납입의무는 옵션 매도자에게만 적용된다.

용어 알아두기

옵 션	특정 자산을 장래의 일정 시점에 미리 정한 가격으로 살 수 있는 권리와 팔 수 있는 권리이다.

TIP 선물 풋옵션의 매수자가 권리를 행사하면 선물가격이 행사가격을 하회하는 만큼의 이익이 발생한다.

핵심포인트 해설 **옵션의 개념 및 콜옵션과 풋옵션의 손익구조**

(1) 옵션의 개념
① 특정 기초자산을 미래 일정 시점에 미리 정한 가격으로 살 수 있는 권리와 팔 수 있는 권리를, 일정 대가를 수수하고 매매하는 것
② 옵션거래자의 권리와 의무

옵션 유형	옵션 매수자	옵션 매도자
콜옵션(Call Option)	매수할 권리만 있고 의무는 없음	매도할 의무만 있고 권리는 없음
풋옵션(Put Option)	매도할 권리만 있고 의무는 없음	매수할 의무만 있고 권리는 없음

(2) 콜옵션과 풋옵션의 손익구조

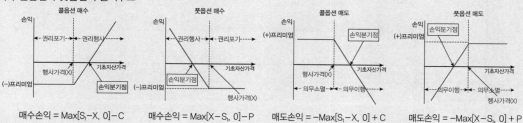

매수손익 = Max[$S_t - X$, 0] − C

매수손익 = Max[$X - S_t$, 0] − P

매도손익 = −Max[$S_t - X$, 0] + C

매도손익 = −Max[$X - S_t$, 0] + P

정답 | ③

다음 중 옵션거래의 특징에 대한 설명으로 가장 올바른 것은?

① 일일정산은 옵션의 매수자와 매도자 모두에게 적용된다.
② 옵션 매수자는 위탁증거금을 예치할 필요가 없다.
③ 풋옵션의 손익구조는 기초자산의 가격변화에 대하여 대칭적이다.
④ 버뮤다옵션은 만기일 이내에 언제라도 행사가 가능하다.

TIP ① 일일정산은 옵션의 매도자에게만 적용된다.
③ 풋옵션의 손익구조는 기초자산의 가격변화에 대하여 비대칭적이다.
④ 미국식 옵션에 대한 설명이다.

핵심포인트 해설   옵션의 기본용어 및 유형

(1) 옵션의 기본용어

기초자산	옵션계약의 기초가 되는 특정 자산(배추, 밀가루 등)
행사가격	기초자산을 사거나 팔 수 있도록 계약 시 정하는 특정 가격
프리미엄	옵션을 매수하기 위하여 매도자에게 지불하는 가격
만기일	옵션의 권리를 행사할 수 있는 계약의 마지막 날
매수자	프리미엄을 지불하고 옵션의 살 권리 또는 팔 권리를 행사할 수 있는 계약자로, 의무는 없고 권리만 존재 ⇨ 보유자(Holder)라고도 함
매도자	프리미엄을 받고 매수인의 권리행사 요구에 응하여야 하는 계약자로, 권리는 없고 의무만 존재 ⇨ 발행자(Writer)라고도 함

(2) 옵션의 유형

구 분	종 류	내 용
권리행사 방법	미국식 옵션	만기일 이내에 언제라도 권리행사 가능 (미국식 프리미엄 ≥ 유럽식 프리미엄)
	유럽식 옵션	만기일에만 권리행사 가능
거래대상	현물옵션	권리행사 시 현물 포지션 취득
	선물옵션	권리행사 시 선물 포지션 취득

정답 | ②

10

다음 중 만기일 이전의 유럽식 옵션의 가치에 대한 설명으로 가장 거리가 먼 것은?

① 옵션의 내재가치는 내가격 상태에서 거래될 때에만 존재한다.
② 옵션이 등가격 상태에 있을 때 옵션가치는 모두 시간가치에 해당한다.
③ 옵션이 외가격 상태에 있을 때 시간가치는 소멸하게 된다.
④ 기초자산의 가격변동성이 클수록 옵션의 시간가치도 증가한다.

용어 알아두기

유럽식 옵션	만기가 되어야 권리를 행사할 수 있는 옵션이다.

TIP 옵션이 외가격 상태에 있을 때에도 시간가치는 존재하게 된다.

핵심포인트 해설　　　**옵션가격의 구성요소**

프리미엄 (옵션가격)	• 옵션 매수자가 옵션의 권리행사를 결정할 수 있는 권한을 대가로 옵션 매도자에게 지급 • 옵션가격은 균형가격변수 : 옵션에 대한 수요량과 공급량을 일치시키는 역할 • 프리미엄(옵션가격) = 내재가치 + 시간가치			

행사가격	구 분	내 용	콜옵션	풋옵션
	내가격옵션	당장 행사했을 때 이익이 생기는 옵션	S > X	S < X
	등가격옵션	행사가격과 현재가격이 동일한 경우	S = X	S = X
	외가격옵션	당장 행사하더라도 수익이 없는 옵션	S < X	S > X

내재가치 및 시간가치	• 내재가치(Intrinsic Value) : 내가격(ITM)상태에 있을 때, 내가격의 크기

> 콜옵션의 내재가치 = 기초자산의 현재가격(S) − 옵션의 행사가격(X)
> 풋옵션의 내재가치 = 옵션의 행사가격(X) − 기초자산의 현재가격(S)

• 시간가치(Time Value) : 기초자산가격의 변동성으로 인해 만기까지의 남은 기간 동안 시간가치가 더욱
　　　　　　　　　　커질 수 있는 가능성이 있으므로 이 가능성에 매기는 가치

> 시간가치 = 옵션프리미엄(옵션가격) − 내재가치

정답 | ③

다음 중 옵션가격의 결정요인에 대한 설명으로 가장 거리가 먼 것은?

① 풋옵션의 가격은 행사가격이 기초자산의 현재 가격보다 높을수록 상승한다.
② 만기까지 남은 기간이 줄어들수록 옵션의 가치는 감소한다.
③ 이자율이 하락할수록 풋옵션의 가격은 하락한다.
④ 기초자산에서 현금수입이 발생하면 콜옵션의 가격은 하락한다.

TIP   이자율이 하락할수록 풋옵션의 가격은 상승한다.

핵심포인트 해설   **옵션거래의 특징 및 옵션가격의 결정요인**

(1) 옵션거래의 특징
① 옵션은 선택권 : 옵션방식의 거래에서는 가격이 계약된 가격보다 유리할 때에는 계약을 이행하지만, 가격이 불리할 때에는 계약을 포기할 수 있음
② 손실위험은 제한적이면서 큰 이익기회를 제공
③ 권리와 의무의 분리 : 옵션은 선물에서 권리와 의도를 분리한 구조

구 분	옵션거래	선물거래
권리와 의무	• 매수자는 권리를 가짐 • 매도자는 의무를 가짐	• 매수자와 매도자 모두 권리 및 의무를 가짐
위탁증거금	• 매수자는 없으며, 매도자에게만 부과	• 매수자와 매도자 모두에게 부과
일일정산	• 매수자는 필요 없으며, 매도자만 일일정산	• 매수자와 매도자 모두 일일정산

(2) 옵션가격의 결정요인
① 요인 : 기초자산가격(S), 행사가격(X), 잔존만기(t), 가격변동성(σ), 이자율(r), 배당(d) 등
② 관계 : 각 요인들의 증가와 상승, 감소와 하락에 따라서 옵션가격이 상승 또는 하락함

구 분	콜옵션가격	풋옵션가격	옵션의 만기가치
S ↑	상 승	하 락	
X ↑	하 락	상 승	
t ↑	상 승	상 승	콜옵션의 경우 Max[S−X, 0]
σ ↑	상 승	상 승	풋옵션의 경우 Max[X−S, 0]
r ↑	상 승	하 락	
d ↑	하 락	상 승	

정답 | ③

fn.Hackers.com

☑ 다시 봐야 할 문제(틀린 문제, 풀지 못한 문제, 헷갈리는 문제 등)는 문제 번호 하단의 네모박스(□)에 체크하여 반복학습하시기 바랍니다.

01 중요도 ★★★
□ **다음 중 파생상품의 유형에 대한 설명으로 거리가 먼 것은?**

① 선도형 파생상품의 종류에는 선도(Forward), 선물(Futures), 스왑(Swap)이 있다.

② 캡(Cap)과 플로어(Floor)는 단일기간 콜옵션 또는 풋옵션을 결합한 옵션형 장내파생상품이다.

③ 합성형 파생상품에는 선물(Futures)과 옵션(Option)을 결합한 선물옵션(Futures Option), 스왑과 옵션을 결합한 스왑션(Swaption) 등이 있다.

④ 주식워런트증권(ELW)은 상품구조가 파생상품인 주식옵션과 유사하지만 주식옵션은 파생상품, ELW는 증권으로 인식되고 있다.

02 중요도 ★★
□ **파생상품거래의 증거금과 일일정산제도에 관한 설명 중 잘못된 것은?**

① 선물시장에는 전일의 선물가격과 당일의 선물가격과의 차이에 해당하는 금액을 익일에 결제하도록 하는 일일정산제도가 있다.

② 증거금은 계약을 이행하겠다는 보증금의 성격을 지니며, 매도자만 납부하여야 한다.

③ 최초 선물계약 체결 시 1계약당 선물회사에 납부하는 증거금을 '개시증거금(Initial Margin)'이라고 한다.

④ 계좌에서 유지해야 하는 잔액을 '유지증거금(Maintenance Margin)'이라고 하며, 계좌의 잔액이 유지증거금 수준 이하로 떨어지면 선물회사는 '마진콜(Margin Call)'을 통보한다.

03 중요도 ★★★
□ **다음 중 선물거래와 선도거래에 대한 설명으로 거리가 먼 것은?**

① 선도거래는 계약당사자의 합의하에 계약서를 작성한다.

② 선물거래의 안전성을 위해 증거금위탁제도가 도입되었다.

③ 선물거래는 공개호가방식 또는 전자거래시스템으로 운용된다.

④ 선물거래는 선도거래와 달리 만기일에 실물인수도 된다.

04 중요도 ★★
다음 중 선물이론가격결정에 대한 설명으로 잘못된 것은?

① 선물가격(F) = 현물가격(S) + 순보유비용(CC)
② 순보유비용(CC) = 이자비용(r) + 보관비용(c) − 현금수입(d) − 편의수익(y)
③ 금융선물가격(F) = 현물가격(S) + 이자비용(r) − 현금수입(배당금, 이표 등)
④ 순보유비용이 음(−)의 값이면 선물가격(F) > 현물가격(S)

05 중요도 ★★★
다음 중 선물이론가격에 대한 설명으로 올바른 것은?

① 배당수익률이 상승하면 선물이론가격도 상승한다.
② 이자율이 배당수익률보다 클 때 만기가 가까워질수록 선물이론가격은 커진다.
③ 이자율이 배당수익률보다 클 때 선물이론가격은 현물가격보다 크다.
④ 선물이론가격이 선물시장가격보다 높을 때 '현물 매입 + 선물 매도'를 한다.

정답 및 해설

01 ② 캡(Cap)과 플로어(Floor)는 단일기간 콜옵션 또는 풋옵션을 결합한 옵션형 장외파생상품을 말한다.

02 ② 선물거래의 경우 매수자와 매도자 모두 증거금을 납부하여야 한다.

03 ④ 선물거래는 만기결제보다는 반대매매로 청산되는 경우가 많다. 만기에 결제할 때에도 실물인수도보다는 현금결제가 일반적이다. 선도거래는 일부 예외를 제외하고 실물인수도로 결제가 이루어진다.

04 ④ 순보유비용이 양(+)의 값이면 선물가격(F) > 현물가격(S)

05 ③ 이자율이 배당수익률보다 크다면 선물이론가격이 현물가격보다 높게 형성된다.

> 참고 선물이론가격의 결정요인

• 현물주가지수 상승 ⇨ 선물이론가격 상승	• 이자율 상승 ⇨ 선물이론가격 상승
• 배당수익률 상승 ⇨ 선물이론가격 하락	• 잔존만기일수 상승 ⇨ 선물이론가격 상승

06

중요도 ★★

다음의 자료를 보고 누적거래량과 미결제계약수를 계산한 것으로 옳은 것은?

거 래	내 용
1	거래자 A가 40계약을 매수, 거래자 B가 40계약을 매도
2	거래자 C가 30계약을 매수(신규매수), 거래자 D가 30계약을 매도(신규매도)
3	거래자 A가 20계약을 매도(반대매매), 거래자 D가 20계약을 매수(반대매매)
4	거래자 C가 20계약을 매도(반대매매), 거래자 E가 20계약을 매수(신규매수)

	누적거래량	미결제계약수
①	110	40
②	110	50
③	130	70
④	130	100

07

중요도 ★

다음 중 선물거래와 옵션거래의 비교로 잘못된 것은?

① 선물 매수자는 거래대가를 지불할 필요가 없으나, 옵션 매수자는 거래대가를 지불하여야 한다.

② 선물 매수자는 권리와 의무를 모두 가지나, 옵션 매수자는 권리만 있고 의무는 없다.

③ 선물 매수자는 위탁증거금의 납입의무가 있으나, 옵션 매수자는 위탁증거금이 없다.

④ 선물 매수자는 일일정산이 필요 없으나, 옵션 매수자는 일일정산이 필요하다.

08

중요도 ★★★

다음 중 옵션에 대한 설명으로 거리가 먼 것은?

① 매도자는 증거금을 부담하고 매수자는 프리미엄을 지불하되, 계약 기간 내에만 권리를 행사할 수 있다.

② 옵션의 수익구조는 기초자산이 상승하거나 하락하는 경우에 한하여 변동된다.

③ 옵션의 가치는 최소치가 0이고, 최대치가 무한대인 비대칭구조를 가진다.

④ 일종의 계약으로, 계약만료일이 가까워질수록 옵션의 가치는 떨어진다.

09 중요도 ★★

옵션 매수 시 만기일의 옵션행사에 대한 설명으로 올바른 것은?

① 콜옵션의 경우 만기일에 기초자산가격이 행사가격보다 크면 권리를 행사할 수 있다.

② 콜옵션의 경우 만기일에 기초자산가격이 행사가격보다 작으면 권리를 행사할 수 있다.

③ 풋옵션의 경우 만기일에 행사가격이 기초자산가격보다 작으면 권리를 행사하게 된다.

④ 풋옵션의 경우 만기일에 행사가격이 기초자산가격보다 크면 권리를 포기하게 된다.

10 중요도 ★★

다음 중 옵션가격의 결정요인에 대한 설명으로 가장 거리가 먼 것은?

① 콜옵션의 경우 기초자산가격이 행사가격보다 클수록 옵션가격은 상승한다.

② 기초자산가격의 변동성이 클수록 옵션가격은 상승한다.

③ 옵션의 잔존만기가 짧아질수록 옵션가격은 상승한다.

④ 이자율이 상승하면 콜옵션의 가격은 상승한다.

정답 및 해설

06 ②

거래	내용	누적거래량	미결제계약수(거래 체결 직후)
1	거래자 A가 40계약을 매수, 거래자 B가 40계약을 매도	40	40
2	거래자 C가 30계약을 매수(신규매수), 거래자 D가 30계약을 매도(신규매도)	70	70
3	거래자 A가 20계약을 매도(반대매매), 거래자 D가 20계약을 매수(반대매매)	90	50
4	거래자 C가 20계약을 매도(반대매매), 거래자 E가 20계약을 매수(신규매수)	110	50

07 ④ 선물 매수자는 일일정산이 필요하나, 옵션 매수자는 일일정산이 필요 없다.

08 ② 옵션의 수익구조는 기초자산의 상승과 하락뿐만 아니라 가격의 변동폭(변동성), 투자기간(시간가치)에 의해서도 변동된다.

09 ① 만기 시 권리행사 여부

구 분	만기일 상황	행사가치	권리행사 여부
콜옵션 매수 시	기초자산가격 > 행사가격	가치 있음(내가격)	권리 행사
	기초자산가격 < 행사가격	가치 없음(외가격)	권리 포기
풋옵션 매수 시	행사가격 > 기초자산가격	가치 있음(내가격)	권리 행사
	행사가격 < 기초자산가격	가치 없음(외가격)	권리 포기

10 ③ 옵션의 잔존만기가 짧아질수록 옵션가격은 하락한다.

제 2 장
주식 관련 선물·옵션

학습전략

주식 관련 선물·옵션은 제1과목 전체 25문제 중 **총 11~13문제** 정도 출제된다.

주식 관련 선물·옵션의 경우 파생상품투자권유자문인력 자격시험에서 가장 중요한 부분이므로 매우 철저한 학습이 필요하다. 주식 관련 선물·옵션의 학습이 제대로 이루어지지 않으면 나머지 금리선물·옵션, 통화선물·옵션, 상품 관련 선물·옵션의 이해도 매우 어려우므로 반드시 이를 주의 깊게 학습하여야 한다.

출제예상 비중

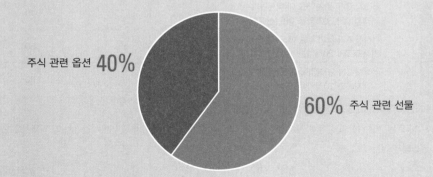

주식 관련 옵션 40%

60% 주식 관련 선물

핵심포인트

한국거래소에서 거래되는 KOSPI200선물이론가격의 상승요인으로 가장 거리가 먼 것은?

① 현금배당금 총액의 감소
② 잔존만기의 증가
③ 91일물 CD 수익률의 상승
④ KOSPI200 지수의 변동성 증가

TIP 변동성은 선물가격에 영향을 주지 않고 옵션가격에 영향을 준다.

핵심포인트 해설   **주가지수선물 결정변수의 역할**

결정변수	지수선물 방향	변수와 선물 방향의 관계
현물가격(S)의 상승	선물이론가격(F)의 상승	같은 방향
이자율(r)의 상승	선물이론가격(F)의 상승	같은 방향
배당수익률(d)의 상승	선물이론가격(F)의 하락	반대 방향
잔존만기(T − t)의 증가	선물이론가격(F)의 상승	같은 방향

우리나라의 경우 CD 이자율

정답 | ④

다음 주가지수 중 산출방식이 다른 하나는?

① Nikkei225 　　　　　　② FTSE
③ NASDAQ 　　　　　　④ KOSPI200

용어 알아두기

주가지수	주식 가격의 전반적인 움직임을 파악하기 위하여 작성하는 지수이다.

TIP Nikkei225 지수는 가격가중지수방식이고, ②③④는 시가총액방식을 사용한다.

핵심포인트 해설　　**주가지수의 종류와 산출방식**

(1) 주가지수 종류

시가총액 가중지수	KOSPI200, KOSDAQ150, S&P500, FTSE, NASDAQ 등 • KOSPI200 : 100p 기준, 상장주식수가 아닌 유동주식수만으로 시가총액 산출 • KOSDAQ150 : 1,000p 기준, 시가총액비중 상한제한(Cap Limit)을 10%로 설정
가격가중지수	Dow Jones, Nikkei225

(2) 주가지수 산출방식

시가총액방식	• 라스파이레스(Laspeyres)식 : 기준시점을 고정하여 산출 $$주가지수 = \frac{비교\ 시점의\ 시가총액}{기준\ 시점의\ 시가총액} \times 기준지수$$ · 장점 : 지수관리가 쉬움 · 단점 : 시장의 구조변화를 반영하지 못함 • 파쉐(Paasche)식 : 비교 시점의 가중치를 택함. KOSPI와 대부분의 시가총액식 지수가 사용 • 피셔(Fisher)식 : 라스파이레스식과 파쉐식에서 구한 지수값을 기하평균
가격가중지수	$$가격가중지수 = \frac{구성종목의\ 주가\ 합계}{제\ 수}$$

정답 | ①

KOSPI200선물에 대한 설명으로 올바른 것은?

① 거래대상인 KOSPI200 지수는 시가총액가중지수이기 때문에 시가총액이 큰 기업의 주가가 선물가격에 미치는 영향이 크다.

② 계약금액은 KOSPI200선물가격에 50만원을 곱하여 산출한다.

③ 주로 주식 포트폴리오의 비체계적 리스크를 헤지하기 위하여 이용한다.

④ 최종결제방법은 실물인수도방식이다.

용어 알아두기

KOSPI200	주식 200개 종목으로 산출하는 대표적인 시가총액식 주가지수이다.

TIP ② 계약금액은 KOSPI200선물가격에 25만원을 곱하여 산출한다.
③ 주식 포트폴리오의 체계적 리스크(시장위험)를 헤지하기 위하여 이용한다.
④ 최종결제방법은 현금결제방식이다.

핵심포인트 해설 주가지수선물 및 주식선물

(1) 주가지수선물과 개별주식선물

구 분	주가지수선물	개별주식선물
기초자산	KOSPI200, KOSDAQ150	개별 주식
결제방식	현금결제	현금결제, 인수도결제
위험회피수단	시장(체계적) 위험 관리 수단	비체계적(개별고유) 위험 관리 수단
가격결정	거시경제변수의 영향이 큼	개별 기업 변수의 영향이 큼

(2) 한국거래소(KRX) 주가지수선물과 개별주식선물의 상품명세

구 분	주가지수선물		개별주식선물
	KOSPI200선물	KOSDAQ150선물	
기초자산	KOSPI200	KOSDAQ150	유가증권시장 150개, 코스닥시장 42개 종목
거래단위	250,000원	10,000원	1계약 × 10주
호가(Tick)	0.05pt	0.1pt	가격대별
Tick Value	12,500원	1,000원	상 동
결제방식	현금결제	좌 동	좌 동
가격제한폭	기준가격(전일 정산가격) 대비 단계별로 확대 적용 ±8%, ±15%, ±20%	좌 동	기준가격(전일 정산가격) 대비 단계별로 확대 적용 ±10%, ±20%, ±30%

정답 | ①

04

다음 중 1계약의 크기가 가장 큰 상품은?

① KOSPI200선물 – 212pt
② 3년 국채선물 – 115원
③ USD선물 – 1,150원
④ 금선물 – 58,000원/g

TIP

상 품	가 격	승 수	계약 금액
① KOSPI200선물	212pt	× 250,000	5,300만원
② 3년 국채선물	115원	× 1,000,000	1억 1,500만원
③ USD선물	1,150원	× 10,000	1,150만원
④ 금선물	58,000원/g	× 100	580만원

핵심포인트 해설　　KRX(한국거래소) 상장 상품별 결제방식 및 거래조건

(1) KRX(한국거래소) 상장 상품별 결제방식

기초자산	상 품	결제방식
주 식	주식선물, 주식옵션, KOSPI200선물, KOSPI200옵션, KOSDAQ150선물	현금결제
채 권	3년·5년·10년 국채선물	현금결제
통 화	달러·유로·엔선물	인수도결제
	달러옵션	현금결제
상 품	금선물, 돈육선물	현금결제

(2) 상품별 거래조건

상 품	승 수	1틱	최종거래일
KOSPI200선물	250,000	0.05pt	두 번째 목요일(3, 6, 9, 12월)
KOSDAQ150선물	10,000	0.1pt	두 번째 목요일(3, 6, 9, 12월)
3년 국채선물	1,000,000	0.01pt	결제월 세 번째 화요일
USD선물	10,000	0.1원	결제월 세 번째 월요일
금선물	100	10원	결제월 세 번째 수요일
돈육선물	1,000	5원	결제월 세 번째 수요일

정답 | ②

A기업의 주가는 20만원이며, 이자율은 6%, 배당수익률은 1%, 만기가 1.5개월 남아 있다고 할 때 A기업 주식선물 이론가격으로 옳은 것은? (단, 소수점 첫째 자리에서 반올림)

① 186,900원

② 195,600원

③ 200,500원

④ 201,250원

TIP 주식선물 이론가격 = 20만원 + 20만원 × (0.06 − 0.01) × $\frac{1.5}{12}$ = 201,250원

핵심포인트 해설   주식 관련 선물의 가격 결정

(1) 주식선물 이론가격(보유비용모형)

$$F_T = S_t + S_t \times (r - d) \times \frac{t}{365} \text{ 또는 } F_T = S_t + S_t \times (r \times \frac{t}{365}) - D$$

(F_T : 선물이론가격, r : 이자율, d : 배당수익률, S_t : 주식가격 또는 주가지수, D : 배당금의 만기 시 가치, t : 잔존만기)

(2) Cash & Carry와 Reverse Cash & Carry전략

Cash & Carry전략	Reverse Cash & Carry전략
$F_M > S_t + S_t \times (r - d) \times \frac{t}{365}$ 인 경우	$F_M < S_t + S_t \times (r - d) \times \frac{t}{365}$ 인 경우

정답 | ④

06

주식 관련 선물의 이론 베이시스에 대한 설명으로 가장 거리가 먼 것은? (단, 이자율은 배당수익률보다 높다고 가정)

① 현물가격이 상승할수록 이론 베이시스는 증가한다.
② 이론 베이시스는 보유비용을 의미한다.
③ 만기일 이전에 이론 베이시스는 음(−)의 값을 갖는다.
④ 만기에 가까워질수록 0으로 수렴한다.

TIP 만기일 이전에 이론 베이시스는 양(+)의 값을 갖는다.

핵심포인트 해설   **베이시스(Basis)**

(1) Contango−Normal Backwardation
  ① 헤저(Hedger)들이 매도 포지션을 취하고, 투기자(Speculator)들이 매수 포지션을 취함 : 투기자들이 선물 매수를 취하는 이유는 반드시 보상(가격상승)이 있을 것을 예상하기 때문임
  ② 정상적인 백워데이션(Normal Backwardation) : 선물가격이 미래의 현물가격 예상치보다 낮은 상황은 정상임
  ③ 콘탱고(Contango) : 선물가격이 미래 현물가격의 예상치보다 높은 상황

(2) 베이시스(Basis)의 개념

정 의	• 선물가격과 현물가격의 차이 → 금융선물은 '선물가격 − 현물가격', 상품선물은 '현물가격 − 선물가격'
	베이시스(B) = 선물가격(F) − 현물가격(S) = 보유비용
특 징	• 만기에 가까워질수록 보유비용이 감소하기 때문에 0으로 수렴
종 류	• 이론 베이시스(Theoretical Basis) : 선물이론가격과 현물가격 간의 차이 • 시장 베이시스(Market Basis) : 선물시장가격과 현물가격 간의 차이

(3) 베이시스의 결정요인

결정변수	베이시스의 방향
현물 주가지수(S) 상승	베이시스 상승
이자율(r) 상승	베이시스 상승
배당수익률(d) 상승	베이시스 하락
잔존기간(T − t) 상승	베이시스 상승

정답 | ③

정상시장에서 베이시스 변화에 따른 투자전략으로 옳은 것은?

① 선물가격의 상승폭이 현물가격의 상승폭보다 클 경우 매수헤지가 유리하다.
② 선물가격의 하락폭이 현물가격의 하락폭보다 작을 경우 매도헤지가 유리하다.
③ 베이시스의 축소가 예상되는 경우에는 매수헤지가 유리하다.
④ 베이시스의 확대가 예상되는 경우에는 '선물 매도 + 현물 매수' 전략이 유리하다.

용어 알아두기

정상시장	선물가격이 현물가격보다 비싼 시장이다.

TIP   ② 선물가격의 하락폭이 현물가격의 하락폭보다 작을 경우 매수헤지가 유리하다.
　　　③ 베이시스의 축소가 예상되는 경우에는 매도헤지가 유리하다.
　　　④ 베이시스의 확대가 예상되는 경우에는 '선물 매수 + 현물 매도' 전략이 유리하다.

핵심포인트 해설　　**베이시스 변화에 따른 손익(정상시장)**

구 분	상 황	전략별 손익	
		매도헤지의 경우 (선물 매도 + 현물 매수)	매수헤지의 경우 (선물 매수 + 현물 매도)
베이시스 확대	• 선물가격 상승폭 > 현물가격 상승폭 • 선물가격 하락폭 < 현물가격 하락폭	−	+
베이시스 축소	• 선물가격 상승폭 < 현물가격 상승폭 • 선물가격 하락폭 > 현물가격 하락폭	+	−

정답 | ①

08

주가지수선물거래의 유형에 대한 설명으로 잘못된 것은?

① 투기거래는 현물을 보유하지 않고 미래의 가격방향만 예측함으로써 이익을 얻으려는 거래이다.

② 헤지거래는 비체계적 위험을 제거한다.

③ 스프레드거래는 선물상품 간의 가격 차이를 이용, 한정된 위험만 감수하여 시세차액을 얻는 것을 목적으로 한다.

④ 현물과 선물 사이의 가격 불균형을 이용하여 수익을 얻는 것을 차익거래라고 한다.

TIP 선물에서의 헤지거래는 체계적 위험을 제거한다.

핵심포인트 해설 **주식 관련 선물의 거래유형**

→ '헤지, 투기, 차익, 스프레드거래' 4가지 종류

구 분	내 용
헤지거래(Hedging)	현물시장에서의 가격변동위험을 회피할 목적으로, 선물시장에 참여하여 현물시장에서와 반대 포지션을 취하는 거래
투기거래(Speculation)	선물시장에만 참여하여 선물계약의 매입·매도 중 한 가지 포지션만 거래함으로써 이득을 얻고자 하는 거래
차익거래(Arbitrage)	현물과 선물의 일시적인 가격평가 차이를 이용하여 현물과 선물 중 고평가된 쪽은 매도하고 저평가된 쪽은 매수함으로써 위험이 거의 없는 이득을 취하고자 하는 거래
스프레드거래(Spread)	선물시장에서 두 개의 선물 간 가격 차이를 이용하여 동시에 한쪽은 매수, 한쪽은 매도하여 이득을 얻고자 하는 거래

정답 | ②

09

투자자 A는 향후 주식시장이 상승할 것으로 예상하고 KOSPI200선물을 250pt에 10계약 매수하였다. 그 후 예상대로 주식시장이 상승하여 265pt로 거래를 청산하였다. 투자자 A의 수익률을 계산한 것으로 옳은 것은? (증거금률은 12%)

① 50% ② 65%

③ 70% ④ 75%

TIP

초기 거래	선물가격 변동	투자손익과 실제 수익률
KOSPI200선물 250pt 10계약 매수 • 거래대금 = 250 × 25만원 × 10 = 6억 2,500만원 • 증거금 = 6억 2,500만원 × 12% = 7,500만원	265pt로 상승	투자수익 265 − 250 = 15 ∴ 증거금 대비 수익률 $= \dfrac{3,750만원}{7,500만원} = 50\%$

핵심포인트 해설　　투기거래

① 미래의 가격변동위험을 감수하며 시세차익을 얻기 위한 목적을 가짐
② 헤지거래자는 자신의 리스크를 다른 투자자에게 이전시키려는 목적을 갖고 있는 반면, 투기거래자는 리스크를 감내함
③ 선물을 활용한 투기거래는 주식시장의 등락을 모두 활용할 수 있지만, 역으로 양방향의 위험요인도 내포함
④ 레버리지 효과는 주식거래에 비하여 고수익·고위험의 특징이 있음
⑤ 일일정산은 선물거래의 손익을 매일 정산하여 정산차금 발생

정답 | ①

베타가 1.25인 주식 포트폴리오 50억원을 보유한 투자자가 만기가 6개월 남은 KOSPI200 주가지수선물을 이용하여 이 주식 포트폴리오의 베타를 시장과 동일하게 1로 변경시키고자 한다. KOSPI200선물가격이 250일 때 매도하여야 할 선물 계약 수는?

① 20계약   ② 23계약

③ 25계약   ④ 30계약

용어 알아두기

베 타	개별자산과 전체시장과의 민감도이다. 베타가 크면 시장 변화에 대하여 민감하게 반응하는 자산이며 베타가 작으면 둔감하게 반응한다. 주식을 예로 든다면 베타가 1보다 큰 주식은 경기민감주가 되는 것이고, 1보다 작다면 경기방어주가 되는 것이다.

TIP $\dfrac{(1 - 1.25) \times 50억원}{250 \times 25만원} = -20계약$

∴ 20계약 매도

핵심포인트 해설   **헤지거래와 베타조정헤지**

(1) 헤지거래

  ① 위험회피를 위하여 현·선물의 반대 포지션을 취하고 가격고정효과를 목표로 함

  ② 종류 : 매도·매입헤지, 직접·교차헤지

(2) 베타조정헤지

  ① 선물을 이용하여 시장리스크를 관리하는 방법

  ② 시장시기 선택

    ㉠ 주가 상승 예상 ⇨ 베타 상향조정 ⇨ 현물 대신 선물을 추가매입

    ㉡ 주가 하락 예상 ⇨ 베타 하향조정 ⇨ 현물 대신 선물을 추가매도

    ㉢ 계약 수(n) = $\dfrac{(목표\ \beta - 기존\ \beta) \times 포트폴리오\ 금액}{선물가격 \times 거래승수}$

정답 | ①

투자자 A는 현재가치가 100억원이고 베타가 0.8인 주식 포트폴리오를 보유하고 있다. 베타를 1.3으로 증가시키고자 할 때 매매해야 할 KOSPI200선물의 계약 수는?

(단, KOSPI200 주가지수선물의 가격은 200pt)

① 50계약 매수   ② 50계약 매도
③ 100계약 매수   ④ 100계약 매도

TIP $\dfrac{(1.3 - 0.8) \times 100억원}{200 \times 25만원} = 100계약$

∴ 100계약 매수

핵심포인트 해설   **베타조정헤지**

① 위험노출 정도의 조정을 통하여 헤지거래로 추가적인 수익을 얻을 수도 있는 적극적인 개념의 헤지
② 전체 포트폴리오를 원하는 수준의 베타만큼 헤지비율을 조정함으로써 가능
③ 주식시장의 상승 또는 하락에 대한 정확한 예측과 적절한 매매 시점의 포착이 중요
④ 베타조정헤지와 완전헤지의 차이

구 분	베타조정헤지	완전헤지
헤지 시점에서 손익고정 여부	유동적	고 정
보유자산가격 상승 시 수익	상승분 일부 수익 가능	선물의 손실로 인해 상쇄
보유자산가격 하락 시 손해	하락분 일부 손실 가능	선물의 이익으로 인해 상쇄

정답 | ③

12

주가지수선물을 이용하여 차익거래를 할 경우 발생할 수 있는 위험으로 가장 거리가 먼 것은?

① 시장충격　　　　　　　　　　② 유동성위험(Liquidity Risk)

③ 거래상대방 위험　　　　　　　④ 추적오차(Tracking Error)

용어 알아두기

차익거래	주가지수선물시장에서 선물가격과 현물가격과의 차이를 이용한 무위험 수익거래 기법이다.
시장충격	대규모의 매수나 매도가 있게 되면 그 매매행위만으로 특정 자산의 가치가 변화할 수 있는데 이것이 시장충격이다.

TIP 주가지수선물거래는 장내거래이기 때문에 거래상대방 위험은 없다.

핵심포인트 해설　　　**차익거래(Arbitrage)**

(1) 매수차익거래와 매도차익거래

시장선물가격 > 이론선물가격	시장선물가격 < 이론선물가격
• 선물 고평가 • 선물 매도 + 현물 매수 • 매수차익거래(현물보유전략)	• 선물 저평가 • 선물 매수 + 현물 매도 • 매도차익거래(역 현물보유전략)

(2) 주가지수선물 차익거래의 리스크

추적오차(Tracking Error)	주식 포트폴리오 구성종목의 가격변동과 벤치마크의 가격변동 간의 의도하지 않은 차이
유동성위험(Liquidity Risk)	현물바스켓 일부 종목이 유동성 부족으로 미체결되거나 매우 불리한 가격에 체결될 위험
시장충격(Market Impact)	순간적으로 대규모의 금액을 체결하여 가격변동이 불리해질 위험

정답 | ③

주식 포트폴리오를 보유한 투자자가 주가지수선물을 이용한 매도헤지를 할 때, 보유하고 있는 주식 포트폴리오 수익률과 주가지수 수익률의 차이를 무엇이라고 하는가?

① 베이시스(Basis)   ② 추적오차(Tracking Error)

③ 헤지비율(Hedge Ratio)   ④ 스프레드(Spread)

TIP   추적오차(Tracking Error)란 주식 포트폴리오 구성종목의 가격변동과 벤치마크의 가격변동 간의 의도하지 않은 차이를 말한다. 즉, 포트폴리오 구성종목이 벤치마크를 쫓아가지 못하는 정도를 나타내므로 예기치 못한 이익 이나 손실을 발생시킬 수 있는 가능성을 의미한다.

핵심포인트 해설   **현물바스켓을 구성하는 방법**

완전복제법	• 주가지수를 정확히 추적 ⇨ 이론적으로 완벽한 방법 • 지수의 구성종목 수가 많아질수록 구성비용이 증가

부분복제법	• 주가지수 구성종목의 일부로 주가지수를 최대한 정확하게 추적할 수 있도록 구성
	• 층화추출법(Stratified Sampling) : 업종별로 대표 종목을 선별하여 구성
	• 최적화법(Optimization) : 업종 및 종목별 특성치 등의 기준에 의해 종목을 선정한 뒤에 일정한 제약
	                      조건(Filtering)을 만족하는 종목으로 구성
	• 복합법 또는 층화-최적화법(Sampling Optimization Method) : 위 두 가지 방식을 통계적으로 결합
	                                        하여 인덱스펀드를 구성
	• 부분복제법의 추적오차 : 대상주가지수와의 괴리가 발생할 위험

P
주식
포트폴리오   ←추적오차→   I
주가지수   ←베이시스 리스크→   F
주가지수선물

정답 | ②

현재 KOSPI200 지수가 200이며 배당수익률은 2%이고 무위험이자율은 6%이다. 다음 중 잔존만기 3개월인 KOSPI200선물가격이 얼마가 되어야 차익거래의 기회가 발생하지 않는가? (선물거래수수료는 0.02pt, 주식거래수수료는 0.06pt)

① 201.90pt

② 201.94pt

③ 202.09pt

④ 202.12pt

TIP KOSPI200선물 이론가격 $= 200pt + 200pt \times (0.06 - 0.02) \times \dfrac{3}{12} = 202.00pt$

차익거래 불가영역대 : $202.00pt - 0.08pt \leq F \leq 202.00pt + 0.08pt \Rightarrow 201.92 \sim 202.08$

차익거래 불가능영역 아래에서 매도차익거래, 위에서 매수차익거래 기회 발생

① 선물시장에서 형성되는 선물가격이 차익거래 불가능 영역을 넘을 경우에 차익거래의 기회 발생(아래 그래프 참고)

매수차익거래 발생 가능 선물가격수준	$S + S \times (r - d) \times \dfrac{t}{365} + TC < F_t$
매도차익거래 발생 가능 선물가격수준	$F_t < S + S \times (r - d) \times \dfrac{t}{365} - TC$

② 효율적인 시장일수록 차익거래의 기회는 순간적으로 사라짐

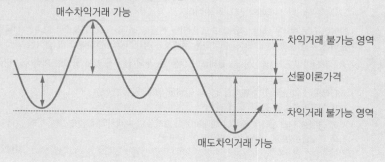

선물을 이용한 스프레드 거래에 대한 설명으로 가장 거리가 먼 것은?

① 두 선물의 가격 차이를 이용한 거래이다.
② 스프레드 거래의 손익은 두 선물의 상대가격의 변화보다는 절대가격의 변화에 따라 결정된다.
③ 스프레드 거래는 상이한 두 선물계약을 반대방향으로 거래한다.
④ 한 종목으로만 거래하는 단순 투기거래보다 리스크 및 수익이 모두 작다.

용어 알아두기

스프레드	어떤 두 자산의 가격 차이를 스프레드라고 한다.

TIP 스프레드 거래의 손익은 두 선물의 절대가격의 변화보다는 상대가격의 변화에 따라 결정된다.

핵심포인트 해설   **선물을 이용한 스프레드 거래**

스프레드	• 2가지의 상이한 선물계약 간의 가격 차이
스프레드 거래	• 상이한 선물계약을 대상 : 상대적으로 저가인 선물을 매수하고 상대적으로 고가인 선물을 매도 • 손익은 두 선물의 절대가격의 변화와는 무관하고 상대가격의 변화에 따라 결정됨
상품 내 스프레드	• 기초자산이 같은 선물상품 중 결제월이 다른 두 개의 선물 중에서 하나는 매입하고 다른 하나는 매도 (결제월 간 스프레드) • 스프레드가 확대될 것을 예상할 경우 : 근월물 매도, 원월물 매수 • 스프레드가 축소될 것을 예상할 경우 : 근월물 매수, 원월물 매도
상품 간 스프레드	• 서로 상이한 선물계약을 동시에 매매하여 스프레드의 시세차익을 얻으려는 거래 • 상품 내 스프레드에 비해서는 변동 폭이 훨씬 큼

정답 | ②

한국거래소의 KOSPI200 지수옵션에 대한 설명으로 올바른 것은?

⊙ KOSPI200 지수옵션의 거래승수는 KOSPI200선물의 3배이다.
ⓒ 현물주식과 달리 별도의 가격제한폭이 없다.
ⓒ 결제월은 매월이다.
ⓔ 만기 시 현금결제로 청산된다.

① ⊙, ⓒ   ② ⊙, ⓒ
③ ⓒ, ⓒ   ④ ⓒ, ⓔ

용어 알아두기

거래승수	지수선물이나 지수옵션의 기초자산은 숫자이다. 이 숫자를 금액으로 바꾸기 위하여 필요한 단위가 승수이다.

TIP ⊙ KOSPI200 지수옵션의 거래승수는 KOSPI200선물과 같다.
ⓒ 단계별로 가격제한폭이 있다.

핵심포인트 해설   KOSPI200 지수옵션과 개별주식옵션

구 분	KOSPI200 지수옵션	개별주식옵션
기초자산	KOSPI200 지수	47종목(2023년 7월 기준)
거래단위	KOSPI200 × 25만원	주식가격 × 10주
권리행사	유럽형	유럽형
만기결제	현금결제	현금결제
결제월	매 월	연속 3개월물 + 3, 6, 9, 12월 중 최근월물

정답 | ④

다음 중 주식옵션가격을 결정하는 이항모형에 대한 설명으로 올바른 것은?

① 옵션의 가치는 주가의 상승 또는 하락 확률에 의하여 결정된다.
② 옵션의 가치에 영향을 미치는 확률변수는 이자율뿐이다.
③ 옵션의 가치는 투자자가 위험중립형이라는 가정하에 결정된다.
④ 옵션가격의 결정에서 투자자들의 리스크선호도를 고려해야 한다.

용어 알아두기

이항모형	기초자산의 가격이 이항확률분포(Binomial Distribution)를 따른다는 가정하에 도출된 옵션(Option)의 가격결정모형이다.

TIP ① 옵션의 가치는 주가의 상승 또는 하락 확률과는 독립적으로 결정된다.
　　 ② 옵션의 가치에 영향을 미치는 확률변수는 기초자산가격이다.
　　 ④ 옵션가격은 투자자의 리스크에 관한 선호도와 독립적으로 결정된다. 즉, 리스크선호도를 고려하지 않아도 된다.

핵심포인트 해설　　**이항분포 옵션가격 결정 모형**

의 의	• 옵션의 기초자산가격이 일정한 비율로 오르거나 내리는 이항분포를 따른다는 가정을 기초로 하여 만들어진 모형
가 정	• 주식가격(S)은 이항분포 생성과정(Binomial Generating Process)을 따름 • 주식가격은 상승과 하락의 두 가지 경우만 계속해서 반복됨 • 주가상승배수(1 + 주가상승률)는 '1 + 무위험수익률'보다 크고, 주가하락배수(1 + 주가하락률)는 '1 + 무위험수익률'보다 작음 ⇨ 만일 이러한 관계가 성립되지 않으면 무위험 차익거래 기회가 존재 • 주식보유에 따른 배당금 지급은 없음(이 가정은 쉽게 완화될 수 있음) • 거래비용, 세금 등이 존재하지 않음

정답 | ③

18

KOSPI200 지수가 현재 100.0pt이고 1년 후 20% 상승하거나 20% 하락할 것으로 예상된다. 무위험이자율은 연 5%이며, KOSPI200 지수 콜옵션의 행사가격은 100.0pt이고 만기는 1년이다. 1기간 이항모형으로 계산한 KOSPI200 지수 콜옵션의 현재가치는 얼마인가?

① 12.5pt

② 12.0pt

③ 11.9pt

④ 11.5pt

TIP 현재 100인 주가는 120으로 상승하거나 80으로 하락할 수 있으므로, 행사가격 100인 콜옵션은 20 또는 0의 가치를 갖게 된다.

- 리스크 중립적 확률(Risk Neutral Probability) = $p = \dfrac{(1 + r) - d}{u - d}$ ⇨ $p = \dfrac{1.05 - 0.8}{1.2 - 0.8} = 0.625$

- 콜의 만기가치 = $20 \times 0.625 + 0 \times (1 - 0.625) = 12.5$

- 콜의 현재가치 = $\dfrac{12.5}{1.05} = 11.9$

핵심포인트 해설   **1기간 이항모형의 콜옵션가격 도출**

$$c = \frac{pc_u + (1 - p)c_d}{1 + r}, \quad p = \frac{(1 + r) - d}{u - d}$$

(p : 리스크 중립적 확률, c_u : 상승 시 콜옵션가치, c_d : 하락 시 콜옵션가치, r : 무위험이자율, u : 상승률, d : 하락률)

정답 | ③

주식 관련 옵션의 가격 결정 모형 중 블랙-숄즈(Black-Scholes) 모형의 기본가정과 거리가 먼 것은?

① 기초자산의 거래가 연속적으로 변화하는 Random Walk를 따른다.
② 주식의 배당과 차익거래의 기회가 존재한다.
③ 옵션가격은 기초자산가격, 행사가격, 무위험수익률, 주식가격의 변동성, 잔존일수 등의 함수로 표현된다.
④ 거래비용과 공매에 대한 제한이 없다.

용어 알아두기

블랙-숄즈 모형 | 1970년 초에 Fischer Black과 Myron Scholes에 의해 개발된 가격결정모형이다. 배당금 지급이 없는 유럽형 가격결정이론을 다루고 있고, 이론적 가격뿐만 아니라 옵션거래에 사용되는 각종 거래지표를 제공한다.

TIP 주식의 배당과 차익거래의 기회는 존재하지 않는다.

핵심포인트 해설　　**블랙-숄즈(Black-Scholes) 모형의 기본가정**

① 연속적으로 변화하는 Random Walk를 따름
② 주가의 수익률은 대수정규분포(Log-Normal Distribution)를 따름
③ 주가의 수익률은 정규분포(Normal Distribution)를 따름
④ 거래비용과 공매에 대한 제한이 없음
⑤ 주식의 배당과 차익거래의 기회는 존재하지 않음

정답 | ②

20

KOSPI200 지수 콜옵션가격의 하락요인으로 가장 올바른 것은?

① 변동성 증가   ② 이자율 상승

③ 만기까지 남은 기간 감소   ④ 주식시장 상승

TIP 만기까지 남은 기간이 감소할수록 콜옵션가격은 하락한다. 변동성이 증가할수록, 이자율이 오를수록, 기초자산 가격(주식시장의 상태)이 상승할수록 콜옵션가격은 상승한다.

핵심포인트 해설   **옵션의 개괄적 이해**

(1) 옵션가격 결정요인

변 수			옵션가격의 변화방향	
			Call	Put
내재가치	기초자산가격	↑	높아짐	낮아짐
	행사가격	↑	낮아짐	높아짐
시간가치	잔존기간	↑	높아짐	높아짐
	변동성	↑	높아짐	높아짐
	무위험이자율	↑	높아짐	낮아짐

(2) 옵션거래와 선물거래의 비교

구 분	옵션거래	선물거래
권리와 의무	• 매수자는 권리를 가짐 • 매도자는 의무를 가짐	• 매수자와 매도자 모두 권리 및 의무를 가짐
거래의 대가	• 매수자가 매도자에게 권리에 대한 대가(옵션프리미엄)를 지급	• 계약대가를 지불할 필요가 없음(계약 당시의 기대이익이 서로 같아 계약의 가치가 0)
위탁증거금	• 매수자는 없으며, 매도자에게만 부과	• 매수자와 매도자 모두에게 부과
일일정산	• 매수자는 필요 없으며, 매도자만 일일정산	• 매수자와 매도자 모두 일일정산

정답 | ③

잔존만기가 3개월이고 행사가격이 달러당 1,105원인 유럽형 미국달러 풋옵션이 30원에 거래되고 있다. 현재 달러당 환율이 1,080원이라면 이 풋옵션의 시간가치로 올바른 것은?

① 0원   ② 5원
③ 25원   ④ 30원

용어 알아두기

시간가치 | 옵션가격은 내재가치(IV : Intrinsic Value)와 시간가치(TV : Time Value)의 합으로 구성되어 있다. 이 중 시간가치는 옵션가격이 향후에 보다 유리하게 진행될 가능성에 대한 기대가치이다.

TIP 내재가치 = 1,105원 − 1,080원 = 25원 ⇨ 시간가치 = 30원 − 25원 = 5원

핵심포인트 해설   **옵션가격의 구성요소**

옵션가격 = 내재가치(IV : Intrinsic Value) + 시간가치(TV : Time Value)
- 내재가치는 옵션의 권리를 행사하는 경우 확실하게 얻어지는 이익
- 시간가치는 옵션가격이 향후에 보다 유리하게 진행될 가능성에 대한 기대가치
- 시간가치는 옵션이 등가격이나 외가격일 때 존재
- 등가격일 때 옵션가격은 모두 시간가치를 반영한 값
- 시간가치는 옵션의 만기가 길수록 높으며, 만기일이 다가올수록 급속히 감소(시간가치 소멸현상)
- 만기가 되면 시간가치는 소멸(소모성 자산)

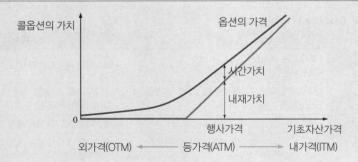

정답 | ②

22

기초자산이 동일한 경우 다음 표의 콜옵션가격을 비교한 내용 중 가장 올바른 것은?

콜옵션	A	B	C	D
잔존만기(일)	100	50	150	150
변동성	10	5	15	20

① B > A > C > D

② B > D > C > A

③ C > D > B > A

④ D > C > A > B

TIP 만기가 길고, 변동성이 클수록 콜옵션가격이 비싸므로 D > C > A > B 순이다.

핵심포인트 해설   　　옵션가격에 영향을 미치는 요인

기초자산가격의 변동성	기초자산가격의 변동성이 클수록 옵션의 가치는 상승
만기까지 남은 기간(잔존만기)	옵션의 만기까지 남은 기간(잔존만기)이 적을수록 옵션의 가치는 하락
이자율	다른 요인들과 달리 옵션가격에 미치는 영향이 일정하지 않으며 옵션의 기초자산 종류에 따라 다르게 나타남
현금수입	기초자산에서 현금수입이 발생하면 기초자산가격이 그만큼 하락하여 콜옵션의 가격은 하락하고 풋옵션의 가격은 상승하게 됨

정답 | ④

만기가 1년이고 행사가격이 10,500원인 유럽식 콜옵션가격이 1,500원이다. 기초자산에서 배당금을 지급하지 않으며, 현재가격은 11,000원이다. 풋-콜 패리티를 고려할 때 조건이 동일한 유럽식 풋옵션의 가격은? (단, 무위험이자율은 5%로 가정)

① 1,000원　　　　　　　　② 500원
③ 300원　　　　　　　　　④ 100원

용어 알아두기

풋-콜 패리티	동일한 행사가격과 만기를 가진 콜옵션과 풋옵션가격 사이의 관계이다.

TIP　$P + S = C + \dfrac{X}{1+r} \Rightarrow P = 1,500 + \dfrac{10,500}{1+0.05} - 11,000 = 500$

핵심포인트 해설　　　풋-콜 패리티(Put-Call Parity)

현물 풋-콜 패리티	$P + S = C + \dfrac{X}{1+r}$ $\left(\dfrac{X}{1+r}$는 $X \cdot e^{-rt}$와 동일$\right)$
선물 풋-콜 패리티	$P + \dfrac{F}{1+r} = C + \dfrac{X}{1+r}$ (P : 풋옵션의 현재가격, F : 선물가격, C : 콜옵션의 현재가격, X : 행사가격, r : 무위험이자율)

정답 | ②

24

유럽형 콜옵션의 이론가격에 대한 설명으로 가장 거리가 먼 것은?

① 콜옵션의 가격은 기초자산가격보다 높을 수 없다.

② 콜옵션의 가격은 음(-)의 가격을 가질 수 없다.

③ 콜옵션의 가격은 기초자산가격에서 행사가격의 현재가치를 뺀 값보다 작을 수 없다.

④ 이자율이 0보다 큰 경우 등가격 콜옵션은 등가격 풋옵션에 비하여 가치가 작게 된다.

용어 알아두기

| 음(-)의 가격 | 음(-)의 가격은 0보다 작은 마이너스를 말한다. |

TIP   이자율이 0보다 큰 경우 등가격 콜옵션은 등가격 풋옵션에 비해 가치가 크게 된다.

핵심포인트 해설   **풋-콜 패리티(Put-Call Parity)의 변형**

① 합성 포지션 구축

투자대상	풋-콜 패리티(Put-Call Parity)의 변형
+Call	$+P + S - \dfrac{X}{1+r}$
+Put	$+C - S + \dfrac{X}{1+r}$
+S(기초자산 매입)	$+C - P + \dfrac{X}{1+r}$
-S(기초자산 매도)	$-C + P - \dfrac{X}{1+r}$

참고 각 자산 앞의 부호는 매수(+), 매도(-)를 의미함

② 콜, 풋의 적정가격 계산

③ 시장균형 판단 : 풋-콜 패리티가 성립하지 않으면 차익거래 가능(컨버전, 리버설 등)

④ 옵션의 경우 등가격(ATM) → 기초자산 현재가격과 행사가격이 같은 상태

  ㉠ 현물옵션은 콜옵션 가치가 풋옵션 가치보다 커야 함(C > P)

  ㉡ 선물옵션은 콜옵션 가치와 풋옵션 가치가 동일해야 함(C = P)

⑤ 배당금(D)이 있는 경우의 풋-콜 패리티는 $P + S - D = C + \dfrac{X}{1+r}$

정답 | ④

25

옵션의 민감도 지표 중 델타에 대한 설명으로 가장 거리가 먼 것은?

① 풋옵션의 델타는 기초자산가격이 하락할수록 −1의 값에 근접한다.
② 잔존만기가 짧은 콜옵션일수록 델타의 변화가 크다.
③ 델타가 0.3인 외가격(OTM) 콜옵션은 현재 시점에서 만기를 맞을 경우 내가격(ITM)으로 결제될 확률이 30%라는 것을 의미한다.
④ 델타가 0.3인 옵션을 델타중립으로 만들기 위해서는 0.7의 델타값을 갖는 기초자산을 매매하여야 한다.

용어 알아두기

델 타	기초자산가격 변화에 대한 옵션가격의 변화분이다.

TIP 델타가 0.3인 옵션을 델타중립으로 만들기 위해서는 −0.3의 델타값을 갖는 기초자산을 매매하여야 한다.

핵심포인트 해설   옵션의 민감도-델타(Delta)

① Delta = Δ옵션가격/Δ주가
② 델타의 범위 : 0 ≤ 콜옵션의 델타 ≤ 1, −1 ≤ 풋옵션의 델타 ≤ 0

콜옵션의 경우	기초자산가격이 상승할수록 1의 값에 근접하며, 기초자산가격이 하락할수록 0의 값에 근접
풋옵션의 경우	기초자산가격이 상승할수록 0의 값에 근접하며, 기초자산가격이 하락할수록 −1의 값에 근접

③ ITM델타는 ±1, ATM델타는 ±0.5, OTM델타는 0에 가까움
④ 기초자산가격이 상승할수록 콜·풋옵션의 델타는 모두 상승
⑤ 델타는 ITM옵션으로 남아있을 확률을 의미함
⑥ 델타는 헤지비율로 이용 : h = $\dfrac{1}{델타}$

> 예제 델타 0.4인 콜옵션과 −0.5인 풋옵션을 이용해 기초자산 10단위를 헤지하라.
> 풀이 헤지비율(h) = $\dfrac{1}{델타}$ 이므로 콜은 2.5, 풋은 2이다. 그러므로 콜옵션은 25계약을 매도하고 풋옵션은 20계약을 매수하면 된다.

⑦ 델타중립 포지션 : 포지션 델타가 0이어서 기초자산가격의 움직임과 무관한 상태의 포트폴리오

> 예제 델타 0.8인 콜옵션 1개와 델타 −0.4인 풋옵션 2개 보유 시 포지션 델타는?
> 풀이 포지션 델타 = 0.8 × 1 + (−0.4) × 2 = 0 ⇨ 현재 상태는 델타중립 포지션

⑧ 델타와 잔존기간 : 잔존기간이 길수록 델타는 ±0.5(ATM)에 가까움

정답 | ④

26

옵션 수익구조의 특성인 비선형을 측정하는 민감도 지표에 해당하는 것은?

① 감 마   ② 세 타
③ 베 가   ④ 로

TIP   옵션 수익구조의 특성인 비선형을 측정하는 민감도 지표는 감마이다.

핵심포인트 해설   옵션의 민감도

(1) 감마(Gamma : Γ) = $\dfrac{\text{델타 변화분}}{\text{기초자산가격 변화분}}$

  ① 감마는 기울기의 변화, 옵션가격변화의 가속도, 비선형민감도 측정지표임

  ② 감마는 ATM에서 가장 크고 OTM, ITM으로 갈수록 작음

  ③ 만기일에 가까워질수록 ATM 감마는 커지고, OTM과 ITM 감마는 오히려 작아짐

(2) 세타(Theta : θ) = $\dfrac{\text{옵션가격 변화분}}{\text{시간 변화분}}$

  ① 시간가치의 감소 속도를 측정, 통상 음수(−)로 표시됨

  ② 세타는 ATM에서 가장 크고 OTM, ITM으로 갈수록 작아짐

  ③ 만기일에 가까워질수록 ATM 세타는 커지고, OTM과 ITM 세타는 변화가 크지 않음

(3) 베가(Vega, Kappa : Λ) = $\dfrac{\text{옵션가격 변화분}}{\text{변동성 변화분}}$

  ① 베가는 ATM에서 가장 크고 OTM, ITM으로 갈수록 작아짐

  ② 잔존만기가 길수록 베가는 증가(비례관계)함

(4) 로(Rho : ρ) = $\dfrac{\text{옵션가격 변화분}}{\text{이자율 변화분}}$

일반적으로 콜옵션은 (+), 풋옵션은 (−)값을 가짐

참고

> • ATM 최대 ⇨ 감마, 세타, 베가
> • ITM 최대 ⇨ 델타, 로
> • 만기도래 시 ⇨ ATM 감마 ↑, ATM 세타 ↑, 베가 ↓

정답 | ①

옵션의 민감도 부호가 나머지 셋과 다른 하나는?

① 콜옵션 매입의 델타   ② 콜옵션 매도의 세타

③ 풋옵션 매입의 감마   ④ 풋옵션 매도의 베가

TIP   ①②③은 양수(+), ④는 음수(−)이다.

핵심포인트 해설   **옵션의 민감도 부호**

구 분		델타 포지션	감마 포지션	세타 포지션	베가 포지션	로 포지션
콜옵션	매 입	+	+	−	+	+
	매 도	−	−	+	−	−
풋옵션	매 입	−	+	−	+	−
	매 도	+	−	+	−	+

정답 | ④

28

델타가 0.5, 감마가 0.08인 콜옵션 60계약과 델타가 −0.4, 감마가 0.06인 풋옵션 40 계약의 매수 포지션을 보유한 투자자의 전체 포지션에 대한 감마로 옳은 것은?

① 2.4

② 4.8

③ 7.2

④ 14.0

TIP (0.08 × 60) + (0.06 × 40) = 4.8 + 2.4 = 7.2

핵심포인트 해설 **민감도의 가법성과 포지션 민감도**

(1) 민감도의 가법성

예제 델타가 0.5인 콜옵션 5계약 매수, 델타가 −0.4인 풋옵션 10계약 매수하는 경우, 전체 포지션 델타는?
풀이 0.5 × 5 + (−0.4) × 10 = −1.5

예제 델타가 0.4이고 감마가 0.03인 콜옵션 15계약 매수, 델타가 −0.7이며 감마는 0.02인 풋옵션 12계약 매수의 포지션에서
기초자산의 가격이 1단위 상승하는 경우, 전체 포지션의 델타는?
풀이 전체 포지션 델타 = (0.4 + 0.03) × 15 + (−0.7 + 0.02) × 12 = −1.71
⇨ 주가지수 1단위 상승하였을 경우, 동 포지션은 1.71단위만큼 하락하는 민감도 보유

(2) 포지션 민감도

예제 콜옵션의 감마가 0.004이고 델타가 0.6일 때, 기초자산가격이 20 상승하였다면 보유한 콜옵션의 델타는?
풀이 델타 변화분 = 감마 × 기초자산가격 변화분 = 0.004 × 20 = 0.08
⇨ 새로운 델타 : 0.6 + 0.08 = 0.68

정답 | ③

29

다음 보기 중 시장이 강세로 예상될 때 취할 수 있는 옵션전략으로 모두 묶인 것은?

- ㉠ 콜옵션 매수
- ㉡ 풋옵션 매수
- ㉢ 콜옵션 매도
- ㉣ 풋옵션 매도
- ㉤ 강세 콜 스프레드
- ㉥ 강세 풋 스프레드
- ㉦ 약세 콜 스프레드
- ㉧ 약세 풋 스프레드

① ㉠, ㉡, ㉤, ㉧
② ㉠, ㉣, ㉤, ㉥
③ ㉡, ㉢, ㉤, ㉥
④ ㉡, ㉢, ㉦, ㉧

용어 알아두기

옵션전략	옵션을 가지고 취할 수 있는 전략으로, 크게 방향성전략과 변동성전략으로 나눌 수 있다.

TIP 시장이 강세로 예상될 때 취할 수 있는 전략은 콜 매수, 풋 매도, 강세 스프레드이다.

핵심포인트 해설 | 방향성 매매와 스프레드 거래

(1) 단순 강세와 단순 약세

구 분	전 략	최대수익	최대손실
단순 강세	콜 매수	(기초자산가격 − 행사가격) − 지불 프리미엄	지불 프리미엄
	풋 매도	수령 프리미엄	(기초자산가격 − 행사가격) + 수령 프리미엄
단순 약세	콜 매도	수령 프리미엄	(행사가격 − 기초자산가격) + 수령 프리미엄
	풋 매수	(행사가격 − 기초자산가격) − 지불 프리미엄	지불 프리미엄

(2) 강세 스프레드와 약세 스프레드

구 분	콜	풋
강세 스프레드	• 주가의 상승과 하락에 대해 제한적인 손익만을 노출하고자 할 때 적합 • 낮은 행사가격의 옵션을 매수하면서 동일 수량으로 높은 행사가격의 옵션을 매도함	• 주가의 상승이 예상되지만 확신이 높지 않을 때 사용 가능 • 낮은 행사가격 매수와 동시에 동일 수량으로 높은 행사가격을 매도
약세 스프레드	• 주가가 약세일 가능성이 높지만 확신이 높지 않을 때 약세국면에서 수익과 손실을 제한적으로 노출하고자 하는 투자자에게 적합 • 낮은 행사가격의 ITM 또는 ATM 콜옵션을 매도하면서 동일 수량으로 높은 행사가격의 OTM 콜옵션을 매수	• 주가의 하락이 예상되지만 확신이 높지 않을 때 사용 가능 • 낮은 행사가격의 OTM 풋옵션을 매도하면서 동일 수량으로 높은 행사가격의 ITM 풋옵션을 매수

정답 | ②

30

주가 하락이 예상되지만 확신이 높지 않을 때 이용하는 보수적인 투자전략으로서, 초기에 프리미엄 순수입을 발생시키는 거래전략은?

① 약세 콜옵션 스프레드 전략　　　② 약세 풋옵션 스프레드 전략
③ 강세 콜옵션 스프레드 전략　　　④ 강세 풋옵션 스프레드 전략

용어 알아두기

| 순수입 | '총수입 - 총비용 = 순수입'이다. |

TIP　약세 콜옵션 스프레드 전략에 대한 설명이다.

핵심포인트 해설　　**옵션의 투자전략**

구 분			이 익	손 실	손익구조
대상자산 가격의 방향성	상승 예상 시	콜옵션 매수	무제한	제 한	
		수직적 강세 풋옵션 스프레드	제 한	제 한	
		수직적 강세 콜옵션 스프레드	제 한	제 한	
		풋옵션 매도	제 한	무제한	
	하락 예상 시	풋옵션 매수	무제한	제 한	
		수직적 약세 풋옵션 스프레드	제 한	제 한	
		수직적 약세 콜옵션 스프레드	제 한	제 한	
		콜옵션 매도	제 한	무제한	

정답 | ①

기초자산가격의 변동성이 축소될 가능성이 높을 때 사용하는 옵션투자전략으로, 높은 행사가격의 콜옵션과 낮은 행사가격의 풋옵션을 동일수량만큼 매도하는 전략은?

① 버터플라이 매도　　　　　　② 스트래들 매도

③ 스트랭글 매도　　　　　　　④ 스트랩 매도

용어 알아두기

변동성	변동성이란 시장이 횡보장인가 급변장인가에 대한 예측과 관계된다. 횡보장으로 예상된다는 것은 변동성이 축소된다는 것이고 이에 대한 전략으로 변동성을 매도하게 된다. 거꾸로 급변장으로 예상된다는 것은 변동성이 확대된다는 것이고 이에 대한 전략으로 변동성을 매수하면 된다.

TIP 스트랭글 매도 전략에 대한 설명이다.

핵심포인트 해설　　**변동성 매매**

(1) 변동성 매매의 의미

가격 변동성에 근거하여 전략적으로 매매하는 것을 의미

(2) 변동성 상승을 노린 매매와 변동성 축소를 노린 매매

구 분	전 략	내 용
변동성 상승을 노린 매매	스트래들(Straddle) 매수	행사가격이 동일한 콜옵션과 풋옵션을 각각 매수
	스트랭글(Strangle) 매수	행사가격이 낮은 풋옵션과 행사가격이 높은 콜옵션을 각각 매수
	버터플라이(Butterfly) 매도	콜옵션 행사가격이 $X_1 < X_2 < X_3$일 경우, X_1 행사가격의 콜옵션을 1단위 매도하고 X_2 행사가격의 콜옵션을 2단위 매수하며 X_3 행사가격의 콜옵션을 1단위 매도
변동성 축소를 노린 매매	스트래들(Straddle) 매도	행사가격이 동일한 콜옵션과 풋옵션을 각각 매도
	스트랭글(Strangle) 매도	행사가격이 낮은 풋옵션과 행사가격이 높은 콜옵션을 각각 매도
	버터플라이(Butterfly) 매수	콜옵션 행사가격이 $X_1 < X_2 < X_3$일 경우, X_1 행사가격의 콜옵션을 1단위 매수하고 X_2 행사가격의 콜옵션을 2단위 매도하며 X_3 행사가격의 콜옵션을 1단위 매수

정답 | ③

32

시간 스프레드에 대한 설명으로 가장 거리가 먼 것은?

① 캘린더 스프레드라고도 한다.
② 수직적 스프레드의 일종이다.
③ 행사가격은 동일하지만 만기가 다른 옵션을 이용한다.
④ 시간가치의 상대적 변화차이를 이용한다.

TIP 수평적 스프레드의 일종이다.

핵심포인트 해설 　　　시간 스프레드, 방향성 매매와 변동성 매매의 결합

(1) 시간 스프레드(수평 스프레드 또는 캘린더 스프레드)
　① 행사가격은 동일하지만 만기가 다른 콜옵션이나 풋옵션을 이용하여 매수와 매도를 조합
　② 대체로 잔존만기가 짧은 단기월물을 매도하고 잔존만기가 긴 장기월물을 매수
　③ 시간가치 감소가 잔존만기별로 다르게 이루어진다는 점을 이용
　④ 시간 스프레드 매수(long time spread) : 장기월물 매수로 구성된 포지션, 가격변동이 안정적일 것으로 예상되는 상황에 적절
　⑤ 시간 스프레드 매도(short time spread) : 장기월물 매도로 구성된 포지션, 가격변동이 클 것으로 예상될 때 적절

(2) 스프레드 전략의 변형
　① 비율(Ratio) 스프레드 : 옵션 매도수량을 크게 하여 횡보 가능성에 더 큰 비중을 둠
　② 백(Back) 스프레드 : 옵션 매수수량을 크게 하여 급변 가능성에 더 큰 비중을 둠

(3) 스트래들의 변형
　① 스트립(Strip) : 2개의 풋 매수 + 1개의 콜 매수 ⇨ 하락 가능성에 더 큰 비중을 둠
　② 스트랩(Strap) : 2개의 콜 매수 + 1개의 풋 매수 ⇨ 상승 가능성에 더 큰 비중을 둠

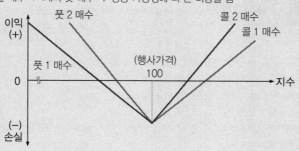

정답 | ②

현물 포트폴리오를 보유하고 있는 투자자가 향후 시장이 횡보국면을 유지하거나 약간 하락할 것으로 판단하고 외가격(OTM) 콜옵션을 매도하는 거래전략으로 옳은 것은?

① 커버드 콜   ② 컨버전

③ 리버스 컨버전   ④ 방어적 풋

용어 알아두기

방어적 풋	보호적 풋(Protective Put)이라고도 한다.

TIP   커버드 콜 거래전략에 대한 설명이다.

핵심포인트 해설   **헤지거래**

① 보호적 풋(Protective Put) : 주식 포트폴리오 보유 + 풋옵션 매수
  ⊙ 주가상승 시에는 수익을 얻고, 주가하락 시에는 손실이 제한되는 구조
  ⓛ 콜옵션 매수 포지션과 동일
  ⓒ 포트폴리오 보험(Portfolio Insurance)의 기본유형으로 활용
② 커버드 콜(Covered Call) : 주식 포트폴리오 보유 + 콜옵션 매도
  ⊙ 주가상승 시에는 제한된 이익을 얻고, 주가하락 시에는 포트폴리오의 손실에서 수취한 옵션 프리미엄만큼 손실이 상쇄
  ⓛ 결과적으로 풋옵션 매도 포지션과 동일

정답 | ①

옵션이 행사되었을 때 기초자산을 행사가격에 매수하게 되는 포지션으로 옳은 것은?

① 콜옵션 매수, 풋옵션 매수　　　　② 콜옵션 매도, 풋옵션 매수

③ 콜옵션 매수, 풋옵션 매도　　　　④ 콜옵션 매도, 풋옵션 매도

TIP　옵션이 행사되었을 때 기초자산을 행사가격에 매수하게 되는 포지션은 '콜옵션 매수, 풋옵션 매도'이다.

핵심포인트 해설　　**합성 포지션 구성**

합성 포지션 구성방법				
합성 콜 매수	=	풋 매수	+	기초자산 매수
합성 콜 매도	=	풋 매도	+	기초자산 매도
합성 풋 매수	=	콜 매수	+	기초자산 매도
합성 풋 매도	=	콜 매도	+	기초자산 매수
합성 기초자산 매수	=	콜 매수	+	풋 매도
합성 기초자산 매도	=	콜 매도	+	풋 매수

정답 | ③

풋–콜 패리티(Put–Call Parity)**를 이용한 합성증권의 구성이 잘못된 것은?**

① 합성 주식 매수 = 풋옵션 매도 + 콜옵션 매수 + 무위험채권 매수(대출)

② 합성 풋 매수 = 주식 공매 + 풋옵션 매수 + 무위험채권 매수(대출)

③ 합성 콜 매수 = 주식 매수 + 풋옵션 매수 + 무위험채권 공매(차입)

④ 합성 무위험채권 매수 = 주식 매수 + 풋옵션 매수 + 콜옵션 매도

TIP 합성 풋 매수 = 주식 공매 + 콜옵션 매수 + 무위험채권 매수(대출)

핵심포인트 해설   기초자산(Underlying) 합성

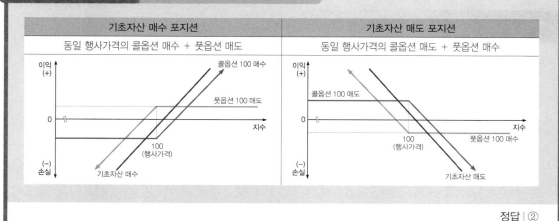

정답 | ②

36

풋–콜 패리티에서 상대적으로 풋옵션이 고평가되었을 때 사용할 수 있는 차익거래전략은?

① 스트랩

② 시간 스프레드

③ 커버드 콜

④ 리버설

TIP 풋–콜 패리티에서 상대적으로 풋옵션이 고평가되었을 때 사용할 수 있는 차익거래전략은 리버설이다.

핵심포인트 해설　　**옵션 차익거래**

① 옵션가격의 불균형 발생 시(풋–콜 패리티로 판단) 고평가된 옵션은 매도하고 저평가된 옵션은 매수하여 무위험이익을 얻을 수 있는 전략임 → *합성 포지션의 기초임*
　㉠ 옵션의 기초자산과 옵션을 동시 이용 : 컨버전, 리버설
　㉡ 옵션만 이용 : 크레디트 박스, 데빗 박스

② 컨버전(Conversion)과 리버설(Reversal)

구 분	컨버전	리버설
사용 시기	콜옵션 고평가 시, 즉 $P + S < C + \dfrac{X}{1+r}$	콜옵션 저평가 시, 즉 $P + S > C + \dfrac{X}{1+r}$
구 성	콜옵션 매도 + 풋옵션 매수 + 기초자산 매수 (합성선물 매도 + 기초자산 매수)	콜옵션 매수 + 풋옵션 매도 + 기초자산 매도 (합성선물 매수 + 기초자산 매도)

③ 크레디트 박스(Credit Box)와 데빗 박스(Debit Box)

구 분	크레디트 박스(Credit Box)	데빗 박스(Debit Box)
특 징	Selling a box	Buying a box
구축 시	초기수입 발생	초기비용 발생

정답 | ④

출제예상문제

☑ 다시 봐야 할 문제(틀린 문제, 풀지 못한 문제, 헷갈리는 문제 등)는 문제 번호 하단의 네모박스(□)에 체크하여 반복학습하시기 바랍니다.

01
중요도 ★★★

주가지수선물거래의 경제적 기능과 관련이 적은 것은?

① 주식 포트폴리오의 체계적 위험은 줄일 수 없더라도, 비체계적 위험은 최소화할 수 있다.

② 차익거래로 인하여 주식시장의 유동성이 증대되고 현물시장만 존재하는 경우보다 가격이 안정될 수 있다.

③ 적은 증거금으로 큰 규모의 거래가 가능하므로 투기자금을 효과적으로 유인할 수 있다.

④ 주가지수선물을 활용하면 소액의 증거금만 소요되며 거래비용도 주식거래에 비하여 매우 적다.

02
중요도 ★

다음 중 KOSPI200 선물의 이론가격에 대한 설명으로 잘못된 것은?

① 선물이론가격 산정 시 이자비용은 회사채 수익률을 이용한다.

② 시장충격(Market Impact)비용도 차익거래 불가능 요인이다.

③ 이론상 차익거래 시 현재 투자금액은 0이어야 한다.

④ 현물시장과 선물시장의 거래비용과 선물증거금률이 높을수록 차익거래 불가능 범위가 넓어진다.

03
중요도 ★★

다음 중 주가지수선물의 이론가격에 대한 설명으로 가장 거리가 먼 것은?

① 현물보유전략(Cash & Carry Strategy)은 주식가격이 선물가격에 비하여 높을 때 유용하다.

② 보유비용모형의 조건에 위반될 때 차익거래의 기회가 발생한다.

③ 보유비용모형에 의할 경우 주가지수선물의 이론가격은 주식가격에 보유비용을 합한 값으로 결정된다.

④ 무위험이자율이 배당수익률보다 크면 보유비용이 발생하며 선물가격이 현물가격보다 크게 된다.

04 중요도 ★

주가지수선물의 이론가격에 대한 설명 중 옳은 것은?

① 선물시장 개설 시 매 3개월마다 새로운 종목을 신규 상장할 때 선물이론가격을 기준으로 사용한다.

② 주가지수선물의 가격은 주식가격에서 보유비용을 차감한 가격으로 결정된다.

③ 현물보유전략(Cash & Carry Strategy)은 선물의 구성 주식을 매도하고 선물을 매입하는 것으로, 투자자는 선물 만기일까지 이 주식을 보유할 수 있다.

④ 역 현물보유전략(Reverse Cash & Carry Strategy)은 주식을 공매하고 선물을 매도하는 전략으로, 주식가격이 선물가격에 비하여 높을 때 유리하다.

정답 및 해설

01 ① 주식에 대한 투자는 분산투자를 통하여 비체계적 위험을 줄일 수 있으나, 체계적 위험은 줄일 수는 없다. 그러나 주가지수선물을 이용하면 주식 포트폴리오의 체계적 위험도 줄일 수 있게 된다.

02 ① 선물이론가격 산정 시 이자비용은 91일물 CD금리를 이용한다.

선물이론가격 = KOSPI200 지수 × $(1 + r × \frac{t}{365})$ − 선물배당액지수합계(r : CD 91일물의 연수익률)

03 ① 현물보유전략은 선물의 구성 주식을 매입하고 선물을 매도하는 것으로, 주식가격이 선물가격에 비하여 낮을 때 유용하다. 반면에 역 현물보유전략(Reverse Cash & Carry Strategy)은 주식을 공매하고 선물을 매입하는 것으로, 주식가격이 선물가격에 비하여 높을 때 유용하다.

04 ① ② 주가지수선물의 가격은 주식가격에 보유비용을 더한 가격으로 결정된다.

③ 현물보유전략(Cash & Carry Strategy)은 선물의 구성 주식을 매입하고 선물을 매도하는 전략이다.

④ 역 현물보유전략(Reverse Cash & Carry Strategy)은 주식을 공매하고 선물을 매입하는 전략으로, 선물가격이 주식가격에 비하여 저평가되었을 때 실행한다.

05 중요도 ★★

A기업은 KOSPI200 지수를 추적하는 인덱스펀드에 1년 동안 100억원을 투자하려고 한다. 현재 KOSPI200 현물은 100포인트이고 1년 만기 KOSPI200 선물가격은 105포인트, 1년간 예상배당수익률은 3%, 1년 만기 이자율은 5%라고 할 때, A기업의 투자전략으로 올바른 것은?

① KOSPI200 선물 매수
② KOSPI200 선물 매수 + KOSPI200 현물 매수
③ KOSPI200 지수 중심으로 구성된 인덱스펀드 매수
④ KOSPI200 주가지수선물 매수 + 1년 만기 채권 매수

06 중요도 ★★★

보유비용모형에 의하여 아래 주가지수선물의 이론가격을 계산한 것으로 옳은 것은?

- 2019. 6. 10. KOSPI200 지수 : 250
- 연배당률의 기대치 : 2%
- 91일물 CD금리 : 6%
- 잔존만기 : 100일

① 251.69
② 252.74
③ 253.55
④ 254.10

07 중요도 ★

다음 중 인덱스펀드 구성 시 복제방법에 관한 설명으로 잘못된 것은?

① 인덱스펀드는 지수를 최대한 잘 추종할 수 있도록 구성한다.
② 인덱스펀드의 지수복제방법은 크게 완전복제와 부분복제로 나뉜다.
③ 부분복제에는 층화추출법과 최적화법 등이 있다.
④ 괴리율 $= \dfrac{\text{선물이론가격} - \text{선물시장가격}}{\text{선물이론가격}} \times 100$이다.

08 중요도 ★★

주가지수선물의 차익거래에 관한 설명으로 가장 거리가 먼 것은?

① 매도차익거래는 현물을 매도하고 선물을 매수하는 것을 말한다.
② 인덱스펀드의 구성방법에는 완전복제법과 부분복제법이 있다.
③ 층화추출법은 완전복제법에 속한다.
④ 괴리율은 '(선물시장가격 − 선물이론가격) ÷ 선물이론가격 × 100'으로 나타낸다.

09 중요도 ★

주가지수선물가격에서 선물지수를 차감한 값으로 계산되는 베이시스에 관한 설명으로 잘못된 것은?

① 베이시스는 선물만기에 근접할수록 보유비용의 감소로 인하여 점점 줄어들어 결국 0에 수렴한다.
② 배당수익률이 증가할수록 베이시스가 확대된다.
③ 금리가 상승할수록 베이시스가 확대된다.
④ 현물가격과 선물가격의 높은 상관관계에도 불구하고 변동폭이 일정하지 않기 때문에 베이시스위험이 발생한다.

정답 및 해설

05 ③ 선물이론가격 = 100 + 100 × (5% − 3%) = 102
현재 선물가격이 105포인트로 선물이론가격 102포인트보다 고평가되어 있으므로, 선물 매수는 적합하지 않고 현물 매수가 유리하다.

06 ② 주가지수선물의 이론가격 = 현물가격 + 현물가격 × (단기이자율 − 배당수익률) × $\dfrac{\text{잔존만기}}{365}$

$$= 250 + 250 \times (6\% - 2\%) \times \frac{100}{365} = 252.74$$

07 ④ 괴리율 = $\dfrac{\text{선물시장가격} - \text{선물이론가격}}{\text{선물이론가격}} \times 100$

08 ③ 층화추출법(Stratified Sampling)은 부분복제법에 속한다.

09 ② B(Basis) = F(선물가격) − S(현물가격) = S × (r − d) × $\dfrac{t}{365}$

현물가격(S), 이자율(r), 잔존만기(t)가 증가하면 베이시스도 증가한다. 반면 배당수익률(d)이 증가하면 베이시스는 줄어든다.

10
중요도 ★★

다음 중 베이시스위험(Basis Risk)에 대한 설명으로 옳은 것은?

① 베이시스위험은 이론 베이시스를 의미한다.
② 현물가격과 선물가격 간의 변동이 상이하게 나타나면 완전헤징이 가능하다.
③ 선물가격에 비하여 현물가격의 변동성이 클 때에도 베이시스위험은 존재한다.
④ 시장 베이시스는 선물이론가격과 현물가격의 차이를 말한다.

11
중요도 ★★

다음 중 베이시스에 대한 설명으로 잘못된 것은?

① 베이시스 변동에 따라 선물가격이 변동하는데, 만기일이 가까워질수록 0에 접근하고 만기일로부터 멀어질수록 확대된다.
② 베이시스를 이용하여 거래하기 위해서는 주가지수, 무위험이자율, 배당 등에 대한 베이시스의 민감도를 알아야 한다.
③ 일반적으로 현물과 선물의 강한 상관관계로 인하여 베이시스위험은 현물과 선물 각각의 위험보다 크다.
④ 선물을 이용하여 현물을 헤징하고자 할 경우 완전헤징이 이루어질 수 없는데, 이는 베이시스위험 때문이다.

12
중요도 ★★

한국거래소에서 거래되는 KOSPI200 선물의 시장가격이 이론가격에 비하여 높게 형성되었을 때 나타날 수 있는 현상으로 가장 거리가 먼 것은?

① 매수차익거래가 가능하다.
② 시장 베이시스가 이론 베이시스보다 낮게 나타난다.
③ 주식시장에 프로그램 매수가 발생한다.
④ 선물가격의 고평가 현상이 나타난다.

13

중요도 ★★

선물거래를 이용하여 헤지하는 것에 관한 설명으로 잘못된 것은?

① 매도헤지는 현물가격 하락위험을 회피하기 위하여 선물을 매도하는 거래이다.

② 헤지거래는 위험회피를 위하여 현·선물의 반대 포지션을 취하고 가격고정효과를 목표로 한다.

③ 헤지를 통하여 위험이 감소함과 동시에 기대수익도 감소하게 된다.

④ 헤지의 효과는 베이시스위험을 가격위험으로 대체시키는 데 있다.

정답 및 해설

10 ③ ① 베이시스위험은 선물시장가격과 현물가격의 차이인 시장 베이시스를 의미한다.

② 현물가격과 선물가격 간의 변동폭이 동일하여 베이시스가 일정 폭을 유지하면 완전헤징이 가능하나, 현물가격과 선물가격 간의 변동이 상이하게 나타나면 그 차이만큼 완전헤징이 불가능하다.

④ 이론 베이시스는 선물이론가격과 현물가격의 차이를, 시장 베이시스는 선물시장가격과 현물가격의 차이를 말한다.

11 ③ 일반적으로 현물과 선물의 강한 상관관계로 인하여 베이시스위험은 현물과 선물 각각의 위험보다 상당히 작다.

$$\text{베이시스(Basis)} = \text{선물가격}(F_t) - \text{현물가격}(S_t) = \text{보유비용}$$

$$= S_t + S_t \times (r - d) \times \frac{t}{365} - S_t$$

$$= S_t \times (r - d) \times \frac{t}{365}$$

12 ② 시장 베이시스가 이론 베이시스보다 높게 나타난다.

13 ④ 헤지의 효과는 가격위험을 베이시스위험으로 대체시키는 데 있다.

참고 베이시스 변동과 헤지

- 헤지는 현물의 가격변화리스크를 선물을 통하여 상반된 방향으로 상쇄시키는 거래
- 현물 및 선물의 가격변동 크기에 비하여 베이시스변동 크기가 상대적으로 작으므로 헤지를 통하여 전체 포트폴리오의 가격변동 위험이 축소됨

14

중요도 ★

다음 중 베이시스에 대한 설명으로 올바른 것은?

① 베이시스는 '현물가격 + 현물가격 × (단기금리 − 수익률)'이다.

② 선물가격이 현물가격에 비하여 매우 낮은 경우 선물을 매도하고 결제 시점에 실물을 인도하면 이익을 얻는다.

③ 선물가격이 현물가격보다 높은 상태를 백워데이션이라 한다.

④ 베이시스가 (+)인 상태를 콘탱고라고 한다.

15

중요도 ★★★

베이시스의 변화에 따라 '선물 매도 + 현물 매수'의 전략을 이용하기에 적합한 경우는?

① 무위험이자율 하락   ② 배당금 감소

③ 현물지수 상승   ④ 거래량 증가

16

중요도 ★

다음 중 선물거래시장에 대한 설명으로 잘못된 것은?

① 헤지하고자 하는 대상 선물이 없어 교차헤지를 이용할 경우 상관성이 높은 상품을 이용하여야 한다.

② 다수의 공급자와 다수의 수요자가 만나는 경쟁 관계에 있지 않은 상품은 헤지의 대상 품목이 되기 어렵다.

③ 선물시장에서 투기자는 헤저들에 의하여 전가된 위험을 감수하고 시장의 유동성을 제공하는 역할을 한다.

④ 역조시장에서는 같은 대상 상품을 갖는 선물 중 만기가 먼 선물가격이 만기가 가까운 선물가격보다 높다.

17 중요도 ★★★
투자자 A는 주식시장의 상승을 예측하고 9월물 KOSPI200 선물을 10계약 매입하였다.
☐ 투자자 A가 행한 거래로 옳은 것은?

① 헤지거래
② 차익거래
③ 투기거래
④ 베이시스거래

18 중요도 ★
선물가격과 현물가격 간의 완전헤징이 되기 위한 조건으로 올바른 것은?
☐
① 선물가격과 현물가격 간에 완전 정(+)의 상관관계가 존재하여야 한다.
② 앞으로 이자율의 하락이 예상되면 채권의 매입 포지션을 취할 수 있다.
③ 미래 현물시장에서 금리가 하락할 것을 예상하여 현물시장에서 채권의 매입 포지션을 취했을 경우 선물을 매도하는 포지션을 취하여야 한다.
④ 선물가격과 현물가격 간에 완전 부(−)의 상관관계가 존재하여야 한다.

정답 및 해설

14 ④ ① '현물가격 + 현물가격 × (단기금리 − 수익률)'은 선물가격이고, 베이시스는 '현물가격 × (단기금리 − 수익률)'이다.
② 선물가격이 현물가격에 비하여 매우 낮은 경우 선물을 매수하고 결제 시점에 실물을 인수하면 이익을 얻는다.
③ 선물가격이 현물가격보다 높은 상태를 콘탱고라 한다.

15 ① '선물 매도 + 현물 매수'는 베이시스의 축소(감소) 예상 시 취하는 전략이다. 배당금이 감소하고 지수(현물가격)가 상승하는 것은 베이시스 확대(증가)를 야기한다. 거래량은 베이시스와 관계가 없으며 무위험이자율의 하락만이 베이시스를 축소시킨다.

16 ④ 역조시장이 아닌 정상시장에서 같은 대상 상품을 갖는 선물 중 만기가 먼 선물가격이 만기가 가까운 선물가격보다 높다.
• 정상시장(Contango) : 현물가격 < 선물가격, 근월물가격 < 원월물가격
• 역조시장(Backwardation) : 현물가격 > 선물가격, 근월물가격 > 원월물가격

17 ③ 주식시장이 상승할 것을 예상하고 그 방향대로 시장에 진입하였으므로 이는 투기거래에 해당한다. 시장의 예상과 반대방향으로 진입하여 가격변동위험을 완화하려는 거래는 헤지거래이다.

18 ① 선물가격과 현물가격 간에 완전 정(+)의 상관관계가 존재하여야 가격변동성이 정확히 일치하게 된다. 손실을 본 만큼 정확히 이익이 있게 되어 완전헤징이 가능해진다.

19

중요도 ★★★

투자자의 선물계좌에 5억원의 자금이 있을 경우 투기거래자가 KOSPI200 선물가격을 200포인트에 최대로 매수할 수 있는 KOSPI200 선물계약 수는? (단, 위탁증거금은 12%)

① 약 45계약
② 약 61계약
③ 약 83계약
④ 약 96계약

20

중요도 ★★★

현재 60억원의 주식을 운용하고 있는 펀드매니저가 주가 하락에 대비하여 지수선물을 이용한 펀드의 50%만 헤지하려고 한다. 이 펀드의 베타계수는 1.2이고, 현재의 KOSPI 200 지수가 200인 경우 전략으로 올바른 것은?

① KOSPI200선물 65계약 매도
② KOSPI200선물 70계약 매도
③ KOSPI200선물 72계약 매도
④ KOSPI200선물 75계약 매도

21

중요도 ★★★

투자자 A는 선물가격이 현물가격보다 높은 상태에 있는 것을 보고 매도헤지거래를 실시하였다. 헤지거래 시점에서는 시장 베이시스가 5포인트였으나, 이후 베이시스가 2포인트로 축소되었다. 베이시스 축소 이후 현물과 선물을 청산하였다면 투자자 A의 손익으로 올바른 것은?

① 1포인트 손실
② 3포인트 손실
③ 1포인트 이익
④ 3포인트 이익

22

KOSPI200 현물이 180포인트이다. 이자율 7%, 배당수익률 연 2%, 잔존만기가 90일인 KOSPI200 선물가격이 180.5포인트일 경우 차익거래전략으로 올바른 것은?

① 선물 매도 + 현물 매도
② 선물 매도 + 현물 매수
③ 선물 매수 + 현물 매도
④ 선물 매수 + 현물 매수

23

거래비용이 존재하는 경우의 주가지수선물을 이용한 차익거래 기회에 관한 설명으로 옳은 것은?

① 현재 시장선물가격이 차익거래 불가능영역의 하한선 이상이면 매도차익거래가 가능하다.
② 현재 시장선물가격이 차익거래 불가능영역의 상한선 이상이면 매수차익거래가 가능하다.
③ 현재 시장선물가격이 차익거래 불가능영역의 하한선 이하이면 매수차익거래가 가능하다.
④ 현재 시장선물가격이 차익거래 불가능영역의 상한선 이상이면 매도차익거래가 가능하다.

정답 및 해설

19 ③ 최대 선물계약 수 $= \dfrac{5억원}{200포인트 \times 250,000원 \times 12\%} = 83.33계약(매수)$

20 ③ 헤지계약 수 $= \dfrac{베타계수 \times 헤지금액}{KOSPI200 지수 \times 25만원} \times 헤지비율$

$= \dfrac{1.2 \times 60억원}{200 \times 25만원} \times 50\% = 72계약(매도)$

21 ④ 선물가격이 현물가격보다 높은 경우로 매도헤지를 하여 가격위험을 베이시스위험으로 대체시켰다. 시장 베이시스가 축소되었으므로 5포인트 − 2포인트 = 3포인트가 이익이다.

22 ③ 이론선물가격 $= 180 + 180 \times (0.07 - 0.02) \times \dfrac{90}{365} = 182.2pt$

시장선물가격이 이론선물가격보다 낮으므로 선물을 매수하고 현물을 매도하는 전략으로 매도차익거래를 할 수 있다.

23 ② ① 현재 시장선물가격이 차익거래 불가능영역의 하한선 이상이면 차익거래가 불가능하다.
③ 현재 시장선물가격이 차익거래 불가능영역의 하한선 이하이면 매도차익거래가 가능하다.
④ 현재 시장선물가격이 차익거래 불가능영역의 상한선 이상이면 매수차익거래가 가능하다.

24 중요도 ★

콘탱고(Contango) 상태에서 스프레드 거래자 A는 주가지수선물의 원월물은 매도하고, 근월물은 매입하였다. 다음 중 A가 이익을 얻을 수 있는 경우로 모두 묶인 것은?

> ⊙ 스프레드가 확대되었다.　　　　　　　ⓛ 스프레드가 축소되었다.
> ⓒ 스프레드가 0이 되었다.　　　　　　　② 원월물가격이 근월물가격보다 낮아졌다.

① ⊙

② ⓛ, ⓒ

③ ⓛ, ⓒ, ②

④ ⊙, ⓛ, ⓒ, ②

25 중요도 ★★★

다음 중 스프레드 거래에 대한 설명으로 잘못된 것은?

① 상품 내 스프레드는 주가지수와 반대방향으로 움직인다.

② 배당수익률은 주가지수와 반대방향으로 움직인다.

③ 원월물과 근월물 간의 간격이 벌어지면 스프레드는 증가한다.

④ 스프레드의 축소 예상 시 근월물을 매수하고 원월물을 매도한다.

26 중요도 ★★

스프레드거래에 대한 설명으로 가장 거리가 먼 것은?

① 근월물과 원월물을 동시에 매매하는 것을 시간 스프레드거래라고 한다.

② 기초자산의 가격(현물지수)이 상승하면 스프레드가 확대된다.

③ 기초자산의 가격(현물지수)이 하락하면 스프레드가 축소된다.

④ 원월물가격이 고평가되어 있을 때 큰 폭의 지수 상승을 예상하고 근월물·원월물을 동시에 매수하여 이익을 향유하는 것이 대표적인 스프레드거래이다.

27 중요도 ★

현재 기초자산가격은 10,000원이고 1년 후에 12,000원으로 상승하거나 8,000원으로 하락할 것으로 예상된다. 1년 만기 무위험이자율은 연 10%이다. 행사가격이 10,000원이고 만기가 유럽식인 콜옵션의 가치 C는 얼마인가?

① C > 1,500원

② 1,400원 ≤ C < 1,500원

③ 1,300원 ≤ C < 1,400원

④ C < 1,300원

28 중요도 ★

블랙-숄즈 옵션가격결정모형의 가정이 아닌 것은?

① 가격의 변동률이 옵션의 잔존만기 동안 고정되어 있다.

② 옵션의 잔존만기에 배당금이나 채권이자가 없다.

③ 옵션의 행사는 단지 만기일에만 할 수 있는 유럽식 옵션의 가격을 산정한다.

④ 투자자는 위험회피형이다.

정답 및 해설

24 ③ 콘탱고시장이란 '근월물 < 원월물'인 상태를 말하는 것으로, 스프레드 축소, 스프레드 0, 근월물 > 원월물인 역조시장 상태로 변하였다면 ⓒⓒⓔ 세 가지 경우에 모두 이익을 얻을 수 있다.

25 ① 상품 내 스프레드는 주가지수와는 비례관계, 배당수익률과는 반비례관계이다.

26 ④ 스프레드거래는 두 종목을 매수 및 매도하는 거래이다. ④는 투기거래에 해당한다.

27 ③ 이항분포모형 문제이다.

S = 10,000, S_u = 12,000, S_d = 8,000, X = 10,000, C_u = 2,000, C_d = 0

(S : 기초자산가격, S_u : 상승 시 기초자산가격, S_d : 하락 시 기초자산가격, X : 행사가격)

$$p = \frac{(1+r)-d}{u-d} = \frac{1.1-0.8}{1.2-0.8} = 0.75, \quad 1-p = 0.25$$

$$C = \frac{p \times C_u + (1-p) \times C_d}{1+r} = \frac{0.75 \times 2,000 + 0.25 \times 0}{1.1} \fallingdotseq 1,363$$

(p : 리스크 중립적 확률, r : 무위험이자율, u : 상승률, d : 하락률, C_u : 상승 시 콜옵션가치, C_d : 하락 시 콜옵션가치)

28 ④ 블랙-숄즈 옵션가격 결정 모형에서 투자자는 위험중립형이다.

29 중요도 ★
콜옵션의 가격결정요인에 대한 설명으로 잘못된 것은?

① 콜옵션의 행사가격이 아무리 높아도 콜옵션의 가치는 (−)값을 갖지 않는다.
② 주가가 상승함에 따라 콜옵션의 가격이 정비례로 증가한다.
③ 미국식 콜옵션은 만기가 길수록 옵션의 가치가 증가한다.
④ 콜옵션은 이자율과 정(+)의 상관관계를 가진다.

30 중요도 ★★★
옵션가격의 결정요인에 대한 옵션가격의 변화가 올바른 것은?

① 기초자산가격이 상승하면 콜옵션가격은 하락한다.
② 행사가격이 높으면 콜옵션가격도 높다.
③ 변동성이 증가하면 콜옵션가격과 풋옵션가격이 모두 상승한다.
④ 잔존만기가 길면 콜옵션가격이 낮다.

31 중요도 ★★
풋−콜 패리티(Put−Call Parity)**와 관련된 설명 중 잘못된 것은?**

① 콜옵션과 풋옵션의 가격 간 균형관계를 말한다.
② 옵션은 유럽식이어야 하고 동일한 주식에 설정되어야 하며 행사가격과 만기가 같아야 한다.
③ 포트폴리오 만기일의 성과는 미래의 주가변동에 관계없이 행사가격(X)으로서 위험이 없다.
④ 주식과 풋옵션을 1개씩 매수하고, 콜옵션을 2개 매도하면 무위험 포트폴리오를 구성할 수 있다.

32

중요도 ★★★

다음 중 풋-콜 패리티와 관련하여 맞는 등식은?

① 주식 보유 + 풋 발행 = 콜 보유 + 채권 보유
② 주식 보유 + 풋 보유 = 콜 발행 + 채권 보유
③ 주식 보유 + 풋 발행 = 콜 발행 + 채권 보유
④ 주식 보유 + 풋 보유 = 콜 보유 + 채권 보유

33

중요도 ★★★

옵션가치의 민감도에 대한 내용으로 잘못된 것은?

① 델타 : 기초자산의 가격변화에 대한 옵션가격의 변화
② 감마 : 옵션델타의 변화에 대한 옵션가격의 변화
③ 세타 : 만기일까지의 잔존만기 감소에 대한 옵션가격의 변화
④ 베가 : 기초자산의 변동성변화에 대한 옵션가격의 변화

정답 및 해설

29 ② 주가가 상승함에 따라 콜옵션의 가격이 증가하되 증가율은 체감한다. 그래서 주가가 낮은 수준에서보다 높은 수준에서 콜옵션의 가격 증가가 더 크게 나타난다.

30 ③ ① 기초자산가격이 상승하면 콜옵션가격은 상승한다.
② 행사가격이 높으면 콜옵션가격은 낮다.
④ 잔존만기가 길면 콜옵션가격이 높다.

31 ④ 주식과 풋옵션을 1개씩 매수하고, 콜옵션을 1개 매도하면 무위험 포트폴리오를 구성할 수 있다.

참고 풋-콜 패리티 정리

$$S + P - C = \frac{X}{1+r}$$

32 ④ 풋-콜 패리티 정리 : $P + S = C + \frac{X}{1+r}$ (채권 보유와 동일)

33 ② 감마는 기초자산의 가격변화에 대한 옵션델타의 변화이다.

34 중요도 ★★

델타의 속성에 대한 설명과 거리가 먼 것은?

① 대상자산가격이 상승할수록 옵션의 델타값은 상승하고, 그 반대의 경우는 하락한다.
② 잔존만기가 증가하면 ITM옵션의 콜 델타는 증가한다.
③ ITM옵션과 OTM옵션은 만기에 비례하여 ATM화가 진행된다.
④ 델타는 ITM옵션으로 남아있을 확률을 의미한다.

35 중요도 ★

다음 중 델타에 관한 설명과 거리가 먼 것은?

① 대상자산가격이 1단위 변할 때 수반되는 옵션가치의 변화분을 의미한다.
② 옵션 포지션의 델타 중립적 헤지를 위하여 필요한 대상자산의 수를 의미한다.
③ 주식 0.75주를 매도하고, 델타가 −0.75인 풋옵션을 매입한 포트폴리오는 델타중립이다.
④ 기초자산가격이 변하면 델타도 변한다.

36 중요도 ★

감마의 속성에 대한 설명으로 잘못된 것은?

① 모든 옵션은 그 유형에 관계없이 Long이면 +감마를, Short이면 −감마를 갖는다.
② 풋−콜에 관계없이 지수가 상승하면 기존델타에 감마를 더하고, 지수가 하락하면 기존델타에서 감마를 차감하여 델타를 추정한다.
③ 풋−콜에 관계없이 ATM에서 가장 작고, ITM이나 OTM으로 갈수록 커진다.
④ 감마가 커진다는 것은 옵션가격탄력성이 매우 커진다는 것을 의미하므로, 감마가 큰 종목은 투기성이 매우 큰 종목으로 볼 수 있다.

37

중요도 ★★

기초자산인 KOSPI200 지수가 271.55pt에서 275.45pt로 상승하였을 때 콜옵션 A의 가격이 4.3에서 5.86으로 상승하였다면 콜옵션 A의 델타는?

① −0.2

② 0.2

③ 0.4

④ 0.6

정답 및 해설

34 ② 잔존만기가 증가하면 ITM옵션의 콜 델타는 감소한다.

참고 잔존만기와 델타의 관계

구 분	콜 델타			풋 델타		
	ITM	ATM	OTM	ITM	ATM	OTM
잔존만기 증가	감 소	불 변	증 가	증 가	불 변	감 소
잔존만기 감소	증 가	불 변	감 소	감 소	불 변	증 가

35 ③ 포지션 델타 = 1 × (−0.75) + (−0.75) × 1 = −1.50이므로 델타중립이 아니다.

참고 델타(Delta)

- 델타의 범위 : 0 ≤ 콜옵션의 델타 ≤ 1, −1 ≤ 풋옵션의 델타 ≤ 0
- Deep−OTM일수록 델타는 0에 가깝고, Deep−ITM일수록 1 또는 −1에 가까움
- 기초자산가격이 상승할수록 콜·풋옵션의 델타는 모두 상승하며 콜옵션은 내가격 옵션인 1에, 풋옵션은 외가격 옵션인 0에 가까워짐
- 델타는 ITM옵션으로 남아있을 확률을 의미함
  콜옵션의 경우 OTM ⇨ ITM ⇨ 0 ⇨ 1 변화
- 델타는 헤지비율을 결정하는 데 사용(h = $\frac{1}{델타}$)
  ⇨ 델타가 −0.5인 옵션의 경우 기초자산 1개 매수 시 풋옵션 2개를 매수하면 위험을 완전 제거할 수 있음(헤지비율 h = 2)
- 델타중립 포지션 : 다수의 옵션을 결합한 옵션 포지션으로서, 기초자산가격의 움직임에 무관한 상태
  ⇨ 델타 0.6인 콜옵션 1개와 델타가 −0.3인 풋옵션 2개 보유 시, 포지션 델타 = 0.6 × 1 + (−0.3) × 2 = 0
- 델타와 잔존만기 : 잔존만기가 길수록 델타는 ±0.5(ATM 옵션)에 가까움
- 델타와 변동성 : 변동성이 클수록 콜의 델타는 커지고 풋의 델타는 작아짐

36 ③ 감마는 기울기의 변화도를 의미하므로 풋−콜에 관계없이 ATM에서 가장 크고, ITM이나 OTM으로 갈수록 작아지게 되어 ATM을 중심으로 종 모양을 형성한다.

참고 감마(Gamma)

- 감마는 콜·풋옵션 모두 0보다 큼(감마≥0)
- 델타는 기초자산가격 변화의 방향을 나타내고, 감마는 변화의 크기(폭)를 나타냄
- 감마가 클수록 기초자산가격 변화에 대한 옵션가격변화가 커지므로 델타중립 포지션을 유지하기가 매우 어려움
- 감마의 값은 ATM에서 가장 크고 Deep−OTM, Deep−ITM으로 갈수록 작아짐. 감마는 옵션가격 변화의 크기를 의미하는데 Deep−OTM, Deep−ITM으로 갈수록 상황변화에 대한 기대치가 떨어지게 되므로 가격변화의 폭이 상대적으로 작음
- 감마와 잔존만기 : ATM 옵션은 잔존만기와 반비례(잔존만기가 짧을수록 감마는 증가)하고 ITM, OTM 옵션은 잔존만기와 비례
- 감마와 변동성 : 변동성이 클수록 감마는 커짐

37 ③ $\frac{옵션가격 변화분}{기초자산 변화분} = \frac{5.86 - 4.3}{275.45 - 271.55} = \frac{1.56}{3.9} = 0.4$

38 중요도 ★

세타에 대한 설명으로 잘못된 것은?

① 세타는 만료일까지의 시간이 1단위 감소할 경우 그에 대응하여 나타나는 옵션가치의 변화 정도, 즉 시간가치의 감소 속도를 의미한다.

② 대상자산의 가격변동을 원하는 투자자는 보유 포지션의 시간가치가 손실되는 것을 받아 들일 수 없게 된다.

③ 만료일이 가까워지면 감마는 매우 커지게 되어 대상지수가 조금만 상승하여도 옵션가격이 크게 상승하지만 시간가치는 급속하게 감소한다.

④ 감마가 커지면 세타도 커지고, 감마가 작아지면 세타도 작아진다.

39 중요도 ★

다음 중 베가에 대한 설명과 거리가 먼 것은?

① 콜−풋에 관계없이 포지션이 Long이면 +베가를, Short이면 −베가를 갖는다.

② ATM 종목은 베가가 높고, ITM이나 OTM은 베가가 낮은 종 모양을 이룬다.

③ 옵션 만료일에 근접할수록 베가는 증가한다.

④ 베가가 0.2라는 의미는 변동성이 1단위 증감할 때 옵션가격이 0.2단위 정도 증감한다는 것이다.

40 중요도 ★

다음 중 포지션에 대한 설명으로 옳은 것은?

① 델타 포지션이 양(+)일 때 ⇨ 대상자산가격이 하락하기를 바라는 상태이다.

② 감마 포지션이 양(+)일 때 ⇨ 방향에 관계없이 천천히 움직이기를 바라는 상태이다.

③ 세타 포지션이 양(+)일 때 ⇨ 시간의 경과는 가치를 증가시킨다.

④ 베가 포지션이 양(+)일 때 ⇨ 변동성이 하락하기를 원하는 상태이다.

41

중요도 ★★

다음 중 옵션 관련 지표의 표시가 잘못된 것은?

구 분	델 타	감 마	세 타	베 가
① 콜옵션 매입	+	+	−	+
② 풋옵션 매도	+	−	+	−
③ 콜옵션 매도	−	−	+	−
④ 풋옵션 매입	+	−	+	−

정답 및 해설

38 ② 모든 옵션의 포지션은 시장변동과 시간가치 소멸 간의 상반적인 관계구조를 가지고 있기 때문에 대상자산의 가격변동을 원하는 투자자, 즉 +감마 포지션 소유자는 보유 포지션의 시간가치가 손실되는 것을 받아들여야 한다. 따라서 어떤 투자자든 가격변동과 시간가치가 동시에 유리하게 움직이는 포지션을 보유할 수는 없다.

참고 세타(Theta)

- 시간가치가 크게 변할수록 세타도 커짐
- 세타의 가치는 손실을 의미하므로 통상 음의 숫자로 표시(세타 ≤ 0)
- 세타는 ATM 옵션이 가장 민감함
- 세타와 잔존만기 : 잔존만기가 짧을수록 세타는 커짐. 즉, 만기가 다가올수록 시간가치는 급속히 감소하게 되므로 세타는 커짐
- 세타와 감마의 관계(대칭적 상반관계) : 감마가 커지면 세타도 커지고, 감마가 작아지면 세타도 작아지나, 옵션가격에는 정반대의 영향을 미침

39 ③ 베가는 잔존만기와 비례하므로 옵션 만료일이 다가올수록 베가는 감소한다.

참고 베가(Vega)

- 옵션 매수 시 베가는 항상 양의 값(베가 ≥ 0)
- 베가는 ATM에서 가장 큼
- 베가와 잔존만기 : 잔존만기가 길수록 베가는 증가(비례관계)
- 베가와 변동성 : 변동성이 높을수록 베가는 증가

40 ③ ① 델타 포지션이 양(+)일 때에는 대상자산가격이 상승하기를 바라는 상태이다.
② 감마 포지션이 양(+)일 때에는 가격방향과 관계없이 급변하여 움직이기를 바라는 상태이다.
④ 베가 포지션이 양(+)일 때에는 변동성이 상승하기를 원하는 상태이다.

41 ④ 풋옵션 매입 포지션의 경우 델타(−), 감마(+), 세타(−), 베가(+)이다.

42 중요도 ★★★
강세장으로 예측될 때의 투자전략으로 옳지 않은 것은?

① Bull Spread   ② 주식 매입 포지션

③ Call Option 매입   ④ Bear Spread

43 중요도 ★★★
변동성이 약하다고 예상될 때의 옵션전략으로 올바른 것은?

① 콜옵션 매수   ② 버터플라이 매도

③ 스트래들 매도   ④ 스트랭글 매수

44 중요도 ★★★
KOSPI200 지수가 변동성이 작고 앞으로 횡보할 것으로 예상될 경우 옵션전략으로 올바른 것은?

① 스트래들 매수   ② 스트랭글 매도

③ 풋옵션 매수   ④ 버터플라이 매도

45 중요도 ★★
행사가치를 토대로 한 전략 중 기초자산의 시세가 상승할 것으로 예상되는 경우에 이용하는 것과 거리가 먼 것은?

① 콜옵션 매수

② 수직적 강세 콜옵션 스프레드

③ 수직적 강세 풋옵션 스프레드

④ 스트랭글 매수

46

중요도 ★

다음 중 스트래들 매수에 대한 설명으로 잘못된 것은?

① 행사가격과 만기가 동일한 콜옵션과 풋옵션을 매수하는 전략이다.

② KOSPI200 지수의 행사가격 근처에 있고 곧 지수가 움직일 듯하나 어느 방향인지 모를 때, 특히 지수가 보합이었으나 곧 큰 움직임을 예고할 때 이용된다.

③ 만기 시 KOSPI200 지수가 손익분기점 사이에 있으면 이익이 발생한다.

④ KOSPI200 지수의 콜100을 3포인트에 1계약 매수하고 동시에 KOSPI200 지수의 풋100을 2포인트에 1계약 매수한 경우, 만기 시 KOSPI200 지수가 95포인트보다 낮으면 그 낮은 부분만큼, 105포인트보다 높으면 그 초과 부분만큼 이익이 된다.

정답 및 해설

42 ④ Bear Spread는 투자자가 약세장을 예측할 때 구축하는 전략이다.

43 ③ 변동성이 약하다고 예상될 때의 전략은 스트래들 매도이다.

44 ② 변동성이 작고 횡보할 것으로 예상한다면 스트래들·스트랭글 매도가 적절하다. 스트래들·스트랭글 매수, 버터플라이 매도는 변동성이 크고 가격변화가 클 것으로 예상할 때 유효하며, 풋옵션 매수는 큰 폭의 가격 하락이 예상될 때 적절하다.

45 ④ 스트랭글 매수는 시간가치의 변화를 토대로 한 변동성에 대한 강세전략에 속한다.

- 행사가치를 토대로 한 시장가격 강세전략 : 콜옵션 매수, 수직적 강세 콜옵션 스프레드, 수직적 강세 풋옵션 스프레드, 풋옵션 매도 등
- 행사가치를 토대로 한 시장가격 약세전략 : 풋옵션 매수, 수직적 약세 콜옵션 스프레드, 수직적 약세 풋옵션 스프레드, 콜옵션 매도 등

46 ③ 만기 시 KOSPI200 지수가 손익분기점 사이에 있으면 손실이 발생하며, KOSPI200 지수의 행사가격(X)에 있으면 최대손실 (지불한 프리미엄 총액)이 발생한다.

47

중요도 ★★★

다음 중 주가지수가 하락할 가능성이 클 때 취할 전략으로 모두 묶인 것은?

㉠ 콜옵션 매수	㉡ 풋옵션 매도
㉢ 수직적 강세 콜옵션 스프레드	㉣ 수직적 강세 풋옵션 스프레드
㉤ 풋옵션 매수	㉥ 콜옵션 매도
㉦ 수직적 약세 풋옵션 스프레드	㉧ 수직적 약세 콜옵션 스프레드

① ㉠, ㉡, ㉢, ㉣　　　　　　　　② ㉠, ㉢, ㉤, ㉥
③ ㉡, ㉥, ㉦, ㉧　　　　　　　　④ ㉤, ㉥, ㉦, ㉧

48

중요도 ★★

대상자산가격의 변동성이 확대될 경우 취할 전략으로 모두 묶인 것은?

㉠ 스트래들 매수	㉡ 스트래들 매도
㉢ 스트랭글 매수	㉣ 스트랭글 매도
㉤ 버터플라이 매수	㉥ 버터플라이 매도

① ㉠, ㉡, ㉤　　　　　　　　　　② ㉠, ㉢, ㉥
③ ㉡, ㉣, ㉤　　　　　　　　　　④ ㉡, ㉤, ㉥

49

중요도 ★

커버드 콜(Covered Call) 전략과 보호적 풋(Protective Put) 전략에 대한 설명으로 잘못된 것은?

① 커버드 콜은 기초자산 주식을 매수하고 콜옵션을 매도하는 전략이다.
② 보호적 풋은 기초자산 주식을 매수하고 풋옵션을 매수하는 전략이다.
③ 커버드 콜을 합성 풋옵션 매수라고 한다.
④ 보호적 풋은 포트폴리오 보험 전략과 일맥상통한다.

50

중요도 ★

다음의 옵션전략에 대한 설명으로 잘못된 것은?

> 행사가격이 210.00인 KOSPI200 지수 풋옵션을 2.5pt에 1계약 매도하고, 행사가격이 205.00인 KOSPI200 지수 풋옵션을 0.5pt에 1계약 매수하였다.

① 수직적 강세 스프레드 전략이고 손익이 한정되어 있다.
② 향후 주가지수가 약세를 나타낼 것으로 전망할 경우 유효한 전략이다.
③ 두 개의 옵션을 이용하여, 하나는 매수하고 하나는 매도하는 전략이다.
④ 만기 시 손익분기점이 208.00이다.

51

중요도 ★★★

보호적 풋(Protective Put) **전략에 대한 설명으로 잘못된 것은?**

① 주식 포트폴리오를 보유하고 있는 투자자가 KOSPI200 지수 풋옵션을 매수하는 전략이다.
② 약세시장에서 주가 하락의 위험으로부터 투자가치를 보호받을 수 있으나, 강세시장에서는 이득을 제한받는다.
③ 주식투자 기간과 주가지수 풋옵션 간의 잔존만기가 일치하지 않는 경우의 풋옵션을 수차례 Roll Over하여야 하는데, 이때 거래비용이 증가하는 위험이 있다.
④ 옵션헤지전략의 일종으로 콜옵션(Call Option) 매수 시와 같은 그래프의 형태를 갖는다.

정답 및 해설

47 ④ ⓒⓗⓐⓘ이 주가지수 하락 예상 시 취할 전략이고, ㉠ⓒⓑ㉣은 주가지수 상승 예상 시 취할 전략이다.
48 ② ㉠ⓒⓗ이 변동성 확대 예상 시 취할 전략이고, ⓒ㉣ⓗ은 변동성 축소 예상 시 취할 전략이다.
49 ③ 커버드 콜(Covered Call) 전략은 합성 풋옵션 매도라고 한다.
50 ② 수직적 강세 스프레드의 상황으로, 투자자는 향후 주가가 강세를 나타낼 것으로 예상하면 이 전략을 사용한다.
51 ② 보호적 풋(Protective Put) 전략은 약세시장에서는 손실을 제한하고, 강세시장에서는 수익이 점점 더 많아지는 구조이다. (이익의 제한이 없음)

52 중요도 ★
포트폴리오 보험전략 중 주가 상승 시 주가를 따라가면서 이익을 낼 수 없는 것은?

① 보호적 풋(Protective Put) 전략
② 커버드 콜(Covered Call) 전략
③ 이자추출전략
④ 동적자산배분전략

53 중요도 ★★★
컨버전(Conversion)에 대한 설명으로 거리가 먼 것은?

① 컨버전은 합성선물 매도 포지션과 실제선물 매수 포지션과의 조합을 말하는 것으로 콜옵션과 풋옵션의 행사가격 및 만기는 동일하여야 한다.
② 합성선물이 고평가되어 있거나 실제선물이 저평가된 경우에 이용된다.
③ 순이익은 '선물가격 + 콜옵션가격 − 풋옵션가격 − 행사가격'이다.
④ 콜옵션을 매도하고 동시에 풋옵션을 매수함으로써 합성선물 매도를 만든다.

54 중요도 ★★
옵션을 이용한 차익거래에 대한 설명으로 거리가 먼 것은?

① 리버설은 콜옵션 매도·풋옵션 매수 포지션과 기초자산 매도 포지션을 합성하여 이익을 창출하는 전략이다.
② 컨버전은 옵션과 기초자산 간의 가격 불균형을 이용하여 수익을 창출하는 일종의 무위험 차익거래전략이다.
③ 콜옵션 고평가와 풋옵션 저평가의 경우에 투자자는 콜옵션 매도·풋옵션 매수와 동시에 현물 매수 포지션을 취함으로써 이익을 얻을 수 있다.
④ 박스 스프레드는 합성 매수 포지션과 합성 매도 포지션을 결합하여 구축되는 포지션이다.

55

중요도 ★

다음 중 합성 포지션의 수익구조가 적절하지 않은 것은?

① 선물 매도 + 풋 매도 = 콜 매수
② 콜 매도 + 풋 매수 = 선물 매도
③ 콜 매수 + 풋 매도 = 선물 매수
④ 선물 매수 + 풋 매수 = 콜 매수

정답 및 해설

52 ② 커버드 콜(Covered Call) 전략은 주가가 상승하더라도 이익이 제한되어 있다.

53 ③ 순이익 = (콜옵션가치 − 풋옵션가치) − (기초자산가격 − 행사가격) = (C − P) − (S − X)

54 ① 리버설은 콜옵션 매수·풋옵션 매도 포지션과 기초자산 매도 포지션을 합성하여 이익을 창출하는 전략이다.

55 ① 선물 매도와 풋 매도를 결합하면 콜 매도로 합성된다.

제 3 장
금리선물 · 옵션

학습전략

금리선물 · 옵션은 제1과목 전체 25문제 중 **총 3〜5문제** 정도 출제된다.

금리선물 · 옵션의 경우 채권에 대한 이해, 채권수익률, 듀레이션 등을 이미 알고 있는 수험생들에게는 유리하나 그렇지 않은 수험생들은 매우 어렵게 느껴질 수 있는 분야이다. 파생상품의 개요 및 주식 관련 선물 · 옵션을 제대로 이해하였다면 그리 어렵지 않게 공부할 수 있다.

출제예상 비중

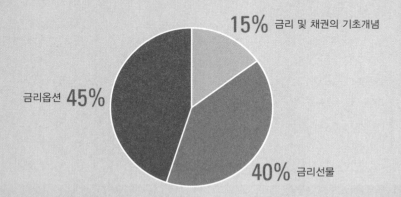

15% 금리 및 채권의 기초개념

금리옵션 45%

40% 금리선물

핵심포인트

구 분	핵심포인트	중요도	페이지
금리 및 채권의 기초개념 (15%)	01 금리의 유형 02 수익률 곡선 03 금리 리스크	★★★ ★★ ★★★	p. 102 p. 103 p. 104
금리선물 (40%)	04 금리선물의 개념 05 단기금리선물 06 금리선물 거래유형	★★ ★★★ ★★★	p. 105 p. 106 p. 107
금리옵션 (45%)	07 금리옵션의 개념 08 채권옵션 및 금리선물옵션 09 금리옵션의 거래유형	★★ ★ ★★★	p. 113 p. 114 p. 115

90일 금리가 연 3%이고 270일 금리가 연 5%라면 90일 후부터 180일간의 내재선도금리는?
(단, 1년은 360일로 가정하고 가장 가까운 근사치로 구함)

① 연 4.75%　　　　　　　　　② 연 5.12%

③ 연 5.53%　　　　　　　　　④ 연 6.00%

용어 알아두기

내재선도금리	상이한 조건들의 금리와 만기의 관계에 내재하는 이자율을 의미한다.

TIP $\dfrac{270 \times 5\% - 90 \times 3\%}{270 - 90} = 6\%$

핵심포인트 해설　　　금리의 유형

단 리	• 이자에 대해 재투자를 고려하지 않는 금리계산방식
복 리	• 이자의 재투자를 고려
할인율	• 미래가치를 현재가치로 바꿔주는 이자율
만기수익률	• 채권에서 발생하는 미래현금흐름의 현재가치와 채권의 현재가격을 일치시키는 할인율 • 만기보유 시까지 발생하는 이자가 만기수익률로 재투자된다는 가정 • 채권의 투자성과를 측정하는 데 보편적으로 사용
현물금리 및 선도금리	• n년 만기 현물금리(Spot Rate) : 현재부터 n년간 투자를 하여 얻을 수 있는 금리. 이표를 지급하지 　　　　　　　　　　　　　　　　않는 무이표채권(Zero-Coupon Bond)의 수익률을 의미 • 선도금리(Forward Rate) : 미래 일정 시점에서 일정 기간의 수익률
내재선도금리	• 내재선도금리(Implied Forward Rate) : 현물금리에 내재되어 있는 미래의 일정 시점부터 그 이후의 　　　　　　　　　　　　　　　　　　　일정 기간에 대한 금리를 계산 $$\text{선도금리} = \dfrac{r_2 \times t_2 - r_1 \times t_1}{t_2 - t_1}$$ $(r_1 : \text{단기금리}, \ r_2 : \text{장기금리}, \ t_1 : \text{단기기간}, \ t_2 : \text{장기기간})$

정답 | ④

02

보기에서 설명하는 수익률 곡선에 관한 이론으로 옳은 것은?

> 수익률 곡선은 미래시장금리의 움직임에 대한 투자자들의 예상에 의하여 결정되며 선도금리
> (Forward Rate)는 미래현물금리의 불편추정치(Unbiased Predictors)이다. 이 이론은 장기금
> 리가 미래의 단기금리를 반영하는 것으로 보는 견해이다.

① 기대가설   ② 유동성선호가설
③ 시장선호가설   ④ 시장분할가설

TIP 기대가설에 대한 설명이다.

핵심포인트 해설 　　**수익률 곡선 및 채권가격과 수익률**

(1) 수익률 곡선

의미	• 기간구조(Term Structure) : 수익률과 만기 사이의 관계 • 수익률 곡선(Yield Curve) : 금리의 기간구조를 그래프로 표현
이론	• 기대가설 : 미래 시장이자율의 움직임에 대한 투자자의 예상에 의하여 결정 　·금리하락 예상 ⇨ 수익률 곡선 우하향　　　　　　　·금리상승 예상 ⇨ 수익률 곡선 우상향 • 유동성선호가설 : 장기채보다 단기채를 더 선호하는 경향이 있으므로 장기채는 유동성 프리미엄을 감안 　　　　　　　⇨ 수익률 곡선 우상향, 위험 회피적임 • 시장분할가설 : 각 수요와 공급 원리에 의하여 수익률을 결정 　·수익률 곡선 우상향 ⇨ 단기채 수요가 장기채 수요에 비하여 큰 것을 의미

(2) 채권가격과 수익률

이표채	• 만기 이전에 일정 기간마다 이표(Coupon)를 지급하는 채권 • 이표채의 채권가격 $$P = \sum_{t=1}^{n} \frac{C_t}{(1 + y_t)^t} + \frac{F}{(1 + y_n)^n}$$ (P : 채권가격, C_t : t시점의 이표지급액, F : 액면금액, n : 만기) • 실제 채권가격을 구할 때에는 만기수익률(YTM)을 이용
볼록성 (Convexity)	• 금리가 상승할 때의 가격 하락폭보다 금리가 하락할 때의 가격 상승폭이 더 크기 때문 　⇨ 원점을 향해 볼록한 특성 • 채권가격과 수익률은 역의 관계 • 수익률 변동에 대한 가격 변동폭 : 장기채의 가격 변동폭 > 단기채의 가격 변동폭 • 이자율 변동의 경우 : 채권가격 변동폭은 만기가 길수록 증가하나 증가율은 체감 • 만기가 일정할 때 수익률 하락으로 인한 가격 상승폭이 같은 크기의 수익률 상승으로 인한 가격 하락폭 　보다 큼 • 저이표채가 고이표채보다 일정한 수익률 변동에 따른 가격 변동폭이 큼

정답 | ①

듀레이션의 특징과 거리가 먼 것은?

① 만기 : 채권의 만기가 길어질수록 듀레이션이 짧아진다.
② 수익률 : 채권의 수익률이 높을수록 듀레이션이 짧아진다.
③ 이표율 : 이표율(Coupon Rate)이 높을수록 듀레이션이 짧아진다.
④ 이표 지급 빈도 : 이표지급의 빈도가 많을수록 듀레이션이 짧아지며, 이표지급이 없는
   순수할인채의 경우 듀레이션은 만기와 일치한다.

용어 알아두기

듀레이션	만기형태로 표현되는 채권의 변동성 지표이다.

TIP 채권의 만기가 길어질수록 듀레이션이 길어진다. 듀레이션은 만기와 정비례 관계이고 수익률, 이표율, 이표 지급
빈도와 역의 관계에 있다.

핵심포인트 해설 **듀레이션(Duration)**

종류	• 듀레이션 : 금리가 1단위 변화함에 따른 채권가격의 변화폭을 측정 • 수정듀레이션(Modified Duration) : 수익률 1단위, 즉 100% 변화에 대한 채권가격의 % 변화를 나타내주는 지표 • 맥컬레이듀레이션(Macaulay Duration) : 수익률 1% 변화에 대한 채권가격의 % 변화를 나타내주는 지표
의미	• 만기의 가중평균인 맥컬레이듀레이션은 수평저울을 수평으로 만드는 무게중심 • 이표율이 14%인 채권은 이표율이 7%인 채권에 비해 금리가 상승함에 따른 가격하락률이 낮을 것이므로, 금리 상승이 예상되는 상황에서는 이표율이 높은 채권을 선택 • 금리하락이 예상되면 이표율 낮은 채권을 선택
특징	• 채권만기(t) 증가 ⇨ 듀레이션 증가 • 채권수익률(r) 증가 ⇨ 듀레이션 감소 • 표면이율(c) 증가 ⇨ 듀레이션 감소 • 이자 지급 빈도(n) 증가 ⇨ 듀레이션 감소 • 할인채의 경우 듀레이션 = 만기, 이표채의 경우 듀레이션 < 만기
베이시스 포인트 가치	• 1베이시스 포인트(Basis Point) = 0.01% • 베이시스 포인트 가치(BPV : Basis Point Value) : BPV = MD × P × 0.001

정답 | ①

금리선물에 관한 설명으로 거리가 먼 것은?

① 3년 국채선물의 최종결제방식은 실물인수도이다.
② CD선물은 현재 거래소에서 거래되지 않는다.
③ 거래소에 상장된 국채선물 중 기초자산의 만기가 가장 긴 것은 10년이다.
④ 기초자산을 보유하면서 가격변동위험을 헤지하려고 하지만 해당 기초자산을 바탕으로 거래되는 선물이 없는 경우 교차헤지를 실시할 수 있다.

용어 알아두기

금리선물	시장금리변동에 의한 금융자산의 가격변동위험을 헤징하거나 또는 투자 수익 증대를 위하여 장래 일정 시점에서의 특정 금융자산의 예상수익률을 매매하는 거래이다.

TIP 3년, 5년, 10년 국채선물 모두 현금결제방식을 취한다.

핵심포인트 해설 | **단기금리선물 및 채권선물**

(1) 단기금리선물

$F = 100 - R$(선도금리) ⇨ IMM(International Monetary Market)지수 방식

(2) 채권선물

① $F = S + S \times (r - d) \times \dfrac{t}{365}$ (r : 시장이자율, d : 표면이율)

② 한국국채선물 상품명세

거래대상	표면금리 연 5%, 6개월 이표지급 방식의 3년(5년·10년) 만기 국고채권
거래단위	액면가 1억원
결제월주기	3, 6, 9, 12월
상장결제월 수	2개 결제월
가격표시방법	액면가 100원을 기준으로 표시(소수점 둘째 자리까지 표시) **예** 101.50
최소가격 변동폭	0.01(1틱의 가치 = 1억원 × 0.01 × $\dfrac{1}{100}$ = 10,000원)
최종거래일	결제월의 세 번째 화요일(공휴일인 경우 순차적으로 앞당김)
최종결제일	최종거래일의 다음 거래일
최종결제방법	현금결제(Cash Settlement)

정답 | ①

현재 시점에서 1개월 Libor가 3%, 4개월 Libor가 4%라고 가정하고 향후 1개월 후에 만기가 되는 유로달러선물의 시장가격이 96.00이라고 할 때 다음 설명 중 잘못된 것은?
(이산복리 가정)

    ① 유로달러선물은 저평가되어 있다.
    ② 향후 1개월 후 3개월 선도금리는 4.33%이다.
    ③ 유로달러선물 이론가격은 95.67이다.
    ④ 유로달러선물 1계약을 매도(4%로 차입)하고, 100만 달러를 30일간 3%로 차입하고, 120일간 4%로 운용하는 차익거래를 할 수 있다.

용어 알아두기

Libor	런던 금융시장에 있는 은행 중에서도 신뢰도가 높은 일류 은행들이 자기들끼리의 단기적인 자금 거래에 적용하는 대표적인 금리이다.

TIP 선도금리 $= \dfrac{r_2 \times t_2 - r_1 \times t_1}{t_2 - t_1} = \dfrac{4\% \times 4 - 3\% \times 1}{4 - 1} = 0.0433(4.33\%)$

이론가격 $= 100 - R = 100 - 4.33 = 95.67$, 시장가격(96.00) > 이론가격(95.67) ⇨ 고평가

고평가된 유로달러선물 1계약을 매도(4%로 차입)하고, 100만 달러를 30일간 3%로 차입하고, 120일간 4%로 운용하는 차익거래를 할 수 있다.

핵심포인트 해설　　　**유로달러선물(CME)의 상품내역**

① 유로달러(Eurodollar)는 미국이 아닌 지역의 금융기관에 예치된 달러
② 유로(Euro)라는 명칭이 유럽이라는 특정지역을 의미하지는 않음
③ 각국의 금융규제를 벗어나 자유롭고 효율적으로 금융거래가 중개되며, 시간적으로 제약을 받지 않는 범세계적인 국제금융시장
④ 국제적인 달러 자금의 대출 및 차입이 이루어지는 중요한 국제금융시장
⑤ 유로달러의 금리를 LIBOR(London Inter-Bank Offered Rate)라고 함

거래대상	3개월 LIBOR(유로달러 정기예금 금리)
거래단위	$1,000,000
가격표시방법	IMM 지수방식 : 100 − 3개월 LIBOR
일일가격변동 제한폭	없 음
결제월	최근 연속 4개월 + 3, 6, 9, 12월
결제방법	현금결제
최종결제가격	100 − 3개월 LIBOR

정답 | ①

06

현재 3년 만기 국채금리는 5년 만기 국채금리보다 낮은 수준이지만 향후 1개월 내에 스프레드가 축소될 것으로 전망된다. 이 경우 투자자가 취해야 할 스프레드 전략으로 올바른 것은?

① 3년 국채선물 매도 + 5년 국채선물 매수
② 3년 국채선물 매도 + 5년 국채선물 매도
③ 3년 국채선물 매수 + 5년 국채선물 매수
④ 3년 국채선물 매수 + 5년 국채선물 매도

용어 알아두기

스프레드	기준금리와 실제금리의 차이이다.

TIP 스프레드가 축소되면 5년 만기 국채금리와 3년 만기 국채금리의 차이가 줄어든다. 즉, 5년 만기금리는 상대적으로 하락(채권가격 상승)하고 3년 만기 금리는 상대적으로 상승(채권가격 하락)하는 것이다. 결국 5년 국채선물을 매수하고 3년 국채선물은 매도하는 것이 올바른 전략이다.

핵심포인트 해설   **스프레드를 이용한 거래**

원월물 < 근월물인 상황에서

구 분	의 미	근월물	원월물
스프레드 확대 예상	원월물과 근월물이 멀어짐	매 수	매 도
스프레드 축소 예상	원월물과 근원물이 가까워짐	매 도	매 수

정답 | ①

금리상승 시 손실을 헤지하기 위하여 금리선물 매도헤지가 필요한 대상이 아닌 것은?

① 채권 포트폴리오를 보유하고 있는 채권투자자
② 채권발행을 통한 자금조달이 예정되어 있는 기업
③ 금리스왑에서 고정금리 지급 포지션을 보유하고 있는 투자자
④ 단기시장금리로 자금을 조달하여 장기고정금리 대출을 한 금융기관

용어 알아두기

헤 지	투자자가 보유하고 있거나 앞으로 보유하려는 자산의 가격이 변함에 따라 발생하는 위험을 없애려는 시도를 말한다.

TIP 금리스왑에서 고정금리 지급 포지션을 보유하고 있는 투자자는 금리상승 시 이익을 보고, 금리하락 시 손실을 본다.

핵심포인트 해설   헤지거래와 차익거래

(1) 헤지거래
① 매입헤지와 매도헤지로 구분
② 금리위험 헤지모형 : 액면가치모형, 시장가치모형, 전환계수모형, BPV모형, 듀레이션모형 등이 있음
③ 국채선물의 헤지 : 듀레이션 조정헤지를 주로 이용

구 분	상 황	현물 포지션	헤지전략
매수헤지	금리하락 시 손실	채권투자 예정 고정금리차입	금리선물 매수
매도헤지	금리상승 시 손실	채권보유 채권발행계획	금리선물 매도

(2) 차익거래
① 선물가격 < 이론가격 ⇨ 매도차익거래(현물매도, 선물매수)
② 선물가격 > 이론가격 ⇨ 매수차익거래(현물매수, 선물매도)

정답 | ③

펀드매니저 A는 듀레이션이 2년이고 현재가치가 100억원인 채권 포트폴리오를 보유하고 있다. 향후 국채의 강세가 예상됨에 따라 3년 국채선물을 이용하여 포트폴리오의 듀레이션을 3년으로 증가시키고자 한다. 3년 국채선물의 듀레이션이 3년이고 현재가격이 100이라면, 펀드매니저 A가 매매해야 할 국채선물의 계약 수로 옳은 것은? (단, 국채선물 거래단위를 1억원으로 가정하고 가장 가까운 근사치로 구함)

① 30계약 매수 ② 30계약 매도
③ 33계약 매수 ④ 33계약 매도

TIP $\dfrac{3-2}{3} \times \dfrac{100억원}{100 \times 100만원} = 33$

∴ 33계약 매수한다.

핵심포인트 해설 **금리선물을 이용한 헤지전략**

(1) 금리 리스크의 유형과 헤지전략

현물 포지션	현물거래	금리 리스크	헤지전략
현재 보유	채권투자	금리상승 ⇨ 가격하락	채권선물 매도
	고정금리 차입	금리하락 ⇨ 기회손실 발생	금리선물 매수
보유 예정	채권투자 예정	금리하락 ⇨ 기회손실 발생	채권선물 매수
	차입 예정	금리상승 ⇨ 차입비용 상승	금리선물 매도

(2) 듀레이션 조정헤지
① 금리하락(채권가격 상승) 예상 시 ⇨ 듀레이션 상향조정 ⇨ 추가선물 매수
② 금리상승(채권가격 하락) 예상 시 ⇨ 듀레이션 하향조정 ⇨ 추가선물 매도
③ 계약 수 $n = \dfrac{목표\,D - 기존\,D}{선물\,D} \times \dfrac{현물보유금액}{선물가격 \times 승수}$ (D : 듀레이션)

정답 | ③

장·단기금리가 동일하게 상승할 것으로 예상될 때 NOB(Notes Over Bonds) 스프레드 전략으로 옳은 것은?

① T-Note선물 매수, T-Bond선물 매수
② T-Note선물 매도, T-Bond선물 매수
③ T-Note선물 매수, T-Bond선물 매도
④ T-Note선물 매도, T-Bond선물 매도

용어 알아두기

NOB 스프레드	NOB(Notes Over Bonds) 스프레드거래는 상품 간 스프레드거래의 일종으로, 중기채권인 재무부 단기채권(T-Note)선물과 장기채권인 재무부 장기채권(T-Bond)선물의 가격 차이를 이용하는 거래를 일컫는다.

TIP 듀레이션이 작은 T-Note선물을 매수하고, 듀레이션이 큰 T-Bond선물을 매도한다.

핵심포인트 해설　　**스프레드거래**

(1) 결제월 간 스프레드거래(Calendar Spread Trading)

강세 스프레드(Bull Spread) 매수 스프레드(Long Spread) 전략	• 근월물↑ > 원월물↑, 근월물↓ < 원월물↓ • 스프레드 확대 예상 • 근월물 매수 + 원월물 매도
약세 스프레드(Bear Spread) 매도 스프레드(Short Spread) 전략	• 원월물↑ > 근월물↑, 원월물↓ < 근월물↓ • 스프레드 축소 예상 • 근월물 매도 + 원월물 매수

(2) NOB(Notes Over Bonds) 스프레드거래

개 념	장기 채권선물이 단기 채권선물보다 금리변화에 민감한 특성을 이용하는 전략			
활 용	**구 분**	**의 미**	**T-Note선물**	**T-Bond선물**
	금리상승 예상	T-Note보다 T-Bond선물이 많이 하락	매 수	매 도
	금리하락 예상	T-Note보다 T-Bond선물이 많이 상승	매 도	매 수

(3) 수익률 곡선 거래전략(Yield Curve Trading Strategy)

스티프닝 전략	• 장기물 수익률 상승폭 > 단기물 수익률 상승폭 • 장기물 매도 + 단기물 매수
플래트닝 전략	• 단기물 수익률 상승폭 > 장기물 수익률 상승폭 • 장기물 매수 + 단기물 매도

정답 | ③

10

금리 리스크 헤지모형에 대한 설명 중 올바른 것은?

① 베이시스 포인트 가치모형은 전환계수를 사용하는 선물계약에 적용하는 모형이다.
② 전환계수모형은 헤지대상 채권포트폴리오와 채권선물의 금리민감도를 고려한다.
③ 베이시스 포인트 가치모형은 수익률 1bp의 변화에 대한 가격변동에 중점을 맞춘다.
④ 듀레이션 헤지방법으로도 볼록성을 반영한 헤지가 가능하다.

TIP ① 전환계수를 사용하는 선물계약에 적용하는 모형은 전환계수모형이다.
② 전환계수모형은 헤지대상 채권포트폴리오와 채권선물의 금리민감도를 고려하지 않는다.
④ 듀레이션으로 헤지할 경우 현물가격 움직임 중 볼록성을 반영하지 못한다는 단점이 있다.

핵심포인트 해설 | **금리 리스크 헤지모형**

베이시스 포인트 가치모형	• 수익률 1bp변화에 대한 가격변동에 근거하여 헤지비율을 구함 • 선물 및 현물의 BPV를 이용한 헤지비율
전환계수모형	• 인수도가격(청구가격)을 결정할 때 전환계수를 사용하는 T–Bond 선물계약에 적용되는 모형 • 전환계수를 민감도지수로 사용함 *→ 헤지모형 중 가장 중요*
듀레이션 헤지모형	• 채권의 가격민감도를 나타내주는 듀레이션을 이용하여 헤지비율을 구하는 방식 $$N = \frac{D_P \times P}{D_F \times F}$$ (D_P : 현물 듀레이션, D_F : 선물 듀레이션, P : 포트폴리오의 현재가치, F : 선물 1계약의 가치, N : 선물계약 수) • 듀레이션은 선형 변화를 가정하므로 실제 채권가격 변화인 볼록성을 반영하지 못함

정답 | ③

헤징 대상 금리 포지션이 장기간에 걸쳐 있을 때 각 결제월의 단기금리선물을 동일 수량만큼 매입하거나 매도함으로써 전체의 균형을 맞추는 헤지방법에 해당하는 것은?

① 스트립헤지   ② 스트랩헤지

③ 스택헤지   ④ 스트래들헤지

TIP   스트립헤지는 헤지하여야 할 대상의 금리 포지션이 장기간에 걸쳐 존재하는 경우 같은 기간에 각 결제월의 단기금리선물을 동일 수량만큼 매입하거나 매도하여 전체의 균형을 맞추는 헤지방법이다.

핵심포인트 해설   **헤지거래**

직접헤지	현물을 기초자산으로 하는 선물계약으로 헤지하는 방법
교차헤지	유사한 가격변동을 보이는 다른 선물상품을 이용하여 헤지하는 방법
매수헤지	금리하락에 따른 위험을 헤지하기 위하여 이용
매도헤지	금리상승위험 또는 보유 채권의 가격하락위험을 회피하기 위해 이용
스트립헤지	헤지하여야 할 대상의 금리 포지션이 장기간에 걸쳐 존재할 때 같은 기간에 걸쳐 각 결제월의 단기금리선물을 동일 수량만큼 매입 또는 매도하여 전체적으로 균형화하는 헤지방법 ⇨ 헤지효과가 큰 대신 원월물 유동성이 문제
스택헤지	최근월물 선물로 헤지 대상물량 전체를 모두 매입(매도)하여 만기가 될 때까지 기다린 후 다시 해당 기간 경과분만큼을 제외한 나머지를 그 다음의 최근월물로 치환하는 헤지방법 ⇨ 롤링헤지와 유사하며 투기적 요소가 내재되어 있음

정답 | ①

금리옵션의 투자전략에 대한 설명으로 잘못된 것은?

① 채권가격 상승 예상 시 콜옵션을 매수한다.
② 채권가격 하락 예상 시 풋옵션을 매수한다.
③ 단기이자율 하락이 예상되면 유로달러선물 콜옵션을 매수한다.
④ 장기이자율 하락이 예상되면 T-Bond선물의 풋옵션을 매수한다.

용어 알아두기

유로달러	미국 이외의 은행, 주로 유럽의 은행에 예입되어 있는 달러 자금을 말한다. 유로달러금리의 대표는 리보금리이다.

TIP 장기이자율 하락이 예상되면 T-Bond선물의 콜옵션을 매수한다.

핵심포인트 해설　　**이자율 등락에 따른 전략**

(1) 방향성 전략
　① 이자율 상승 예상 시 : 금리 풋옵션에 투자
　② 이자율 하락 예상 시 : 금리 콜옵션에 투자

(2) 기간별 전략
　① 단기이자율 상승(하락) 예상 시 : 유로달러선물 풋옵션(콜옵션)을 매수
　② 장기이자율 상승(하락) 예상 시 : T-Bond/T-Note에 대한 선물 풋옵션(콜옵션)을 매수

정답 | ④

행사가격이 105이며 만기가 9월인 T-Bond선물 콜옵션의 가격이 2-20이라면 손익분기점은? (단, T-Bond선물은 32진법, T-Bond옵션은 64진법을 사용)

① 102-06
② 102-12
③ 107-10
④ 107-20

TIP 프리미엄 2-20(64진법)을 32진법으로 환산하면 2-10이므로, 콜의 손익분기점 = (105 + 2) - 10 = 107 - 10 이다.

핵심포인트 해설　　**미국 국채선물옵션**

① T-Bond선물은 32진법을 사용하는 반면, T-Bond옵션은 64진법을 사용
② T-Bond옵션 1계약을 거래하는 것은 T-Bond선물 1계약을 인수도하기로 거래하는 것과 같음
③ T-Bond옵션 매수자는 옵션 만기일 전에 옵션을 행사할 수 있음
④ T-Bond 콜옵션이 행사될 경우
　㉠ 콜옵션 매수자 : T-Bond선물을 행사가격에 매수
　㉡ 콜옵션 매도자 : T-Bond선물을 행사가격에 매도
⑤ T-Bond 풋옵션이 행사될 경우
　㉠ 풋옵션 매수자 : T-Bond선물을 행사가격에 매도
　㉡ 풋옵션 매도자 : T-Bond선물을 행사가격에 매수

정답 | ③

금리캡, 금리플로어, 금리칼라에 관한 설명으로 옳은 것은?

① 금리플로어는 계약상의 최고금리 이상으로 기준금리가 상승하는 것에 대비한 보험적 성격을 가지고 있다.

② 변동금리 차입자의 입장에서는 금리플로어를 매수함으로써 금리하락에 노출되는 것을 피할 수 있다.

③ 금리캡을 매수하는 것은 금리상한선을 고정하는 것과 같은 효과를 가진다.

④ 금리칼라는 금리캡과 금리플로어를 함께 매수하거나 매도하는 포지션을 취함으로써 만들 수 있다.

TIP ① 금리캡에 관한 설명이다.
② 고정금리 차입자의 입장에서는 금리플로어를 매수함으로써 금리하락에 노출되는 것을 피할 수 있다.
④ 금리칼라는 금리캡과 금리플로어를 반대로 매매하는 포지션을 취한다.

핵심포인트 해설　　**금리캡(Cap), 금리플로어(Floor), 금리칼라(Collar)**

(1) 금리캡(Cap)
① 미리 정한 수준 이상으로 금리가 상승하면 가치가 발생하는 장외옵션
② 자금차입자는 금리캡을 매입하여 금리상승위험으로부터 보호를 받으면서도 금리하락에 따른 혜택을 누릴 수 있음
③ 여러 번 행사가 가능하므로 프리미엄이 비쌈
④ 금리상승 시 가치가 커지므로 장내 풋옵션과 현금흐름이 동일

(2) 금리플로어(Floor)
① 미리 정한 수준 이하로 금리가 하락하면 가치가 발생하는 장외옵션
② 자금운용자는 금리플로어를 매입하여 금리하락 위험으로부터 보호를 받으면서도 금리상승에 따른 혜택을 누릴 수 있음
③ 금리하락 시 가치가 커지므로 장내 콜옵션과 현금흐름이 동일

(3) 금리칼라(Collar)
① 캡과 플로어의 합성
　㉠ 금리칼라(5 ~ 9%) 매수 = 금리캡(9%) 매수 + 금리플로어(5%) 매도
　㉡ 금리칼라(5 ~ 9%) 매도 = 금리캡(9%) 매도 + 금리플로어(5%) 매수
② 캡과 플로어의 금리를 잘 조합하면 무비용 칼라를 구성할 수 있음
③ 캡과 플로어의 행사금리가 동일한 칼라는 금리스왑과 동일

정답 | ③

변동금리로 이자를 지급하는 조건으로 차입을 하고 있어 금리상승에 따른 리스크에 노출되어 있는 경우 활용할 수 있는 리스크관리기법으로 가장 올바른 것은?

① 금리캡 매도
② 금리플로어 매수
③ 채권(선물) 풋옵션 매수
④ 채권(선물) 콜옵션 매수

TIP 채권(선물) 풋옵션 매수만이 타당하다.

핵심포인트 해설　　**금리 리스크 관리**

금리 리스크	리스크 노출	리스크 관리기법
금리상승 리스크	• 변동금리부채 • 장래의 자금조달(채권발행계획) • 채권 포트폴리오 보유 등 고정금리자산	• 캡 매수(Capping) • 캡 매수 + 플로어 매도(Collaring) • 채권(선물) 풋옵션 매수 • 채권(선물) 풋옵션 매수 + 채권(선물) 콜옵션 매도 • 채권(선물) 콜옵션 매도(Writing Covered Call)
금리하락 리스크	• 장래의 투자(대출)계획 • 장기고정금리부채 • 변동금리자산	• 플로어 매수(Flooring) • 채권(선물) 콜옵션 매수 • 채권(선물) 콜옵션 매수 + 채권(선물) 풋옵션 매도(Collaring) • 채권(선물) 풋옵션 매도

정답 | ③

16

30년 만기 T-Bond채권을 보유한 투자자가 있다. 금리변동 손실회피를 위하여 금리선물 풋옵션을 이용하려고 하는데, 풋옵션의 델타값은 −0.6, 선물헤지비율은 1.3이다. 포트폴리오 델타를 중립으로 하기 위한 거래로 올바른 것은? (단, 채권의 액면가는 1,000만 달러, 30년 만기 T-Bond선물옵션의 거래단위는 10만 달러)

① 풋옵션 108계약 매수   ② 풋옵션 216계약 매수
③ 풋옵션 108계약 매도   ④ 풋옵션 216계약 매도

TIP 헤지비율은 $1.3 \times (\frac{1}{0.6}) = 2.16$

채권의 액면가는 1,000만달러이므로 1계약당 10만달러의 풋옵션 216계약을 매수하여 델타중립을 만든다.

핵심포인트 해설 | **금리옵션을 이용한 리스크 관리**

(1) 금리상승 리스크 관리
　① 금리선물에 대한 풋옵션 매입 : 보호적 풋옵션(Protective Put Option) 또는 금리상한설정(Capping)
　② 풋옵션 프리미엄, 즉 헤지비용을 상쇄하기 위하여 매입할 풋옵션보다 높은 행사가격을 가진 콜옵션 매도 : 상하한 설정 (Collaring), 제로코스트옵션(Zero-Cost Option)

(2) 금리하락 리스크 관리
　콜옵션 매입 : 금리하락으로 인한 포트폴리오의 가격손실을 상쇄

(3) 델타중립(Delta-Neutral Spread)
　① 풋옵션과 콜옵션 또는 선물 등을 배합해 기초자산가격이 움직여도 전체 변동성을 제로(0)로 맞춘 것
　② 시장조성자와 같은 전문 투자자들이 주로 이용하는 투자전략
　③ 총매입 포지션(주식 매입, 콜옵션 매입, 풋옵션 매입)의 델타를 총매도 포지션(주식 대주, 풋옵션 매도, 콜옵션 발행)의 델타와 일치시키는 것

정답 | ②

금리옵션을 이용한 차익거래에 대한 설명으로 잘못된 것은?

① 선물은 이론가격을 이용하여 차익거래를 하나, 옵션은 풋–콜–선물 패리티를 이용한다.

② 선물옵션 차익거래는 풋–콜–선물 패리티의 관계가 성립하지 않을 경우 옵션을 이용하여 선물을 복제함으로써 상대적으로 고평가된 것을 매도하고 저평가된 것을 매수한다.

③ 합성선물 매수 = 콜옵션 매수 + 풋옵션 매도, 합성선물 매도 = 콜옵션 매도 + 풋옵션 매수

④ 컨버전 = 선물 매도 + 합성선물 매수, 리버설 = 선물 매수 + 합성선물 매도

용어 알아두기

풋–콜–선물 패리티	풋–콜–선물 패리티도 풋–콜 패리티와 동일한 맥락에서 이해하면 된다. 즉, 동일한 기초증권과 만기 및 행사가격을 가지고 있는 콜옵션과 풋옵션의 가격은 균형하에서 일정한 관계를 갖는 것을 말한다.

TIP 컨버전(Conversion)은 합성선물이 고평가되어 있는 경우로 '선물 매수 + 합성선물 매도' 전략이고, 리버설(Reversal)은 합성선물이 저평가되어 있는 경우로 '선물 매도 + 합성선물 매수' 전략이다.

핵심포인트 해설   채권선물·옵션 차익거래

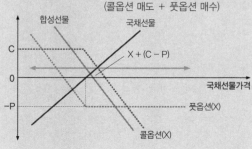

① 컨버전(Conversion) = 선물 매수 + 합성선물 매도
(콜옵션 매도 + 풋옵션 매수)

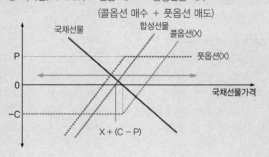

② 리버설(Reversal) = 선물 매도 + 합성선물 매수
(콜옵션 매수 + 풋옵션 매도)

정답 | ④

18

당분간 금리가 현 수준에서 크게 벗어나지 않고 안정화될 것이라고 예상할 때 적절한 T−Bond선물옵션의 투자전략으로 옳은 것은?

① 합성선물 매수
② 스트래들 매도
③ 스트랭글 매수
④ 버터플라이 매도

TIP 금리 변동성이 축소되고 안정적일 때에는 콜옵션과 풋옵션을 동시에 매도하는 스트래들 매도 전략이 유효하다.

핵심포인트 해설 **변동성 전략 및 합성 포지션**

(1) 변동성 전략 ─→ 확대전략과 축소전략 암기 필요
　① 변동성에 대한 확대전략 : 스트래들 매수, 스트랭글 매수, 버터플라이 매도
　② 변동성에 대한 축소전략 : 스트래들 매도, 스트랭글 매도, 버터플라이 매수

(2) 합성 포지션
　① 옵션을 합성하여 선물 포지션을 구성
　② 합성선물 매수 = 콜 매수 + 풋 매도
　③ 합성선물 매도 = 콜 매도 + 풋 매수

정답 | ②

☑ 다시 봐야 할 문제(틀린 문제, 풀지 못한 문제, 헷갈리는 문제 등)는 문제 번호 하단의 네모박스(□)에 체크하여 반복학습하시기 바랍니다.

01
중요도 ★★
□
90일 후에 만기가 되어 100을 받도록 되어 있는 T-Bill의 현재가격이 97.5라면 할인율 (Discount Yield)은 얼마인가?

① 5%   ② 7.5%   ③ 10%   ④ 12.5%

02
중요도 ★★★
□
다음 중 수익률 곡선이 우하향할 경우 옳은 것은?

① 선도금리 수익률 곡선 < 무이표채 수익률 곡선 < 이표채 수익률 곡선
② 무이표채 수익률 곡선 < 선도금리 수익률 곡선 < 이표채 수익률 곡선
③ 선도금리 수익률 곡선 < 이표채 수익률 곡선 < 무이표채 수익률 곡선
④ 무이표채 수익률 곡선 < 이표채 수익률 곡선 < 선도금리 수익률 곡선

03
중요도 ★★★
□
채권가격과 수익률의 관계에 대한 설명으로 옳은 것은?

① 장기채가 단기채보다 일정한 수익률 변동에 따른 가격 변동폭이 작다.
② 이자율 변동에 따른 채권가격의 변동폭은 만기가 길수록 감소하며 그 증가율은 체감한다.
③ 만기가 일정할 때 수익률 하락으로 인한 가격 상승폭이 같은 크기의 수익률 상승으로 인한 가격 하락폭보다 작다.
④ 저이표채가 고이표채보다 일정한 수익률 변동에 따른 가격 변동폭이 크다.

04
중요도 ★★
□
다음 중 채권수익률 곡선에 대한 설명으로 거리가 먼 것은?

① 기대가설은 미래이자율이 하락할 것으로 예상될 때 수익률 곡선이 우상향한다고 한다.
② 유동성선호가설은 미래이자율이 일정할 것으로 예상될 때 유동성 프리미엄만큼 수익률 곡선이 우상향한다고 한다.
③ 시장분할가설에서 수익률 곡선은 불연속성을 보일 수 있다.
④ 수익률 곡선이란 다른 조건이 동일할 때 만기까지의 잔존만기와 수익률 간의 관계를 도표로 작성한 것이다.

05 중요도 ★★

수익률 곡선에 관한 설명 중 옳은 것은?

① 기대가설에 의하면 현재 시점에서 수익률 곡선에 내재된 선도금리(Forward Rates)는 미래의 현물금리(Future Spot Rates)의 불편추정치(Unbiased Predictors)이다.

② 시장분할가설에 의하면 미래의 금리가 현재 수준을 유지할 것으로 예상하더라도 유동성 프리미엄으로 인해 수익률 곡선이 우상향하는 형태를 가질 수 있다.

③ 유동성선호가설에 의하면 장기채는 장기채 나름의 수요와 공급이 존재하고 단기채는 단기채 나름의 수요와 공급이 존재하기 때문에 각 시장에서의 수요와 공급에 의해 수익률이 결정된다.

④ 수익률 곡선이 우상향하는 상황에서 무이표채 수익률 곡선은 이표채 수익률 곡선보다 항상 아래쪽에 위치한다.

정답 및 해설

01 ③ $\frac{100-97.5}{100} \times \frac{360}{90} = 10(\%)$

참고 할인율의 경우 1년의 일수를 360일로 사용한다는 점에 주의하도록 한다.

02 ① 수익률 곡선이 우하향할 경우에는 선도금리 수익률 곡선이 가장 아래에 위치한다. 이표채 수익률 곡선은 무이표채보다 위쪽에 위치하는데, 이는 이표채에서 얻는 이자지급액에 해당하는 할인율이 만기일에 적용되는 할인율보다 높기 때문이다.

03 ④ ① 장기채가 단기채보다 일정한 수익률 변동에 따른 가격 변동폭이 크다.

② 이자율 변동에 따른 채권가격의 변동폭은 만기가 길수록 증가하나 그 증가율은 체감한다.

③ 만기가 일정할 때 수익률 하락으로 인한 가격 상승폭이 같은 크기의 수익률 상승으로 인한 가격 하락폭보다 크다.

04 ① 기대가설은 미래이자율이 상승할 것으로 예상될 때 수익률 곡선이 우상향한다고 한다.

05 ① ② 유동성선호가설에 의하면 미래의 금리가 현재 수준을 유지할 것으로 예상하더라도 유동성 프리미엄으로 인해 수익률 곡선이 우상향하는 형태를 가질 수 있다.

③ 시장분할가설에 의하면 장기채는 장기채 나름의 수요와 공급이 존재하고 단기채는 단기채 나름의 수요와 공급이 존재하기 때문에 각 시장에서의 수요와 공급에 의해 수익률이 결정된다.

④ 수익률 곡선이 우상향하는 상황에서 무이표채 수익률 곡선은 이표채 수익률 곡선보다 항상 위쪽에 위치한다.

중요도 ★

06 기대가설의 가정에 관한 설명 중 잘못된 것은?

① 투자자들은 위험에 대하여 중립적이다.
② 장기채권과 단기채권은 상호 완전대체관계가 성립한다.
③ 장기채 수익률은 해당 기간 단기채 수익률들의 기하평균으로 계산할 수 있다.
④ 미래 단기채권들의 수익률은 예상할 수 없다.

중요도 ★★

07 채권수익률 하락(채권가격 상승)이 예상되는 경우에 유리한 전략과 거리가 먼 것은?

① 채권가격 상승폭이 큰 채권으로 비중을 늘린다.
② 장기채, 듀레이션이 긴 채권을 늘린다.
③ 표면이자율이 높은 채권을 늘린다.
④ 금리선물 매입 포지션을 취한다.

중요도 ★★★

08 3년 국채선물의 투자자가 105.60에 10계약을 매수한 후 106.70에 매도하여 이익을 보고 청산하였다. 이 투자자의 총이익으로 옳은 것은?

① 1,100,000원
② 11,000,000원
③ 5,500,000원
④ 55,000,000원

중요도 ★

09 IMM(International Monetary Market) Index방식에 의하여 금리선물의 가격을 호가하는 경우에 대한 설명과 거리가 먼 것은?

① 금리가 오르면 IMM Index로 표시된 가격은 작아진다.
② 기초자산의 금리를 지수화하여 거래하기 위해서 계산하는 방식이다.
③ 100에서 선도금리를 뺀 값을 선물가격으로 한다.
④ 채권가격변동과 IMM Index 지수변동은 반대 방향이다.

10 중요도 ★★

T-Bond선물의 전환계수에 대한 설명으로 잘못된 것은?

① 전환계수는 특정 결제월 주기 동안 일정하다.

② 이표율이 6%보다 작으면 만기가 길수록 전환계수가 작아진다.

③ 이표율이 6%보다 작으면 전환계수는 1보다 크다.

④ 전환계수는 헤지하여야 할 헤지비율을 구할 때 사용된다.

11 중요도 ★

다음 중 전환계수의 특징과 거리가 먼 것은?

① 전환계수는 각 현물채권 및 각 결제월별로 유일한 값을 가진다.

② 전환계수는 특정 결제월 주기 동안 계속해서 변동된다.

③ 전환계수는 T-Bond선물계약 인수도 시 청구가격을 계산할 때 사용한다.

④ 전환계수는 헤지하여야 할 헤지비율을 구할 때 사용한다.

정답 및 해설

06 ④ 기대가설에서는 미래 단기채권들의 수익률을 예상하고 이를 기하평균함으로써 장기채 수익률을 구할 수 있다고 본다.

07 ③ 표면이자율이 낮은 채권을 늘리는 것이 유리하다.

08 ② 투자자의 총이익은 106.70 − 105.60 = 1.1, 즉 110tick
1tick은 10,000원이므로 110tick은 1,100,000원이며, 10계약이므로 11,000,000원이 이익이다.

09 ④ 채권가격변동 방향과 IMM Index 지수변동 방향은 같은 방향이어야 한다.

10 ③ 이표율이 6%보다 작으면 전환계수는 1보다 작다.

11 ② 전환계수는 특정 결제월 주기 동안 일정하다.

참고 전환계수(Conversion Factor)

- 표준물(만기 30년, 표면금리 6%)의 전환계수는 1
- 인도대상채권을 표준물가격으로 전환시킬 때 이용

12 중요도 ★

T-Bond선물의 인도채권은 해당 결제월의 첫째 날을 기준으로 잔존만기가 15년 이상 남은 국채이면 가능하므로 최저인도채권(CTD)을 선택할 기회가 발생한다. 이때 최저인도채권을 선택할 수 있는 권리를 가지고 있는 자(기관)로 옳은 것은?

① 선물 매도자　　　　　　　　② 선물 매수자

③ 청산소　　　　　　　　　　④ 거래소

13 중요도 ★

T-Bond선물 가격이 98-20으로 호가되고 있다. 인도하려는 채권의 전환계수는 1.12이다. 인도 시점까지의 경과이자가 $100당 $2.00인 경우 선물 매도자가 매입자에게 채권을 인도하고 받는 모든 금액으로 옳은 것은?

① $111,632　　　　　　　　② $112,460

③ $112,988　　　　　　　　④ $113,104

14 중요도 ★★

T-Bond선물을 95-20에 100계약 매도하고 상황이 유리해짐으로써 94-25에 100계약 매수하여 이득을 취하였다. 이 거래에 따른 이득으로 옳은 것은?

① $36,715　　　　　　　　② $63,624

③ $84,375　　　　　　　　④ $101,243

15 중요도 ★

현재부터 1년까지 현물금리가 3.0%, 현재부터 2년까지 현물금리가 3.5%라면 1년 후부터 2년까지 1년 동안의 선도금리로 옳은 것은?

① 3.7%　　　　　　　　　② 3.8%

③ 3.9%　　　　　　　　　④ 4.0%

16 중요도 ★★★

□ 현재 유로달러선물 가격이 95.35p이며, 현재 35일간의 Libor가 5%, 125일간의 Libor가 6%라고 할 때 ㉠ 유로선물의 이론가격은 얼마이고, ㉡ 투자자는 어떤 거래를 통하여 이익을 취할 수 있는가? (단, 1년은 360일로 함)

㉠	㉡
① 90.53	현물 매수 + 선물 매도
② 90.53	현물 매도 + 선물 매수
③ 93.61	현물 매수 + 선물 매도
④ 93.61	현물 매도 + 선물 매도

정답 및 해설

12 ① 최저인도채권을 선택할 수 있는 권리를 가지고 있는 자(기관)는 선물 매도자이다.

참고 최저인도채권(CTD : Cheapest-to-Deliver Bond)

- 매도자가 인도채권을 선택할 때 가장 유리한 채권
- CTD는 조정선물가격과 인도가능채권가격의 차이가 가장 큰 채권이 됨

13 ② $(98 + \frac{20}{32}) \times 1.12 + 2 = 112.46$, 즉 $100당 $112.46를 수취한다.

액면은 $100,000이므로 채권인도 후 수취하는 금액은 $112,460이다.

14 ③ T-Bond선물의 소수점 이하 가격표시는 32진법이다.

$(95 + \frac{20}{32}) - (94 + \frac{25}{32}) = 0.84375$

따라서 100계약이므로 $84,375 이익이다.

15 ④ $(1 + 0.035)^2 = (1 + 0.03)(1 + F)$이다. 따라서 F = 4%가 된다.

16 ③ ㉠ 유로달러선물의 이론가격은 '100 − IFR(내재선도금리)'이므로 내재선도금리를 구하여 계산하면 된다.

$$IFR = \frac{6\% \times \frac{125}{360} - 5\% \times \frac{35}{360}}{\frac{125}{360} - \frac{35}{360}} = 6.39\%$$

⇨ 유로선물의 이론가격 = 100 − 6.39 = 93.61

㉡ 실제선물가격(95.35)이 이론선물가격(93.61)보다 높으므로 선물이 고평가되었다. 따라서 고평가된 선물을 매도하고, 저평가된 현물을 매수하는 매수차익거래로 이익을 취할 수 있다.

17

중요도 ★★

금리선물을 이용하여 위험헤지를 할 때 매도헤지가 필요한 경우로 모두 묶인 것은?

> ㉠ 3개월 후 500억원의 채권을 발행하는 경우
>
> ㉡ 채권을 100억원 보유하고 있는 경우
>
> ㉢ 변동금리부로 자금을 차입할 예정인 경우
>
> ㉣ 향후 자금운용계획이 있는 경우

① ㉠

② ㉣

③ ㉢, ㉣

④ ㉠, ㉡, ㉢

18

중요도 ★★★

금리선물에서 매도헤지를 하는 경우에 해당하지 않는 것은?

① 미래의 금리하락으로 현물가격 상승에 따른 위험을 회피하고자 하는 경우

② 채권을 보유하고 있는 투자자가 채권가격 하락위험에 노출된 경우

③ 향후 자금조달이 예정되어 있는 기업이 금리상승 시 자금조달비용이 증가하는 상황에 있는 경우

④ 금리스왑에서 고정금리 수취 포지션을 보유하고 있는 경우

19

중요도 ★★★

다음 중 매수헤지전략이 유효한 경우로 옳은 것은?

① 향후 채권발행이 예정되어 있는 경우

② 고정금리로 자금을 차입하는 경우

③ 변동금리로 자금을 차입하는 경우

④ 채권을 보유하고 있는 경우

20

중요도 ★★

□ 듀레이션이 4.5이고 현재가치가 105억원인 채권 포트폴리오를 보유하고 있는 채권 운용자가 향후 금리상승을 예상하고 있다. 이에 채권 운용자가 아래의 내용과 같은 5년 국채선물을 이용하여 포트폴리오 듀레이션을 2.5로 줄이고자 한다면 어떻게 하여야 하는가?

구 분	포트폴리오	5년 국채선물
가 격	105	115
듀레이션	4.5	4.6

① 5년 국채선물 30계약 매도

② 5년 국채선물 40계약 매도

③ 5년 국채선물 30계약 매수

④ 5년 국채선물 40계약 매수

21

중요도 ★

□ 고정금리 채권 투자자가 금리위험을 줄이기 위하여 취할 수 있는 헤지방법으로 잘못된 것은?

① 채권선물 매도

② 채권 풋옵션 매수

③ 금리캡 매수

④ 채권 콜옵션 매입

정답 및 해설

17 ④ 향후 자금운용계획이 있는 경우에는 금리하락에 대비하여 선물 매수헤지가 필요하다.

구 분	상 황	현물 포지션	헤지전략
매수헤지	금리하락 시 손실	채권투자 예정, 고정금리 차입	금리선물 매수
매도헤지	금리상승 시 손실	채권보유, 채권발행계획	금리선물 매도

18 ① 미래의 금리하락으로 현물가격 상승에 따른 위험을 회피하고자 하는 경우는 매수헤지를 하는 경우이다. 매도헤지는 미래의 금리상승에 따른 손실을 보전하기 위하여 금리선물을 매도하는 것이다.

19 ② 향후 채권투자가 예정된 경우, 향후 자금운용계획이 있는 경우, 고정금리로 자금을 차입하는 경우에는 매수헤지가 유리하다.

20 ② 듀레이션 조정을 위한 선물계약 수

$$= (D_t - D_i) \times \frac{S}{D_f \times F}$$

$$= (2.5 - 4.5) \times \frac{105억원}{4.6 \times 115 \times 100만원} ≒ -40이다.$$

21 ④ 투자자가 금리상승위험에 노출되어 있으므로 채권 콜옵션 매입은 적합하지 못하다.

22 중요도 ★★
유로달러옵션에 대한 설명으로 옳은 것은?

① 유로달러현물을 기초자산으로 하는 옵션이다.
② 유로달러 풋옵션의 경우 옵션 매수자는 옵션행사 시 미리 정한 행사가격으로 유로달러선물을 매수할 수 있다.
③ 유로달러옵션은 최종거래일까지 항상 행사가 가능한 미국식 옵션이다.
④ 풋옵션을 매입한 투자자는 금리선물가격 상승이 호재이다.

23 중요도 ★
금리옵션의 이론가격에 대한 설명으로 옳은 것은?

① 미국식 옵션의 가격은 내재가치, 시간가치로 구성된다.
② 내재가치는 내가격옵션의 경우에만 존재한다.
③ 등가격옵션과 외가격옵션은 내재가치와 시간가치가 병존한다.
④ 유럽식 옵션의 경우에도 조기행사권리가치가 있다.

24 중요도 ★★★
장기금리가 상승할 것으로 예상될 때 투자전략으로 옳은 것은?

① T-Bond선물 풋옵션 매수
② T-Bond선물 콜옵션 매수
③ 유로달러선물 풋옵션 매수
④ 유로달러선물 콜옵션 매수

25 중요도 ★★
콜옵션과 풋옵션으로 구성할 수 있는 합성선물의 가격이 채권선물보다 고평가되어 있을 경우 투자전략으로 옳은 것은?

① 스트립
② 스 택
③ 컨버전
④ 리버설

26 중요도 ★

☐ 채권선물을 기초자산으로 하는 합성선물의 가격이 채권선물가격보다 저평가된 경우 투자전략으로 옳은 것은?

① 불 스프레드   ② 베어 스프레드
③ 리버설   ④ 컨버전

27 중요도 ★★

☐ 금리상승으로 인하여 채권가격 하락위험에 노출되는 것을 헤지하기 위한 방법에 관한 설명 중 잘못된 것은?

① 금리선물을 매도하면 투자손익을 일정 수준으로 고정하는 것이 가능하다.
② 금리 콜옵션 매도로 금리상승 시 옵션 매도가격만큼 손실 규모가 줄어든다.
③ 금리 풋옵션을 매입하면 금리상승 시에도 투자수준이 고정되며 금리하락 시에는 투자이익을 얻을 수 있다.
④ 금리 콜옵션을 매도할 때에는 주로 내가격옵션이 이용된다.

정답 및 해설

22 ③ ① 유로달러현물이 아니라 유로달러선물계약을 기초자산으로 하는 옵션이다.
② 유로달러 풋옵션의 경우 옵션 매수자는 옵션행사 시 미리 정한 행사가격으로 유로달러선물을 매도할 수 있다.
④ 콜옵션을 매입한 투자자는 금리선물가격 상승이 호재이다.

23 ② ① 미국식 옵션의 가격은 내재가치, 시간가치, 조기행사권리가치로 구성된다.
③ 등가격옵션과 외가격옵션은 내재가치는 없고 시간가치만 존재한다.
④ 만기일 이전에 옵션을 행사할 수 없는 유럽식 옵션의 경우에는 조기행사권리가치가 없다.

24 ① 금리가 상승하면 채권가격은 하락하므로 풋옵션을 매수해야 한다. 또한 상승하는 금리는 장기물이므로 장기채권인 T-Bond로 헤지해야 한다.

25 ③ 합성선물은 콜옵션과 풋옵션을 이용하여 기준물(선물)을 복제하는 것이다. 합성선물의 가격이 채권선물보다 고평가된 경우 저평가된 채권선물을 매수하고 고평가된 합성선물을 매도하는 포지션(콜 매도 + 풋 매수)을 취하여야 하므로 합성선물을 매도하고 현물(채권선물)을 매수하는 전략인 컨버전이 적절하다.

26 ③ 합성선물의 가격이 채권선물의 가격보다 저평가된 경우 '콜 매수 + 풋 매도 + 선물 매도', 즉 리버설 전략이 유효하다.

27 ④ 금리 콜옵션을 매도할 때에는 주로 옵션의 시간가치가 큰 등가격을 매도함으로써 시간가치를 획득하고자 한다.

28

중요도 ★

투자자 A는 고정금리채권을 보유하고 있는데 금리상승위험에 대비하고자 한다. 적절한 전략이 아닌 것은?

① 채권선물 매도
② 채권 풋옵션 매도
③ 채권 콜옵션 매도
④ 금리캡 매수

29

중요도 ★★

금리옵션을 이용한 위험관리에 대한 설명과 거리가 먼 것은?

① 금리상승에 대한 위험을 헤지하고자 하는 경우 금리선물에 대한 풋옵션을 매수한다.
② 금리상승으로 인한 손실위험이 있는 경우 풋옵션을 매입하면 금리상한 설정효과가 있다.
③ 금리하락에 따른 손실로부터 보호받기 위해서는 금리플로어를 매입하는 것이 유리하다.
④ 금리하락에 따른 손실로부터 보호받기 위해서는 금리하락 시 이익이 발생하는 풋옵션 매수가 유리하다.

30

중요도 ★★★

장외금리옵션 중 금리캡에 대한 설명과 거리가 먼 것은?

① 변동금리로 자금을 차입하는 자와 같이 미래의 금리상승위험을 회피하고자 하는 자에게 유용하다.
② 계약상의 캡금리(행사금리) 이상으로 기준금리가 상승하면 기준금리만큼을 캡 매도자가 캡 매수자에게 지급해주는 계약이다.
③ 기준금리가 캡금리(행사금리)보다 낮으면 어떠한 지급도 발생하지 않는다.
④ 차입자는 금리캡을 매입함으로써 자신이 원하는 기간에 금리상승위험을 회피할 수 있다.

31 중요도 ★★

□ 금리가 일정 수준 이상으로 상승하거나 또는 일정 금리 이하로 금리가 변동하여 손실이 발생할 가능성을 사전에 제거하고자 할 경우 거래방법으로 옳은 것은?

① 금리선물 매수 ② 금리캡

③ 금리플로어 ④ 금리칼라

32 중요도 ★★

□ 장외금리옵션 중 금리칼라에 대한 설명으로 잘못된 것은?

① 금리캡과 금리플로어가 결합된 형태이다.

② '금리칼라 매수 = 금리캡 매수 + 금리플로어 매도'이다.

③ 캡의 행사금리를 플로어의 행사금리보다 높게 책정하므로 캡금리 이상 또는 플로어금리 이하로 금리가 변동하여 손실이 발생할 가능성을 사전에 제거할 수 있다.

④ 칼라 매수비용은 캡 매수비용보다 높다.

정답 및 해설

28 ② 금리상승위험에 대비하기 위하여 채권선물 매도, 풋옵션 매수, 콜옵션 매도, 금리캡 매수 등의 전략을 취할 수 있다.

29 ④ 금리하락에 따른 손실로부터 보호받기 위해서는 금리하락 시 이익이 발생하는 콜옵션 매수가 유리하다.

30 ② 계약상의 캡금리(행사금리) 이상으로 기준금리가 상승하면 그 차액만큼을 캡 매도자가 캡 매수자에게 지급해주는 계약이다.

캡 매도자가 캡 매입자에게 지불하는 금액 = 명목원금 × Max[0, (기준금리 − 캡금리)]

31 ④ 금리칼라 거래를 통하여 금리를 일정 범위 내로 고정시킬 수 있다.

32 ④ 플로어 매도가격이 캡 매수가격의 일부 또는 전부를 상쇄하기 때문에 칼라 매수비용은 캡 매수비용보다 적다.

제 4 장
통화선물·옵션

학습전략

통화선물·옵션은 제1과목 전체 25문제 중 총 3~4문제 정도 출제된다.

통화선물·옵션의 경우 환율제도와 외환거래에 대한 기본적인 이해를 해야 하므로 초보자들은 어려울 수 있는 부분이다. 그러나 출제 비중이 적기 때문에 지나치게 오랫동안 붙잡고 진도를 늦추기보다는 출제가 예상되는 중요 부분만을 중심으로 정리하는 것이 좋다.

출제예상 비중

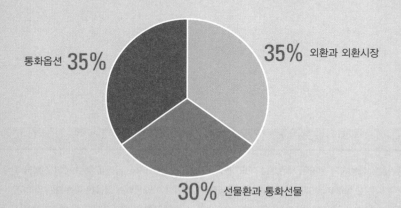

통화옵션 35%

35% 외환과 외환시장

30% 선물환과 통화선물

핵심포인트

구 분	핵심포인트	중요도	페이지
외환과 외환시장 (35%)	01 외환 및 환율	★★	p. 134
	02 외환시장	★★★	p. 135
선물환과 통화선물 (30%)	03 선물환	★★★	p. 136
	04 선물환율의 결정	★★★	p. 138
	05 통화선물	★★	p. 139
	06 선물환과 통화선물을 이용한 환리스크 관리	★★	p. 141
통화옵션 (35%)	07 통화옵션의 가격 결정	★★	p. 142
	08 통화옵션을 이용한 환리스크 헤지	★★★	p. 143

매입환율과 매도환율의 차이를 나타내는 스프레드에 관한 설명으로 거리가 먼 것은?

① 거래규모가 크면 스프레드가 작아진다.
② 통화 유동성이 높을수록 스프레드가 작아진다.
③ 환율 변동폭이 작을수록 스프레드가 작아진다.
④ 현물환은 선물환에 비해서 스프레드가 크다.

TIP 선물환이 현물환에 비해서 스프레드가 큰 것이 일반적이다.

핵심포인트 해설　　**환율의 표시방법과 외환 스프레드**

(1) 환율의 표시방법
　① 직접표시법(Direct Quotation) : 외국통화 한 단위의 가치를 자국통화로 표시하는 방법
　② 간접표시법(Indirect Quotation) : 자국통화 한 단위의 가치를 외국통화로 표시하는 방법
　③ 우리나라는 직접표시법을 사용
　　예) $1 = 1,200, ¥100 = 1,000
　④ 국제금융시장에서 미국 달러화가 개입된 외환거래는 통상적으로 기축통화인 미국 달러화를 중심으로 환율 표시
　　㉠ 유럽식(European Term) : 미국 달러화 한 단위를 기준으로 다른 통화의 가치를 표시하는 방법
　　㉡ 미국식(American Term) : 다른 통화 한 단위를 기준으로 미국 달러화의 가치를 표시하는 방법
　　㉢ 원화·엔화 등은 유럽식, 영국 파운드화 등은 미국식 사용

(2) 외환 스프레드

개 념	• 스프레드(Spread) = 매도환율(Offer Rate) − 매입환율(Bid Rate) 　　　↳ 매입환율과 매도환율은 모두 딜러기준 입장임 • 환율이 변동하면 재고(Inventory)로 보유하고 있는 통화의 가치가 변하므로 딜러는 재고유지비용과 위험을 부담 • 매수율은 매도율보다 항상 낮으므로 스프레드는 딜러의 이익 • 결국 딜러의 위험부담에 대한 프리미엄
결정요인	• 거래단위가 클수록 스프레드는 작아짐 • 통화의 유동성이 클수록 스프레드는 작아짐 • 환율의 변동폭이 클수록 스프레드는 커짐 • 현물환보다는 선물환에서 스프레드가 커짐

정답 | ④

02

외환시장에서의 파생상품 거래에 대한 설명으로 가장 거리가 먼 것은?

① 통화스왑은 장내거래와 장외거래로 구분할 수 있다.
② 외환스왑은 현물환 매입과 선물환 매도 또는 현물환 매도와 선물환 매입이 동시에 일어나는 거래이다.
③ 통화옵션은 선물환이나 통화선물에 비하여 거래비용이 적다.
④ 차액결제선물환(NDF)은 만기에 환율변동에 따른 차액만 정산하는 형태의 선물환 거래이다.

용어 알아두기

통화스왑	두 거래 당사자가 계약일에 약정된 환율에 따라 해당통화를 일정 시점에서 상호 교환하는 외환거래로, 장외에서만 거래된다.

TIP 통화스왑은 장외에서만 거래된다.

핵심포인트 해설 **외환거래의 종류와 외환 포지션**

(1) 외환시장에서의 파생상품 거래 → 선물환거래는 그 명칭으로 인해 '선물'로 착각할 수 있으나, 선도거래라는 점을 주의
   ① 선물환(Forward) : 계약이 성립되는 시점에서 합의된 환율에 따라 미래 특정일에 한 통화에 대하여 다른 통화의 일정량을 인도 또는 인수하기로 약속하는 거래
   ② 외환스왑(Foreign Exchange Swap) : 현물환 매입과 선물환 매도 또는 현물환 매도와 선물환 매입이 동시에 일어나는 거래
   ③ 통화선물(Currency Futures) : 선물환 거래와 본질적으로 동일하나 장내시장에서 거래
   ④ 통화옵션(Currency Options) : 계약 기간 내에 또는 미래 특정일에 특정 외국통화를 미리 정한 환율에 매입하거나 매도할 수 있는 권리를 갖는 계약

(2) 외환 포지션(FX Position)

매수 포지션(Long Position)	외환을 매수한 경우
매도 포지션(Short Position)	외환을 매도한 경우
초과 매수 포지션(Over Bought Position)	외환자산 > 외환부채
초과 매도 포지션(Over Sold Position)	외환자산 < 외환부채
스퀘어 포지션(Square Position)	외환자산 = 외환부채
현물환 포지션	현물환자산과 부채만을 가지고 작성한 포지션
선물환 포지션	선물환거래 미청산포지션만을 가지고 작성한 포지션
종합 포지션	현물환 포지션 + 선물환 포지션

정답 | ①

선물환율을 현물환율과의 차이로 표시하는 고시방법으로 옳은 것은?

① 아웃라이트율(Outright Rate)
② 선물환 포인트(Forward Point)
③ 브로커 수수료율(Brokerage Fee Rate)
④ 매수-매도 스프레드(Bid-Ask Spread)

TIP 선물환율을 현물환율과의 차이로 표시하는 고시방법은 선물환 포인트(Forward Point)이다.

핵심포인트 해설   **선물환율의 이해**

(1) 선물환율의 고시방법
① 아웃라이트율(Outright Rate) : 딜러가 선물환거래를 원하는 고객에게 선물환율의 호가를 현물환율처럼 매수율과 매도율로 표현하는 방법
② 선물환 포인트(Forward Point)
  ㉠ 선물환율을 현물환율과의 차이로 표시하는 방법
  ㉡ 선물환거래의 대부분이 외환스왑 거래의 형태이므로 선물환율을 표시할 때 선물환 포인트로 표시하는 것이 관례화

Forward Point	상 태	선물환율 계산
매입률(Bid) < 매도율(Offer)	선물환 할증	선물환율 = 현물환율 + 선물환 포인트
매입률(Bid) > 매도율(Offer)	선물환 할인	선물환율 = 현물환율 − 선물환 포인트

③ 선물환율의 할증률(할인율) 계산

$$\text{선물환율의 할증률(할인율)} = \frac{\text{선물환율} - \text{현물환율}}{\text{현물환율}} \times \frac{12}{\text{선물환 만기}}$$

(2) 무위험이자율 차익거래
① 실제 선물환율 > 이론 선물환율 ⇨ 선물환 매도 + 현물환 매입(원화 차입 + 달러 운용)
② 실제 선물환율 < 이론 선물환율 ⇨ 선물환 매입 + 현물환 매도(달러 차입 + 원화 운용)

정답 | ②

04

원/달러 차액결제선물환(NDF)에 대한 설명으로 가장 거리가 먼 것은?

① 국내 선물환시장 외에 홍콩, 싱가포르 등의 역외시장에서도 비교적 활발하게 거래가 이루어진다.
② 적은 금액만으로도 거래가 가능하여 위험 헤지뿐만 아니라 투기적 거래에도 널리 사용된다.
③ NDF 매입자의 경우 지정환율이 계약환율보다 높으면 결제금액을 수취하게 된다.
④ 만기일에 양국 통화를 정해진 선물환율로 상호 교환한다.

차액결제선물환 (NDF)	계약원금의 교환 없이 현물환율 차액만을 당시 약속된 지정통화로 정산하는 선물환 계약이다. 역외선물환이라고도 한다.

TIP 만기일에 양국 통화를 상호 교환하지 않고 차액을 현금으로 정산한다.

핵심포인트 해설 환위험 관리

(1) 원/달러 차액결제선물환(NDF : Non-Deliverable Forward)

개 요	• 실물인수도 대신 차액만을 결제하는 선물환 거래 • 결제통화로 달러 사용, 결제위험이 작음 • 헤지뿐만 아니라 투기거래에도 활용됨
결제금액	• 매입자의 경우 지정환율이 계약환율보다 높다면 결제금액을 수취, 지정환율이 계약환율보다 낮다면 결제금액을 지급하여야 함 $$결제금액 = \frac{(지정환율 - 계약\ 시\ 선물환율) \times 계약금액}{지정환율}$$

(2) 외화자산 및 외화부채를 보유한 경우의 환차손익

구 분	원/달러 환율상승(원화절하)	원/달러 환율하락(원화절상)
달러화표시 자산 보유	환차익 발생	환차손 발생
달러화표시 부채 보유	환차손 발생	환차익 발생

정답 | ④

원/달러 현물환율은 1,100원이다. 3개월 만기의 원/달러 선물환율이 연 8% 할인되어 거래될 경우 3개월 원/달러 선물환율로 옳은 것은? (단, 1년은 360일이고, 1개월은 30일)

① 1,078원　　　　　　　　② 1,056원
③ 1,034원　　　　　　　　④ 1,012원

<table>
<tr><td>용어 알아두기</td></tr>
</table>

현물환율	외환의 매매계약 성립과 동시에 외환의 인도와 대금결제가 이루어지는 외환거래를 현물거래 (Spot Transaction)라고 하는데, 이때 적용되는 환시세를 현물환율이라고 한다.

TIP　$\dfrac{F - 1,100}{1,100 \times \dfrac{90}{360}} = -0.08$

∴ F = 1,078

핵심포인트 해설　　선물환거래

(1) 현물환거래와 선물환거래

현물환거래(Spot)	외환의 즉각적 인도를 조건으로 하는 거래로서, 일반적으로 거래일로부터 2영업일 후인 현물일(Spot Date)을 결제일(Value Date)로 하는 외환거래
선물환거래(Forward)	현물일 이후를 결제일로 하는 외환거래

(2) 선물환율 결정모형

① 일물일가의 법칙(Law of One Price)을 가정 : 무차익거래조건(No Arbitrage Condition)
② 위험이자율 차익거래(Uncovered Interest Arbitrage) : 환위험을 감수하면서 자국통화 표시 자산과 외국통화 표시 자산 간의 기대수익률의 차이를 이용하여 차익거래를 실행

$$F = S \times \frac{1 + r_d}{1 + r_f}$$

(F : 선물환율, S : 현물환율, r_f : 외국통화이자율, r_d : 자국통화이자율)

(3) 선물환율(Forward Rate)

선물환계약에 적용되는 환율, 선물계약의 만기에 따라 다양한 선물환율이 존재
① 자국금리 > 외국금리 ⇨ 선물환 할증(Forward Premium) : 선물환율 > 현물환율
② 자국금리 < 외국금리 ⇨ 선물환 할인(Forward Discount) : 선물환율 < 현물환율

정답 | ①

06

한국거래소에서 거래되는 엔선물과 유로선물에 대한 설명으로 가장 거리가 먼 것은?

① 유로선물의 최종결제방법은 현금결제방식이다.
② 엔선물의 최종거래일은 결제월의 세 번째 월요일이다.
③ 엔선물의 가격은 100엔당 원화로 표시된다.
④ 유로선물의 거래단위는 10,000유로이다.

TIP 통화선물의 최종결제방법은 실물인수도방식이다.

핵심포인트 해설 **통화선물**

(1) 선물환과 통화선물의 비교

구 분	선물환	통화선물
거래장소	장외(Over-the-Counter)	거래소(Exchange)
거래조건	거래당사자의 필요에 맞춤	표준화
거래방법	통신망을 이용하여 거래당사자들 간의 직접거래	다수의 거래자들 간에 경쟁입찰식으로 체결
시장참가자	상대방위험을 보증할 수 있는 신용도를 갖는 금융기관 또는 기업	원칙적으로 제한이 없으나, 주로 선물환 거래가 어려운 개인 또는 기업
거래비용	매수·매도 스프레드(Bid-Ask Spread)	브로커 수수료(Brokerage Fee)
결 제	대부분 만기 시 실물인수도에 의해 결제됨	대부분 만기 전 반대매매에 의해 포지션이 청산됨

(2) 우리나라 통화선물의 상품명세

구 분	미국 달러선물	엔선물	유로선물	위안선물
거래대상	미국 달러(USD)	일본 엔(JPY)	유로화(EUR)	중국 위안화(CNH)
거래단위	10,000달러	1,000,000엔	10,000유로	100,000위안
가격표시방법	1달러당 원화	100엔당 원화 ↘ 1엔당 원화가 아님	1유로당 원화	1위안당 원화
호가가격단위	0.1원 ⇨ 1틱의 가치 1,000원 (= 10,000 × 0.1)	0.1원 ⇨ 1틱의 가치 1,000원(= 1,000,000 × 0.1 × $\frac{1}{100}$)	0.1원 ⇨ 1틱의 가치 1,000원 (= 10,000 × 0.1)	0.01원 ⇨ 1틱의 가치 1,000원 (= 100,000 × 0.01)
가격제한폭	기준가격 ± 4.5%	기준가격 ± 5.25%		기준가격 ± 4.5%
결제월	• 달러선물 : 분기월 중 12개, 그 밖의 월 중 8개 • 엔, 유로, 위안선물 : 분기월 중 4개, 그 밖의 월 중 4개			
거래시간	• 9:00 ~ 15:15(단, 최종거래일은 9:00~11:30)			
최종거래일	• 결제월의 세 번째 월요일(공휴일인 경우 순차적으로 앞당김)			
최종결제일	• 최종거래일로부터 기산하여 3일째 거래일			
최종결제방법	• 실물인수도			

정답 | ①

단기금융시장과 외환시장에 관한 정보가 다음과 같이 주어졌을 때, 시장상황에 대한 다음 설명 중 잘못된 것은?

- 원/달러 현물환율 : 1,200원
- 달러화 3개월 금리 : 1%(act/360)
- 원화 3개월 금리 : 2%(act/365)
- 만기가 3개월(92일)인 원/달러 선물환율 : 1,194.00

① 시장선물환율은 이론선물환율보다 저평가되어 있다.
② 시장선물환율은 할증 상태이다.
③ 이론선물환율은 1,202.97이다.
④ 달러화를 차입하고 이를 원화로 바꾸어 원화로 예금하고, 달러선물환을 매수하는 차익거래를 할 수 있다.

TIP 금시장선물환율은 현물환율보다 낮으므로 할인 상태이다.

⇨ 선물환율의 할증률(할인율) = $\dfrac{\text{선물환율 − 현물환율}}{\text{현물환율}} \times \dfrac{360}{92}$ = −0.0195(1.95%)

① 시장선물환율은 이론선물환율보다 낮기 때문에 저평가 상태이다.
    ↳ 저평가, 고평가 여부는 이론선물환율과 시장선물환율을 비교하여 판단

③ 이론선물환율 F = $1,200 \times \dfrac{1 + 0.02 \times \dfrac{92}{365}}{1 + 0.01 \times \dfrac{92}{360}}$ = 1,202.97

④ 달러화를 차입하고 이를 원화로 바꾸어 원화로 예금하고(달러선물환 매도 복제), 달러선물환을 매수하는 차익거래를 할 수 있다.

핵심포인트 해설   **통화선물의 이론가격과 헤지손익**

(1) 통화선물의 가격 결정

선물환의 가격 결정과 동일 : 이자율평형이론(IRP)식 도입 ⇨ F = $S \times \dfrac{1 + r_d}{1 + r_f}$

(2) 포지션에 따른 베이시스의 수렴과 헤지손익

구 분	매수헤지 (선물 매수 + 현물 매도)	매도헤지 (선물 매도 + 현물 매수)
양(+)의 베이시스(선물가격 > 현물가격)	헤지손실	헤지이익
음(−)의 베이시스(선물가격 < 현물가격)	헤지이익	헤지손실

정답 | ②

08

외환시장의 원/달러 선물환율이 이자율평형이론에 의하여 계산된 이론선물환율보다 높을 경우 차익거래 발생에 따른 선물환율과 국내이자율의 변화로 가장 올바른 것은?

① 선물환율 상승, 국내이자율 상승
② 선물환율 상승, 국내이자율 하락
③ 선물환율 하락, 국내이자율 상승
④ 선물환율 하락, 국내이자율 하락

TIP 고평가된 선물환 매도가 발생하므로 선물환율은 하락하고, 저평가된 현물환 매수로 인하여 원화차입이 늘어나므로 국내이자율은 상승하게 될 것이다.

핵심포인트 해설   **선물환을 이용한 환위험헤지**

① 매수헤지(Long Hedge)란 장래 매입하여야 할 통화의 가치가 상승하여 손실이 생길 가능성에 대비하여 선물환 또는 통화선물을 매입하는 것

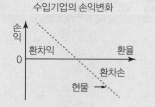
수입기업의 손익변화
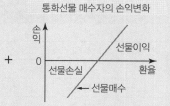
통화선물 매수자의 손익변화
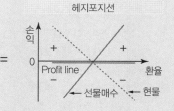
헤지포지션

〈수입기업의 손익과 매수헤징의 원리〉

② 매도헤지(Short Hedge)란 미래에 매도하여야 할 통화가 있을 때 이 통화의 가치가 하락할 것을 우려하여 선물환 또는 통화선물을 매도하는 것

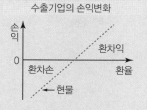
수출기업의 손익변화
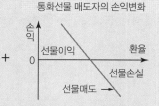
통화선물 매도자의 손익변화
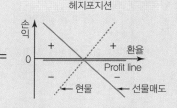
헤지포지션

〈수출기업의 손익과 매도헤징의 원리〉

정답 | ③

현재 행사가격이 1,200원이고 만기가 1달인 원/달러 콜옵션은 75원에, 동일한 행사가격과 만기를 가진 원/달러 풋옵션은 8원에 거래되고 있다. 현물환율이 달러당 1,265원이라고 하면 콜옵션과 풋옵션의 내재가치의 합으로 옳은 것은?

① 25원　　　　　　　　　　② 50원
③ 65원　　　　　　　　　　④ 100원

용어 알아두기

내재가치	당장 권리행사를 했을 때 얻을 수 있는 이익이다.

TIP　현재 현물환율이 행사가격보다 높으므로 콜옵션의 내재가치는 1,265 − 1,200 = 65원이 되며, 풋옵션의 내재가치는 0이 된다.

핵심포인트 해설　　**통화옵션의 가격 결정**

(1) 옵션가격의 결정요인

구 분	콜옵션가격	풋옵션가격
기초자산가격(S) 상승	상 승	하 락
행사가격(X) 상승	하 락	상 승
잔존만기(t) 상승	상 승	상 승
가격변동성(σ) 상승	상 승	상 승
자국이자율(r) 상승	상 승	하 락
외국이자율(d) 상승	하 락	상 승

참고 어느 한 통화의 콜옵션은 상대통화의 풋옵션과 동일(달러 콜매수 = 원화 풋매수)

(2) 풋-콜-선물 패리티
① 실제 선물환을 이용하여 만기에 외국통화를 매입(매도)하는 비용과 합성된 선물환을 만기에 매입(매도)하는 비용은 같아져야 함
② 선물환과 합성선물환의 풋-콜 패리티 공식

$$c - p = \left(\frac{F}{1+r} - \frac{X}{1+r} \right)$$

⇨ 풋-콜-선물 패리티가 성립하지 않을 경우 무위험 차익거래 가능

정답 | ③

10

A기업은 수출대금으로 1개월 후 500만달러를 수취할 예정이다. A기업이 환리스크를 관리하기 위한 전략으로 가장 거리가 먼 것은?

① 달러 풋옵션 매수
② 달러 콜옵션 매도
③ 달러 선물환 매도
④ 달러 선물환 매수

TIP 수출업자의 환리스크를 관리하기 위한 전략은 선물환 매도가 대표적이다. 풋옵션 매수나 콜옵션 매도도 가능한 전략이다.

핵심포인트 해설   **기업의 환위험 관리방법 및 헤지**

(1) 환리스크 관리방법

수출업자의 환리스크(달러가치 하락위험) 관리	수입업자의 환리스크(달러가치 상승위험) 관리
• 달러 선물환 매도 • 달러선물 매도 • 달러 풋옵션 매수 + 원화 콜옵션 매수 • 달러 콜옵션 매도 + 원화 풋옵션 매도 • 달러를 차입하여 원화로 전환하여 운용	• 달러 선물환 매수 • 달러선물 매수 • 달러 풋옵션 매도 + 원화 콜옵션 매도 • 달러 콜옵션 매수 + 원화 풋옵션 매수 • 원화를 차입하여 달러로 전환하여 운용

(2) 통화옵션을 이용한 환리스크 헤지

수출업자	• 환율하락위험에 노출되었으므로 풋옵션을 매수하거나 콜옵션을 매도함 • 통화옵션으로는 주로 풋옵션을 이용 • 수출업자는 현재 현물(달러)을 매수한 상태와 손익이 동일(달러 상승 시 이익, 하락 시 손실) • 현물 매수 + 풋옵션 매수 = 콜옵션 매수 포지션이 합성(콜매수 포지션과 동일한 효과) • 결국 최저 매도가격을 고정하는 효과 • 최저 결제비용(환율) = 행사가격 − 풋옵션 프리미엄
수입업자	• 환율상승위험에 노출되었으므로 콜옵션을 매수하거나 풋옵션을 매도함 • 통화옵션으로는 주로 콜옵션을 이용 • 수입업자는 현재 현물(달러)을 매도한 상태와 손익이 동일(달러 상승 시 손실, 하락 시 이익) • 현물 매도 + 콜옵션 매수 = 풋옵션 매수 포지션이 합성(풋매수 포지션과 동일한 효과) • 결국 최고 매수가격을 고정하는 효과 • 최고 결제비용(환율) = 행사가격 + 콜옵션 프리미엄

정답 | ④

출제예상문제

☑ 다시 봐야 할 문제(틀린 문제, 풀지 못한 문제, 헷갈리는 문제 등)는 문제 번호 하단의 네모박스(□)에 체크하여 반복학습하시기 바랍니다.

01
중요도 ★★

환율의 간접표시법을 설명한 것으로 옳은 것은?

① 자국통화표시법이라고도 한다.

② 영국, 뉴질랜드, 오스트레일리아 등의 국가와 통화선물시장에서 사용된다.

③ 미국 달러화 1달러에 대한 특정 외국통화의 가격을 나타내는 방법이다.

④ 외국통화 한 단위와 교환될 수 있는 자국통화 단위 수로 환율을 표시하는 방법이다.

02
중요도 ★★

환율이 $1 = ₩1,300에서 $1 = ₩1,200으로 바뀌고, 100YEN = ₩1,100에서 100YEN = ₩1,400으로 바뀌었다. 이것에 대한 설명으로 옳은 것은?

① 원화가 달러화에 비하여 가치 상승

② 원화가 엔화에 비하여 가치 상승

③ 달러화가 원화에 비하여 가치 상승

④ 엔화가 원화에 비하여 가치 하락

03
중요도 ★★★

다음은 은행의 딜러가 USD / KRW를 호가한 것이다. 고객이 달러를 매도하고자 한다면 다음 중 가장 유리한 은행으로 옳은 것은?

① A은행 : 1,320.20 － 1,320.70

② B은행 : 1,319.80 － 1,321.10

③ C은행 : 1,320.30 － 1,320.60

④ D은행 : 1,320.00 － 1,320.90

04 중요도 ★★

다음 중 외환 포지션에 관한 설명으로 올바른 것은?

① 초과 매도 포지션의 경우 향후 달러환율이 하락하면 환차손이 발생한다.

② 초과 매입 포지션은 원화 평가절하 시 환차손이 발생한다.

③ 초과 매도 포지션은 원/달러 환율이 상승하면 환차손이 발생한다.

④ 스퀘어 포지션을 취하고 있는 투자자는 원화가 평가절상되기를 바랄 것이다.

05 중요도 ★

다음 중 현물환과 선물환 거래에 대한 설명으로 잘못된 것은?

① 현물환 거래는 +2영업일까지, 선물환 거래는 +3영업일 이후를 결제일로 한다.

② 결제일까지의 외화가격변동위험을 헤지하는 효과를 가질 수 있다.

③ 현물환 거래와 선물환 거래가 함께 이루어지는 거래를 외환스왑이라고 한다.

④ 선물환 거래의 만기는 시장의 룰에 따라 정해져 있고 계약 시에 변경할 수 없다.

정답 및 해설

01 ② 유로화, 오스트레일리아화, 뉴질랜드 달러, 파운드화 등은 간접표시법을 통하여 표시되는 것이 관례이다.

02 ① 원화는 달러화에 비하여 가치가 상승하였고, 엔화에 비하여 가치가 하락하였다.

03 ③ 매수호가를 가장 높게 부른 C은행에서 달러를 매도하는 것이 가장 유리하다.

04 ③ ①② 모두 환차익이 발생한다.
④ 스퀘어 포지션은 환율이 상승하거나 하락하더라도 환손익이 발생하지 않는다. 그러므로 환율의 변동을 기대할 것이 없다.

05 ④ 선물환 거래의 만기는 정해져 있지 않으며, 계약당사자끼리 협의하에 정할 수 있다.

06

중요도 ★★

다음 중 통화선물환시장에 관한 설명으로 잘못된 것은?

① 선물환가격보다 현물환가격이 높으면 선물환할인이라 한다.
② 단순선물환(Outright Forward)에서는 선물 매수와 현물 매도를 함께 시행한다.
③ 은행 간 시장에서는 선물환율과 현물환율의 차이로 선물환율을 고시한다.
④ 달러선물환 매도자는 만기 시 달러를 인도하고 원화를 수취한다.

07

중요도 ★

거래소에서 엔화선물 10계약을 100엔당 1,280원에 매수한 후 1,250원에 모두 반대매매하여 청산하였다. 이 투자자의 손익으로 옳은 것은?

① 300,000원 이익
② 300,000원 손해
③ 3,000,000원 이익
④ 3,000,000원 손해

08

중요도 ★★

외환시장에서 선물환포인트가 다음과 같이 표시되어 있다. 이때 3개월 선물환의 매수·매도 호가로 옳은 것은?

• 현물환율 : 1,300-1,309	• 3개월 선물환포인트 : 12-7

① 1,312-1,316
② 1,288-1,316
③ 1,312-1,302
④ 1,288-1,302

09

중요도 ★

현재 환율은 1,350원/달러이다. 미국의 무위험이자율은 2%, 우리나라의 무위험이자율은 3%일 때 차익거래가 존재하지 않는 균형 1년 선물환율로 옳은 것은?

① 1,284.5원/달러
② 1,363.2원/달러
③ 1,411.3원/달러
④ 1,492.7원/달러

10 중요도 ★★★

현재 외환시장과 단기금융시장에서 다음과 같은 정보가 주어졌을 때, 앞으로 만기가 3개월 남은 원/달러 통화선물의 이론가격으로 옳은 것은?

> • 현물환율 : $1 = ₩1,250
> • 미국 3개월 이자율 : 연 4%
> • 한국 3개월 이자율 : 연 8%

① 1,204원

② 1,238원

③ 1,262원

④ 1,298원

11 중요도 ★

거래소에 상장된 미국 달러선물을 1,280.5에 10계약을 매수하였다가 1,250.2에 전량 반대매매하여 청산하였다. 이 경우 손익으로 옳은 것은?

① 3,030,000원 이익

② 3,030,000원 손해

③ 1,515,000원 이익

④ 1,515,000원 손해

정답 및 해설

06 ② 단순선물환(Outright Forward)은 현물거래 없이 단순히 선물환에 매수 또는 매도 포지션을 취하는 거래이다.

07 ④ (1,250 − 1,280) × 10 × 10,000 = −3,000,000원

08 ④ 선물환율은 현물환율에서 스왑률을 차감하여 구한다.
- 매수호가 = 1,300 − 12 = 1,288
- 매도호가 = 1,309 − 7 = 1,302

09 ② 이자율평형이론에 의하여

$$F = 1,350 \times \frac{1 + 0.03}{1 + 0.02} = 1,363.2$$

10 ③ $F = 1,250 \times \dfrac{1 + 0.08 \times \dfrac{1}{4}}{1 + 0.04 \times \dfrac{1}{4}} = 1,262.37$

11 ② (1,250.2 − 1,280.5) × 10 × 10,000 = −3,030,000

12

현재 현물환이 1,220/$, 6개월 선물환이 1,280/$, 원화금리가 연 8%, 달러금리가 연 3%인 경우에 선물환율 할증·할인율을 연율로 나타내면?

① 달러 선물환 9.8% 할증   ② 달러 선물환 9.8% 할인

③ 원화 선물환 4.8% 할증   ④ 원화 선물환 4.8% 할인

13

차액결제선물환거래(NDF)에 대한 설명으로 거리가 먼 것은?

① 일반적인 선물환 거래와는 달리 만기시점에 계약통화의 교환 없이 계약 당시의 선물환율과 만기시점의 현물환율(지정환율)의 차이만큼을 특정 통화로 정산하는 계약이다.

② 적은 금액만으로도 거래가 가능하므로 레버리지효과가 높아 환위험 헤지뿐만 아니라 투기적 거래에도 이용된다.

③ NDF를 통하여 외환규제를 우회할 수 있고, 차액결제통화를 미국 달러 등 국제통화로 하면 후진국 통화의 선물환 거래도 가능하다.

④ 결제금액이 0 이상인 경우 선물환 매수자가 매도자에게 결제금액을 지급하여야 한다.

14

S은행은 1개월 만기 원/달러 NDF를 100만달러 매입하였다. 1개월 후 결제일 전일의 기준환율(지정환율)이 달러당 1,100원이라면 S은행이 결제일에 수취하는 금액으로 옳은 것은? (계약 시 선물환율은 달러당 1,000원)

① 90,909달러   ② 89,595달러

③ 70,775달러   ④ 69,885달러

15 중요도 ★★

☐ 투자자 A는 6월 선물 만기일에 100만달러를 수취하게 되었다. 환율의 불확실성 해소를 위하여 9월 만기 미국 달러선물을 100계약 매도하였는데, 계약 선물환율은 1,260원/달러였다. 9월 만기일에 도달하자 현물환율은 1,235원/달러, 9월 만기 미국 달러선물가격은 1,230원/달러가 되었다. 선물계약 청산 후 실제로 A가 수취하는 원화로 옳은 것은?

① 1,155백만원

② 1,235백만원

③ 1,265백만원

④ 1,305백만원

16 중요도 ★★★

☐ 시중에 미국 달러가 많이 풀려서 향후 달러가치가 떨어지고 원화가치가 올라갈 것으로 예상된다. 이 경우 적절한 전략은?

① 미국 달러 콜옵션 매수

② 미국 달러 풋옵션 매도

③ 미국 달러선물 매도

④ 미국 달러선물 매수

정답 및 해설

12 ① 기준통화의 선물환 할증 또는 할인율 $= \dfrac{1,280 - 1,220}{1,220} \times \dfrac{12}{6} = 9.8(\%)$

13 ④ 결제금액이 0 이상인 경우 선물환 매도자가 매수자에게 결제금액을 지급하여야 한다.

14 ① 결제금액 $= \dfrac{(지정환율 - 계약 시 선물환율) \times 계약금액}{지정환율} = \dfrac{(1,100 - 1,000) \times 1,000,000}{1,100} = 90,909$달러

15 ③ 계약 선물환율 $= (1,260 - 1,230) \times 10,000 \times 100 = 30,000,000$원

수취한 달러의 현물환 $= \$1,000,000 \times 1,235 = 1,235,000,000$원

∴ 총수취액 $= 1,265,000,000$원

16 ③ 원화 강세(=달러 약세)가 전망되면 미국 달러선물 매도전략이 유효하다.

17 중요도 ★
거래소에서 상장되어 거래되는 미국 달러선물의 설명으로 잘못된 것은?

① 계약단위는 1만달러이다.
② 호가가격단위는 0.1원이며 1틱의 가치는 1,000원이다.
③ 최종결제일은 최종거래일 다음 영업일이다.
④ 만기 시 실물인수도함으로써 계약을 종료한다.

18 중요도 ★★★
현재 시장에서 현물 1달러가 1,300원에 거래되고 있다. 3개월물 원화금리는 연 6%, 3개월 달러금리는 연 4%이다. 시장선물환율이 1,302원으로 거래되고 있을 때 차익거래를 위하여 필요한 거래가 아닌 것은?

① 달러 선물환을 1,302원에 매수한다.
② 달러 현물을 1,300원에 매도한다.
③ 달러매각대금을 원화 6%로 운용한다.
④ 달러를 4%로 운용한다.

19 중요도 ★★
현재 미국 달러옵션 행사가격이 1,350원인 풋옵션의 프리미엄이 150원에 거래되고 있으며, 현물은 1,280원이다. 이 옵션의 시간가치는 얼마인가?

① 70원   ② 80원
③ 150원   ④ 210원

20

중요도 ★

□

거래소에 상장된 행사가격 1,310원의 달러 풋옵션을 달러당 프리미엄 25원에 100계약 매수하고, 만기에 1,280원의 가격으로 전부 청산했다. 이때 총 손익으로 옳은 것은?

① 10,000,000원 이익

② 5,000,000원 이익

③ 10,000,000원 손실

④ 5,000,000원 손실

21

중요도 ★

□

거래소의 미국 달러옵션에 관한 설명으로 잘못된 것은?

① 유럽식 옵션이다.

② 권리행사는 실물인수도방식이다.

③ 최종거래일은 결제월의 세 번째 월요일이다.

④ 콜옵션 매수자는 원화를 지불하고 달러를 수취한다.

정답 및 해설

17 ③ 최종결제일은 최종거래일 이후 제2영업일이다.

18 ④ 이자율평형이론에 따르면

$$1,300 \times (1 + 0.06 \times \frac{3}{12}) = F \times (1 + 0.04 \times \frac{3}{12})$$

∴ F = 1,306.4원

이론선물환율이 시장선물환율보다 높아 통화 선물환을 매수하고 달러 현물을 매도하여야 하므로 달러를 4%에 차입하여야 한다.

19 ② 현재 내가격 상태에 있는 이 풋옵션의 내재가치는 1,350 − 1,280 = 70원이다. 현재 프리미엄이 150원이라면 시간가치는 프리미엄에서 내재가치를 차감한 80원이 될 것이다.

20 ② '1,310 − 1,280 = 30원' 이익의 포지션을 취한다. 단, 프리미엄을 달러당 25원 지불하였으므로 실제로는 달러당 5원의 이익이 발생한다. 5 × 10,000 × 100계약이므로 총 500만원의 이익을 취하였다.

21 ② 미국 달러옵션은 권리행사 시 현금결제가 이루어진다.

22 중요도 ★★★

수입업자인 A기업은 옥수수를 수입하여 1개월 후 200만달러를 결제하여야 한다. A기업이 환위험을 관리하기 위한 방법으로 거리가 먼 것은?

① 달러차입 + 원화운용
② 원화차입 + 달러운용
③ 미국 달러선물 매수
④ 미국 달러 콜옵션 매수

23 중요도 ★★

수입업자 B기업은 1개월 후 달러로 수입대금을 결제할 예정인데 환율상승위험에 대비하여 달러화 콜옵션을 매수하여 헤지하려고 한다. 1개월 후 환율이 1,250원이 되었다면 1달러당 결제비용으로 옳은 것은? (단, 현재 환율은 1,300원이고, 행사가격이 1,300원인 달러 콜옵션가격은 50원)

① 1,250원
② 1,275원
③ 1,300원
④ 1,325원

24 중요도 ★

수입업자인 C기업은 2개월 후 수입대금을 달러로 결제하여야 하는데 환율상승에 대한 위험에 대비하여 행사가격 1,300원인 콜옵션을 15원에 매수하였다. 이것이 의미하는 바로 옳은 것은? (현물환율은 1,290원)

① 미국 달러 최저상환비용을 1달러당 1,315원에 고정시킨 것이다.
② 미국 달러 최저상환비용을 1달러당 1,305원에 고정시킨 것이다.
③ 미국 달러 최고상환비용을 1달러당 1,315원에 고정시킨 것이다.
④ 미국 달러 최고상환비용을 1달러당 1,305원에 고정시킨 것이다.

25

중요도 ★

통화옵션을 통한 환위험 헤지에 대한 설명으로 옳은 것은?

① 향후 외환대금 결제나 외국통화를 필요로 한다면 풋옵션을 매입하는 것이 유리하다.

② 수입기업이 현물 매도 포지션과 동시에 콜옵션을 매도하면 풋옵션 매수 포지션과 손익구조가 같다.

③ 환율의 하한은 '풋옵션 행사가격 − 프리미엄', 환율의 상한은 '콜옵션 행사가격 + 프리미엄'이다.

④ 콜옵션을 매입하는 경우 환율의 하한선을 설정하는 효과가 있다.

정답 및 해설

22 ① 수입업자는 환율상승위험에 노출되어 있으므로 환위험을 관리하기 위해서는 ②③④가 유리하다.

23 ③ 수입업자는 환율상승에 대비하여 콜옵션을 매수하였지만 만기에 환율이 하락하면 콜옵션의 권리행사를 포기하게 되고 그 결과 프리미엄만큼 손해를 보게 된다.
결제비용 = 현물환율 + 콜옵션 매수비용 = 1,250 + 50 = 1,300원

24 ③ 수입업자가 헤징을 위하여 콜옵션을 매입하면 이는 풋옵션 매수 포지션의 수익구조(현물 매도 + 콜 매수 = 풋 매수)와 동일하다. 이러한 포지션은 최고상환비용을 고정하는 효과가 있다.
최고상환비용 = 행사가격 + 콜옵션가격 = 1,300 + 15 = 1,315원

25 ③ ① 향후 외환대금 결제나 외국통화를 필요로 한다면 콜옵션을 매입하는 것이 유리하다.
② 현물 매도 포지션과 동시에 콜옵션을 매수하면 풋옵션 매수 포지션과 손익구조가 같다.
④ 풋옵션을 매입하는 경우 환율의 하한선을 설정하는 효과가 있다.

제5장
상품 관련 선물·옵션

학습전략

상품 관련 선물·옵션은 제1과목 전체 25문제 중 총 2~3문제 정도 출제된다.

상품 관련 선물·옵션의 경우 출제비중이 다소 낮지만 이슈가 되면 중요도가 커질 수 있다. 전 세계적으로 원자재가격 상승이 경제에 큰 영향을 미치는데 이를 상품 관련 선물·옵션 등을 통하여 관리할 수 있기 때문이다. 국내거래소에서도 금선물과 돈육선물이 거래되고 있는데 안전자산 선호로 인하여 금값이 오를 수도 있고, 구제역 확산으로 인하여 돈육선물이 크게 오르기도 한다. 상품 관련 선물·옵션은 이러한 위험을 관리할 수 있는 수단이 된다.

출제예상 비중

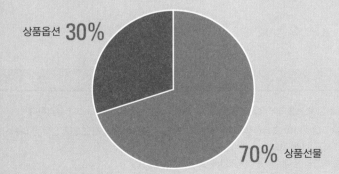

상품옵션 30%

70% 상품선물

핵심포인트

다음 중 돈육선물에 관한 설명으로 잘못된 것은?

① 거래단위는 1,000kg이다.
② 가격표시방법은 원/kg이다.
③ 1tick의 가치는 5,000원이 된다.
④ 순미결제계약수량기준으로 2,000계약의 포지션 한도가 있다.

TIP 순미결제계약수량기준으로 3,000계약의 포지션 한도가 있다.

핵심포인트 해설 **돈육선물의 주요 계약 명세**

대상기초물	• 돈육대표가격(산출기관 : 축산물품질평가원)
거래단위	• 1,000kg
결제월주기	• 연속하는 월 6개(거래 기간 6개월)
상장결제월수	• 6개 결제월
가격표시방법	• 원(kg당)
호가가격단위	• 5원/kg, 1tick의 가치 = 5,000원(1,000kg × 5원)
거래시간	• 10:15 ~ 15:45(점심시간 없이 연속 거래) • 최종거래일도 동일
최종거래일	• 결제월의 세 번째 수요일
최종결제일	• 최종거래일로부터 기산하여 3번째 거래일(T + 2일)
최종결제방법	• 현금결제(Cash Settlement)
가격제한폭	• 기준가격 대비 ± 21%
단일가격 경쟁거래	• 개장 시(09:15 ~ 10:15) 및 거래종료 시(15:35 ~ 15:45)

정답 | ④

02

한국거래소에서 거래되고 있는 금선물에 대한 설명으로 가장 거리가 먼 것은?

① 최종결제방법은 현금결제이다.
② 선물가격이 현물가격보다 높게 형성되는 것이 일반적이다.
③ 호가가격단위는 g당 10원이다.
④ 가격제한폭은 기준가격 × 9%이다.

TIP 가격제한폭은 기준가격 × 10%이다.

핵심포인트 해설 | **새롭게 상장된 금선물**

(1) 2015년 11월 23일 상장된 금선물
  ① 한국거래소는 2015년 11월 23일부터 금 선물시장과 금 현물시장 간 현선연계를 강화한 새로운 금선물 상품을 상장
  ② 기존 미니금선물 제도를 리모델링한 것으로, 최종결제가격으로 KRX금시장 종가를 사용하는 등 현선연계 강화가 특징

(2) KRX 금선물의 주요 계약 명세

대상자산	• 순도 99.99% 이상 1kg 벽돌모양 직육면체 금지금		
계약크기	• 100g		
호가가격단위	• 10원/g		
결제월	• 2, 4, 6, 8, 10, 12월 중 6개와 짝수월이 아닌 월 중 1개의 총 7개		
최장거래기간	• 2, 4, 6, 8, 10, 12 결제월 거래 : 1년 • 그 밖의 결제월 거래 : 2개월		
최종거래일	• 각 결제월의 세 번째 수요일		
거래시간, 호가접수시간	구 분	호가접수시간	거래시간
	최종거래일 미도래종목	08:00 ~ 15:45	09:00 ~ 15:45
	최종거래일 도래종목	08:00 ~ 15:20	09:00 ~ 15:20
가격표시방법	• 원/g		
가격제한폭	• 기준가격 ± (기준가격 × 10%)		
결제시한	• 최종거래일 T + 1일 16시		
최종결제가격	• 최종거래일 KRX 금시장 종가		
최종결제방법	• 현금결제		

정답 | ④

다음 중 보유비용모형에 관한 설명과 거리가 먼 것은?

① 보유비용은 선물계약의 기초자산(Underlying Asset)이 되는 상품의 재고를 미래의 일정 시점까지 유지해나가는 데 드는 비용을 말한다.

② 상품의 저장에 따른 실물저장비용과 그 상품을 구매하는 데 소요되는 자금에 대한 이자비용 또는 기회비용도 보유비용에 들어간다.

③ 보유비용모형에 따르면 선물가격은 현물가격과 보유비용의 차로 구할 수 있다.

④ 즉시 이용할 수 있는 상품의 재고를 보유하고 있는 사람은 예상치 못한 수요와 공급에 보다 탄력적으로 대응할 수 있게 됨으로써 편의수익을 얻을 수 있으므로 보유편익 근거가 성립한다.

TIP 선물가격은 현물가격과 보유비용의 합으로 구성된다.

핵심포인트 해설   **보유비용모형(Cost-of-Carry Model)**

$$F = S + S \times (r + u - y) \times \frac{t}{365}$$

(S : 기초자산가격, r : 이자율, u : 현물가격의 일정 비율로 표시된 저장비용, y : 편의수익, t : 잔존만기)

(1) 보유비용

① 선물계약의 기초자산(Underlying Asset)이 되는 상품의 재고를 미래의 일정 시점까지 유지해나가는 데 드는 비용

② 상품의 저장에 따른 실물저장비용(창고료, 보험료 등)

③ 상품을 구매하는 데 소요되는 자금에 대한 이자비용 또는 기회비용

(2) 정상시장과 역조시장

정상시장	• F > S (= r + u > y)	• 원월물가격 > 근월물가격
역조시장	• F < S (= r + u < y)	• 원월물가격 < 근월물가격

(3) 편의수익(Convenience Yield)   → 편의수익의 의미를 정확히 알고 있어야 함
                                                          재고를 보유함으로써 얻는 비금전적인 혜택

① 재고를 보유함으로써 얻어지는 수익

② 혜택을 반영한다는 점에서 부(−)의 비용(Negative Cost)으로 간주

③ 즉시 이용할 수 있는 상품의 재고를 보유하고 있는 사람은 예상치 못한 수요와 공급에 보다 탄력적으로 대응할 수 있게 됨으로써 편의수익을 얻을 수 있음

정답 | ③

04

다음 중 투기거래에 관한 설명으로 옳은 것은?

① 투기자는 현물거래에 따른 위험을 전가하기 위해 선물시장에 참여한다.
② 투기거래의 결과는 이익이나 손실 중에 어느 하나만 나타난다.
③ 스캘퍼(Scalper)란 몇 주간 또는 몇 개월 동안 지속될 장래 수급전망에 기초한 장기적인 가격전망에 기초해 하루 이상 포지션을 유지하는 투기거래자이다.
④ 투기자들은 수요와 공급의 불균형을 심화시켜 시장의 유동성을 떨어뜨린다.

TIP ① 투기자는 헤저들이 전가하는 위험을 기꺼이 감수하면서 이익을 실현하고자 선물시장에 참여한다.
③ 스캘퍼(Scalper)란 최소가격의 변동을 이용하여 매매차익을 실현하고자 하는 투기거래자이다.
④ 시장의 유동성을 높인다.

핵심포인트 해설   **투기거래(Speculation)**

(1) 투기거래의 개요
① 현물거래를 수반하지 않고 단순히 선물가격의 변동에 따라 시세차익만을 목적으로 하는 거래
② 헤저는 현물거래에 따른 위험을 전가하기 위해 선물시장에 참여, 투기자는 헤저들이 전가하는 위험을 기꺼이 감수하면서 이익을 실현하고자 선물시장에 참여
③ 투기거래의 결과는 이익이나 손실 중에 어느 하나만 나타나며 큰 이익을 추구할 수 있는 반면, 예상이 빗나갈 경우 손실도 큼
④ 투기자들은 수요와 공급의 불균형을 해소시켜줌으로써 시장의 유동성을 제공하여 효율적인 시장의 형성에 기여함

(2) 투기거래자의 분류
① 스캘퍼(Scalper)란 최소가격의 변동을 이용하여 매매차익을 실현하고자 하는 투기거래자
② 데이트레이더(Day Trader)란 포지션을 개장시장 동안에 보유하는 투기거래자
③ 포지션트레이더(Position Trader)란 몇 주간 또는 몇 개월 동안 지속될 장래 수급전망에 기초한 장기적인 가격전망에 기초해 하루 이상 포지션을 유지하는 투기거래자

정답 | ②

금 1kg을 보유한 투자자가 금가격의 하락위험을 관리하기 위하여 금선물을 10계약 매도하였는데, 매도 금액이 13,000원이었다. 일정한 시간이 지난 후 현물가격은 12,300원, 선물가격은 12,400원이 되었다고 할 때 이 투자자의 금 순매도가격은 얼마인가?

① 12,300원   ② 12,400원

③ 12,900원   ④ 13,000원

TIP   순매도가격 = 13,000 + (12,300 − 12,400) = 12,900원

핵심포인트 해설   헤지거래 (1)

(1) 매도헤지(Short Hedge)
① 현재 상품보유자가 향후 상품 판매를 예정하는 경우 보유상품의 가격하락을 대비하고자 할 때 선물계약을 미리 매도함으로써 현물 판매가격을 현재 수준의 가격으로 고정시키는 방법
② 재고헤지, 저장헤지, 생산헤지라고도 함
③ 향후 일정 시점에 상품을 보유하게 될 것으로 예상할 때도 유용하게 이용
④ 베이시스 강화 시 매도헤지 유리

순매도가격(NSP)의 산출	
• $NSP = F_1 + B_2$ → 가장 중요	• $NSP = S_2 + (F_1 - F_2)$
• $NSP = S_1 + (B_2 - B_1) = S_1 + \Delta B$	• $NSP = S_1 + \{(S_2 - S_1) + (F_1 - F_2)\}$

(2) 매수헤지
① 향후 상품을 구매하여야 하는 구매예정자가 해당 상품의 가격상승에 대비하여 미리 상품선물 매수 포지션을 취하는 헤지거래
② 선물계약을 매수함으로써 현물 구매가격을 현재 수준의 가격으로 고정하고자 하는 거래
③ 베이시스 약화 시 매수헤지 유리

순매입가격(NBP)의 산출	
• $NBP = F_1 + B_2$ → 가장 중요	• $NBP = S_2 + (F_2 - F_1)$
• $NBP = S_1 + (B_2 - B_1) = S_1 + \Delta B$	• $NBP = S_1 + \{(S_2 - S_1) + (F_2 - F_1)\}$

(3) 매수차익거래와 매도차익거래의 비교

시 장	매수차익거래	매도차익거래
채 권	자금차입	공매도대금 대출
현 물	현물구매, 저장, 현물인도	현물공매도
선 물	선물매도	선물매수, 현물인수, 공매도분 현물상환

정답 | ③

금 100kg을 보유한 투자자의 헤지비율이 0.75일 때 위험을 헤지하기 위하여 필요한 금 선물거래로 옳은 것은?

① 1,500계약 매수
② 750계약 매수
③ 1,500계약 매도
④ 750계약 매도

TIP $\frac{100kg}{100g} \times 0.75 = 750$계약으로 보유자가 헤지를 하는 경우이므로 매도 포지션이다.

핵심포인트 해설   헤지거래 (2)

(1) 헤지(Hedge) 계약 수 구하기

$$N^* = h \times \frac{Q_S}{Q_F}, \quad 헤지비율(h) = \frac{현물포지션}{선물포지션}$$
$$(Q_S : 헤지를 원하는 현물포지션의 크기, \ Q_F : 선물 1계약의 크기)$$

(2) 헤지의 이월

구 분	이월시기	손 익
매도헤지	정상시장 (원월물 > 근월물)	• 매도헤지는 근월물선물 매수 + 원월물선물 매도 거래 필요 • 정상시장에서 근월물 매수과 원월물 매도 스프레드만큼 이익 발생
매입헤지	역조시장 (원월물 < 근월물)	• 매입헤지는 근월물선물 매도 + 원월물선물 매수 거래 필요 • 역조시장에서 근월물 매도와 원월물 매수 스프레드만큼 이익 발생

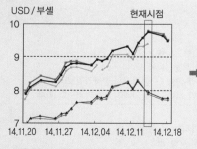

〈선물 가격 추세〉

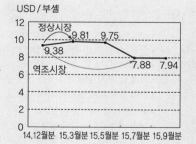

〈선물 가격〉

정답 | ④

결제월 간 스프레드 거래(동일 상품 간 스프레드 거래)**에 대한 설명으로 잘못된 것은?**

① 동일한 상품에 대하여 하나의 결제월의 선물을 매수(매도)하고, 다른 결제월의 선물을 매도(매수)하는 거래이다.
② 강세 스프레드는 원월물을 매수하고, 근월물을 매도하는 전략이다.
③ 유형에는 강세 스프레드와 약세 스프레드가 있다.
④ 정상시장에서 강세 스프레드를 취하면 스프레드가 감소하고, 약세 스프레드를 취하면 스프레드가 확대된다.

TIP 강세 스프레드는 근월물을 매수하고, 원월물을 매도하는 전략이다.

핵심포인트 해설   스프레드 거래와 베이시스

(1) 스프레드 거래

강세 스프레드	• 스프레드 축소 예상 시 : 근월물 매수 + 원월물 매도 • 강세장 : 근월물 가격 상승폭 > 원월물 가격 상승폭 • 약세장 : 근월물 가격 하락폭 < 원월물 가격 하락폭
약세 스프레드	• 스프레드 확대 예상 시 : 근월물 매도 + 원월물 매수 • 강세장 : 근월물 가격 상승폭 < 원월물 가격 상승폭 • 약세장 : 근월물 가격 하락폭 > 원월물 가격 하락폭
의 미	• 일반적으로 선물거래에서는 근월물에 거래가 집중되기 때문에 선물가격이 상승할 때 근월물 가격이 원월물 가격보다 상대적으로 더 상승하고, 반대로 선물가격이 하락할 때는 근월물 가격이 원월물 가격보다 상대적으로 더 하락하는 경향

(2) 베이시스의 변화 → 베이시스 강화 = 축소, 베이시스 약화 = 확대

강화(축소)	• 베이시스가 정(+)의 방향으로 변화 • 양의 베이시스의 경우 절댓값이 더 커지는 것 예 2 ⇨ 5 • 음의 베이시스의 경우 절댓값이 더 작아지는 것 예 −5 ⇨ −2 • 가격 상승 시 현물가격 상승 > 선물가격 상승 : 현물가격이 선물가격보다 강세 • 가격 하락 시 현물가격 하락 < 선물가격 하락 : 선물가격이 현물가격보다 약세
약화(확대)	• 베이시스가 부(−)의 방향으로 변화 • 양의 베이시스의 경우 절댓값이 더 작아지는 것 예 5 ⇨ 2 • 음의 베이시스의 경우 절댓값이 더 커지는 것 예 −2 ⇨ −5 • 가격 하락 시 현물가격 하락 > 선물가격 하락 : 현물가격이 선물가격보다 약세 • 가격 상승 시 현물가격 상승 < 선물가격 상승 : 선물가격이 현물가격보다 강세

정답 | ②

08

금괴를 보유한 투자자가 금가격의 하락이 예상되는 불확실한 상황에서 옵션으로 취할 수 있는 적절한 전략은?

① 금 콜옵션 매수   ② 금 콜옵션 매도

③ 금 풋옵션 매수   ④ 금 풋옵션 매도

TIP   풋옵션을 매수하면 투자자는 금의 하한가격을 확정하는 효과를 볼 수 있다. 투자자의 입장에서 금의 하한가격은 '풋옵션 행사가격 − 풋옵션 프리미엄'으로 계산된다.

핵심포인트 해설   **상품선물옵션을 이용한 헤지전략**

(1) 매도헤지
   ① 풋옵션 매수 : 향후 선물매도 포지션을 취할 수 있는 권리 매수 ⇨ 최저매도가격, 즉 하한가격 설정
   ② 가격 하락위험 보호 + 가격이 상승할 경우 높은 가격에 매도할 기회
   ③ 순매도가격 계산

구 분	권리행사 여부	순매도가격
가격 하락 시(S < X)	풋옵션 행사	현물매도가격 + 풋옵션 행사 시 이익금액 − 풋옵션 프리미엄
가격 상승 시(S > X)	풋옵션 행사 포기	현물매도가격 − 풋옵션 프리미엄

(2) 매수헤지
   ① 콜옵션 매수 : 향후 선물매수 포지션을 취할 수 있는 권리 매수 ⇨ 최고매수가격, 즉 상한가격 설정
   ② 가격 상승위험 보호 + 가격이 하락할 경우 낮은 가격에 매수할 기회
   ③ 순매수가격 계산

구 분	권리행사 여부	순매수가격
가격 상승 시(S > X)	콜옵션 행사	현물매수가격 − 콜옵션 행사 시 이익금액 +콜옵션 프리미엄
가격 하락 시(S < X)	콜옵션 행사 포기	현물매수가격 + 콜옵션 프리미엄

정답 | ③

상품선물·옵션을 이용한 매수헤지란 무엇인가?

    ① 콜옵션을 매수하여 최고매수가격을 설정하는 것
    ② 콜옵션을 매도하여 최고매수가격을 설정하는 것
    ③ 풋옵션을 매수하여 최저매도가격을 설정하는 것
    ④ 풋옵션을 매도하여 최저매도가격을 설정하는 것

용어 알아두기

| 매수헤지 | 현물가격상승에 대비하여 선물을 매수하거나 콜옵션을 매수하는 것이다. |

TIP 콜옵션을 매수하는 매수헤지를 통하여 투자자는 최고매수가격의 상한선을 설정할 수 있다.

핵심포인트 해설   **옵션을 이용한 헤지**

(1) 매수헤지(Long Hedge)
  ① 상품가격 상승을 대비하여 헤지하고자 하는 자가 콜옵션을 매수하는 것
  ② 콜옵션 매수를 통해 향후 선물매수 포지션을 취할 수 있는 권리를 매수함으로써 옵션매수자는 최고매수가격, 즉 상한가격을 설정할 수 있음
  ③ 가격의 상승으로부터 보호받을 수 있을 뿐만 아니라 가격이 하락할 경우에는 낮은 가격에 매수할 기회를 가짐
    ⇨ 콜옵션 매수자는 이러한 융통성에 대한 대가로 콜옵션 매도자에게 프리미엄을 지불함
  ④ 선물가격이 행사가격 이상으로 상승하는 경우 현물포지션이 가장 나쁜 결과이고, 행사가격 이하로 하락하는 경우 선물헤지 포지션이 가장 나쁜 결과임
  ⑤ 옵션헤지 포지션의 경우 선물가격이 상승하거나 하락하더라도 항상 차선(Second Best)의 결과(단, 선물가격이 행사가격 근처에 머무르면 최악의 결과를 가져옴)

(2) 옵션의 기초자산
  ① 현물옵션 : 기초자산이 현물
  ② 선물옵션

구 분	포지션	권리행사 시 포지션
콜옵션	매 수	행사가격으로 선물매수
	매 도	행사가격으로 선물매도
풋옵션	매 수	행사가격으로 선물매도
	매 도	행사가격으로 선물매수

정답 | ①

10

상품옵션을 이용한 매수헤지에 대한 설명으로 거리가 먼 것은?

① 선물가격이 행사가격에 가까이 머물 경우 최선의 결과를 가져온다.
② 상품가격 상승에 대비한 헤지거래로 콜옵션을 매수하는 것이 있다.
③ 콜옵션 매입으로 최고매입가격(상한가격)을 설정할 수 있다.
④ 가격상승에 대하여 보호받을 뿐 아니라 가격 하락 시 낮은 가격에 매수할 기회를 갖게 된다.

TIP 선물가격이 행사가격에 가까이 머물 경우 최악의 결과를 가져온다.

핵심포인트 해설   선물과 옵션을 이용한 매도헤지의 비교

선물 매도(Short Futures)	풋옵션 매수(Long Put)
가격수준 설정(고정) : 가격 하락으로부터 보호	최저매도가격(Minimum Selling Price) 설정
매입자 및 매도자 각각 증거금 납입	옵션매수자는 증거금을 납부하지 않는 반면, 옵션매도자는 증거금 납부
매입자 및 매도자 각각 마진콜(Margin Call) 가능	옵션매수자는 결코 마진콜을 당하지 않는 반면, 옵션매도자는 마진콜 가능
포지션 설정에 따른 비용 • 중개수수료 • 증거금에 대한 이자 기회비용	옵션 매수에 따른 비용 • 중개수수료 • 옵션 프리미엄
매도 포지션 설정 후 가격이 상승할 경우 가격상승에 따른 이익실현 불가. 헤저는 항상 선물 매도가격에 베이시스를 더한 금액을 수취	풋옵션 매수자는 선물가격이 행사가격과 지불한 프리미엄의 합계 이상으로 상승할 경우 가격 상승에 따른 혜택을 볼 수 있음

정답 | ①

☑ 다시 봐야 할 문제(틀린 문제, 풀지 못한 문제, 헷갈리는 문제 등)는 문제 번호 하단의 네모박스(□)에 체크하여 반복학습하시기 바랍니다.

01 □
중요도 ★★
KRX 금선물에 대한 설명으로 잘못된 것은?

① 현물시장보다 적은 비용으로 금매매가 가능하다.
② 대상자산은 순도 99.99% 이상 100g 벽돌모양 직육면체 금지금이다.
③ 한 계약의 크기는 100g이다.
④ 가격제한폭은 기준가격 × 10%이다.

02 □
중요도 ★★
거래소의 금선물 10계약을 그램당 40,000원에 매입하였다. 그램당 42,500원으로 반대 매매를 한 경우 모든 거래를 통한 이 투자자의 투자손익은 얼마가 되는가?

① 2,500,000원 손실
② 2,500,000원 이익
③ 42,500,000원 이익
④ 42,500,000원 손실

03 □
중요도 ★
돈육선물에 대한 설명으로 거리가 먼 것은?

① 금선물과 돈육선물은 현금결제방식이다.
② 국내에 상장된 선물상품 중 위탁증거금률이 가장 낮다.
③ 상장결제월 수는 6개 결제월(당월 포함한 최근 연속 6개월)이다.
④ 최종거래일은 결제월의 세 번째 수요일이고, 최종결제일은 최종거래일로부터 기산하여 3번째 거래일(T + 2)이다.

04
중요도 ★

상품선물의 가격결정 시 보유비용에 대한 설명으로 거리가 먼 것은?

① 재고유지비용이란 선물계약의 기초자산이 되는 상품의 재고를 미래 일정 시점까지 유지해 나가는 데 드는 비용이다.

② 상품선물의 가격결정 시 창고료, 보험료, 이자비용, 배당금 등이 보유비용에 해당한다.

③ '보유비용 = 기회비용 − 보유이득'이다.

④ 편의수익은 재고를 보유함으로써 얻어지는 보유이득으로, 현물가격의 급등에 따른 이익 향유가 가능하고, 재고가 줄어들수록 재고의 희소가치 증가로 편의수익이 증가한다.

05
중요도 ★★

다음 중 편의수익에 관한 설명으로 잘못된 것은?

① 상품자산을 보유하면서 얻게 되는 수익을 의미한다.

② 재고가 희소할수록 편의수익은 늘어난다.

③ 재고와 편의수익은 반비례관계에 있다.

④ 편의수익과 보유비용은 정(+)의 관계에 있다.

정답 및 해설

01 ② 대상자산은 순도 99.99% 이상 1kg 벽돌모양 직육면체 금지금이다.

02 ② 금선물 1계약은 100g이다. 매입 포지션을 취하고 더 가격이 올랐을 때 청산하였으므로 이 투자자는 수익을 보았으며, 총이익 금액은 (42,500 − 40,000) × 1,000 = 2,500,000원이다.

03 ② 돈육선물은 현물변동성, 선물변동성이 매우 높아 국내에 상장된 선물상품 중 위탁증거금률이 21%로 가장 높다.

04 ② 배당금은 금융자산인 주식을 보유할 때 발생한다.

05 ④ 편의수익과 보유비용은 부(−)의 관계에 있다.

중요도 ★★★

아래와 같은 상황의 금시장에서 3개월 금선물의 이론가격을 구하면?

- 현물가격 : 45,000원/g
- 저장비용 : 매달 100원/g
- 이자율 : 5%

① 44,638원/g
② 45,863원/g
③ 46,111원/g
④ 46,927원/g

07
중요도 ★

정상시장에 대한 설명으로 거리가 먼 것은?

① 선물가격이 현물가격보다 큰 시장으로 콘탱고시장이라고도 한다.
② 원월물가격이 근월물가격보다 큰 시장이다.
③ 이자비용과 저장비용이 편의수익보다 적다.
④ 금선물은 일반적으로 정상시장을 형성한다.

08
중요도 ★

다음 중 상품선물시장의 역조에 관한 설명으로 잘못된 것은?

① 상품선물의 정상시장은 콘탱고시장이다.
② 원월물가격이 근월물가격에 비하여 낮은 것을 역조시장이라고 한다.
③ 보유비용이 보유에 따른 이득보다 클 경우 역조시장이 형성된다.
④ 보유에 따른 이득은 재고와 연관이 있다.

09

중요도 ★

5월 1일 현재 순도 99.9%의 금 1kg을 보유하고 있는 투자자 A가 금년 하반기에 금가격 하락을 예상하여 보유한 금에 대하여 매도헤지를 하였다. 5월 1일 현재 금현물가격은 12,000원/g이며, 12월물 금선물가격은 12,500원/g이다. 보유한 포지션을 모두 청산한 11월 30일의 금현물가격이 11,600원/g, 금선물가격이 12,400원/g이라면, 매도헤지를 한 투자자 A의 순매도가격은? (단, 거래수수료 등 제 비용은 없다고 가정)

① 11,500원/g
② 11,700원/g
③ 12,100원/g
④ 12,600원/g

정답 및 해설

06 ② 금선물의 이론가격 = 45,000 + 45,000 × $(0.05 × \frac{3}{12})$ + 100 × 3 = 45,863이다.

07 ③ 역조시장에 대한 설명이다. 정상시장에서는 이자비용과 저장비용이 편의수익보다 많다. 정상시장과 반대상황을 역조시장(백워데이션시장)이라고 한다.

08 ③ 보유비용이 보유편익보다 클 경우 정상시장이 형성된다.

09 ② NSP = F_1 + B_2, 순매도가격 = 12,500 + (−800) = 11,700원이다.

10 중요도 ★★
다음 중 상품선물의 베이시스 변동에 대한 설명으로 잘못된 것은?

① 베이시스 강화는 베이시스가 정(+)의 방향으로 움직임으로써 양의 베이시스의 경우 절댓값이 더 커지는 것을 말하고, 음의 베이시스의 경우에는 절댓값이 더 작아지는 것을 의미한다.

② 베이시스 강화는 가격 상승 시 선물가격이 현물가격보다 강세를 나타낼 때 생기는 현상이다.

③ 베이시스 약화는 가격 하락 시 현물가격이 선물가격보다 상대적으로 더 하락할 때 생긴다.

④ 베이시스는 선물가격의 상승 또는 하락과 관계없이 강화 또는 약화될 수 있다.

11 중요도 ★
다음 중 매수헤지를 취한 투자자에게 유리한 경우를 모두 고른 것은?

> ㉠ 상품가격 하락, 베이시스 축소   ㉡ 상품가격 상승, 베이시스 강화
> ㉢ 상품가격 하락, 베이시스 확대   ㉣ 상품가격 상승, 베이시스 약화

① ㉠, ㉡   ② ㉠, ㉢

③ ㉡, ㉣   ④ ㉢, ㉣

12 중요도 ★★
상품선물 매도헤지 시 순매도가격(NSP) 산출공식과 거리가 먼 것은? (단, 헤지를 시작하는 시점 t_1의 현물가격은 S_1, 선물가격은 F_1, 베이시스는 B_1, 헤지를 종결하는 시점 t_2의 현물가격은 S_2, 선물가격은 F_2, 베이시스는 B_2라고 가정)

① $NSP = S_2 + (F_2 - F_1)$

② $NSP = F_1 + B_2$

③ $NSP = S_1 + (B_2 - B_1) = S_1 + \Delta B$

④ $NSP = S_1 + \{(S_2 - S_1) + (F_1 - F_2)\}$

13 중요도 ★
□ 금 50kg을 보유하고 있는 A기업은 금선물을 이용하여 위험을 헤지하고자 한다. 헤지비율이 0.8일 경우 가장 적절한 거래로 옳은 것은?

① 금선물 200계약 매도
② 금선물 200계약 매수
③ 금선물 400계약 매도
④ 금선물 400계약 매수

정답 및 해설

10 ② 베이시스 강화는 가격 상승 시 현물가격이 선물가격보다 상대적으로 더 상승하여 현물가격이 선물가격보다 강세를 나타낼 때 (또는 가격 하락 시 선물가격이 현물가격보다 상대적으로 더 하락하여 선물가격이 현물가격보다 약세를 나타낼 때) 생기는 현상이다.

11 ④ 매수헤지를 취한 경우 베이시스가 약화(확대)되면 이익이 된다. 이때 상품가격의 상승이나 하락은 관계가 없고 베이시스 수준의 변화가 중요하다.

12 ① $NSP = S_2 + (F_1 - F_2)$

13 ③ 금현물을 보유하고 있으므로 금가격 하락에 대비하여 매도헤지를 하는 것이 적절하다.

최적선물계약 수 $N^* = h \times \dfrac{Q_S}{Q_F} = 0.8 \times \dfrac{50,000g}{100g} = 400$계약

14

중요도 ★

다음 중 교차헤지에 관한 설명과 거리가 먼 것은?

① 헤지하려는 시점과 가장 가까운 만기를 갖는 선물계약을 찾아 거래하는 것을 교차헤지로 볼 수 있다.

② 헤지대상 현물과 교차헤지 선물의 가격변화에 대한 상관관계가 높아야 한다.

③ 현물시장의 기회손실을 선물시장의 거래이익으로 완전히 상쇄시키는 경우 교차헤지로도 완전헤지를 할 수 있다.

④ 헤지하려는 현물자산과 반대방향으로 움직이는 자산을 대상으로 하는 선물계약을 통해 헤지하고자 하는 것을 말한다.

15

중요도 ★

상품선물의 매수차익거래에 대한 설명으로 거리가 먼 것은?

① '현물가격 < 선물가격', '이론가격 < 실제 선물가격' 상태에서 발생한다.

② 차익거래자는 차입한 자금으로 '현물 매입 + 선물 매도'하여 선물계약의 만기시점까지 현물을 저장한 후 선물계약의 만기시점에 보유한 현물을 인도함으로써 선물계약을 이행하고 저장비용을 지불하는 한편 차입한 원리금을 상환한다.

③ 마진이 불규칙하여 선물계약의 만기시점에 정산가격에 영향을 준다.

④ 매수차익거래에 따른 이익은 순인수도금액과 원리금 합계의 차익이다.

16

중요도 ★

다음 중 상품선물을 이용한 스프레드 전략에 관한 설명으로 잘못된 것은?

① 스프레드 전략은 가격등락의 방향성보다 양 선물의 상대적 가격변동에 의하여 손익이 결정된다.

② 상품 내 스프레드는 동일한 상품으로 결제월이 다른 두 선물을 반대방향으로 매매함으로써 구성할 수 있다.

③ 스프레드거래가 활발해질 경우 시장의 유동성이 높아진다.

④ 왜곡된 시장가격이 순식간에 정상가격으로 돌아가는 이유는 스프레드거래 때문이다.

17 중요도 ★★

금을 거래하고자 하는 투자자가 위험을 제거하기 위하여 헤지거래를 하려고 한다. 헤지거래로 적절하지 않은 것은?

① 금을 보유하면서 선물을 매도하여 가격을 확정
② 금을 보유하면서 풋옵션을 매수하여 가격 하한선을 확정
③ 금을 매수할 필요가 있을 때 금선물을 매수함으로써 가격을 확정
④ 금을 매수할 필요가 있을 때 콜옵션을 매도하여 가격 상한선을 확정

정답 및 해설

14 ④ 교차헤지를 할 경우 헤지하려는 현물자산과 비슷하게 가격이 변동하는 자산을 대상으로 헤지하여야 한다.

15 ③ 고정된 마진을 확보함으로써 선물계약의 만기시점에 정산가격에 영향을 주지 않는다.

16 ④ 왜곡된 시장가격을 순식간에 정상가격으로 돌리는 것은 차익거래이다.

17 ④ 금을 보유할 예정인 경우 가격확정을 위해서는 콜옵션을 매수하여야 한다.

18 중요도 ★
상품옵션을 이용한 매도헤지에 대한 설명으로 거리가 먼 것은?

① 현물 보유자가 풋옵션을 매입하는 것으로 선물 매도 포지션을 취할 수 있는 권리가 생긴다.

② 풋옵션을 매입하면 최저매도가격, 즉 하한가격을 설정할 수 있다.

③ 가격 하락 시 풋옵션을 행사한 경우 순매도가격은 '현물 매도가격 − 풋옵션 프리미엄'이다.

④ 옵션 매도자만 증거금을 납부하고 마진콜을 부담하게 된다.

19 중요도 ★★
6월물과 8월물 돈육선물의 스프레드가 100원/kg일 때 Bull Spread 전략을 취하였는데 청산 시 스프레드가 150원/kg으로 확대되었다. 이 경우 투자손익으로 옳은 것은?

① 50원 이익

② 50원 손실

③ 250원 이익

④ 250원 손실

20 중요도 ★★★
A기업은 금 1kg을 보유하고 있는데 금값 하락에 대비해 행사가격 20,000원의 금선물 풋옵션을 프리미엄 80원에 10계약 매수하였다. 1개월 후 금값이 18,500원으로 하락하여 금 1kg을 현시세로 매각함과 동시에 풋옵션을 행사(금선물 19,000원에 취하여 청산)한 경우 금의 순매도가격으로 옳은 것은?

① 18,500원

② 19,420원

③ 20,570원

④ 21,680원

21

중요도 ★

다음 중 델타헤지에 대한 설명으로 잘못된 것은?

① 델타헤지란 포지션의 총델타를 1로 만드는 것이다.

② 델타는 '옵션 프리미엄의 변동분 ÷ 선물가격의 변동분'이다.

③ 델타가 0.7이라는 것은 선물가격이 100원 변동할 때 옵션프리미엄은 70원 변동한다는 뜻이다.

④ 델타가 0.2라면 헤지에 필요한 옵션계약 수는 5계약이 된다.

정답 및 해설

18 ③ 가격 하락 시 풋옵션을 행사한 경우 순매도가격은 '현물 매도가격 + 풋옵션 행사 시 이익금액 – 풋옵션 프리미엄'이며, 가격 상승 시에는 풋옵션 행사를 포기하게 되므로 순매도가격은 '현물 매도가격 – 풋옵션 프리미엄'이다.

19 ② 강세 스프레드는 두 결제월 간의 스프레드가 향후 축소될 것으로 예상될 때 유용한 전략이므로 스프레드가 확대되면 손실이 발생한다. 문제에서는 스프레드가 50원 확대되었으므로 50원의 손실이 발생한다.

20 ② 순매도가격 = 현물 매도가격 + 풋옵션 행사 시 이익금액 – 풋옵션 프리미엄
풋옵션 행사 시 이익금액 = 20,000원 – 19,000원 = 1,000원
∴ 순매도가격 = 18,500원 + 1,000원 – 80원 = 19,420원

21 ① 델타헤지란 포지션의 총델타를 0으로 만드는 것이다.

제2과목
파생상품 Ⅱ
[총 25문항]

제1장
스 왑

학습전략

스왑은 제2과목 전체 25문제 중 **총 8문제**가 출제된다.
스왑의 경우 해당 분야를 접하지 않았던 수험생이라면 생소하고 어려운 부분이다. 하지만 핵심포인트만
잘 잡으면 그리 어렵지 않게 고득점할 수 있어서 쉽게 점수를 얻을 수 있다.

출제예상 비중

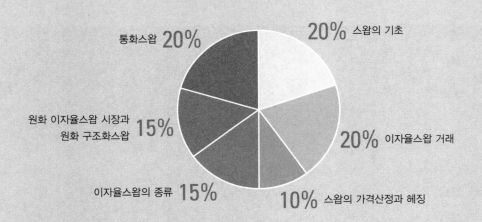

통화스왑 20%

20% 스왑의 기초

원화 이자율스왑 시장과
원화 구조화스왑 15%

20% 이자율스왑 거래

이자율스왑의 종류 15%

10% 스왑의 가격산정과 헤징

핵심포인트

구 분	핵심포인트	중요도	페이지
스왑의 기초 (20%)	01 스왑의 기초	★★★	p. 180
이자율스왑 거래 (20%)	02 이자율스왑 거래	★★★	p. 185
스왑의 가격산정과 헤징 (10%)	03 스왑의 가격산정과 헤징	★★	p. 193
이자율스왑의 종류 (15%)	04 이자율스왑의 종류	★★	p. 196
원화 이자율스왑 시장과 원화 구조화스왑 (15%)	05 원화 이자율스왑 시장과 원화 구조화스왑	★★	p. 205
통화스왑 (20%)	06 통화스왑	★★★	p. 208

다음 중 스왑에 대한 설명으로 잘못된 것은?

① 이자율스왑은 원금의 교환없이 동종통화의 이자지급만을 교환하는 것이다.
② 통화스왑은 동종통화의 원금과 이자지급을 모두 교환하는 것이다.
③ 스왑은 상대적 비교우위에 있는 이점을 활용한 차입비용 절감 및 금리에 따른 환위험 헤지를 위한 것이다.
④ 스왑의 기원은 상호대출(Parallel Loan), 국제상호직접대출(Back-to-Back Loan)이다.

용어 알아두기

스 왑	거래상대방이 미리 정한 계약조건에 따라 장래의 일정 시점에 두 개의 서로 다른 방향의 자금흐름(Cash Flow)을 교환하는 거래이다.

TIP 통화스왑은 이종통화의 원금과 이자지급을 모두 교환하는 것이다.

핵심포인트 해설 **스왑의 개요 (1)**

(1) 스 왑 → 통화스왑은 원금 교환 (O), 금리스왑은 원금 교환 (X)
　① 현물거래와 선도거래 혹은 일련의 선도거래가 여러 개 모여진 하나의 거래
　② 대표적인 스왑 : 외환스왑(단기), 통화스왑(장기), 금리스왑(장기)

(2) 외환스왑(Foreign Exchange Swap)
　① 현물환과 선물환을 동시에 체결하는 거래
　　㉠ 현물환 매입 + 선물환 매도 ⇨ 해당 통화를 차입
　　㉡ 현물환 매도 + 선물환 매입 ⇨ 해당 통화를 대출(운용)
　② 단기스왑 : 중간에 이자교환 안 함
　③ 만기의 현금흐름이 선물환율(두 통화의 금리차)에 의하여 결정

(3) 통화스왑에서의 현금흐름

원금 →	이표 →	원금 →
A ← B	A ← B	A ← B
원금	이표	원금
초기교환 (Initial Exchange)	이표교환 (Coupon Exchange)	만기교환 (Final Exchange)

정답 | ②

02

다음 중 스왑에 대한 설명으로 가장 옳은 것은?

① 상호직접대출(Back-to-Back Loan)에서 은행의 역할은 시장조성자이다.
② Parallel Loan계약은 두 개의 대출계약이 통합된 형태로 실행되는 것이어서 한쪽의 채무불이행 사태가 발생했을 때 상대방과 채무상계(Set-off)가 가능했다.
③ 원화의 변동금리 계산에는 act/360, 달러화의 변동금리 계산에는 act/365가 사용된다.
④ 금리스왑(IRS : Interest Rate Swap)거래는 유로채(Euro-Bond)시장에서 장기금리 리스크관리를 위하여 발행채권의 금리구조를 고정금리와 변동금리 간에 전환이 가능하도록 하는 상품을 개발하는 과정에서 발전되었다.

TIP ① 상호직접대출(Back-to-Back Loan)에서 은행의 역할은 중개자이다.
② Parallel Loan계약은 두 개의 대출계약이 별개로 실행되는 것이어서 한쪽의 채무불이행 사태가 발생했을 때 상대방과 채무상계(Set-off)가 어려워진다는 문제가 발생한다.
③ 달러화의 변동금리 계산에는 act/360, 원화의 변동금리 계산에는 act/365가 사용된다.

핵심포인트 해설 | 스왑의 개요 (2)

(1) 파생상품의 구분

구 분	선도거래(선물거래)	스왑거래	옵션거래
이자율	FRA, 이자율선물(국고채선물)	이자율스왑	이자율옵션
통 화	선물환, 통화선물	외환스왑, 통화스왑	통화옵션
주식(주가지수)	주식선도, 주가지수선물	주식스왑	주식옵션, 주가지수옵션
원자재(상품 : Commodity)	상품선도	상품스왑	상품옵션
신용(Credit)	신용선도	신용(지수)스왑	신용(지수)옵션

(2) 통화스왑의 원초적 형태

① 상호대출(Parallel Loan)
  ㉠ 모기업이 상대 자회사에 각각 대출하는 형태로 2건의 대출계약 발생
  ㉡ 한쪽의 채무불이행 발생 시 채무상계(Set-off)가 어려워 신용위험이 큼
    → 상호대출의 문제점은 채무상계이고, 상호직접대출의 문제점은 세금임
② 상호직접대출(Back-to-Back Loan)
  ㉠ 모기업이 직접 대출하는 형태로 1건의 대출계약 발생
  ㉡ Parallel Loan의 발전 형태로서 신용위험의 개선 효과가 있음

정답 | ④

스왑 관련 용어에 대한 설명으로 가장 올바른 것은?

① Long Swap : 고정금리를 수취하는 스왑
② Payer Swap : 변동금리를 지급하는 스왑
③ Swap Rate : 스왑계약에 사용되는 고정금리
④ Effective Date : 스왑계약을 체결하는 날

TIP ① Long Swap : 고정금리를 지급하고 변동금리를 수취하는 스왑(고객 기준)
② Payer Swap : 고정금리를 지급하고 변동금리를 수취하는 스왑(딜러 기준)
④ Effective Date : 이자계산을 시작하는 날

핵심포인트 해설 　　스왑시장에서의 주요 용어 (1)

(1) Swap
　　부채 또는 자산에서 발생하는 장래 현금흐름을 일정 기간마다 교환하기로 약정하는 거래

(2) Swap Position →　변동금리를 상품으로 보아 매수한 상태가 Long포지션이며, 스왑가격을 지불
　　① Long Swap(또는 Payer Swap) : 고정금리 지급 + 변동금리 수취
　　② Short Swap(또는 Receiver Swap) : 고정금리 수취 + 변동금리 지급

(3) 명목원금
　　① 금리스왑에서 원금은 직접 교환하지 않고, 단지 이자계산에만 사용
　　② 통화스왑에서 원금은 상호교환되기 때문에 더욱 중요한 요소임
　　③ 원금의 형태에 따른 분류 : Accreting, Amortizing, Rollercoaster

(4) 변동금리
　　① 달러스왑에서는 주로 6개월 Libor, 원화스왑에서는 3개월 CD금리가 사용됨
　　② 이자계산은 달러화의 경우 act/360, 엔화·파운드화·원화의 경우 act/365 방식을 사용
　　③ 변동금리 적용 : 일반적으로 이자계산 시작일의 시장금리를 적용

(5) 고정금리(Swap Rate) →　상품인 변동금리를 매입하거나 매도할 때의 가격으로 스왑딜러가 제시(quote)
　　① 스왑가격에 해당
　　② 이자계산은 act/360, act/365, 30/360, act/act 방식으로 구분
　　③ 이자교환주기도 Annual(연 1회), Semi-annual(연 2회), Quarterly(연 4회)로 구분

정답 | ③

04

변동금리 이자계산에 사용되는 변동금리를 선택하는 날로 옳은 것은?

① Trade Date   ② Effective Date

③ Reset Date   ④ Payment Date

TIP 변동금리 이자계산에 사용되는 변동금리를 선택하는 날을 Reset Date라고 한다.

핵심포인트 해설   스왑시장에서의 주요 용어 (2)

(1) 스왑거래에 사용되는 날짜 표현

Trade Date(거래일)	스왑계약을 체결하는 날
Effective Date(효력발생일)	스왑거래의 이자계산이 시작되는 날(통상 T + 2일) → 통상 ED(Effective Date)의 금리를 결제일에 교환
Payment Date(결제일)	사전에 약속된 이자지급일 또는 원금교환일
Reset Date(기준일)	변동금리 이자계산에 사용되는 변동금리를 선택하는 날

(2) Payment Date 결정과 영업일 관행(Business Day Convention)

스왑시장에서는 Modified Following Business Day Convention을 가장 많이 사용

Modified Following	• 자금 수수일을 다음 영업일로 미룸 • 년(Year)과 월(Month)을 넘길 수 없으며, 이 경우는 앞으로 넘김
Following	• 자금 수수 예정일이 휴일이면 무조건 다음 영업일로 넘김
Preceding	• 자금 수수 예정일이 휴일이면 무조건 이전 영업일로 넘김

정답 | ③

다음 중 스왑시장의 주요 용어에 대한 설명으로 잘못된 것은?

① Short Swap포지션은 고정금리를 수취(Receive Fixed Rate)하고 변동금리를 지급 (Pay Floating Rate)하는 포지션이다.

② Payer Swap은 변동금리를 수취(Receive Floating Rate)하고 고정금리를 지급(Pay Fixed Rate)하는 포지션이다.

③ 자체 포지션의 관리를 목적으로 상호 직접적인 거래와 중개기관과의 중개거래를 통하여 시장에 참여하는 기관은 Warehouse Bank이다.

④ 이론적으로 변동금리 지급기간은 스왑의 고정금리 결정에 영향을 미치지 않는다.

TIP　Warehouse Bank는 스왑시장의 시장조성자(Market Maker) 역할을 수행하고 자체 포지션(스왑 Book)을 운용한다. 자체 포지션의 관리를 목적으로 상호 직접적인 거래와 중개기관과의 중개거래를 통하여 시장에 참여하는 기관은 최종이용자(Users)이다.

핵심포인트 해설　　스왑의 이해

구조	• 스왑은 현물거래와 선도거래 혹은 일련의 선도거래가 여러 개 모아진 하나의 거래 • 원칙적으로 들어오는 현금흐름의 현재가치와 나가는 현금흐름의 현재가치가 서로 같아야 거래가 성립
은행의 역할	• Advisory의 역할, 중개자(Intermediary)의 역할, 시장조성자(Market Maker)의 역할
분류	• 외환스왑거래(Foreign Exchange Swap) 　· 현물환과 선물환을 동시에 체결하는 거래 　· Swap Rate 또는 Forward Margin : 두 통화의 금리 차이가 커질수록 또는 스왑기간이 길어질수록 현물환율과 선물환율의 차이는 커짐 • 장기자본시장(Capital Market) 스왑거래 → 여기에서 외환스왑은 제외되므로 주의! 　· 금리스왑거래 : 동일 통화표시 고정금리와 변동금리 간 교환계약 　· 통화스왑거래 : 이종 통화표시 원리금의 교환계약으로 1년 이상 장기 만기상품(외환스왑거래는 1년 미만 단기)
주요 용어	• 스왑시장의 참여자(Counter-Party) 　· Warehouse Bank는 스왑시장의 시장조성자(Market Maker) 역할을 수행하며 자체 포지션(스왑 Book)의 운용을 통해 스왑시장을 이끔 　· 중개기관(Broker Company)은 Warehouse Bank와 User Bank 또는 User Bank들을 연결해주는 기관으로 자체 포지션 없이 고객 간 중개를 통해 시장 활성화에 기여 　· 최종이용자(Users)란 자체 포지션의 관리를 목적으로 상호 직접적인 거래와 중개기관과의 중개거래를 통하여 시장에 참여하는 기관 • Long Swap, Short Swap 포지션

정답 | ③

06

이자율스왑에 대한 설명으로 잘못된 것은?

① 두 거래상대방이 일정 기간 동안(만기) 동일 통화에 대한 고정금리와 변동금리를 주기적으로 교환하는 계약을 말한다.

② 변동금리는 스왑기간 동안 주기적으로 변동하여 결정되는 금리로 이를 스왑금리(Swap Rate)라고 한다.

③ 이자율스왑에서 원금은 단순히 이자를 계산하는 데만 사용되므로 명목원금(Nominal Amount)이라고도 한다.

④ 이자율스왑의 고정금리 이자와 변동금리 이자의 교환은 일반적으로 차액결제(Payment Netting) 방법을 따른다.

TIP 스왑금리(Swap Rate)는 고정금리이다. 고정금리는 스왑계약의 만기까지 일정하게 적용되는 금리이다.

핵심포인트 해설　　**이자율스왑(IRS : Interest Rate Swap) 거래**

개 요	• 두 거래상대방이 일정 기간 동안(만기) 동일 통화에 대한 고정금리와 변동금리를 주기적으로 교환하는 계약				
채권과 비교	구 분	채권투자	채권발행	고정금리 지급 이자율스왑 (Payer Swap)	고정금리 수취 이자율스왑 (Receiver Swap)
	시장금리 상승	−	+	+	−
	시장금리 하락	+	−	−	+
FRA와 비교	구 분	FRA 매입	FRA 매도	고정금리 지급 이자율스왑 (Payer Swap)	고정금리 수취 이자율스왑 (Receiver Swap)
	시장금리 상승	+	−	+	−
	시장금리 하락	−	+	−	+
발생원인	• 유리한 차입조건 달성 : 비교우위론(Principle of Comparative Advantage) • 변동금리 이자지급 고정(금리상승 리스크관리) • 고정금리 차입을 변동금리로 전환 • 자산스왑(Asset Swap)				

→ FRA는 눈에 보이지 않는 금리를 주고받을 수 있는 상품이라고 가정하고 거래하는 것

정답 | ②

이자율스왑에서 변동금리(Libor)와 교환되는 고정금리로 옳은 것은?

① IRS금리　　　　　　　　② CRS금리

③ Libor금리　　　　　　　④ Call금리

TIP　이자율스왑에서 변동금리와 교환되는 고정금리는 IRS금리이다.

핵심포인트 해설　　　**이자율스왑의 활용**

개 요	• 스왑 이용자는 보유한 현금흐름을 변환시키는 수단으로 이용 • 변동자산 ↔ 고정자산, 변동부채 ↔ 고정부채 • 금리변동위험을 제거하기 위해 부채나 자산의 현금흐름을 바꿈 　· 금리 상승 전망 : 고정금리로 지급하고 변동금리를 받는 Long Swap Position 　· 금리 하락 전망 : 고정금리를 받고 변동금리를 지급하는 Short Swap Position
부 채	• 변동금리 차입조건 + Payer Swap(고지변수 스왑) = 고정금리 차입조건 　　변동금리　　←　　[이용자]　　←　변동금리　　[스왑딜러] 　　　　　　　　　　　　　　　　　　→　고정금리 • 고정금리 차입조건 + Receiver Swap(고수변지 스왑) = 변동금리 차입조건 　　고정금리　　←　　[이용자]　　←　고정금리　　[스왑딜러] 　　　　　　　　　　　　　　　　　　→　변동금리
자 산	• 변동자산 수입 + Receiver Swap(고수변지 스왑) = 고정자산 수입 　　변동금리　　→　　[이용자]　　→　변동금리　　[스왑딜러] 　　　　　　　　　　　　　　　　　　←　고정금리 • 고정자산 수입 + Payer Swap(고지변수 스왑) = 변동자산 수입 　　고정금리　　→　　[이용자]　　→　고정금리　　[스왑딜러] 　　　　　　　　　　　　　　　　　　←　변동금리

정답 | ①

08

고객 A가 Long Swap 포지션을 취하고자 할 때 적용되는 스왑금리는? (단, 미국 재무부 채권 Bid 수익률 4.0%, 미국 재무부 채권 Offer 수익률 3.95%, 스왑금리는 T + 35/32로 고시)

① 4.15%
② 4.35%
③ 4.55%
④ 4.75%

<table>
<tr><td>용어 알아두기</td></tr>
</table>

스왑금리	'미 재무부 채권 수익률 + 스왑 스프레드'이다.

TIP 미국 재무부 채권 Bid 수익률 + Swap Offer Spread = 4.0% + 0.35% = 4.35%

핵심포인트 해설 **스왑금리(Swap Rate) (1)**

구 분	Swap Spread 방식	절대고시 방식
2년	T + 25 − 21	4.18 − 13
3년	T + 37 − 33	4.72 − 67

① 고시되는 금리는 고정금리로서 관행적으로 Offer(매도율) − Bid(매입률) 형태로 고시 → 매도율과 매입률의 차이가 바로 딜러의 수익

② T + 25 − 21은 Swap Offer Rate가 T + 25bp, Swap Bid Rate는 T + 21bp임을 의미

   ⊙ T(Treasury)는 국채수익률 → 스왑 Offered Rate = 국채 B + O, 스왑 Bid Rate = 국채 O + B 암기 필요!

   ⓛ 국채수익률에 0.25%, 0.21%의 가산금리(Spread)를 각각 더한다는 의미

구 분	스왑가격결정
Receiver(고수변지) Swap 가격	미 재무부 채권 Bid 수익률 + Swap Offer Spread
Payer(고지변수) Swap 가격	미 재무부 채권 Offer 수익률 + Swap Bid Spread

③ Offer Rate(매도율 또는 수취율)는 딜러가 고객에게 고정금리를 수취할 때 적용되고, Bid Rate(매입률 또는 지급률)는 딜러가 고객에게 고정금리를 지급할 때 적용됨

정답 | ②

고객 A가 Long Swap 포지션을 취하고자 하는 경우 다음 이자율스왑 고시가격 중에서 어떤 은행과의 스왑거래가 가장 불리한가?

① 5.40% − 5.36% 　　　　② 5.41% − 5.35%

③ 5.42% − 5.39% 　　　　④ 5.43% − 5.38%

TIP 　고객이 Long Swap 포지션을 취한다면 딜러에게 고정금리를 지불한다는 것인데 고객은 딜러에게 낮은 금리를 지불하는 것이 유리하다. 딜러가 고객에게 받는 금리는 Offer Rate로 양방향으로 제시하는 금리 중 높은 것이다. 따라서 Offer Rate 중 낮은 것을 선택하면 된다. ①은 5.40%로 가장 유리하고, ④는 5.43%로 가장 불리하다.

핵심포인트 해설　　　**스왑금리(Swap Rate) (2)**

개 념	• 변동금리와 교환되는 고정금리 • 이자율 스왑에는 두 가지의 스왑거래가 있음 　· Pay Rate(Bid Rate)는 변동금리를 받는 대신에 지불하고자 하는 고정금리 　· Receive Rate(Offer Rate)는 변동금리를 주는 대신에 받고자 하는 고정금리
예 시	• 스왑금리가 'T + 42 − 31'이라면 　· Offer Rate는 채권수익률에 0.42% 가산 　· Bid Rate는 채권수익률에 0.31% 가산 　· Offer−Bid 스프레드인 0.11%가 딜러의 수익 
딜러 선택	• 고정금리 지급 스왑 시 : Offered Rate를 지급하므로 이자율스왑 고시가격이 작을수록 유리 • 고정금리 수취 스왑 시 : Bid Rate를 수취하므로 이자율스왑 고시가격이 클수록 유리

정답 | ④

10

스왑스프레드(Swap Spread)에 대한 설명으로 거리가 먼 것은?

① 스왑스프레드는 미국 재무부 수익률과 스왑금리의 차이이다.
② 스왑 Bid Rate와 Offer Rate의 차이를 Bid-Offer 스프레드라 한다.
③ 장래 금리상승이 예상될 때에는 차입자의 금리 고정화 수요가 증가하여 스왑스프레드가 확대되는 경향이 있다.
④ 유로시장에 대한 신용위험이 증가할수록 스왑스프레드는 작아진다.

용어 알아두기

스왑스프레드	이자율스왑(IRS) 금리와 국채 금리 간의 차이이다.

TIP 유로시장에 대한 신용위험이 증가할수록 스왑스프레드는 커진다.

핵심포인트 해설 스왑스프레드(Swap Spread)

의 미	• 스왑금리 결정 시 미 재무부 채권 수익률에 가산되는 금리 • 일종의 스왑은행의 위험에 대한 보상 대가 • 금융시장의 변화에 따라 조금씩 변함
변동 요인	• 신용위험(Credit Risk)으로 스왑스프레드는 일종의 TED(Treasury vs. Euro Dollar)스프레드로 볼 수 있음 • 금리변동에 대한 예상에 따라 변동금리 상승 예상 시 차입자 고정금리 수요 증가(스프레드 확대), 금리 하락 예상 시 투자자 고정금리 수요 증가(스프레드 축소) • 미국 재무부 채권금리가 높은 상태에 있을 때에는 스프레드 축소, 저금리 상태일 때는 장기차입자의 금리 고정화 수요가 증가함으로써 스프레드 확대 • Major 스왑딜러의 포지션 상태에도 영향을 받음 · 스왑딜러의 고정금리 지급 스왑포지션이 많은 경우 : 스프레드 축소 · 스왑딜러의 고정금리 수취 스왑포지션이 많은 경우 : 스프레드 확대

정답 | ④

A, B 두 기업의 자금조달비용이 각각 다음과 같다. A기업은 고정금리 차입을 원하고 B기업은 변동금리 차입을 원한다. 두 기업이 비교우위를 이용하여 이자율스왑을 체결할 경우 A기업이 절감할 수 있는 조달비용으로 옳은 것은? (단, 스왑딜러의 이익은 10bp로 가정하고, A기업과 B기업의 이익은 7:3으로 분배)

구 분	고정금리	변동금리
A기업	8.5%	Libor + 120bp
B기업	6.8%	Libor + 40bp

① 45bp
② 51bp
③ 56bp
④ 63bp

용어 알아두기

비교우위	국가 간의 무역에서 상대적 우위를 설명하는 이론으로, 고전학파의 데이비드 리카도(David Ricardo)가 규명한 무역이론이다.

TIP 고정금리 차이(170bp) − 변동금리 차이(80bp) = 90bp에서 스왑딜러의 이익인 10bp를 빼면 80bp이다.
∴ 80bp × 70% = 56bp

핵심포인트 해설   **비교우위의 판단과 손익**

① 비교 : 두 당사자 사이에 시장에서의 신용도 차이가 존재하는 경우, 스왑거래를 통하여 신용도 차이만큼의 이익을 얻을 수 있음
② 비교우위의 판단

상 황	비교우위
모두 유리한 상황	더 유리한 것
모두 불리한 상황	덜 불리한 것

③ 사 례

구 분	A은행(AAA)	B기업(BBB)	차이(CSD)
고정금리 차입	5.4%	6.2%	0.8%
변동금리 차입	Libor	Libor + 0.5%	0.5%

㉠ A은행은 두 시장에서 모두 절대우위
㉡ A은행은 고정금리 차입 시 비교우위, B기업은 변동금리 차입 시 비교우위
㉢ 차입비용절감의 크기(고정금리 차이 − 변동금리 차이)는 0.3%

↳ 딜러가 없다고 가정할 때 스왑의 이익은 '고정금리 차이 − 변동금리 차이'

정답 | ③

12

시장금리 변화에 따른 손익방향이 나머지 셋과 다른 하나는?

① 고정금리채권 발행 포지션
② 선도금리계약(FRA) 매도 포지션
③ 국채선물 매도 포지션
④ 고정금리 지급 이자율스왑 포지션

TIP 선도금리계약(FRA) 매도 포지션은 금리하락 시 유리하고, 나머지는 금리상승 시 유리하다.

핵심포인트 해설   **금리변화의 손익**

① 금리변화에 따른 리스크의 구분

구 분	포지션	
금리상승 시 유리	• 금리선물 매도 • 채권선물 매도 • 채권선물 풋옵션 매수	• 선도금리계약(FRA) 매수 • Payer Swap(고지변수 스왑) • Payer Swaption
금리하락 시 유리	• 금리선물 매수 • 채권선물 매수 • 채권선물 콜옵션 매수	• 선도금리계약(FRA) 매도 • Receiver Swap(고수변지 스왑) • Receiver Swaption

② 이자율스왑과 선도금리계약(FRA)의 비교 : 이자율스왑은 시리즈의 선도금리계약(FRA) 거래와 동일
  ⇨ 시리즈의 FRA 매입은 고정금리를 지급(변동금리 수취)하는 이자율스왑 거래와 동일
  ㉠ 고정금리 지급 스왑 = n개의 FRA 매입 ⇨ 금리상승 시 유리
  ㉡ 고정금리 수취 스왑 = n개의 FRA 매도 ⇨ 금리하락 시 유리

정답 | ②

시장금리 변화에 따른 손익방향이 고정금리 수취 이자율스왑과 동일한 것으로만 묶인 것은?

① 고정금리채권 투자, FRA 매입
② 고정금리채권 투자, FRA 매도
③ 고정금리채권 발행, FRA 매입
④ 고정금리채권 발행, FRA 매도

TIP 고정금리 수취 이자율스왑은 금리하락 시 유리하므로 고정금리채권 투자, FRA 매도와 동일하다.

핵심포인트 해설 　이자율스왑과 채권

① Payer Swap = 고정금리채권 발행 = 변동금리채권 투자 　← 고지배수 스왑이므로 금리가 상승하면 유리하고 하락하면 불리

② 고정금리채권(투자, 보유 혹은 Long 포지션)과 시장금리는 역의 관계

③ 고정금리채 : 시장금리 상승 ⇨ 채권가치 하락, 시장금리 하락 ⇨ 채권가치 상승

④ 고정금리채권 발행 : 투자의 반대(Short 포지션)이므로 시장리스크도 반대

⑤ Payer Swap은 시장금리가 상승하면 이익이 발생하고, 시장금리가 하락하면 손실이 발생

　㉠ 고정금리 지급 스왑 = 고정금리채권 발행 + 변동금리채권 투자 ⇨ 금리상승 시 유리

　㉡ 고정금리 수취 스왑 = 변동금리채권 발행 + 고정금리채권 투자 ⇨ 금리하락 시 유리

구 분	채권투자	채권발행	고정금리 지급 이자율스왑 (Payer Swap)	고정금리 수취 이자율스왑 (Receiver Swap)
시장금리 상승	−	+	+	−
시장금리 하락	+	−	−	+

정답 | ②

3개월 순할인채 수익률이 4%, 12개월 순할인채 수익률이 3%일 때 3개월 후에 시작하여 만기가 9개월인 선도금리에 대한 설명으로 올바른 것은?

① 3%보다 작다.
② 3%보다 크고 3.5%보다 작다.
③ 3.5%보다 크고 4.0%보다 작다.
④ 4.0%보다 크다.

용어 알아두기

선도금리	현재시점에서 요구되는 미래 특정 기간에 대한 이자율을 말한다. 즉, 일정 기간 후의 자금 이전을 전제로 현재시점에서 요구되는 미래의 이자율이다.

TIP $\dfrac{(3\% \times 12) - (4\% \times 3)}{12 - 3} \fallingdotseq 2.67\%$

핵심포인트 해설   **스왑의 가격산정(Pricing)을 위한 기초개념**

① 부트스트래핑(Boot-Strapping) : 현실적으로 모든 기간에 해당하는 만기를 지닌 제로쿠폰채권
  ⇨ 할인채가 존재하지 않으므로 현재 존재하는 최단기 제로쿠폰금리를 이용하여 순차적으로 긴 만기의 제로쿠폰금리를 구해 나가는 방법
② 선도금리(Forward Rate) : 미래의 특정 시점부터 일정 기간에 적용되는 미래금리

$$\text{선도금리} = \dfrac{r_2 \times t_2 - r_1 \times t_1}{t_2 - t_1}$$
$$(r_1 : \text{단기금리}, \ r_2 : \text{장기금리}, \ t_1 : \text{단기기간}, \ t_2 : \text{장기기간})$$

정답 | ①

다음 보기의 빈칸에 들어갈 내용이 순서대로 짝지어진 것은?

- 주어진 두 기간의 금리를 이용하여 그 사이의 기간에 대한 금리를 기간 비례에 의하여 계산하는 방법을 (　　　)(이)라고 한다.
- (　　　)은/는 미래 특정 시점에서 시작한 일정 기간(Term)의 수익률 혹은 금리를 나타낸다.

① 보간법, 선도금리(Forward Rate)
② 보간법, 할인계수법
③ 선도금리(Forward Rate), 보간법
④ 할인계수법, 부트스트래핑(Boot-Strapping)

TIP 차례로 보간법, 선도금리(Forward Rate)를 의미한다.

핵심포인트 해설　　**선도금리의 계산**

① 선도금리(Forward Rate) : 미래 특정 시점에서 시작한 일정 기간(Term)의 수익률 혹은 금리
② 선도금리 계산

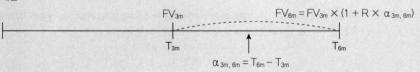

$$\alpha_{3m, 6m} = T_{6m} - T_{3m}$$
⇨ 3m 시점에서 6m 시점까지의 기간(일수)

③ 보간법(Interpolation) : 주어진 두 기간의 금리를 이용하여 그 사이의 기간에 대한 금리를 기간 비례에 의하여 계산하는 방법
(아래 그래프 참고)

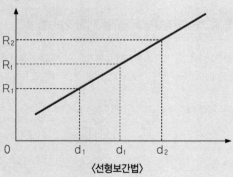

〈선형보간법〉

정답 | ①

Receiver Swap의 헤지 방법으로 가장 거리가 먼 것은?

① 재무부 채권 매도 + Reverse – Repo + TED Spread 매입
② 국채선물 매도
③ 유로달러선물 스트립 매도
④ 시리즈의 FRA 매도

TIP Receiver Swap은 금리상승위험에 노출되어 있으므로 시리즈의 FRA를 매수해야 한다.

핵심포인트 해설   금리스왑의 헤징

① 딜러는 고객과 체결한 스왑계약에 대하여 헤지 포지션을 구축함으로써 위험에 대비함
② 헤지 대안 → Receiver 스왑과 Payer 스왑의 헤지방법은 반대

방 안	Receiver 스왑	Payer 스왑
헤지 방향	금리상승위험에 대비	금리하락위험에 대비
스 왑	Payer 스왑	Receiver 스왑
채권(국채)	채권 매도	채권 매입
금리선물	금리선물 매도	금리선물 매입
FRA	FRA 매입	FRA 매도

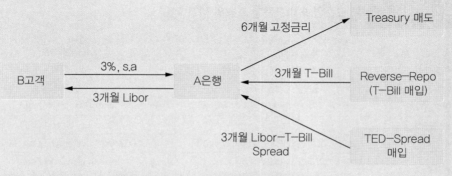

〈고정금리 수취와 미 재무부 채권을 이용한 헤지 거래〉

정답 | ④

비표준형 스왑의 종류와 특징을 바르게 연결한 것은?

종 류	특 징
A. 스왑션(Swaption)	가. 스왑에 대한 옵션거래의 일종
B. Zero-Coupon 스왑	나. 고정이자 지급이 만기일에 한 번만 발생
C. Step-up/down 스왑	다. 스왑가격(고정금리)이 변동
D. Libor In-arrear 스왑	라. 이자계산 기간 종료일 2영업일 전에 결정되는 변동금리를 적용하여 이자를 계산
E. CMS스왑	마. 금리민감도가 표준형 스왑보다 큼
F. 선도스왑	바. 이자계산을 Spot Date 이후 특정일부터 효력이 발생하기 시작

① A-가, B-나, C-다, D-라, E-마, F-바
② A-다, B-나, C-가, D-라, E-마, F-바
③ A-라, B-다, C-나, D-가, E-바, F-마
④ A-마, B-바, C-다, D-라, E-나, F-가

TIP A-가, B-나, C-다, D-라, E-마, F-바

핵심포인트 해설 **표준형과 비표준형 스왑의 비교**

구 분	표준형 스왑	비표준형 스왑
고정금리	해당 통화표시 채권시장 관행	별도 협의
변동금리	3개월, 6개월 Libor	별도 변동금리 적용
명목원금	고 정	증가형, 감소형, 증감형
스왑금리	고 정	Step-up, Step-down
계약 효력발생	계약일 이후 2영업일(Spot Start Swap)	효력발생일 협의(Forward Start Swap)
기 타	계약금리 외 별도의 지급 X 옵션 조항 X	별도지급(Up Front Fee) 옵션조항(Callable 스왑, Swaption)

정답 | ①

18

변동금리와 교환되는 고정금리가 여러 단계로 나뉘어 변동하는 스왑으로 옳은 것은?

① Amortizing Swap
② Step-up Swap
③ Accreting Swap
④ Rollercoaster Swap

TIP 변동금리와 교환되는 고정금리가 여러 단계로 나뉘어 변동하는 Swap은 Step-up Swap이다.

핵심포인트 해설　　**비표준형(Non-generic) 스왑**

베이시스 스왑	• 변동금리와 변동금리를 교환
Zero-Coupon 스왑	• 고정금리가 만기에 일시 지급
원금변동형 스왑 ↳ Accreting, Amortizing, Rollercoaster 구별	• 원금증가형 스왑(Accreting Swap) • 원금감소형 스왑(Amortizing Swap) • 롤러코스터 스왑(Rollercoaster Swap)
Step-up / Step-down 스왑	• 수익률 곡선이 우상향 시 : Step-up Swap • 수익률 곡선이 우하향 시 : Step-down Swap
선도스왑	• 이자계산이 Spot Date 이후 특정일부터 효력이 발생하는 스왑
Libor In-arrear 스왑	• 이자계산기간 종료일의 2영업일 전에 결정되는 변동금리를 기준으로 변동금리 이자 가 결정
CMS 스왑	• 고정금리와 교환되는 변동금리 지표가 CMS금리임
OIS Swap	• Over-night Index Swap(OIS) • 변동금리가 1일의 Over-night금리임
Callable Swap	• 고정금리 지급자가 취소시킬 수 있는 옵션이 있음
Puttable Swap	• 고정금리 수취자가 취소시킬 수 있는 옵션이 있음
Extendible Swap	• 고정금리 지급자가 스왑기간을 일정 기간 연장 가능
Swaption	• Payer Swaption : 지불자 스왑션 • Receiver Swaption : 수취자 스왑션

정답 | ②

두 가지 변동금리를 상호교환하는 스왑으로 옳은 것은?

① Basis Swap
② Step-up Swap
③ Amortizing Swap
④ Extendible Swap

TIP 두 가지 변동금리를 상호교환하는 것은 Basis Swap이다.

핵심포인트 해설   **베이시스 스왑, Zero-Coupon 스왑, 원금변동형 스왑**

① 베이시스 스왑(Basis Swap) : 변동금리와 변동금리를 교환하는 스왑

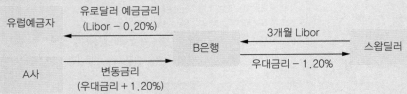

② Zero-Coupon 스왑 : 고정이자 지급이 만기일에 한 번만 발생하는 스왑

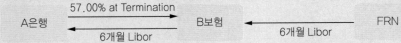

③ 원금변동형 스왑
   ⊙ 원금증가형 스왑(Accreting Swap) : 기간 경과에 따라 점차 원금이 증가
   ⓛ 원금감소형 스왑(Amortizing Swap) : 기간 경과에 따라 점차 원금이 감소
   ⓒ 롤러코스터 스왑(Rollercoaster Swap) : 원금이 일정 기간 증가했다가 다시 감소하는 스왑

정답 | ①

20

명목원금이 만기까지 동일하게 적용되는 스왑으로 옳은 것은?

① Accreting Swap
② Amortizing Swap
③ Rollercoaster Swap
④ Step-down Swap

TIP Step-down Swap은 고정금리가 변동하는 스왑으로 원금은 일정하다.

핵심포인트 해설 **Step-up Swap과 Step-down Swap**

① 고정금리가 표준스왑과 달리 몇 단계로 나뉘어 커지거나 작아짐
② 수익률곡선이 우상향 시 : Step-up Swap(고지변수) 유리
③ 수익률곡선이 우하향 시 : Step-down Swap(고수변지) 유리

1년 : 3.65%,
2년 : 4.65%,
3년 : 5.65%

A은행 ← 3개월 Libor + 2.0% → B기업 → 차입금 이자 (3개월 Libor + 2.0%) → D은행 (차입은행)

〈Step-up 스왑〉

정답 | ④

21

이자계산 기간 종료일 2영업일 전에 결정되는 변동금리를 기준으로 변동금리 이자가 결정되는 스왑으로 옳은 것은?

① Step-up Swap ② Forward Start Swap

③ CMS Swap ④ Libor In-arrear Swap

TIP Libor In-arrear Swap은 이자계산 기간 종료일 2영업일 전의 금리로 이자율이 결정된다.

핵심포인트 해설 **선도스왑 및 Libor In-arrear Swap**

하나는 길고 하나는 짧은 2개의 정반대인 스왑을 동시에 체결하는 것

① 선도스왑(Forward Start Swap) : Spot Date 이후 미래 특정일부터 이자계산을 시작하는 스왑으로 계약만 체결한 다음 미래 또는 향후에 대비할 때 적합

② Libor In-arrear Swap(혹은 In-arrear Reset Swap) : 이자계산 기간 종료일 2영업일 전에 결정되는 변동금리를 기준으로 변동금리 이자가 결정되는 스왑

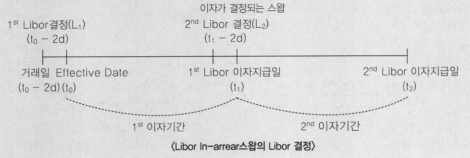

⟨Libor In-arrear스왑의 Libor 결정⟩

정답 | ④

22

이자율스왑 계약을 체결한 다음 일정 기간 경과 후 고정금리 지급자가 기준 스왑 포지션을 취소시킬 수 있는 스왑은?

① Callable Swap　　　　　　　② Puttable Swap

③ Extendible Swap　　　　　　④ Payer's Swaption

TIP 이자율스왑 계약을 체결한 다음 일정 기간 경과 후 고정금리 지급자가 기준 스왑 포지션을 취소시킬 수 있는 스왑은 Callable Swap이다.

핵심포인트 해설　　　Callable · Puttable · Extendible Swap

① Callable Swap : 이자율스왑 계약을 체결한 다음 일정 기간 경과 후 고정금리 지급자가 기준 스왑 포지션을 취소시킬 수 있는 옵션이 붙음

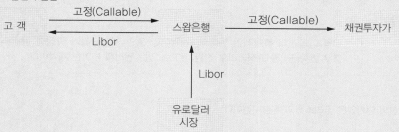

〈Callable 스왑거래와 헤지거래〉

② Puttable Swap : Callable Swap과 반대로 고정금리 수취자가 취소권을 가짐

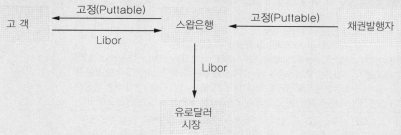

〈Puttable 스왑거래와 헤지거래〉

③ Extendible Swap : 기간 만료 후 고정금리 지급자가 스왑기간을 일정 기간 연장할 수 있는 형태

정답 | ①

스왑션에 대한 설명으로 가장 거리가 먼 것은?

① 스왑션은 금리스왑과 옵션을 결합한 상품이다.

② 스왑션에는 지불자 스왑션과 수취자 스왑션이 있다.

③ 스왑션의 만기일은 금리스왑의 만기일이다.

④ 스왑션은 미래에 자금을 차입하고자 하는 기업에게 금리상승위험을 관리할 수 있는 수단을 제공한다.

용어 알아두기

스왑션 (Swaption)	스왑과 옵션의 복합적인 형태로, 계약기간 동안 시장금리가 약정한 금리수준을 벗어날 경우 변동금리를 고정금리로 전환시킬 수 있는 권리를 부여한 계약이다.

TIP 스왑션의 만기일은 금리스왑의 체결시점이다.

핵심포인트 해설   스왑션(Swaption) (1)

개 념	• 금리스왑과 옵션을 결합한 상품
	• 미래 일정시점에 금리스왑계약을 체결할 수 있는 옵션
	• 지불자 스왑션(Payer's Swaption)과 수취자 스왑션(Receiver's Swaption)이 있음
	  · 지불자 스왑션은 명목원금을 행사가격으로 하는 고정금리채권에 대한 풋옵션
	  · 수취자 스왑션은 명목원금을 행사가격으로 하는 고정금리채권에 대한 콜옵션
	• 스왑션은 고정금리채권을 스왑의 명목원금으로 교환할 수 있는 옵션으로 간주

활 용	• 조건적인 상황 : 금리 리스크관리가 필요하기도 하고 필요하지 않을 수도 있는 조건 • 리스크관리 비용의 절감 : 낮은 비용으로 금리상승 리스크를 관리할 수 있는 수단 • 스왑기간의 연장 또는 축소 • 내재된 옵션(Embedded Option)의 현금화

정답 | ③

24

금리가 상승할 경우에 유리한 포지션으로 올바른 것만 묶은 것은?

① Callable Swap, Payer's Swaption
② Callable Swap, Receiver's Swaption
③ Puttable Swap, Payer's Swaption
④ Puttable Swap, Receiver's Swaption

TIP 금리상승 시 유리한 포지션은 Puttable Swap, Payer's Swaption이다.

핵심포인트 해설   스왑션(Swaption) (2)

① 스왑션 : 스왑을 할 수 있는 권리, 즉 스왑에 대한 옵션거래의 일종
② Payer's Swaption : 고정금리를 지급하는 스왑을 할 수 있는 권리
　　㉠ 지급금리를 고정시키는 옵션
　　㉡ 금리상한계약(Interest Rate Cap)과 비슷하나, 캡보다 프리미엄이 낮음(캡의 경우 매 결정일에 Libor가 행사금리보다 높을 때마다 권리행사가 가능한데, Swaption의 경우는 만기일에 권리행사를 한 번밖에 하지 못하기 때문)
③ Receiver's Swaption : 고정금리를 수취하는 스왑을 할 수 있는 권리
　　㉠ 금리하한계약(Interest Rate Floor)과 비슷한 거래
　　㉡ 프리미엄은 Payer's Swaption과 마찬가지로 플로어보다 낮음
④ '3 × 6'의 해석

FRA		3개월 후 3개월 만기 금리
FRA		참고 3 × 6 FRA 5% 매수 : 3개월 후 3개월 만기 금리를 5%로 매수를 약정하고, 3개월 후 금리가 6%일 경우, FRA 매도자가 FRA 매수자에게 1% 지급
Swap	Callable	• 고정금리 지급자에게 조기 종결 권리 있음 • 3 × 6 Callable Swap • 3년 후 취소 가능한 6년 만기 스왑
Swap	Puttable	• 고정금리 영수자에게 조기 종결 권리 있음 • 3 × 6 Puttable Swap
Swap	Extendible	• 고정금리 지급자가 기간만료 후 연장할 권리
Swaption	스왑 + 옵션	• 일정 시점 후 스왑을 할 수 있는 권리 • Payer's Swaption(지불자 스왑션) • Receiver's Swaption(수취자 스왑션)

정답 | ③

다음 중 3 × 6 6% Payer's Swaption에 대한 설명과 거리가 먼 것은?

① 3년 뒤 권리행사 시 3년 만기 Payer's Swap이 체결된다.
② 3년 뒤 3년 Swap Rate가 7%가 되면 내가격 옵션이 된다.
③ 변동금리 자금차입자가 헤지를 위하여 매수한다.
④ Cap 매수와 현금흐름은 동일하나 Cap보다 프리미엄이 비싸다.

TIP Cap 매수와 현금흐름은 동일하나 Cap보다 프리미엄이 저렴하다.

핵심포인트 해설 Payer's Swaption과 Receiver's Swaption

Payer's Swaption	• 옵션매수자가 옵션매도자에게 프리미엄을 지급하여 미래 특정 시점에 고정금리 지불스왑을 할 수 있는 권리를 매매하는 거래 • 금리상한 계약과 비슷하지만 프리미엄은 Cap거래보다 상대적으로 저렴 • 금리상승위험을 헤지하는 수단으로 활용 • 스왑션 매입자가 매도자에게 프리미엄을 지급 • 유럽식과 미국식이 있으며 시장에서는 유럽식이 많이 거래됨
3 × 6 6% Payer's Swaption	• 3년 뒤 3년 만기 6% 고정금리 지급스왑을 할 수 있는 권리 • 3년 뒤 금리가 6% 이상 상승 시 가치 발생(ITM옵션)
Receiver's Swaption	• 옵션매수자가 옵션매도자에게 프리미엄을 지급하여 미래 특정 시점에 고정금리 수취스왑을 할 수 있는 권리를 매매하는 거래 • 금리하한 계약과 비슷함 • 금리하락위험을 헤지하는 수단으로 활용
3 × 6 6% Receiver's Swaption	• 3년 뒤 3년 만기 6% 고정금리 수취스왑을 할 수 있는 권리 • 3년 뒤 금리가 6% 이하 하락 시 가치 발생

정답 | ④

26

스왑금리는 국채수익률과 스왑스프레드의 합이다. 현재 국내 스왑시장에서 음(−)의 스왑스프레드 현상이 지속되고 있을 때 이에 대한 설명으로 잘못된 것은?

① 정상적인 시장이라면 스왑스프레드는 우량은행의 신용스프레드와 비슷하다.
② 시장에서 수취스왑 수요가 많은 경우에 발생한다.
③ 국고채와 지급스왑을 이용한 재정거래가 확대될 것이다.
④ 스왑금리가 국채수익률보다도 높게 형성되어 있다.

TIP 스왑금리가 국채수익률보다도 낮게 형성되어 있다.

핵심포인트 해설   **원화 이자율스왑의 특징**

(1) 스왑금리의 왜곡현상 → 음(−)의 스왑스프레드가 장기화하고 있다는 점
  ① 스왑금리 = 국채수익률 + 스왑스프레드
  ② 스왑스프레드 = 스왑금리 − 국채수익률
  ③ 양(+)의 스왑스프레드 : 스왑금리 > 국채수익률
  ④ 음(−)의 스왑스프레드 : 스왑금리 < 국채수익률
  ⑤ 정상시장인 경우 스왑스프레드는 우량은행의 신용스프레드와 비슷함

(2) 음(−)의 스왑스프레드의 지속 원인
  ① 시장 규모의 확대에도 불구하고 만성적인 수급 불균형이 지속
    ⇨ 시장에서 전체적으로 고정금리의 지급(Pay)에 대한 수요보다 수취(Receive)에 대한 수요가 많음을 의미
  ② 국내금리시장의 인프라와 관련 : CD금리를 비롯한 단기자금시장의 문제(발행만 되고 유통시장이 거의 발달되지 않았음)
  ③ 장기선물시장의 유동성 부족
  ④ 국고채 Repo시장이 미비한 경우에 해당

정답 | ④

원화 이자율스왑의 활용에 대한 설명으로 잘못된 것은?

① 고정금리채권을 매입한 투자자가 이자율 상승위험을 헤지하기 위하여 고정금리 지급, 변동금리 수취의 스왑거래를 체결한다.

② 특정 사업을 계속하는 동안에 사업이 진행될수록 자금수요가 증가하는 경우 원금증가형 스왑을 이용한다.

③ 미래에 변동금리조건으로 자금을 차입하기로 약정한 기업은 선도스왑을 이용하여 이자율 상승위험을 헤지한다.

④ 단기채권과 장기 고정부채를 보유한 보험회사는 장기 Payer 스왑을 통하여 자산 듀레이션을 증가시킨다.

TIP 장기 Receiver 스왑을 통하여 자산 듀레이션을 증가시킨다.

핵심포인트 해설 　　　　**원화 이자율스왑의 활용**

(1) 보험회사의 장기 이자율스왑을 활용한 자산 듀레이션 조정
　　① 보험회사 : 장기 고정부채 + 단기채권 자산
　　② 시장금리 상승 시 높은 수익률로 단기자산을 Roll-over할 수 있음
　　③ 시장금리 하락 시 자산 수익률도 하락
　　④ 장기 Receiver 스왑을 통해 자산 듀레이션을 장기화할 필요 있음

(2) 은행의 이자율스왑을 통한 자산·부채 관리
　　① 은행 : CD금리 연동 자산 + 장기 은행채(고정금리)
　　② CD금리 상승 시 수익 ↑, CD금리 하락리스크에 노출
　　③ Receiver 스왑을 통해 변동금리 자산, 고정금리 부채의 금리갭 관리

(3) 은행의 스왑대출에 활용

(4) 단기채권 펀드의 본드스왑스프레드 이용

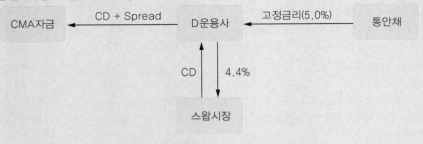

〈단기채권 펀드의 원화 이자율스왑 활용〉

정답 | ④

28

아래 구조화채권을 해석한 내용으로 잘못된 것은?

$$쿠폰 = 50\% - 6 \times CD금리$$

① FRN(CD + 스프레드)과 같은 쿠폰 지급형태를 갖는다.
② 만약 CD금리가 5%라고 하면 이 채권의 이자는 20%가 될 것이다.
③ 금리가 내려갈수록 이자금액이 증가한다.
④ 투자자가 수취하는 쿠폰은 향후 CD금리 움직임에 따라 달라진다.

용어 알아두기

구조화채권	채권과 파생상품이 결합되어 만들어진 상품으로 채권의 원금과 이자가 금리, 주식, 통화 등의 기초자산에 연동되어 결정된다.

TIP 위 구조화채권은 Inverse FRN이다. 일반적인 FRN(CD + 스프레드)은 변동금리 지표인 CD금리가 상승하면 높은 쿠폰을 지급하고, CD금리가 하락하면 낮은 쿠폰을 사용한다. 그러나 Inverse FRN은 이와 반대의 쿠폰 지급형태를 갖는다.

핵심포인트 해설　　구조화상품과 원화 이자율연계채권

(1) 구조화상품

개념과 분류	• 주식(또는 주가지수), 채권, 금리, 통화, 원자재, 신용 등의 기초자산에 기반을 두고 선도, 선물, 스왑, 옵션 등의 각종 파생상품이 결합되어 만들어진 새로운 형태의 금융상품	
특성과 활용	• 시장위험과 신용위험이 혼재되어 있고 이를 분리할 수 있음 • 투자자의 요구사항을 수용한 맞춤형 상품을 만들 수 있음	
목 적	• 리스크관리 수단 • 발행자의 자금조달 수단	• 수익률 향상 수단 • 각종 규제 회피 수단

(2) 원화 이자율연계채권

① Callable Note : 발행자가 만기 이전에 조기상환할 수 있는 채권
② Inverse FRN : 변동금리 지표인 CD금리가 하락하면 높은 쿠폰을 지급하고, CD금리가 상승하면 낮은 쿠폰을 지급
③ Dual Index FRN : FRN의 쿠폰 결정이 2개의 변동금리 Index에 의하여 결정되는 구조
④ Daily CD Range Accrual Note : 변동금리 Index가 특정 구간(Range) 내에 머무를 경우에만 쿠폰을 계산
⑤ CMS Spread Range Accrual Note
⑥ USD Libor Range Accrual Quanto Note : 변동금리 Index가 특정 구간(Range) 내에 머무를 경우에만 쿠폰을 계산
⑦ Power Spread Note : 스왑시장에서 장기간 지속된 음(−)의 스왑스프레드의 왜곡현상을 이용한 구조

정답 | ①

금리스왑과 통화스왑에 대한 비교로 잘못된 것은?

① 금리스왑은 동종통화 간 교환이지만 통화스왑은 이종통화 간 교환이다.
② 금리스왑은 원금이 상호교환되지 않지만 통화스왑은 상호교환된다.
③ 금리스왑과 통화스왑은 모두 고정금리와 변동금리의 교환으로 구성된다.
④ 금리스왑과 통화스왑 모두 차입비용이 절감된다.

용어 알아두기

통화스왑	두 거래 당사자가 계약일에 약정된 환율에 따라 해당 통화를 일정 시점에 상호 교환하는 외환거래이다.

TIP 금리스왑은 고정금리와 변동금리의 교환이나, 통화스왑은 반드시 고정금리와 변동금리의 교환으로 구성되는 것은 아니다.

핵심포인트 해설   **통화스왑(CRS : Cross-currency interest Rate Swap)**

(1) 특 징
① 서로 다른 통화에 대한 원금과 이자를 교환
② 이자율스왑과 달리 초기원금과 만기원금의 교환이 발생
③ 만기원금교환의 적용환율은 만기환율과 관계없이 거래시점의 환율을 동일하게 적용
 ↳ 통화스왑은 외환스왑처럼 2종의 환율을 사용하지 않고, 초기교환과 만기교환 모두 1종의 환율만 사용
④ 통화스왑의 초기원금교환 방향과 이자교환 방향은 반대 방향, 만기원금교환과 이자교환은 동일한 방향을 가짐

(2) 통화스왑의 이용(원화지급·달러수취 통화스왑의 경우)
① 달러채무를 원채무로 전환할 수 있음
② 달러가치(환율) 상승에 대비할 수 있음

(3) 통화스왑과 이자율스왑 비교

구 분	통화스왑	이자율스왑
통 화	다름(이종)	같음(동종)
원 금	교환 O	교환 X(명목원금)
이 자	교환 O	교환 O

정답 | ③

30

통화스왑에 대한 설명으로 올바르지 않은 것은?

① 통화스왑은 각 통화의 원금과 이자를 동시에 교환한다.

② 비교우위에 있는 통화를 차입하고 통화스왑을 통해 원하는 통화의 차입형태로 전환함으로써 차입비용을 절감할 수 있다.

③ 금융기업과 기업은 통화스왑을 통해 자산·부채의 환율변동리스크와 금리리스크를 효율적으로 관리할 수 있다.

④ 통화스왑과 외환스왑은 만기 시 교환되는 원금에 대한 적용환율이 동일하다는 점에서 공통점이 있다.

TIP 통화스왑은 초기와 만기에 두 통화의 원금을 서로 반대 방향으로 교환한다는 점에서 외환스왑과 같으나, 만기 시 교환되는 원금에 대한 적용환율이 다르다는 점이 가장 큰 차이점이다. 즉, 외환스왑은 2종의 환율이 필요하나, 통화스왑은 초기와 만기의 환율이 같으므로 1종의 환율이 적용된다.

핵심포인트 해설　　**통화스왑 개관**

개 요	• 서로 다른 통화에 대해 발생하는 미래의 현금흐름을 교환하는 계약 • 각 통화의 원금과 이자를 동시에 교환 • Currency Swap, Currency interest Rate Swap, Cross currency interest Rate Swap으로 불림
원금교환	• 초기 원금교환 시 적용환율은 당시의 현물환율 • 만기 원금교환 시 적용환율도 거래초기 적용환율과 동일
이자교환	• 스왑기간 중 일정 기간마다 사전에 합의된 조건의 금리교환
발생 원인	• 비교우위에 의한 유리한 조건의 자금차입 • 자산·부채의 환율변동리스크와 금리리스크를 효율적으로 관리
가격고시	• 절대금리 고시방법 • 베이시스 형식으로 고시하는 방법

정답 | ④

출제예상문제

☑ 다시 봐야 할 문제(틀린 문제, 풀지 못한 문제, 헷갈리는 문제 등)는 문제 번호 하단의 네모박스(□)에 체크하여 반복학습하시기 바랍니다.

01
중요도 ★★

다음 중 기초자산에 따른 파생상품의 종류와 거리가 먼 것은?

① 선물파생상품　　　　　　　　　② 통화파생상품

③ 주식파생상품　　　　　　　　　④ 상품파생상품

02
중요도 ★★

스왑거래에 대한 설명 중 잘못된 것은?

① 장기자본시장의 대표적인 스왑거래는 이자율스왑과 통화스왑이며, 이자율스왑이 전체 장외파생상품 거래금액에서 가장 많은 비중을 차지한다.

② 외환스왑에서 Swap Rate의 부호는 금리평가이론에 의하여 결정된다.

③ 스왑거래의 현금교환은 초기교환, 이표(쿠폰)교환, 만기교환으로 구분된다.

④ 만기 현금흐름은 외환스왑거래의 경우 현물환율에 의하여 결정되고, 통화스왑거래의 경우 선물환율에 의하여 결정된다.

03
중요도 ★

전 세계 장외파생상품시장에서 가장 많이 이용되고 있는 장외파생상품으로 옳은 것은?

① 이자율스왑　　　　　　　　　　② 선물환

③ 통화선도거래　　　　　　　　　④ 선물거래

04
중요도 ★

스왑계약에서의 Effective Date에 대한 설명으로 옳은 것은?

① 스왑계약을 체결한 날

② 스왑계약의 이자계산이 시작되는 날

③ 스왑계약이 종료되는 날

④ 변동금리 이자계산에 사용되는 변동금리가 결정되는 날

05

중요도 ★

Parallel Loan의 장점과 단점에 관한 설명으로 잘못된 것은?

① 외환거래에 부과되는 프리미엄을 회피할 수 있다.

② 달러는 부족하나 파운드 조달능력이 뛰어난 영국기업과 파운드는 부족하나 달러 조달능력이 뛰어난 미국기업이 서로의 강점을 살려 부족한 부분을 보충하는 효과가 있다.

③ 국적이 같은 두 기업이 동일기간, 동일금액의 자금수요가 있어야 하는데, 이 정보를 얻는 것이 어렵다.

④ 계약당사자 양 기업이 모두 자금조달의 순효과가 없음에도 불구하고 대출계약이 2건 발생하므로 이자소득세 원천징수의무가 각각 발생한다.

06

중요도 ★★

다음 중 스왑거래에 사용되는 날짜 표현에 대한 설명으로 잘못된 것은?

① Enter Date : 스왑계약 체결일

② Effective Date : 이자계산 시작일, 통상 Trade Date 이후 2영업일 후(Spot Date)

③ Payment Date : 스왑결제일로서 이자지급일 혹은 원금교환일

④ Reset Date : 변동금리 이자계산에 사용되는 변동금리를 선택하는 날

정답 및 해설

01 ① 기초자산에 따른 파생상품의 종류에는 이자율파생상품, 통화파생상품, 주식파생상품, 상품파생상품, 신용파생상품 등이 있다.

02 ④ 만기 현금흐름은 외환스왑거래의 경우 선물환율에 의하여 결정되고, 통화스왑거래의 경우 현물환율에 의하여 결정된다.

03 ① 전 세계 장외파생상품시장에서 가장 많이 이용되고 있는 장외파생상품은 이자율스왑이다.

04 ② ① 스왑계약을 체결한 날은 Trade Date이다.
　　④ 변동금리 이자계산에 사용되는 변동금리가 결정되는 날은 Reset Date이다.

05 ③ 국적이 다른 두 기업이 동일기간과 동일금액의 자금수요가 있어야 거래가 발생할 수 있다.

06 ① 스왑계약 체결일은 Trade Date라고 한다.

07 중요도 ★★

다음 중 스왑거래에 대한 설명으로 옳은 것은?

① 외환스왑(Foreign Exchange Swap)에서 Swap Rate의 부호는 이자율평가이론에 의하여 결정된다.

② 통화스왑(Currency Swap)과 외환스왑(Foreign Exchange Swap)은 장기자본시장(Capital Market)에 속하는 스왑거래이다.

③ 통화스왑(Currency Swap)거래에서 만기 현금흐름은 최초 현금흐름을 반복하게 된다.

④ Parallel Loan은 Back-to-Back Loan이 갖는 신용위험 문제를 개선한 상품이다.

08 중요도 ★

1년을 365일로 실제 경과일수만큼 이자를 계산하고, 윤년인 경우에는 366일을 기준으로 사용하는 방식으로 옳은 것은?

① Annual Coupon Basis

② Annual Bond 30 / 360 Basis(Adjusted Bond Basis)

③ Annual Capital Market Basis

④ act / act Basis

09 중요도 ★

다음 중 스왑거래에 대한 내용과 거리가 먼 것은?

① 스왑거래는 두 개의 서로 다른 자금흐름을 일정 기간 서로 교환하기로 계약하는 거래이다.

② 금리스왑(Interest Rate Swap)의 경우 원금을 교환하지 않는다.

③ 스왑거래가 활성화되면 전 세계 시장이 더욱 효율적으로 될 수 있다.

④ 스왑거래는 대차대조표상의 거래로 인식되므로 부채를 장기화하는 데 유용하다.

10

중요도 ★

☐

고객 A가 Receiver Swap 포지션을 취하고자 할 때 적용되는 스왑금리로 옳은 것은? (단, 미국 재무부 채권 Bid 수익률 4.1%, 미국 재무부 채권 Offer 수익률 4.05%, 스왑금리는 T+40 − 37로 고시)

① 4.42%

② 4.45%

③ 4.47%

④ 4.50%

11

중요도 ★

☐

이자율스왑에 대한 설명과 거리가 먼 것은?

① 스왑은 기업이나 금융기관의 금리리스크 노출을 통제하는 수단으로 선호된다.

② 스왑은 투기적으로도 활용이 가능하다.

③ 유동성이 떨어지기 때문에 계약을 청산하는 데 많은 어려움이 있다.

④ 기존의 스왑을 중도에 해지하고자 할 때에는 그것을 상쇄시키는 반대구조의 스왑을 통하여 제거할 수 있으므로 중도해지에 따른 Penalty를 피할 수 있다.

정답 및 해설

07 ① ② 통화스왑은 장기자본시장(Capital Market) 스왑거래지만, 외환스왑은 대개 1년 미만의 단기시장(Money Market)에 속한다.
　　　③ 통화스왑(Currency Swap)거래에서 만기 현금흐름은 보통 최초 현금흐름의 반대로 이루어진다.
　　　④ Back-to-Back Loan은 Parallel Loan이 갖는 신용위험 문제를 개선한 상품이다.

08 ④ act / act Basis에 대한 설명이다.

09 ④ 스왑거래는 대차대조표 외(부외)거래로 간주된다. 부외거래가 아닌 평행대출(Parallel Loan)과 구분하여야 한다.

10 ① 고객이 Receiver Swap을 취한다면 고정금리를 수취하는 포지션을 갖겠다는 의미이다. 고객이 수취하는 고정금리는 딜러가 제시한 스왑가격 중 Bid Rate에 해당한다. Bid Rate는 '미 재무부 채권 Offer 수익률 + Swap Bid Spread'이므로 4.05% + 0.37% = 4.42%가 된다.

11 ③ 이자율스왑은 유동성이 높기 때문에 새로운 스왑을 체결하고자 할 때 스왑딜러를 통하여 원하는 구조의 스왑을 체결하기 편리하다.

12 중요도 ★★

이자율스왑에서 Receiver Swap이 필요한 경우로 가장 올바른 것은?

① 변동금리자산을 고정금리자산으로 변경하고자 하는 경우
② 변동금리로 자금을 조달한 기업이 금리상승위험을 헤지하고자 하는 경우
③ 금리상승을 예상하고 투기적 포지션을 취하고자 하는 경우
④ 자산 듀레이션이 부채 듀레이션보다 큰 기업이 듀레이션을 일치시키고자 하는 경우

13 중요도 ★★

이자율스왑거래를 할 경우 고려하여야 할 요인과 거리가 먼 것은?

① 거래당사자의 신용
② 금리의 변화
③ 채권수익률곡선
④ 환율의 변화

14 중요도 ★★★

A기업은 은행으로부터 Libor + 2%의 변동금리로 1백만달러를 차입하고 있다. 금리변동을 헤지하기 위한 거래로 옳은 것은?

① Short Swap
② Puttable Swap
③ Callable Swap
④ Payer Swap

15 중요도 ★★

현재 3년 스왑금리가 4.5 − 4.45%로 고시되어 있고 유로달러선물 3년 스트립거래의 평균금리가 5%인 경우 적절한 차익거래로 옳은 것은?

① 유로달러선물 매도 + Short Swap
② 유로달러선물 매수 + Long Swap
③ 유로달러선물 매도 + Long Swap
④ 유로달러선물 매수 + Short Swap

16 중요도 ★★★

이자율스왑거래에서의 Swap Rate에 대한 설명으로 옳은 것은?

① 스왑거래에서 변동금리와 교환되는 고정금리를 말한다.

② 스왑거래에서 고정금리와 교환되는 변동금리를 말한다.

③ 스왑거래에 드는 총비용을 말한다.

④ Libor를 말한다.

17 중요도 ★★★

이자율 변화로 인한 손익방향이 나머지 셋과 다른 하나는?

① FRA 매도 포지션   ② 국채선물 매도 포지션

③ 채권 매입 포지션   ④ 고정금리 수취 이자율스왑 포지션

18 중요도 ★★★

고정금리채권을 발행한 것과 동일한 방향의 금리리스크를 갖는 것으로만 묶인 것은?

① 고정금리 수취의 이자율스왑, FRA시리즈 매입

② 고정금리 수취의 이자율스왑, FRA시리즈 매도

③ 고정금리 지급의 이자율스왑, FRA시리즈 매입

④ 고정금리 지급의 이자율스왑, FRA시리즈 매도

정답 및 해설

12 ① ②③④ Payer Swap이 필요하다.

13 ④ 금리스왑은 동종통화 간의 교환이므로 환율의 변화와는 거리가 멀다.

14 ④ 금리상승위험에 노출되어 있으므로 '변동금리 수취 + 고정금리 지급'하는 Payer Swap이 필요하다.

15 ② 유로달러선물을 이용한 금리가 스왑금리보다 높으므로 스왑시장에서 4.5% 금리를 지급하고 유로달러선물거래로 5% 고정금리를 수취하면 된다. 이런 현금흐름을 만들기 위해서는 먼저 금리선물을 매수한다. 금리선물을 매수한다는 것은 주어진 금리로 자금을 운용하는 것을 의미한다. 그렇게 되면 5%의 이자수익이 유입된다. 차익거래를 위해서 스왑거래가 필요한데 당연히 Long Swap이어야 한다. Long Swap은 고정금리를 지급하고 변동금리를 수취하는 스왑이다. 지급하는 고정금리는 고시되어 있는 4.5%이다. 결국 금리선물 매수를 통해 유입되는 5%의 금리를 받고, Long Swap을 통해 4.5%의 금리를 지급하므로 0.5%의 금리를 수익으로 획득할 수 있다.

16 ① Swap Rate란 스왑거래에서 변동금리와 교환되는 고정금리이다.

17 ② 국채선물 매도 포지션은 금리상승 시 유리하고, ①③④는 금리하락 시 유리하다.

18 ③ 고정금리채권 발행 = 고정금리 지급의 이자율스왑 = FRA시리즈 매입

19 중요도 ★
선도금리계약(FRA)에 대한 해석으로 올바른 것은?

> Libor에 대한 2 × 5 FRA를 매입(Long)하였다.

① 2개월 후 90일 금리가 상승하면 이익이 발생한다.
② 2개월 후 90일 금리가 하락하면 이익이 발생한다.
③ 2개월 후 180일 금리가 상승하면 이익이 발생한다.
④ 2개월 후 180일 금리가 하락하면 이익이 발생한다.

20 중요도 ★
고정금리를 지급하는 스왑을 사용하는 경우와 거리가 먼 것은?

① 향후 금리상승에 대한 위험 헤지
② 변동금리 차입을 고정금리 차입으로 전환
③ 고정금리 수입을 변동금리 수입으로 전환
④ 향후 금리하락 예상 시 이익실현 수단

21 중요도 ★★★
변동금리채권을 발행할 예정인 기업이 대신 검토할 수 있는 대안으로 올바른 것은?

① 고정금리채권 발행 + 고정금리 수취스왑
② 고정금리채권 발행 + Payer's Swaption
③ 변동금리채권 매수 + 고정금리 수취스왑
④ 변동금리채권 매수 + Payer's Swaption

22 중요도 ★★
A기업은 US$ Libor + 1.3%의 변동금리채를 발행하고 이자율스왑을 통해 지급이자를 고정하려고 한다. 현재 스왑딜러가 US$ Libor 금리에 대해 제시하고 있는 스왑금리의 Bid-offer 가격이 5.15% − 5.22%라고 할 때 A기업이 최종적으로 부담해야 하는 고정금리로 옳은 것은?

① 6.45%　　　　　　　　② 6.52%
③ 6.65%　　　　　　　　④ 6.72%

23 중요도 ★★

□ 현재 A사와 B사는 자금을 차입하려고 하는데 자금시장에서 요구되는 금리가 아래 표와 같다고 가정한다. A사는 변동금리 차입을 원하고 B사는 고정금리 차입을 원하고 있으나, 각각 비교우위가 있는 방식으로 자금을 조달하고 이자율스왑을 할 경우 두 회사가 절약하게 될 금리는 총 얼마가 되는가? (거래비용 무시)

구 분	고정금리	변동금리
A사	7.5%	Libor
B사	9.0%	Libor + 0.5%

① 0.50% ② 0.75%

③ 1.00% ④ 1.25%

---

19 ① FRA를 매입하였으므로 2개월 후 90일 금리가 상승하면 이익이 발생한다.

구 분	FRA 매입	FRA 매도	고정금리 지급 이자율스왑 (Payer Swap)	고정금리 수취 이자율스왑 (Receiver Swap)
시장금리 상승	+	−	+	−
시장금리 하락	−	+	−	+
비 교	고정채 발행 + 변동채 투자	고정채 투자 + 변동채 발행	고정채 발행 + 변동채 투자	고정채 투자 + 변동채 발행

20 ④ 고정금리를 지급하는 스왑의 경우 금리상승 시 이익, 하락 시 손실이 발생한다. 그러므로 향후 금리상승이 예상될 때 취하는 포지션이지, 금리하락 예상 시에 취하는 포지션이 아니다.

21 ① 변동금리채권을 발행하는 경우는 변동금리를 지급하는 상태이므로, 대신 고정금리채권을 발행 후 '고정금리 수취 + 변동금리 지급' 스왑을 하면 결과적으로 변동금리를 지급하는 상태에 있게 된다.

22 ② A기업은 변동금리를 수취하고, 고정금리를 지급하는 Payer 이자율스왑 거래가 필요하다. 시장조성자가 아닌 시장 Follower의 입장에서 지급해야 할 고정금리는 5.22%이고, 여기에 스프레드 1.3%를 더하면 6.52%를 최종적으로 지급해야 한다.

23 ③ 표를 보면, A사가 B사보다 고정금리 차입에 비교우위가 있고, B사는 변동금리 차입에 비교우위가 있다고 할 수 있다. 만약 스왑금리가 8.0%이고, A사가 고정금리 차입 후 이자율스왑을 통해 변동금리로 전환할 경우, 차입금리는 Libor − 0.5%가 된다. (+0.5% 이익) B사가 변동금리 차입 후 이자율스왑을 통해 고정금리로 전환할 경우, 차입금리는 8.5%가 된다. (+0.5% 이익) 따라서 두 회사의 총 이익은 1.00%가 된다.

24 중요도 ★★★

다음 중 고정금리를 수취하고 변동금리를 지급하는 이자율스왑으로부터 발생하는 금리 변동위험을 제거하는 방법으로 옳은 것은?

① 고정금리채를 발행하고, 변동금리채를 매입한다.
② T-Bond를 매입하고, Repo를 실행하고, TED Spread를 매도한다.
③ 고정금리를 수취하고, 변동금리를 지급하는 이자율스왑 거래를 체결한다.
④ 여러 만기의 유로달러선물을 매입(Strip 매입)한다.

25 중요도 ★

표준형 금리스왑에 관한 설명으로 거리가 먼 것은?

① 고정금리는 계약기간 내내 동일하게 적용된다.
② 이자는 후취조건이다.
③ 계약에서 정한 금리 외에 별도의 지급(Up Front Fee)이 있다.
④ 스왑계약의 명목원금은 계약기간 내에 일정하게 고정되어 있다.

26 중요도 ★★

스왑계약에서 원금의 변화를 갖는 스왑에 대한 설명으로 잘못된 것은?

① 스왑계약 시 원금이 점차 증가하는 형태를 지닌 것을 원금증가형 스왑(Accreting Swap) 이라 한다.
② 원금증가형 스왑(Accreting Swap)에서 원금의 증가율을 Libor금리 등에 연동시킬 수 있다.
③ 원금분할상환대출을 받은 기업이 지급이자 구조를 변환하려고 한다면 원금증가형 스왑 (Accreting Swap)을 하게 될 것이다.
④ 원금감소형 스왑(Amortizing Swap)과 원금증가형 스왑(Accreting Swap)의 형태를 동시에 포함하고 있는 것을 롤러코스터 스왑(Rollercoaster Swap)이라 한다.

27

중요도 ★★

다음 중 두 가지의 변동금리를 상호교환하는 스왑으로 옳은 것은?

① 베이시스 스왑
② 원금증가형 스왑
③ 원금감소형 스왑
④ Step-up Swap

28

중요도 ★

보기와 같은 사례에서 B기업은 A은행과 어떤 거래를 하는 것이 유리한가?

> B기업은 거래은행인 A은행으로부터 USD 10,000,000을 3개월 Libor + 2.0%의 변동금리 조건으로 3년간 차입하였다.
>
> 금리상승위험을 헤지하기 위하여 고정금리를 지급하고 변동금리를 수취하는 표준형 이자율 스왑 거래를 할 경우 4.60%(Quarterly, 30 / 360) 이상을 지급하여야 할 것으로 예상된다.

① 원금증가형 스왑(Accreting Swap)
② 원금감소형 스왑(Amortizing Swap)
③ Step-up 스왑
④ Step-down 스왑

정답 및 해설

24 ① ② T-Bond를 매도하고, Reverse Repo를 실행하고, TED Spread를 매입한다.
　　　③ 고정금리를 지급하고, 변동금리를 수취하는 이자율스왑 거래를 체결한다.
　　　④ 여러 만기의 유로달러선물을 매도(Strip 매도)한다.

25 ③ 표준형 금리스왑은 계약에서 정한 금리 외에는 별도의 지급(Up Front Fee)이 없다.
　　　표준형 금리스왑은 ①②④ 외에도 스왑계약효력이 Spot Date부터 발생하며, 옵션조항이 없다는 특징이 있다.

26 ③ 원금분할상환대출을 받은 기업이 지급이자 구조를 변환하려고 한다면 대출의 원금상환 일정에 맞추어 원금감소형 스왑(Amortizing Swap)을 하게 될 것이다.

　　　참고 원금변동형 스왑

> • 원금증가형 스왑(Accreting Swap) : 스왑기간이 경과함에 따라 명목원금이 증가
> • 원금감소형 스왑(Amortizing Swap) : 스왑기간이 경과함에 따라 명목원금이 감소
> • 롤러코스터 스왑(Rollercoaster Swap) : 기간에 따라서 명목원금이 증가하기도 하고 감소하기도 하는 스왑

27 ① 변동금리를 상호교환하는 스왑은 베이시스 스왑이다.

28 ③ 초기 고정금리 지급 부담을 줄이기 위하여 Step-up 스왑을 체결하는 것이 유리하다.

29 중요도 ★

수익률곡선이 우상향 모습을 보일 때 금리스왑에서 이자교환에 대한 초기자금부담을 줄이고 향후 변동금리상승 예상과 비슷한 수준으로 고정금리 지급 계획을 만드는 스왑으로 옳은 것은?

① Step-up Swap   ② Step-down Swap

③ Digital Swap   ④ Barrier Swap

30 중요도 ★

이자율스왑 중 플레인바닐라스왑의 조건에 관한 설명과 거리가 먼 것은?

① 고정금리조건은 만기까지 동일하게 적용되며, 해당 통화표시 장기채권시장의 관행을 따른다.

② 변동금리는 런던시장의 3개월 혹은 6개월 미국 달러 Libor로 하고 가산금리가 붙지 않는다.

③ 원금(명목원금)은 계약기간 내에 현금흐름이 발생함에 따라 점점 감소한다.

④ 스왑계약의 효력은 Spot Date(거래 2영업일 후)부터 발생한다.

31 중요도 ★★

1년 뒤 2년짜리 고정금리를 영수하는 스왑을 체결할 수 있는 권리를 가진 스왑으로 옳은 것은?

① 1 × 2 Payer's Swaption

② 1 × 2 Receiver's Swaption

③ 1 × 3 Callable Swap

④ 1 × 3 Receiver's Swaption

32 중요도 ★★

금리스왑계약 후 고정금리 수취자가 금리스왑계약을 취소할 수 있는 권리를 갖는 스왑으로 옳은 것은?

① Callable Swap   ② Puttable Swap

③ Barrier Swap   ④ Digital Barrier Swap

33

3년 후 3년짜리 고정금리 지급 이자율스왑을 할 수 있는 권리로 옳은 것은?

① 3 × 3 Payer's Swaption
② 3 × 6 Payer's Swaption
③ 3 × 3 Receiver's Swaption
④ 3 × 6 Receiver's Swaption

34

고정금리 원화채권의 수익률과 중국 주가지수의 수익률을 교환하는 스왑으로 옳은 것은?

① 퀀토스왑
② 상품스왑
③ 베이시스 스왑
④ 선도스왑

35

원화 이자율스왑에 관한 내용으로 잘못된 것은?

① 고정금리와 변동금리가 모두 3개월마다 교환된다.
② 이자계산방법(Day Count Convention)은 고정금리와 변동금리 모두 act / 365가 적용된다.
③ 변동금리지표(Index)는 91일 CD금리로 한다.
④ 원금이 교환되는 스왑거래이다.

정답 및 해설

29 ① Step-up Swap은 수익률곡선이 우상향 모습을 보일 때 초기의 고정금리와 변동금리 간의 이자차액에 대한 자금부담을 줄이고 향후 변동금리상승 예상과 비슷한 수준으로 고정금리 지급 계획을 만들 수 있다.

30 ③ 원금은 계약기간 내에 일정하게 고정된다.

31 ④ 1년 뒤 2년짜리 고정금리를 영수하는 스왑을 체결할 수 있는 권리를 가진 스왑은 1 × 3 Receiver's Swaption이다.

32 ② Puttable Swap은 고정금리 수취자가 취소권을 갖고, Callable Swap은 고정금리 지급자가 취소권을 갖는다.

33 ② 3년 후 3년짜리 고정금리 지급 이자율스왑을 할 수 있는 권리는 3 × 6 Payer's Swaption이다.

34 ① 통화가 서로 다르므로 퀀토스왑(Quanto Swap)이다.

35 ④ 이자율스왑은 일반적으로 원금이 교환되지 않는다.

36 중요도 ★★

구조화채권에 대한 설명으로 옳은 것은?

① 구조화채권은 주로 리스크관리 수단으로만 사용될 수 있다.
② 구조화채권은 시장위험과 신용위험이 혼재되어 있어 이를 분리할 수 없다.
③ 투자자는 구조화채권에 내재되어 있는 각종 파생상품 거래를 공급하고 헤지하는 역할을 수행하므로 구조화상품 시장을 활성화시키는 데 가장 중요한 역할을 한다.
④ 투자자의 요구사항을 수용하여 맞춤형(Tailor-made) 상품을 만들 수 있다.

37 중요도 ★

변동금리 지표인 CD금리가 하락하면 높은 쿠폰을 지급하고, 상승하면 낮은 쿠폰을 지급하는 구조화상품에 해당하는 것은?

① Callable Note
② Puttable Note
③ Inverse FRN
④ Dual Index FRN

38 중요도 ★★

이자율스왑의 금리리스크를 헤징하고자 하는 경우 국채를 이용한 헤징전략으로 올바른 것은?

① Receiver Swap ⇨ 재무부 채권 매도 + Reverse-Repo + TED Spread 매입
② Receiver Swap ⇨ 재무부 채권 매입 + Repo + TED Spread 매도
③ Payer Swap ⇨ 재무부 채권 매입 + Repo + TED Spread 매입
④ Payer Swap ⇨ 재무부 채권 매도 + Reverse-Repo + TED Spread 매입

39 중요도 ★

다음 중 빈칸에 알맞은 내용을 순서대로 묶은 것은?

- FRA 매도의 경우 이자율이 하락하면 (　　　)이 발생한다.
- 이자율스왑에서 Receiver Swap의 경우 이자율이 (　　　)하면 손실이 발생한다.

① 손실, 하락
② 이익, 상승
③ 손실, 상승
④ 이익, 하락

40 중요도 ★★

A기업과 B기업의 차입금리는 아래와 같고 두 기업은 스왑계약을 통하여 차입비용을 줄이고자 한다. 다음 중 잘못된 것은?

구 분	A기업	B기업	수익률 차이
변동금리시장	Libor	Libor + 2%	2%
고정금리시장	8%	12%	4%

① B기업은 변동금리에 우위를 가진다.

② 스왑거래를 통해서 양 당사자가 얻는 총이익은 6%이다.

③ 두 기업이 Libor금리와 9%의 고정금리를 교환하는 스왑거래를 한다면, B기업은 1%의 차입비용 절감효과가 있다.

④ A기업과 B기업이 직접 스왑거래를 하지 않고 C은행이 중개를 한다면, 은행이 얻는 이익은 금리 스프레드만큼이다.

정답 및 해설

36 ④ ① 리스크관리뿐만 아니라 수익률 향상(Yield Enhancement) 수단으로도 사용될 수 있다.
   ② 시장위험과 신용위험이 혼재되어 있으나 이를 분리할 수 있다.
   ③ 투자자가 아니라 투자은행에 대한 설명이다.

37 ③ 일반적인 FRN과 반대로 Inverse FRN의 지급이자는 '일정금리 – CD'가 되어 CD가 하락할수록 높은 쿠폰을 지급하고, 반대의 경우 낮은 쿠폰을 지급하는 구조로 되어 있다.

38 ① • Receiver Swap Hedge : 재무부 채권 매도 + Reverse−Repo + TED Spread 매입
   • Payer Swap Hedge : 재무부 채권 매입 + Repo + TED Spread 매도

39 ② FRA 매도의 경우 이자율이 하락하면 '이익'이 발생하며, Receiver Swap의 경우 이자율이 '상승'하면 손실이 발생한다.

40 ② 스왑거래를 통해서 양 당사자가 얻을 수 있는 이익은 변동금리 차이인 2%이다. 이러한 스왑 이익이 차지하는 비중은 양자의 교섭력 차이이다.

41

고정금리로 자금을 조달하기 원하는 A기업의 조달금리는 연 8.35%였다. 현재 A기업은 Libor + 1.3%의 변동금리로 자금을 조달할 수 있고 스왑은행이 Libor금리에 대하여 제시하고 있는 스왑가격은 6.70 - 6.55%이다. 이러한 상황에서 A기업이 변동금리로 자금을 조달하고 금리스왑을 통하여 고정금리로 전환할 경우 절감할 수 있는 금리는 얼마인가?

① 0.25%

② 0.35%

③ 0.45%

④ 0.55%

42

다음은 은행별 3년 만기 스왑금리 고시가격이다. 고객이 고정금리 수취스왑거래를 체결하고자 하는 경우 어떤 은행과의 거래가 가장 유리한가?

① A : 5.25 - 5.19%

② B : 5.26 - 5.16%

③ C : 5.28 - 5.18%

④ D : 5.27 - 5.17%

43

자산스왑에 대한 설명 중 잘못된 것은?

① 기존자산의 현금흐름 형태를 바꿀 수 있다.

② 자산스왑은 FRN과 마찬가지로 높은 신용도를 갖는다.

③ 보유자산 또는 그와 동등한 목적물을 보유할 필요가 생긴다.

④ FRN을 구입한 것과 동일한 경제적 효과를 가지므로 합성FRN이라고 한다.

44

시장금리가 하락할 것으로 예상될 때 유리한 거래를 모두 묶은 것은?

가. FRA 매입	나. 고정금리 지급스왑(Payer Swap)
다. FRA 매도	라. 고정금리 수취스왑(Receiver Swap)

① 가, 나

② 가, 라

③ 나, 다

④ 다, 라

45

중요도 ★

선도금리계약(FRA : Forward Rate Agreement)**에 대한 설명과 거리가 먼 것은?**

① 미래금리를 확정하는 성격이 있다.

② 장외거래로 양 당사자의 조건에 따라 계약을 변경하는 것이 가능하다.

③ 선도금리(Forward Rate)는 금리 위험관리를 위한 수단으로 가장 먼저 등장한 것으로서 두 거래당사자가 장래 일정 기간 동안 미리 약정한 금리로 일정금액을 대출하거나 예금하기로 약속하고 계약기간에 계약금리로 실제 대출이나 예금이 이루어지는 계약을 말한다.

④ 현재 FRA는 계약원금의 수수로 인하여 신용위험이 크고, 대차대조표상의 자산이나 부채를 증가시키기 때문에 은행에서 널리 이용되지 않는다.

정답 및 해설

41 ② 변동금리로 자금을 조달하고 이자율스왑을 했을 때 절감되는 이자비용을 묻는 문제이다. A기업은 고정금리로 자금조달을 원하지만 사정상 변동금리로 자금을 조달했다. 변동금리 조달에 따른 금리부담은 Libor + 1.3%이지만 '고정금리 지급 + 변동금리 수취' 스왑을 통하여 Libor 수취에 대하여 고정금리 6.7%를 지불하므로 A기업은 Libor + 1.3% 지불에서 고정금리 8.0% 지불로 전환(6.7% + 1.3%)된다. 만약, 이 기업이 고정금리로 차입하였을 경우 지급금리는 8.35%지만 고정금리 8.0% 지불로 전환했으므로 0.35% 지급비용 절감효과를 가진다.

42 ① 고객의 고정금리 수취는 스왑은행 입장에서는 고정금리 지불이므로 Bid Rate가 가장 높은 A은행과 거래하는 것이 유리하다.

43 ② 일반적으로 FRN의 발행주체는 정부 차입자 또는 대형 금융기관 등 신용도가 높은 데 반하여, 합성FRN 거래에서는 유로 채권을 이용하므로 신용위험이 높아 신용도가 낮다. 즉, 합성FRN 거래의 높은 스프레드는 유로 채권의 높은 신용위험 때문이다.

44 ④ 시장금리 하락 시 FRA 매도, 고정금리 수취스왑(Receiver Swap)이 이익이다.

45 ④ FRA는 원금에 관한 교환이 일어나지 않고 약정금리와 만기 후 일정 기간 동안의 시장금리와의 차액에 대하여 매도자와 매수자가 수수하는 금리계약이다.

46 중요도 ★
통화스왑에 대한 설명과 거리가 먼 것은?

① 통화스왑은 기본적으로 원금과 금리교환이 모두 이루어진다.

② 가장 대표적인 통화스왑은 Cross Currency Swap으로 미국 달러 고정금리와 이종통화 고정금리 간의 스왑이다.

③ 전 세계적으로 통화스왑은 장외시장에서 활발하게 거래되고 있다.

④ 통상적으로 계약기간이 단기인 경우에는 일반선물환이나 외환스왑시장을 이용하고, 1년 이상의 장기인 경우에는 통화스왑시장을 이용한다.

47 중요도 ★★
다음 내용 중 잘못된 것은?

① 통화스왑은 원금이 상호교환된다.

② 3개월 Libor를 사용하는 경우 3개월마다 변동금리를 결제한다.

③ Back-to-Back Loan은 대차대조표에 들어간다.

④ 표준적인 계약조건을 따르는 스왑의 변동금리는 선취형이다.

48 중요도 ★
통화스왑의 형태와 거리가 먼 것은?

① 한국의 고정금리와 한국의 변동금리　　　② 한국의 고정금리와 미국의 변동금리

③ 한국의 변동금리와 영국의 변동금리　　　④ 한국의 변동금리와 일본의 고정금리

49 중요도 ★
다음 중 통화스왑에 대한 설명으로 잘못된 것은?

① 통화스왑은 원금이 상호교환되므로 이자율 또한 교환되는 효과가 있다.

② 비교우위에 있는 통화를 차입한 후 통화스왑을 통하여 원하는 통화의 차입형태로 전환하면 차입비용을 절감하는 효과가 있다.

③ 금융기관이 보유하고 있는 자산·부채에 대하여 통화스왑을 하는 경우 환율리스크는 회피할 수 있으나 금리리스크는 관리가 불가능하다.

④ 통화스왑은 장기거래이므로 장기 선물환에 대한 위험회피가 가능하다.

50

A법인과 B법인의 차입조건이 아래 표와 같고 통화스왑거래를 한다고 할 때 잘못된 것은?

구 분	원 화	달 러
A법인	7%	11%
B법인	11%	13%
금리차(B − A)	4%	2%

① A법인은 원화시장에서 상대적 우위를 보이고, B법인은 달러시장에서 상대적 우위를 보인다.

② A법인은 원화를 차입하고, B법인은 달러를 차입한 후 통화스왑계약을 체결하면 두 회사 모두 자금차입비용을 줄일 수 있다.

③ A법인은 원화·외화 모두 낮은 금리로 조달할 수 있으므로 통화스왑거래 시 금리절감효과가 없다.

④ A법인과 B법인이 통화스왑으로 절감할 수 있는 금리를 공평하게 배분하기로 약정했다면 각 법인이 직접 조달하는 것보다 각각 1% 낮은 이율로 조달할 수 있다.

정답 및 해설

46 ② 가장 대표적인 통화스왑은 Cross Currency Swap으로 미국 달러 변동금리와 이종통화 고정금리 간의 스왑이다.

47 ④ 표준적인 계약조건을 따르는 스왑의 변동금리는 후취형이다.

48 ① 통화스왑은 이종통화 간의 교환이므로 동종통화 간의 교환은 해당하지 않는다.

49 ③ 금융기관이 보유하고 있는 자산·부채에 대하여 통화스왑을 하는 경우 환율리스크와 금리리스크에 대한 효율적인 관리가 가능하다.

50 ③ 통화스왑은 비교우위에 있는 차입조건을 이용하는 것이므로, A법인도 통화스왑 없이 직접 자본시장에서 자금을 조달하는 것보다 더 낮은 이율로 자금을 조달하는 효과를 볼 수 있다.

51 중요도 ★

A기업은 통화스왑거래를 통하여 100억달러의 10% 지급, 500억엔의 7% 수취하는 구조를 가지고 있다. A기업이 이익을 볼 수 있는 상황으로 옳은 것은?

① 엔화금리 상승
② 달러금리 하락
③ 달러시세 상승
④ 달러시세 하락

52 중요도 ★★

A은행은 달러 고정금리 지급 스왑을 거래하였다. A은행이 리스크관리를 위한 헤지수단으로 활용하기에 어느 것이 가장 유효한가?

① 유로달러선물 매입
② 유로달러선물 매도
③ 미국 국채선물 매도
④ 시리즈의 FRA 매입

53 중요도 ★★

차입조건이 아래의 표와 같을 때 각 기업에 유리한 통화로 옳은 것은?

• A기업 : 원화 4.0%, 달러 6.5%	• B기업 : 원화 6.0%, 달러 8.0%

① A기업 : 원화 유리   B기업 : 달러 유리
② A기업 : 원화 유리   B기업 : 원화 유리
③ A기업 : 달러 유리   B기업 : 원화 유리
④ A기업 : 달러 유리   B기업 : 달러 유리

54

A기업은 향후 3년간 100억원의 투자수입을 기대하고 있으며, 한편으로는 1천만달러의 차관 원리금을 3년간 상환하여야 한다. 현재 환율이 1,000원 / 달러이지만 향후 어떻게 변동될지 알 수 없다. 이에 A기업이 취할 수 있는 위험관리방법으로 올바른 것은?

① 원화 원리금 지급 + 달러 원리금 수취

② 달러 원리금 지급 + 원화 원리금 수취

③ 달러 고정금리 지급 + Libor 수취

④ Libor 지급 + 달러 고정금리 수취

정답 및 해설

51 ④ 달러시세 하락 시 지급흐름의 현재가치가 감소하게 되므로 이익을 볼 수 있다.

52 ① 고정금리 지급 스왑 포지션은 고정금리채권 매도 포지션과 동일한 리스크를 가지므로 금리하락 시 손실이 발생한다. 따라서 금리하락 시 이익이 나는 유로달러선물 매입이 적절하다.

53 ① 절대적으로는 A기업이 모두 유리하나 비교적으로는 원화시장에서 상대적으로 A기업이 유리하고(금리 차이 2%), 달러시장에서 상대적으로 B기업이 유리(금리 차이 1.5%)하다.

54 ① 달러흐름과 원화흐름을 상쇄시켜야 하므로 '원화 원리금 지급 + 달러 원리금 수취'를 하는 통화스왑거래가 적절하다.

제2장
기타 파생상품
· 파생결합증권

학습전략

기타 파생상품·파생결합증권은 제2과목 전체 25문제 중 **총 17문제**가 출제된다.
기타 파생상품의 경우 장내파생상품과 장외파생상품의 특징을 구별하는 문제가 출제되며, 파생결합증권의 경우 세심한 학습이 요구된다. 특히, ELW와 ELS는 비교적 익숙한 상품이나 ETN의 경우 생소할 수 있으므로 상품구조와 특성을 꼼꼼히 학습해야 한다.

출제예상 비중

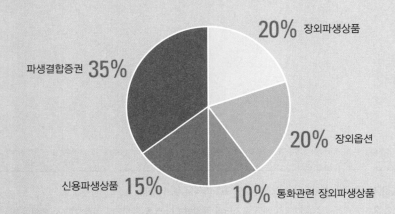

파생결합증권 **35%**

20% 장외파생상품

20% 장외옵션

신용파생상품 **15%**

10% 통화관련 장외파생상품

핵심포인트

다음 중 장외파생상품에 해당하지 않는 것은?

① 스 왑 ② 선 도
③ 주가지수선물 ④ 장외옵션

용어 알아두기

장외파생상품 | 거래소 없이 일대일 거래가 일어나는 파생상품을 말한다.

TIP 주가지수선물은 장내파생상품이다.

핵심포인트 해설 **장외파생상품 개요**

① 장외파생상품 거래 비중 : 스왑 > 선도거래 > 옵션
② 장외파생상품과 장내파생상품의 비교

구 분	장내파생상품	장외파생상품
종 류	선물, 옵션	선도, 옵션, 스왑
거래방식	공개경쟁매매	개별매매
표준화	표준화됨	표준화는 안 되어 있으나 공통요소는 존재함
가격의 투명성	투명하고 실시간 공개	비교적 불투명
거래상대방	모 름	반드시 알아야 함
거래시간	규정에 의함	24시간 거래 가능
포지션 청산	반대매매로 쉬움	가능하나 비용이 많이 듦
거래의 보증	거래소가 보증	당사자 간 신용도에 의존
정 산	일일정산	정기적 가치평가
유동성	큼	작 음 → 원칙적인 것이나 예외도 있음

정답 | ③

02

장외파생상품의 특성에 대한 설명으로 가장 올바른 것은?

① 거래내용이 표준화되어 있다.
② 거래상대방을 알 수 없다.
③ 사적이고 개별적인 흥정에 의한 거래이다.
④ 가격변동에 따른 손익정산이 매일 이루어진다.

TIP ① 거래내용이 표준화되어 있지 않다.
② 거래상대방을 알아야 한다.
④ 가격변동에 따른 손익정산이 정기적으로 이루어진다.

핵심포인트 해설 ㅤ **파생금융상품과 금융공학**

파생금융상품	• 현재 선도, 선물, 옵션, 스왑과 같은 파생금융상품은 계속 개발되고 있음 • 기초가 되는 금융 상품에서 파생되어 대상물과 일정한 관계를 유지하면서 거래되는 금융상품 • 기존의 금융상품을 결합한 것 또는 기존의 금융수단을 변형시킨 것
금융공학	• 금융수단의 결합, 분해, 변형과 같은 작업을 위한 공학적 접근법 • 금융공학은 블록을 이용하여, 새로운 파생상품을 개발 ㅤ· 스왑 + 스왑 : 선도스왑 ㅤ· 선도 + 스왑 : 파기선도, 범위선도 ㅤ· 스왑 + 옵션 : Callable Swap, Puttable Swap, Extendible Swap, Swaption ㅤ· 옵션 + 옵션 : 수직스프레드, 수평스프레드, 대각스프레드, 스트래들, 스트랭글

정답 | ③

장외파생상품의 경제적 기능과 거리가 먼 것은?

① 계약당사자 간의 합의에 의한 거래이므로 장내파생상품의 표준적 상품보다 정확한 맞춤형 헤지를 할 수 있다.

② 특정기업 주식의 매입 필요성이 있을 경우, 주식을 직접 매입하지 않고도 주식을 직접 매입하는 것과 동일한 효과를 볼 수 있다.

③ 계약당사자는 가격을 제외한 모든 조건이 미리 결정되어 있는 상품에 대하여 가격만을 결정한다.

④ 상황에 따라 자금조달 및 투자방식 등에 있어 큰 차이가 있는 각 고객들의 수요에 맞는 상품제공이 가능하다.

TIP   선물계약에 관한 설명이다.

핵심포인트 해설   **장외파생상품의 경제적 기능**

① 리스크관리 수단
- ㉠ 장내 옵션은 만기와 가격 등이 표준화 ⇨ 투자기간과 옵션의 만기가 일치하지 않는 것이 대부분이어서 불완전한 헤지가 됨
- ㉡ 장외파생상품을 이용하면 투자자의 투자기간과 원하는 헤지규모에 의해 보유 기초자산의 가격변동리스크를 정확히 헤지할 수 있음
- ㉢ 투자자가 자신의 위험도에 따라 손실한도 및 투자수익률을 확정시킬 수 있게 됨

② 투자 수단 : 장외파생상품은 그 자체로 하나의 투자상품

③ 자금조달 수단

④ 투자자의 요구에 부합하는 금융상품의 제공
- ㉠ 맞춤형 금융상품 제공
- ㉡ 각 기관들은 각각의 경쟁우위를 바탕으로 고객이 원하는 위험-손익구조를 갖는 상품을 설계 **예** 구조화상품의 출현

정답 | ③

04

장외파생상품의 기초 개념과 활용에 대한 설명으로 옳지 않은 것은?

① 스왑시장에서 금리스왑 다음으로 큰 비중을 차지하고 있는 것은 통화스왑이다.

② 변동금리 채무가 있는 기업은 변동금리를 지급하는 스왑거래를 함으로써 변동금리 채무를 고정금리 채무로 바꿀 수 있다.

③ 기초자산의 가격이 행사가격보다 낮은 경우에는 콜옵션의 소유자는 옵션의 행사를 포기한다.

④ 선도계약의 매수자 입장에서는 만약 만기일에 기초자산의 가격이 계약 가격보다 높으면 이익을 실현하게 된다.

TIP 변동금리 채무가 있는 기업은 변동금리를 수취하고 고정금리를 지급하는 스왑거래를 체결함으로써 변동금리 채무를 고정금리 채무로 전환할 수 있다.

핵심포인트 해설　　장외파생상품의 개념과 활용

(1) 선도

① 미래의 정해진 날짜에 사전에 정해진 가격으로 기초자산을 사거나 팔 것을 약속하는 계약

② 계약조건이 표준화되어 있지 않고 거래소에서 거래되지 않는다는 점으로 선물과 구별

③ 선도금리계약(FRA : Forward Rate Agreement), 선물환(Fx forward) 등이 있음

④ 자산·부채관리(ALM : Asset & Liability Management)를 위하여 선도계약을 이용

(2) 옵션

① 미래의 기초자산가격에 대해 미리 정한 행사가격에 기초자산을 매수하거나 매도할 권리를 거래하는 계약

② 옵션 매수자 : 기초자산 행사가격이 유리하면 권리행사, 불리하면 권리행사 포기

③ 옵션 매도자 : 옵션 매수자가 권리행사하면 무조건 이행할 의무가 있음

(3) 스왑

① 일련의 현금흐름을 다른 현금흐름과 서로 교환하는 계약

② 금리스왑은 고정금리와 변동금리를 교환하는 계약

③ 통화스왑이란 어떤 나라의 통화로 표시된 채무를 다른 나라의 통화로 표시된 채무와 교환하는 계약

④ 통화스왑은 서로 다른 통화가 거래에 사용되므로 환율 문제와 이에 따른 원금 교환을 고려해야 함

정답 | ②

다음 중 경로의존형 옵션으로만 묶인 것은?

> ㄱ. 평균옵션   ㄴ. 디지털옵션   ㄷ. 룩백옵션
> ㄹ. 선택옵션   ㅁ. 클리켓옵션   ㅂ. 레인보우옵션

① ㄱ, ㄴ, ㄷ   ② ㄱ, ㄷ, ㅁ

③ ㄴ, ㄷ, ㅁ   ④ ㄴ, ㄹ, ㅂ

용어 알아두기

경로의존형 옵션 | 만기까지 기초자산의 움직임이 지급액에 영향을 주는 옵션이다.

TIP 디지털옵션은 첨점수익구조형, 선택옵션은 시간의존형, 레인보우옵션은 다중변수의존형 옵션이다.

핵심포인트 해설   **장외옵션의 분류**

(1) 장외옵션의 분류   → 만기의 기초자산가격이 결제금액에 영향을 주는 것이 아님을 명심!

경로의존형	평균옵션, 장애옵션, 룩백옵션, 클리켓옵션
첨점수익구조형	디지털옵션, 디지털배리어옵션
시간의존형	버뮤다옵션, 선택옵션
다중변수의존형	레인보우옵션, 퀀토옵션

(2) 장외옵션의 중요사항
① 행사가격이 사전에 결정되지 않는 옵션 : 평균행사가격옵션, 룩백옵션
② 표준옵션보다 싼 옵션 : 평균옵션, 장애옵션(낙인, 낙아웃)
③ 표준옵션보다 비싼 옵션 : 룩백옵션 > 버뮤다옵션, 클리켓옵션
④ 중간정산 + 행사가격 재조정 : 클리켓옵션(미리 정한 시점)

정답 | ②

06

평균옵션(Average Option)에 대한 설명과 거리가 먼 것은?

① 평균가격옵션은 일정 기간 기초자산의 평균가격이 옵션의 수익구조를 결정한다.
② 평균행사가격옵션은 평균가격이 행사가격으로 설정되어 옵션의 수익이 만기시점의 기초자산가격과 평균가격(행사가격)의 차액으로 결정된다.
③ 평균옵션의 프리미엄은 상응하는 표준옵션의 프리미엄보다 크다.
④ 평균옵션은 외환시장에서 많이 활용된다.

용어 알아두기

평균옵션	현금흐름이 일정 기간 동안의 기초자산의 평균가격에 의존하는 옵션이다.

TIP 평균옵션의 프리미엄은 상응하는 표준옵션의 프리미엄보다 작다.

핵심포인트 해설　　**경로의존형 옵션**

(1) 정 의

옵션의 최종 수익이 옵션만기시점의 기초자산가격 수준에 의해서 결정되는 것이 아니라 현재시점부터 만기시점까지 어떤 가격경로를 거쳤느냐에 의하여 결정되는 옵션

(2) 종 류

평균옵션	• 기초자산의 평균가격으로 수익구조 결정 • 표준옵션 : 평균가격옵션, 평균행사가격옵션 • 표준옵션보다 프리미엄이 저렴 • 외환시장에서 많이 사용
장애옵션	• 행사가격 외에 배리어가격을 추가 설정 • 표준옵션에 비하여 프리미엄이 저렴 • 표준옵션 = 낙아웃 옵션 + 낙인 옵션
룩백옵션	• 보유자 입장에서 유리하도록 행사가격을 만기일에 결정 • 표준옵션에 비하여 프리미엄이 매우 비쌈 • 룩백옵션의 가치는 미국식 옵션 가치보다 크거나 같음
클리켓옵션	• 미리 정한 시점마다 행사가격이 해당 시점의 기초자산가격으로 변경되고 정산도 이루어짐

정답 | ③

기초자산가격의 움직임이 다음과 같을 때 평균가격 콜옵션 매수자의 만기 수익으로 옳은 것은? (단, 프리미엄은 없다고 가정)

• 만기가격 : 1,100원   • 최고가격 : 1,150원
• 평균가격 : 1,070원   • 행사가격 : 1,000원

---

① 150원   ② 100원
③ 70원   ④ 30원

TIP 평균가격 − 행사가격 = 1,070 − 1,000 = 70

핵심포인트 해설   평균옵션(Average Option)

개 요	• 주로 일반상품, 에너지 등 변동성이 큰 자산에 사용 • 평균가격옵션 혹은 아시안옵션으로 불림 　· 표준 콜옵션의 손익구조 : Max[S_T − X, 0], S_T = 만기일의 기초자산가격 　· 평균가격 콜옵션의 손익구조 : Max[S_{AVG} − X, 0], S_{AVG} = 기초자산의 평균가격 　· 평균행사가격 콜옵션의 손익구조 : Max[S_T − S_{AVG}, 0]
평균가격옵션	• 옵션계약기간 동안 기초자산 움직임의 평균가격이 옵션의 수익 결정 　· 평균가격 콜옵션의 손익구조 : Max[S_{AVG} − X, 0] 　· 평균가격 풋옵션의 손익구조 : Max[X − S_{AVG}, 0]
평균행사가격 옵션	• 행사가격이 사전에 결정되지 않고 옵션계약기간 동안 평균가격으로 설정 • 만기시점의 기초자산가격과 평균가격(행사가격)의 차액으로 수익 결정 　· 평균행사가격 콜옵션의 손익구조 : Max[S_T − S_{AVG}, 0] 　· 평균행사가격 풋옵션의 손익구조 : Max[S_{AVG} − S_T, 0]
기 타	• 단순산술평균뿐 아니라 기하평균도 사용 가능 • 가격평균의 변동성은 가격자체의 변동성보다 항상 작음 • 평균옵션 가격 < 표준옵션가격 : 기초자산을 평균함으로 변동성이 작아지기 때문

↳ 평균옵션은 변동성을 줄인 것으로 표준옵션보다 저렴

정답 | ③

행사가격이 220인 풋옵션의 가격이 8.0에 거래되고 있다. Knock-In 풋옵션이 4.0이라면 Knock-Out 풋옵션의 가격으로 옳은 것은?

① 2.5　　　　　　　　　　② 3.0

③ 4.0　　　　　　　　　　④ 4.5

TIP 표준옵션(Vanilla)의 가격은 낙아웃 옵션(Knock-Out)의 가격과 낙인 옵션(Knock-In)의 가격을 합한 것과 같다.
'8.0 = 4.0 + 낙아웃 풋옵션'이므로 4.00이다.

핵심포인트 해설　　　**장애옵션(Barrier Option)의 개괄적 이해**

① 일정한 가격을 지정하여 옵션계약기간에 기초자산가격이 지정한 가격에 도달한 적이 있을 경우에 옵션이 소멸되거나 혹은 비로소 옵션이 발효되는 옵션
② 촉발가격(Trigger Price) : 장애옵션의 소멸 또는 발효를 위하여 지정되는 일정한 가격
③ 낙인 옵션(Knock-In Option) : 촉발가격을 건드리면 옵션이 발효되는 옵션
④ 표준옵션(Vanilla) = 낙아웃(Knock-Out) 옵션 + 낙인(Knock-In) 옵션

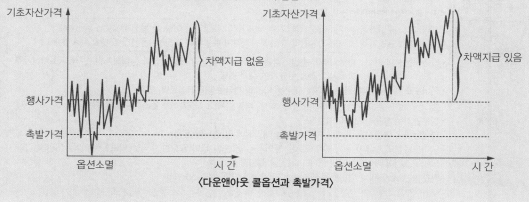

〈다운앤아웃 콜옵션과 촉발가격〉

정답 | ③

향후 상품을 매입하여야 하는 기업이 있다. 상품가격 상승에 따른 위험회피로 장애옵션 (Barrier Option)을 이용하여 비용부담을 줄이고자 할 때 가장 적합한 것은?

① Up-and-In 풋옵션　　　　　② Up-and-Out 풋옵션
③ Down-and-Out 콜옵션　　　④ Down-and-In 콜옵션

용어 알아두기

장애옵션	기초자산의 가격이 미리 설정해놓은 배리어(Barrier)에 다다를 경우 옵션의 효력이 발생하거나 옵션의 효력이 정지되는 특성을 가지고 있는 옵션을 말한다.

TIP 향후 상품가격 상승을 대비하여 콜옵션을 매입하여야 하나, 비용이 부담될 경우 Down-and-Out 조항을 첨부하면 비용부담을 줄일 수 있다.

핵심포인트 해설　　**장애옵션(Barrier Option)**

개 요	• 옵션계약기간 동안 사전에 일정한 가격(배리어가격, 촉발가격)을 정하여 두고 옵션계약기간 동안 기초자산가격이 이 가격에 도달하게 되면 권리가 소멸되거나(Knock-Out) 또는 배리어가격에 도달하여야 비로소 권리가 유효하게 되는 옵션(Knock-In)
Knock-Out	• 계약시점 : 촉발가격 > 기초자산가격, 기초자산가격이 촉발가격 이상 ⇨ 옵션 무효(Up-and-Out) • 계약시점 : 촉발가격 < 기초자산가격, 기초자산가격이 촉발가격 이하 ⇨ 옵션 무효(Down-and-Out) ↳ 외가격 영역에 배리어(Barrier)를 설정하는 것이 일반적
Knock-In	• 계약시점 : 촉발가격 > 기초자산가격, 기초자산가격이 촉발가격 이상 ⇨ 옵션 유효(Up-and-In) • 계약시점 : 촉발가격 < 기초자산가격, 기초자산가격이 촉발가격 이하 ⇨ 옵션 유효(Down-and-In)
특 성	• 낙아웃옵션의 가치 : 현물가격이 촉발가격에 도달하지 않는 한 표준옵션과 동일하지만, 만약 기초자산가격이 촉발가격에 도달하면 즉시 소멸 • 낙아웃되면 아무런 대가가 없거나 때로는 약간의 현금보상(리베이트)이 있음 　[참고] 리베이트는 지급한 상품이나 용역의 대가 일부를 다시 그 지급자에게 돌려주는 행위 또는 금액 • 다운앤아웃 콜옵션 프리미엄은 낮음 • 다운앤아웃 콜옵션은 장래에 어떤 자산을 매입해야 할 경우에 유용 • 낙아웃옵션의 보유자는 가격이 오르든 떨어지든 큰 손실 없이 일정한 수익을 확보할 수 있을 뿐만 아니라, 낙아웃조건이 가미되는 것만큼 프리미엄을 절감할 수 있음 • 표준옵션(Vanilla) = 낙아웃옵션(Knock-Out) + 낙인옵션(Knock-In)

정답 | ③

10

옵션 보유자에게 계약기간에 가장 유리한 기초자산가격을 행사가격으로 사용할 수 있도록 하는 옵션으로 옳은 것은?

① 디지털옵션(Digital Option)
② 레인보우옵션(Rainbow Option)
③ 룩백옵션(Lookback Option)
④ 선택옵션(Chooser Option)

TIP 룩백옵션은 만기에 가서 옵션 매입자에게 가장 유리한 가격으로 행사가격이 결정된다.

핵심포인트 해설   룩백옵션(Lookback Option), 클리켓옵션(Cliquet Option)

(1) 룩백옵션

개 요	• 행사가격이 사전에 결정되지 않고 옵션계약기간 동안 기초자산가격 중 옵션매입자에게 가장 유리한 가격으로 행사가격이 결정되는 옵션
손익구조	• 콜옵션 : $Max[S_T - S_{low}, 0]$, S_{low} = 기초자산가격 중 가장 낮은 가격 • 풋옵션 : $Max[S_{high} - S_T, 0]$, S_{high} = 기초자산가격 중 가장 높은 가격
특 성	• 계약기간 동안 모든 가격 데이터를 검토하여 가장 유리한 가격을 선택 • 룩백옵션의 가치는 미국식 옵션의 가치와 같거나 그보다 훨씬 큼 • 현실적으로는 사용하기 어려우므로 룩백옵션의 실용가능성은 희박함 　　→ 표준옵션보다 비싼 옵션 중에서도 가장 비싼 옵션 　　（오히려 미국식 옵션보다도 비쌀 때가 있음） • 행사가격의 선택 　· 콜옵션 매입자 : 옵션계약기간 동안 기초자산가격 중에서 가장 낮은 가격 　· 풋옵션 매입자 : 옵션계약기간 동안 기초자산가격 중에서 가장 높은 가격

(2) 클리켓옵션

① 초기에 행사가격을 정하여 두지만 일정 시점이 되면 그 시점의 시장가격이 새로운 행사가격이 되도록 하는 옵션
② 사전에 특정 시점을 설정하여 이 시점이 도래할 때마다 기초자산과 행사가격을 비교하여 내재가치를 확보, 동시에 행사가격이 재확정
③ 만기에는 각 특정 시점에 평가된 내재가치의 합을 지급

정답 | ③

행사가격이 215이고, 계약상 약정된 수취금액이 8인 풋 디지털옵션이 있는데, 만기 시 기초자산가격이 211일 때 받을 수 있는 금액으로 옳은 것은?

① 0

② 4

③ 8

④ 12

TIP 풋 디지털옵션은 정액수수옵션이라고 불리는데, 만기 시 옵션이 내가격 상태에 있으면 기초자산가격과 관계없이 약정된 금액을 받게 된다.

핵심포인트 해설 | 디지털옵션, 디지털배리어옵션

(1) 디지털옵션

개 요	• 옵션이 만기일에 내가격 상태(ITM)이면 사전에 약정된 일정금액을 주고 그렇지 않으면 0인 옵션 • 만기일에 내재가치의 크기는 의미가 없고 내가격 상태인지 아닌지만 중요
손익구조	• 콜옵션 : S_T > X인 경우 일정금액 지급, 풋옵션 : S_T < X 경우 일정금액 지급 • 콜옵션 : S_T < X인 경우 0, 풋옵션 : S_T > X인 경우 0

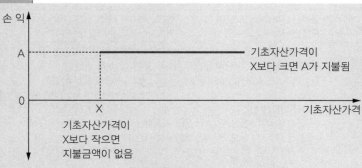

〈디지털옵션의 손익구조〉

(2) 디지털배리어옵션

① 디지털옵션에 배리어옵션이 내재

② One-Touch옵션 : 만기까지 한 번이라도 ITM이었으면 약정한 금액 A를 지급

정답 | ③

12

유럽식 옵션과 미국식 옵션의 중간형태로, 미리 정한 특정 일자들 중 한 번만 행사가 가능한 옵션으로 옳은 것은?

① 버뮤다옵션 ② 레인보우옵션
③ 클리켓옵션 ④ 퀸토옵션

TIP 버뮤다옵션은 유럽식 옵션과 미국식 옵션의 중간형태로, 미리 정한 특정 일자들 중에서 한 번만 행사가 가능한 옵션이다.

핵심포인트 해설　　**시간의존형 옵션**

(1) 정 의

　　시간과 밀접한 관련이 있거나 시간에 종속된 옵션

(2) 종 류

버뮤다(Bermudan) 옵션	• 미리 정한 특정 일자들 중에서 한 번 권리행사가 가능 • 유럽식과 미국식 옵션의 중간형태의 옵션 • 버뮤다옵션이 내장 : 조기 변제요구권부채권 또는 전환사채의 발행자가 헤지 시 유효
선택(Chooser) 옵션	• 미래의 특정 시점에서 이 옵션이 콜인지 풋인지 여부를 선택할 수 있는 옵션 • 장내 스트래들과 유사

정답 | ①

다음 빈칸에 들어갈 적절한 단어로 옳은 것은?

> 선택옵션(Chooser Option)의 매입자는 만기일 이전의 특정 시점에서 옵션이 풋인지 콜인지 여부를 선택할 수 있다. 이 옵션은 (   )과 유사한 구조를 가지고 있으며 비용 면에서는 더 유리하다. 왜냐하면 (   ) 매입자는 만기일까지 콜과 풋을 함께 보유하는 데 반하여 이 옵션 매입자는 풋 또는 콜 보유 여부를 선택한 후 한 가지 종류의 옵션만 보유할 수 있기 때문이다.

① 스트랭글   ② 스트래들

③ 배리어옵션   ④ 디지털옵션

TIP   스트래들은 동일한 행사가격의 콜과 풋을 동시에 소유하는 포지션을 의미한다. 따라서 선택옵션과 비슷하다.

핵심포인트 해설   **선택옵션(Chooser Option)**

① 만기일 이전에 미래의 특정 시점에서 이 옵션이 풋인지 콜인지 여부를 선택할 수 있음

② 계약시점에 행사가격은 정해지나 콜옵션인지 풋옵션인지는 정하지 않고 옵션매수자가 만기일 이전 미래 특정 시점에서 콜옵션 또는 풋옵션을 선택할 수 있는 권리를 갖는 옵션임

③ 스트래들 옵션과 비슷한 측면이 있으나 비용 면에서 선택옵션 이 유리   → 선택옵션과 스트래들은 자주 비교되며
둘 중 선택옵션이 더 싸다는 것을 꼭 기억!

   ⇨ 스트래들 매입자는 만기일까지 콜과 풋을 함께 계속해서 보유하는 데 반해 이 옵션 매입자는 일단 풋, 콜 여부에 대한 선택을 한 후에는 선택한 한 가지 종류의 옵션만 보유할 수 있기 때문에 유리함

④ 선택옵션 매입은 스트래들 매입과 유사한 효과

정답 | ②

옵션수익은 하나의 기초자산에 의하여 결정되지만 위험의 노출이 다른 어느 한 통화의 변화에 의해서 결정되는 옵션으로 옳은 것은?

① 버뮤다옵션
② 배리어옵션
③ 디지털옵션
④ 퀀토옵션

TIP 기초자산과 변동성의 기준이 되는 자산이 각각 다르다는 것이 문제의 핵심으로, 외환시장에서 많이 활용되고 있는 퀀토옵션에 대한 설명이다.

핵심포인트 해설   다중변수의존형 옵션

(1) 정 의

옵션의 수익이 둘 이상의 기초자산가격 수준에 따라 결정되는 옵션

(2) 종 류

레인보우옵션	• 여러 자산 중에서 가장 성과가 좋은 것(Best Performer)으로 수익을 결정 · Call : Max[0, Max(S_1, ..., S_n) − X] · Put : Max[0, X − Min(S_1, ..., S_n)]
퀀토옵션	• 기초자산 A에 의하여 수익이 결정되지만 위험에 노출된 정도나 크기는 다른 기초자산 B에 의하여 결정 • 한 통화로 표시된 기초자산에 대한 옵션의 수익이 다른 통화로 표시되는 경우가 주종을 이룸 • 이종통화옵션, 수량조절옵션이라고도 함

수익을 결정하는 자산의 통화와 수익을 지급할 때의 통화가 다름에 유의

정답 | ④

통화관련 장외파생상품에 대한 설명으로 가장 올바른 것은?

① 통화옵션의 매입·매도 포지션은 모두 환율변동에 따른 손실폭이 제한된다.
② 범위 선물환(Range Forward) 매입 포지션은 향후 환율변동성이 확대되는 경우에 유리하다.
③ 외환스왑은 만기가 장기이며 주기적으로 이자교환이 발생한다.
④ 선물환을 이용하면 환율변동에 관계없이 외환포지션을 선물환 환율에 고정시킬 수 있다.

TIP ① 통화옵션의 매도 포지션은 손실폭에 제한이 없다.
② 환율변동성이 축소되는 경우에 유리하다.
③ 외환스왑은 만기가 단기이며 중간에 이자교환이 발생하지 않는다.

핵심포인트 해설　　**통화관련 장외파생상품**

① 종류 : 선물환(Forward), 통화옵션(FX Option), 외환스왑(FX Swap), 통화스왑(Currency Swap)
② 선물환, 외환스왑, 통화스왑의 비교

구 분	선물환	외환스왑	통화스왑
이자 및 원금 교환여부	• 원금 교환	• 원금 교환	• 이자와 원금 교환
원금 교환시기 및 적용 환율	• 만기 시에만 교환 (선물환율 적용) • 이자교환 없음	• 초기교환은 현물환율, 만기교환은 선물환율 • 이자교환 없음	• 초기 및 만기교환 모두 현물환율 적용 • 주기적으로 이자교환

정답 | ④

16

달러로 수입대금을 지불하여야 하는 어느 기업은 달러 강세를 예상하고 있지만 달러 약세 시에 보게 될 이익도 포기하기를 원하지 않는다. 이 경우 사용할 수 있는 가장 유리한 전략에 해당하는 것은?

① 통화스왑 체결
② 달러 콜옵션 매수
③ 달러 풋옵션 매도
④ 달러 콜옵션에 대한 콜옵션 매수

TIP 불리한 상황을 회피하면서도 유리한 상황에서 발생하는 이익을 향유하고 싶을 때 취하는 포지션은 바로 옵션매수이다. 수입대금을 외화로 지불하여야 하는 기업은 달러가치의 상승이 염려되는 상황이기 때문에 달러 콜옵션에 투자하여야 한다.

핵심포인트 해설   **선물환(FX Forward)과 환위험 관리**

개 요	• 현물환 결제일(Spot Date) 이후의 특정일(Forward Date)에 미리 정한 환율(Forward Rate)로 외환거래를 하기로 약정하는 계약 • 가장 기본적인 환위험 관리 수단
활 용	• 수출기업 : 환율하락 위험 노출(US$ 하락위험) ⇨ 외화 선물환 매도 헤지 : US$ 선물환 매도 • 수입기업 : 환율상승 위험 노출(US$ 상승위험) ⇨ 외화 선물환 매수 헤지 : US$ 선물환 매수

수출기업-매도, 수입기업-매수 (→ 선물환)

정답 | ②

한국의 K은행은 미국의 A은행에게 100만달러 현물환을 매도함과 동시에 6개월 선물환을 매수하는 외환스왑(FX Swap)계약을 체결하였다. 외환스왑을 원화와 달러화의 자금대차로 분석할 때 한국 K은행의 적합한 포지션에 해당하는 것은?

① 원화 대출, 달러 차입
② 원화 차입, 달러 대출
③ 원화 차입, 달러 차입
④ 원화 대출, 달러 대출

용어 알아두기

자금대차	자금대차를 자금 포지션이라고도 한다. 금융기관은 예금, 자본금 및 각종 차입금 등의 수단에 의해 조달한 자금을 토대로 대출이나 유가증권투자 등으로 운용하고 있는데, 이러한 업무에 의해 생기는 자금의 과부족상황이 자금 포지션이다.

TIP 한국의 K은행은 현재 달러 현물환을 매도하고 6개월 후 달러 선물환을 매수하는 외환스왑계약을 체결하였으므로 6개월 동안 원화를 차입하고 달러를 대출한 것과 같은 효과를 갖는다.

핵심포인트 해설 **외환스왑(FX Swap)**

(1) 외환스왑 거래형태
 ① Buy&Sell스왑 : 현물환 매입 + 선물환 매도 ⇨ 해당통화 차입 의미
 ② Sell&Buy스왑 : 현물환 매도 + 선물환 매입 ⇨ 해당통화 대출 의미

(2) 외환스왑의 활용
 ① 외환의 수취와 지급시점 간의 불일치를 해소
 ② 외환거래의 결제일을 조정
  ㉠ 선물환거래의 만기일을 연장하는 경우
  ㉡ 선물환거래의 만기일을 앞당기는 경우(조기결제)

정답 | ②

통화관련 장외파생상품과 거리가 먼 것은?

① Forward
② FX Option
③ CDS
④ Currency Swap

TIP 통화관련 장외파생상품에는 선물환(Forward), 통화옵션(FX Option), 외환스왑(FX Swap), 통화스왑(Currency Swap)이 있다.

개 요	• 외환스왑은 동일한 거래상대방과 동일금액의 두 외환거래(현물환 거래와 선물환 거래)를 거래방향을 반대로 하여 체결하는 한 쌍의 외환거래 → *FX Swap은 한 쌍으로 함. '현물환 + 선물환'이며 한쪽이 매수이면 다른 쪽은 반드시 매도임* • 주로 만기가 단기이며 외환시장에서 주로 이용됨
활 용	• 외환의 수취, 지급시점의 불일치 해소 가능 • 현재시점 $ 필요 ⇨ US$ S 매수 + US$ F 매도 • 미래시점 $ 필요 ⇨ US$ S 매도 + US$ F 매수

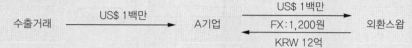

현물환거래

수출거래 ──US$ 1백만──▶ A기업 ◀── US$ 1백만 / FX : 1,200원 / KRW 12억 ──▶ 외환스왑

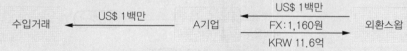

선물환거래

수입거래 ◀──US$ 1백만── A기업 ── US$ 1백만 / FX : 1,160원 / KRW 11.6억 ──▶ 외환스왑

〈외환스왑을 이용한 외화 지급시점의 불일치 해소〉

정답 | ③

통화옵션(FX Option)에 대한 설명으로 거리가 먼 것은?

① 선물환과 외환스왑을 통한 환위험 관리는 미래의 환율변동과 관계없이 외환포지션을 선물환 환율에 고정시킨다.

② 통화옵션을 통한 환위험 관리는 외환포지션에 대한 선택적인 헤지를 가능하게 한다.

③ 환율이 상승할 것이라는 예상과 달리 하락하면 풋옵션을 이용한 헤지는 선물환 매도 헤지보다 유리하다.

④ KIKO는 통화옵션의 일종이다.

용어 알아두기

통화옵션 (FX Option)	미래의 특정 시점(만기일)에 특정 통화를 미리 약정한 가격(행사 가격)으로 사거나 팔 수 있는 권리가 부여된 파생상품이다.

TIP 환율이 상승할 것이라는 예상과 달리 하락하면 프리미엄이 지출되는 풋옵션을 이용한 헤지는 선물환 매도헤지보다 불리하다.

핵심포인트 해설 **통화옵션(FX Option)을 이용한 환위험 관리**

개 요	• 외환포지션에 대한 선택적인 헤지 가능 　[참고] 방어적 풋 : 수출기업의 가격하락 위험 헤지(US$ 풋매수) • 환율이 기업에게 불리하게 변할 경우 기업은 추가손실의 위험을 가짐 　⇨ 통화옵션 매도와 유사(이익은 가능하나 손실은 무한)
활 용	• 통화옵션을 이용한 일반 선물환의 복제　　　　　• 범위 선물환(Range Forward) • 인핸스드 포워드(Enhanced Forward)　　　　　• 목표 선물환(Target Forward) • 낙아웃 목표 선물환(Knock-Out Target Forward) • KIKO 선물환(Knock-In, Knock-Out Forward) ⇨ 선물환이지만 부가조건으로 통화옵션과 유사 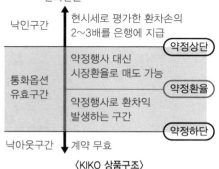 〈KIKO 상품구조〉

정답 | ③

신용파생상품의 특징을 나열한 것으로 잘못된 것은?

① CDS거래는 실물채권을 직접 갖고 있지 않아도 신용위험만을 분리하여 거래할 수 있으므로 채권시장의 유동성에 직접적으로 영향을 미치지 않는다.

② 기존자산을 그대로 보유하면서 신용위험을 타인에게 전가할 수 있다.

③ 일반적으로 공시를 하므로 거래의 비밀을 유지하는 것이 어렵다.

④ 부외거래(Off-Balance Sheet)에 속한다.

용어 알아두기

| 신용파생상품 | 기초자산인 대출 및 회사채 등에 내재된 신용위험의 일부 혹은 전부를 기초자산과 분리하여 거래당사자 간에 이전하는 금융거래계약 형태의 금융상품이다. |

TIP 신용파생상품은 일반적으로 공시를 하지 않으므로 거래의 비밀을 유지하는 데 용이하다.

핵심포인트 해설   **신용파생상품(Credit Derivatives)**

개 요	• 기초자산에 내재된 신용위험의 일부 혹은 전부를 기초자산과 분리하여 이전하는 금융상품 • 신용위험만을 분리하여 거래할 수 있는 수단 • 금융회사 : 능동적인 위험관리 가능 • 투자자 : 대출시장에 간접적으로 참여할 수 있는 기회 및 레버리지 효과를 통해 고수익을 추구할 수 있는 투자수단을 제공
활 용	• CDS(Credit Default Swap) : 보장매입자가 보장매도자에게 수수료를 지급하고 신용사건 발생 시 손실을 보상받기로 쌍방 간에 계약 • TRS(Total Return Swap) : 기초자산에서 발생하는 총수익을 지급하는 대가로 약정이자를 수취하는 계약 • 구조화 채권 : 신용위험을 기초로 발행되는 CLN(Credit Linked Note), Synthetic CDO(Collateralized Debt Obligation) 등

위험매도자   → 수수료(스왑프리미엄) →   위험매입자
(보장매입자)   ←------ 신용사건 발생 시 손실보전 ------   (보장매도자)

〈CDS의 구조〉

정답 | ③

신용위험과 신용파생상품에 관한 설명으로 잘못된 것은?

① 신용위험은 자금차입자 또는 채권발행자가 원금 혹은 이자를 약속한 시간에 상환하지 못할 위험을 말한다.
② 시장리스크 포트폴리오는 신용포트폴리오에 비하여 계량화하는 것이 대단히 어렵다.
③ 신용파생상품(Credit Derivatives)은 신용위험이 내재된 부채에서 신용위험만을 분리하여 거래당사자 간에 이전하는 금융계약을 말한다.
④ 전통적으로 장외시장에서 거래되는 장외파생상품이므로 다양한 형태의 상품이 존재한다.

용어 알아두기

신용위험	계약에 명시된 조건에 따르는 채무를 이행하지 못할 가능성을 신용위험이라고 한다.

TIP 신용포트폴리오는 시장리스크 포트폴리오에 비하여 계량화가 어렵다.

핵심포인트 해설　　　**신용파생상품의 특징**

① CDS와 회사채 신용스프레드의 차이 → 가장 기본적인 신용파생상품. 상품구조와 프리미엄 결정요인을 알아두기!

구 분	CDS	회사채
투자자	CDS 보장매도자	채권보유(매수)자
지급 의무	신용사건 발생 시 손실금 지급	채권 매수 시 원금 지불
채권유동성	실물채권시장의 유동성과 무관	시장유동성에 영향을 받음
신용위험	보장매입으로 쉽게 신용 위험제거	신용위험의 증가 시 공매도가 어려움

② 신용위험을 회피하고자 만들어진 것이 신용파생상품
③ 신용위험이 내재된 부채에서 신용위험만을 분리하여 거래당사자 간에 이전하는 금융계약으로, 신용위험관리 수단으로 활용
④ 기존자산을 그대로 보유하면서 신용위험을 타인에게 전가 가능
⑤ 거래의 비밀을 유지하는 것이 가능
⑥ 부외거래(Off-Balance Sheet)
⑦ 초기에는 신용파생상품이 헤지목적으로 활용되었으나 컴퓨터의 발달로 다양한 고수익형 상품을 만들어내 고객의 다양한 요구를 만족하는 금융상품으로 발전
⑧ 레버리지 효과 가능
⑨ 신용파생상품의 경우 보장매입을 통해 신용위험에 대한 매도 포지션을 쉽게 취할 수 있음

정답 | ②

신용파생상품의 유용성 및 위험성에 대한 설명으로 가장 거리가 먼 것은?

① 신용위험에 대한 가격발견 기능이 제고되어 합리적인 시장가격이 형성될 수 있도록 한다.

② 금융기관과 금융당국의 리스크관리 없이도 금융시스템의 안정성을 제고하는 역할을 한다.

③ 금융회사의 경우 신용위험이 이전되면 신용공여의 사후관리소홀 등 도덕적 해이 현상이 발생할 수 있다.

④ 신용구조화상품은 구조가 복잡하여 정보의 비대칭 현상이 발생하며, 이로 인해 가격과 변동성이 왜곡될 수 있다.

용어 알아두기

변동성	주식시장 등 자산시장에서 상품의 가격이 변동하는 정도를 뜻한다. 주식이나 채권, 통화 등의 시세가 비교적 일정한 방향성을 유지하면서 완만하게 움직이다가 갑자기 급등락할 경우 변동성이 확대됐다는 표현을 사용한다.

TIP 금융기관과 금융당국의 리스크관리가 소홀할 경우 금융시스템의 안정성이 저해될 가능성이 높다.

핵심포인트 해설   **신용파생상품의 유용성 및 위험성**

유용성	• 금융기관의 효율적인 신용위험관리 수단 : 기존자산을 그대로 보유하면서 신용위험을 관리 • 유동성이 떨어지는 자산의 유동성 증가 : 신용파생상품은 쉽게 거래할 수 있으므로 유동성↑ • 신용위험에 대한 새로운 투자기회를 제공 : 보장매도자는 신용위험을 인수하는 대신 고수익 추구 가능 • 신용위험의 가격발견 기능 제고 : 신용위험에 대한 차익거래가 가능하므로 시장효율성이 강화됨
위험성	• 금융시스템의 안정성 저해 가능 • 도덕적 해이 현상 발생 • 정보의 비대칭 현상 발생 • 복잡한 구조로 인하여 이해하기 곤란함

정답 | ②

신용파생상품 계약 중에서 준거자산의 신용위험을 분리하여 보장매도자에게 이전하고, 보장매도자는 그 대가로 프리미엄과 손실보전금액을 교환하는 계약으로 옳은 것은?

① CDS(Credit Default Swap)
② TRS(Total Return Swap)
③ Payer's Swaption
④ Receiver's Swaption

TIP CDS(Credit Default Swap)에 관한 설명이다.

핵심포인트 해설 **신용부도스왑(CDS : Credit Default Swap)**

① 신용파생상품 중 가장 기본적인 형태의 거래
② 기초자산인 준거기업에 대한 신용위험을 보장매입자가 보장매도자에게 일정한 프리미엄을 지불하고 이전하는 계약
③ 보장매도자는 프리미엄을 수취하는 대가로 준거기업의 신용위험을 인수
④ 만기 이전에 서로 정한 신용사건이 발생할 경우 보장매도자는 준거기업에 대한 손실금을 보장매입자에게 지급
⑤ 신용사건이 발생하는 경우 손실금 정산방법
　→ 대표적인 신용사건은 준거기업의 '부도'
　㉠ 준거자산을 보장매도자에게 넘겨주고 액면(원금)을 받음
　㉡ 현금차액결제를 약정한 경우 액면금액과 채권회수금액의 차액을 보장매도자로부터 받음
⑥ 보장매입자는 준거기업에 대한 신용위험을 이전하는 대신 보장매도자의 신용위험을 인수
⑦ CDS 프리미엄 결정요인
　㉠ 거래의 만기(Maturity)
　㉡ 채무불이행(Default)의 가능성
　㉢ 준거기업(준거자산)의 신용도
　㉣ 보장매도자의 신용도
　㉤ 신용사건 발생 시 준거자산의 회수율

정답 | ①

투자자 A는 주기적으로 투자자 B를 상대방으로 하여 자신이 보유한 어느 특정 채권에 관한 계약을 맺었다. 이 계약의 내용은 A가 B에게 채권에서 발생한 모든 현금흐름과 자본이익을 지급할 것이며, 시장가격이 감소하면 감소분에 Libor + 50bp를 더한 만큼을 지급한다는 것이다. 이러한 거래를 무엇이라 하는가?

① Total Return Swap
② Currency Swap
③ Receiver's Swaption
④ Interest Rate Swap

TIP TRS에 대한 전형적인 설명이다.

핵심포인트 해설　　　**총수익률스왑(TRS : Total Return Swap)**

① 보장매입자가 기초자산에서 발생하는 이자, 자본수익(손실) 등 모든 현금흐름을 보장매도자에게 지급하고, 보장매도자로부터 약정한 수익을 지급받는 계약
② 보장매입자는 현금흐름 측면에서 기초자산을 매각하는 것과 동일
③ 보장매도자는 모든 위험(신용위험 + 시장위험)을 떠안으므로 기초자산의 지급보증을 제공한 효과를 가짐
④ 신용사건이 발생하는 경우뿐만 아니라 평상시에도 기초자산의 시장가치를 반영한 현금흐름이 발생

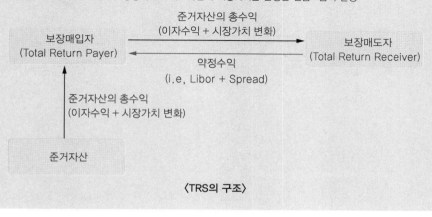

〈TRS의 구조〉

정답 | ①

25

신용연계채권에 관한 설명으로 잘못된 것은?

① 증권회사가 발행한다.

② 발행조건에 따라 원금 전체를 장외파생상품에 투자하는 것이 가능하다.

③ 정기예금금리의 할인된 현재가치만을 옵션 프리미엄으로 이용하여 옵션을 매입한다.

④ 높은 수익률 설계가 가능하나, 시장 움직임에 따라 원금 전액 손실이 있을 수 있다.

용어 알아두기

신용연계채권	채권이나 대출과 같은 기초자산에서 발생하는 신용위험과 수익률을 연계시킨 신용파생상품을 말한다.

TIP ELD를 구성할 때 사용되는 전략이다.

핵심포인트 해설   **신용연계채권(CLN : Credit Linked Note)**

개 요	• 일반 고정금리채권에 CDS를 결합한 상품 • CDS가 가미된 CLN이 가장 일반적이고 대부분을 차지 • CLN투자자는 준거기업의 신용위험과 발행자 신용위험을 모두 감수하므로 고수익 추구 가능 • 발행자는 여러 가지 복잡한 CLN을 발행할 수 있어 수수료 수입을 늘릴 수 있으므로 양방향에 모두 매력적인 상품

활 용	• CLN 발행자(보장매입자)가 CLN 직접 발행
	  · CLN 투자자 : 준거기업의 신용사건 발행 시 손실을 부담하는 대신 고수익 획득
	  · 투자자는 준거기업에 대한 신용위험 + 발행자의 신용위험 부담
	• 특수목적회사(SPC, SPV)를 이용해 CLN 발행
	  · 투자자는 준거기업의 신용위험은 인수하나 CLN발행자의 신용위험은 인수하지 않음
	  · CLN 수익률 = 담보채권수익률 + CDS 프리미엄

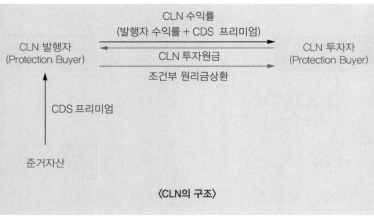

〈CLN의 구조〉

정답 | ③

ESG 투자와 관련된 설명으로 가장 거리가 먼 것은?

① ESG는 기존 재무정보에 포함되어 있던 환경, 사회, 지배구조를 체계화하여 평가하는 Tool이다.

② ESG 요소를 반영한 투자를 책임투자 또는 지속가능투자로 부른다.

③ 2014년 주요국 기관투자자 연합이 결성한 GSIA가 ESG의 투자방식을 7가지로 정의하였다.

④ 우리나라의 경우 책임투자의 시작은 2006년 국민연금 책임투자형 위탁펀드 운용이라 볼 수 있다.

TIP ESG는 기존 재무정보에 포함되지 않고 있었던 기업의 중장기 지속가능성에 영향을 미칠 수 있는 요인이다.

핵심포인트 해설 **ESG(Environmental, Social, Governance)와 책임투자의 기본 이해**

(1) ESG 기본 개념과 대두 배경
① 기존 재무정보에 포함되지 않으나 기업의 중장기 지속가능성에 영향을 미칠 수 있는 요인들을 환경, 사회, 지배구조로 나누어 체계화하여 평가하는 Tool
② 자본시장에서 기업을 평가하는 새로운 프레임워크로 발전
③ 금융기관 중심, 유럽중심으로 발전, 2006년 금융기관 이니셔티브인 PRI 결성
④ 금융위기와 COVID-19를 겪으며 ESG가 회복탄력성의 중요한 요소로 강조됨
⑤ 환경을 중심으로 ESG에 대한 중요성이 점차 확대될 전망

(2) ESG 투자방식과 시장규모
① ESG 요소를 반영한 투자를 책임투자 또는 지속가능투자로 일컬음
② 2014년 주요국 기관투자자 연합이 결성한 GSIA가 ESG의 투자방식을 7가지로 정의함
③ 7가지 중 하나 이상의 투자기준을 적용하고 있는 펀드를 책임투자로 정의
④ ESG의 분류체계 수립 및 금융기관의 ESG상품에 대한 공시의 강화가 예상
⑤ 한국의 경우 책임투자의 시작은 2006년 9월 국민연금 책임투자형 위탁펀드 운용이라 볼 수 있음
⑥ 2018년 이후 국민연금의 ESG 투자확대를 위한 정책 및 제도 정비가 빠르게 진행되고 있음
⑦ 국내주식 액티브형에 한정되어 온 ESG 거래를 국내주식 패시브형, 해외주식과 채권자산 등으로 확대하고 있음
⑧ 국민연금은 책임투자 활성화를 위한 방안으로 책임투자 대상 자산군 확대, 책임투자 추진전략 수립, 위탁운용의 책임투자 내실화, 책임투자 활성화 기반 조성을 제시하고 있음
⑨ 책임투자의 적용을 위해서는 전담조직, 외부리소스 활용 등 자원의 투자가 필요하다는 점에서 국내 ESG 펀드의 ESG 반영방식은 아직 매우 기초적인 수준일 것으로 추정

정답 | ①

27

금융기관 대상 상품과 정책에 대한 포괄적인 공시기준은?

① SFDR
② TCFD
③ GSIA
④ ISSB

TIP 유럽을 중심으로 한 지속가능 금융공시 규제이며, 일정규모 이상 금융기관은 주체단위, 상품단위의 ESG 정보를 공시해야 한다.

핵심포인트 해설 ESG 정보 공시

(1) ESG 공시제도
① 마케팅 목적 중심의 ESG워싱(그린워싱)이 확대되고 있어 주의가 필요
② 국내 금융기관의 ESG 투자 및 상품관련 정보 공시 제도화에 관한 논의는 미진함
③ 앞으로 기업 및 금융기관의 ESG 정보 공시 확대가 예상됨

(2) SFDR(Sustainable Finance Disclosure Regulation)
① (유럽)금융기관 대상 상품과 정책에 대한 포괄적인 공시기준, 지속가능 금융공시 규제
② 일정규모 이상 금융기관은 주체단위, 상품단위의 ESG 정보를 공시해야 함
③ 주체단위 : 지속가능성 리스크정책, 주요 부정적인 지속가능성 영향, 보수정책
④ 상품단위 : ESG 투자무관 상품, 라이트 그린 펀드, 다크 그린 펀드
⑤ 주요 공시 지표 : 온실가스 배출량 및 집약도, 에너지 사용량, 화석연료 노출 등
⑥ 인권, 이사회의 성별 다양성, 논란성 무기에 대한 노출도 등 사회지표도 포함

(3) TCFD(Task Force on Climate-Related Financial Disclosure)
① 파리협약 목표 이행 요구와 금융시장 참여자들로부터 기후관련 정보 수요가 증가함에 따라 2015년 설립된 이니셔티브
② 기후 공시 표준화 프레임 워크 역할
③ 지배구조, 경영전략, 리스크 관리, 지표 및 목표의 4가지 구분에 따른 정보공개 지침 제시
④ 금융의 4개 산업 및 비금융 4개 산업에 대해서는 보충지침 발표
⑤ 기후공시 주요지표 : 탄소배출량, 전환위험, 물리적 위험, 기후관련 기회, 자본배치, 내부 탄소 가격, 보상
⑥ 자산운용사는 포트폴리오 부합성, 자금배출지표 등 정보공시 내용 및 수준이 심화됨

정답 | ①

다음 중 파생결합증권이 아닌 것은?

① ELW
② ELD
③ ELS
④ ETN

TIP ELD(주가연동예금)는 예금자 보호를 받을 수 있는 정기예금이다.

핵심포인트 해설 **파생결합증권의 개요**

(1) 파생결합증권의 정의

기초자산의 가격, 이자율, 지표, 단위 또는 이를 기초로 하는 지수 등의 변동과 연계하여 미리 정하여진 방법에 따라 지급금액 또는 회수금액이 결정되는 권리가 표시된 것

(2) 파생결합증권의 종류

ELS	주식시장에서 거래되는 주권의 가격이나 주가지수의 변동과 연계(ELS)된 파생결합증권
DLS	이자율·원자재·귀금속·신용위험 등을 기초로 하는 지수의 수치 또는 지표에 연계(DLS)된 파생결합증권
ELW	특정 주가 또는 주가지수의 변동과 연계해 미리 정해진 방법에 따라 만기 시 주권의 매매 또는 현금을 수수하는 권리가 부여된 파생결합증권
ETN	기초지수의 변동과 수익률이 연동되도록 증권회사가 발행한 파생결합증권으로 주식처럼 거래소에 상장되어 거래됨

(3) 파생결합증권의 발행

취급인가	자본시장법상의 증권이므로 기본적으로 금융투자업의 해당 인가를 받아야 함	
	참고 금융투자업이란 이익을 얻을 목적으로 계속적이거나 반복적인 방법으로 행하는 행위로서 투자매매업, 투자중개업, 집합투자업, 투자자문업, 신탁업 중 어느 하나에 해당하는 업	
공 모	모 집	50인 이상의 투자자에게 새로 발행되는 증권의 취득의 청약을 권유하는 것
	매 출	50인 이상의 투자자에게 이미 발행된 증권의 매도의 청약을 하거나 매수의 청약을 권유하는 것
사 모	새로 발행되는 증권의 취득의 청약을 권유하는 것으로서 모집에 해당하지 아니하는 것	

정답 | ②

고난도 금융투자상품 제도에 대한 설명으로 가장 거리가 먼 것은?

① 파생결합증권 및 파생상품에 운용하는 비중이 펀드자산총액의 20%를 초과하면 고난도 펀드이다.

② 펀드에 편입된 자산에서 발생하는 최대 원금손실 가능금액이 펀드자산총액의 10%를 초과하면 고난도 펀드이다.

③ 고난도 펀드는 운용자산의 가격결정의 방식, 손익의 구조 및 그에 따른 위험을 투자자가 이해하기 어렵다고 인정된다.

④ 고난도 펀드는 금융위원회가 정하여 고시한다.

TIP 펀드에 편입된 파생결합증권 및 파생상품으로부터 발생하는 최대 원금손실 가능금액이 펀드자산총액의 20%를 초과하면 고난도 펀드이다.

핵심포인트 해설　　**파생결합증권의 투자권유**

(1) 투자권유일반

개 요	• 금융소비자의 구분 : 전문금융소비자, 일반금융소비자 • 일반금융소비자에 대한 보호의무
적합성 확보	• 투자권유를 함에 있어 고객의 투자자정보에 비추어 적합하지 아니하다고 인정되는 경우 투자권유를 하여서는 아니 됨 • 파생결합증권의 투자권유에 따른 투자자의 제약사항 고려
설명 및 위험고지	• 금융투자상품의 내용과 위험 등 법령에서 정한 사항을 투자자가 이해하기 쉽도록 설명하고 이를 이해하였음을 서명 등의 방법으로 확인

(2) 고난도 금융투자상품 및 투자자 보호강화

고난도 금융투자상품	• 운용자산의 가격결정의 방식, 손익의 구조 및 그에 따른 위험을 투자자가 이해하기 어렵다고 인정되는 것으로서 금융위원회가 정하여 고시하는 집합투자증권 • 집합투자재산 중 파생결합증권에 운용하는 비중과 파생상품 매매에 따른 위험평가액이 펀드 자산총액에서 차지하는 비중의 합계가 20%를 초과하는 펀드 • 실무적으로는 파생결합증권, 파생상품, 타 고난도 펀드의 최대 원금손실 가능금액의 합계액이 펀드자산총액의 20%를 초과할 경우
고난도 펀드 요건	• (복잡성) 파생결합증권 및 파생상품에 운용하는 비중이 펀드자산총액의 20%를 초과 • (손실위험성) 펀드에 편입된 파생결합증권 및 파생상품으로부터 발생하는 최대 원금손실 가능금액이 펀드자산총액의 20%를 초과
주요 판매규제	• 녹취의무, 숙려제도, 요약설명서 교부, 이사회의 판매승인
녹취·숙려제도	• 개인인 일반투자자 중 고령자(65세 이상), 부적합 투자자 대상 • 적정성 원칙 적용 대상 상품 : 파생결합증권, 파생상품, 파생결합펀드, 조건부자본증권, 고난도 금융투자상품 등

(3) 불초청권유 금지 강화(사전동의여부 관계없이 권유 금지)

① 일반금융소비자 : 장외파생상품, 연계투자, 장내파생상품, 사모펀드, 고난도 금융투자상품, 고난도 투자일임계약, 고난도 금전신탁계약

② 전문금융소비자 : 장외파생상품, 연계투자

정답 | ②

주가연계구조화상품에 대한 설명으로 가장 거리가 먼 것은?

① ELD는 예금으로 분류되고 있어 예금자 보호를 받을 수 있는 장점이 있다.

② 대다수의 ELF는 증권사가 사모로 발행하는 ELS에 펀드자산의 대부분을 투자하고 있다.

③ ELS는 상품설계가 매우 유연하여 다양한 지급구조 및 기초자산의 선택이 가능하다.

④ ELF는 증권사에서 발행하는 파생결합증권이고 ELS는 집합투자기구의 수익증권이다.

TIP ELS는 증권사에서 발행하는 파생결합증권이고 ELF는 집합투자기구의 수익증권이다.

핵심포인트 해설 **주가연계구조화상품(Equity Linked Products)**

(1) ELD, ELS, ELF의 비교

구 분	ELD	ELS	ELF
발행기관	은 행	증권사	집합투자기구
투자형태	예 금	파생결합증권	수익증권
예금보호	보 장	–	–
원금보장	100% 보장	사전약정	보장 없음
만기수익률	사전약정수익률	사전약정수익률	실적배당

(2) 특 징

① 원금보장형은 원금이 만기에만 보장되므로 중도해지하면 원금손실 가능

② ELS는 발행조건에 따라 원금 전체를 장외파생상품에 투자 가능

③ 대다수의 ELF는 증권사가 사모로 발행하는 ELS에 펀드자산의 대부분을 투자

정답 | ④

ELS 및 DLS에 대한 개괄적 설명으로 잘못된 것은?

① ELS와 DLS는 각각 2003년과 2005년 국내에 도입되었다.
② 상품설계가 매우 유연하여 지급구조 및 기초자산의 선택이 가능하다.
③ 고수익 예금이 등장하여 안정성이 강화되므로 대체수단의 지위가 약해지고 있다.
④ ELS와 DLS는 기초자산은 다르나 상품구조는 유사하다.

TIP 고수익 예금의 안정성이 사라지므로 유력한 대체수단이 되었다.

핵심포인트 해설 **주가연계증권(ELS)·기타파생증권(DLS)의 개요**

ELS·DLS 개요	• ELS·DLS는 각각 2003년과 2005년에 국내 도입 • 상품설계가 매우 유연하여 다양한 지급구조 및 기초자산의 선택이 가능 • 고수익 예금의 안정성이 사라지므로 유력한 대체수단이 됨 • ELS와 DLS는 기초자산은 다르나 상품구조는 유사

ELS, CB, BW 비교	구 분	주가연계증권(ELS)	전환사채(CB), 신주인수권부사채(BW)
	옵션형태	다양한 형태의 옵션	주식전환권, 신주인수권
	이자지급	특정 주기와 형태 필요 없음	권리행사 이전 고정적 이자 지급
	발행동기	투자자의 위험선호도에 따른 맞춤 설계	기업체의 자금조달
	발행기관	금융투자회사	개별기업

ELS 시장구조	• 다양한 위험선호도를 갖고 있는 투자자에게 위험을 이전하고 대가를 받는 형태 • 발행을 통해 들어온 투자금은 대부분 상환금을 준비하는 목적으로 사용
ELS 상환금 준비방법	• Back-to-Back : 외국계 금융기관으로부터 동일한 상품 매입 • 자체헤지 : 현물주식, 장내파생상품, 장외파생상품의 매매를 통해 ELS의 지급구조를 복제

정답 | ③

낙아웃 옵션형 ELB에 대한 설명으로 옳지 않은 것은?

① 원금비보장형 파생결합증권(ELS)보다는 파생결합사채(ELB)에 주로 사용되는 구조 이다.

② 고위험 상품이며 비보장형 ELS보다 수익성이 보강된 상품이다.

③ 만기까지 기초자산의 가격이 상방 배리어 수준 이상으로 올라간 적이 없으면 원금과 상승 수익률을 수취한다.

④ 만기까지 기초자산의 가격이 상방 배리어 수준 이상으로 올라간 적이 있으면 원금 또는 원금과 리베이트 수익률을 수취한다.

TIP 저위험 상품이며 비보장형 ELS보다 안전성이 보강된 상품이다.

핵심포인트 해설   **만기상환형 ELB**

낙아웃 옵션형	• 원금비보장형 파생결합증권(ELS)보다는 파생결합사채(ELB)에 주로 사용되는 구조 • 저위험 상품이며 비보장형 ELS보다 안전성이 보강된 상품 • 만기까지 기초자산의 가격이 상방 배리어 수준 이상으로 올라간 적이 없으면 원금과 상승 수익률을 수취하고, 만기까지 기초자산의 가격이 상방 배리어 수준 이상으로 올라간 적이 있으면 원금 또는 원금과 리베이트 수익률을 수취함
구조 비교	• 낙아웃 옵션형 : 일정 구간까지는 상승수익을 지급, 상승배리어를 초과한 적이 있으면 미리 정한 리베이트 수익을 지급하는 형태 • 콜 스프레드형 : 만기 기초자산가격에 따라 일정 구간까지는 상승수익을 지급, 그 이상은 고정된 최대수익을 지급하는 형태 • 디지털형 : 미리 정한 행사가격 미만에서는 원금 지급, 그 행사가격 이상에서는 미리 정한 고정수익을 지급하는 형태 • 양방향 낙아웃형 : 상승 시 수익을 얻을 수 있는 낙아웃 콜옵션과 하락 시 수익을 얻을 수 있는 낙아웃 풋옵션을 합쳐놓은 형태

정답 | ②

조기상환형 스텝다운 ELS에 대한 설명으로 옳은 것은?

① 통상 2년 또는 3년 만기로 설계한다.
② 만기시점에 만기수익상환조건을 달성하지 못하더라도 원금손실은 없다.
③ 원금보장형으로 저위험 상품으로 분류된다.
④ 기초자산이 2개인 조기상환형 ELS는 보통 'Best Performer'조건을 사용한다.

TIP ② 만기시점에 만기수익상환조건을 달성하지 못하면 원금손실이 발생한다.
③ 원금비보장형으로 고위험 또는 초고위험상품으로 분류된다.
④ 기초자산이 2개인 조기상환형 ELS는 보통 'Worst Performer'조건을 주로 사용한다.

핵심포인트 해설   **조기상환형 스텝다운 ELS**

(1) 개 요
① 통상 만기 2년 또는 3년으로 설계
② 발행 후 6개월 단위로 기초자산의 주가가 정해진 조기상환가격 수준 이상으로 오르면 사전에 약정한 수익을 액면 금액과 함께 투자자에게 지불하고 계약이 종료
③ 계속 조기상환되지 않고 만기까지 간다면 만기상환조건에 따라 상환금액이 결정됨
④ 만기시점에 만기수익상환조건을 달성하지 못하면 원금손실 발생
⑤ 만기를 장기화하여 제시수익률을 높이되, 다양한 장외파생상품을 사용하여 조기상환조건을 삽입함으로써 시장에서 주력상품으로 성장
⑥ 원금비보장형으로 고위험 또는 초고위험상품으로 분류됨
⑦ 기초자산이 2개인 조기상환형 ELS는 보통 'Worst Performer'조건을 주로 사용함

(2) 구 조

낙인형	• 가장 보편적으로 판매되고 있는 구조 • 매 조기상환 시점마다 일정 비율씩 조기상환가격 수준을 낮춰줌으로써 조기상환의 가능성을 높임 • 낙인이 발생했더라도 다음 조기 또는 만기상환 시점에 기초자산이 재상승하여 상환조건을 달성하면 원금과 수익금액을 모두 받을 수 있음
노낙인형	• 낙인이 없으므로 투자기간 중에 발생하는 기초자산의 일시적 급락에도 원금손실발생조건이 적용되지 않도록 변형 • 낙인형보다 안전성을 보강한 구조 • 안전성을 보강하기 위해 다른 상환조건이 비슷하더라도 노낙인형 ELS가 낙인형 ELS보다 제시수익률이 약간 낮은 편임

정답 | ①

조기상환형 월지급식 스텝다운 ELS에 대한 설명으로 옳지 않은 것은?

① 매월 지정된 날짜에 최초기준가격의 일정 수준 이상이면 월 쿠폰을 지급한다.
② 기존 조기상환조건에다가 매월 수익이 지급되도록 구조를 첨가하였다.
③ 수익상환조건이 유사한 조기상환형 스텝다운 ELS보다 제시수익률이 조금 낮은 편이다.
④ 저금리 환경하에서 수익성을 보다 중시하는 투자자들이 선호한다.

TIP 저금리 환경하에서 안전성을 보다 중시하는 투자자들이 선호하는 구조이다.

핵심포인트 해설   **조기상환형 월지급식 스텝다운 ELS**

① 매월 지정된 날짜에 최초기준가격의 일정 수준 이상이면 월 쿠폰을 지급하는 조건을 첨가한 구조
② 기존 조기상환조건에다가 매월 수익이 지급되도록 구조를 첨가하여 안전성을 보강한 구조
③ 수익상환조건이 유사한 조기상환형 스텝다운 ELS보다 제시수익률이 조금 낮은 편임
④ 저금리 환경하에서 안전성을 보다 중시하는 투자자들이 선호하는 구조

정답 | ④

ELS 투자 시 고려해야 할 사항에 대한 설명으로 옳지 않은 것은?

① 기초자산의 개수가 적을수록 더 안정적이다.
② 최초기준가격이 저점일 때를 투자시점으로 잡는 것이 좋다.
③ 낙인조건이 최초기준가격 대비 높으면 높을수록 안전성 측면에서 유리하다.
④ 손실가능성 보완 조건을 많이 가미한 구조가 안전성 측면에서 유리하다.

TIP 원금손실발생조건인 낙인조건이 최초기준가격 대비 낮으면 낮을수록 안전성 측면에서 유리하다.

핵심포인트 해설　　　**ELB·ELS의 투자전략**

ELB (채무증권)	• ELB는 ELS와 달리 자본시장법상 파생결합증권이 아닌 채무증권임 • 고난도 금융투자상품이 아니므로 판매규제 또는 고령자·부적합투자자 녹취·숙려제도, 적정성의 원칙은 적용되지 않고 설명의무, 적합성 원칙은 적용됨 • 저위험 성향의 투자라면 ELS보다는 ELB가 더 적합 • 대부분의 만기상환형 ELB는 만기 상환 시 원금 이상의 수익금액을 지급하므로 저위험 성향의 투자자에게 적합 • 낙아웃 옵션형 ELB는 상승 수익을 추구하는 형태가 대부분이므로 시장의 상승을 예상하고 있는 투자자들에게 유리
ELS (파생결합증권)	• 안전성과 수익상환가능성을 고려하여 다음의 5가지를 검토 　· 기초자산 : 개수가 적을수록 더 안정적 　· 최초기준가격 : 저점일 때를 투자시점으로 잡는 것이 유리 　· 조기 및 만기상환조건 : 최초기준가격 대비 낮으면 낮을수록 안전성 측면에서 유리 　· 원금손실발생조건 : 낙인조건이 최초기준가격 대비 낮으면 낮을수록 안전성 측면에서 유리 　· 손실가능성 보완 조건을 가미한 구조

정답 | ③

36

주식워런트증권(ELW)에 대한 설명으로 잘못된 것은?

① 현금결제방식의 ELW는 자동권리행사를 채택하고 있다.
② 거래소에서 요구하는 일정 요건을 갖출 경우 유가증권시장에 상장된다.
③ 일반투자자도 ELW를 발행할 수 있다.
④ 일반투자자도 기존 주식계좌를 이용하여 주식과 동일하게 매매 가능하다.

TIP ELW의 발행주체는 금융투자회사이며 일반투자자는 발행할 수 없다.

핵심포인트 해설 | **주식워런트증권(ELW)의 개요**

(1) 주식워런트증권(ELW)의 기본개념
  ① ELW는 개별주식 및 주가지수 등의 기초자산을 만기시점에 미리 정하여진 가격으로 사거나 팔 수 있는 권리를 나타내는 옵션으로서 자본시장법상 파생결합증권
  ② 거래소에서 요구하는 일정 요건을 갖출 경우 유가증권시장에 상장 가능
  ③ 일반투자자도 기존 주식계좌를 이용하여 주식과 동일하게 매매 가능

(2) 주식워런트증권(ELW)의 특징

레버리지 효과	• ELW 거래는 실물자산에 직접 투자할 때보다 적은 금액으로 높은 수익을 얻을 수 있음 • 레버리지 효과의 정도를 나타내는 지표로 기어링과 유효기어링이 있음
한정된 손실위험	• 투자자는 옵션의 매입만 가능하므로 손실은 투자금으로 한정됨
위험의 헤지	• ELW 매수를 통해 보유자산가격의 변동위험을 회피하고 보유자산의 가치를 일정하게 유지할 수 있음
양방향성 투자수단	• 기초자산이 상승할 때 콜 ELW, 하락할 때 풋 ELW로 시장상황에 따른 투자수단 제공
유동성의 보장	• 유동성공급자(LP)의 존재로 투자자의 원활한 거래에 기여

(3) 주식워런트증권(ELW)과 주식옵션 비교

구 분	주식워런트증권(ELW)	주식옵션
법적특성	파생결합증권	파생상품(장내)
발행주체	금융투자회사	거래소
계약이행보증	발행자의 자기신용	거래소의 결제이행보증
유동성공급	1개 이상의 유동성공급자	시장의 수요와 공급
대상종목	주요 국내외 주가지수, 주요 개별주식	주가지수를 포함한 30종목
계약기간	3개월~3년	결제월제도에 따름
표준화	원칙적으로 비표준상품	표준화된 조건
결제수단	현금 또는 실물	현 금

정답 | ③

주식워런트증권(ELW)의 종류와 권리행사에 관한 설명으로 옳은 것은?

① 풋 ELW는 기초자산가격 상승 시 이익이 발생한다.
② 콜 ELW의 내재가치는 '(기초자산가격 − 권리행사가격) × 전환비율'이다.
③ 현재 상장된 ELW는 발행사가 실물인수도하는 방식이다.
④ ELW는 기초자산이 불리해질 경우 이익이 발생한다.

TIP ① 풋 ELW는 기초자산가격 하락 시 이익이 발생한다.
③ 현재 상장된 ELW는 발행사가 현금결제하는 방식이다.
④ ELW는 내재가치가 있을 경우 이익이 발생한다.

핵심포인트 해설 　 주식워런트증권(ELW)의 종류와 권리행사

(1) 주식워런트증권(ELW)의 종류

권리종류에 따른 분류	• 콜 ELW : 기초자산가격 상승 시 이익 발생 • 풋 ELW : 기초자산가격 하락 시 이익 발생
구조에 따른 분류	• 기본옵션(Plain Vanilla Option) : 유러피안 콜과 풋옵션 구조를 의미 • 이색옵션(Exotic Option) : 디지털옵션, 배리어옵션 등 기본구조와 다른 옵션

(2) 주식워런트증권(ELW)의 권리행사

① 권리행사의 결정

권리행사	내개가치가 있는 경우에 권리행사하여 이익을 취함
권리포기	기초자산가격이 불리하게 움직일 경우 권리행사를 포기함으로써 ELW 매수금액만큼 손해를 봄

② 내재가치

콜 ELW	(기초자산가격 − 권리행사가격) × 전환비율
풋 ELW	(권리행사가격 − 기초자산가격) × 전환비율

③ 자동권리행사

　㉠ 만기일에 ELW 보유자가 이익이 발생한다면 보유자가 권리행사를 신청하지 않아도 자동으로 권리행사됨
　㉡ 현금결제방식의 ELW만 적용됨

(3) 주식워런트증권(ELW)의 만기결제

① 결제방식

현금결제	만기일에 지급금액을 현금으로 지급하는 방식
실물인수도결제	만기일에 실제로 실물을 행사가격에 사거나 팔 수 있도록 하는 방식

② 현재 상장된 ELW는 발행사가 현금결제하는 방식을 채택

정답 | ②

주식워런트증권(ELW)**의 가격결정요인에 대한 설명으로 잘못된 것은?**

① 주가가 상승하면 콜 ELW의 가격은 하락한다.
② 행사가격이 상승하면 풋 ELW의 가격도 상승한다.
③ 시간가치는 만기일에 근접할수록 감소하여 0에 근접한다.
④ 금리는 콜 ELW와는 같은 방향, 풋 ELW와는 반대 방향으로 움직인다.

TIP 주가가 상승하면 콜 ELW의 가격도 상승한다.

핵심포인트 해설 　**주식워런트증권(ELW)의 가격결정요인**

(1) 가격결정요인의 영향

구 분	기초자산가격↑	행사가격↑	변동성↑	잔존만기↑	금리↑	배당↑
콜 ELW가격	상 승	하 락	상 승	상 승	상 승	하 락
풋 ELW가격	하 락	상 승	상 승	상 승	하 락	상 승

(2) 가격결정요인의 세부내용

변동성	• 역사적 변동성 · 과거 일정 기간 동안 기초자산 수익률 표준편차 · 구하기 쉬우나 미래의 변동성에 대한 정확한 예측으로 볼 수 없음 · 현실적으로 많이 사용 · 단 점 　– 비현실적 전제(미래 추이가 과거와 동일한 패턴을 지속) 　– 적절한 관찰구간의 폭을 결정하는 데 객관적 기준 모호 　– 최근 시장상황의 변화를 충분히 반영하지 못할 수 있음 • 내재변동성 · 가격모형을 블랙–숄즈 모형으로 가정하고 내재된 변동성을 추출 · 특정 기초자산의 미래변동성에 대한 시장참여자의 예측 또는 기대로 볼 수 있음 · 시장가격에서 추출함으로 시장을 가장 충실하게 반영 · 단 점 　– 개별 ELW에 대한 수치이므로 기초자산의 고유의 특성으로 보기 힘듦 　– 시장참여자는 변동성에 대한 다른 시각을 갖고 있으며 이 값이 미래 실현변동성과 같을 필요는 없음
잔존만기	• ELW가격 = 내재가치 + 시간가치 • 시간가치는 만기일에 근접할수록 감소하여 0에 근접

정답 | ①

주식워런트증권(ELW)의 투자지표에 대한 설명으로 옳지 않은 것은?

① ELW의 민감도지표는 델타, 감마, 세타, 베가, 로가 있다.
② 전환비율은 만기에 ELW 1증권을 행사하여 얻을 수 있는 기초자산의 수이다.
③ 프리미엄이란 ELW의 시간가치를 현재 기초자산 대비 백분율로 표시한 값이다.
④ 패리티가 1이면 등가격, 1보다 크면 외가격, 1보다 작으면 내가격이다.

TIP 패리티가 1이면 등가격, 1보다 크면 내가격, 1보다 작으면 외가격이다.

핵심포인트 해설　　**주식워런트증권(ELW)의 투자지표**

민감도지표	• 델타, 감마, 세타, 베가, 로
전환비율	• 만기에 ELW 1증권을 행사하여 얻을 수 있는 기초자산의 수
프리미엄	• ELW의 시간가치를 현재 기초자산 대비 백분율로 표시한 값
손익분기점	• 콜 ELW 손익분기점 = 행사가격 + ELW가격/전환비율 • 풋 ELW 손익분기점 = 행사가격 − ELW가격/전환비율
패리티	• 권리행사 시 얻게 될 이익 또는 손실, 1보다 커야 내재가치 존재 • 1이면 등가격, 1보다 크면 내가격, 1보다 작으면 외가격 • 콜 ELW 패리티 = 기초자산가격 / 행사가격 • 풋 ELW 패리티 = 행사가격 / 기초자산가격

정답 | ④

주식워런트증권(ELW)의 투자전략으로 볼 수 없는 것은?

① 스프레드 전략　　　　　　　② 레버리지 전략

③ Protective Put 전략　　　　④ 변동성 매수전략

TIP ELW의 투자전략에는 레버리지 전략, Protective Put 전략 그리고 변동성 매수전략이 있다.

핵심포인트 해설　　　**주식워런트증권(ELW)의 기초자산 현황 및 투자전략**

(1) ELW의 기초자산 현황

구 분	개별주식	주가지수
국내 기초자산	• KOSPI 200 구성종목 중 거래대금을 감안하여 분기별로 선정된 종목(50개) 또는 바스켓 • KOSDAQ 150 구성종목 중 시가총액 5개 종목 또는 복수종목의 바스켓	• KOSPI 200 지수 • KOSDAQ 150 지수
해외 기초자산	–	• 일본 NIKKEI 225 지수 • 홍콩HSI 지수

(2) ELW 투자전략 종류

① 레버리지 전략은 현물주식에 직접투자하기보다 레버리지가 높은 ELW를 이용하는 전략

② Protective Put 전략은 보유주식에 대한 풋 ELW를 매수하여 위험을 회피하는 전략

③ 변동성 매수전략은 대상자산의 방향성보다는 변동성 증가를 기대하는 투자전략

정답 | ①

상장지수증권(ETN)에 대한 설명으로 옳지 않은 것은?

① 주식형식으로 발행되며 신속하고 유연하다.
② 주식처럼 거래소에 상장된다.
③ 기초지수 변동과 수익률이 연동되는 파생결합증권이다.
④ 유통시장이 존재하여 유동성과 접근성이 높다.

TIP 상장지수증권(ETN)은 채권형식으로 발행되는 파생결합증권이다.

핵심포인트 해설   상장지수증권(ETN)의 개요

(1) 상장지수증권(ETN)의 기본개념
① 기초지수 변동과 수익률이 연동되도록 증권회사가 발행하는 파생결합증권
② 주식처럼 거래소에 상장
③ 증권시장에서 결정된 가격으로 쉽고 편하게 실시간 매매 가능
④ 주식과 달리 개인투자자가 신규로 투자하기 위해서는 기본예탁금을 예탁하여야 한다.

(2) 상장지수증권(ETN)의 특징

신상품에 대한 접근성	저렴한 수수료로 다양한 자산에 투자 가능
유연성과 신속성	채권형식으로 발행되므로 신속하고 유연함
추적오차 최소화	추적오차가 없는 것은 아니나 발행사가 제시한 가격을 보장 참고 추적 오차(Tracking Error)란 주식 포트폴리오 구성종목의 가격변동과 벤치마크의 가격변동 간의 의도하지 않은 차이
유통시장	거래소 상장으로 유통시장이 존재하여 유동성과 접근성이 높아짐
가격투명성	벤치마크 명확, 거래소에서 거래되어 종가산출 및 가격정보 존재

정답 | ①

42

상장지수증권(ETN)의 기초지수와 시장참가자에 대한 설명으로 잘못된 것은?

① 지수선물과 주식으로 기초지수를 구성하는 경우 주식은 2종목 이상이면 된다.

② ETN은 다양한 지수개발이 가능하도록 하기 위해 5종목 이상이면 만들 수 있도록 하고 있다.

③ ETN이 투자대상으로 삼고 있는 것은 기초지수이다.

④ ETN의 시장참가자로 발행회사, 유동성공급자, 지수산출기관, 일반 사무관리회사가 있다.

TIP 지수선물과 주식으로 ETN의 기초지수를 구성하는 경우에는 지수선물의 구성종목이 이미 구성종목 수 요건을 충족하므로 주식은 1종목 이상이면 가능하다.

핵심포인트 해설 **상장지수증권(ETN)의 기초지수와 시장참가자**

(1) 기초지수

① 5종목 이상

② 지수선물 + 주식의 경우 주식은 1종목 이상이면 가능

③ ETF와 ETN 기초지수 비교

구 분	상장지수펀드(ETF)	상장지수증권(ETN)
투자대상	기초자산가격, 지수	기초자산가격, 지수
구성종목 수	10종목 이상	5종목 이상
핵심 시장영역	주식, 채권 상품	전략형, 구조화, 변동성 상품

(2) 시장참가자

발행회사, 유동성공급자, 지수산출기관, 일반 사무관리회사(예탁결제원)

참고 한국예탁결제원(Korea Securities Depository)은 국내의 유일한 유가증권 중앙예탁결제기관으로 기관투자자와 개인투자자가 보유한 주식·채권 등의 유가증권을 관리하는 기능을 수행

정답 | ①

ETN 진입요건으로 가장 거리가 먼 것은?

① 자기자본은 5,000억원 이상이다.
② 신용등급은 AA- 이상이다.
③ 순자본비율은 150%이상이다.
④ 최근 2사업연도 개별 및 연결 재무제표 모두 적정이다.

TIP 최근 3사업연도 개별 및 연결 재무제표 모두 적정이어야 한다.

핵심포인트 해설 **상장지수증권(ETN)의 시장구조**

(1) 발행과 상장

발 행		• 신용등급, 재무안정성 등이 우수한 증권회사가 발행 • 발행증권사 또는 유동성공급자가 거래소 시장을 통해 매출(매도)함으로 거래 시작 • 추가발행, 중도상환 가능
상 장	절 차	• 기본적으로 주식의 신규 상장절차와 동일, 심사기간 15일
	상장요건	• 기초지수 요건 : KRX에서 거래되는 자산가격 변동을 종합적으로 나타내는 지수, 거래소가 인정하는 시장에서 거래되는 자산가격의 변동을 나타내는 지수, 기초지수에 국내외 주식, 또는 채권이 포함되는 경우 주식, 채권 각각 최소 5종목 이상, 동일 종목 비중 30% 이내로 분산될 것 • 발행규모와 한도 : 발행총액 최소 70억 이상, 발생증권 수 10만 증권 이상, 자기자본의 50%까지만 발행할 수 있음 • 만기 : 1년 이상 20년 이내 • 지수이용계약 및 유동성공급계약 : 유동성공급계약 체결 또는 자신이 직접 유동성을 공급해야 함
추가/변경	추가상장	• 추가적인 시장수요가 예상될 때 발행회사가 신속히 물량을 공급
	변경상장	• 이미 발행한 ETN의 종목명을 바꾸거나 중도상환에 따라 수량을 변경
상장폐지		• 발행회사 자격요건 미달　　　　　　• 기초지수 요건 미달 • 유동성공급 능력 부족　　　　　　　• 상장규모 및 거래규모 부족 • 신고의무 위반

(2) ETN 진입 및 퇴출요건

구 분	진입요건	퇴출요건
인 가	인 가	인가취소
자기자본	5,000억원 이상	2,500억원 미만
신용등급	AA- 이상	투자적격등급(BBB-)미만
순자본비율	150% 이상	100% 미만 3개월 지속 또는 50% 미만
감사의견	최근 3사업연도 개별 및 연결 재무제표 모두 적정	최근 사업연도 개별 또는 연결재무제표 부적정 또는 의견거절

정답 | ④

상장지수증권(ETN)의 유동성공급자(LP)가 하는 역할로 볼 수 없는 것은?

① 투자수요에 맞는 ETN을 기획하고 발행한다.
② 상시적으로 실시간 지표가치 근처에서 호가를 제출한다.
③ 시장가격의 비정상적 형성을 막는 역할을 수행한다.
④ 원활한 거래를 지원하는 시장참가자이다.

용어 알아두기

유동성공급자 제도	상장사와 계약을 맺은 증권사가 유동성공급자(LP)가 되어 지속적으로 그 종목의 매도, 매수 주문을 내면서 거래를 일으키는 장치이다.

TIP ETN 시장에서 중추적인 역할을 하는 회사로 투자수요에 맞는 ETN을 기획하고 발행하는 업무, 마케팅 등을 수행하는 시장참가자는 발행회사이다.

핵심포인트 해설   **상장지수증권(ETN)의 유동성공급자(LP) 및 매매제도**

(1) 유동성공급자(LP : Liquidity Provider)
① 원활한 거래를 지원하는 시장참가자
② ETN을 발행한 증권회사 또는 제3의 증권회사가 담당
③ LP는 매수와 매도 양쪽 방향으로 최소 100증권 이상씩 호가를 제출해야 함
④ 상시적으로 실시간 지표가치 근처에서 호가를 제출
⑤ ETN 시장가격의 비정상적 형성을 막는 역할을 수행

(2) 매매제도
① 주식 또는 ETF와 거의 동일
② 현금에 갈음하여 위탁증거금으로 사용할 수 있도록 대용증권 지정
③ 사정비율은 70% 적용

정답 | ①

상장지수증권(ETN) 1증권당 실질가치로 ETF의 순자산가치(NAV)와 유사한 개념에 해당하는 것은?

① 괴리율

② 일일 지표가치(IV)

③ 실시간 지표가치(IIV)

④ 패리티(Parity)

용어 알아두기

순자산가치 (NAV)	투자기업의 자산의 총시장가치에서 부채를 차감한 금액이다.

TIP 일일 지표가치(IV)에 대한 설명이다. 일일 지표가치는 발행일 기준가로부터 일일 기초지수 변화율에 일할 계산된 제비용, 분배금 등을 가감하여 산출한다.

핵심포인트 해설 **상장지수증권(ETN)의 투자지표와 투자위험**

투자지표	• 일일 지표가치(IV) · ETN 1증권당 실질가치로 ETF의 순자산가치(NAV)와 유사한 개념 · 중도상환기준가로 활용 가능, 괴리율 판단기준 • 실시간 지표가치(IIV) · 실시간으로 변하는 ETN의 가치변화를 나타냄 · 산출주기는 기초지수 산출주기와 동일, 최대 15초 이내로 설정 • 괴리율 · ETN의 시장가격과 지표가치의 차이 · 발행회사의 신용위험이 부각되거나 유동성공급이 원활하지 않을 때 괴리율 상승 $$괴리율(\%) = \frac{(시장가격 - 지표가치)}{지표가치} \times 100$$
투자위험	• 발행회사 신용위험 • 기초자산 가격변동 위험 • 유동성 부족 위험 • 단기거래 비용증가 위험 • 상장폐지 위험 • 일별 복리화 효과 위험 • 롤오버위험

정답 | ②

fn.Hackers.com

☑ 다시 봐야 할 문제(틀린 문제, 풀지 못한 문제, 헷갈리는 문제 등)는 문제 번호 하단의 네모박스(□)에 체크하여 반복학습하시기 바랍니다.

01 중요도 ★★
□
장내파생상품과 장외파생상품을 비교한 것으로 거리가 먼 것은?

	장내파생상품	장외파생상품
①	선물, 옵션	선도, 옵션, 스왑
②	표준화	비표준화
③	가격형성이 불투명	가격형성이 투명
④	반대매매로 포지션 청산	포지션을 청산할 수 있으나 비용이 많이 듦

02 중요도 ★★★
□
장내파생상품과 장외파생상품을 비교한 것으로 잘못된 것은?

① 장내파생상품은 공개경매하나, 장외파생상품은 상대거래한다.
② 장외파생상품은 포지션을 청산할 수는 있으나, 시간과 비용이 많이 든다.
③ 장내파생상품은 거래내용이 표준화되어 있으나, 장외파생상품은 표준화되어 있지 않다.
④ 장외파생상품은 한국거래소가 결제이행을 보증하나, 장내파생상품은 상대방의 신용도에 의존한다.

03 중요도 ★★
□
장외파생상품에 대한 설명으로 올바른 것으로만 모두 묶인 것은?

> ㉠ 사적이고 개별적인 거래임 ㉡ 거래상대방을 몰라도 됨
> ㉢ 반대매매로 포지션 청산이 쉬움 ㉣ 선물과 옵션이 해당함
> ㉤ 거래자의 다양한 욕구 충족에 적합함

① ㉠, ㉤   ② ㉠, ㉡, ㉤
③ ㉡, ㉢, ㉣   ④ ㉢, ㉣, ㉤

04

중요도 ★

장외파생상품의 경제적 기능에 대한 설명으로 가장 거리가 먼 것은?

① 보유 기초자산의 리스크를 헤지할 수 있다.

② 낮은 신용위험을 가진 효율적인 투자수단으로 활용할 수 있다.

③ 자금조달 수단으로 활용할 수 있다.

④ 기업이나 금융회사의 수요를 적절히 반영한 맞춤형 금융상품을 제공할 수 있다.

05

중요도 ★★★

유형별 옵션의 종류로 잘못된 것은?

① 경로의존형 – 장애옵션, 룩백옵션

② 시간의존형 – 선택옵션, 버뮤다옵션

③ 첨점수익구조형 – 레인보우옵션, 퀀토옵션

④ 경로의존형 – 평균옵션, 클리켓옵션

정답 및 해설

01 ③ 장내파생상품은 가격형성이 투명하고 실시간 공개되어 있지만, 장외파생상품은 객관적으로 가격을 형성하는 것이 비교적 힘들고 불투명하다.

02 ④

구 분	장내파생상품	장외파생상품
종 류	선물, 옵션	선도, 스왑, 장외옵션
거래장소	장내(한국거래소)	장 외
거래방식	공개경매, 전자경매	개별적인 흥정에 의한 상대거래
표준화 여부	거래내용이 표준화됨	공통적인 요소는 있으나 표준화된 내용은 없음
투명성	가격형성이 투명하고 실시간 공개됨	가격형성이 비교적 불투명함
거래상대방	거래상대방을 서로 모름	반드시 거래상대방을 알아야 함
거래시간	한국거래소가 정하는 시간	24시간 거래 가능
포지션 청산	반대매매로 포지션 청산이 용이함	포지션을 청산할 수는 있으나, 시간과 비용이 많이 듦
거래 이행보증	한국거래소(청산소)에 의하여 보증됨	한국거래소가 없어 거래당사자 간의 신용도에 의존함
정산 및 가치평가	매일 가격변동에 따른 손익정산을 위하여 증거금 및 일일정산제도를 둠	거래 초기 및 만기에 대금지급, 기간 내 정기적인 가치평가를 함

03 ① ⓒⓓⓔ 장내파생상품에 해당하는 설명이다.

04 ② 장외파생상품은 높은 신용위험을 가진다.

05 ③ 레인보우옵션과 퀀토옵션은 첨점수익구조형이 아니라 다중변수의존형이다.

06 중요도 ★★★
옵션의 수익구조가 연속되지 않고 끊어지는 구조의 옵션 형태에 해당하는 것은?

① 경로의존형 옵션　　　　　　　　② 첨점수익구조형 옵션
③ 시간의존형 옵션　　　　　　　　④ 레버리지형 옵션

07 중요도 ★
평균옵션에 대한 설명으로 가장 올바른 것은?

① 평균가격옵션은 기초자산의 평균가격을 행사가격으로 설정한다.
② 경로의존형 옵션 범주에 해당한다.
③ 평균의 산정방법에는 단순산술평균만이 존재한다.
④ 평균옵션의 프리미엄은 상응하는 표준옵션의 프리미엄보다 크다.

08 중요도 ★★
경로의존형 옵션의 종류에 대한 설명으로 잘못된 것은?

① 평균옵션(Average Option) : 평균옵션의 프리미엄은 상응하는 표준옵션의 프리미엄보다
　크다.
② 낙인옵션(Knock-In Option) : 촉발가격을 건드리면 옵션이 발효된다.
③ 클리켓옵션 : 미리 정한 시점마다 행사가격이 해당 시점의 기초자산가격으로 변경되고
　정산도 이루어진다.
④ 룩백옵션 : 보유자 입장에서 유리하도록 행사가격을 만기에 결정한다.

09

중요도 ★★

Down−and−Out 콜옵션에 대한 설명 중 잘못된 것은?

① 기초자산가격이 촉발가격 이상으로 오르면 옵션이 무효가 된다.

② 기초자산가격이 촉발가격 이상의 수준을 유지하면 절약된 옵션의 프리미엄만큼 표준옵션보다 더 큰 이익을 얻을 수 있다.

③ 촉발가격이 현재가격과 가깝게 설정될수록 표준옵션에 비하여 절약되는 프리미엄은 커지지만 잠재적인 수익가능성은 줄어든다.

④ 원유를 매입해야 하는 정유회사와 같이 장래에 어떤 자산을 매입해야 하는 경우에 유용하다.

정답 및 해설

06 ② 첨점수익구조형 옵션은 옵션의 수익구조가 일정한 점프, 즉 불연속성을 가지는 옵션을 의미한다.
① 경로의존형 옵션에는 배리어옵션, 룩백옵션, 클리켓옵션 등이 있다.
③ 시간의존형 옵션에는 버뮤다옵션, 선택옵션이 있다. (특히, 스트래들과 손익구조가 동일한 선택옵션에 주의)
④ 레버리지형 옵션에는 승수형 옵션과 인버스플로터가 있다.

07 ② ① 평균가격옵션은 기초자산의 평균가격이 기초자산가격으로 설정된다.
③ 기하평균도 이용할 수 있다.
④ 평균옵션의 프리미엄은 상응하는 표준옵션의 프리미엄보다 작다.

08 ① 평균옵션은 변동성이 표준옵션보다 작을 수밖에 없다. 따라서 일반적으로 프리미엄이 표준옵션에 비하여 작다.

참고 평균옵션(Average Option)

- 평균가격옵션(Average Option) : 기초자산의 평균가격이 옵션의 수익구조를 결정하는 옵션
  평균가격 콜옵션의 손익구조 ⇨ $Max[S_{avg} - X, 0]$
- 평균행사가격옵션(Average Strike Option) : 평균가격이 행사가격으로 설정되는 옵션
  평균행사가격 콜옵션의 손익구조 ⇨ $Max[S_T - S_{avg}, 0]$

09 ① Up−and−Out에 대한 설명이다. Down−and−Out은 기초자산가격이 촉발가격 이하로 하락할 경우 옵션이 무효가 된다.

참고 낙아웃 옵션(Knock−Out Option)

낙아웃 옵션(Knock−Out Option) : 촉발가격을 건드리면 옵션이 소멸되는 옵션
- 기초자산가격이 촉발가격 이상으로 오르면 옵션은 무효가 됨(Up−and−Out)
- 기초자산가격이 촉발가격 이하로 하락하면 옵션은 무효가 됨(Down−and−Out)
- 현물가격이 촉발가격에 도달하지 않는 한 표준옵션과 동일하나, 기초자산가격이 촉발가격에 도달하면 옵션은 소멸함

10 중요도 ★★

장애옵션(Barrier Option)에 대한 설명 중 잘못된 것은?

① 장애옵션은 계약기간에 기초자산가격이 일정한 가격(촉발가격)까지 도달한 적이 있는 경우 옵션이 소멸되거나 발효되는 옵션을 말한다.

② 기초자산가격이 촉발가격(Trigger Price)에 도달하면 옵션이 소멸되는 낙아웃(Knock-Out) 옵션과 발효되는 낙인(Knock-In) 옵션으로 구분된다.

③ 낙아웃 옵션의 가격은 현물가격이 촉발가격에 도달하지 않는 한 표준옵션과 동일하다.

④ 옵션이 낙아웃되면 옵션 자체가 무효가 되므로 현금보상이 이루어지는 경우가 없다.

11 중요도 ★★

첨점수익구조형 옵션에 대한 설명 중 잘못된 것은?

① 첨점수익구조란 옵션의 수익구조가 일정한 점프, 즉 불연속점을 가지는 경우를 말한다.

② 디지털옵션의 경우 만기까지 내가격(ITM)이 되지 않으면 매수자에게는 아무것도 지급되지 않는다.

③ 디지털옵션의 경우 기초자산가격이 오르면 오를수록 수익이 점점 커진다.

④ 디지털배리어옵션은 만기까지 한 번이라도 내가격 상태에 있었다면 약정한 금액을 지급하는 원터치옵션이다.

12 중요도 ★

아시안옵션에 대한 설명으로 가장 거리가 먼 것은?

① 표준적인 옵션의 거래조건을 변형시킨 옵션이다.

② 평균행사가격옵션은 일정 기간의 기초자산가격의 평균이 행사가격이 된다.

③ 평균가격옵션은 일정 기간 기초자산의 평균과 행사가격의 차이에 의하여 손익이 결정된다.

④ 아시안옵션의 프리미엄은 표준형태의 개별옵션에 대한 프리미엄보다 훨씬 크다.

13 중요도 ★

□ 만기일 이전에 미래의 특정 시점에서 매입자가 매입한 옵션이 콜옵션인지 풋옵션인지의 여부를 선택할 수 있는 옵션에 해당하는 것은?

① 디지털옵션
② 퀀토옵션
③ 레인보우옵션
④ 선택옵션

14 중요도 ★

□ 다음 중 시간의존형 옵션으로 볼 수 있는 것은?

① 버뮤다옵션 ② 평균옵션
③ 룩백옵션 ④ 디지털옵션

정답 및 해설

10 ④ 옵션이 낙아웃되면 옵션 자체가 무효가 되어 아무런 대가가 없거나 약간의 리베이트(현금보상)가 이루어지는 경우가 있다.

11 ③ 디지털옵션의 손익의 경우 옵션 만기일에 내가격 상태이면 사전에 약정한 금액이 지급되고 그렇지 않으면 전혀 지급되지 않는다. 따라서 디지털옵션은 만기일에 얼마만큼 내가격 상태에 있느냐는 의미가 없고, 단지 내가격 상태이냐 아니냐가 의미 있다.

12 ④ 아시안옵션의 프리미엄은 표준형태의 개별옵션에 대한 프리미엄보다 작다.

13 ④ 만기일 이전에 미래의 특정 시점에서 매입자가 매입한 옵션이 콜옵션인지 풋옵션인지의 여부를 선택할 수 있는 옵션은 선택옵션이다. 선택옵션은 스트래들과 비슷한 측면이 많으며, 비용이 저렴하다.

14 ① 시간의존형 옵션은 버뮤다옵션과 선택옵션이 있다.

[참고] 버뮤다옵션(Bermudan Option)

• 유럽식 옵션과 미국식 옵션의 중간형태인 옵션
• 미리 정한 특정 일자들 중에서 한 번만 행사가 가능함

15

낙아웃 옵션에 대한 설명으로 가장 거리가 먼 것은?

① 낙아웃 옵션의 프리미엄은 일반적으로 동일조건의 표준옵션 프리미엄보다 작다.

② 원유를 매도하여야 하는 원유생산업자가 다운앤아웃 풋옵션을 매입하면 헤지비용 절감 및 옵션 무효 시 보상효과를 기대할 수 있다.

③ 낙아웃 옵션은 경로의존형 옵션에 해당한다.

④ 낙아웃 옵션과 낙인 옵션을 결합하면 표준옵션을 만들 수 있다.

16

Down-and-Out 콜옵션에 대한 설명으로 옳은 것은?

① 기초자산가격이 일정 기간 내에 일정 가격 이하로 하락하면 옵션이 무효화되는 것

② 기초자산가격이 일정 기간 내에 미리 정해진 가격 이상으로 상승하면 옵션이 무효화되는 것

③ 기초자산가격이 일정 기간 내에 미리 정해진 가격 이하로 하락하면 옵션이 유효화되는 것

④ 기초자산가격이 일정 기간 내에 일정 가격 이상으로 상승하면 옵션이 유효화되는 것

17

장애옵션에 대한 설명으로 가장 거리가 먼 것은?

① 낙인 옵션은 촉발가격에 도달하면 옵션이 발효된다.

② 낙아웃 옵션의 촉발가격이 현재가격에서 멀어질수록 표준옵션과의 가격차이가 커진다.

③ 낙아웃이 되면 현금보상이 이루어지기도 한다.

④ 낙인 옵션의 가격은 일반적으로 표준옵션의 가격보다 저렴하다.

18

중요도 ★★

□

기초자산의 가격움직임이 다음과 같을 때 만기 시 매수자의 수익이 가장 큰 옵션거래에 해당하는 것은?

> • 만기가격 : 1,100원   • 평균가격 : 1,070원
> • 최고가격 : 1,200원   • 최저가격 : 900원

① 유럽식 콜옵션(행사가격 : 1,000원)

② 평균행사가격 콜옵션

③ 평균가격 콜옵션(행사가격 : 1,000원)

④ 낙아웃 콜옵션(행사가격 : 950원, 촉발가격 1,150원)

정답 및 해설

15 ② 원유를 매도하여야 하는 원유생산업자는 업앤아웃 풋옵션을 매입하여야 한다.

16 ① Down–and–Out 콜옵션은 가격이 하락하면 옵션계약이 무효가 되는 옵션으로, 주로 외가격(OTM) 영역에 Barrier Price를 설정한다. 따라서 콜옵션인 경우에는 가격이 하락하는 영역에 Barrier Price를 설정하는 것이 일반적이다. 즉, Down–and–Out 조건을 부여한다.

17 ② 낙아웃 옵션의 촉발가격은 현재가격에서 멀어질수록 표준옵션과 차이가 나지 않는다.

> 참고 디지털옵션과 디지털배리어옵션
>
> • 디지털옵션은 옵션의 만기일에 내가격 상태이면 사전에 약속(약정)한 금액을 지급하고 그렇지 않은 경우(내가격 상태가 아닌 경우)에는 손익이 0이 되는 형태의 장외옵션
> • 디지털배리어옵션은 만기까지 한 번이라도 내가격 상태에 도달한 적이 있으면 사전에 약속(약정)한 금액을 지급하는 구조(디지털옵션과 다른 점)

18 ① ① 유럽식 콜옵션(행사가격 : 1,000원) = 1,100 − 1,000 = 100
② 평균행사가격 콜옵션 = 1,100 − 1,070 = 30
③ 평균가격 콜옵션(행사가격 : 1,000원) = 1,070 − 1,000 = 70
④ 기초자산가격이 촉발가격(1,150원)을 건드렸으므로, 낙아웃이 행사되어 0이 된다.

19
기초자산가격의 움직임이 다음과 같을 때 만기 시 수익이 발생하는 옵션으로 옳은 것은?

> 100(초기가격), 97, 93, 96, 102, 105, 107, 104(만기가격)

① 행사가격 100, 촉발가격 105인 낙인 콜옵션 매수
② 행사가격 100, 촉발가격 95인 낙아웃 콜옵션 매수
③ 행사가격 103, 촉발가격 105인 낙인 풋옵션 매수
④ 행사가격 103, 촉발가격 90인 낙아웃 풋옵션 매수

20
옵션의 계약기간 중 기초자산가격의 움직임이 다음과 같을 때 룩백 풋옵션 매수자의
만기 시 수익으로 옳은 것은?

> - 초기가격 : 350원
> - 최저가격 : 100원
> - 만기가격 : 400원
> - 최고가격 : 700원

① 0원   ② 250원
③ 300원   ④ 600원

21
A기업은 6개월 후 상품을 매입하여야 한다. 상품가격 상승에 따른 위험을 피하기 위해
배리어옵션을 이용하고자 할 때 가장 적합한 것은?

① Up-and-Out Call Option   ② Up-and-Out Put Option
③ Down-and-Out Call Option   ④ Down-and-Out Put Option

22

중요도 ★★

다음 설명에 해당하는 옵션으로 옳은 것은?

> • 옵션의 만기시점에 금리가 10%에 도달하거나 그 이상이면 무효가 된다.
> • 금리가 10% 이하이면 15%의 수익을 지급한다.

① 콜 배리어옵션   ② 풋 배리어옵션

③ 조건부 프리미엄옵션   ④ 디지털배리어옵션

23

중요도 ★★

다음 설명에 부합하는 옵션의 종류로 옳은 것은?

> 만기 시점까지 금리가 7%에 도달하거나 그 이상이면 옵션의 효력은 무효가 된다. 금리가 7% 이하에서 머물면 10%의 수익을 지급한다.

① 레인보우옵션   ② 디지털배리어옵션

③ KIKO옵션   ④ 클리켓옵션

정답 및 해설

19 ① 기초자산가격이 105인 촉발가격을 건드렸으므로 옵션의 효력이 생겼다. (낙인) 그러므로 104 − 100 = 4
②③④ 만기 시 수익이 0이다.

20 ③ 최고가격 − 만기종가 = 700 − 400 = 300

21 ③ 장래에 상품가격 상승에 따른 위험을 대비하기 위해서는 콜옵션이 적합하며, 비용을 줄이기 위하여 Down-and-Out 형태가 유리하다.

22 ④ 디지털배리어옵션에 대한 설명이다.

23 ② 디지털배리어옵션에 대한 설명으로, 배리어가격의 도입과 정액수수조건을 결합시킨 것이다.

    참고 디지털배리어옵션(Digital Barrier Option)

> • 디지털옵션에 장애옵션이 내재되어 있는 원터치옵션(One-Touch Option)
> • 만기까지 한 번이라도 내가격 상태였으면 약정한 금액 A를 지급하는 방식

24 중요도 ★
행사가격이 거래시점에 정해져서 만기까지 변하지 않는 옵션은?

① 룩백옵션   ② 클리켓옵션

③ 선택옵션   ④ 평균행사가격옵션

25 중요도 ★★
기초자산의 가격움직임이 다음과 같을 때 1개월 후와 2개월 후가 행사가격의 재확정일이고, 최초행사가격이 100원인 3개월 만기 클리켓 풋옵션 매수자의 만기까지의 총수익으로 옳은 것은? (단, 프리미엄은 없다고 가정)

- 1개월 후 시장가격 : 105원
- 2개월 후 시장가격 : 100원
- 3개월 후 시장가격 : 97원

① 3원   ② 5원

③ 8원   ④ 10원

26 중요도 ★★★
다음과 같은 시장상황에서 가장 높은 성과가 기대되는 형태의 콜옵션은?

- 만기일의 기초자산가격 : 210
- 대상기간의 평균 기초자산가격 : 203
- 행사가격 : 205

① 유럽식 옵션   ② 평균가격옵션

③ 평균행사가격옵션   ④ 레인보우옵션

27

중요도 ★★★

기초자산의 가격움직임이 다음과 같을 때 행사가격이 1,100원이고 만기 시 지급액이 50원인 디지털 콜옵션 매수자의 만기 수익으로 옳은 것은? (단, 프리미엄은 없다고 가정)

- 초기가격 : 1,000원
- 최고가격 : 1,200원
- 만기가격 : 900원
- 최저가격 : 700원

① 0원
② 50원
③ 100원
④ 200원

28

중요도 ★★

선택옵션에 대한 설명으로 가장 거리가 먼 것은?

① 미래의 특정 시점에 해당 옵션이 콜인지 풋인지 선택할 수 있는 옵션이다.
② 매입 시 기대효과가 스트래들과 유사하나 비용 측면에서 불리하다.
③ 선택시점에서 가치가 더 큰 옵션을 선택하는 것이 일반적이다.
④ 풋–콜을 선택한 이후에는 선택한 옵션만 보유한다.

정답 및 해설

24 ③ 선택옵션만 해당된다.

25 ③ 1개월 후(0, 행사가격 105로 변경), 2개월 후(5, 행사가격 100으로 변경), 3개월 후(3) ⇨ 0 + 5 + 3 = 8

26 ③ 평균행사가격옵션이 가장 성과가 높다.
① 유럽식 옵션의 성과 : 기초자산가격 − 행사가격 = 210 − 205 = 5
② 평균가격옵션은 평균가격(S)과 행사가격(X)과의 차이를 구분하는 것이므로 203 − 205 < 0
③ 평균행사가격옵션은 평균가격(S)과 만기 기초자산가격을 비교하는 것이므로 210 − 203 = 7
④ 레인보우옵션은 복수의 기초자산가격이 필요하므로 손익을 따질 수 없다.

27 ① 만기에 외가격(OTM)이 되었으므로 0이다.

28 ② 매입 시 기대효과가 스트래들과 유사하며 비용 측면에서 유리하다.

중요도 ★

다음과 같은 3개월 만기 클리켓 콜옵션 매수자의 만기 시 총수익은?

> • 초기행사가격 : 1,000원   • 행사가격 재조정시점 : 1개월 후, 2개월 후
> • 1개월 후 기초자산가격 : 900원   • 2개월 후 기초자산가격 : 1,500원
> • 만기가격 : 1,600원

① 500원   ② 600원
③ 700원   ④ 800원

30

중요도 ★

손익이 특정 기초자산에 의해서 결정되지만 위험에 노출된 정도나 크기는 다른 기초자산의 가격에 의하여 결정되는 장외옵션에 해당하는 것은?

① 바스켓옵션   ② 퀀토옵션
③ 샤우트옵션   ④ 클리켓옵션

31

중요도 ★★

낙아웃 콜옵션 매수와 관련된 설명으로 가장 거리가 먼 것은?

① 촉발가격이 기초자산의 현재가격과 가깝게 설정될수록 잠재적인 수익 가능성은 커진다.
② 옵션 계약기간 중 기초자산의 가격이 촉발가격에 도달하지 않고 만기에 내가격 상태로 끝나면 차액이 지급된다.
③ 낙아웃 콜옵션의 가격은 일반적으로 표준 콜옵션의 가격보다 저렴하다.
④ 옵션 계약기간 중 기초자산가격이 촉발가격에 도달하면 옵션이 소멸한다.

32 중요도 ★★

☐ 기초자산의 가격움직임이 다음과 같을 때, 행사가격이 1,100원이고 만기 시 지급액이 50원인 디지털콜옵션과 디지털배리어콜옵션 매수자의 만기 손익은?

- 초기가격 : 1,000원
- 최고가격 : 1,200원
- 만기가격 : 900원
- 최저가격 : 700원

	디지털콜옵션	디지털배리어콜옵션
①	0원	0원
②	0원	50원
③	50원	0원
④	50원	50원

33 중요도 ★

☐ 아래의 식은 어떤 옵션의 수익구조를 설명한 것인가?

- 콜 : $\text{Max}[0,\ \text{Max}(S_1,\ S_2,\ S_3,\ ...,\ S_n) - X]$
- 풋 : $\text{Max}[0,\ X - \text{Min}(S_1,\ S_2,\ S_3,\ ...,\ S_n)]$

① 룩백옵션 ② 레인보우옵션

③ 클리켓옵션 ④ 퀀토옵션

정답 및 해설

29 ③ 1개월 후 0원, 2개월 후 600원, 만기 100원이므로 총 700원이다.

30 ② 퀀토옵션에 대한 설명이다.

31 ① 촉발가격이 기초자산의 현재가격과 가깝게 설정될수록 잠재적인 수익 가능성은 작아진다.

32 ② 만기 이전에는 내가격 상태였고 만기에는 외가격 상태가 되었으므로, 디지털콜옵션은 0원, 디지털배리어콜옵션은 50원이 된다.

33 ② 전형적인 레인보우옵션의 수익구조이다. 레인보우옵션은 다중행사가격옵션의 개념과 공식을 비교하여 두는 것이 필요하다. 다중행사가격옵션은 여러 개의 기초자산에 대하여 각각 다르게 행사가격을 정하는 것으로, 레인보우옵션에서는 행사가격이 하나인 것과 차이가 있다는 점을 상기하여야 한다.

34

중요도 ★★★

통화관련 장외파생상품에 대한 설명으로 가장 거리가 먼 것은?

① 통화스왑은 외환스왑에 비하여 만기가 단기이다.

② 통화옵션을 이용한 환위험관리는 외환포지션에 대한 선택적 헤지를 가능하게 한다.

③ 수출기업은 외화 선물환 매도를 통하여 환위험을 헤지할 수 있다.

④ 외환스왑은 동일한 거래상대방과 동일한 금액의 현물환 거래 및 선물환 거래를 반대방향으로 체결하는 한 쌍의 거래이다.

35

중요도 ★★★

외환스왑에 대한 설명으로 가장 거리가 먼 것은?

① 동일한 거래상대방과 현물환 거래와 선물환 거래를 동시에 체결한다.

② 현물환 거래와 선물환 거래의 방향은 반대이다.

③ 초기와 만기에 각각 원금교환이 발생한다.

④ 만기가 장기이고 주기적으로 이자교환이 발생한다.

36

중요도 ★★

A기업은 수출과 수입을 동시에 하는 무역회사이다. A기업의 다음과 같은 외환수급 불일치를 해소하기 위한 가장 적절한 거래는?

- 2영업일 후 USD 천만달러의 수입대금 입금
- 1개월 후 USD 천만달러의 수입대금 결제

① 선물환   ② 통화스왑

③ 외환스왑   ④ 통화옵션

37

환위험을 헤지하기 위한 통화관련 장외파생상품의 활용에 대한 설명으로 가장 거리가 먼 것은?

① 달러 매입 포지션인 수출기업은 달러 선물환 매도를 통해서 환위험을 헤지할 수 있다.
② 외환스왑은 동일한 거래상대방과 동일한 금액의 두 외환거래를 동일한 거래방향으로 체결하는 거래이다.
③ 통화스왑은 외환스왑에 비하여 만기가 장기이며 주기적으로 이자교환이 발생한다.
④ 통화옵션을 이용하면 외환포지션에 대한 선택적인 헤지가 가능하다.

38

통화옵션을 이용한 합성선물환과 가장 거리가 먼 것은?

① 범위 선물환(Range Forward)　② 차액결제 선물환(NDF)
③ 키코 선물환(KIKO Forward)　④ 목표 선물환(Target Forward)

정답 및 해설

34 ① 통화스왑은 외환스왑에 비하여 만기가 장기이다.
35 ④ 만기가 단기이고 중간에 이자교환이 발생하지 않는다.
36 ③ 단기적으로 외화의 현금흐름 불일치가 발생하므로 외환스왑을 이용하는 것이 적절하다.
37 ② 외환스왑은 두 외환거래를 반대 방향으로 체결하는 거래이다.
38 ② 차액결제 선물환(NDF)은 해당되지 않는다.

참고 통화옵션을 이용한 합성선물환

- 범위 선물환(Range Forward)
- 인핸스드 포워드(Enhanced Forward)
- 목표 선물환(Target Forward)
- 낙아웃 목표 선물환(Knock-Out Target Forward)
- KIKO 선물환(Knock-In, Knock-Out Forward) ⇨ 선물환이지만 부가조건은 통화옵션과 유사

제2장 기타 파생상품·파생결합증권　293

39 중요도 ★★

선물환 거래에 대한 설명으로 가장 올바른 것은?

① 선물환 거래를 이용한 환위험 관리전략은 항상 통화옵션거래보다 유리한 결과를 가져온다.

② 선물환 거래는 일반적으로 선물환 환율과 만기환율의 차액만을 정산한다.

③ 선물환 거래를 이용하면 미래의 환율 움직임에 관계없이 외환포지션을 특정 환율에 고정시킬 수 있다.

④ 선물환 환율은 현물환 환율보다 항상 높게 형성된다.

40 중요도 ★

신용위험에 대한 기술 중 잘못된 것은?

① 신용위험은 자금차입자 또는 채권발행자가 원금 또는 이자를 약속한 시간에 상환하지 못할 위험을 말한다.

② 신용위험은 시장가격 변화, 채무자의 신용등급, 부도확률, 부도회수율에 따라 달라진다.

③ 신용위험은 시장위험에 비하여 단기이고 법적인 문제가 발생한다.

④ 신용파생상품은 채권이나 대출 등에서 신용위험만을 분리하여 거래당사자 간에 이전하는 금융계약으로, 대표적인 상품은 CDS이다.

41 중요도 ★★

신용파생상품과 관련된 주요용어에 대한 설명으로 잘못된 것은?

① 준거기업 : 신용파생상품의 거래대상이 되는 채무를 부담하는 주체

② CDS 프리미엄(신용스프레드) : 보장매도자가 보장매입자에게 지급하는 비용

③ 신용사건(이벤트) : 파산, 지급불이행, 채무재조정, 채무불이행, 기한이익 상실, 지급이행 거절, 모라토리엄 선언 등

④ 회수율 : 준거기업의 신용사건 발생 시 자산의 회수비율

42 중요도 ★

CDS 프리미엄의 결정요인과 가장 관계가 적은 것은?

☐

① 보장매도자의 신용도

② 보장매입자의 신용도

③ 신용사건 발생 시 준거자산의 회수율

④ 준거자산의 신용사건 발생 가능성

43 중요도 ★★

만기 이전에 미리 정한 신용사건이 발생할 경우 보장매도자가 보장매입자에게 손실금액

☐ 을 지급하는 신용파생상품으로 옳은 것은?

① 신용디폴트스왑

② 신용스프레드스왑

③ 신용스프레드옵션

④ 신용연계채권

정답 및 해설

39 ③ ① 항상 유리한 결과를 가져오는 것은 아니다.

② 만기에 실물인수도한다.

④ 선물환 환율은 현물환 환율보다 높거나 낮게 형성될 수 있다.

40 ③ 신용위험은 시장위험에 비하여 장기이고 법적인 문제가 발생한다.

41 ② CDS 프리미엄(신용스프레드)은 보장매입자가 보장매도자에게 지급하는 비용이다.

42 ② CDS 프리미엄의 결정요인에는 만기, 채무불이행 가능성, 보장매도자의 신용도, 준거자산의 신용과 보장매도자 신용 간의 상관관계, 준거자산의 회수율 등이 있다.

43 ① 신용디폴트스왑에 대한 설명이다.

44

중요도 ★★★

신용디폴트스왑(CDS)에 대한 설명으로 가장 거리가 먼 것은?

① 보장매입자는 보장매도자에게 준거기업에 대한 신용위험을 이전한다.

② 준거기업의 신용사건 발생 시 보장이행방법은 현금정산만 가능하다.

③ 준거기업의 신용사건 발생 시 보장매도자는 보장매입자에게 손실금을 지급한다.

④ CDS 프리미엄은 준거기업의 신용사건 발생 가능성이 높을수록 증가한다.

45

중요도 ★★★

신용디폴트스왑(CDS)에 대한 설명으로 가장 거리가 먼 것은?

① 보장매입자는 준거기업에 대한 신용위험을 보장매도자에게 이전한다.

② 보장매도자는 준거기업에 대한 신용위험을 인수하는 대신 프리미엄을 수취한다.

③ 준거기업의 신용사건이 발생하면 보장매도자는 보장매입자에게 준거기업의 손실금을 지불한다.

④ CDS거래에서 준거기업은 금융기관만을 대상으로 한다.

46

중요도 ★★★

보장매입자가 기초자산에서 발생하는 모든 현금흐름을 보장매도자에게 지급하고, 보장매도자로부터 약정한 수익을 지급받는 계약은 무엇인가?

① FRN(Floating Rate Notes)　　　② TRS(Total Return Swap)

③ CDS(Credit Default Swap)　　　④ CLN(Credit Linked Notes)

47 중요도 ★★

총수익률스왑에 대한 설명으로 가장 올바른 것은?

① 보장매도자는 준거자산에서 발생하는 현금흐름을 지급하고 약정한 수익을 수취한다.

② 신용사건이 발생하는 경우에만 준거자산과 관련된 현금흐름이 발생한다.

③ 신용사건 발생 시 현금정산만 가능하다.

④ 보장매입자에게는 현금흐름 측면에서 준거자산을 매각하는 효과가 있다.

48 중요도 ★★

신용파생상품의 유용성과 위험성에 대한 설명 중 잘못된 것은?

① 신용파생상품은 대출과 같이 매각하기 힘든 자산을 준거자산으로 하므로 유동성이 적다.

② 금융기관에게는 효율적인 신용위험 관리수단이 된다.

③ 금융기관과 당국의 리스크관리가 소홀할 경우 금융시스템의 안정성이 저해될 수 있다.

④ 정보의 비대칭현상이 발생할 수 있고 몇몇 투자은행과 전문투자자에 의하여 가격과 위험 분산이 왜곡될 수 있다.

정답 및 해설

44 ② 현금정산 또는 실물이전 등이 가능하다.

45 ④ 준거기업은 은행, 기업, 국가 등 다양하다.

46 ② TRS(Total Return Swap)는 보장매입자가 기초자산에서 발생하는 이자, 자본수익(손실) 등 모든 현금흐름을 보장매도자에게 지급하고, 보장매도자로부터 약정한 수익을 지급받는 계약이다.

47 ④ ① 보장매입자는 준거자산에서 발생하는 현금흐름을 지급하고 약정한 수익을 수취한다.

② 평상시에도 준거자산과 관련된 현금흐름이 발생한다.

③ 현금정산 및 준거자산 이전도 가능하다.

48 ① 신용파생상품은 대출과 같이 매각하기 힘든 자산에 유동성을 부여하여, 쉽게 거래할 수 있으므로 상대적으로 유동성이 높다.

49 중요도 ★★

총수익률스왑(TRS)의 특정 계약기간에 준거자산의 이자와 가치변동이 다음과 같을 때 보장매입자가 보장매도자에게 지급하는 금액으로 옳은 것은? (단, 해당 기간 동안 신용사건은 발생하지 않음)

> • 이자 : 500원　　　　　　　　　　• 가치변동 : 1,000원 상승

① 0원　　　　　　　　　　② 500원
③ 1,000원　　　　　　　　④ 1,500원

50 중요도 ★★★

총수익률스왑에 대한 설명으로 가장 거리가 먼 것은?

① 신용위험뿐만 아니라 시장위험까지도 이전한다.
② 보장매도자는 현금흐름 측면에서 기초자산을 매각하는 효과가 있다.
③ 신용사건이 발생하지 않아도 기초자산의 시장가치를 반영한 현금흐름이 발생한다.
④ 여러 자산으로 구성된 포트폴리오도 준거자산이 될 수 있다.

51 중요도 ★

다음 내용은 어떤 거래에 해당하는가?

> • A기업은 정기적으로 B기업에 채권 A에서 발생한 모든 현금흐름과 자본이익을 지급한다.
> • B기업은 채권 A의 시장가격이 감소하면 A기업에게 감소분에 Libor + 100bp를 더한 금액을 지급한다.

① TRS　　　　　　　　　② CDS
③ CLN　　　　　　　　　④ MBS

52 중요도 ★★★

신용연계채권(CLN)**에 대한 설명 중 옳지 않은 것은?**

① 고정금리채권에 CDS 등과 같은 신용파생상품이 내장된 신용구조화상품이다.

② CLN의 원리금 상환조건은 발행자의 신용뿐만 아니라 준거기업의 신용사건(파산, 지급불이행, 채무재조정 등) 발생 여부 등에 따라 결정된다.

③ CLN은 Unfunded 형태이며 신용사건 발생 시 거래상대방에 대한 위험에 노출된다.

④ CLN 투자자는 준거기업의 신용위험뿐만 아니라 발행자의 신용위험도 감수하여야 하는데, 발행자의 신용위험을 원하지 않을 경우 특수목적회사(SPC)를 통하여 CLN을 발행하면 이 문제가 해결된다.

53 중요도 ★★

ESG 투자방식과 시장규모에 관한 설명으로 옳지 않은 것은?

① 국민연금의 ESG 투자확대를 위한 정책 및 제도 정비가 빠르게 진행되고 있다.

② ESG 요소를 반영한 투자를 책임투자 또는 지속가능투자로 일컫고 있다.

③ 국내 책임투자의 시작은 2005년 사학연금 책임투자형 직접펀드 운용이라고 볼 수 있다.

④ ESG 분류체계 수립 및 금융기관의 ESG상품에 대한 공시의 강화가 예상되고 있다.

정답 및 해설

49 ④ 모든 수익을 이전하여야 하므로 1,500원을 지급하여야 한다.

50 ② 보장매입자는 현금흐름 측면에서 기초자산을 매각하는 효과가 있다.

51 ① TRS(Total Return Swap)에 대한 설명이다.

52 ③

구 분	CDS	CLN
초기 원금 수반 여부	• 투자자금 수반되지 않음 • 프리미엄만 수수(Unfunded 형태)	• 투자자금 수반됨 • Funded 형태
거래상대방 위험	• 거래상대방(보장매도자) 위험에 노출됨	• 발행대금에서 손실금 회수가 가능하므로 거래상대방 위험에서 제거됨

⇨ CLN에서 SPV가 발행한 CLN의 수익률은 담보채권의 수익률과 보상매입자로부터 수취하는 CDS 프리미엄의 합이다.

53 ③ 한국의 경우 책임투자의 시작은 2006년 9월 국민연금 책임투자형 위탁펀드 운용이라 볼 수 있다.

54

중요도 ★★

TCFD(Task Force on Climate-Related Financial Disclosure)에 관한 설명으로 옳지 않은 것은?

① 기후 공시 표준화 프레임 워크 역할을 하고 있다.
② 지배구조, 경영전략, 리스크 관리, 지표 및 목표의 4가지 구분에 따른 정보공개 지침을 제시한다.
③ 자산운용사는 포트폴리오 부합성, 자금배출지표 등 정보공시 내용 및 수준이 심화된다.
④ 인권, 이사회의 성별 다양성, 논란성 무기에 대한 노출도 등 사회지표도 포함된다.

55

중요도 ★★★

파생결합증권에 대한 설명으로 올바르지 않은 것은?

① 다른 금융투자상품을 기초자산으로 하는 파생결합증권을 발행할 수도 있다.
② 파생결합증권 기초자산의 범위를 확대하여 매우 포괄적으로 정의하고 있다.
③ 탄소배출권과 같은 환경적 위험 등도 기초자산으로 편입되어 있다.
④ 타인의 노력과 무관하게 외생적 지표에 의해 수익이 결정되는 증권은 포함하지 않는다.

56

중요도 ★★

원금비보장형 파생결합증권(ELS)보다는 파생결합사채(ELB)에 주로 사용되는 구조는?

① 낙아웃 옵션형   ② 콜 스프레드형
③ 디지털형   ④ 양방향 낙아웃형

57

중요도 ★★

파생결합사채(ELB)의 수익구조 중 만기 기초자산가격에 따라 일정 구간까지는 상승수익을 지급하고, 그 이상은 고정된 최대수익을 지급하는 형태는?

① 낙아웃 옵션형
② 콜 스프레드형
③ 디지털형
④ 양방향 낙아웃형

58

중요도 ★★★

조기상환형 스텝다운 ELS에 대한 설명으로 잘못된 것은?

① 기초자산이 2개인 조기상환형 ELS는 보통 'Worst Performer'조건을 주로 사용한다.
② 통상적으로 만기를 2년 또는 3년으로 설계한다.
③ 발행 후 조기상환가격 수준 이상으로 오르면 액면 금액만 지불하고 계약이 종료된다.
④ 계속 조기상환되지 않고 만기까지 간다면 만기상환조건에 따라 상환금액이 결정된다.

정답 및 해설

54 ④ SFDR(Sustainable Finance Disclosure Regulation)에 따른 사회지표이다.

55 ④ 파생결합증권은 타인의 노력과 무관하게 외생적 지표에 의해 수익이 결정되는 증권을 새로 포함하고 있다.

56 ① 낙아웃 옵션형에 대한 설명이다.

57 ② 콜 스프레드형에 대한 설명이다.

58 ③ 발행 후 6개월 단위로 기초자산의 주가가 정해진 조기상환가격 수준 이상으로 오르면 사전에 약정한 수익을 액면 금액과 함께 투자자에게 지불하고 계약이 종료된다.

59 중요도 ★★

조기상환형 ELS 중 낙인형에 대한 설명으로 잘못된 것은?

① 가장 보편적으로 판매되고 있는 구조이다.

② 매 조기상환 시점마다 일정 비율씩 조기상환가격 수준을 낮춰줌으로써 조기상환의 가능성을 높였다.

③ 낙인이 발생했더라도 다음 조기 또는 만기상환 시점에 상환조건을 달성하면 원금과 수익금액을 모두 받을 수 있다.

④ 다른 상환조건이 비슷하다면 노낙인형 ELS가 낙인형 ELS보다 제시수익률이 약간 높은 편이다.

60 중요도 ★★★

ELB 투자 시 유의사항으로 가장 거리가 먼 것은?

① ELB는 파생결합증권이 아닌 채무증권으로 분류되므로 저위험 성향의 투자자에게는 ELS보다는 ELB를 먼저 안내한다.

② 고난도 금융투자상품이므로 녹취·숙려제도, 적정성 원칙과 설명의무, 적합성 원칙도 적용된다.

③ 대부분의 만기상환형 ELB는 만기 상환 시 원금 이상의 수익금액을 지급하므로 저위험 성향의 투자자에게 적합하다.

④ 낙아웃 옵션형 ELB는 시장의 상승을 예상하고 있는 투자자들에게 유리하다.

61 중요도 ★

다음 중 주가연계증권(ELS)의 이론가격 계산 시 직접적 영향을 미치는 요소가 아닌 것은?

① 표면이율　　　② 금 리　　　③ 변동성　　　④ 잔존만기

62 중요도 ★★

파생결합증권의 발행과 관련하여 올바르지 않은 것은?

① 일괄신고서를 이용할 수 있다.

② 증권신고서는 수리된 날로부터 7일 경과 후 효력이 발생한다.

③ 발행을 위해서는 증권신고서를 작성하여야 한다.

④ 거래소에 상장되는 파생결합증권은 상장예비심사를 받아야 한다.

63 중요도 ★★★

주식워런트증권(ELW)과 개별주식옵션을 비교한 것으로 잘못된 것은?

	구 분	ELW	개별주식옵션
①	법적특성	파생결합증권	파생상품(장내)
②	발행주체	금융투자회사	거래소
③	계약이행보증	발행자의 자기신용	거래소의 결제이행보증
④	유동성공급	시장의 수요와 공급	1개 이상의 유동성공급자

정답 및 해설

59 ④ 안전성을 보강했기 때문에 다른 상환조건이 비슷하더라도 노낙인형 ELS가 낙인형 ELS보다 제시수익률이 약간 낮은 편이다.

60 ② 고난도 금융투자상품이 아니므로 판매규제 또는 고령자·부적합투자자 녹취·숙려제도, 적정성 원칙은 적용되지 않고 설명의무, 적합성 원칙은 적용됨

61 ① 표면이율은 주가연계증권(ELS)의 이론가격 계산 시 직접적 영향을 미치는 요소라고 볼 수 없다.

62 ② 파생결합증권의 증권신고서는 수리된 날로부터 15일 경과 후 효력이 발생한다.

63 ④

구 분	ELW	개별주식옵션
법적특성	파생결합증권	파생상품(장내)
발행주체	금융투자회사	거래소
계약이행보증	발행자의 자기신용	거래소의 결제이행보증
유동성공급	1개 이상의 유동성공급자	시장의 수요와 공급
대상종목	주요 국내외 주가지수, 주요 개별주식	주가지수를 포함한 30종목
계약기간	3개월 ~ 3년	결제월제도에 따름
표준화	원칙적으로 비표준상품	표준화된 조건
결제수단	현금 또는 실물	현 금

64 중요도 ★★
주식워런트증권(ELW)에 대한 설명으로 옳지 않은 것은?

① 장내 ELW는 장내 파생상품인 개별주식옵션과 마찬가지로 거래소가 결제이행을 보증한다.

② ELW 거래에는 장내 옵션거래에 수반되는 증거금 예탁 등의 복잡한 절차가 필요없다.

③ 보통 1,000원 전후의 발행가격으로 소액투자가 가능하다.

④ ELW는 유러피안 콜과 풋옵션 이외의 구조로도 상장이 가능하다.

65 중요도 ★★★
다음에 해당하는 용어는?

> • 행사가격과 기초자산가격의 상대적 크기
> • 1이면 등가격(ATM), 1보다 크면 내가격(ITM), 1보다 작으면 외가격(OTM)이 된다.

① 패리티   ② 기어링비율   ③ 전환비율   ④ 손익분기점

66 중요도 ★★★
ELS, CB, BW를 비교한 내용으로 옳지 않은 것은?

	구 분	ELS	CB, BW
①	옵션형태	다양한 형태의 옵션	주식전환권, 신주인수권
②	이자지급	권리행사 이전 고정적 이자 지급	특정 주기와 형태 필요 없음
③	발행동기	투자자의 위험선호도에 따른 맞춤 설계	기업체의 자금조달
④	발행기관	금융투자회사	개별기업

67

중요도 ★★★

A주식을 기초자산으로 하는 콜 ELW가 있다. 행사가격은 20,000원이고 현재 ELW 가격은 300원, 전환비율은 0.25라고 할 때, 이 ELW의 손익분기점은 얼마인가?

① 21,200원
② 25,600원
③ 27,900원
④ 29,900원

68

중요도 ★★

한국거래소에서 거래되고 있는 주식워런트증권(ELW)의 내재가치 여부를 판단할 수 있는 지표는?

① 레버리지
② 패리티
③ 전환비율
④ 유동성 공급자

정답 및 해설

64 ① 주식워런트증권(ELW)은 발행자의 자기신용으로 계약이행이 보증된다.

65 ① 패리티는 행사가격과 기초자산 가격의 상대적 크기를 나타낸 것으로 1을 기준으로 판단한다.

66 ② 이자지급의 형태를 비교하였을 때 ELS는 특정 이자 주기와 형태가 필요 없으나 CB, BW는 권리행사 이전에 고정적으로 이자를 지급한다.

67 ①
- 콜 ELW 손익분기점 = 행사가격 + ELW가격 / 전환비율
- 풋 ELW 손익분기점 = 행사가격 − ELW가격 / 전환비율

⇨ 21,200원 = 20,000원 + 300원 / 0.25

68 ② 한국거래소에서 거래되고 있는 주식워런트증권(ELW)의 내재가치 여부를 판단할 수 있는 지표는 패리티이다.

69
중요도 ★★★
상장지수증권(ETN)과 ETN 상장에 대한 설명으로 가장 거리가 먼 것은?

① ETN의 발행총액은 최소 70억원 이상, 발행증권 수는 10만 증권 이상이다.

② ETN의 신규상장 신청 전 심사기간은 15일이다.

③ ETN 발행인이 직접 유동성을 공급하거나 유동성공급자와 유동성 공급계약을 체결해야 한다.

④ ETN의 발행회사는 자기자본 5,000억원, 순자본비율 200%, 신용등급 AA- 이상이어야 한다.

70
중요도 ★★★
상장지수증권(ETN)의 기초지수에 대한 설명으로 가장 거리가 먼 것은?

① 시장대표지수나 섹터지수를 추종하는 ETN의 출시도 가능하다.

② ETN이 투자 대상으로 삼고 있는 기초지수는 주식, 채권, 파생상품, 금과 같이 특정 자산 가격의 흐름을 종합적으로 나타낸다.

③ 기초지수가 주식인 경우 ETF는 5종목 이상, ETN은 10종목 이상이면 된다.

④ 국채만으로 구성된 기초지수는 편입종목이 3종목 이상이어야 한다.

71
중요도 ★★
상장지수증권(ETN)의 투자지표에 대한 설명으로 잘못된 것은?

① 일일 지표가치는 실시간으로 변하는 ETN의 가치변화를 나타낸다.

② 실시간 지표가치는 최대 15초 이내로 설정해야 한다.

③ 일일 지표가치는 한국예탁결제원 등 일반 사무관리회사가 산출한다.

④ 중도상환 기준가는 당일 지표가치에서 중도상환수수료를 공제하여 산출한다.

72

중요도 ★

상장지수증권(ETN)의 투자위험이 아닌 것은?

① 발행회사 신용위험
② 기초자산 가격변동 위험
③ 유동성 부족 위험
④ 장기거래 비용증가 위험

정답 및 해설

69 ④ · ETN의 발행회사(금융투자업자)의 자격

구 분	진입요건
인 가	증권 및 장외파생상품 매매업 인가
자기자본	5,000억원 이상
신용등급	AA- 이상
순자본비율	150% 이상
감사의견	최근 3사업연도 개별 및 연결 재무제표 모두 적정

70 ③ 기초지수가 주식인 경우 ETF는 10종목 이상, ETN은 5종목 이상이면 된다.

71 ① 실시간 지표가치(IIV)에 대한 설명이다.

참고 실시간 지표가치(IIV)

· 실시간으로 변하는 ETN의 가치변화
· 산출주기는 기초지수 산출주기와 동일, 최대 15초 이내로 설정

72 ④ ETN은 단기거래 시 위탁수수료 비용이 증가해 투자 수익률에 좋지 않은 영향을 미칠 수 있다.

제3과목
리스크관리 및 직무윤리

[총 25문항]

제1장
리스크관리

학습전략

리스크관리는 제3과목 전체 25문제 중 **총 8문제**가 출제된다.

리스크관리의 경우 리스크의 유형과 개념에 대한 정확한 이해가 필요하며, 리스크관리에 실패한 사례에서 얻을 수 있는 교훈에 대하여 묻는 문제가 출제되기도 한다.

출제예상 비중

10% 리스크관리 개관

파생상품 리스크관리 20%

기타리스크 10%

신용리스크 20%

40% 시장리스크

핵심포인트

구 분	핵심포인트	중요도	페이지
리스크관리 개관 (10%)	01 리스크의 정의와 유형	★★	p. 312
시장리스크 (40%)	02 시장리스크관리의 두 가지 기본 접근방법	★★	p. 316
	03 VaR의 정의와 측정	★★★	p. 317
	04 VaR의 합산과 분해	★★	p. 319
	05 변동성 추정	★★	p. 320
	06 파생상품 VaR의 추정	★★	p. 321
	07 시뮬레이션과 위기상황분석 및 사후검증	★★	p. 323
신용리스크 (20%)	08 신용리스크와 시장리스크	★★	p. 327
	09 기대손실과 기대외손실	★★★	p. 328
	10 장외파생상품의 신용리스크 측정	★★	p. 329
기타리스크 (10%)	11 운영리스크	★	p. 333
파생상품 리스크관리 (20%)	12 선물 헤지거래와 리스크관리	★★	p. 334
	13 장외파생상품의 유동성리스크	★★	p. 335
	14 파생결합증권의 리스크	★★	p. 336
	15 헤지거래의 이해	★★	p. 337

리스크에 대한 설명 중 잘못된 것은?

① 리스크가 가지는 2개의 요소는 불확실성과 노출이다.
② 리스크는 측정 불가능한 불확실성을 의미한다.
③ 리스크가 무조건 나쁘다고 평가할 수 없으며, 리스크를 줄이는 것만이 최선이라고 말할 수 없다.
④ 리스크는 실제 발생한 사건이 예상과 다를 가능성을 의미하므로 상황이 좋을 때나 나쁠 때나 항상 리스크를 관리해야 한다.

용어 알아두기

리스크	예측하지 못한 어떤 사실이 금융기관의 자본이나 수익에 부정적인 영향을 끼칠 수 있는 잠재가능성을 의미하는 것으로, 위험(Danger)과는 달리 이를 수용하여 적절히 관리할 경우 그에 상응하는 보상이 제공되는 불확실성을 말한다.

TIP 리스크는 측정이 가능한 불확실성을 의미한다.

핵심포인트 해설　　　**리스크의 정의**

① 리스크는 불확실성에 노출되는 것
② 리스크는 측정 가능한 불확실성
③ 리스크는 기대하지 않은 결과의 변동성
④ 리스크가 무조건 나쁜 것은 아니며, 리스크를 줄이는 것이 최선이라고도 할 수 없음
⑤ 리스크는 상황이 좋을 때나 나쁠 때나 항상 관리해야 함

정답 | ②

다음 중 재무리스크에 해당하지 않는 것은?

① 시장리스크
② 신용리스크
③ 금리리스크
④ 운영리스크

TIP 재무리스크에는 시장리스크, 신용리스크, 금리리스크, 유동성리스크 등이 있다.

핵심포인트 해설 | **재무리스크의 유형**

시장리스크	• 시장상황이 불리하게 변동되어 기대했던 수익률을 실현하지 못하고 손실을 보게 되는 위험 • 주가변동리스크, 금리변동리스크, 환율변동리스크, 상품가격변동리스크 등
신용리스크	• 거래상대방의 채무불이행으로 인한 경제적 손실위험 • 채무불이행리스크, 신용등급하락리스크 등
금리리스크	• 금리의 등락에 따라 수익이 변동될 위험 • 재가격갭, 듀레이션갭
유동성리스크	• 포지션을 마감·청산할 때 발생하는 비용에 대한 위험 • 시장유동성리스크, 자금조달유동성리스크

정답 | ④

03

다음 중 비재무리스크에 해당하지 않는 것은?

① 인적리스크
② 전략리스크
③ 신용리스크
④ 평판리스크

TIP 비재무리스크에는 운영리스크, 전략리스크, 법률리스크, 평판리스크 등이 있다.

핵심포인트 해설   비재무리스크의 유형

운영리스크	• 내부통제·인력·시스템·외부사건 등으로 인해 발생하는 손실위험 • 인적리스크, 내부시스템리스크, 프로세스리스크, 외부사건리스크 등
전략리스크	• 정치·경제환경의 근본적인 변화로 인한 손실위험 • 경영진의 정책결정 오류로 인한 손실위험
법률리스크	• 계약당사자에게 계약을 강제할 수 없을 때 발생하는 손실위험
평판리스크	• 금융회사에 대한 외부의 여론·이미지가 악화되어 발생하는 손실위험

정답 | ③

다음 중 계량리스크에 해당하는 것은?

① 운영리스크
② 전략리스크
③ 법률리스크
④ 시스템리스크

TIP 계량리스크에는 시장리스크, 신용리스크, 금리리스크, 유동성리스크, 운영리스크 등이 있다.

핵심포인트 해설 **계량유무에 따른 리스크 유형**

계량리스크		시장리스크, 신용리스크, 금리리스크, 유동성리스크, 운영리스크 등
비계량 리스크	전략리스크	리스크정책, 절차, 내부통제 적정성을 감안하여 정성적인 판단을 해야 함
	법률리스크	계약이 잘못 문서화된 경우, 계약상대방이 법적 계약 권한이 없는 경우 등이 해당
	법규준수리스크	법규를 준수하지 않음으로써 발생할 수 있는 경제적 손실위험으로 이를 위해 금융회사는 준법감시제도를 두고 있음
	평판리스크	이해관계자의 여론을 수시로 확인, 공시 및 홍보에 노력해야 함
	시스템리스크	금융회사·금융시장·결제시스템 붕괴 등으로 인해 금융산업 전체가 입게 되는 손실위험 (도미노효과위험)

* BIS기준 3대 리스크 : 시장리스크, 신용리스크, 운영리스크

정답 | ①

리스크 통합관리법에 대한 설명으로 옳은 것은?

① 주로 거래부서(Trading Office)가 리스크를 관리한다.
② 자기가 취한 포지션위험을 줄이기 위해 파생상품을 이용한다.
③ 그릭문자를 이용한다.
④ 주로 사용하는 위험측정치는 VaR(Value at Risk)이다.

TIP ①②③은 리스크 개별관리법에 대한 설명이다.

핵심포인트 해설 　　시장리스크 관리방법

리스크 개별관리법	• 주로 거래부서(Trading Office)가 리스크를 하나씩 확인하여 개별적으로 관리하는 리스크 관리방법 • 자기가 취한 포지션위험을 줄이기 위해 파생상품을 이용 • 위험측정 : 그릭문자(델타, 감마, 베가, 세타, 로) • 델타헤지는 포트폴리오 델타를 0으로 만들어 기초자산의 가격이 변해도 포토폴리오의 가치는 변하지 않도록 하는 방법
리스크 통합관리법	• 주로 리스크 관리부서인 중간부서(Middle Office)가 리스크를 통합한 후 분산하여 관리하는 리스크 관리방법 • 신용리스크는 개별관리법보다 통합관리법에 의하여 관리됨 • 위험측정 : VaR(Value at Risk)

정답 | ④

VaR에 대한 설명 중 잘못된 것은?

① VaR는 정상시장에서 주어진 신뢰수준으로 목표기간 동안에 발생할 수 있는 최대손실금액을 의미한다.

② 정상시장에서 신뢰수준 95%로 10일간의 VaR가 20억이라는 것은 10일 동안 발생할 수 있는 최대손실금액이 20억보다 작을 확률이 95%라는 의미이다.

③ 바젤위원회는 10일 기준 95% 신뢰수준에서 VaR를 측정하도록 권장한다.

④ 목표기간이 길어지거나 신뢰수준이 높아지면 VaR도 커진다.

TIP 바젤위원회는 10일 기준 99% 신뢰수준에서 VaR를 측정하도록 권장한다.

핵심포인트 해설　　VaR의 정의

(1) VaR의 정의
　① VaR는 정상시장에서 주어진 신뢰수준으로 목표기간 동안에 발생할 수 있는 최대손실금액을 의미함
　② 신뢰수준
　　㉠ 리스크 회피정도와 VaR보다 큰 손실이 발생하는 경우 기업이 부담해야 하는 비용을 고려하여 결정(주로 95% 신뢰수준과 99% 신뢰수준을 이용함)
　　㉡ 신뢰수준 상수(z) : 95% 신뢰수준 상수는 1.65, 99% 신뢰수준 상수는 2.33
　③ 목표기간 : 포지션의 정상적인 상황에서 헤지 또는 청산하는 데 소요되는 기간을 고려하여 결정
　④ 일반적으로 목표기간이 길어지거나 신뢰수준이 높아지면 VaR도 커짐(바젤위원회는 10일 기준 99% 신뢰수준에서 VaR를 측정하도록 권장함)

(2) 정상시장에서 신뢰수준 95%로 10일간의 VaR가 20억이라는 의미
　① 95% 신뢰수준 : 10일 동안 발생할 수 있는 최대손실금액이 20억보다 작을 확률이 95%
　② 5% 허용수준 : 10일 동안 발생할 수 있는 최대손실금액이 20억보다 클 확률이 5%

정답 | ③

리스크 측정기준에 대한 설명 중 잘못된 것은?

① 변동성은 분포의 표준편차를 말하며, 이는 평균을 중심으로 어느 정도 퍼져있는가 하는 산포도(Dispersion)를 측정한다.
② 베타나 델타는 리스크 요인에 대한 민감도 측정치이다.
③ 표준편차가 리스크의 척도가 되려면 정규분포를 가정해야 한다.
④ VaR는 대칭적인 수익률 분포에서 계산하며, 상향이익과 하향손실을 모두 고려한다.

TIP 정규분포 하의 변동성은 상향이익과 하향손실을 모두 고려한다. 그러나 옵션과 같이 비선형 자산의 경우 대칭 관계가 성립하지 않으므로 적절한 위험 측정치가 되지 못한다. VaR는 비대칭적인 수익률 분포에서 하향손실에 초점을 맞추어 계산된다.

핵심포인트 해설　　**리스크 측정기준**

(1) 리스크 측정
　① 통계학적 리스크 측정치 : 표준편차, VaR
　② 리스크 요인에 대한 민감도 측정치 : 베타, 듀레이션, 델타, 감마, 베타, 세타 등
(2) 시장리스크 측정 시 표준편차보다 VaR를 선호하는 이유
　① 표준편차는 정규분포를 가정해야 하나 VaR는 이러한 가정이 필요 없음
　② 정규분포 하의 변동성은 상향이익과 하향손실을 모두 고려하나 VaR는 하향손실에 초점을 맞추어 계산되므로 변동성보다 직관적인 리스크 측정치가 됨
　③ VaR는 금융기관이 목표신용등급을 유지하기 위한 소요자기자본을 계산하기가 용이함

정답 | ④

08

포트폴리오 VaR와 개별자산 VaR의 관계에 대한 설명 중 잘못된 것은?

① 일반적으로 포트폴리오 VaR는 개별자산 VaR의 단순 합보다 작다.
② 두 자산의 상관계수가 1이면 분산효과는 전혀 없다.
③ 상관계수가 0이면 포트폴리오 VaR는 개별자산 VaR의 단순 합보다 작다.
④ 상관계수가 −1이면 리스크의 분산효과가 가장 작아진다.

TIP 상관계수가 −1에 가까워질수록 분산효과가 커지며 −1이면 리스크가 완벽하게 상쇄되어 분산효과가 가장 극대화된다.

핵심포인트 해설   **포트폴리오 VaR와 분산효과**

(1) 개별 VaR

$$VaR_i = \alpha \times V_i \times \sigma_i$$

α : 신뢰수준배수(95% 신뢰수준 : 1.65, 99% 신뢰수준 : 2.33)
V_i : i의 자산가치(또는 포트폴리오 가치)
σ_i : i의 변동성(또는 포트폴리오의 변동성)

(2) A와 B로 구성된 포트폴리오 VaR 계산방법

$$VaR_p = \alpha \times V_p \times \sigma_p$$
$$= \sqrt{VaR_A{}^2 + VaR_B{}^2 + 2\rho_{AB} \, VaR_A \, VaR_B}$$

(3) 포트폴리오 구성 시 위험감소효과(분산효과)

① 분산효과(VaR 감소금액) = 각 개별자산의 VaR 합계 − 포트폴리오 VaR

$$= (VaR_A + VaR_B) - VaR_p$$

② 상관계수가 1인 경우 : 포트폴리오 VaR와 개별자산 VaR의 단순 합과 같아서 분산효과가 전혀 없음

$$(VaR_p = VaR_A + VaR_B)$$

③ 상관계수가 0인 경우 : 포트폴리오 VaR가 개별자산 VaR의 단순 합보다 작아서 분산효과가 있음

$$(VaR_p = \sqrt{VaR_A{}^2 + VaR_B{}^2})$$

④ 상관계수가 −1인 경우 : 자산 간 완전한 부(−)의 관계가 성립하면 리스크가 상쇄되어 분산효과가 극대화됨

$$(VaR_p = |VaR_A + VaR_B|)$$

정답 | ④

변동성을 추정하는 방법 중 오래된 수익률일수록 가중치를 감소시켜 변동성을 구하는 방법은?

① 리스크메트릭스
② 변동성의 시간가변성 이용
③ 단순이동평균모형
④ 옵션의 내재변동성 이용

TIP 리스크메트릭스 방법(EWMA : Exponentially Weighted Moving Average)은 오래된 수익률일수록 가중치를 감소시켜 변동성을 구하는 지수가중이동평균법이다.

핵심포인트 해설 변동성(σ, 표준편차)의 추정방법

변동성의 시간가변성	• 표준편차(변동성, σ)가 시간에 따라 변하는 패턴을 보고 변동성을 추정하는 방법 • 시간에 따라 변동성이 큰 기간과 작은 기간이 구분되므로 변동성을 예측할 수 있고 이를 통해 리스크를 관리할 수 있음
리스크메트릭스 (EWMA모형)	• 오래된 수익률일수록 가중치를 감소시켜 변동성을 구하는 지수가중이동평균법(EWMA : Exponentially Weighted Moving Average) • EWMA모형은 과거 자료를 보관할 필요가 없고, 단 2개의 자료로 변동성을 간단히 계산할 수 있다는 장점이 있음
단순이동평균모형	• 변동성을 구하는 가장 단순한 방법 • 일정 기간 동안의 모든 과거 수익률에 대하여 동일한 가중치를 두어 단순이동평균치를 구해 변동성을 추정하는 방법
옵션의 내재변동성	• 옵션가격으로부터 블랙–숄즈 공식을 역산하여 변동성을 추정하는 방법 • 블랙–숄즈 공식을 역산하여 추정된 변동성을 내재변동성이라고 함 • 옵션의 내재변동성은 옵션의 행사가격에 따라 달라짐 • 외가격 또는 내가격 옵션의 내재변동성이 등가격 옵션의 내재변동성보다 높은 경향을 가지는데 이를 변동성스마일이라 함 • 사례 : 미국의 S&P500 변동성지수(VIX지수), 한국의 KOSPI200 변동성지수(VKOSPI)

정답 | ①

㈜두인전기는 H주식을 50억원 보유하고 있다. H주식의 일별 변동성(σ)이 5%이고, 베타가 1.3일 경우 95%의 신뢰수준(z = 1.65)에서 1일 VaR는 얼마인가?

① 2.36억원

② 3.36억원

③ 4.36억원

④ 5.36억원

TIP VaR = 1.65 × 50억원 × 0.05 × 1.3 ≒ 5.36억원

핵심포인트 해설　　　**파생상품의 VaR**

(1) 주식·외환의 VaR

① 개별주식의 $VaR_i = \alpha \times V_i \times \sigma_m \times \beta_i$ (α : 신뢰계수, V_i : 주식의 현재가치, σ_m : 변동성)

② 주식포트폴리오의 $VaR_p = \sum_{i=1}^{n} (\alpha \times V_i \times \sigma_m \times \beta_i)$ (개별주식 VaR의 단순 합계)

③ 외환포지션의 $VaR_i = \alpha \times V_i \times \sigma_{FX}$ (V_i : 외국통화 × 환율, σ_{FX} : 환율의 변동성)

(2) 콜옵션의 VaR(델타-노말 VaR)

① 콜옵션의 VaR = 기초자산 1주의 VaR × 델타 = $(\alpha \times V \times \sigma \times \frac{1}{\sqrt{N}})$ × 델타

② 계산 시 주의점

㉠ VaR 계산 시 콜옵션의 가격을 사용하지 않고 기초자산의 가격을 사용

㉡ 매입포지션 VaR과 매도포지션 VaR는 동일함

③ 문제점

㉠ 포트폴리오가 무위험상태가 아니어도 옵션포트폴리오의 델타가 0이 될 수 있음

㉡ 양의 컨벡시티 또는 감마를 갖는 포지션의 경우 선형으로 추정한 VaR는 실제 VaR보다 과대평가됨

㉢ 음의 컨벡시티 또는 감마를 갖는 포지션의 경우 선형으로 추정한 VaR는 실제 VaR보다 과소평가됨

정답 | ④

파생상품의 VaR에 대한 설명이 잘못된 것은?

① 콜옵션의 VaR는 기초자산 1주의 VaR에 베타를 곱하여 추정한다.
② Payer Swap의 VaR는 변동금리 VaR에서 고정금리 VaR를 차감하여 추정한다.
③ 통화선도계약의 VaR는 외화채권의 VaR, 원화채권의 VaR, 현물환 VaR를 위험요인 간 상관계수를 이용하여 합산하여 구한다.
④ FRA 매입포지션의 VaR는 t_1만기 채권매입 VaR, t_2만기 채권매도 VaR, 두 채권 간의 상관계수에 의하여 계산된다.

TIP 콜옵션의 VaR는 기초자산 1주의 VaR에 델타를 곱하여 추정한다.

핵심포인트 해설 | 금리스왑·선물환·선도금리계약의 VaR

(1) 금리스왑의 VaR
① 금리스왑의 의의 : 변동금리와 고정금리를 교환하는 계약
② Long swap(payer swap)의 VaR = (+)변동금리 VaR − 고정금리 VaR(변동금리채권 매수 & 고정금리채권 매도한 거래와 동일함)
③ Short swap(receiver swap)의 VaR = (+)고정금리 VaR − 변동금리 VaR(고정금리채권 매수 & 변동금리채권 매도한 거래와 동일함)

(2) 통화선물환(통화선도계약)의 VaR
① 통화선물환의 의의 : 미래 특정 시점에 미래 약정환율로 한 통화를 다른 통화로 교환하는 계약
② 통화선도계약의 VaR : 외화채권의 VaR, 원화채권의 VaR, 현물환 VaR를 위험요인 간 상관계수를 이용하여 합산하여 구함

(3) 선도금리계약의 VaR
① 선도금리계약(FRA : Forward Rate Agreement)의 의의 : 미래 일정 기간 적용되는 미래의 금리를 현재 시점에서 약정하는 계약
② FRA 매입포지션의 VaR = t_1만기 채권매입 VaR, t_2만기 채권매도 VaR, 두 채권 간의 상관계수에 의하여 계산됨
③ FRA 매도포지션의 VaR = t_1만기 채권매도 VaR, t_2만기 채권매입 VaR, 두 채권 간의 상관계수에 의하여 계산됨

정답 | ①

VaR의 측정방법 중 분석적 분산–공분산에 대한 설명으로 잘못된 것은?

① 과거 자료를 이용하여 분산과 공분산을 추정하고 이 값들을 이용하여 VaR를 계산하는 방법이다.

② 모든 자산의 수익률이 정규분포를 따른다고 가정한다.

③ 비선형자산(옵션)의 리스크를 정확히 평가하지 못하는 단점이 있다.

④ 완전가치평가방법을 이용한다.

TIP 분석적 분산–공분산방법은 부분가치평가방법을 이용한다.

핵심포인트 해설　　**VaR의 측정방법 (1) 분석적 분산–공분산**

(1) 의 의

① 과거 자료를 이용하여 분산과 공분산을 추정하고 이 값들을 이용하여 VaR를 계산하는 방법

② 모든 자산의 수익률이 정규분포를 따른다고 가정함

③ 잠재적인 손실을 선형으로 측정하는 부분가치평가방법을 이용함

(2) 분석적 분산–공분산방법의 장단점

장 점	단 점
• 가치평가모형이 불필요함 • 빠른 계산이 가능함	• 위험요인의 분산과 공분산 추정이 필요함 • 비선형자산(옵션)의 리스크를 정확히 평가하지 못함 • 정규분포를 가정하므로 실제 분포의 두꺼운 꼬리를 반영하지 못함

정답 | ④

VaR의 측정방법 중 역사적 시뮬레이션의 장점으로 옳은 것은?

① 민감도 분석에 용이하다.
② 위험요인의 분포, 변동성, 상관계수의 추정이 필요 없다.
③ 위기분석에 용이하다.
④ 복잡한 포트폴리오도 적용이 가능하다.

TIP ①③④는 몬테카를로 시뮬레이션의 장점이다.

핵심포인트 해설 　　VaR의 측정방법 (2) 역사적 시뮬레이션

(1) 의 의
　① 포트폴리오에 영향을 미치는 위험요인을 기준으로 과거 자료를 시뮬레이션 하는 방법
　② 실제분포를 통하여 VaR를 측정하는 비모수적 방법

(2) 역사적 시뮬레이션의 장단점

장 점	단 점
• 위험요인의 분포·변동성·상관계수 추정 불필요	• 일시적인 변동성·민감도 분석 불가능
• 두터운 꼬리 고려 가능	• 완전가치평가방법이 요구됨
• 극한의 사건 고려 가능	• 1개의 가격변화과정만 이용함

정답 | ②

VaR의 측정방법 중 몬테카를로 시뮬레이션의 단점으로 옳은 것은?

① 일시적인 변동성을 분석할 수 없다.
② 일시적인 민감도를 분석할 수 없다.
③ 시간과 비용이 과다하게 든다.
④ 1개의 가격변화과정만을 이용한다.

TIP ①②④는 역사적 시뮬레이션의 단점에 해당한다.

핵심포인트 해설 **VaR의 측정방법 (3) 몬테카를로 시뮬레이션**

(1) 의 의

① 불확실한 상황 하에서의 의사결정을 목적으로 확률적 시스템의 모의실험을 이용하는 방법
② 절차: 재무변수의 확률과정과 과정계수 규정 ⇨ 가상적인 가격변화를 모든 변수에 대하여 시뮬레이션

(2) 몬테카를로 시뮬레이션 방법의 장단점

장 점	단 점
• 모든 위험요인의 분포 가정 가능 • 복잡한 포트폴리오에 적용 가능 • 민감도·위기분석에 용이	• 모형의 위험성 • 과도한 시간과 비용 • 완전가치평가모형이 요구됨

정답 | ③

Stress Testing에 대한 설명 중 잘못된 것은?

① 주요 변수의 극단적인 변화가 포트폴리오에 미치는 영향을 시뮬레이션하는 기법이다.

② 금융투자회사는 Stress Testing을 통하여 포트폴리오의 리스크 프로파일을 분석하고 대응방안을 마련해야 한다.

③ 위기상황분석 결과와 자료는 최고경영자 및 이사회에 보고되어야 하며 정책과 한도에 반영되어야 한다.

④ 위기상황분석 시나리오를 설정할 경우 시장리스크와 신용리스크를 별도로 분리해야 한다.

TIP 위기상황분석을 위해 시나리오를 설정할 경우 시장리스크와 신용리스크 간의 상호작용을 반영해야 한다.

핵심포인트 해설　　　**위기상황분석(Stress Testing)**

(1) 의 의
주요 변수의 극단적인 변화가 포트폴리오에 미치는 영향을 검증하는 기법

(2) 위기상황 시 대응방안
① 자본을 더 많이 보유
② 위기에 대비하여 보험 가입
③ 노출금액의 축소 또는 자산의 분산
④ 유동성 위기에 대비한 대체적인 자금조달원의 개발

(3) 시나리오 설정 시 고려사항
① 현재 포지션의 적절성
② 관련된 모든 변수의 변화
③ 구조적 변화의 가능성
④ 유동성위기 상황 포함
⑤ 시장리스크와 신용리스크 간의 상호작용

정답 | ④

시장리스크와 신용리스크에 대한 설명 중 잘못된 것은?

① 시장리스크의 측정기간은 길게 설정하나 신용리스크는 짧게 설정한다.
② 시장리스크의 수익률분포는 정규분포를 따르나 신용리스크는 정규분포를 따르지 않는다.
③ 시장리스크는 법률리스크가 없으나 신용리스크는 법률리스크가 크다.
④ 시장리스크의 리스크한도 적용대상은 거래조직 계층이나 신용리스크의 리스크한도 적용대상은 거래상대방이다.

TIP 시장리스크의 측정기간을 짧게 설정하며 신용리스크는 길게 설정한다.

핵심포인트 해설 　　　시장리스크와 신용리스크의 비교

구 분	시장리스크	신용리스크
의 의	시장상황의 변동으로 인한 손실위험	거래상대방의 채무불이행위험
발생원인	주식가격·금리·환율·상품가격의 변동리스크 등	채무불이행·신용등급하락·회수율·시장리스크 등
수익률분포	정규분포(옵션 제외)	정규분포 아님(비대칭, 두꺼운 꼬리)
측정방법	모수적방법	비모수적방법
적용대상	거래조직 계층	거래상대방
측정기간	단기(1일 또는 며칠)	장기(보통 1년)
법률리스크	없 음	매우 큼

정답 | ①

아래와 같은 조건일 경우 추정되는 기대손실로 옳은 것은?

- 신용리스크 익스포져 : 200억원
- 부도 시 회수율 : 10%
- 1년 기준 채무불이행확률 : 3%

① 1.4억원　　　　　　　　　② 3.4억원
③ 5.4억원　　　　　　　　　④ 7.4억원

TIP　기대손실 = 채무불이행확률 × 리스크노출금액 또는 익스포져 × 채무불이행 시 손실률
　　　　　 = 0.03 × 200억원 × (1 − 0.1) = 5.4억원

핵심포인트 해설　신용리스크의 주요 내용

(1) 신용리스크의 개념 및 변수
　① 거래상대방의 채무불이행으로 인하여 손실을 입을 가능성
　② 변수 : 채무불이행확률(PD), 리스크노출금액(EAD), 채무불이행 시 손실률(LGD)

(2) 신용손실의 유형
　① 채무불이행으로 인한 신용손실(CL : Credit Loss)
　　　CL = EAD(리스크노출금액) × LGD(채무불이행 시 손실률)
　② 기대손실 또는 예상손실(EL : Expected Loss)
　　　㉠ 신용손실의 평균
　　　㉡ $EL_i = PD_i × EAD_i × LGD_i$
　　　　 = 채무불이행확률 × 리스크노출금액 × 채무불이행 시 손실률
　　　　 = 채무불이행확률 × 리스크노출금액 × (1 − 회수율)
　③ 기대외손실 또는 비예상손실(UL : Unexpected Loss)
　　　㉠ 주어진 신뢰수준에서의 최대손실금액
　　　㉡ $UL_i = 신뢰수준(α) × 변동성(σ_{CL})$
　　　　 = $α × \sqrt{PD(1 − PD)} × EAD × LGD$
　④ 포트폴리오의 기대손실과 기대외손실
　　　㉠ 포트폴리오의 기대손실 = 개별채권 기대손실의 단순합계
　　　㉡ 포트폴리오의 기대외손실 ≤ 개별채권 기대외손실의 단순합계(포트폴리오의 분산효과 때문)

정답 | ③

18

금리스왑의 손실발생 요건과 가장 거리가 먼 것은?

① 현금흐름이 고정금리와 변동금리의 차이에 의해서 결정될 것
② 네팅협약이 되었을 것
③ 거래상대방의 계약 가치가 음(−)일 것
④ 거래상대방이 채무불이행 했을 것

TIP 네팅협약은 금리스왑의 손실발생 요건이 아니라 신용증대제도이다.

핵심포인트 해설 채무불이행과 관련한 대출과 금리스왑의 비교

구 분	대 출	금리스왑
원금교환	• 원금상환 여부에 따라 신용리스크에 노출됨	• 실제 원금이 교환되지 않아 원금이 신용리스크에 노출되지 않음
현금흐름	• 대출금리 수준에 의하여 결정됨	• 고정금리와 변동금리 차이에 의하여 결정됨
손실발생	• 차입자의 채무불이행	• 상대방 입장에서 계약의 가치가 음(−) • 상대방의 채무불이행

정답 | ②

장외시장의 신용증대제도와 거리가 먼 것은?

① 네팅협약
② 포지션한도 설정
③ 계약종료조항
④ VaR의 관리

TIP 신용리스크를 관리하기 위한 것이 아니라 시장리스크를 관리하기 위한 것이다.

핵심포인트 해설 　　　**장외시장의 신용증대제도**

네팅협약	리스크 노출금액을 순지급금액으로 제한하는 방법
포지션한도 설정	리스크 노출금액 한도를 상대방별로 설정하는 방법
증거금과 담보	시장상황 및 신용등급에 따라 증거금 또는 담보를 요구하는 방법
계약종료조항	상대방의 신용도와 유동성이 하락할 때 계약을 종료시키고 현금결제를 요구할 수 있는 권리를 주는 방법 (예 신용경보장치)
이자율 조정	상대방의 신용리스크를 반영하여 스왑계약의 고정금리를 조정하는 방법

정답 | ④

장외파생상품의 신용리스크 측정에 대한 설명 중 잘못된 것은?

① 장외파생상품의 신용리스크 노출금액은 현재노출과 잠재노출의 합으로 계산한다.

② 현재노출은 만일 상대방이 채무불이행을 하는 경우 계약을 대체하는 데 필요한 대체비용을 의미한다.

③ 잠재노출의 순현가가 0보다 작으면 현재노출은 0으로 설정된다.

④ 신용리스크 노출금액에 상대방별 위험가중치를 곱하여 위험가중자산가치를 계산하고, 여기에 일정비율(8%)에 해당하는 자본금을 충당하여야 한다.

TIP 현재노출의 순현가가 0보다 작으면 현재노출은 0으로 설정된다. 잠재노출은 액면금액과 신용환산율의 곱으로 계산된다.

핵심포인트 해설　　　**장외파생상품의 신용리스크 측정**

(1) 장외파생상품의 신용리스크 측정 및 충당자본금 산출과정
　① 신용리스크 노출금액(CAE) = CE(현재노출) + PE(잠재노출)
　　㉠ 현재노출 = Max[대체비용, 0]
　　㉡ 잠재노출 = 액면금액 × 신용환산율
　② 위험가중자산가치 = 신용리스크 노출금액 × 상대방별 위험가중치
　③ 요구되는 자본금 = 위험가중자산가치 × 8%

(2) 장외파생상품별 신용리스크 노출금액
　① 금리스왑 고정금리지급포지션 : 현재노출은 콜옵션 매입포지션과 유사하고, 잠재노출은 스왑의 가치가 0보다 클 수 있을
　　　　　　　　　　　　　　　　　가능성을 고려하여 측정된 미래 예상 노출금액
　② 장외옵션 매수포지션 : 리스크 요인의 움직임에 따라 결정
　③ 장외옵션 매도포지션 : 현재노출과 잠재노출 모두 0

정답 | ③

만기에 가까워질수록 변동금리가 고정금리로부터 멀어져 리스크 노출금액이 증가하는 효과로 옳은 것은?

① 금리확산효과
② 만기효과
③ 롤링효과
④ 숄더효과

TIP 금리확산효과란 시간이 지남에 따라 변동금리가 고정금리로부터 멀어지는 현상을 말하는 것으로, 이 효과로 인하여 만기일에 접근할수록 리스크 노출금액이 증가한다.

핵심포인트 해설　　**리스크 노출금액에 영향을 미치는 요인**

① 금리확산효과(변동성효과) : 만기에 가까워질수록 변동금리가 고정금리로부터 멀어져 리스크 노출금액이 증가하는 효과
② 만기효과(상각효과) : 만기에 가까워질수록 남은 지급횟수가 감소하므로 리스크 노출금액이 감소하는 효과
③ 금리스왑 : 처음에는 확산효과가 만기효과를 지배하여 리스크 노출금액이 증가하나 만기가 가까워질수록 만기효과가 확산효과를 지배하여 리스크 노출금액이 감소함
④ 통화스왑 : 만기일에 원금을 교환해야 하므로 확산효과가 만기효과를 항상 지배하게 되어 리스크 노출금액은 만기에 가까워져도 계속 증가함

정답 | ①

22

다음 중 운영리스크의 유형과 가장 거리가 먼 것은?

① 인적리스크
② 신용리스크
③ 시스템리스크
④ 외부사건리스크

TIP 운영리스크의 유형에는 인적리스크, 시스템리스크, 프로세스리스크, 외부사건리스크 등이 있다. 운영리스크 손실은 법적지불책임, 규제조치, 자산손실, 손해배상, 청구권손실, 가치저하, 기타손실 등으로 분류된다.

핵심포인트 해설　　**운영리스크**

(1) 의 의
　① 운영리스크는 업무를 수행함에 있어서 부적절하거나 실패한 내부통제·인력·시스템 및 외부사건으로부터 발생하는 경제적 손실을 의미함
　② 운영리스크는 법률리스크는 포함하나, 평판리스크·전략리스크는 포함하지 않음

(2) 유 형

인적리스크	실수, 사기, 내부규정의 고의적 위반 등으로 인한 손실위험
시스템리스크	하드·소프트웨어 실패, 해킹, 바이러스 등으로 인한 손실위험
프로세스리스크	내부절차와 통제의 부적절로 인한 손실위험(결제 실수, 모형리스크 등)
외부사건리스크	통제할 수 없는 외부사건으로 인한 손실위험(정치·법·자연환경의 변화 등)

정답 | ②

선물 헤지거래의 리스크에 대한 설명으로 잘못된 것은?

① 선물의 만기가 헤지 목표기간과 불일치하여 선물 만기일 이전에 선물거래를 청산해야 할 경우 신용위험에 노출된다.

② 베이시스의 변동에 따라 매도·매입헤지거래의 손익이 변동할 수 있다.

③ 교차헤지의 경우 선물기초자산과 헤지대상자산이 일치하지 않음으로써 헤지효과가 감소하고 손실의 발생 가능성도 있다.

④ 손실이 발생한 헤지포지션을 롤오버하는 경우 유동성리스크로 인하여 계약청산의 가능성이 있다.

TIP 선물계약을 이용한 헤지에서 투자자의 자산매매시점이 선물의 만기일과 정확히 일치하지 않을 수 있다. 이 경우 선물로 헤지를 하여도 베이시스위험에 노출된다.

핵심포인트 해설　　　**선물 헤지거래의 리스크**

(1) 매도·매입헤지하는 경우
　① 선물로 헤지하더라도 베이시스위험은 피할 수 없음
　② 베이시스위험 : 헤지 시 베이시스와 청산 시 베이시스가 변동함으로써 생기는 위험
　③ 베이시스의 변동에 따라 매도·매입헤지거래의 손익이 변동될 수 있음

(2) 교차헤지하는 경우
　① 교차헤지는 선물의 기초자산과 헤지대상자산이 일치하지 않음
　② 선물기초자산과 헤지대상자산이 일치하지 않음으로써 헤지효과가 감소하고 손실의 발생 가능성도 있음

(3) 롤오버(Roll-Over)의 경우
　① 롤오버(Roll-Over) : 목표 헤지기간이 선물의 만기보다 긴 경우 기존의 선물계약을 청산하고 다음 만기의 선물계약을 체결하여 헤지를 연장하는 것
　② 손실이 발생한 헤지포지션을 롤오버 하는 경우 : 헤지대상자산의 유동성 부족 ⇨ 선물손실에 따른 유동성 공급 곤란
　　　　　　　　　　　　　　　　　　　　⇨ 유동성리스크로 인한 계약청산 가능성

정답 | ①

장외파생상품의 포지션을 마감 또는 청산하는 경우 발생하는 비용에 대한 위험은?

① 신용리스크
② 금리리스크
③ 운영리스크
④ 유동성리스크

TIP 장외파생상품의 포지션을 마감 또는 청산하는 경우 발생하는 비용에 대한 위험은 유동성리스크이다.

핵심포인트 해설 　　**장외파생상품의 유동성리스크 관리**

(1) 장외파생상품의 위험
　① 신용리스크 : 거래상대방의 채무불이행으로 인한 경제적 손실위험
　② 유동성리스크 : 포지션을 마감·청산할 때 발생하는 비용에 대한 위험

(2) 유동성리스크의 관리
　① 계약의 가치변동에 따라 손실이 발생하면 추가증거금 또는 담보 요구
　② 거래상대방이 계약의 청산을 요청하는 경우 청산비용이 크므로 계약해지에 따른 패널티 부과

정답 | ④

시장변수의 변화에 따른 Stepdown ELS의 가치변화가 옳은 것은?

① 기초자산의 가격이 상승하면 ELS의 가치가 하락한다.
② 기초자산의 수익률 간 상관관계가 상승하면 ELS의 가치가 상승한다.
③ 변동성이 상승하면 ELS의 가치가 상승한다.
④ 금리가 상승하면 ELS의 가치가 상승한다.

TIP ① 기초자산의 가격이 상승하면 ELS의 가치가 상승한다.
③ 변동성이 상승하면 ELS의 가치가 하락한다.
④ 금리가 상승하면 ELS의 가치가 하락한다.

핵심포인트 해설   **파생결합증권의 리스크**

(1) Stepdown ELS의 시장리스크
   ① 기초자산의 가격변동 : 기초자산의 가격이 하락하면 ELS의 가치하락
   ② 상관관계 : 상관관계가 낮을수록 ELS의 가치는 낮음
   ③ 변동성 : 변동성이 상승하면 ELS의 가치하락
   ④ 금리 : 금리가 상승하면 ELS의 가치하락

(2) 발행사의 신용리스크 관리
   ① 유동성과 건전성에 대한 스트레스 테스트의 정례화
   ② 파생결합증권으로 조달한 자금의 관리투명성 확보(특별계정으로 회계처리)
   ③ 파생결합증권을 공모로 발행하는 경우 발행사에 대한 신용평가주기를 1년에서 6개월로 단축(투자자에 대한 발행사의 신용위
      험정보 제공 강화)

(3) 유동성리스크 및 모델위험
   ① 파생결합증권의 중도환매에 대한 패널티를 부과하여 중도환매를 어렵게 하고 있으므로 유동성리스크가 발생할 수 있음
   ② 파생결합증권은 평가모델에 의한 평가가격에 따라 환매기준가격이 결정되므로 평가모델의 불확실성으로 인한 리스크에 노출
      되어 있음

정답 | ②

26

발행되는 파생결합증권과 동일한 수익구조의 스왑계약을 다른 거래상대방과 체결하여 헤지하는 거래로 옳은 것은?

① 백투백헤지거래
② 동적헤지전략
③ 베타조정헤지거래
④ 차익거래

TIP 발행되는 파생결합증권과 동일한 수익구조의 스왑계약을 다른 거래상대방과 체결하여 헤지하는 거래를 백투백 헤지거래라고 한다.

핵심포인트 해설 **파생결합증권 발행사의 백투백헤지거래**

(1) 의의

백투백헤지거래는 발행되는 파생결합증권과 동일한 수익구조의 스왑계약을 다른 거래상대방과 체결하여 헤지하는 거래

(2) 유형별 리스크

구 분	Fully-funded 스왑	Unfunded 스왑
의 의	원금을 교환하는 스왑	원금을 교환하지 않는 스왑
리스크	만기에 거래상대방이 원금을 상환하지 못하는 경우 신용위험에 노출	금리변동에 따른 수익변동위험과 추가담보 납입 요청 시 유동성위험에 노출

정답 | ①

파생결합증권 발행사의 동적헤지전략에 대한 설명 중 잘못된 것은?

① 파생결합증권 발행에 따라 투자자에게 지급해야 할 수익구조를 복제하기 위해 기초 자산을 직접 거래하여 헤지하는 전략이다.
② 시간에 따라 헤지포지션이 변동하므로 포트폴리오를 지속적으로 리밸런싱하여 조정 한다.
③ 감마, 베가, 세타위험을 헤지하기 위해 선물거래를 이용한다.
④ 동적헤지전략은 델타 중립 포트폴리오전략을 유지하려는 전략이다.

TIP 감마, 베가, 세타위험을 헤지하기 위해 옵션거래를 이용한다.

핵심포인트 해설	파생결합증권 발행사의 동적헤지전략

의 의	• 파생결합증권 발행에 따라 투자자에게 지급해야 할 수익구조를 복제하기 위해 기초자산을 직접 거래하여 헤지하는 전략 • 기초자산이 주식인 경우 주식을 직접 매매하여 헤지거래를 함 • 기초자산이 주가지수인 경우 선물을 매매하여 헤지거래를 함
방 법	• 부채의 변동액과 자산의 변동액을 일치시킴 • 시간에 따라 헤지포지션이 변동하므로 포트폴리오를 지속적으로 리밸런싱하여 조정함 • 델타 중립 포트폴리오전략을 유지함
위 험	• 모델리스크 : 파생결합증권의 평가모델이 민감도를 잘못 계산하는 경우 • 헤지 불가능한 위험요인 : 헤지할 수 있는 기초자산이 없는 경우 • 유동성리스크 : 추가증거금이 발생하는 경우

정답 | ③

fn.Hackers.com

출제예상문제

☑ 다시 봐야 할 문제(틀린 문제, 풀지 못한 문제, 헷갈리는 문제 등)는 문제 번호 하단의 네모박스(□)에 체크하여 반복학습하시기 바랍니다.

01
중요도 ★★

다음 중 리스크관리에 관한 설명으로 잘못된 것은?

① VaR는 파생상품의 위험을 다른 위험들과 함께 종합적으로 파악할 수 있는 위험관리기법이다.

② 지나친 이익극대화의 노력을 추구하는 과정에서 나타날 수 있는 위험노출의 증가에 대비하기 위한 국제적 합의가 아직 이루어지지 않고 있다.

③ 금융자산과 부채의 노출위험을 측정하는 시스템으로는 VaR가 대표적이다.

④ VaR는 정상적인 상황에서의 최대손실을 보여준다.

02
중요도 ★

파생상품거래 시 수반되는 위험과 가장 거리가 먼 것은?

① 담보위험　　　　　　　　　　② 유동성위험
③ 영업위험　　　　　　　　　　④ 법적위험

03
중요도 ★★

위험에 대한 설명으로 잘못된 것은?

① 시장리스크는 금리, 환율, 상품가격의 불리한 움직임으로 대차대조표상 자산과 부외자산에 발생하는 손실에 대한 위험이다.

② 신용리스크는 채무불이행위험을 말하며, 현재노출과 잠재노출을 모두 고려하여야 한다.

③ 유동성리스크는 포지션을 마감하는 데서 발생하는 비용에 대한 위험을 말한다.

④ 법적리스크는 정보시스템이나 내부통제의 결함으로 예상하지 못한 손실이 발생할 수 있는 위험을 말한다.

04 중요도 ★★

장외파생상품의 거래유형 중 시장에서 반대매매를 하고자 하나 거래량 부족 또는 호가 차이로 인하여 정상적인 가격으로 거래할 수 없는 리스크로 옳은 것은?

① 신용리스크 ② 법적리스크

③ 유동성리스크 ④ 영업리스크

05 중요도 ★

승인되지 않은 거래가 행해질 위험은 다음 중 어떤 리스크인가?

① 시장리스크 ② 유동성리스크

③ 운영리스크 ④ 신용리스크

정답 및 해설

01 ② 위험노출의 증가에 대비하기 위한 국제적 합의로 BIS 기준이 만들어져 있다. 단, BIS 기준에 따르는 것은 소극적인 위험관리 방법이라고 할 수 있다.

참고 리스크의 정의

- 리스크(Danger + Opportunity)는 위험과 수익률의 상반관계, 불확실성에의 노출 또는 기대하지 않은 결과의 변동성
- 리스크관리는 주어진 리스크한도 내에서 리스크 대비 수익률을 극대화하기 위한 포트폴리오를 최적화하는 의사결정, 즉 실적평가와 자원배분의 과정

02 ① 파생상품거래 시 수반되는 위험에는 시장위험, 신용위험, 유동성위험, 영업(운영)위험, 법적위험 등이 있다.

03 ④ 운영리스크에 대한 설명이다. 법적리스크는 계약의 법적 무효나 계약내용의 흠결 등에 따라 발생하는 리스크를 말한다.

04 ③ 유동성리스크에 대한 설명이다. 유동성리스크는 특정 자산 및 시장과 연관된 시장유동성리스크(Market Liquidity Risk)와 금융기관의 일반적인 자금조달과 관련된 자금조달유동성리스크(Funding Liquidity Risk)로 구별된다.

05 ③ 승인되지 않은 거래가 행해질 위험은 운영리스크이다.

06

중요도 ★★
VaR의 개념에 대한 설명으로 잘못된 것은?

① VaR는 어느 정도의 손실이 발생할 수 있으며, 그 발생 가능성이 어느 정도인지를 제시한다.
② VaR는 정상적인 시장여건, 특정 기간에 주어진 신뢰수준 하에 발생할 수 있는 최대손실 금액을 말한다.
③ 포트폴리오 VaR가 1일 동안 신뢰수준 95%에서 10억원이라는 것은 1일 동안 10억원 이상의 손실을 보게 될 확률이 95%라는 것이다.
④ VaR는 금융자산의 시장가격에 대한 미래의 분포를 예측하여 금융자산 또는 포트폴리오의 최대예상손실 규모를 추정한다.

07

중요도 ★
VaR의 특징과 거리가 먼 것은?

① 시가를 반영함으로써 현재의 상태를 정확히 반영한다.
② 포트폴리오 분산효과가 클수록 VaR의 증가효과도 크다.
③ 파생상품과 같은 부외자산을 포함하는 거래항목을 중심으로 하는 위험관리기법이다.
④ 다른 조건이 동일하다면 신뢰수준 99%의 VaR가 신뢰수준 95%의 VaR보다 크다.

08

중요도 ★★
VaR에 대한 설명으로 잘못된 것은?

① 정상적인 시장여건 하에서 주어진 신뢰수준으로 목표기간 동안에 발생할 수 있는 최대손실금액을 보여준다.
② 파생상품과 같은 부외자산을 포함하는 거래항목을 중심으로 하는 위험관리기법이다.
③ 보유기간, 신뢰구간 및 측정방법과 관계없이 수치가 일정하게 나오는 장점이 있다.
④ 포트폴리오의 분산효과가 클수록 VaR의 감소효과도 크다.

09

중요도 ★

VaR의 유용성에 대한 설명으로 거리가 먼 것은?

① VaR를 통하여 다양한 포지션에 대한 시장위험들을 비교할 수 있다.

② 위험투자를 위해 요구되는 적정자본수준(포지션한도)의 측정이 가능하다.

③ 포트폴리오 전체의 위험을 복수의 수치로 나타낸다.

④ 금융기관 거래담당자의 성과평가뿐만 아니라 감독기관의 입장에서도 VaR의 활용도가 크다.

10

중요도 ★

위험의 측정에 이용하는 단순이동평균법에 대한 설명으로 잘못된 것은?

① 계산하기 편리하다.

② 이동 기간에 포함된 모든 과거수익률은 동일한 가중치를 갖는다.

③ 최근의 자료가 오래 전 자료보다 더 많은 정보를 가지고 있다는 것을 고려한다.

④ 일정 기간의 이동 기간을 설정하고 그 기간의 단순이동평균을 구하여 변동성을 추정하는 방식이다.

정답 및 해설

06 ③ 포트폴리오 VaR가 1일 동안 신뢰수준 95%에서 10억원이라는 것은 향후 1일 동안 발생할 최악의 손실액이 10억원이라는 것을 의미하는 동시에 1일 동안 10억원을 초과하는 손실을 보게 될 확률이 5%라는 것을 의미한다.

07 ② 포트폴리오 분산효과가 클수록 VaR의 감소효과가 크다. 또한 VaR는 예측기간이 짧으므로 위험요인의 변화를 보다 정확히 추정한다. VaR는 통계적인 수치이므로 보유기간, 신뢰구간 및 측정방법에 따라 그 수치가 달라진다. VaR는 위험을 측정할 때 포트폴리오 확률분포의 왼쪽 꼬리부분의 위험을 다루어 실용성을 증가시킨다.

08 ③ 보유기간, 신뢰구간 및 측정방법은 VaR의 변수이다.

09 ③ 포트폴리오 전체의 위험을 단일수치로 나타낸다.

10 ③ 단순이동평균모형은 최근의 자료가 오래 전 자료보다 더 많은 정보를 가지고 있다는 것을 무시하는 단점이 있다.

11

중요도 ★★

위험측정법 중 EWMA에 대한 설명으로 잘못된 것은?

① 지수가중이동평균법을 말한다.

② 최근 수익률의 변화에 더 많은 가중치를 부여하여 변동성에 반영한다.

③ 위험요인이 빠르게 변할 때 단순이동평균법보다 위험요인의 변화를 빠르게 반영한다.

④ 오래된 자료일수록 그 가중치를 지수적으로 가중시키는 방법이다.

12

중요도 ★

옵션 VaR 측정 시 델타-노말방법의 문제점과 거리가 먼 것은?

① 포트폴리오 델타가 매우 심하게 변할 수 있으며 비대칭적이다.

② 최악의 손실이 기초자산가격의 극단적인 움직임과 무관하게 발생할 수 있다.

③ 포트폴리오가 무위험상태가 아니어도 옵션 포트폴리오의 델타가 0일 수 있다.

④ 델타-노말방법을 적용하면 매입포지션과 매도포지션의 VaR가 상이하게 계산된다.

13

중요도 ★

A증권에 대한 일일변동성이 2.3%라면 20일에 대한 변동성은 얼마로 추정할 수 있는가?

(단, 수익률이 시계열적으로 독립적이라고 가정, $\sqrt{20} = 4.47$)

① 9.28% ② 10.28%

③ 11.28% ④ 12.28%

14 중요도 ★★★

신뢰수준 95%에서 VaR의 값이 30억원이었다면 신뢰수준 99%에서 VaR의 값은 얼마
인가?

① 약 41억원   ② 약 42억원
③ 약 43억원   ④ 약 44억원

15 중요도 ★★★

A기업은 H주식을 50억원 보유하고 있다. 시장의 일일변동성이 5%이고, 이 주식의 베타
가 1.3일 경우 95% 신뢰수준에서 1일 VaR는 얼마인가? (단, 95% 신뢰수준의 상수는 1.65임)

① 2.36억원   ② 3.36억원
③ 4.36억원   ④ 5.36억원

정답 및 해설

11 ④ EWMA는 오래된 자료일수록 그 가중치를 지수적으로 감소시켜 변동성을 구하는 방법이다.

12 ④ 델타-노말방법을 적용하면 매입포지션과 매도포지션의 VaR이 동일하게 계산된다.

13 ② N일의 VaR = 1일 VaR $\times \sqrt{N}$ = 2.3% $\times \sqrt{20}$ = 10.28%

14 ② $\frac{\alpha_2}{\alpha_1} \times VaR_1 = \frac{2.33}{1.65} \times$ 30억원 = 42.36억원

15 ④ 주식의 VaR = 기초자산가치 × 변동성(표준편차) × 신뢰구간 상수 × 베타 = 50억원 × 0.05 × 1.65 × 1.3 ≒ 5.36억원

16

중요도 ★★

VaR에 대한 내용으로 잘못된 것은?

① 금융기관에 권고되는 VaR의 측정기준은 10일, 99% 신뢰수준 기준이다.

② 금융기관에 대한 권고기준은 감독기관이 1%의 확률로 향후 10일 동안 발생할 가능성이 있는 손실에 초점을 맞추고 있음을 의미한다.

③ VaR는 확률적인 수치이므로 신뢰수준에 따라서도 다른 값을 가지게 되는데, 이것은 보수적인 위험추정치를 얻고자 한다면 더 낮은 신뢰수준 설정이 필요하다는 것을 의미한다.

④ VaR를 이용하면 자본관리가 용이하다.

17

중요도 ★

VaR 계산과 관련된 내용으로 잘못된 것은?

① 신뢰수준이 높으면 VaR시스템의 정확성을 검증하는 사후검증을 실시하는 데 기간이 오래 걸린다.

② 보유기간은 포트폴리오의 성격에 의하여 결정된다.

③ 최소요구자본이 증가하면 금융기관의 건전성은 향상되나 수익성은 악화된다.

④ 신뢰수준이 높으면 VaR가 작게 계산되므로 필요한 최소요구자본도 감소한다.

18

중요도 ★★

포트폴리오 베타는 1.5, 시장수익률 분산은 0.0016인 주식 포트폴리오에 500억원을 투자하였다. 이 경우 99%의 신뢰수준(Z = 2.33)에서 예상할 수 있는 일일 최대손실금액으로 옳은 것은? (단, 비체계적인 위험은 무시함)

① 69.9억원

② 70.3억원

③ 74.5억원

④ 81.7억원

19 중요도 ★★★

A기업은 X주식에 100억원을 투자하고 있다. X주식의 일일변동성이 3%인 경우 95% 신뢰수준에서 25일 VaR로 옳은 것은? (단, 95% 신뢰수준의 상수는 1.65임)

① 약 25억원
② 약 30억원
③ 약 35억원
④ 약 40억원

20 중요도 ★★

아래와 같은 조건으로 포트폴리오를 구성할 경우 분산효과로 옳은 것은?

> • VaR_X : 100억원
> • VaR_Y : 200억원
> • X와 Y의 상관계수 : -0.3

① 약 100억원
② 약 105억원
③ 약 110억원
④ 약 115억원

정답 및 해설

16 ③ 보수적인 위험추정치를 얻고자 한다면 더 높은 신뢰수준 설정이 필요하다는 것을 의미한다. 즉, 95% 신뢰수준보다는 99% 신뢰수준에서 더 큰 VaR 값을 얻는다.

참고 VaR 간의 비교

> (C_1 수준에서 t_1일 동안 계산한 VaR_1을 C_2 수준에서 t_2일 동안 계산한 VaR_2로 전환하는 공식은 다음과 같음)
>
> $$VaR_2 = \frac{\alpha_2}{\alpha_1} \times \frac{\sqrt{t_2}}{\sqrt{t_1}} \times VaR_1$$
>
> (여기서, α_1, α_2는 각각 표준정규분포 하에서 C_1, C_2에 해당하는 α값)

17 ④ 신뢰수준이 높으면 VaR가 크게 계산되므로 필요한 최소요구자본도 증가한다.

18 ① 표준편차 $= \sqrt{0.0016} = 0.04$
VaR $= 500$억원 $\times 0.04 \times 2.33 \times 1.5 = 69.9$억원
∴ 최대손실금액은 69.9억원이다.

19 ① 채권 VaR $=$ 기초자산가격 $\times$ 변동성(표준편차) $\times$ 신뢰구간 상수 $\times \sqrt{N}$
$= 100$억원 $\times 3\% \times 1.65 \times \sqrt{25} = 24.75$억원

20 ② 분산효과(VaR 감소금액) $= (VaR_X + VaR_Y) - (VaR_P)$
$= (100$억원 $+ 200$억원$) - \sqrt{(100$억원$)^2 + (200$억원$)^2 + 2(-0.3)(100$억원$)(200$억원$)} = 105$억원

21

중요도 ★

A기업 포지션 A의 VaR가 25억원이고, 포지션 B의 VaR가 12억원일 때, 다음 설명 중 잘못된 것은?

① 두 포지션의 상관계수가 −1이라면 회사 전체 VaR는 13억원이다.

② 두 포지션의 상관계수가 1로 분산효과가 전혀 없다면 회사 전체 VaR는 37억원보다 클 수도 있다.

③ 회사 전체 VaR가 29억원이라면 분산효과는 8억원이다.

④ 포지션 A, B를 보유한 회사 전체위험을 포트폴리오 VaR라 한다.

22

중요도 ★

조건이 아래와 같을 때 델타−노말방법에 의한 콜옵션 1계약의 1일 VaR의 값은?

- 신뢰수준 95%(Z = 1.65)
- 현재 KOSPI200지수 200p(KOSPI200지수 변동성 2%)
- 행사가격 202.50의 콜옵션가격 5p(옵션의 델타 0.9, 승수는 250,000원)

① 1,335,000원   ② 1,385,000원

③ 1,435,000원   ④ 1,485,000원

23

중요도 ★★★

포트폴리오 VaR와 상관계수에 대한 설명 중 잘못된 것은?

① 상관계수가 1인 경우 위험분산효과가 없어 포트폴리오 VaR는 개별자산 VaR의 단순 합이 된다.

② 상관계수가 0이면 상관관계가 없는 것이므로 서로 독립적인 자산들로 구성된 포트폴리오 위험은 개별자산위험의 합보다 크다는 것을 의미한다.

③ 상관계수가 −1인 경우 두 개별자산의 수익률 간에 위험분산효과가 가장 크다.

④ 상관계수는 1과 −1 사이의 값을 갖는다.

24 중요도 ★★
A주식의 1일 VaR는 20억원, B주식의 1일 VaR는 50억원, 두 주식의 상관계수는 0.4이다. A, B주식으로 포트폴리오를 구성한다면 분산효과로 인한 VaR의 감소금액으로 옳은 것은?

① 8.17억원　　　　　　　　　　　② 9.17억원
③ 10.27억원　　　　　　　　　　　④ 11.27억원

25 중요도 ★
자산 X와 자산 Y의 투자금액은 동일하며, VaR의 값(50억원)도 동일하다. 자산 X와 자산 Y의 상관계수가 −0.5인 경우 두 자산포트폴리오의 VaR의 값으로 옳은 것은?

① 0원　　　　　　　　　　　　　② 25억원
③ 50억원　　　　　　　　　　　　④ 75억원

정답 및 해설

21 ② 두 포지션의 상관계수가 1로 분산효과가 전혀 없다면 포트폴리오 VaR는 개별 VaR의 합(37억원)보다 작거나 같고 차(13억원)보다 크거나 같아야 한다.

22 ④ 옵션 VaR = 기초자산가치 × 변동성 × 신뢰구간 상수 × 델타 = 200p × 2% × 1.65 × 0.9 = 5.94p
⇨ 5.94 × 250,000원 = 1,485,000원

23 ② 상관계수가 0이면 상관관계가 없는 것이므로 서로 독립적인 자산들로 구성된 포트폴리오위험은 개별자산위험의 합보다 작다는 것을 의미한다.

24 ② 개별 VaR의 합 = VaR_A + VaR_B = 20억원 + 50억원 = 70억원
$VaR_p = \sqrt{(VaR_A)^2 + (VaR_B)^2 + 2\rho_{AB}(VaR_A)(VaR_B)} = \sqrt{(20억원)^2 + (50억원)^2 + 2(0.4)(20억원)(50억원)}$ = 60.83억원
∴ 분산효과로 인한 VaR 감소금액 = 70억원 − 60.83억원 = 9.17억원

25 ③ $VaR_p = \sqrt{(VaR_A)^2 + (VaR_B)^2 + 2\rho_{AB}(VaR_A)(VaR_B)}$
$= \sqrt{(50억원)^2 + (50억원)^2 + 2(-0.5)(50억원)(50억원)}$ = 50억원

A주식의 VaR는 20억원이고, B주식의 VaR는 40억원이다. 그리고 두 주식을 매수한 포트폴리오 VaR는 60억원이라면 두 주식의 상관관계는?

① 1   ② -1

③ 0   ④ 0.5

A기업은 B주식을 50억원에 매수하고, KOSPI200선물을 50억원에 매수하는 포지션을 취하고 있다. 이 포지션에 대하여 주어진 조건을 보고 신뢰구간 95%(Z = 1.65)의 1일 VaR로 옳은 것은? (근사치)

- KOSPI200선물의 일일변동성 2.5%
- A주식의 일일변동성 5%
- A주식과 KOSPI200선물의 상관계수 0.5
- 계산 편의를 위하여 주식 VaR와 선물 VaR값의 억단위 미만은 절사하고 계산

① 4.82억원   ② 5.45억원

③ 6.23억원   ④ 6.91억원

A기업은 달러화 10억 매수 + 엔화 10억 매도포지션을 취하고 있다. 조건이 아래와 같을 경우 이 포트폴리오에 대한 신뢰수준 95%의 1일 VaR로 옳은 것은? (Z = 1.65)

- 원/달러 환율변화율의 일일변동성 2%
- 원/엔 환율변화율의 일일변동성 4%
- 두 환율의 상관관계 0.9

① 약 35백만원   ② 약 36백만원

③ 약 37백만원   ④ 약 39백만원

29 중요도 ★

여러 개의 옵션으로 이루어진 포지션의 감마값이 음(−)일 때 포지션의 VaR를 델타−노말방법으로 측정할 경우 가장 옳은 것은?

① VaR값은 0이다.
② VaR값은 무한대이다.
③ VaR값은 과소측정된다.
④ VaR값은 과대측정된다.

30 중요도 ★★★

다음 중 완전가치평가법에 해당하는 것을 올바르게 묶은 것은?

┌───┐
│ ㉠ 역사적 시뮬레이션   ㉡ 위기분석(Stress Testing) │
│ ㉢ 델타−노말방법   ㉣ 몬테카를로 시뮬레이션   │
└───┘

① ㉠, ㉡
② ㉠, ㉢
③ ㉠, ㉡, ㉣
④ ㉠, ㉡, ㉢, ㉣

정답 및 해설

26 ① $VaR_p = \sqrt{(VaR_A)^2 + (VaR_B)^2 + 2\rho_{AB}(VaR_A)(VaR_B)}$를 이용한다.

$60억원 = \sqrt{(20억원)^2 + (40억원)^2 + 2\rho_{AB}(20억원)(40억원)}$ ∴ $\rho_{AB} = 1$

이 문제의 경우 두 주식 VaR의 단순합계(20억원＋40억원)와 포트폴리오 VaR가 같으므로 굳이 공식을 이용하지 않아도 상관관계가 1이라는 것을 파악할 수 있다.

27 ② $VaR_p = \sqrt{(VaR_A)^2 + (VaR_B)^2 + 2\rho_{AB}(VaR_A)(VaR_B)}$

• 주식 VaR = 50억원 × 5% × 1.65 ≒ 4.125억원

• 선물 VaR = 50억원 × 2.5% × 1.65 ≒ 2.062억원

∴ 포트폴리오 VaR = $\sqrt{(4.125억원)^2 + (2.062억원)^2 + 2(0.5)(4.125억원)(2.062억원)}$ ≒ 5.45억원

28 ④ $VaR_p = \sqrt{(VaR_A)^2 + (VaR_B)^2 + 2\rho_{AB}(VaR_A)(VaR_B)}$

• 달러화 VaR = 10억원 × 2% × 1.65 = 0.33억원

• 엔화 VaR = 10억원 × 4% × 1.65 = 0.66억원

∴ 포트폴리오 VaR = $\sqrt{(0.33억원)^2 + (-0.66억원)^2 + 2(0.9)(0.33억원)(-0.66억원)}$ = 0.390억원

29 ③ 감마값이 (−)인 경우는 옵션 매도포지션인 경우이다. 이 경우 VaR값은 실제 위험보다 과소측정된다.

30 ③ 델타−노말방법은 완전가치평가법이 아니다.

31 중요도 ★

분석적 분산-공분산방법에 대한 설명 중 잘못된 것은?

① 과거의 정보를 이용하고, 모든 자산의 수익률이 정규분포를 따른다는 가정 하에 잠재적 손실을 선형으로 측정한다.

② 선형관계를 갖는 금융자산의 VaR를 계산하는 방법이다.

③ 금융자산의 수익률분포가 두터운 꼬리를 가질 경우 VaR는 과대평가될 가능성이 크다.

④ 금융자산가치의 기초적인 시장가격에 대한 민감도를 델타로 나타낸다.

32 중요도 ★

옵션 VaR를 델타-노말방법으로 측정할 경우 잘못된 것은?

① 콜옵션의 매입포지션과 풋옵션의 매입포지션의 위험은 과소평가된다.

② 포지션 델타가 0인 스트래들의 경우 VaR는 0이다.

③ 포트폴리오 델타가 비대칭적이다.

④ 기초자산가치의 변화와 옵션가치의 변화 간의 비선형성을 측정하는 감마를 추가적으로 고려하면 VaR의 정확성이 향상된다.

33 중요도 ★★

VaR의 측정방법에 대한 설명과 거리가 먼 것은?

① 델타-노말방법은 비선형 자산을 설명하기 곤란하므로 옵션 포지션이 많을 경우 취약하다.

② 역사적 시뮬레이션은 시장변수에 대한 가정이 필요 없고 주로 과거 자료에 의존한다.

③ 델타-노말방법은 비정규분포에서도 적용이 가능하다.

④ 위기분석법은 극단적인 사건을 고려한 분석법이다.

34 중요도 ★★

위험측정방법에 관한 설명으로 잘못된 것은?

① 분산이나 표준편차는 평균으로부터 퍼진 정도를 말한다.

② 표준편차는 평균값 이상의 값을 보이는 경우를 포함함으로써 위험을 실제보다 작게 계산할 우려가 있다.

③ 단순이동평균법은 최근 자료에 많은 가중치를 부여하지 못한다는 단점이 있다.

④ 단순이동평균법은 각 수익률에 동일한 가중치를 부여하는 모형이다.

35

중요도 ★

최근 시장의 변동성에 대하여 상대적으로 높은 비중을 부여함으로써 시장 변동성이 높을 때 미래 변동성을 측정하는 방법으로 옳은 것은?

① 단순이동평균법
② 베 타
③ EWMA
④ 역사적 수익률의 표준편차

36

중요도 ★★

VaR의 측정방법 중 부분가치평가법에 해당하는 것은?

① Delta-Normal Analysis
② Monte-Carlo Simulation
③ Stress Testing
④ Historical Simulation

37

중요도 ★★★

다음 중 VaR를 측정하는 방법 중 접근방법이 다른 하나는?

① 델타-노말방법
② 모수적 방법
③ 역사적 시뮬레이션
④ 분석적 분산-공분산방법

정답 및 해설

31 ③ 금융자산의 수익률분포가 두터운 꼬리를 가질 경우 VaR는 과소평가될 가능성이 크다.

32 ① 옵션의 매입포지션의 위험은 과대평가되고, 매도포지션의 위험은 과소평가된다.

33 ③ 델타-노말방법은 비정규분포에서는 적용이 불가능하다.

34 ② 표준편차는 평균값 이상의 값을 보이는 경우를 포함함으로써 위험을 실제보다 크게 계산할 우려가 있다.

35 ③ EWMA는 최근 수익률의 변화에 보다 많은 가중치를 부여함으로써 시장이 급등락할 때 미래 변동성을 보다 정확하게 측정할 수 있는 방법이다.

36 ① ②③④는 완전가치평가방법이다.

37 ③ 역사적 시뮬레이션을 제외한 ①②④는 모형기반접근법이다.

38 중요도 ★

VaR 시뮬레이션 추정방법 가운데 델타−노말방법의 단점으로 잘못된 것은?

① 정규분포를 이용하므로 실제분포의 두터운 꼬리를 반영하지 못한다.

② 금융자산의 수익률분포가 두터운 꼬리를 가질 경우 VaR는 과소평가될 가능성이 크다.

③ 민감도분석을 하기가 어렵다.

④ 정규분포를 이용하므로 비선형 자산인 옵션의 리스크를 정확히 평가한다.

39 중요도 ★

다음 중 구조적 몬테카를로 시뮬레이션의 장점과 거리가 먼 것은?

① 일반적으로 모델 적용에 유연성을 가진다.

② 민감도분석 또는 위기분석을 하기 쉽다.

③ 정규분포가 아니더라도 분석할 수 있다.

④ 비용면에서 모든 분석방법 중 가장 저렴하다.

40 중요도 ★★

역사적 시뮬레이션에 대한 설명 중 잘못된 것은?

① 일시적으로 증가한 변동성을 고려한다.

② 위험요인의 변동성 추정이 필요 없다.

③ 위험요인의 상관계수 추정이 필요 없다.

④ 완전가치평가법이다.

41 중요도 ★★

몬테카를로 시뮬레이션에 대한 설명으로 잘못된 것은?

① 비선형성, 변동성의 변화, 두꺼운 꼬리, 극단적인 상황을 모두 고려한다.

② 주가, 금리, 환율 등 금융변수에 대한 확률과정을 규정하고 과거 자료들로부터 분산과 상관계수 등의 모수들을 추정한다.

③ 확률과정을 통하여 구해진 자료들을 기초로 특정 기간 단위로 가상적인 가격들을 시뮬레이션한다.

④ 금융자산의 가격 또는 수익률의 과거 변화수치들을 기초로 만든 시나리오를 이용하여 시뮬레이션을 한 후 그 결과를 이용하여 VaR를 계산하는 방법이다.

42 중요도 ★★

위기분석(Stress Testing)에 대한 설명과 거리가 먼 것은?

① 위기분석은 시나리오분석이며 주요변수들의 극단적인 변화가 포트폴리오에 미치는 영향을 시뮬레이션하는 기법이다.

② '시나리오 생성 ⇨ 포지션가치 재평가 ⇨ 결과요약' 3단계로 진행된다.

③ VaR를 보완하는 방법으로 이용될 수 있다.

④ 적절하지 않은 시나리오를 설정하더라도 그 오차가 매우 미미하다.

43 중요도 ★

A기업은 달러순자산보다 달러부채가 더 크다. A기업이 이익을 얻으려면 어느 상황이 유리한가?

① 원화가치 상승

② 원화가치 하락

③ 원/달러환율 상승

④ 원화평가절하

정답 및 해설

38 ④ 델타-노말방법의 경우 옵션과 같이 포트폴리오의 가치와 기초적인 시장가격의 관계가 비선형적일 때 리스크를 정확히 나타내지 못한다.

39 ④ 몬테카를로 시뮬레이션은 시간과 비용이 많이 든다는 단점이 있다.

40 ① 일시적으로 증가한 변동성을 고려하지 못한다.

41 ④ 역사적 시뮬레이션방법이다. 역사적 시뮬레이션방법은 확률분포를 가정하지 않고 과거 실제 수치들을 이용하여 시뮬레이션함으로써 VaR를 구한다.

42 ④ 적절하지 않은 시나리오를 설정하게 되면 과소 또는 과대평가될 수 있다.

43 ① 달러표시자산보다 달러표시부채가 더 큰 경우 원화가치가 상승(= 평가절상)해야 이익이 나고, 달러표시자산보다 달러표시부채가 더 작은 경우 원화가치가 하락(= 평가절하)해야 이익이 난다.

44 신용위험의 노출 정도가 가장 적은 것은?

중요도 ★

① 장외옵션매도   ② 장외옵션매수

③ 장내옵션매수   ④ 스왑매도

45 신용위험관리방안과 가장 거리가 먼 것은?

중요도 ★★

① 네팅협약   ② 상대방별 포지션한도 조정

③ 계약종료조항(Credit Trigger)   ④ 거래확인서

46 위험노출금액의 시간적 변화에 대한 설명과 거리가 먼 것은?

중요도 ★★

① 금리확산효과(변동성효과)는 시간이 지남에 따라 변동금리가 고정금리로부터 멀어지는 경향을 말하는 것으로, 만기일에 접근할수록 위험노출금액은 증가한다.

② 만기효과는 금리확산효과를 증폭시키는 효과로, 시간이 지남에 따라 위험노출금액이 증가한다.

③ 금리스왑의 경우 처음에는 금리확산효과가 만기효과를 지배하여 위험노출금액이 증가하지만, 만기에 가까워질수록 교환하여야 하는 현금흐름의 수가 감소하여 만기효과가 금리확산효과를 지배하기 때문에 위험노출금액이 감소한다.

④ 통화스왑의 경우 만기에 원금을 교환해야 하므로 금리확산효과가 만기효과를 항상 지배하게 되어 위험노출금액은 계속 증가하고, 위험의 크기도 훨씬 크다.

47 금리스왑의 채무불이행 확률에 대한 설명으로 잘못된 것은?

중요도 ★

① 거래상대방의 신용도가 낮을수록 채무불이행 확률이 높아진다.

② 계약의 만기가 길수록 채무불이행 확률이 높아진다.

③ 포지션을 취한 목적이 헤지목적이라면 채무불이행 확률은 높아진다.

④ 기초자산의 변동성이 크면 채무불이행 확률이 높아진다.

48 중요도 ★★

만기가 10년인 금리스왑과 통화스왑거래를 체결하였다면 어느 시점에서 어떤 포지션의 잠재노출금액이 가장 클 것인가?

① 체결 후 3년, 금리스왑   ② 체결 후 9년, 금리스왑

③ 체결 후 3년, 통화스왑   ④ 체결 후 9년, 통화스왑

49 중요도 ★

다음 중 비계량리스크로 볼 수 없는 것은?

① 법규준수리스크   ② 시장리스크

③ 평판리스크   ④ 시스템리스크

정답 및 해설

44 ① 장외옵션의 매도포지션은 미래에 발생할 잠재이익이 없어 신용위험에 노출되지 않는다.

45 ④ 신용위험관리방안에는 네팅협약, 상대방별 포지션한도 조정, 증거금·담보금·보증금 요구, 계약종료조항(Credit Trigger), 이 자율조정 등의 방안이 있다.

46 ② 만기효과(상각효과)는 금리확산효과를 상쇄시키는 효과로, 시간이 지남에 따라(= 만기에 가까워질수록) 남은 지급 횟수가 감소하기 때문에 위험노출금액이 감소한다.

47 ③ 헤지목적의 투자는 채무불이행 확률이 일반적으로 낮다.

48 ④ 통화스왑 체결 후 9년이 되면, 금리스왑 체결 후 3년과 달리 원금교환이 발생하므로 잠재노출금액이 크다.

49 ② 비계량리스크의 종류에는 법률리스크, 법규준수리스크, 평판리스크, 전략리스크, 시스템리스크가 있다.

제 2 장
영업실무

학습전략

영업실무는 제3과목 전체 25문제 중 **총 5문제**가 출제된다.
영업실무는 영업직원이 영업하면서 접하게 되는 투자실무와 금융투자상품 관련 세금제도를 중심으로
구성되었다. 투자권유, 주문 및 체결방법, 파생상품 세제 부분은 완벽하게 내용을 숙지하고 다른 부분은
문제 풀이를 통해 보완하는 방식으로 학습하는 것이 효율적이다.

출제예상 비중

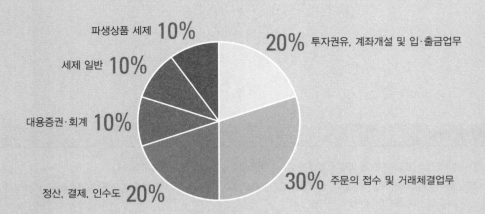

파생상품 세제 **10%**

세제 일반 **10%**

대용증권·회계 **10%**

정산, 결제, 인수도 **20%**

20% 투자권유, 계좌개설 및 입·출금업무

30% 주문의 접수 및 거래체결업무

핵심포인트

다음 중 투자권유를 받지 않는 투자자에 대한 판매준칙으로 적절하지 않은 것은?

① 적정성 원칙 대상상품을 거래를 희망하는 투자자가 투자자정보를 제공하지 않은 경우에는 거래가 제한된다는 사실을 알려야 한다.

② 투자권유를 받지 않고 투자하는 경우라도 원금손실가능성 및 투자손익은 모두 투자자에게 귀속된다는 사실 등 투자에 수반하는 주요사항을 알려야 한다.

③ 투자권유를 받지 않는 투자자에게는 투자설명서의 교부를 생략할 수 있다.

④ 적정성 원칙 대상상품을 판매하려는 경우에는 투자권유를 하지 않더라도 투자자정보를 파악해야 한다.

TIP 투자권유 여부와 상관없이 판매 전에 투자설명서를 교부해야 한다.

핵심포인트 해설 **투자권유를 받지 않는 투자자에 대한 판매준칙**

불원투자자 보호의무	• 고지의무 : 투자권유 할 수 없음 & 적정성 원칙 대상상품 거래희망자가 투자자정보 미제공 시 거래가 제한된다는 사실을 알려야 함 • 확인서 : 투자자가 상품 특정하여 청약 시 '투자권유 희망 및 투자정보 제공 여부 확인' 내용이 포함된 확인서를 받고, 그 취지와 유의사항(적합성 원칙과 설명의무 대상에서 제외됨)을 설명해야 함 • 주요사항 : 불원투자자라도 원금손실가능성 및 투자손익 귀속 등 투자에 수반되는 주요사항은 고지해야 함 • 투자설명서 : 투자권유 여부와 상관없이 판매 전에 투자설명서를 교부해야 함 • 생략 : 투자자가 투자자문업자로부터 자문을 받고, 그 결과에 따라 상품을 구매한 경우 적합성 원칙·설명의무·설명서 교부를 생략할 수 있음
적정성 원칙 대상상품에 대한 특칙	• 투자자정보 파악의무 : 적정성 원칙 대상상품을 판매하려는 경우에는 '투자권유를 하지 않더라도' 투자자정보를 파악해야 함 • 적정성 여부 고지의무 : 투자자정보에 비추어 해당상품이 투자자에게 적정하지 않다고 판단되는 경우, 해당상품의 내용·투자위험·해당 투자자에게 적정하지 않다는 사실 등을 알려야 함 • 제공의무 : 적정성 판단결과와 그 이유를 기재한 서류 및 상품설명서를 서면 등으로 투자자에게 제공해야 함
적정성 원칙 대상상품	• 파생상품 등 : 파생상품, 파생결합증권, 파생상품펀드, 파생형 집합투자증권 • 고난도상품 : 고난도금융상품, 고난도금전신탁계약, 고난도투자일임계약 • 주식으로 전환될 수 있는 사채, 원리금상환의무가 감면되는 사채 • 적정성 원칙 대상상품을 취득·처분하는 금전신탁계약의 수익권 • 대출성 상품 중 자본시장법상 신용공여

정답 | ③

02

다음 중 투자권유를 희망하는 투자자에 대한 판매준칙으로 적절하지 않은 것은?

① 투자자 정보를 파악하고 서명 등의 방법으로 확인받고 유지·관리해야 한다.
② 65세 이상의 고령투자자를 대상으로 금융상품을 판매하는 경우에는 1영업일 이상 숙려기간을 부여해야 한다.
③ 대리인으로부터 투자자본인의 정보를 파악하는 것도 가능하다.
④ ELS 신규투자자에게는 투자설명서는 물론 적합성보고서도 교부해야 한다.

TIP 65세 이상의 고령투자자를 대상으로 금융상품을 판매하는 경우에는 '2영업일 이상' 숙려기간을 부여해야 한다.

핵심포인트 해설 투자권유 희망투자자에 대한 판매준칙

투자자정보파악	• 투자자 정보를 파악하고 서명 등의 방법으로 확인받고 유지·관리해야함 • 투자권유 희망하나 투자자정보 미제공 시 : 투자권유 할 수 없음을 알리고 불원투자로 간주하여 판매 진행 • 장외파생상품을 거래하고자 하는 경우에는 '투자권유와 상관없이' 투자자정보를 파악해야 함
고령투자자 보호강화	• 회사는 회사실정에 부합되는 적정한 수준의 '고령투자자 보호기준'을 마련해야 함 • 임직원은 고령투자자에게 금융투자상품을 판매하는 경우에는 적합성 원칙 기준과 강화된 고령투자자 보호기준을 준수해야 함 • 65세 이상의 고령투자자를 대상으로 금융상품을 판매하는 경우에는 판매과정을 녹취하고, 투자자가 요청하는 경우 녹취파일을 제공해야 하며, 판매과정에서 2영업일 이상 숙려기간을 부여해야 함
투자자 성향분석에 따른 투자권유	• 투자자 본인의 대리권을 증빙할 수 있는 서류(실명증표&위임장)가 있으면 대리인으로부터 투자자본인의 정보를 파악하는 것도 가능 • '금융투자상품별 투자위험도 분류기준'과 고객의 투자성향별 투자권유가능상품 분류기준'을 참고하여 투자권유 해야 함 • 적합성 보고서 교부 : 신규투자자, 투자성향부적합투자자, 고령투자자를 대상으로 ELS, ELF, ELT, DLS, DLF, DLT를 판매하고자 하는 경우에는 추천사유 및 유의사항 등을 기재한 적합성 보고서를 교부해야 함 • 설명의무 이행 시 투자자의 투자경험과 금융투자상품에 대한 지식수준 등을 고려하여 설명의 정도를 달리할 수 있음

정답 | ②

최종거래일이 도래하지 않은 파생상품 종목의 일반적인 거래시간은?

① 09:00 ~ 15:00 ② 09:00 ~ 15:05
③ 09:00 ~ 15:15 ④ 09:00 ~ 15:45

TIP 최종거래일이 도래하지 않은 종목의 일반적인 거래시간은 09:00~15:45이다. 다만 예외적으로 돈육선물의 거래시간만 10:15 ~ 15:45이다.

핵심포인트 해설 | **파생상품 거래시간 및 휴장일**

(1) 파생상품 거래시간
① 최종거래일이 도래하지 않은 종목의 거래시간

파생상품 거래시간	09:00 ~ 15:45
예외(돈육선물의 거래시간)	10:15 ~ 15:45

② 최종거래일이 도래한 종목의 거래시간

주식 관련 파생상품, 금선물	09:00 ~ 15:20
금리선물, 통화선물	09:00 ~ 11:30
돈육선물	10:15 ~ 15:45

→ 최종거래일 도래 여부와 상관없이 거래시간은 10:15 ~ 15:45으로 동일함

③ 선물스프레드종목의 거래시간 : 선물종목 접속거래 시에만 가능

(2) 휴장일
① 공휴일, 근로자의 날, 토요일
② 12월 31일
③ 유가증권시장 또는 코스닥시장 휴장일(기초자산이 주가 또는 주가지수일 경우)
④ 돈육선물시장의 경우 축산도매시장 및 공판장의 과반수가 휴장하는 날
⑤ 기초자산이 변동성지수인 경우 변동성지수를 산출하는 대상이 되는 옵션시장의 휴장일
⑥ 기타 경제사정의 급변이 예상되거나 거래소가 시장관리상 필요하다고 인정되는 날

정답 | ④

다음 중 가격제한제도에 대한 설명 중 잘못된 것은?

① 일중 가격제한제도는 기준가격을 기준으로 상한가보다 높거나 하한가보다 낮은 가격은 주문이 제한되는 제도이다.

② 일중 가격제한제도는 투자자의 착오거래로 인한 장중가격 급변으로 시장혼란을 방지하기 위한 제도이다.

③ 실시간 가격제한제도는 접속매매 시간 중 거래가 체결될 때마다 그 약정가격을 기준으로 실시간 상·하한가 폭을 설정하고 이를 벗어나는 호가 접수를 거래소에서 거부하는 제도이다.

④ 야간거래, 협의거래, 기초자산이 정리매매종목인 주식선물거래는 실시간 가격제한제도가 적용되지 않는다.

TIP 실시간 가격제한제도는 투자자의 착오거래로 인한 장중가격 급변으로 시장혼란을 방지하기 위한 제도이다.

핵심포인트 해설 　**일중 가격제한제도 vs 실시간 가격제한제도**

구 분	일중 가격제한제도(Price Limit)	실시간 가격제한제도(Price Band)
실시사유	• 경제급변 등으로 인한 과도한 가격변동방지	• 장중 직전가 대비 과도한 가격급변방지
상하한가	• 당일 기준가격 ± 가격변동폭	• 직전약정가격 ± 가격변동폭
가격변동폭	• 전일 장 종료 후 당일고정	• 거래 체결 시 실시간 변동
대상상품	• 전 상품	• 유동성이 풍부한 상품 (코스피200선물·코스피200옵션 등)
적용범위	• 전 종목	• 선물 : 최근월물, 차근월물, 제1스프레드 • 옵션 : 최근월물, 차근월물
적용시간	• 정규거래 호가접수시간	• 접속거래시간

정답 | ②

다음 중 호가수량 및 미결제약정의 제한에 대한 설명이 잘못된 것은?

① 호가수량한도란 호가당 지정할 수 있는 주문수량의 최대치를 말한다.
② 여러 번에 걸쳐 주문을 내더라도 그 수량의 합이 호가수량한도를 초과할 수 없다.
③ 미결제약정의 제한은 투기거래의 경우에만 적용한다.
④ 코스피200선물의 호가수량한도는 2,000계약, 코스피200선물의 미결제약정 보유한도는 20,000계약이다.

TIP 호가수량한도는 1회 주문 시 주문수량을 의미하므로, 주문을 여러 번에 걸쳐 내는 경우에는 호가수량한도를 초과할 수 있다.

핵심포인트 해설 　　　　**호가수량 및 미결제약정의 제한**

(1) 호가수량의 제한(호가수량한도)

의의 및 목적	• 호가수량한도 : 호가당 지정할 수 있는 주문수량의 최대치 • 목적 : 대량주문 집행으로 인한 시장교란 방지, 오체결 방지
주요 호가수량한도	• 코스피200선물 : 2,000계약(미니코스피200선물 : 10,000계약) • 주식선물 : 1,000계약, 2,000계약, 10,000계약 중 거래소가 별도로 정하는 수량 • 선물스프레드 : 1,000계약

(2) 미결제약정의 제한(미결제약정 보유한도)

의의 및 목적	• 미결제약정 제한 : 결제되지 않고 남아있는 파생상품 계약의 수를 일정 수량으로 제한하는 것 • 목적 : 불공정행위 사전 예방, 과당투기 방지, 결제불이행 방지
미결제약정 보유한도	• 코스피200선물 : 20,000계약(개인투자자는 10,000계약) • 해외지수선물 : 50,000계약(개인투자자는 25,000계약) • 금선물/돈육선물 : 3,000계약

정답 | ②

06

파생상품 거래 시 주문 유형과 조건에 대한 설명이 잘못된 것은?

① 조건부지정가호가는 시장에 도달된 때에는 지정가 주문으로 거래되나 종가단일가거래 전까지 체결되지 않는 경우 시장가로 전환되는 주문이다.

② 최유리지정가호가는 종목 및 수량은 지정하되 가격은 시장에 도달하는 시점에서 가장 유리하게 거래되는 가격으로 지정되는 주문이다.

③ 일부총족조건은 당해 주문의 접수시점에서 주문한 수량 중 체결될 수 있는 수량에 대하여는 거래를 성립시키고 미체결수량은 호가잔량으로 남기는 조건이다.

④ 전량총족조건은 당해 주문의 접수시점에서 주문한 수량의 전부에 대하여 체결할 수 있는 경우 거래를 성립시키고 그렇지 않은 경우 전량을 취소시키는 조건이다.

TIP 일부총족조건은 당해 주문의 접수시점에서 주문한 수량 중 체결될 수 있는 수량에 대하여는 거래를 성립시키고 미체결수량은 취소된다.

핵심포인트 해설   **주문의 유형 및 조건**

유 형	지정가호가	종목, 수량, 가격을 지정하는 호가
	시장가호가	종목, 수량은 지정하고, 가격은 지정하지 않는 호가
	조건부지정가호가	종가 단일가격 거래 전까지 체결되지 않은 경우에는 종가 단일가격 거래 시 시장가주문으로 전환되는 호가
	최유리지정가호가	종목, 수량은 지정하되 가격은 가장 유리하게 거래되는 가격으로 지정되는 주문(매도의 경우 가장 높은 매수호가가격, 매수의 경우 가장 낮은 매도호가가격으로 거래하려는 주문)
조 건	일부총족조건 (FAK, IOC)	주문시점에서 주문수량 중 체결될 수 있는 수량은 거래시키고, 체결되지 않는 수량은 취소하는 조건
	전량총족조건 (FOK)	주문시점에서 주문수량 전부를 체결할 수 있으면 거래시키고, 그렇지 않으면 전부를 취소하는 조건
효 과	주문이 접수된 때부터 당일거래 종료 시까지 효력이 지속됨	

정답 | ③

원월물 종목 거래 시 입력이 제한되는 호가가 아닌 것은?

① 지정가호가
② 시장가호가
③ 최유리지정가호가
④ 조건부지정가호가

용어 알아두기

원월물	선물에서는 결제일이 존재하는데, 결제일이 가까운 선물을 근월물이라 하고, 결제일이 먼 선물을 원월물이라고 한다.

TIP 원월물 종목은 지정가호가만 입력이 가능하다.

핵심포인트 해설 **호가입력 제한**

(1) 호가입력 제한

원월물 종목	시장가호가, 조건부지정가호가, 최유리지정가호가
단일가호가	최유리지정가호가
종가단일가호가	조건부지정가호가
최종거래일도래 종목	조건부지정가호가
선물스프레드거래	시장가호가, 조건부지정가호가, 최유리지정가호가, 단일가호가시간의 호가
일부·전량충족조건	조건부지정가호가, 단일가호가, 시장조성계좌를 통한 호가

(2) 지정가호가만 가능한 경우
① 원월물거래
② 선물스프레드거래
③ 시장조성계좌거래
④ 해외지수선물거래
⑤ 주식선물거래
⑥ 주식옵션거래
⑦ 돈육선물거래

정답 | ①

08

파생상품 개별경쟁거래 체결의 일반원칙과 거리가 먼 것은?

① 가격우선의 원칙
② 시간우선의 원칙
③ 수량우선의 원칙
④ 종가우선의 원칙

TIP 파생상품 개별경쟁거래 체결의 일반원칙에는 가격우선의 원칙, 시간우선의 원칙, 수량우선의 원칙 등이 있다.

핵심포인트 해설	파생상품 거래의 체결

(1) 개별경쟁거래

거래원칙	• 가격우선의 원칙 • 시간우선의 원칙 • 수량우선의 원칙
단일가매매	• 적용대상 및 호가제출 시간 · 최초약정가격 : 정규거래 개시 전 30분간 · 시장정지 후 재개 시 최초약정가격 : 재개한 때로부터 10분간 · 거래중단 후 재개 시 최초약정가격 : 재개한 때로부터 10분간 · 최종약정가격 : 정규거래 종료 전 10분간 · 기초주권이 정리매매종목인 선물·옵션 : 장 개시로부터 30분 간격 • 거래체결방법 : 매도·매수 합계수량이 일정 가격에서 합치한 가격으로 체결됨
접속매매	• 단일가매매를 제외하면 모두 접속매매로 체결됨 • 거래시간 중 거래 가능한 호가가 접수되면 즉시 거래가 체결되고, 복수의 약정가격이 계속적으로 형성됨

(2) 협의대량거래

의 의	• 상대거래방식의 협의거래 제도 • 기관투자자가 대량의 포지션을 신속 원활하게 결제월 간 이월(Roll-over)하도록 해줌
방 법	• 회원은 거래소 규정에 따라 협의대량거래를 수탁할 수 있음 • 협의대량거래는 협의완료 후 1시간 이내에 거래소에 신청해야 함
대 상	• 주식상품선물거래 : 지수선물거래, 주식선물거래, 주식옵션거래 • 금리상품선물거래 : 3년국채선물거래, 10년국채선물거래 • 통화상품선물거래 : 미국달러·엔·유로·위안선물거래 • 일반상품선물거래 : 금선물거래 • 선물스프레드거래 : 금리선물스프레드거래, 통화선물스프레드거래

정답 | ④

파생상품 거래 시 착오거래가 발생한 경우에 대한 설명이 잘못된 것은?

① 착오가 발생한 날의 장 종료 후 30분 이내에 회원이 신청할 수 있으나 장중에는 신청할 수 없다.
② 거래소가 종목이나 수량을 착오거래한 경우 회원의 자기거래로 인수한 후 단일가거래로 반대매매를 한 후 손익을 정산한다.
③ 회원이 종목이나 수량을 착오거래한 경우 회원의 자기거래로 인수해야 한다.
④ 대량투자자 착오거래의 구제신청은 착오거래가 발생한 때로부터 30분 이내에 거래소에 신청해야 한다.

TIP 착오가 발생한 날의 장 종료 후 30분 이내에 회원이 신청할 수 있으며, 장중에도 신청할 수 있다.

핵심포인트 해설 　　　**착오거래의 정정**

정정신청시기	• 착오가 발생한 날의 장 종료 후 30분 이내에 회원이 신청할 수 있음 • 장중에도 신청 가능함 → 불가능 (X)
거래소 착오거래 정정	• 종목, 수량, 가격, 매도·매수, 호가종류, 위탁자계좌번호 등의 착오 : 회원의 자기거래로 인수한 후 단일 　가호가로 반대매매를 한 손익을 해당회원과 거래소가 정산함 • 위탁·자기거래, 투자자 구분에 대한 착오 : 해당 구분에 부합되도록 정정함
회원 착오거래 정정	• 종목, 수량, 가격, 매도·매수, 호가종류에 대한 착오 : 회원의 자기거래로 인수 • 위탁자계좌번호에 대한 착오 : 회원의 자기거래로 인수 또는 착오거래계좌의 위탁자로부터 동의를 　　　　　　얻어 계좌번호를 정정함
대량투자자 착오거래 구제	• 구제요건 　· 해당 금액이 상품시장별로 100억원 이상일 것 　· 약정가격이 착오거래구제제한범위를 벗어날 것 　· 착오거래가 동일한 착오에 의하여 연속적으로 체결될 것 　· 착오자가 대량투자자 착오거래구제제도를 악용하지 않을 것 　· 기타 원활한 결제를 위하여 해당 착오거래를 구제할 필요가 있을 것 • 구제신청 방법 　· 신청시한 : 착오거래가 발생한 때로부터 30분 이내에 거래소에 신청 　· 구제 여부 결정 통지 : 구제신청을 받은 날의 장 종료 후 30분까지

정답 | ①

10

기본예탁금에 대한 설명 중 잘못된 것은?

① 미결제약정이 없는 위탁자가 파생상품거래를 하기 위해 금융투자업자에게 예탁해야 하는 최소한의 거래개시기준금액이다.

② 개인투자자가 고위험 파생상품시장에 무분별하게 참여하는 것을 방지하기 위한 제도이다.

③ 사후위탁증거금 적용계좌는 기본예탁금이 면제된다.

④ 미결제약정이 있는 경우 신규주문 시 기본예탁금을 예탁해야 한다.

용어 알아두기

미결제약정	선물·옵션시장에 참가하는 투자자가 선물·옵션계약을 사거나 판 뒤 이를 반대매매(전매·환매)하지 않고 그대로 보유하고 있는 선물·옵션계약을 의미한다.

TIP 미결제약정이 있는 경우 기본예탁금의 체크 없이 신규주문이 가능하다.

핵심포인트 해설   기본예탁금제도

의의 및 도입 취지	• 미결제약정이 없는 위탁자가 파생상품거래를 하기 위해 금융투자업자에게 예탁해야 하는 최소한의 거래개시기준금액 • 개인투자자가 고위험 파생상품시장에 무분별하게 참여하는 것을 방지함
기본예탁금	• 위탁자, 거래범위 등에 따라 차등 적용 • 기본예탁금액 · 선물거래(변동성지수선물 제외), 옵션거래 : 1천만원 이상 · 모든 파생상품을 거래하고자 하는 경우 : 2천만원 이상
예탁시점	• 미결제약정이 있는 경우 : 기본예탁금 체크 없이 신규주문 가능 • 미결제약정이 없는 경우 : 신규 주문 시 기본예탁금을 예탁해야 함 • 미결제약정 전량 반대매매로 미결제약정이 0이 된 경우 · 결제시한인 익일 12시 이전 : 기본예탁금 체크 없이 신규주문 가능 · 결제시한인 익일 12시 이후 : 신규 주문 시 기본예탁금을 예탁해야 함
예탁금 인출 사유	• 반대매매, 최종결제, 권리행사의 신고·배정 또는 옵션의 소멸로 파생상품거래의 미결제약정이 전량 해소된 때 • 옵션매수의 미결제약정만 보유한 상태에서 미결제약정의 전량을 해소하기 위하여 하한가로 위탁한 매도주문이 호가된 때
인출 후 재매매	• 재매매하기 전에 기본예탁금을 예탁해야 함
예탁금 예탁	• 위탁자의 신용상태, 투자목적, 투자경험 등을 감안하여 위탁자별 차등적용함 • 예탁금 면제계좌 : 사후위탁증거금 적용계좌, 헤지전용계좌 • 금선물·돈육선물거래만을 위해 파생계좌를 설정하는 경우 기본예탁금액을 50만원 이상으로 정할 수 있음

정답 | ④

증거금제도에 대한 설명 중 잘못된 것은?

① 파생상품거래의 결제이행을 담보하기 위해 위험노출금액에 상응하는 금액을 징수하는 제도이다.
② 위탁증거금은 고객이 회원에게 납부하는 증거금이다.
③ 거래증거금은 회원이 거래소에 납부하는 증거금이다.
④ 위탁증거금의 경우 적격기관투자자에게는 사전증거금제도가 적용된다.

TIP 위탁증거금의 경우 적격기관투자자는 사후증거금제도가 적용되고, 그 외 일반투자자는 사전증거금제도가 적용된다.

핵심포인트 해설	증거금제도

의 의	• 파생상품거래의 결제이행을 담보하기 위해 위험노출금액에 상응하는 금액을 징수하는 제도 • 납입수단 : 현금, 대용증권, 외화 또는 외화증권
납부주체에 따른 분류	• 위탁증거금 : 고객이 회원(증권사)에게 납부하는 증거금 · 개시증거금 : 신규거래 시 납부하는 증거금 → 보통 개시증거금의 2/3 수준 · 유지위탁증거금 : 미결제약정을 유지하기 위한 최소한의 증거금 • 거래증거금 : 회원(증권사)이 거래소에 납부하는 증거금 · 위탁자로부터 예탁받은 증거금 중 회원이 실제 거래소에 납부해야 하는 증거금 · 보통 위탁증거금의 2/3 수준으로 설정됨
납부시점에 따른 분류	• 사전증거금 : 주문 전에 납부해야 하는 증거금 • 사후증거금 : 거래종료 후에 납부하는 증거금 • 적용범위 · 위탁증거금의 경우 : 적격기관투자자는 사후증거금제도 적용, 그 외 일반투자자는 사전증거금제도 적용 · 거래증거금의 경우 : 사후증거금제도 적용

정답 | ④

12

위탁증거금에 대한 설명 중 잘못된 것은?

① 위탁증거금을 고객별로 차등징수하는 것은 금지된다.
② 파생상품을 거래할 경우 고객이 회원에게 예탁해야 하는 사전증거금과 사후증거금을 의미한다.
③ 사전위탁증거금은 신규위탁증거금과 체결분증거금을 모두 고려해야 한다.
④ 사후위탁증거금은 체결분증거금만 고려하면 된다.

TIP 위탁증거금은 고객의 신용수준, 파생 투자목적 등을 고려하여 고객별 차등징수가 가능하다.

핵심포인트 해설　　위탁증거금

(1) 위탁증거금의 의의
① 파생상품거래 시 고객이 회원에게 예탁해야 하는 사전·사후증거금
② 고객의 신용수준, 파생상품의 투자목적 등을 고려하여 고객별 차등징수 가능

(2) 사전위탁증거금
① 의의 : 주로 일반투자자가 주문 또는 인출 시 회원에게 납부해야 하는 사전증거금으로 미체결분에 대한 신규위탁증거금과 체결분에 대한 위탁증거금을 모두 고려해야 함
② 산출방법 : 주문증거금 + 순위험증거금 + 결제예정금액

(3) 사후위탁증거금
① 의의 : 적격기관투자자가 거래성립일 익일 10시까지 회원에게 납부하면 되는 사후증거금으로 체결분증거금만 고려하면 됨
　참고 적격기관투자자의 범위 : 자본시장법상 전문투자자(단, 전문투자자 중에서 주권상장법인, 전문투자자로 신고한 법인 및 개인, 투자자문업자는 제외됨)
② 산출방법 : 순위험증거금 + 결제예정금액

정답 | ①

아래와 같은 조건일 경우 갱신차금으로 옳은 것은? (거래승수는 100만원)

- 전일 : 미결제약정 3년 국채선물 100계약 매수(체결가격 110.50p), 정산가격 110.55p
- 당일 : 신규 매수 20계약(체결가격 110.62p), 매도 50계약(체결가격 110.58p), 정산가격 110.65p

① -2,900,000원
② 7,100,000원
③ 10,000,000원
④ 15,000,000원

TIP   갱신차금 = 전일 매수미결제약정수량 × (당일정산가격 − 전일정산가격) × 승수
　　　　　　 = 100계약 × (110.65 − 110.55) × 100만원 = 10,000,000원

핵심포인트 해설　　**일일정산제도**

의 의	• 의의 : 고객의 미결제약정을 매일의 최종가격으로 재평가하여 선물거래의 손익을 당일 중 고객증거금에 반영하는 것 • 목적 : 결제불이행 방지
미결제약정수량 산출	• 매수미결제약정수량 　= 전일 매수미결제약정수량 + 당일 매수거래수량 − 당일 매도거래수량 • 매도미결제약정수량 　= 전일 매도미결제약정수량 + 당일 매도거래수량 − 당일 매수거래수량 • 자동상계 : 동일종목의 매도·매수 약정수량 중 대등한 수량을 상계하여 소멸시킴
정산차금 산출	• 정산차금(거래소와 회원 간 수수금액) = 당일차금 + 갱신차금 • 당일차금 : 당일 미결제약정의 손익 　· 당일 매수거래 = 당일 매수수량 × (당일 정산가격 − 당일 체결가격) × 승수 _당일증가_ 　· 당일 매도거래 = 당일 매도수량 × (당일 체결가격 − 당일 정산가격) × 승수 • 갱신차금 : 전일 미결제약정의 손익 　· 매수미결제약정 = 전일 매수미결제약정수량 × (당일 정산가격 − 전일 정산가격) × 승수 　· 매도미결제약정 = 전일 매도미결제약정수량 × (전일 정산가격 − 당일 정산가격) × 승수

정답 | ③

파생상품 결제금액의 구성요소에 대한 설명 중 잘못된 것은?

① 미수금은 전일 이전에 발생한 결제금액으로 당일 장 종료 전까지 미납부된 금액이다.

② 옵션대금은 당일 체결된 매수옵션대금과 매도옵션대금을 합산한다.

③ 최종결제차금은 최종거래일의 미결제약정의 정산가격을 최종결제가격으로 평가함으로써 발생하는 금액이다.

④ 선물의 경우 인수도차금은 전일종가를 기준으로 산출하며, 옵션의 경우 인수도차금은 체결가격을 기준으로 산출한다.

TIP 선물의 경우 인수도차금은 최종결제가격을 기준으로 산출하며, 옵션의 경우 인수도차금은 행사가격을 기준으로 산출한다.

핵심포인트 해설   **선물·옵션의 결제제도**

결제 의의	• 위탁자는 결제에 대한 의무가 있고, 결제회원(증권사)은 이에 대한 보증과 대납의무가 있음 • 결제회원과 거래소는 결제일이 동일한 날에 수수하는 당일차금, 갱신차금, 최종결제차금, 옵션대금, 권리행사차금의 총지급액과 총수령액의 차감액을 수수함(차감결제방식)
결제금액 산출 및 처리	• 결제금액 = 미수금 ± 정산차금 ± 최종결제차금 ± 옵션대금 ± 권리행사차금 ± 인수도차금 • 예탁현금 충분 시 : 예탁현금에서 결제금액 차감 • 예탁현금 부족 시 : 예탁현금만큼 결제금액에서 차감하고 부족분은 미결제금액으로 발생, 추가증거금을 징수
선물거래 결제	• 현금결제 : 최종거래일에 최종결제금액을 현금으로 수수하는 방법(대부분 현금결제 방식을 취함) • 인수도결제 : 최종거래일에 최종결제금액을 기초자산(실물)으로 인수도하고 그에 대한 결제대금을 수수하는 방식(미국달러선물, 엔선물, 유로선물, 위안선물은 인수도결제 방식을 취함)
옵션거래 결제	• 옵션과 프리미엄(대가)의 수수 • 반대매매 • 권리행사 또는 권리포기
결제대금 시한	• 회원과 거래소 간 : 다음 거래일의 16시까지 • 회원과 위탁자 간 : 다음 거래일의 12시까지

정답 | ④

추가증거금(Margin Call)에 대한 설명 중 잘못된 것은?

① 위탁자의 예탁총액 또는 예탁현금이 일정수준 이하로 떨어져 부족액이 발생하는 경우 위탁자로부터 추가로 예탁받아야 하는 증거금이다.

② 일별 추가증거금이 발생한 위탁자는 부족액 발생일의 다음 날 16시까지 추가증거금을 납부해야 한다.

③ 예탁현금이 유지현금예탁필요액보다 적은 경우에도 추가증거금을 납부해야 한다.

④ 회원은 추가증거금·결제대금의 지연 및 불이행 시 연체이자, 이로 인하여 회원이 부담한 비용 등을 징구할 수 있다.

TIP 일별 추가증거금이 발생하면 부족액 발생일의 다음 날 12시까지 추가증거금을 납부해야 한다.

핵심포인트 해설	추가증거금(Margin Call)

의 의	• 의의 : 선물가격 변동으로 증거금 수준이 유지증거금 수준을 밑돌게 될 경우 개시증거금 수준만큼 추가로 납부해야 하는 증거금 • 목적 : 결제불이행 방지
일별 추가증거금	• 적용시점 : 장 종료시점 기준 • 적용사유　→ 현금예탁필요액 비율 50% 　· 예탁총액 부족 : 예탁총액이 유지위탁증거금보다 적은 경우 　· 예탁현금 부족 : 예탁현금이 유지현금예탁필요액보다 적은 경우 • 추가증거금 납부기한 : 다음 거래일 12시까지
장중 추가증거금	• 적용시점 : 정규거래시간 중 • 적용사유 : 예탁총액이 장중 유지위탁증거금보다 적은 경우
결제금액 또는 추가증거금 미납 시 조치사항	• 반대매매 : 위탁자의 미결제약정 강제 매매 • 위탁증거금으로 예탁받은 대용증권 또는 외화 매도 • 반대매매 후에도 부족액이 있는 경우 : 위탁자에게 별도로 부족액의 납부 청구 • 회원은 추가증거금·결제대금의 지연 및 불이행 시 연체이자, 이로 인하여 회원이 부담한 비용 등을 징구할 수 있음

정답 | ②

16

파생상품 거래 시 대용증권에 대한 설명 중 잘못된 것은?

① 대용증권이란 현금을 대신하여 증거금으로 이용할 수 있는 일정 기준 이상의 유가증권을 의미한다.

② 위탁자는 위탁증거금 중 현금예탁필요액을 제외한 금액에 대하여 대용증권으로 예탁할 수 있다.

③ 대용증권을 거래증거금으로 이용하려면 사전에 위탁자의 서면동의가 필요하다.

④ 위탁자의 채무불이행 시 질권자인 거래소 또는 회원은 위탁자에게 이를 통지하고 대용증권을 처분하여 채무변제에 충당할 수 있도록 허락을 받아야 한다.

TIP 위탁자의 채무불이행 시 질권자인 거래소 또는 회원이 위탁자에 대한 통지 없이 대용증권을 임의로 처분하여 채무변제에 충당할 수 있다.

핵심포인트 해설 | **대용증권업무**

의의 및 특징	• 의의 : 대용증권이란 현금을 대신하여 증거금으로 이용할 수 있는 일정 기준 이상의 유가증권을 말함 • 위탁자는 위탁증거금 중 현금예탁필요액을 제외한 금액에 대하여 대용증권으로 예탁 가능함 • 대용증권을 거래증거금으로 이용 가능(사전에 위탁자의 서면동의 필요) • 예탁결제원에 담보관리전용계좌, 위탁대용전용계좌를 개설해야 함
납입 가능한 대용증권	• 유가증권시장·코스닥시장·코넥스시장에 상장된 주권 및 외국주식예탁증권 • 상장채권(국채, 지방채, 특수채, BBB + 이상 회사채) • ETF(레버리지·인버스ETF는 제외), ETN(레버리지·인버스ETN은 제외)
대용가격의 산정	• 대용가격 산정방법 : 대용증권의 기준시세 × 사정비율 • 대용가격 산출시기 : 외화 및 주식군 대용증권은 매분기 말, 채권군 대용증권은 매매거래일 • 관리종목, 정리매매종목, 매매거래정지종목, 투자위험종목으로 지정된 대용증권은 그 사유발생일 다음 날부터 효력이 정지되고, 그 사유소멸일로부터 효력이 회복됨
대용증권의 운영	• 대용증권 예탁 : 질권을 취득하는 방법으로 예탁 • 대용증권 인출 : 질권을 말소하는 방법으로 인출 • 대용증권 처분 : 채무불이행 시 질권자인 거래소 또는 회원이 위탁자에 대한 통지 없이 임의로 처분하여 채무변제에 충당할 수 있음

정답 | ④

금융투자업자의 회계관리 업무에 대한 설명 중 잘못된 것은?

① 금융투자업자의 회계처리에 관한 사항은 증권선물위원회의 심의를 거쳐 금융위원회가 정하여 고시한다.

② 금융투자업자의 고유재산과 신탁재산, 그리고 위탁자의 재산을 명확히 구분하여 계리한다.

③ 파생상품거래는 매매목적거래, 위험회피목적거래로 구분하여 관리해야 한다.

④ 금융투자업자의 재무제표상 계정과목은 금융위원회의 승인 없이 신설 또는 개정할 수 없다.

TIP 금융투자업자의 재무제표상 계정과목은 금융감독원장의 승인 없이 신설 또는 개정할 수 없다.

핵심포인트 해설　　　금융투자업자의 회계업무

자본시장법상 회계업무	• 회계연도 : 4. 1. ~ 익년 3. 31.(금융위원회가 고시하는 경우 1. 1. ~ 12. 31.로 가능) • 금융투자업자 고유재산, 신탁재산, 위탁자재산을 명확히 구분하여 계리 　· 장내파생상품거래예치금 계정, 장내파생상품매매증거금 계정 사용 　· 각각 자기분과 투자자분을 구분하도록 명시함 • 금융위원회가 정하여 고시하는 회계처리준칙 및 기준을 따라야 함 • 금융투자업자의 재무제표상 계정과목은 금융감독원장의 승인 없이 신설 또는 개정할 수 없음
파생상품 회계처리기준	• 거래유형 구분관리 : 매매목적거래, 위험회피목적거래로 구분하여 관리 • 일반원칙 　· 계약금액이 외화로 표시된 경우 원화로 환산함 　· 모든 거래는 공정가액으로 평가하여 그 손익을 재무제표에 반영함 　· 장내파생상품의 공정가액은 평가일 현재 당해 거래소에서 거래되는 해당 상품의 종가로 함 • 위험회피회계 　· 위험회피회계를 적용하고자 하는 경우 유사한 위험회피활동은 모두 위험회피회계를 적용하여야 함 　 (적용의 일관성) 　· 위험회피활동으로 인한 공정가액 또는 현금흐름의 위험회피효과 평가방법은 사전에 정해져 있어야 함

정답 | ④

18

다음 중 납세의무의 소멸사유와 거리가 먼 것은?

① 납부·충당의 취소
② 부과 취소
③ 제척기간의 만료
④ 소멸시효의 완성

TIP 납부·충당의 경우에 납세의무가 소멸된다.

핵심포인트 해설　　**국세기본법**

서류송달 방법	• 교부송달 : 소속공무원이 송달받을 자에게 서류를 교부하는 방법 • 우편송달 : 등기우편으로 송달하는 방법 • 전자송달 : 송달받을 자가 신청하는 경우에 한하여 가능한 방법 • 공시송달 : 공고한 날로부터 14일이 경과하면 서류 송달로 간주함
납세의무의 성립시기	• 소득세, 법인세, 부가가치세, 금융·보험업자의 수익금액에 부과되는 교육세 : 과세기간이 끝나는 때 • 원천징수하는 소득세, 법인세 : 소득(수입)금액 지급 시 • 증권거래세 : 매매거래가 확정되는 때 • 상속세 : 상속이 개시되는 때 • 증여세 : 증여에 의하여 재산을 취득하는 때 • 종합부동산세 : 과세기준일 • 가산세 : 가산할 납세의무가 성립하는 때
납세의무의 확정절차	• 신고확정 : 소득세, 법인세, 증권거래세 등 • 부과확정 : 상속세, 증여세 등 • 자동확정 : 인지세, 원천징수 되는 소득세·법인세 등
납세의무의 소멸사유	• 납부·충당되거나 부과가 취소된 때 • 국세부과의 제척기간이 만료된 때 • 국세징수권의 소멸시효가 완성한 때
제2차 납세의무자	• 청산인과 잔여재산을 분배 받은 자, 출자자, 법인, 사업양수인

정답 | ①

거주자의 과세방법과 소득의 연결이 잘못된 것은?

① 종합과세 : 이자소득
② 분류과세 : 양도소득
③ 분리과세 : 배당소득
④ 비과세 : 연금소득

TIP 연금소득은 종합과세 한다.

핵심포인트 해설   **소득세법**

거주자의 과세방법	• 종합과세 : 해마다 발생하는 경상소득(이자소득, 배당소득, 사업소득, 근로소득, 연금소득, 기타소득) • 분류과세 : 비경상적으로 발생하는 소득(퇴직소득, 양도소득) • 분리과세 : 법정률만 원천징수하면 납세의무 종료(종합소득과세표준에 합산하지 아니함) • 비과세 : 국가정책에 따라 과세에서 제외되는 소득
비거주자의 과세방법	• 종합과세 : 국내사업장이나 부동산임대소득 등이 있는 비거주자의 국내원천소득 • 분리과세 : 국내사업장이나 부동산임대소득 등이 없는 비거주자의 국내원천소득 • 분류과세 : 퇴직소득, 양도소득의 국내원천소득이 있는 비거주자의 당해 소득별
신고하지 않아도 되는 소득세	㉠ 근로소득만 있는 거주자 ㉡ 퇴직소득만 있는 거주자 ㉢ 법정연금소득만 있는 자 ㉣ 원천징수 연말정산하는 사업소득만 있는 자 ㉤ 위 ㉠, ㉡ 소득만 있는 자 ㉥ 위 ㉡, ㉢ 소득만이 있는 자 ㉦ 위 ㉡, ㉣ 소득만이 있는 자 ㉧ 분리과세이자·배당·연금·기타소득만 있는 자 ㉨ 위 ㉠ ~ ㉦에 해당하는 자로서 분리과세이자·배당·연금·기타소득이 있는 자

정답 | ④

20

상속세에 대한 설명 중 잘못된 것은?

① 납세의무자는 상속인 및 유증을 받는 자이다.
② 보험금도 상속재산에 포함된다.
③ 과세가액에는 생전 재산처분 및 부채부담액은 포함되지 않는다.
④ 과세표준은 상속세과세가액에서 상속공제액(기초·인적·물적공제, 감정평가수수료)을 뺀 금액이다.

TIP 상속세 과세가액에는 생전 증여재산가액뿐만 아니라 생전 재산처분 및 부채부담액도 포함된다.

핵심포인트 해설   **상속세**

납세의무자	• 상속인(특별연고자, 상속포기자 포함) 및 유증을 받는 자(수유자)
상속재산	• 민법상 상속재산, 유증재산, 사인증여재산, 특별연고자분여재산 • 보험금, 신탁재산, 퇴직금
과세가액	상속세과세가액 = [상속재산가액 + 생전 증여재산가액 + 생전 재산처분가액] − [공과금 + 장례비 + 채 무] • 상속재산가액 : 상속재산을 상속세법 규정에 의해 평가한 금액 • 생전 증여재산가액 · 상속개시일 전 10년 이내에 상속인에게 증여한 금액 · 상속개시일 전 5년 이내에 상속인이 아닌 자에게 증여한 금액 • 생전 재산처분 및 부채부담액 · 상속개시일 전 처분액이 1년 이내 2억원(2년 이내 5억원) 이상인 경우 · 상속개시일 전 부채액이 1년 이내 2억원(2년 이내 5억원) 이상인 경우
과세표준	• 상속세과세가액 − 상속공제액(기초·인적·물적공제, 감정평가수수료)

세율 (증여세와 동일)	과세표준	세 율
	1억원 이하	과세표준의 100분의 10
	1억원 초과 5억원 이하	1천만원 + 1억원을 초과하는 금액의 100분의 20
	5억원 초과 10억원 이하	9천만원 + 5억원을 초과하는 금액의 100분의 30
	10억원 초과 30억원 이하	2억 4천만원 + 10억원을 초과하는 금액의 100분의 40
	30억원 초과	10억 4천만원 + 30억원을 초과하는 금액의 100분의 50
	세대를 건너뛴 상속(민법 제1001조에 따른 대습상속 제외)에 대하여 산출세액의 30%(미성년자에게 20억원을 초과하여 세대를 건너뛴 상속 시 40%) 가산	

세액공제	• 증여세액공제, 외국납부세액공제, 단기재상속세액공제, 신고세액공제

정답 | ③

리스크관리 및 직무윤리
제 3 과목
해커스 파생상품투자권유자문인력 최종핵심정리문제집

증여세에 대한 설명 중 잘못된 것은?

① 납세의무자는 수증자이다.
② 과세표준이 50만원 미만일 경우 증여세를 부과하지 않는다.
③ 증여개시일이 속하는 달의 말일 기준으로 3월 이내에 신고납부해야 한다.
④ 납부세액이 2천만원을 초과하는 경우 물납으로 할 수 있다.

TIP 상속세는 물납이 허용되나 증여세는 물납이 허용되지 않는다. (2016개정)

핵심포인트 해설　　**증여세**

납세의무자	• 수증자(증여받은 자)
과세대상	• 민법상 증여재산 • 증여의제재산 • 증여추정재산
과세가액	• 증여재산가액 + 동일인 10년 내 1천만원 이상 수증액 − 인수채무
과세표준	• 명의신탁 증여의제 : 명의신탁재산금액 − 감정평가수수료 • 특수관계법인과의 거래를 통한 증여의제 : 증여의제이익 − 감정평가수수료 • 합산배제증여재산 : 증여재산가액 − 3천만원 − 감정평가수수료 • 상기 이외의 경우 : 증여세과세가액 − 증여재산공제 − 재해손실공제 − 감정평가수수료 • 과세표준이 50만원 미만인 경우 증여세를 부과하지 않음
세액공제 및 가산세	• 세액공제 : 신고세액공제(3%) • 가산세 : 과소신고(일반 : 10%, 부정행위 : 40%), 무신고(일반 : 20%, 부정행위 : 40%), 　　　　　미납부(미납세액 × 일수 × 0.03%)
신고 및 납부기한	상속(증여)개시일이 속하는 달의 말일 기준 • 상속세 : 국내 거주 6월, 국외 거주 9월 이내 • 증여세 : 3월 이내
물납, 분납, 연부연납	• 물납(증여세는 불허용, 상속세는 허용) 2016개정 　· 상속재산 중 부동산과 유가증권가액이 상속재산가액의 1/2을 초과 　· 상속세납부세액이 2천만원을 초과할 것 　· 상속세납부세액이 상속재산가액 중 금융재산가액을 초과할 것 • 분납 : 상속(증여)세액이 1천만원을 초과하는 경우 가능 • 연부연납 : 상속(증여)세액이 2천만원을 초과하는 경우 세무서의 허가를 얻어 가능

정답 | ④

이자소득금액의 원천징수에 대한 설명 중 잘못된 것은?

① 원천징수는 소득금액 지급 시 지급자가 지급받는 자의 부담세액을 국가를 대신하여 미리 징수하는 것이다.
② 파생결합상품의 이익도 이자소득의 범위에 속한다.
③ 이자소득세의 지급시기는 실제 소득을 지급한 날이다.
④ 비거주자의 원천징수세율은 이자소득금액의 14%이다.

TIP 비거주자의 원천징수세율은 조세조약이 체결된 국가의 거주자인 경우 조약상 제한세율(10~15% 정도, 단, 정부산하기관은 비과세), 조세조약이 체결되지 않은 국가의 거주자인 경우 20%이다.

핵심포인트 해설   **이자소득 원천징수**

원천징수의 의의	• 소득금액 지급 시 지급자가 지급받는 자의 부담세액을 국가를 대신하여 미리 징수하는 것
이자소득의 범위	• 채권·증권·예금의 할인액과 이자 • 신용계·신용부금으로 인한 이익 • 채권 또는 증권의 환매조건부매매차익 • 저축성보험의 보험차익 • 직장공제회 초과반환금 • 비영업대금의 이익 • 파생결합상품의 이익(이자소득상품과 파생상품이 결합 시 파생상품 이익) • 기타 이자소득과 유사한 소득으로 금전사용 대가 성격이 있는 것
이자소득의 수입·지급시기	• 수입시기 : 수익금액과 필요경비가 귀속되는 연도를 파악하여 연도별로 소득을 산정하는 기준 • 지급시기 : 실제 소득을 지급하는 날(납세의무 성립·확정되는 시기)
원천징수세율	• 거주자 : 이자소득금액의 14% • 비거주자 · 조세조약이 체결된 국가의 거주자인 경우 : 조약상 제한세율(10 ~ 15% 정도, 단, 정부산하기관은 비과세) · 조세조약이 체결되지 않은 국가의 거주자인 경우 : 20%

정답 | ④

양도소득세의 과세대상과 거리가 먼 것은?

① 환매조건부채권
② 비상장주식
③ 소주주 장외거래상장주식
④ 대주주 소유상장주식

TIP 환매조건부채권의 매매차익은 이자소득세로 과세한다.

핵심포인트 해설 | 양도소득세

양도소득	• 재고자산 이외의 자산 중 토지·건물·부동산의 권리 및 주식 등 소득세법이 정한 자산의 양도로 인하여 발생하는 일시적인 소득
과세대상	• 부동산 : 토지, 건물 • 부동산의 권리 　· 부동산 이용권 : 지상권, 전세권, 등기된 임차권 　· 부동산 취득권 : 향후 부동산을 취득할 수 있는 권리 • 기타자산 : 특정 주식, 특정 시설물이용권 주식, 부동산과다보유주식 • 비상장주식 • 상장주식 : 대주주 소유주식, 소주주 장외거래주식 • 파생상품 : 주가지수 관련 파생상품(KOSPI200선물, KOSPI200옵션 등), ELW(주식워런트증권), 이와 유사한 파생상품으로 기획재정부령이 정하는 것, 해외 파생상품시장에서 거래되는 파생상품 등
과세표준	• 과세표준 : 양도소득금액 - 양도소득기본공제 　· 양도차익 : 양도금액 - 필요경비 　· 양도소득금액 : 양도차익 - 장기보유특별공제 • 양도가액·취득가액 적용기준 : 실지거래가액(원칙) • 실지거래가액이 확인되지 않는 경우 기준시가 적용
공 제	• 장기보유특별공제 : 보유기간이 3년 이상인 토지·건물에 대하여 기간에 따라 일정 공제율 적용 • 기본공제 : 다음 각 호의 소득별로 각각 연 250만 원을 공제함 　· 제1호 : 토지·건물 및 부동산에 관한 권리, 기타자산(미등기 양도자산 제외) 　· 제2호 : 주식 및 출자증권 　· 제3호 : 파생상품 등

정답 | ①

24

파생상품의 양도소득세 과세에 대한 설명 중 잘못된 것은?

① 지수를 대상으로 하는 장내파생상품은 비과세된다.
② 국내파생상품의 양도소득세율은 탄력세율을 적용한다.
③ 기본공제는 250만원이다.
④ 연 1회 투자자가 직접 확정신고·납부한다.

TIP 지수를 대상으로 하는 장내파생상품은 양도소득으로 과세된다.

핵심포인트 해설   파생상품 양도소득세 과세

과세대상	주가지수 관련 파생상품(코스피200선물, 코스피200옵션 등), ELW, 이와 유사한 파생상품으로서 기획재정부령이 정하는 것(미니코스피200선물·옵션), 해외시장에서 거래되는 파생상품
세 율	탄력세율(5 ~ 20%)
시행시기	2016. 1. 1. 이후 거래분
손익통산	파생상품의 양도차익 별도 계산
기본공제	250만원
신고납부	연 1회 투자자가 직접 확정신고·납부

정답 | ①

출제예상문제

☑ 다시 봐야 할 문제(틀린 문제, 풀지 못한 문제, 헷갈리는 문제 등)는 문제 번호 하단의 네모박스(☐)에 체크하여 반복학습하시기 바랍니다.

01 중요도 ★
다음 중 투자권유에 대한 설명으로 적절하지 않은 것은?

① 투자자에게 적합하지 않은 것으로 판단되는 상품은 투자자가 원하는 경우에도 투자권유할 수 없다.
② 투자권유 없이 투자자가 본인의 투자자성향보다 높은 상품에 스스로 투자하고자 하는 경우에는 관련 확인서를 받더라도 판매할 수 없다.
③ 투자자에게 부적합한 상품을 판매하는 경우 판매과정을 녹취하고 숙려기간을 부여해야 한다.
④ 일반투자자에게 장외파생상품을 투자권유 하는 경우에는 투자목적이 위험회피인 경우만 가능하다.

02 중요도 ★★
일반투자자에 대한 투자권유 3대 준수사항과 가장 거리가 먼 것은?

① 적합성의 원칙
② 적정성의 원칙
③ 공시의 원칙
④ 설명의무

03 중요도 ★★★
금융투자상품의 투자권유에 대한 설명으로 잘못된 것은?

① 투자정보를 제공하지 않은 투자자에게는 파생상품을 판매할 수 없다.
② 취약투자자에게는 투자자의 불이익 사항을 우선적으로 설명해야 하며, 이를 확인받아야 한다.
③ 퇴직자는 취약투자자에 포함되지 않는다.
④ 일반투자자가 제공한 투자자정보를 문항별로 배점하여 점수화한 결과에 따라 분류된 투자자성향을 투자자에게 지체 없이 제공해야 하며, 전자서명으로 확인받는 것도 가능하다.

04

중요도 ★★★

파생상품에 대한 투자권유 시 잘못된 것은?

① 회사가 정한 투자자성향 분류기준 및 금융투자상품 위험도기준에 적합하지 않다고 인정되는 투자권유를 하면 아니 된다.

② 파생상품은 초고위험상품에 해당하므로 공격투자형 투자자에게만 투자권유를 할 수 있다.

③ 파생상품은 투자경험이나 연령 등의 요소를 추가적으로 고려해서 투자권유를 해야 한다.

④ 설명의무를 이행하는 경우 설명의 정도는 투자자에 따라 차이를 두면 안 된다.

정답 및 해설

01 ② 투자권유 없이 투자자가 본인의 투자자성향보다 높은 상품에 스스로 투자하고자 하는 경우에는 '투자성향에 적합하지 않은 투자성 상품거래 확인서'를 받고 판매절차를 진행할 수 있다.

02 ③ 일반투자자에 대한 투자권유 3대 준수사항은 적합성의 원칙, 적정성의 원칙, 설명의무 등이다.

03 ③ 취약투자자에는 65세 이상의 투자자, 미성년자, 퇴직자, 금융투자상품 무경험자, 문맹자, 주부 등이 포함된다.

04 ④ 설명의무를 이행하는 경우 투자자의 투자경험과 금융투자상품에 대한 지식수준 등 투자자의 이해수준을 고려하여 설명의 정도를 달리할 수 있다.

중요도 ★★

05 투자권유에 대한 설명 중 옳은 것은?

① 투자권유를 받은 투자자가 이를 거부하는 취지의 의사를 표시하였음에도 투자권유를 계속하는 행위는 금지된다.

② 투자권유 없이 파생상품을 거래하는 일반투자자의 경우 적합성의 원칙에 의한 판별을 하지 않아도 된다.

③ 투자일임계약을 하지 않더라도 투자의 일임은 시기, 가격 등 제한적인 범위 내에서 가능하다.

④ 투자권유대행인은 파생상품에 대한 투자권유를 할 수 있다.

중요도 ★

06 서명거래에 대한 설명 중 옳은 것은?

① 서명등록은 반드시 본인이 해야 하나, 상임(또는 법정)대리인의 경우 서명등록이 가능하다.

② 인감 없이 서명만 등록하는 것은 금지된다.

③ 법인계좌도 서명거래가 가능하다.

④ 성명과 서명이 같으면 별도로 기재하지 않아도 된다.

중요도 ★

07 전자금융감독규정상 이용자의 비밀번호 관리방법에 대한 설명으로 잘못된 것은?

① 주민번호, 동일숫자, 연속숫자 등 제3자가 쉽게 유추할 수 있는 비밀번호의 등록은 불가하다.

② 통신용 비밀번호와 계좌원장 비밀번호를 구분해서 사용해야 한다.

③ 5회 이내의 범위에서 미리 정한 횟수 이상의 비밀번호 입력 오류가 발생한 경우 거래를 중지시키고 본인확인절차를 거친 후 비밀번호 재부여 및 거래를 재개시킨다.

④ 금융회사가 이용자로부터 받은 비밀번호는 본인확인을 위하여 거래전표, 계좌개설신청서 등에 반드시 기재해야 한다.

08 중요도 ★
금융투자업종사자는 투자자와 계약을 체결한 경우 그 계약서류를 지체 없이 투자자에게 교부해야 하나 예외적으로 교부하지 않아도 되는 경우가 있다. 다음 중 그 예외에 해당하지 않는 것은?

① 계약 후 7일 이내에 계약의 해지가 예상되는 경우

② 매매거래계좌를 설정하는 등 금융투자상품거래를 위한 기본계약을 체결하고, 그 계약내용에 따라 계속적·반복적 거래를 하는 경우

③ 투자자가 계약서류 받기를 거부한다는 의사를 서면으로 표시한 경우

④ 투자자의 서면으로 표시된 의사에 따라 우편이나 전자우편으로 계약서류를 제공하는 경우

정답 및 해설

05 ① ② 투자권유 없는 자발적 거래의 경우에도 금융투자업자는 해당 투자자에게 해당상품이 적절한지 판단하여 부적절한 경우 경고조치를 할 의무가 있다.
③ 투자의 일임은 별도의 투자일임계약에 의하지 않을 경우 불가능하다. 자본시장법상 별도의 일임계약에 의하지 않은 일임거래는 불법이다.
④ 투자권유대행인은 파생상품에 대한 투자권유가 금지된다.

06 ① ② 인감 없이 서명만 등록하는 것도 가능하다.
③ 법인계좌는 서명거래가 불가능하다.
④ 성명과 서명이 같더라도 성명과 서명은 필히 별도로 기재해야 한다.

07 ④ 금융회사가 이용자로부터 받은 비밀번호는 거래전표, 계좌개설신청서 등에 기재하지 말고 핀패드 등 보안장치를 이용하여 입력해야 한다.

08 ① 계약의 해지가 예상된다고 하여도 계약서류는 계약의 체결 후 지체 없이 교부해야 한다.

09 다음 중 금융투자회사 임직원이 투자권유 시 금지행위와 거리가 먼 것은?

① 투자자로부터 투자권유의 요청을 받지 않고 방문·전화 등 실시간 대화의 방법을 이용하는 행위

② 투자성 상품에 대한 계약체결을 권유하면서 투자자가 요청하지 않은 다른 대출성상품을 안내하는 행위

③ 자기 또는 제3자가 소유한 투자성상품의 가치를 높이기 위해 투자자에게 해당 투자성상품의 취득을 권유하는 행위

④ 자기회사가 발행한 채권의 매매를 권유하는 행위

10 해외 파생상품계좌의 종류에 대한 설명 중 잘못된 것은?

① 자기계좌는 계좌명의와 손익계산의 주체가 같다.

② 총괄계좌는 금융투자업자가 위탁자를 위하여 자기명의로 거래하는 계좌이다.

③ 중개계좌는 금융투자업자를 통하여 위탁자가 직접 거래하는 계좌이다.

④ 해외 파생상품계좌는 모두 계좌명의와 손익계산의 주체가 같다.

11 해외파생상품거래에 대한 설명 중 잘못된 것은?

① 해외 파생상품계좌는 자기계좌, 총괄계좌, 중개계좌로 구분된다.

② 해외파생상품거래는 그 특성상 환율변동, 제반여건이 불리하다는 사실, 국내제도와 다를 수 있다는 사실 등을 위험고지서에 포함시켜야 한다.

③ 해외파생상품거래를 위하여 중개계좌를 개설한 위탁자는 신용거래가 불가능하다.

④ 금융투자업자는 총괄계좌에 대하여 해외신용을 획득한 경우라도 이를 위탁자에게 제공하거나 그 사용대가를 위탁자에게 부담시킬 수 없다.

12 중요도 ★

□ 임직원은 투자자의 투자목적, 재산상황 및 투자경험 등을 고려하지 않고 일반투자자에게 빈번한 금융투자상품의 매매거래 또는 과도한 규모의 금융투자상품의 매매거래를 권유하면 안 된다. 다음 중 과당매매의 판단기준에 해당하는 것을 올바르게 묶은 것은?

> ㉠ 투자자가 부담하는 수수료의 총액
> ㉡ 투자자의 재산상태 및 투자목적에 적합한지 여부
> ㉢ 투자자의 투자지식이나 경험에 비추어 해당 거래에 수반되는 위험을 잘 이해하고 있는지 여부
> ㉣ 개별매매거래 시 권유내용의 타당성 여부

① ㉠, ㉡

② ㉠, ㉡, ㉢

③ ㉠, ㉢, ㉣

④ ㉠, ㉡, ㉢, ㉣

정답 및 해설

09 ④ 자기회사가 발행한 채권의 매매를 권유하는 행위는 가능하지만, 자기회사가 발행한 주식의 매매를 권유하는 행위는 금지된다.

10 ④ 총괄계좌의 계좌명의는 금융투자업자이고, 손익계산의 주체는 위탁자이다.

참고 해외 파생상품계좌의 종류

계좌 종류	내 용	계좌명의	손익계산
자기계좌	금융투자업자가 자기재산으로 거래하는 계좌	금융투자업자	금융투자업자
총괄계좌	금융투자업자가 위탁자를 위하여 자기명의로 거래하는 계좌	금융투자업자	위탁자
중개계좌	금융투자업자를 통하여 위탁자가 직접 거래하는 계좌	위탁자	위탁자

11 ③ 금융투자업자 또는 중개계좌를 개설한 위탁자는 해외 파생상품시장의 회원 또는 해외 금융투자업자인 중개인이 제공하는 신용으로 거래가 가능하다.

12 ④ 모두 과당매매 판단기준에 해당한다.

13

중요도 ★★

계좌개설에 대한 설명 중 잘못된 것은?

① 실명확인은 위탁자 본인을 통해서만 가능하다.

② 계좌개설 시 인감 없이 서명만으로도 등록이 가능하다.

③ 해외선물계좌를 개설하는 경우 제공되는 위험고지서는 국내선물의 경우와 다르다.

④ 계좌개설 신청서는 투자자가 작성하는 것이 원칙이다.

14

중요도 ★

파생상품의 가격제한에 대한 설명 중 잘못된 것은?

① 실시간 가격제한을 적용하는 거래는 협의거래, 코스피200선물·옵션거래이다.

② 실시간 가격제한을 적용하는 종목은 선물거래 및 옵션거래의 경우 최근 월종목 및 차근 월종목이다.

③ 가격제한폭은 시장상황에 따라 거래소가 거래의 상황에 이상이 있거나 시장관리상 필요하다고 인정하는 경우 바꿀 수 있다.

④ 주식선물거래의 경우 거래상황을 고려하여 기초주권별로 실시간 가격제한의 적용 여부를 별도로 정할 수 있다.

15

중요도 ★

파생상품 거래 시 주문에 대한 설명 중 잘못된 것은?

① 주문 유형에는 지정가호가, 시장가호가, 조건부지정가호가, 최유리지정가호가 등이 있다.

② 주문 접수에 관한 기록은 그 접수일로부터 3년 이상 보관해야 한다.

③ 조건부지정가호가는 지정가주문으로 거래하다가 종가 단일가거래 전까지 체결되지 않는 경우 시장가주문으로 전환되는 주문이다.

④ 입력된 주문은 거래체결, 주문의 취소, 주문의 정정 등의 경우를 제외하면 접수된 때로부터 당일의 거래종료 시까지 효력이 지속된다.

16 중요도 ★★

호가별 주문의 입력이 제한되는 경우에 대한 설명으로 잘못된 것은?

① 원월물 종목의 경우 시장가호가, 조건부지정가호가, 최유리지정가호가가 제한된다.

② 단일가호가의 경우 최유리지정가호가가 제한된다.

③ 종가단일가를 결정하기 위한 단일가호가 시간에는 조건부지정가호가가 제한된다.

④ 최종거래일이 도래한 종목의 경우 최유리지정가호가가 제한된다.

17 중요도 ★★

대량투자자착오거래의 구제요건에 대한 설명 중 잘못된 것은?

① 해당 금액이 상품시장별로 10억원 이상일 것

② 약정가격이 착오거래 구제제한범위를 벗어날 것

③ 착오거래가 동일한 착오에 의하여 연속적으로 체결될 것

④ 착오자가 대량투자자착오거래 구제제도를 악용하지 않을 것

정답 및 해설

13 ① 실명확인은 위탁자 본인뿐만 아니라 대리인을 통해서도 가능하다.

14 ① 협의거래는 실시간 가격제한제도가 적용되지 않는다.

15 ② 주문 접수에 관한 기록은 그 접수일로부터 10년 이상 보관해야 한다.

16 ④ 최종거래일이 도래한 종목의 경우 조건부지정가호가가 제한된다.

17 ① 해당 금액이 상품시장별로 100억원 이상일 것을 요한다.

18 중요도 ★★
파생상품거래 시 호가수량제한에 대한 설명 중 잘못된 것은?

① 호가수량제한은 호가당 지정할 수 있는 수량의 최대치를 의미한다.
② 호가수량제한 이상으로 주문을 일시에 넣을 수 없다는 것이므로 주문수량을 쪼개어 여러 번 넣는 것은 가능하다.
③ 코스피200선물거래의 호가수량한도는 5,000계약, 미니코스피200선물거래의 호가수량한도는 1,000계약이다.
④ 누적호가수량한도는 코스피200선물거래와 코스피200옵션거래를 하는 회원의 자기거래계좌와 사후위탁증거금계좌에 한하여 적용한다. (단, 협의거래와 글로벌거래는 제외)

19 중요도 ★★
파생상품거래 시 미결제약정의 제한에 대한 설명 중 잘못된 것은?

① 불공정행위 사전예방, 과당투기 및 결제불이행 방지를 위한 제도이다.
② 제한대상거래는 투기거래이다.
③ 코스피200선물·옵션거래의 미결제약정 보유한도는 5,000계약(개인의 경우 2,500계약)이다.
④ 해외지수선물의 미결제약정 보유한도는 순미결제약정 기준 50,000계약이다.

20 중요도 ★★
협의대량거래에 대한 설명 중 잘못된 것은?

① 당사자 간 사전 협의된 가격이나 수량으로 거래를 체결시키는 상대거래방식의 거래이다.
② 협의대량거래는 기관투자자가 대량의 포지션을 신속·원활하게 결제월 간 이월(Roll-over)하도록 도와준다.
③ 협의대량거래 신청은 협의가 완료된 시각으로부터 1시간 이내에 거래소에 신청해야 한다.
④ 협의대량거래는 상대거래이므로 정규시간뿐만 아니라 시간외매매시간에도 가능하다.

21 중요도 ★

기초자산조기인수도부거래(EFP : Exchange of Futures for Physicals)**에 대한 설명 중 잘못된 것은?**

① 선물거래의 미결제약정을 최종거래일 이전에 해소하기 위한 거래이다.

② 거래자가 원하는 시기에 한 번의 거래로 선물포지션 해소와 실물인수도가 가능하여 수출기업 등 외환 실수요자들이 유용하게 이용할 수 있다.

③ 대상 상품은 상장된 통화선물이며, 신청가능수량은 1 ~ 50,000계약이다.

④ 평일 신청가능시간은 09:10 ~ 14:55이다.

22 중요도 ★

플렉스협의거래(FLEX : Flexible Exchange)**에 대한 설명 중 잘못된 것은?**

① 최종거래일, 최종결제방법, 가격 및 수량에 대하여 당사자 간 협의된 내용을 거래소에 신청하는 경우 거래를 체결시켜주는 제도이다.

② 은행에서 행하는 미국달러선물환거래와 유사한 거래로 장내시장에서 낮은 거래비용으로 이용할 수 있다.

③ 신청가능수량은 1 ~ 10,000계약이다.

④ 협의가 완료된 시각으로부터 10분 이내에 거래소에 전산으로 신청해야 한다.

정답 및 해설

18 ③ 코스피200선물거래의 호가수량한도는 2,000계약, 미니코스피200선물거래의 호가수량한도는 10,000계약이다.

19 ③ 코스피200선물, 코스피200옵션의 미결제약정 보유한도는 20,000계약(개인의 경우 10,000계약)이다.

20 ④ 협의대량거래 신청시간은 정규거래시간(단일가 호가 시간 포함)까지이다.

21 ③ 대상 상품은 미국달러선물이며, 신청가능수량은 1~15,000계약이다.

22 ③ 신청가능수량은 10~5,000계약이다.

23

중요도 ★

다음 중 장중 추가증거금에 대한 설명이 잘못된 것은?

① 외부 이벤트에 의한 시황급변 시 결제위험을 축소하기 위한 것이다.

② 매 거래일 매시(9:01, 10시, 11시, 12시, 1시, 2시)에 산출된다.

③ 추가증거금 산출시점으로부터 1시간이 지난 시점부터 부과 여부결정 및 통보가 된다.

④ 가격변동기준과 금액기준 중 하나라도 충족되면 부과된다.

24

중요도 ★

파생상품시장의 기본예탁금에 대한 설명 중 잘못된 것은?

① 미결제약정을 전량 반대매매하여 미결제약정이 0이 되면 결제시한과 관계없이 신규주문 즉시 기본예탁금을 예탁해야 한다.

② 금·돈육선물거래만을 위해 파생상품계좌를 설정하는 경우 기본예탁금을 50만원 이상으로 할 수 있다.

③ 기본예탁금의 예탁면제계좌는 사후위탁증거금 적용계좌 및 헤지전용계좌이다.

④ 스위스프랑화로 예탁할 수는 있으나 프랑스프랑화로 예탁할 수 없다.

25

중요도 ★★

파생상품 증거금 중 기본예탁금에 대한 설명 중 잘못된 것은?

① 일반투자자들의 무분별한 참여를 방지하기 위해 설정된 일종의 진입규제 장치이다.

② 위탁자의 파생상품계좌별로 파생상품거래 이전에 필요한 일정 금액을 예탁해야 한다.

③ 옵션을 매수 또는 매도할 때 기본예탁금은 전액 현금이어야 한다.

④ 전에 예탁된 기본예탁금은 전액 위탁증거금으로 충당할 수 있다.

26

중요도 ★★★

파생상품의 위탁증거금에 대한 설명으로 옳은 것은?

① 거래소가 정한 위탁증거금은 고객별로 차등징수를 할 수 없다.

② 롤오버 등 미결제약정을 감소시키는 선물스프레드 주문도 위탁증거금을 납부해야 한다.

③ 주문 시마다 보유한 미결제약정 및 수량에 대한 위탁증거금을 산출한다.

④ 사후위탁증거금은 신규위탁증거금과 체결분증거금을 모두 고려해야 하나, 사전위탁증거금은 체결분증거금만 고려하면 된다.

27

중요도 ★

다음 중 사후증거금제도가 적용되는 적격기관투자자의 요건에 대한 설명 중 잘못된 것은?

① 적격기관투자자는 원칙적으로 유형요건과 자산규모요건을 충족해야 한다.

② 자본시장법에 명기된 전문투자자는 모두 유형요건에 해당한다.

③ 알고리즘계좌를 보유한 국내법인으로 회원의 위험관리부서가 심사하여 선정한 법인도 유형요건에 해당된다.

④ 자산규모요건은 자산총액이 5천억원 이상이거나 운용자산총액이 1조원 이상이어야 한다.

정답 및 해설

23 ④ 가격변동기준과 금액기준이 모두 충족된 경우에 부과된다. 가격변동기준은 코스피200지수의 변동률이 코스피200선물 거래증거금률의 80% 이상인 경우를 말하고, 금액기준은 장중거래증거금이 예탁총액의 120% 이상인 경우를 말한다.

24 ① 미결제약정을 전량 반대매매하여 미결제약정이 0이 된 경우 결제시한인 다음 날 12시까지 미결제약정이 있는 것으로 보며, 이 경우 기본예탁금의 체크 없이 신규주문이 가능하다.

25 ③ 옵션을 매수할 때는 기본예탁금이 전액 현금이어야 한다. 그러나 옵션을 매도할 때는 기본예탁금이 전액 대용증권이어도 된다.

26 ③ ① 거래소가 정한 위탁증거금은 고객별로 차등징수가 가능하다.
② 롤오버 등 미결제약정을 감소시키는 선물스프레드 주문은 위탁증거금이 면제된다.
④ 사전위탁증거금은 신규위탁증거금과 체결분증거금을 모두 고려해야 하나, 사후위탁증거금은 체결분증거금만 고려하면 된다.

27 ② 자본시장법에 명기된 전문투자자 중 주권상장법인, 금융위원회에 전문투자자로 신고한 법인·개인, 투자자문업자는 거래소 규정상 적격기관투자자에서 제외된다.

28
중요도 ★★
파생상품 위탁증거금의 지급 및 충당에 대한 설명 중 잘못된 것은?

① 위탁자는 예탁총액이 위탁증거금을 초과하는 경우 초과액에 대하여 인출 또는 새로 납부해야 할 위탁증거금에 충당할 수 있다.
② 위탁자는 예탁현금이 현금예탁필요액을 초과하는 경우 초과액에 대하여 인출 또는 새로 납부해야 할 위탁증거금에 충당할 수 있다.
③ 예탁총액은 예탁된 현금과 대용증권의 대용가액, 외화 및 외화증권의 평가가액의 합계액이다.
④ 예탁현금의 지급(인출)가능 금액은 예탁현금초과액과 예탁총액초과액 중 많은 금액의 현금이다.

29
중요도 ★★
주가지수선물의 일일정산제도에 대한 설명 중 잘못된 것은?

① 결제불이행을 막기 위하여 매일 각 종목의 약정가격을 정산가격으로 평가하여 부족증거금이 있는 경우 보충하여야 한다.
② 매수미결제약정수량은 전일 매수미결제약정수량 + 당일 매수거래수량 − 당일 매도거래수량으로 계산한다.
③ 당일차금(매도거래)은 (당일 정산가격 − 당일 체결가격) × 당일 매도수량 × 거래승수로 계산한다.
④ 회원은 위탁자의 파생상품계좌별로 동일종목의 매도·매수의 약정수량(전일 미결제약정수량 포함) 중 대등수량을 자동상계한다.

30
중요도 ★★
사후위탁증거금에 대한 설명 중 잘못된 것은?

① 정규거래시간 종료 후에 예탁받는 위탁증거금이다.
② 적격기관투자자에 대하여는 주문증거금을 부과하지 않고 장 종료시점에 보유하고 있는 순위험증거금과 익일 결제예정금액을 더한 위탁증거금을 다음 거래일 10시 이내에 예탁하여야 한다.
③ 사후위탁증거금 할인계좌에서 할인되는 항목은 옵션위탁증거금, 선물스프레드증거금, 가격변동증거금, 최소순위험위탁증거금이다.
④ 반대매매만 있는 계좌나 당일 중 거래가 전혀 성립되지 않은 계좌는 사후증거금의 예탁이 필요 없으나 예탁금이 유지증거금 수준을 하회하면 다음 거래일 12시까지 추가증거금을 예탁해야 한다.

31 중요도 ★★

미국달러선물이 다음과 같이 거래된 경우 정산차금은 얼마인가?

구 분	T − 1일	T일
거래내역	매수 10계약	매수 2계약(체결가격 1,192.8) 매도 6계약(체결가격 1,192.6)
정산가격	1,191.6	1,193.0

① +100,500원

② +120,000원

③ +130,500원

④ +140,000원

정답 및 해설

28 ④ 예탁현금의 지급(인출)가능 금액은 예탁현금초과액과 예탁총액초과액 중 적은 금액의 현금이다.

29 ③ 당일차금(매도거래) = (당일 체결가격 − 당일 정산가격) × 당일 매도수량 × 거래승수

30 ③ 최소순위험위탁증거금은 할인되지 않는다.

31 ②

당일차금	$\{(1,193.0 − 1,192.8) × 2 × 10,000\} + \{(1,192.6 − 1,193.0) × 6 × 10,000\}$ = −20,000원
갱신차금	(1,193.0 − 1,191.6) × 10 × 10,000 = 140,000원
정산차금	−20,000 + 140,000 = 120,000원

32

중요도 ★

금융세제에 대한 설명 중 잘못된 것은?

① 원천징수의무자가 소득지급 시 소득세를 원천징수하여 납부하는 기한은 다음 달 10일이다.

② 거주자에게 예탁금이용료를 지급하는 경우 적용되는 이자소득세율은 10%이다.

③ 비거주자에게 예탁금이용료 이자소득을 지급하는 경우 조세조약이 체결되지 않은 국가의 거주자에게 적용되는 이자소득세율은 20%이다.

④ 양도소득세 계산 시 기본공제액은 250만원이다.

33

중요도 ★

세법상 서류송달방법 중 공시송달에 대한 설명으로 잘못된 것은?

① 공시송달은 서류의 요지를 공고한 날부터 14일이 경과하면 서류의 송달로 간주한다.

② 주소 또는 영업소가 불분명한 경우 공시송달을 하게 된다.

③ 1회 방문하였으나 부재중으로 송달이 곤란한 경우 공시송달을 할 수 있다.

④ 서류의 송달방법에는 교부송달, 우편송달, 전자송달, 공시송달이 있다.

34

중요도 ★★

납세의무의 성립시기가 잘못된 것은?

① 소득세, 법인세 : 과세기간이 종료하는 때

② 증여세 : 증여에 의하여 재산을 취득하는 때

③ 증권거래세 : 과세문서를 작성하는 때

④ 종합부동산세 : 과세기준일

35

중요도 ★★

납세의무의 확정방법과 적용세목이 알맞게 연결된 것은?

① 신고확정 : 양도소득세

② 부과확정 : 원천징수하는 법인세

③ 신고확정 : 상속세

④ 부과확정 : 증여세

정답 및 해설

32 ② 거주자에게 예탁금이용료를 지급하는 경우 적용되는 이자소득세율은 14%이다.

33 ③ 공시송달사유

- 주소 또는 영업소가 국외에 있어 그 송달이 곤란한 경우
- 주소 또는 영업소가 분명하지 아니한 경우
- 송달할 장소가 없는 경우
- 서류를 등기우편으로 송달하였으나 수취인이 부재중인 것으로 확인되어 반송됨으로써 납부기한 내 송달이 곤란하다고 인정되는 경우
- 세무공무원이 2회 이상 납세자를 방문하여 서류를 교부하고자 하였으나 수취인이 부재중인 것으로 확인되어 납부기한 내 송달이 곤란하다고 인정되는 경우 등(국세기본법 제11조)

34 ③ 증권거래세 : 당해 매매거래가 확정되는 때

35 ④

구 분		신고확정	부과확정	자동확정
의 의		납세의무자의 신고에 의하여 납세액 확정	정부의 부과처분에 의하여 납세액 확정	납세의무가 성립과 동시에 납세액 확정
조세채권의 확정	주 체	납세의무자	과세권자	–
	시 기	과세표준 확정신고서 제출 시	과세권자의 결정 시	납세의무 성립 시
적용세목		소득세·법인세·부가가치세 ·증권거래세 등	양도소득세·상속세·증여세 등	인지세·원천징수하는 소득세·법인세·중간예납 법인세

36

중요도 ★

2차 납세의무자에 대한 설명 중 잘못된 것은?

① 청산인과 잔여재산을 분배받은 자는 그 해산법인의 국세 등에 대하여 제2차 납세의무를 진다.

② 법인(상장법인은 제외)의 재산으로 국세 등을 충당하고 부족한 금액은 납세의무의 성립일 현재 무한책임사원과 과점주주가 제2차 납세의무를 진다.

③ 국세의 납부기한 현재 법인의 무한책임사원과 과점주주가 당사자의 재산으로 국세 등을 충당한 후 부족한 금액은 당해 법인이 제2차 납세의무를 진다.

④ 양도·양수한 사업과 관련하여 양도일 이전에 확정된 국세 등은 사업양도인이 제2차 납세의무를 진다.

37

중요도 ★★

소득세는 신고확정세목으로 납세자가 신고함으로써 과세표준과 세액이 확정된다. 따라서 소득금액과 세액을 계산하여 다음 연도 5. 1.～5. 31.까지 주소지 관할 세무서에 신고 및 납부하여야 한다. 그런데 다음 보기 중 소득신고를 하지 않아도 되는 사람은?

> ㉠ 근로소득만 있는 거주자
> ㉡ 퇴직소득만 있는 거주자
> ㉢ 법정연금소득만 있는 거주자
> ㉣ 원천징수 연말정산하는 사업소득만 있는 자
> ㉤ 근로소득과 기타소득만 있는 자

① ㉠, ㉢, ㉤

② ㉠, ㉡, ㉢, ㉣

③ ㉠, ㉡, ㉣, ㉤

④ ㉠, ㉡, ㉢, ㉣, ㉤

38

중요도 ★★

양도소득세의 과세대상에 대한 설명 중 잘못된 것은?

① 대주주 이외의 주주가 유가증권·코스닥시장 외에서 양도하는 주식은 양도소득세 과세대상이다.

② 건물에 부속된 시설물과 구축물도 양도소득세 과세대상이다.

③ 파생상품에서 발생한 소득은 양도소득세 과세대상이 아니다.

④ 부동산비율이 자산총액의 80% 미만인 법인의 주식은 양도소득세 과세대상이 아니다.

39

중요도 ★★★

다음 중 상속세 과세가액의 범위에 대한 설명 중 잘못된 것은?

① 상속개시일 전 10년 이내에 피상속인이 상속인에게 증여한 재산도 포함된다.

② 상속개시일 전 5년 이내에 피상속인이 상속인이 아닌 자에게 증여한 재산도 포함된다.

③ 상속개시일 전 1년 이내에 3억원 이상, 2년 이내에 4억원 이상인 용도불명의 재산을 처분한 경우 피상속인의 재산에서 인출한 금액도 포함된다.

④ 상속개시일 전 1년 이내에 2억원 이상, 2년 이내에 5억원 이상을 피상속인이 부담한 용도불명의 채무합계액도 포함된다.

정답 및 해설

36 ④ 양도·양수한 사업과 관련하여 양도일 이전에 확정된 국세 등은 사업양수인이 제2차 납세의무를 진다. (국세기본법 40조)

37 ② 근로소득과 기타소득만 있는 자는 소득신고를 해야 한다.

38 ③ 일부 파생상품에서 발생한 소득은 양도소득세의 과세대상이다.

39 ③ 상속개시일 전 1년 이내에 2억원 이상, 2년 이내에 5억원 이상인 용도불명의 재산을 처분한 경우 피상속인의 재산에서 인출한 금액도 포함된다.

40
중요도 ★
상속세에 관한 설명으로 잘못된 것은?

① 과세표준 : 상속세 과세가액 − (기초공제 + 인적공제 + 물적공제 + 감정평가수수료)

② 세율 : 10 ~ 50%

③ 세액공제 : 증여세액공제, 외국납부세액공제, 단기재상속세액공제, 신고세액공제

④ 신고 및 납부기한 : 1월 이내

41
중요도 ★★★
증여세에 대한 설명 중 옳은 것은?

① 납세의무자는 자신의 재산을 증여하는 자이다.

② 수증자가 비거주자인 경우, 주소·거소가 불명한 경우, 담세력이 없는 경우에는 증여자가 연대하여 납세할 의무를 진다.

③ 수증자가 비거주자인 경우 국내·국외에 소재하는 모든 증여재산에 대하여 과세한다.

④ 증여의제의 경우 증여세가 부과되나 증여추정의 경우 증여세가 부과되지 않는다.

42
중요도 ★★
수증자가 담세력이 없는 경우에는 증여자가 연대납세의무를 진다. 다음 중 수증자가 증여세를 납부할 능력이 없는 때 증여세를 면제하는 경우에 해당하지 않는 것은?

① 저가양수·고가양도에 따른 이익의 증여

② 시가보다 약간 낮은 가격으로 재산의 취득 후 가치 증가

③ 합병에 따른 상장 등 이익의 증여

④ 법인조직변경에 따른 이익의 증여

43

중요도 ★★

증여세에 대한 설명 중 잘못된 것은?

① 과세범위에는 민법상 증여재산뿐만 아니라 증여의제재산, 증여추정재산도 포함된다.

② 증여재산에 대하여 수증자에게 소득세가 부과된 때에는 증여세를 부과하지 않는다.

③ 증여세의 과세가액은 동일인으로부터 10년 이내에 받은 1천만원 이상의 증여재산에서 인수채무를 가산한 금액이다.

④ 증여세의 신고 및 납부는 증여개시일이 속하는 달의 말일 기준으로 3월 이내에 해야 한다.

정답 및 해설

40 ④ 신고 및 납부기한은 상속개시일이 속하는 달의 말일 기준으로 6월 이내(국외거주의 경우에는 9월)이다.

41 ② ① 납세의무자는 타인의 증여에 의하여 재산을 취득하는 자(수증자)이다.

③ 수증자가 비거주자인 경우 국내에 있는 수증재산에 대하여만 증여세 납부의무가 있다. 그러나 거주자가 비거주자에게 국외재산을 증여하는 경우에는 증여자에게 납세의무가 있다.

④ 증여세를 내야 하는 경우에는 재산적 가치가 있는 것을 무상으로 이전(본래의 증여)하는 경우, 재산을 취득하고 이에 대한 자금출처를 밝히지 못하는 경우, 실제 증여는 아니지만 증여로 의제되는 경우(증여의제), 실제 증여는 아니지만 증여로 추정되는 경우(증여추정), 기타 제3자를 통한 간접적인 방법으로 재산이 사실상 무상으로 이전된 경우(포괄주의) 등이 있다.

42 ② 현저히 낮거나 높은 대가로 재산의 취득 후 가치가 증가한 경우에는 해당하나 시가보다 약간 낮은 가격으로 재산의 취득 후 가치가 증가한 경우에는 해당하지 않는다.

43 ③ 증여세의 과세가액은 동일인으로부터 10년 이내에 받은 1천만원 이상의 증여재산에서 인수채무를 공제한 금액이다.

제3장
직무윤리 · 투자자분쟁예방

학습전략

직무윤리 · 투자자분쟁예방은 제3과목 전체 25문제 중 **총 12문제**가 출제된다.
직무윤리 · 투자자분쟁예방은 3과목의 거의 절반을 차지할 만큼 많은 비중을 차지하고 있지만 내용이 평이하고 문제의 난도가 낮은 편이다. 다른 과목보다 쉬운 부분이지만 학습을 제대로 하지 않으면 다소 실점할 수도 있다.

출제예상 비중

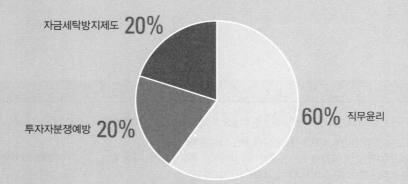

자금세탁방지제도 20%

투자자분쟁예방 20%

60% 직무윤리

핵심포인트

구 분	핵심포인트	중요도	페이지
직무윤리 (60%)	01 직무윤리 일반	★★	p. 406
	02 금융투자업 직무윤리	★★★	p. 409
	03 직무윤리 준수절차 및 위반 시 제재	★★	p. 427
투자자분쟁예방 (20%)	04 분쟁예방을 위한 시스템	★★	p. 432
	05 준수절차 및 위반 시 제재	★★★	p. 437
	06 주요 분쟁사례분석	★★	p. 440
자금세탁방지제도 (20%)	07 자금세탁방지제도의 이해	★★	p. 441
	08 자금세탁방지 주요제도 및 관련 법령	★★★	p. 442
	09 자금세탁방지 내부통제제도	★★★	p. 446

최근 금융투자업종사자의 직무윤리의 중요성이 강조되고 있다. 그 이유에 대한 설명으로
잘못된 것은?

① 직무윤리의 준수는 상대방의 신뢰획득 및 인적 연결강화를 통해 경쟁력 확보에 도움
   이 된다.
② 직무윤리를 준수하게 하는 것은 외부의 부당한 요구로부터 금융투자업종사자 스스로
   를 지켜주는 안전판 내지 자위수단이 된다.
③ 자본시장에서 금융투자업종사자는 고객에게 정확한 정보만 제공하면 충분하다.
④ 투자성을 내포한 금융투자상품의 특성상 고객과의 분쟁가능성이 상존한다.

TIP 금융투자상품의 전문화, 복잡화, 다양화 등으로 최근 자본시장에서는 금융투자업종사자의 정확한 정보제공만
     으로는 불충분하고, 고객(투자자)을 위한 보호노력과 법이 요구하는 최소한의 수준 이상의 윤리적인 업무자세가
     요구되고 있다.

핵심포인트 해설 　**직무윤리가 강조되는 이유**

윤리경쟁력	• 환경변화 : 미래세계는 매우 복잡한 시스템에 의하여 운영되는 사회 • 위험과 거래비용 : 직무윤리 위반으로 인한 위험비용을 고려해야 함 • 생산성 제고를 통한 장기적 생존 목적 • 신종자본 : 직무윤리가 공공재 내지 무형의 자본(신용)의 역할을 함 • 윤리 인프라 구축 : 기업 생존조건, 성장원동력, 공정한 경쟁의 조건 • 생존의 조건 : 윤리경영의 목적은 가치 있는 장기생존(전문가의 2대 핵심요소 : 윤리, 능력) • 비윤리적 행동은 더 큰 사회적 비용을 초래함
금융투자산업	• 금융산업 속성 : 이해상충 가능성과 정보비대칭 문제를 해결해야 함 • 금융투자상품의 특성 : 투자성(원본손실 위험) 내포하고 있음 • 금융소비자 성격의 질적 변화 : 적극적인 소비자보호가 중요해짐 • 안전장치 : 금융투자종사자의 대리인 문제 도덕적해이 문제 해결
자본시장법	• 투자자보호를 위하여 일부 직무윤리를 법적 의무로 제도화 함 • 금융투자상품의 포괄주의 도입으로 직무윤리가 중요해짐 • 일반투자자보호 강화(전문투자자에 대한 윤리적 책임까지 면제한 것은 아님) • 취급상품 및 업무영역 규제완화로 금융소비자에 대한 신뢰가 중요해짐
지배구조법	• 윤리경영 영역에 있던 지배구조를 법제화하여 준수의 강제성을 추가함 • 내부통제제도를 강화하고 독립성을 보장함으로써 윤리경영을 실천하도록 법적 강제성 부여

정답 | ③

02

직무윤리에 대한 대내외적 환경에 대한 설명 중 잘못된 것은?

① 영국의 BIFC와 사회적 책임을 평가하는 CB Index가 윤리경영 평가지수로 사용된다.

② 2000년 OECD가 제정·발표한 국제 공통의 기업윤리강령은 강제규정이 되었다.

③ 우리나라는 국제투명기구(TI)에서 발표하는 부패인식지수(CPI)가 경제규모에 비하여 낮게 평가되고 있다.

④ 정부는 부패방지법, 공직자윤리강령을 제정하였고, 개별기업에서도 기업윤리강령을 제정하고 있다.

TIP 2000년 OECD가 발표한 국제 공통의 기업윤리강령은 강제규정은 아니지만 위반 시 기업에 대한 불이익이 있다.

핵심포인트 해설   **직무윤리의 배경 및 환경**

사상적 배경		• 마르크스 : 유물사관 • 루터 : 소명관에 의한 직업윤리 강조 • 베버 : 프로테스탄티즘의 윤리와 자본주의 정신(금욕, 직업윤리 강조)
환경	대외적 환경	• New Round를 통한 국제무역 규제 • 2000년 OECD는 국제 공통의 기업윤리강령 발표(강제규정은 아니나 위반 시 기업에 대한 불이익이 있음) • 기업윤리의 수준과 내용은 국제적으로 통용될 수 있는 것이어야 함 • 영국의 BIFC와 사회적 책임을 평가하는 CB Index가 윤리경영 평가지수로 사용됨
	대내적 환경	• 국제투명기구(TI)에서 발표하는 부패인식지수(CPI)가 경제규모에 비하여 낮게 평가됨 • 부패방지법, 공직자윤리강령 제정 • 개별기업도 기업윤리강령 제정 • 청탁금지법(일명 김영란법) 제정
윤리경영평가 척도		• 산업정책연구원의 KoBEX • 전경련의 윤리경영자율진단지표(FKI-BEX) • 서강대의 윤리경영지표(Sobex)

정답 | ②

직무윤리의 적용대상에 대한 설명 중 잘못된 것은?

① 투자권유대행인도 직무윤리의 대상이 된다.
② 투자 관련 직무에 종사하는 자이면 회사와의 위임계약관계 유무와는 관계없이 직무윤리를 준수해야 한다.
③ 투자 관련 직무에 종사하는 자이면 무보수로 일하는 자도 직무윤리를 지켜야 한다.
④ 아무런 계약관계가 없는 잠재적 고객까지 직무윤리를 준수해야 하는 것은 아니다.

TIP 아무런 계약관계가 없는 잠재적 고객에 대하여도 직무윤리를 준수해야 한다.

핵심포인트 해설   **직무윤리의 적용 및 성격**

(1) 직무윤리의 적용

적용대상	• 금융투자전문인력(투자권유자문인력, 투자권유대행인, 투자자산운용사, 금융투자분석사 등의 자격보유자), 금융투자회사의 임직원(계약직원, 임시직원 포함) • 자격보유 이전에 관련 업무에 실질적으로 종사하는 자 • 직접 또는 간접적으로 이와 관련이 있는 자 • 투자 관련 직무에 종사하는 일체의 자
적용범위	• 위임·고용·보수 유무와 관계없이 적용 • 잠재적 고객에 대하여도 직무윤리를 준수해야 함

(2) 직무윤리의 성격
　① 성 격
　　㉠ 자율규제 원칙(실효성을 위하여 일부 타율규제도 있음)
　　㉡ 자기단속체계(내부통제기준 제정 시행)
　② 직무윤리의 핵심 및 관련 원칙
　　㉠ 직무윤리의 핵심 : 자신과 상대방의 이익충돌 상황에서 상대방 이익의 입장에서 자신에 대한 상대방의 신뢰를 저버리지 않는 행동을 선택하는 것
　　㉡ 핵심원칙 : 고객우선의 원칙, 신의성실의 원칙

정답 | ④

금융투자업 직무윤리 중 이해상충방지의무에 대한 설명으로 가장 거리가 먼 것은?

① 금융투자업자는 정당한 사유 없이 투자자의 이익을 해하면서 자기의 이익을 얻거나 제3자가 이익을 얻도록 해서는 안 된다.

② 과당매매는 대표적인 이해상충 사례 중 하나로 볼 수 있다.

③ 금융투자업자는 이해상충발생 가능성을 감소시키기 위해 정보교류를 허용해야 한다.

④ 금융투자업자 자신이 발행하거나 관련되어 있는 대상에 대한 조사분석자료의 공표와 제공을 원천적으로 금지하고 있다.

TIP 금융투자업자는 정보교류 차단(Chinese Wall)의무가 있다. 그 내용은 정보차단(정보제공행위 금지), 직무차단(겸직행위 금지), 공간차단(사무공간 공동이용 금지), 전산차단(전산설비 공동이용 금지) 등이다.

핵심포인트 해설   **이해상충방지의무**

기본원칙 **(충실의무)**	• 충실의무의 의의 · 투자자의 이익을 해하면서 자기의 이익 또는 제3자의 이익 도모 금지 · 금융소비자를 위하여 최선의 이익을 추구해야 한다는 의무 • 최선의 이익 · 소극적 이익뿐 아니라 적극적 이익도 포함 · 최선집행의무 : 최대수익률의 실현이 아니라 실현 가능한 최대한의 이익 추구를 의미
이해상충 **발생원인**	• 금융투자업자 내부문제 : 공적업무와 사적업무의 정보를 이용하는 경우 • 금융투자업자와 금융소비자 간 문제 : 정보비대칭 존재 • 법률적 문제 : 복수의 금융투자업 간 겸영업무 허용으로 인한 이해상충
이해상충 **방지시스템** **구축의무**	• 금융투자업자는 인가 · 등록 시부터 이해상충방지체계 구축을 의무화 함 • 이해상충발생 가능성 파악 등 관리의무 • 이해상충발생 가능성 고지 및 저감 후 거래의무 • 이해상충발생 가능성 회피의무 • 정보교류차단(Chinese Wall)의무 • 금융투자업자 자신이 발행했거나 관련된 대상에 대한 조사분석자료의 공표 · 제공 금지 • 자기거래 금지

정답 | ③

직무윤리의 기본원칙에 대한 설명 중 틀린 것은?

① 투자 직무수행에 있어서 가장 기본적인 덕목이다.
② 신의성실의 원칙은 윤리적 의무이자 법적 의무이다.
③ 금융소비자보호법은 금융소비자보호 대상이 되는 상품을 금융투자상품으로 정의하였다.
④ 금융투자업종사자는 금융회사나 주주의 이익보다 금융소비자의 이익을 우선적으로 보호해야 한다.

TIP 금융소비자보호법은 금융소비자보호 대상이 되는 상품을 금융상품으로 정의하여, 자본시장법상 투자성 있는 금융투자상품(투자성 상품)뿐만 아니라 예금성 상품, 대출성 상품, 보장성 상품까지 확대 적용하였다.

핵심포인트 해설   **직무윤리의 기본원칙**

(1) 고객우선의 원칙
① 회사와 임직원은 항상 고객의 입장에서 생각하고 보다 나은 서비스를 제공하기 위해 노력해야 함
② 금융투자업종사자는 신임의무에 근거하여 자신(금융회사, 주주)의 이익보다 금융소비자의 이익을 우선적으로 보호해야 함
③ 금융소비자보호법은 금융소비자보호 대상이 되는 상품을 금융상품으로 정의하여, 자본시장법상 투자성 있는 금융투자상품(투자성 상품)뿐만 아니라 예금성 상품, 대출성 상품, 보장성 상품까지 확대 적용함

(2) 신의성실의 원칙(표준윤리준칙 4조)
① 금융투자업자는 신의성실원칙에 따라 공정하게 금융투자업을 영위해야 함
② 계약체결 이전 단계에서 발생하는 소비자보호의무와 계약체결 이후에 발생하는 선관주의의무에 적용되는 일반적이고 보충적인 해석원칙
③ 윤리적 의무이자 법적 의무

정답 | ③

다음 중 상품판매단계의 금융소비자보호 내용과 거리가 먼 것은?

① 해피콜서비스
② 적합성 원칙
③ 불공정영업행위 금지
④ 계약서류 제공의무

TIP 해피콜서비스는 상품판매 이후 단계의 금융소비자보호 내용에 해당한다.

핵심포인트 해설 **단계별 금융소비자보호의 내용**

상품개발 단계	• 사전협의, 사전협의 절차 이행모니터링 • 금융상품 개발관련 점검, 외부의견청취
상품판매 이전 단계	• 교육체계 마련 • 판매자격의 관리
상품판매 단계	• 6대 판매원칙(적합성 원칙, 적정성 원칙, 설명의무(청약철회권 포함), 불공정영업행위 금지, 부당권유행위 금지, 광고규제 준수) • 계약서류 제공의무
상품판매 이후 단계	• 처리결과 보고의무, 기록 및 유지·관리의무 • 정보누설 및 부당이용 금지 • 해피콜서비스, 미스터리쇼핑 • 자료열람요구권, 고객의 소리제도, 위법계약해지권 • 소송중지제도, 분쟁조정 이탈금지제도, 손해배상책임

정답 | ①

본인에 대한 직무윤리의 내용과 가장 거리가 먼 것은?

① 회사와 임직원은 업무를 수행함에 있어서 관련 법령 및 제규정을 이해하고 준수해야 한다.

② 회사와 임직원은 경영환경변화에 유연하게 적용하기 위해 창의적 사고를 바탕으로 끊임없이 자기혁신에 힘써야 한다.

③ 임직원은 회사의 품위나 사회적 신뢰를 훼손할 수 있는 일체의 행위를 해서는 안 된다.

④ 회사와 임직원은 공정하고 자유로운 시장경제질서를 존중하고 이를 유지하기 위하여 노력해야 한다.

TIP 사회에 대한 직무윤리에 해당한다.

핵심포인트 해설　　　**본인에 대한 윤리**

법규준수	• 의의 : 회사와 임직원은 업무 수행 시 관련 법령 및 제규정을 이해하고 준수해야 함 • 법에 대한 무지는 변명되지 않음(몰라도 당사자 구속력 있음) • 적용범위 : 윤리기준, 법률과 그 하부규정, 자율단체 각종 규정, 사규, 해외에서 직무수행 시 해외 관할구역법
자기혁신	• 의의 : 회사와 임직원은 경영환경변화에 유연하게 대응하기 위해 창의적 사고를 바탕으로 끊임없이 자기혁신을 해야 함 • 자기혁신 방법 　· 전문지식 배양의무 : 담당업무 이론과 실무숙지 및 전문능력 배양(세미나 및 교육프로그램 참여) 　· 윤리경영 실천에 대한 의지를 스스로 제고하기 위해 노력
품위유지	• 의의 : 임직원은 회사의 품위나 사회적 신뢰를 훼손할 수 있는 일체의 행위를 금지함 • 품위유지는 신의성실 원칙과도 연결된 직무윤리
공정성과 독립성유지	• 직무수행 시 공정한 입장에서 독립적이고 객관적으로 판단해야 함(특히, 조사분석업무) • 상급자의 하급자에 대한 부당한 명령이나 지시 금지 • 부당한 명령이나 지시를 받은 직원은 이를 거절해야 함
사적이익 추구금지	• 부당한 금품수수 및 제공금지 : 부정청탁 및 금품수수금지법 • 직무 관련 정보를 이용한 사적 거래의 제한 : 미공개중요정보 이용금지, 시장질서교란행위금지 및 처벌 • 직위의 사적이용금지

정답 | ④

08

금융투자업종사자의 회사에 대한 윤리에 대한 설명으로 잘못된 것은?

① 회사재산은 오로지 회사의 이익을 위해서만 사용되어야 하고, 회사의 이익이 아닌 사적용도로 이용하는 일체의 행위가 금지된다.

② 소속업무담당자가 타인에게 손해를 끼친 경우 경영진은 윤리적 책임은 있으나 법적 책임은 없다.

③ 임직원의 대외활동을 사전승인받았더라도 그 활동으로 인하여 고객, 주주 및 회사 등과 이해상충이 확대되는 경우 그 대외활동의 중단을 요구할 수 있다.

④ 특정한 정보가 비밀정보인지 불명확한 경우 그 정보를 이용하기 전에 준법감시인의 사전확인을 받아야 한다.

TIP 소속업무담당자가 타인에게 손해를 끼친 경우 관리·감독에 상당한 주의를 하지 않은 경영진은 법적 책임도 부담해야 한다.

핵심포인트 해설   **회사에 대한 윤리**

상호존중	• 개인 간 관계 : 동료직원 간 및 상사와 부하 간 원활한 의사소통 및 상호 존중문화로 사내업무 효율성 제고 • 조직–개인관계 : 회사는 임직원 개인의 자율과 창의성 존중 • 성희롱방지 : 상호존중 및 품의유지의무에 해당
공용재산의 사적 사용 및 수익금지	• 금융투자업종사자는 회사재산을 부당하게 사용하거나 정당한 사유 없이 사적용도로 사용하면 안 됨 • 회사재산은 오로지 회사의 이익을 위해서만 사용되어야 하고, 회사의 이익이 아닌 사적용도로 이용하는 일체의 행위가 금지됨
경영진의 책임	• 경영진은 직원 대상 윤리교육을 실시하는 등 올바른 윤리문화의 정착을 위해 노력해야 함 • 경영진 본인의 법규 준수는 물론 소속업무종사자가 법규를 위반하지 않도록 필요한 지도·지원해야 함 • 소속업무담당자가 타인에게 손해를 끼친 경우 법적 책임 : 민법상 사용자책임, 자본시장법상 관리·감독책임
정보보호	• 회사업무정보와 고객정보를 안전하게 보호하고 관리해야 함(표준윤리준칙) • 관리원칙 : 정보교류차단 원칙, 필요성에 의한 제공 원칙(표준내부통제기준)
위반행위의 보고	• 임직원은 법규 등 위반사실을 발견하거나 그 가능성을 인지한 경우에 회사가 정하는 절차에 따라 즉시 보고해야 함 • 관련 제도 : 내부제보제도
대외활동	• 회사의 공식의견이 아닌 경우 사견임을 명백히 표현할 것 • 대외활동으로 인하여 주된 업무수행에 지장을 주어서는 안 됨 • 대외활동으로 금전보상을 받는 경우 회사에 신고해야 함 • 공정질서를 유지하고 건전한 투자문화 조성에 노력해야 함 • 불확실한 사항의 단정적 표현, 다른 금융투자회사 비방 등 금지
고용계약 종료 후의 의무	• 회사 비밀정보 출간, 공개, 제3자가 이용하게 하는 행위 금지 • 고용기간 종료와 동시에 기밀정보를 포함한 모든 자료 회사에 반납 • 고용기간 동안 본인이 생산한 지적재산물 회사에 반환

정답 | ②

금융투자업종사자의 사회에 대한 직무윤리의 설명 중 잘못된 것은?

① 시장질서교란행위의 규제대상자는 내부자, 준내부자, 1차수령자뿐만 아니라 이를 전달한 자 모두를 제재의 대상으로 확대하여 적용하고 있다.

② 지수·주가에 영향을 줄 수 있는 정보의 유통행위에 신중을 기해야 한다.

③ 시장질서교란행위에 해당하는 주문의 수탁을 거부해야 한다.

④ ETF 유동성지원업무와 같이 본인의 업무수행으로 인한 매매의 경우 목적성이 없으면 시세에 부당한 영향을 주는지 사전에 확인할 필요가 없다.

TIP ETF 유동성지원업무, 파생상품 헤지업무 등 본인의 업무수행으로 인한 매매의 경우 목적성이 없더라도 시세에 부당한 영향을 주는지 사전에 확인해야 한다.

핵심포인트 해설   사회에 대한 윤리

시장질서 존중	• 의의 : 회사와 임직원은 공정하고 자유로운 시장경제질서를 존중하고, 이를 유지하기 위하여 노력해야 함 • 대상자 범위 확대 : 내부자, 준내부자, 1차수령자뿐만 아니라 이를 전달한 자 모두에게 적용됨 • 대상정보 : 중대한 영향을 줄 가능성이 있고, 불특정 다수인에게 공개되기 전의 정보 • 준수사항 · 지수·주가에 영향을 줄 수 있는 정보의 유통행위에 신중할 것 · 시장질서교란행위에 해당하는 주문의 수탁을 거부해야 함 · ETF 유동성지원업무, 파생상품 헤지업무 등 본인의 업무수행으로 인한 매매의 경우 목적성이 없더라도 시세에 부당한 영향을 주는지 사전에 확인해야 함
주주가치 극대화	• 주주의 이익보호를 위해 탁월한 성과창출로 회사가치를 높일 것 • 투명하고 합리적인 의사결정과정 및 절차를 마련하고 준수할 것 • 주주와 금융소비자에게 필요한 정보를 적시에 공정하게 제공할 것 • 효과적인 리스크 관리체계 및 내부통제시스템을 운영할 것
사회적 책임	• 회사의 임직원은 모두 시민사회의 일원임을 인식하고 사회적 책임과 역할을 다해야 함 • 합리적인 책임경영을 통해 국가와 사회의 발전 및 시민의 삶의 질이 향상되도록 노력해야 함

정답 | ④

금융투자업종사자의 주의의무에 대한 설명으로 가장 잘못된 것은?

① 신중한 투자자의 원칙에 의하여 전문가로서의 주의를 기울여 업무를 수행해야 한다.

② 고객에 대한 신임의무의 주요 내용은 주의의무와 충실의무이다.

③ 전문가의 책임은 일반인 평균 수준의 책임을 부여한다.

④ 금융투자업종사자가 고의 또는 과실로 주의의무를 다하지 못한 경우 채무불이행책임과 불법행위책임 등을 질 수 있다.

TIP 전문가의 책임은 일반인보다 더 높은 수준의 책임을 부여한다.

핵심포인트 해설 　　　**금융투자업종사자의 충실의무와 주의의무**

충실의무	• 의의 : 고객을 위하여 최선의 이익을 추구해야 한다는 의무 • 최선의 이익 · 소극적 이익뿐 아니라 적극적 이익도 포함 · 최선집행의무 : 최대수익률의 실현이 아니라 실현 가능한 최대한의 이익 추구를 의미 • 고객의 재산을 이용한 자기 또는 제3자의 이익 도모 금지 • 자신이 수익자의 거래상대방이 될 수 없음(자기계약 금지) • 직무를 통해 알게 된 고객의 정보에 대한 비밀유지의무 • 고객의 이익과 경합하거나 상충하는 행위 금지
주의의무	• 의의 : 전문가로서의 주의를 촉구하는 의무 • 신중한 투자자의 원칙 : 전문가로서의 주의를 기울여 업무수행 • 주의의무의 수준 · 금융투자업자 : 일반주식회사에 비해 더 높은 수준의 주의의무를 요함 · 금융투자업종사자 : 일반인 이상의 당해 전문가집단에 평균적으로 요구되는 수준 • 위반 시 책임 : 채무불이행책임 또는 불법행위책임 부담

정답 | ③

다음 중 금융투자업자의 정보교류차단(Chinese Wall)의무에 대한 설명이 적절하지 않은 것은?

① 금융투자업자가 금융투자업, 겸영업무, 부수업무 등을 영위하는 경우 미공개 중요정보 등에 대한 회사내부의 정보교류차단 장치를 구축해야 한다.

② 금융투자업자는 계열회사를 포함한 제3자에게 정보를 제공하는 경우에도 내부통제기준을 마련하여 이해상충이 발생할 수 있는 정보를 차단해야 한다.

③ 표준내부통제기준에 의하면 상시 정보교류를 허용하는 임원을 지정하여서는 안 된다.

④ 표준내부통제기준은 정보교류차단을 위하여 물리적 분리뿐만 아니라 비밀정보에 대한 접근권한을 통제하는 등의 방법을 규정하고 있다.

TIP 표준내부통제기준에 의하면 상시 정보교류를 허용하는 임원을 지정할 수 있다.

핵심포인트 해설   **금융투자업자의 정보교류차단(Chinese Wall)의무**

정보교류차단벽 설치 의무	• 금융투자회사는 업무종사자가 업무수행에 필요한 최소한의 정보에만 접근할 수 있도록 영위하는 업무의 특성 및 규모, 이해상충 정도 등을 고려하여 정보교류를 차단할 수 있는 장치를 마련해야 함
정보교류차단의 대상	• 미공개 중요정보 • 투자자의 금융투자상품 매매 또는 소유현황에 관한 정보로서 불특정 다수인이 알 수 있도록 공개되기 전 의 정보 • 집합투자재산·투자일임재산·신탁재산의 구성내역과 운용에 관한 정보로서 불특정 다수인이 알 수 있도 록 공개되기 전의 정보 • 회사 내부의 정보교류차단뿐만 아니라 계열회사를 포함한 제3자에게 정보를 제공하는 경우에도 이해상충 가능성이 있는 정보는 차단해야 함 • 회사가 이해상충 우려가 없다고 판단되는 경우 스스로 차단대상 정보에서 제외 가능(예외정보를 내부통제 기준에 미리 반영하여 공시해야 함)
정보교류차단의 주요 내용	• 회사는 정보교류차단 대상 부문별로 책임자를 지정해야 함 • 회사는 정보교류의 차단 및 예외적 교류의 적정성을 감독하고, 정보교류통제 담당 조직을 설치해야 함 • 회사는 상시 정보교류가 허용되는 임원을 지정할 수 있음 • 회사는 상시 정보교류 차단벽을 설치 운영해야 함 • 회사는 요건을 모두 갖춘 경우 예외적 정보의 교류를 허용할 수 있음 • 이해상충방지를 위해 필요하다고 인정하는 경우 해당 법인과 관련한 금융투자상품을 거래주의 또는 거래 제한 상품 목록으로 지정할 수 있음 • 회사가 고객으로부터 개인신용정보 제공의 동의를 받거나, 개인신용정보의 전송요구를 받은 경우에는 해 당 정보를 계열회사 등 제3자에게 제공할 수 있음

정답 | ③

자본시장법상 이해상충방지체계에 대한 설명으로 옳은 것은?

① 금융투자업자는 이해상충방지체계를 자율적으로 마련하여야 한다.

② 금융투자업자는 이해상충 발생 가능성을 파악·평가하고 표준투자권유준칙에 따라 관리해야 한다.

③ 이해상충 발생 가능성이 있다고 인정되는 경우 그 사실을 투자자에게 알리고, 문제가 없는 수준으로 낮춘 후 거래해야 한다.

④ 이해상충 발생 가능성을 낮추기 곤란한 경우 투자자의 승낙을 얻고 거래해야 한다.

TIP ① 자본시장법은 금융투자업 인가·등록 시부터 이해상충방지체계를 갖추도록 의무화하였다.
② 금융투자업자는 이해상충 발생 가능성을 파악·평가하고 내부통제기준에 따라 관리해야 한다.
④ 이해상충 발생 가능성을 낮추기 곤란한 경우 그 거래를 해서는 안 된다.

핵심포인트 해설 **자본시장법상 이해상충방지체계**

(1) 이해상충방지 관련 규정
① 법37조 : 신의성실원칙과 자기거래·쌍방대리 금지의 원칙
② 법44조 : 개별적 이해상충행위 유형화, 이해상충방지체계 구축의무, 공시·거래단념의무
③ 법45조 : 정보교류차단의무
④ 법46조 : 위반 시 손해배상책임

(2) 금융투자업자의 이해상충방지체계
① 금융투자업 인가·등록 시 이해상충방지체계 구축을 의무화함
② 이해상충 발생 가능성을 파악·평가하고 내부통제기준에 따라 관리해야 함
③ 공시의 원칙 : 이해상충 발생 가능성이 있다고 인정되는 경우 그 사실을 투자자에게 알리고, 투자자보호에 문제가 없는 수준으로 낮춘 후 거래해야 함
④ 회피의 원칙 : 이해상충 발생 가능성을 낮추는 것이 곤란하다고 판단되는 경우 매매, 그 밖의 거래를 하여서는 안 됨

정답 | ③

다음 중 적합성 원칙에 대한 설명이 가장 적절하지 않은 것은?

① 금융소비자에게 투자를 권유하는 경우 투자목적, 투자경험, 자금력, 위험에 대한 태도 등에 비추어 가장 적합한 투자를 권유해야 한다는 원칙이다.
② 일반금융소비자에게 투자성 상품을 권유하는 경우에는 취득·처분목적, 취득·처분경험, 재산상황 등을 파악해야 한다.
③ 일반금융소비자에게 대출성 상품을 권유하는 경우에는 재산상황, 신용 및 변제계획 등을 파악해야 한다.
④ 일반사모집합투자기구의 경우에도 원칙적으로 적합성 원칙이 적용된다.

TIP 일반사모집합투자기구의 집합투자증권의 경우에는 원칙적으로 적합성 원칙이 적용되지 않는다.

핵심포인트 해설   **적합성 원칙과 적정성 원칙**

(1) 적합성 원칙

KYC(고객상황파악) 순서	• 투자권유 희망여부 확인 • 일반금융소비자인지 전문금융소비자인지 확인 • 일반금융소비자인 경우 면담, 질문 등을 통해 금융소비자의 정보파악 • 투자성향 분석 결과 설명 및 확인서 제공 • 투자자금의 성향 파악
파악해야 하는 금융소비자의 정보	• 투자성 상품 및 수익률변동 가능한 예금성 상품 : 일반금융소비자의 해당금융상품 취득 또는 처 분의 목적·경험, 재산상황 등을 파악 • 대출성 상품 : 일반금융소비자의 재산상황, 신용 및 변제계획 등을 파악
적합성 원칙의 적용예외	• 일반사모펀드의 경우에는 원칙적으로 적합성 원칙이 적용되지 않음 • 다만, 적격투자자 중 일반금융소비자가 대통령령이 정하는 바에 따라 요청하는 경우에는 적합 성 원칙이 적용됨

(2) 적정성 원칙

투자자정보 파악의무	금융상품판매업자는 대통령령으로 정하는 투자성 상품, 대출성 상품, 보장성 상품에 대하여 일반 금융소비자에게 계약체결을 권유하지 않고 판매계약을 체결하는 경우에는 미리 상품별 투자자정 보를 파악하여야 함
고지 및 확인의무	금융상품판매업자는 해당 금융상품이 일반금융소비자에게 적정하지 않다고 판단되는 경우에는 그 일반금융소비자에게 그 사실을 알리고, 서명 등의 방법으로 확인받아야 함
적합성 원칙과의 차이	적합성 원칙은 일반금융소비자에게 계약체결을 권유할 때 적용되는 원칙인 반면 적정성 원칙은 일반금융소비자에게 계약체결을 권유하지 않고 투자성 상품 등에 대하여 계약체결을 원하는 경 우에 적용됨

정답 | ④

14

다음 중 금융상품판매업자의 설명의무에 대한 기술이 적절하지 않은 것은?

① 금융상품판매업자의 설명의무 적용대상은 원금손실이 가능한 투자성 상품에 한한다.

② 금융소비자에게 설명을 할 때에는 사용하는 정보, 상품안내장, 약관, 광고, 홈페이지 등도 그 적정성을 갖추고 있는지 고려해야 한다.

③ 설명의무를 위반하는 경우 해당 금융상품계약으로부터 얻은 수입의 50%까지 과징금을 부과할 수 있다.

④ 설명의무를 위반하는 경우 과징금과는 별도로 1억원 이내의 과태료를 부과할 수 있다.

TIP 금융상품판매업자의 설명의무 적용대상은 투자성 상품뿐만 아니라 예금성 상품, 대출성 상품, 보장성 상품까지 확대되었다.

핵심포인트 해설 **설명의무**

설명의무의 의의	• 설명의무 : 금융상품판매업자는 일반금융소비자에게 계약체결을 권유하는 경우 및 일반금융소비자가 설명을 요청하는 경우에 금융상품에 관한 중요한 사항을 일반금융소비자가 이해할 수 있도록 설명해야 함 • 적용범위 : 투자성 상품, 대출성 상품, 예금성 상품, 보장성 상품
설명서 제공 및 확인의무	• 설명서 제공의무 : 계약체결 권유하는 경우 반드시 사전에 서면 등의 방법으로 금융소비자에게 해당 금융상품의 설명서를 제공해야 함 • 확인의무 : 설명의무 이행한 경우 일반금융소비자가 이해하였음을 서명 등의 방법으로 확인받고, 해당기록을 유지·보관할 의무가 있음
위반 시 제재	• 과징금 : 중요사항을 설명하지 않은 경우, 설명서를 사전에 제공하지 않은 경우, 설명하였음을 금융소비자로부터 확인받지 않은 경우 금융회사는 해당 계약으로부터 얻은 수입의 50%까지 과징금 부과 가능 • 과태료 : 설명의무 위반 시 1억원까지 부과 가능

정답 | ①

다음 중 자본시장법 제55조(손실보전 등의 금지)에 근거하여 금지되는 행위와 가장 거리가 먼 것은?

① 투자자가 입을 손실의 전부를 보전하여 줄 것을 사전에 약속하는 행위
② 투자자가 입은 손실의 일부를 사후에 보전하여 주는 행위
③ 투자자에게 일정한 이익을 사후에 제공하는 행위
④ 회사의 위법행위 여부가 불분명한 경우 투자자에게 사적화해의 수단으로 손실을 보상하는 행위

TIP ④는 손실보전 등의 금지 원칙의 예외로서 허용된다.

핵심포인트 해설   **분쟁예방요령 및 손실보전 등의 금지**

분쟁예방요령		• 임직원 개인계좌로 고객자산을 입금받지 말 것 • 일정범위 내에서 허용되는 일임매매의 경우 그 범위 및 취지에 맞게 업무수행 할 것 • 임직원은 금융상품거래의 조력자임을 잊지 말 것(고객과 의견이 다를 때 고객의 의사를 확인하고 업무처리) • 어떤 형태로든 손실보전 약정은 하지 말 것 • 지나치게 단정적 판단을 제공하지 말 것 • 업무 수행 중 알게 된 정보의 취급에 신중을 기할 것
손실보전 등의 금지	원칙	• 금융투자업자(또는 임직원)는 금융투자상품의 거래와 관련하여 손실보전 또는 이익보장, 그 밖에 다음 중 어느 하나에 해당하는 행위를 금지함 · 투자자가 입을 손실의 전부 또는 일부를 보전하여 줄 것을 사전에 약속하는 행위 · 투자자가 입은 손실의 전부 또는 일부를 사후에 보전하여 주는 행위 · 투자자에게 일정한 이익을 보장할 것을 사전에 약속하는 행위 · 투자자에게 일정한 이익을 사후에 제공하는 행위
	예외	• 사전에 준법감시인에게 보고한 경우 예외적으로 아래 행위가 허용됨 · 회사의 위법행위로 인하여 손해배상 하는 행위 · 회사의 위법행위 여부가 불분명한 경우 사적화해의 수단으로 손실을 보상하는 행위 · 분쟁조정 또는 재판상 화해절차에 따라 손실보상이나 손해배상을 하는 경우

정답 | ④

다음 중 상품판매 이후 단계의 금융소비자보호에 대한 설명이 적절하지 않은 것은?

① 금융회사는 금융소비자로부터 자료열람을 요구받은 날로부터 10일 이내에 해당 자료를 열람할 수 있게 해야 한다.

② 금융상품판매업자는 금융소비자의 위법계약 해지요구일로부터 10일 이내에 수락여부를 결정하여 금융소비자에게 통지해야 한다.

③ 조정신청사건에 대하여 소송진행 중일 때 법원은 소송절차를 중지할 수 있다.

④ 2천만원 이하의 소액분쟁사건에 대하여 조정절차가 개시된 경우 조사대상기관은 조정안 제시 전까지 소송을 제기할 수 없다.

TIP 금융회사는 금융소비자로부터 자료열람을 요구받은 날로부터 6영업일 이내에 해당 자료를 열람할 수 있게 해야 한다.

핵심포인트 해설 | **상품판매 이후 단계의 금융소비자 보호**

처리결과 보고의무	• 매매명세 통지 : 투자매매·중개업자는 금융투자상품 매매가 체결된 경우 지체 없이 투자자에게 통지해야 함 • 매매체결 후 다음 달 20일까지 통지 사항 : 월간 매매·손익내역, 월말잔액, 미결제약정현황 등
자료열람요구권	• 금융소비자는 분쟁조정 또는 소송수행 등 권리구제를 목적으로 금융회사가 유지 관리하는 자료의 열람을 요구할 수 있음 • 금융회사는 금융소비자로부터 자료열람을 요구받은 날로부터 6영업일 이내에 해당 자료를 열람할 수 있게 해야 함(금융소비자에게 비용청구 가능)
위법계약해지권	• 금융상품판매업자가 5대 판매원칙 위반 시 금융소비자는 일정기간 내에 계약해지 요구할 수 있음 • 금융상품판매업자는 금융소비자의 해지요구일로부터 10일 이내에 수락여부를 결정하여 금융소비자에게 통지해야 함
사후구제제도	• 법원의 소송중지제도 : 조정신청사건에 대하여 소송진행 중일 때 법원은 소송절차 중지 가능 • 분쟁조정 이탈금지 제도 : 2천만원 이하의 소액분쟁사건에 대하여 조정절차가 개시된 경우 조사대상기관은 조정안 제시 전까지 소송제기 불가 • 손해배상의 입증책임전환 : 금융소비자 ⇨ 금융회사
기 타	• 정보누설 및 부당이용 금지 • 해피콜서비스 : 판매 후 7영업일 이내 모니터링 • 고객의 소리 : 금융소비자의 의견 청취 제도 • 미스터리쇼핑 : 외주전문업체를 통한 불완전판매행위 발생여부 확인 제도

정답 | ①

투자권유에 대한 설명 중 잘못된 것은?

① 금융투자업종사자는 고객의 승낙 또는 부득이한 사유 없이 자신의 업무를 제3자가 처리하게 할 수 없다.

② 투자권유대행인은 투자권유대행업무를 제3자에게 재위탁할 수 없다.

③ 금융투자업자가 투자자로부터 투자권유의 요청을 받지 아니하고 전화를 통하여 투자권유하는 행위는 원칙적으로 허용된다.

④ 투자권유를 받은 투자자가 이를 거부하는 취지의 의사를 표시하였음에도 불구하고 투자권유를 계속하는 행위는 금지된다.

TIP 불초청 투자권유 행위는 원칙적으로 금지된다.

핵심포인트 해설   **재위임 및 투자권유 금지**

(1) 재위임 금지
① 금융투자업종사자는 고객의 승낙 또는 부득이한 사유 없이 자신의 업무를 제3자가 처리하게 하면 안 됨
② 투자권유대행인은 투자권유대행업무를 제3자에게 재위탁하는 행위 금지

(2) 요청하지 않은 투자권유(불초청) 금지
① 원칙:금융투자업자가 투자자로부터 투자권유의 요청을 받지 아니하고 방문·전화 등 실시간 대화의 방법으로 투자권유하는 행위는 부당권유행위에 해당되어 금지됨
② 다만, 투자권유 전에 개인정보 취득경로·금융상품 등을 사전안내하고, 고객이 투자권유 받을 의사를 표시한 경우에는 투자권유 할 수 있음
③ 사전안내가 불가능한 투자성상품

일반금융소비자	고난도상품, 사모펀드, 장내파생상품, 장외파생상품
전문금융소비자	장외파생상품

(3) 재권유 금지
① 원칙:투자권유를 받은 투자자가 이를 거부하는 취지의 의사를 표시하였음에도 불구하고 투자권유를 계속하는 행위는 금지됨
② 예 외
  ㉠ 1개월이 지난 후에 다시 투자권유를 하는 행위
  ㉡ 다른 종류의 금융투자상품에 대하여 투자권유를 하는 행위

정답 | ③

금융투자업종사자의 대외활동 시 준수사항과 가장 거리가 먼 것은?

① 대외활동 시 소속부점장, 준법감시인 또는 대표이사의 사전승인을 받아야 한다.
② 익명성이 보장되는 경우에도 비공개를 요하는 정보는 언급할 수 없다.
③ 정기적 정보제공이나 경미한 것은 준법감시인에게 사전보고를 하지 않아도 된다.
④ 사외 대화방 참여는 사생활 문제이므로 규제하지 않는다.

TIP 사외 대화방 참여 시 공중포럼으로 간주하여 언론기관과 접촉 시와 같이 규제한다.

핵심포인트 해설   　　**금융투자업종사자의 대외활동 시 준수사항**

(1) 대외활동 시 준수사항
　① 회사의 공식의견이 아닌 경우 사견임을 명백히 표현할 것
　② 회사의 주된 업무수행에 지장을 주지 말 것
　③ 금전적 보상을 받게 되는 경우 회사에 신고할 것

(2) 강연, 연설 시 준수사항
　① 사전에 강연내용 및 원고를 회사에 보고하고 확인받을 것
　② 원고 등 자료가 준수사항 및 금지기준에 저촉하는지 충분히 검토할 것

(3) 대외활동 시 금지사항
　① 불확실한 사항을 단정적으로 표현하는 행위
　② 회사가 승인하지 않은 중요자료나 홍보물 등을 배포하거나 사용하는 행위 등

(4) 전자통신활동
　① 임직원·고객 간 이메일 : 사용 장소에 관계없이 표준내부통제기준 및 관계법령 등의 적용을 받음
　② 사외 대화방 참여 : 공중포럼으로 간주(언론기관과 접촉 시와 같이 규제)
　③ 인터넷 게시판에 특정 상품 분석게시 : 사전에 준법감시인이 정하는 절차와 방법에 따름(단, 출처를 명시하고 인용하거나,
　　　　　　　　　　　　　　　　　　　기술적 분석에 따른 투자권유는 제외)

정답 | ④

금융투자업종사자의 대외활동에 대한 사전승인 시 고려해야 할 사항과 거리가 먼 것은?

① 회사, 주주 및 고객 등과의 이해상충 정도
② 대외활동의 대가로 지급받는 보수 또는 보상의 적절성
③ 대외활동을 하고자 하는 회사의 공신력, 사업내용, 사회적 평판 등
④ 대외활동 시 활동장소 및 대상인원 등

TIP 금융투자회사의 표준윤리준칙 제31조 2항에 의하면 대외활동 시 활동장소 및 대상인원 등은 사전승인 시 고려
해야 할 사항에 포함되지 않는다.

핵심포인트 해설   **금융투자업종사자의 대외활동 시 준법절차**

(1) 대외활동의 범위
　① 외부 강연, 연설, 교육, 기고 등의 활동
　② 신문, 방송 등 언론매체 접촉활동
　③ 회사가 운영하지 않는 온라인 커뮤니티, 소셜 네트워크 서비스, 웹사이트 등을 이용한 대외접촉활동(회사내규상 활동금지되
　　 는 경우는 제외)

(2) 대외활동 시 허가절차
　① 이해상충 정도에 따라 소속부점장, 준법감시인, 대표이사의 사전승인을 받아야 함
　② 사전승인 시 고려해야 할 사항
　　㉠ 표준 내부통제기준 및 관계법령 위반 여부
　　㉡ 회사에 미치는 영향
　　㉢ 회사, 주주 및 고객 등과의 이해상충 정도
　　㉣ 대외활동의 대가로 지급받는 보수 또는 보상의 적절성
　　㉤ 대외활동을 하고자 하는 회사의 공신력, 사업내용, 사회적 평판 등
　③ 임직원이 대외활동을 성실하게 이행하지 못하거나 이해상충이 확대되는 경우 회사는 임직원의 대외활동 중단을 요구할 수 있
　　 으며, 이때 임직원은 즉시 요구에 따라야 함

정답 | ④

금융투자업종사자의 회사비밀정보보호에 대한 설명 중 잘못된 것은?

① 미공개정보는 비밀정보에 해당하지 않는다.

② 비밀정보는 필요성이 인정되는 경우에 한하여 사전승인 절차를 거쳐야 한다.

③ 비밀정보를 제공하는 자는 제공 과정 중 권한이 없는 자에게 전달되지 않도록 성실한 주의의무를 다해야 한다.

④ 비밀정보를 제공받는 자는 비밀유지의무를 준수하고, 제공받은 목적 이외의 목적으로 사용하거나 타인에게 사용하도록 하면 아니 된다.

TIP 미공개정보는 기록형태나 기록유무와 관계없이 비밀정보로 본다.

핵심포인트 해설 　　**금융투자업종사자의 회사비밀정보보호**

비밀정보의 범위	㉠ 회사의 재무건전성이나 경영 등에 중대한 영향을 미칠 수 있는 정보 ㉡ 고객 또는 거래상대방에 관한 신상정보, 매매거래내역, 계좌번호, 비밀번호 등에 관한 정보 ㉢ 회사의 경영전략이나 새로운 상품 및 비즈니스에 관한 정보 ㉣ 기타 ㉠ ~ ㉢에 준하는 미공개정보(미공개정보는 기록형태나 기록유무와 관계없이 비밀정보로 봄)
비밀정보의 관리원칙	• 정보교류차단 원칙(Chinese Wall Policy) : 일체의 비밀정보는 차단되어야 하고, 관련 전산시스템을 포함하여 　　　　　　　　　　　　　　　　　　　적절한 보안장치를 구축하여 관리해야 함 • 필요성에 의한 제공 원칙(Need to Know Rule) : 업무수행을 위하여 필요한 최소한의 범위 내에서 준법감시 　　　　　　　　　　　　　　　　　　　인의 사전승인을 받아 제공해야 함
비밀정보의 제공원칙	• 필요성이 인정되는 경우에 한하여 사전승인 절차를 거칠 것 • 사전승인 절차에서 포함되어야 하는 사항 　· 비밀정보 제공의 승인을 요청한 자 및 비밀정보를 제공받을 자의 소속부서 및 성명 　· 비밀정보 제공의 필요성 및 사유 　· 비밀정보 제공의 방법 및 절차, 제공 일시 등 • 비밀정보를 제공하는 자는 제공 과정 중 권한없는 자에게 전달되지 않도록 성실한 주의의무를 다해야 함 • 비밀정보를 제공받는 자는 비밀유지의무를 준수하고, 제공받은 목적 이외의 목적으로 사용하거나 타인에게 　사용하도록 하면 안 됨

정답 | ①

금융투자업종사자의 고용계약 종료 후 의무에 대한 설명 중 잘못된 것은?

① 금융투자업종사자가 퇴직하는 경우라도 일정 기간 회사의 이익을 해치는 행위를 해서는 안 된다.

② 회사 비밀정보의 출간, 공개, 제3자 이용 등이 금지된다.

③ 고용기간이 종료되면 회사에 대한 선관주의의무도 즉시 종료된다.

④ 고용기간이 종료되더라도 본인이 생산한 지적재산물의 이용 및 처분 권한은 회사가 가지는 것이 원칙이다.

TIP 고용기간 종료 후에도 회사에 대한 선관주의의무는 상당 기간 지속된다.

핵심포인트 해설   **금융투자업종사자의 고용계약 종료 후 의무**

(1) 의의
금융투자업종사자가 퇴직하는 경우에는 그에 따른 적절한 조치를 취해야 하고, 상당 기간 동안 회사의 이익을 해치는 행위를 해서는 안 됨

(2) 퇴직 시 적절한 조치
① 회사 비밀정보의 출간, 공개, 제3자의 이용 등 금지
② 기밀정보를 포함한 모든 자료를 회사에 반납
③ 회사명, 상표, 로고 등의 사용 금지
④ 고용기간 동안 본인이 생산한 지적재산물은 회사의 재산으로 반환해야 하고, 고용기간 종료 후라도 지적재산물의 이용 및 처분 권한은 회사가 가지는 것이 원칙임

(3) 회사에 대한 선관주의의무 → 선량한 관리자로서의 주의의무
① 고용기간 종료 후에도 회사에 대한 선관주의의무는 상당 기간 지속됨
② 기간이 너무 장기간이면 합리적인 기간으로 제한됨

정답 | ③

금융투자업자는 임직원이 업무수행 시 법규를 준수하고 조직운영의 효율성 제고 및 재무보고의 신뢰성을 확보하기 위하여 회사의 내부에서 수행하는 모든 절차와 과정인 (   )을(를) 정하여야 한다. 빈칸 안에 들어갈 말로 옳은 것은?

① 내부통제기준
② 투자권유준칙
③ 펀드판매매뉴얼
④ 영업행위규칙

TIP 내부통제기준에 대한 설명이다. 내부통제기준을 통하여 임직원의 선관의무, 고객우선의 원칙, 법규준수 여부 등을 사전적·상시적으로 감독하며, 이를 제정·개정 시 이사회의 결의를 요한다. 그리고 금융투자협회는 표준내부통제기준을 작성하여 사용권고를 할 수 있다.

핵심포인트 해설   금융투자업자의 내부통제

내부통제기준	• 금융투자업자의 임직원이 직무를 수행함에 있어서 준수해야 할 적절한 기준 및 절차 • 임직원의 선관의무, 고객우선의 원칙, 법규준수 여부 등을 사전적·상시적으로 감독함 • 제정·개정 시 이사회의 결의를 요함(협회는 표준내부통제기준을 작성하여 사용권고 가능)
준법감시인	• 선임은 사내이사 또는 업무집행책임자 중에서 선임하며, 내부통제업무를 수행함 • 임면(감독원장 보고사항)은 이사회의 의결로 하며, 해임의 경우 이사 2/3 찬성으로 의결
내부통제위원회	• 원칙 : 표준내부통제기준은 대표이사를 위원장으로 하여 준법감시인, 위험관리책임자 및 내부통제담당임원을 위원으로 하는 내부통제위원회를 두도록 규정함 • 예 외 · 자산총액 7천억원 미만 상호저축은행, 자산총액 5조원 미만 종합금융회사·보험회사·여신전문금융회사
준법감시부서	• 준법감시부서 내에 IT분야의 전문지식이 있는 전산요원을 1인 이상 배치해야 함 • 준법감시직원이 수행할 수 없는 업무 · 자산운용에 관한 업무 · 회사의 본질적 업무 및 그 부수업무 · 회사의 겸영업무 · 위험관리업무

정답 | ①

금융투자업자의 영업점별 준법감시제도에 대한 설명 중 잘못된 것은?

① 준법감시인은 독립성이 있기 때문에 준법감시업무의 일부를 임직원에게 위임할 수 없다.

② 회사는 영업관리자에게 업무수행결과에 따라 적절한 보상을 지급할 수 있다.

③ 사이버룸은 직원과 분리되어 위치해야 한다.

④ 영업점장은 준법감시인이 위임하는 영업관리자가 될 수 없다.

TIP   준법감시인은 준법감시업무의 일부를 임직원에게 위임할 수 있다.

핵심포인트 해설　　　**영업점에 대한 준법감시제도**

(1) 영업점에 대한 준법감시업무의 위임
　① 준법감시인은 준법감시업무의 일부를 임직원에게 위임 가능(범위, 한계 구분)
　② 부점별 또는 수개의 부점을 1단위로 하여 영업관리자를 지명할 수 있음

(2) 영업점별 영업관리자에에 의한 준법감시
　① 준법감시인은 영업점에 준법감시업무를 위한 영업관리자를 둘 수 있음
　　㉠ 영업관리자 요건 : 영업점에 1년 이상 근무, 영업점장이 아닌 책임자급
　　㉡ 영업관리자 임기 : 1년 이상
　② 준법감시인은 영업관리자에 대하여 연간 1회 이상 법규·윤리 관련 교육을 실시해야 함
　③ 회사는 영업관리자에게 업무수행결과에 따라 적절한 보상을 지급할 수 있음

(3) 고객전용공간(사이버룸) 제공 시 준수사항
　① 당해 공간은 직원과 분리되어야 하고, 영업점장 및 영업관리자의 통제가 용이한 장소에 위치할 것
　② 사이버룸임을 명기하고 개방형 형태로 설치할 것
　③ 사이버룸 사용 고객에게 명패, 명칭, 개별 직통전화 등을 제공하지 말 것
　④ 사이버룸에서 이뤄지는 매매의 적정성을 모니터링하고, 이상매매 발견 시 지체 없이 준법감시인에게 보고할 것

정답 | ①

다음 중 내부통제 위반자에 해당하지 않는 자는?

① 내부통제기준 위반을 지시한 자
② 다른 사람의 위반사실을 과실로 보고하지 않은 자
③ 내부통제기준 위반을 묵인한 자
④ 내부통제기준의 운영을 저해한 자

TIP 다른 사람의 위반사실을 고의로 보고하지 않은 자이어야 해당한다.

핵심포인트 해설   **내부통제기준 위반 시 회사의 제재**

(1) 내부통제 위반자의 범위
  ① 내부통제기준을 직접 위반한 자
  ② 내부통제기준 위반의 지시·묵인·은폐 등에 관여한 자
  ③ 다른 사람의 위반사실을 고의로 보고하지 않은 자
  ④ 기타 내부통제기준의 운영을 저해한 자

(2) 내부통제기준 위반 시 조치
  ① 개인에 대한 조치
     관계법령 적용 ⇨ 사규상 징계규정 적용
  ② 회사에 대한 조치
    ㉠ 1억원 이하의 과태료 : 내부통제기준 마련하지 않은 경우, 준법감시인을 두지 않은 경우, 사내이사 또는 업무집행책임자 중에서 준법감시인을 선임하지 않은 경우, 이사회 결의 없이 준법감시인을 임면한 경우, 금융위원회가 위법·부당한 행위를 한 회사 또는 임직원에게 내리는 제재조치를 이행하지 않은 경우
    ㉡ 3천만원 이하의 과태료 : 준법감시인에 대한 별도의 보수지급 및 평가기준을 마련·운영하지 않은 경우, 준법감시인이 자산운용업무·금융회사 본질적 업무·금융회사 겸영업무·자회사 업무 등을 겸직하거나 겸직하게 한 경우
    ㉢ 2천만원 이하의 과태료 : 준법감시인의 임면 사실을 금융위원회에 보고하지 않은 경우

(3) 재발방지조치
  ① 회사조치 : 해당 임직원 제재, 내부통제제도 개선 등
  ② 회사조치에 대하여 임직원은 그 사유와 증빙자료 첨부하여 이의신청 가능

정답 | ②

준법감시인이 준법감시 프로그램을 운영하고 이에 따른 점검결과 및 개선계획 등을 주요
내용으로 대표이사에게 정기적으로 보고하는 것으로 옳은 것은?

① 내부통제보고서
② 발행실적보고서
③ 사업보고서
④ 증권신고서

TIP 준법감시인은 준법감시 프로그램의 점검결과 및 개선계획 등을 내용으로 하는 내부통제보고서를 대표이사에게
정기적으로 보고해야 한다.

핵심포인트 해설   **준법감시체제**

(1) 준법감시체제의 의의 및 수행업무
  ① 의의 : 금융투자회사는 임직원의 위법·부당한 행위를 사전에 예방하기 준법감시체계를 구축하고 운영하여야 함
  ② 수행업무
   ㉠ 관계법령 준수 프로그램의 입안 및 관리
   ㉡ 임직원의 관계법령 준수 실태 모니터링 및 시정조치
   ㉢ 각종 위원회 부의사항에 대한 관계법령 준수 여부 사전 검토 및 정정 요구
   ㉣ 새로운 업무 개발 시 관계법령 준수 여부 및 정정 요구
   ㉤ 임직원에 대한 준법 관련 교육 및 자문
   ㉥ 금융위원회, 협회, 거래소, 이사회, 경영진 및 유관부서 등에 대한 지원

(2) 준법감시체계 운영 및 의무
  ① 준법감시인은 임직원의 법령준수 여부를 점검하기 위해 준법감시 프로그램을 구축·운영해야 함
  ② 준법감시인은 준법감시 프로그램에 따라 임직원의 관계법령준수 여부를 점검하고 그 결과를 기록·유지해야 함
  ③ 준법감시인은 점검결과 및 개선계획 등을 내용으로 하는 내부통제보고서를 대표이사에게 정기적으로 보고해야 함
  ④ 내부통제 관련 제도 : 준법서약, 윤리강령 운영, 임직원 겸직 평가·관리, 내부제보(고발)제도, 명령휴가제도, 직무분리기준 및
   신상품 도입 관련 업무절차 마련·운영

정답 | ①

직무윤리 위반 시 제재에 대한 설명 중 잘못된 것은?

① 금융투자협회는 영업질서 유지 및 투자자보호를 위한 자율규제업무를 담당한다.
② 회원의 규제뿐 아니라 임직원의 규제도 가능하다.
③ 금융투자업자에 대한 기관경고뿐 아니라 등록취소도 가능하다.
④ 형사제재 시 행위자에게는 벌칙이 병과되어 부과될 수 있으나 행위자 외의 법인 또는 개인에게 벌칙이 병과되지 않는다.

TIP 행위자 외 법인 또는 개인에게 벌칙이 병과하여 부과될 수도 있다.

핵심포인트 해설 **직무윤리 위반행위에 대한 제재**

제재의 형태	제재 기관	제재 내용
자율적 제재	금융투자협회	• 회원규제 : 주의, 경고, 회원자격정지, 제명요구 등 • 임직원규제 : 주의·견책·감봉·정직·면직 등의 권고
행정적 제재	금융위원회, 증권선물위원회, 금융감독원	• 금융투자업자 제재 : 조치명령권, 인가·등록 취소권 등 • 임직원 제재 : 주의·경고·직무정지(6월 이내)·해임요구
민사적 제재	법 원	• 당해 행위의 효력상실 : 무효, 계약해제(해지) • 손해배상책임 : 채무불이행·불법행위에 의한 배상책임
형사적 제재	법 원	• 3년 이하의 징역(또는 1억원 이하의 벌금) : 부당권유 금지조항 위반, 등록 전 투자권유행 위, 투자권유대행인 외의 자에게 투자권유를 대행하게 한 경우, 손실보전 금지조항 위반 • 1년 이하의 징역(또는 3천만원 이하의 벌금) : 투자광고규정 위반, 투자매매업(중개업)자 여부를 밝히지 않고 주문한 경우
시장 제재	시 장	• 위반행위에 대한 법적 제재가 없을 수도 있음 • 법적 제재가 없어도 고객과 시장으로부터의 신뢰상실 및 명예실추

정답 | ④

다음 중 6대 판매원칙의 기준으로 볼 때 부당권유행위와 가장 거리가 먼 것은?

① 단정적 판단을 제공하는 행위
② 투자판단에 중대한 영향을 미치는 사항을 알리지 않는 행위
③ 적합성원칙을 회피할 목적으로 투자권유불원 확인서를 작성케 하는 행위
④ 우월적 지위를 이용하여 금융소비자의 권익을 침해하는 행위

TIP 우월적 지위를 이용하여 금융소비자의 권익을 침해하는 행위는 부당권유행위라기보다는 불공정영업행위에 해당된다. 부당권유행위에는 단정적 판단의 제공, 사실과 다르게 알리는 행위, 투자판단에 중대한 영향을 미치는 사항을 알리지 않는 행위, 객관적 근거 없이 상품의 우수성을 알리는 행위, 고객 요청 없이 실시간 대화의 방법으로 투자권유 하는 행위(불초청 투자권유), 고객거절에도 지속적인 체결권유(재권유), 적합성원칙을 회피할 목적으로 투자권유불원 확인서 작성케 하는 행위 등이다.

핵심포인트 해설　　6대 판매원칙

적합성원칙	일반금융소비자의 투자자정보를 파악하고 적합하지 않은 상품을 투자권유 할 수 없다는 원칙
적정성원칙	일반금융소비자가 계약체결의 권유를 받지 않고 자발적으로 상품계약체결을 하려는 경우, 해당 상품이 적정한지 여부를 파악하고, 부적정한 경우 금융소비자에게 알리고 확인을 받아야 한다는 원칙
설명의무	일반금융소비자에게 계약체결을 권유하는 경우 또는 일반금융소비자가 설명을 요청하는 경우, 중요사항을 금융소비자가 이해할 수 있도록 설명하고 이를 확인받아야 한다는 원칙
불공정영업행위 금지	모든 금융소비자에게 우월적 지위를 이용하여 금융소비자의 권익을 침해하는 행위는 금지한다는 원칙
부당권유행위 금지	모든 금융소비자에 대한 부당한 계약체결을 금지한다는 원칙
허위/부당광고 금지	업무 또는 금융상품에 관한 광고 시 금융소비자를 오인하게 할 수 행위를 금지한다는 원칙

정답 | ④

28

다음 중 6대 판매원칙 위반 시 과징금 부과대상이 아닌 것은?

① 적합성원칙 위반
② 설명의무 위반
③ 부당권유행위 금지의무 위반
④ 허위·부당광고 금지의무 위반

TIP 과징금은 설명의무 위반, 불공정영업행위 금지 위반, 부당권유행위 금지의무 위반, 허위·부당광고 금지의무 위반의 경우에 부과한다.

핵심포인트 해설   **6대 판매원칙 위반 시 책임**

6대 판매원칙	위반 시 책임				
	위법계약해지	과태료	과징금	손해배상	기관/임직원 제재
적합성원칙	○	○	×	○	○
적정성원칙	○	○	×	○	○
설명의무	○	○	○	○	○
불공정영업행위 금지	○	○	○	○	○
부당권유행위 금지	○	○	○	○	○
허위/부당광고 금지	×	○	○	○	○

정답 | ①

개인정보처리자의 개인정보보호원칙과 거리가 먼 것은?

① 개인정보처리자는 그 목적에 필요한 범위 내에서 최소한의 개인정보만 적법하고 정당하게 수집하여야 한다.

② 개인정보처리방침 등 개인정보처리에 관한 사항을 공개하고, 열람청구권 등 정보주체의 권리를 보장하여야 한다.

③ 개인정보처리 목적 범위 내에서 개인정보의 정확성, 완전성, 최신성이 보장되도록 하여야 한다.

④ 개인정보의 익명처리가 가능한 경우라도 실명으로 처리하여야 한다.

TIP 개인정보의 익명처리가 가능한 경우에는 익명으로 처리하여야 한다.

핵심포인트 해설 　　　**개인정보처리자의 준수사항**

(1) 개인정보 관련 주요개념
　① 개인정보 : 성명, 주민등록번호 및 영상 등을 통하여 개인을 알아볼 수 있는 정보
　② 정보주체 : 처리되는 정보에 의하여 알아볼 수 있는 사람으로서 그 정보의 주체가 되는 사람
　③ 정보처리자 : 업무를 목적으로 개인정보파일을 운용하기 위하여 스스로 또는 다른 사람을 통하여 개인정보를 처리하는 공공
　　　　　　　　기관, 법인, 단체 및 개인 등

(2) 개인정보처리자의 준수사항
　① 수집 : 목적에 필요한 범위에서 최소한의 개인정보만을 적법하게 수집해야 함
　② 처리 및 활용 : 그 목적 외의 용도로 활용하는 것은 금지됨
　③ 보장 : 개인정보의 정확성, 완전성 및 최신성이 보장되도록 해야 함
　④ 관리 : 정보주체의 권리가 침해가능성을 고려하여 안전하게 관리해야 함
　⑤ 공개 : 개인정보처리방침 등 개인정보의 처리에 관한 사항을 공개해야 하며, 열람청구권 등 정보주체의 권리를 보장해야 함
　⑥ 사생활 침해 : 정보주체의 사생활 침해를 최소화하는 방법으로 처리해야 함
　⑦ 익명처리 : 개인정보의 익명처리가 가능한 경우에는 익명으로 처리함

정답 | ④

30

개인정보처리자의 개인정보 수집 및 이용범위와 거리가 먼 것은?

① 직속상관의 허락을 받은 경우
② 정보주체의 동의를 받은 경우
③ 명백히 정보주체 또는 제3자의 생명, 신체, 재산의 이익을 위하여 필요하다고 인정되는 경우
④ 명백하게 정보주체의 권리보다 우선하는 경우

TIP 직속상관의 허락을 받았다고 하여 개인정보 수집 및 이용이 무조건 가능하다고 볼 수는 없다.

핵심포인트 해설 | **정보주체의 권리와 정보처리자의 수집 및 이용범위**

(1) 정보주체의 권리
① 개인정보의 처리에 관한 정보를 제공받을 권리
② 개인정보의 처리에 관한 동의 여부, 동의 범위 등을 선택하고 결정할 권리
③ 개인정보의 처리 여부를 확인하고 개인정보에 대한 열람(사본 포함)을 요구할 권리
④ 개인정보의 처리 정지, 정정·삭제 및 파기를 요구할 권리
⑤ 개인정보의 처리로 인하여 발생한 피해를 구제받을 권리
⑥ 완전히 자동화된 개인정보처리에 따른 결정을 거부하거나 그에 대한 설명 등을 요구할 권리

(2) 정보처리자의 개인정보 수집 및 이용 허용범위
① 정보주체의 동의를 받은 경우
② 법률에 특별한 규정이 있거나 법령상 의무를 준수하기 위하여 불가피한 경우
③ 공공기관이 법령 등에서 정하는 소관업무의 수행을 위하여 불가피한 경우
④ 정보주체와의 계약의 체결 및 이행을 위하여 불가피하게 필요한 경우
⑤ 명백히 정보주체 또는 제3자의 급박한 생명, 신체, 재산의 이익을 위하여 필요하다고 인정되는 경우
⑥ 명백하게 정보주체의 권리보다 우선하는 경우
⑦ 공중위생 등 공공의 안전과 안녕을 위하여 긴급히 필요한 경우

정답 | ①

개인정보의 처리 및 관리에 대한 설명 중 옳은 것은?

① 개인정보에는 고유식별정보, 금융정보뿐 아니라 민감정보도 포함된다.
② 최소한의 개인정보수집이라는 입증책임은 정보주체가 부담한다.
③ 민감정보 및 고유식별정보는 정보주체의 동의를 얻은 경우에만 처리를 허용한다.
④ 주민등록번호는 외부망의 경우에 한하여 암호화한 후 안전하게 보호하여야 한다.

TIP
② 최소한의 개인정보수집이라는 입증책임은 개인정보처리자가 부담한다.
③ 민감정보 및 고유식별정보는 정보주체의 동의를 얻거나 법령에서 구체적으로 허용된 경우에 한하여 예외적으로 처리를 허용한다.
④ 주민등록번호는 내외부망의 구분 없이 암호화하여 안전하게 보호하여야 한다.

핵심포인트 해설　　개인정보의 수집·처리제한 및 처벌

(1) 개인정보보호에 관한 법률
① 개인정보보호에 관한 일반법 : 개인정보보호법(개인의 존엄과 가치 구현 목적)
② 개인정보보호에 관한 특별법 : 신용정보법, 금융실명법, 전자금융거래법

(2) 개인정보처리자의 개인정보 수집제한
① 최소한의 개인정보 수집이라는 입증책임은 개인정보처리자가 부담함
② 개인정보처리자는 개인정보 수집에 동의하지 아니할 수 있다는 사실을 구체적으로 알리고 개인정보를 수집하여야 함
③ 개인정보처리자는 정보주체가 필요한 최소한의 정보 외의 개인정보 수집에 동의하지 아니한다는 이유로 정보주체에게 재화 또는 서비스의 제공을 거부하면 안 됨

(3) 개인정보의 처리제한 및 처벌

제공행위	• 원칙 : 목적 외 용도로 이용하거나 제3자에게 제공하는 행위 금지 • 예외 : 정보주체가 동의·법률규정에 의하는 경우에만 허용
고유식별번호	• 주민번호는 내외부망 구분 없이 암호화하여 안전하게 보관해야 함 • 주민번호는 정보주체의 동의를 받았더라도 법령 근거가 없는 경우에는 원칙적으로 처리가 금지되므로 삭제해야 함
처 벌	• 징벌적 손해배상제도 : 피해액의 5배까지 손해배상액 중과 가능

정답 | ①

32

금융감독원의 금융분쟁조정제도에 대한 설명 중 잘못된 것은?

① 금융감독원의 금융분쟁조정위원회에서 조정한다.

② 분쟁조정 신청일로부터 30일 이내 합의 불성립 시 조정위원회에 회부된다.

③ 조정위원회는 조정회부를 받을 때로부터 30일 이내에 조정안을 작성해야 한다.

④ 당사자가 조정위원회의 조정을 수락하면 재판상 화해와 동일한 효력이 있다.

용어 알아두기

재판상 화해	소송계속 중 소송물인 권리관계에 대하여 당사자 쌍방의 합의가 성립하여 이를 조서화하면 소송이 종결되는 것을 말하며, 이때 조서에 기재한 당사자 간의 합의는 확정판결과 동일한 효력이 있다.

TIP 조정위원회는 조정회부를 받을 때로부터 60일 이내에 조정안을 작성해야 한다. 조정의 진행 중에 일방이 소송을 제기한 경우 조정처리는 중지되고, 조정위원회는 그 사항을 쌍방에게 통보해야 한다.

핵심포인트 해설 **금융분쟁의 원인 및 처리절차**

(1) 금융분쟁의 원인 및 특징

금융분쟁의 원인	• 임의매매, 일임매매, 착오매매·부당권유, 불완전판매 • 전산장애 등
금융분쟁의 특징	• 금융투자상품은 고위험에 노출되어 있음 • 고객의 금융투자회사 직원에 대한 의존성이 높음 • 금융투자회사 직원의 불공정거래 가능성 존재 • 원금손실의 가능성과 투자결과에 대한 본인(고객)책임

(2) 금융감독원(금융분쟁조정위원회)에 의한 금융분쟁조정

조정절차	• 당사자에 대하여 분쟁내용 통지 및 합의권고 • 조정위원회 회부 : 신청일로부터 30일 이내 합의 불성립 시 • 조정안 작성 : 조정회부를 받을 때로부터 60일 이내 • 조정안 제시 및 수락권고 • 조정의 효력 : 재판상 화해와 동일한 효력
소송제기	• 조정의 진행 중에 일방이 소송을 제기한 경우 조정처리는 중지되고, 그 사항을 쌍방에게 통보함

정답 | ③

투자매매(중개)업자는 원칙적으로 일임매매가 금지되나, 예외적으로 허용하는 경우가 있다. 다음 중 예외적으로 허용하는 경우를 모두 고르면?

A. 투자자가 매매거래일(하루에 한정)·총매매수량·총매매금액을 지정하여 일임 받은 경우
B. 투자자가 여행 등으로 일시적 부재 시 금융투자상품의 매도권한을 일임 받은 경우
C. 투자자가 결제·증거금추가예탁·의무불이행 시 매도권한을 일임 받은 경우
D. MMF를 매수 또는 매도하기로 미리 약정을 체결한 경우 그 약정에 따라 매매권한을 일임 받은 경우

① A, B
② A, B, C
③ B, C, D
④ A, B, C, D

TIP 일임매매가 예외적으로 허용되는 경우는 투자일임업자와 일임계약을 체결하고 진행하는 경우와 A, B, C, D와 같은 경우이다.

핵심포인트 해설　금융분쟁의 유형별 쟁점

부당권유 등 불완전판매 관련 분쟁	• 불완전판매 행위 · 거래의 위험성에 대한 올바른 인식형성을 방해하는 행위 · 고객투자성향에 비추어 과도하게 위험한 거래를 적극적으로 권유하는 행위 • 불완전판매 행위는 고객우선원칙·신의성실원칙·금융소비자보호의무 등을 위반한 위법행위임
주문 관련 분쟁	• 판매자는 정당한 권한을 가진 소비자로부터 주문을 받아 최선을 다해 집행하고 기록을 보관 및 유지해야 함(최선집행의무) • 정당한 권한을 가진 소비자 : 투자자 본인, 정당한 위임을 받은 임의대리인, 법정대리인
일임매매 관련 분쟁	• 일임매매는 원칙적으로 금지하나 예외적으로 일부 허용함 • 예외적으로 일임매매를 허용하는 경우 · 투자일임업자가 일임계약을 체결하고 진행하는 경우 · 투자중개업자가 매매주문을 처리하는 과정에서 투자판단 일임을 받을 필요가 있는 경우
임의매매 관련 분쟁	• 임의매매(정당한 권한을 가진 소비자의 주문 없이 금융직원이 매매하는 행위)는 금지 • 일임매매와 임의매매의 차이점 : 일임매매는 일부 허용되지만 임의매매는 법적으로 허용되지 않음

정답 | ④

34

다음 중 내부통제기준 위반 시 제재에 대한 기술이 적절하지 않은 것은?

① 벌칙으로 벌금, 과징금, 과태료 등이 부과될 수 있다.
② 업무정지기간에 업무를 한 경우 금융위원회는 그 등록을 취소할 수 있다.
③ 금융투자협회는 판매업자의 임원에 대하여 6월 이내의 업무집행정지를 요구할 수 있다.
④ 금융상품직접판매업자는 투자권유대행인이 금융소비자에게 손해를 발생시킨 경우에는 그 손해를 배상할 책임이 없다.

TIP 금융상품직접판매업자가 그 손해를 배상할 책임이 있다. 단, 선임 및 감독을 소홀하지 않은 경우 투자권유대행인에게 구상권을 청구할 수 있다.

핵심포인트 해설   **내부통제기준 위반 시 제재**

(1) 벌칙

벌금	5년 이하의 징역 또는 2억원 이하의 벌금 부과할 수 있음 (금융상품판매업 미등록, 허위/부정 등록, 금융상품판매대리·중개업자가 아닌 자에게 계약체결을 대리한 경우)
과징금	위반행위로 얻은 수입의 50%까지 과징금 부과할 수 있음
과태료	1억원 이하/3천만원 이하/1천만원 이하 과태료 부과할 수 있음

(2) 금융위원회에 의한 행정제재

판매업자	• 등록취소 : 거짓/부정등록, 등록요건 미유지, 업무정지기간 중 업무 한 경우 • 처분조치 : 6월 이내 업무정지, 명령, 기관경고, 기관주의 등
임직원	• 임원 : 해임요구, 6월 이내 직무정지, 문책경고, 주의적 경고, 주의 • 직원 : 면직, 6월 이내 직무정지, 감봉, 견책, 주의 • 관리감독책임 : 관리감독 책임이 있는 임직원에 대한 조치를 함께 요구할 수 있음

(3) 금융투자협회에 의한 자율제재

회원 조치	• 회원제명 요구, 회원자격 정지, 협회가 회원에게 제공하는 업무의 일부/전부 정지, 제재금 부과, 경고, 주의
임직원 조치	• 임원 : 해임, 6월 이내 업무집행정지, 경고, 주의 • 직원 : 징계면직, 정직, 감동, 견책, 주의

(4) 법원에 의한 민사적 제재(손해배상책임)

금융상품 판매업자	금융상품판매업자는 고의 또는 과실로 법을 위반하여 금융소비자에게 손해를 발생시킨 경우에는 그 손해를 배상할 책임이 있음
금융상품 직접판매업자	금융상품직접판매업자는 금융상품계약체결등의 업무를 대리·중개한 금융상품판매대리·중개업자가 금융소비자에게 손해를 발생시킨 경우에는 그 손해를 배상할 책임이 있음. 단, 선임 및 감독을 소홀하지 않은 경우 금융상품판매대리·중개업자에게 구상권 청구 가능

정답 | ④

다음 중 증권투자 분쟁에 대한 판단(판례 기준)**이 가장 적절하지 않은 것은?**

① 고객이 직원의 임의매매 사실을 알고도 즉시 임의매매에 대한 배상요구를 하지 않았다는 사실만으로는 임의매매를 추인한 것으로 볼 수 없다.

② 일임매매라도 일임의 본지를 벗어나 과도한 매매를 하는 경우 손해배상책임이 인정된다.

③ 고객이 과거 파생상품 투자경험이 있었더라도 증권사 직원의 주식투자 권유 시 투자자정보를 보수적이라고 기재하였다면 부당권유로 볼 수 있다.

④ 직원이 계좌명의인의 배우자로부터 주문을 받아 처리한 행위라 할지라도 명의인의 대리권 수여의사를 확인하지 않고 거래하였다가 손해가 난 경우에는 손해배상책임이 있다고 볼 수 있다.

TIP　증권사 직원의 주식투자 권유 시 고객이 투자성향을 보수적이라고 기재했더라도 과거 파생상품 및 주식투자 경험이 있었다면 부당권유로 볼 수 없다(서울지방법원 2011. 6. 3.).

핵심포인트 해설　　**증권투자 분쟁에 대한 판단(사례기준)**

임의매매 분쟁	• 고객이 직원의 임의매매 사실을 알고도 즉시 임의매매에 대한 배상요구를 하지 않았다는 사실만으로는 임의매매를 추인한 것으로 볼 수 없음(대법원 2002. 7. 23.) • 고객이 증권사 직원에게 주식매매를 포괄일임 했더라도 직원이 고객의 특정종목 매수에 대한 지시에 불응하여 동 종목을 매수한 행위는 임의매매에 해당됨(대구고등법원 2002. 4. 18.)
일임매매 분쟁	• 일임매매는 원칙적으로 손해배상책임이 발생하지 않으나 위임의 내용, 투자목적, 투자자금의 성격, 매매거래 양태 등을 종합적으로 고려할 때 일임의 본지를 벗어나 과도하게 매매거래하여 선관주의의무를 다하지 않은 경우 손해배상책임이 인정됨(조정번호1999-27) • 고객이 증권사 직원에게 주식매매를 일임한 기간의 일부 기간에 월 매매회전율이 1400%에 달했고, 단기매매를 해야만 하는 특별한 사정이 없었다면 과다매매가 인정되고, 고객이 당일 전부처분 지시를 하였는데도 직원의 지정가주문으로 일부 수량만 매도 되었다면 선관주의의무를 해태한 것으로 봄
부당권유 분쟁	• 직원이 '혼자만 알고 있는 호재인데, 지금당장 투자하지 않으면 시기를 놓친다' 등의 말로 매매를 권유한 것은 부당권유로 인정됨(대법원 2003. 1. 24.) • 증권사 직원의 주식투자 권유 시 고객이 투자성향을 보수적이라고 기재했더라도 과거 파생상품 및 주식투자 경험이 있었다면 부당권유로 볼 수 없음(서울지방법원 2011. 6. 3.)
주문관련 분쟁	• 직원이 계좌명의인의 대리권 수여의사를 확인하지 않은 채 그의 배우자로부터 주문을 받아 처리했다가 손실을 발생시킨 경우에는 비록 부부관계에 있는 자로부터 주문을 받아 처리한 행위라 할지라도 손해배상책임이 있다고 봄(협회합의권고 제2007-10호)

정답 | ③

36

자금세탁의 단계가 적절하게 배열된 것은?

① 예치단계 ⇨ 은폐단계 ⇨ 합법화단계
② 은폐단계 ⇨ 예치단계 ⇨ 합법화단계
③ 은폐단계 ⇨ 합법화단계 ⇨ 예치단계
④ 예치단계 ⇨ 합법화단계 ⇨ 은폐단계

TIP 자금세탁의 3단계는 예치단계 ⇨ 은폐단계 ⇨ 합법화단계 순으로 진행된다.

핵심포인트 해설   **자금세탁의 절차 및 유형**

자금세탁의 3단계 절차	예치단계(배치)	불법재산을 덜 의심스런 상태로 변형하여 배치하는 것
	은폐단계(반복)	복잡한 금융거래를 반복하여 자금추적을 못하게 하는 것
	합법화단계(통합)	불법자금을 정상적인 경제활동에 재투입하는 단계
자금세탁의 유형	전통 금융시스템 이용	차명계좌 사용, 소액분산입금, 은행어음 사용 등
	수출입화물 이용	해외로 화물반출 후 여행자수표 등으로 국내 반입
	수출입 이용	범죄수익을 무역거래를 통해 자금세탁
	신종기법	조세피난처 이용, 비금융기관 이용
가상통화 규제 (최근)	미국/캐나다/프랑스	가상통화 취급업자에 대한 자금세탁방지의무 부과
	EU집행위원회	가상통화 거래업자·지갑서비스제공자에게 자금세탁 방지에 대한 규제 적용
	우리나라	가상통화 취급업자에 대한 고객확인/의심거래보고 의무 강화

정답 | ①

자금세탁방지기구 및 규범에 대한 기술 중 잘못된 것은?

① FATF는 연 3회 이상 자금세탁 방지활동에 협조하지 않는 국가를 '비협조국가'로 결정하고 그 수준에 따라 '대응조치국가', '위험고려국가' 등으로 구분하여 발표하고 있다.

② 위험고려 국가는 Black list 국가와 White list 국가로 분류된다.

③ 자금세탁방지 관련 업무를 주로 수행하는 기관은 FIU(금융정보분석원)이다.

④ 자금세탁방지 관련 대표적인 법은 특정금융거래보고법이다.

TIP 위험고려 국가는 Black list 국가와 Gray list 국가로 분류된다. Black list 국가는 자금세탁방지에 대한 중대한 결함이 있음에도 불구하고 충분한 개선이 없거나 이행계획을 수립하지 않는 국가로서 거래 시 특별한 주의를 기울여야 한다. 한편 Gray list 국가는 이행계획을 수립하였으나 취약점이 있는 국가로서 거래 시 어느 정도 위험이 있음을 참고하여야 한다.

핵심포인트 해설   **자금세탁방지기구 및 규범**

구 분	관련 기구	관련 제도
국제제도	• FATF(Financial Action Task Force) · 각국의 자금세탁 이행현황 상호평가 및 감독 · 자금세탁 국제규범 미이행국 선별 및 제재 · 자금세탁 연구 및 대응수단 개발	• FATF 40 권고사항 · 형식적 구속력은 없으나 사실상 구속력 발휘하고 있음 · 연 3회 비협조하면 '비협조국가'로 결정하고, '대응조치(사실상 거래중단 효과 있음)' 또는 '위험고려(Black list, Gray list로 분류하여 거래 시 주의 경고)' 중 하나로 구분하여 발표
국내제도	• 금융정보분석원(FIU) · 금융거래자료를 법 집행기관에 제공 · 금융기관 혐의거래보고 업무 감독 및 검사 · 외국 FIU와 협조 및 정보교류	• 특정금융거래보고법(STR, CTR, CDD) • 마약류특례법 • 범죄수익규제법 • 공중협박자금조달금지법

정답 | ②

38

특정금융거래보고법에 의한 의심거래보고제도의 내용과 거리가 먼 것은?

① 어떤 금융거래가 불법자금이라는 의심이 가거나 거래상대방이 자금세탁을 하고 있다고 의심이 갈 경우 FIU에 보고하는 제도이다.

② 금융기관 종사자의 주관적 판단에 의존한다는 특성을 가지고 있다.

③ 1백만원 이하의 소액은 보고대상에서 제외된다.

④ 허위보고하거나 보고내용을 누설하면 1년 이하의 징역 또는 500만원 이하의 벌금에 처한다.

TIP STR은 보고대상 금액제한이 없다. 과거에는 금액기준이 있었으나 2013년 이후 금액에 관계없이 의심거래에 해당하면 보고대상에 해당되도록 하였다.

핵심포인트 해설　　　**의심거래보고제도(STR : Suspicious Transaction Report)**

의 의	• 금융종사자의 '주관적 판단'에 근거하여 자금세탁의 의심이 가는 금융거래에 대하여 '금융정보분석원'에 보고하게 하는 제도 • 허위보고, 보고내용 누설 : 1년 이하의 징역 또는 500만원 이하의 벌금 • 의심거래 미보고, 감독기관의 명령·지시·검사의 거부 : 건당 1천만원 이하의 과태료
보고대상	• 수수한 재산이 불법재산이라고 의심되는 합당한 근거가 있는 경우 • 금융실명법을 위반하여 불법적인 금융거래를 하는 등 자금세탁이 의심되는 합당한 근거가 있는 경우 • 범죄수익은닉규제법에 따라 금융기관종사자가 관할 수사기관에 신고한 경우 • 고액현금거래보고를 회피할 목적으로 금액을 분할하여 현금거래를 한다고 판단되는 경우 • 고객확인의무 이행을 위해 요청하는 정보에 대해 고객이 제공을 거부하는 경우 • 수집한 정보의 검토결과 고객의 금융거래가 정상적이지 못하다고 판단되는 경우

정답 | ③

의심거래보고제도(STR)의 보고대상은 '의심되는 합당한 근거가 있는 경우'에 한한다. 다음 중 '의심되는 합당한 근거가 있는 경우'라고 볼 수 없는 것은?

① 직업 및 사업내용이 명확히 파악되지 않는 고객이 다수의 타인명의 계좌를 소지하고 거액의 금융거래를 하는 경우
② 미성년자 명의의 계좌에서 거액의 금융거래가 발생하는 경우
③ 금융거래자의 요청에 의하여 현금거래로 처리하는 등 평소 금융거래와 상이한 분할거래를 하고 있다고 의심되는 경우
④ 자금 유출이 빈번한 수출입기업이 불황으로 인하여 자금 유출이 급격하게 줄어든 경우

TIP 자금세탁이 의심되는 합당한 근거가 있다고 볼 수 없다. '의심되는 합당한 근거가 있는 경우'는 고객확인의무 이행을 통해 확인·검증된 고객의 신원사항, 실제 당사자 여부, 거래목적, 금융거래과정에서 취득한 고객의 직업·주소·소득·평소 거래상황·사업내용 등을 감안하여 업무지식이나 전문성·경험 등을 통하여 종합적으로 판단해야 한다.

핵심포인트 해설 | **의심거래의 유형**

현금거래 유형	• 오래된 수표 및 거액의 구권 현금거래 • 합리적 이유 없는 분할거래 • 금융지식이 충분한 고객이 현금거래를 고집하는 경우
유가증권 거래 유형	• 불분명한 특정 유가증권 거래 • 대량의 주식을 입고시킨 후 현금화를 요청하는 거래 • 대리인이 주식입고 받아 담보대출을 받은 후 타인에게 송금
차명계좌 관련 유형	• 본인의 자금 흐름을 숨길 목적으로 가족명의의 차명계좌 사용 • 특별한 사유 없이 고객이 멀리 떨어진 영업점에서 거래 • 같은 날 다수의 영업점에 방문하여 현금으로 입출금
법인계좌 관련 유형	• 개인계좌에 법인 명의로 거액 입금이 빈번한 거래 • 법인계좌 자금이 법인 대표자 개인계좌로 지속적 출금 • 법인계좌 자금을 개인계좌로 이체하여 공모주 청약하는 경우
가상통화 관련 유형	• 가상통화 취급업소 계좌의 1천만원 이상 현금출금 • 심야시간에 금융거래가 지속적으로 발생하는 거래 • 고객이 가상통화 취급업소로부터 자금을 송금 받아 그 자금 대부분을 현금 출금하는 거래

정답 | ④

고액현금거래보고제도(CTR:Currency Transaction Report)**의 보고대상에 해당하는 것은?**

① 원화 1천만원 이상의 현금거래
② 원화 2천만원 이상의 현금거래 및 외화 2천달러 상당액 이상의 대체거래
③ 원화 2천만원 이상의 현금거래 및 외화 1만달러 상당액 이상의 현금거래
④ 원화 2천만원 이상의 현금거래 및 외화 2만달러 상당액 이상의 출금거래

TIP CTR은 원화 1천만원 이상의 현금거래를 금융정보분석원에 의무적으로 보고하도록 한 제도이므로 외화의 현금
거래는 보고대상이 아니다.

핵심포인트 해설　　　**고액현금거래보고제도(CTR : Currency Transaction Report)**

의 의	• 원화 1천만원 이상의 현금거래를 금융정보분석원에 의무적으로 보고하도록 한 제도
보고방법	• 보고대상 : 1거래일 동안 1천만원 이상의 현금을 입금 또는 출금한 경우(또는 현금자동입출금기를 이용하여 입출금한 경우) • 보고내용 : 거래자 신원, 거래일시, 거래금액 등 • 1천만원 산정방법 : 실질주의 방식(실지명의가 동일한 1거래일 동안의 금융기관별 지급금액, 영수금액을 각각 합산하는 방식으로 산정함)
보고제외 대상	• 고객 요청에 의한 대체거래 • 다른 금융기관과의 현금 입출금 거래 • 국가, 지방자치단체, 기타 공공단체와의 현금 입출금 거래 • 100만원 이하의 무매체 입금거래 • 수표거래, 계좌이체, 인터넷뱅킹 등을 통한 거래

정답 | ①

다음 중 고객확인제도에 대한 설명으로 적절하지 않은 것은?

① 고객확인은 원칙적으로 금융거래가 개시되기 전에 실행해야 한다.
② CDD의 대상은 저위험고객, 저위험상품에 한한다.
③ 고객이 고객확인을 거절하면 고객과의 신규 거래를 거절해야 한다.
④ 고위험으로 평가되는 고객의 경우에는 CDD확인항목뿐만 아니라 거래목적, 자금원천까지 파악해야 한다.

TIP CDD의 대상은 저위험·중위험고객, 저위험·중위험상품이다.

핵심포인트 해설　　**고객확인제도(CDD : Customer Due Diligence)**

의의 및 효과	• 의의 : 금융회사가 고객과 거래 시 고객 신원, 주소, 연락처, 실소유자 여부, 거래목적 등을 파악하여 고객에 대한 합당한 주의를 기울이는 제도 • 고객확인을 위한 정보제공을 거부하는 경우 금융회사는 고객과의 신규 거래 거절, 기존 거래가 있는 경우 해당거래 종료, 의심거래보고 여부 검토 등을 해야 함

적용대상	• 신규계약 및 서비스 등록 : 계좌개설, 대출계약, CD발행 등
	• 1회성 거래
	  · 전신송금 및 가상자산 : 100만원 또는 그에 상응하는 외화 이상인 경우
	  · 카지노 : 300만원 또는 그에 상응하는 외화 이상인 경우
	  · 기타 : 원화 1,000만원 또는 외화 10,000달러 이상인 경우
	  · 연결거래 : 1회성 거래로 100만원 초과 1,000만원 미만의 금액을 7일 동안 거래한 합산액이 기준금액 이상인 경우
	• 자금세탁행위가 우려되는 경우

실행방법	• CDD(간소화된 고객확인)
	  · 대상 : 저위험·중위험 고객, 저위험·중위험 상품
	  · 확인항목 : 성명, 실명번호, 주소, 연락처, 실제 당사자 여부
	• EDD(강화된 고객확인)
	  · 대상 : 고위험고객(비거주자, 카지노사업자, 대부업자, 환전상), 고위험상품(양도성예금증서, 환거래계약, 비대면거래)
	  · 확인항목 : CDD확인항목 + 거래목적, 자금의 원천

고객확인절차	• 고객정보 확인 ⇨ 고객정보 검증 ⇨ 실소유자 확인 ⇨ 요주의 리스트 확인 ⇨ 고객위험 평가 ⇨ 추가정보 수집

정답 | ②

FATF는 각 국가의 자금세탁방지업무를 수행을 위하여 위험기반접근법(RBA : Risk Based Approach)을 이행하도록 요구하고 있다. 다음 중 RBA에 대한 설명 중 잘못된 것은?

① FATF는 각 국가가 자금세탁위험을 사전에 평가하고 관리할 수 있는 RBA를 적용하여 이행할 것을 요구하고 있다.

② RBA는 위험도가 높은 분야는 강화된 조치를, 위험도가 낮은 분야는 간소화된 조치를 취하는 자금세탁위험 관리방법이다.

③ 국가에 대하여 국가위험평가 결과 및 조직체계 정비, 국가위험평가 결과에 대한 공유체제를 마련하도록 권고하고 있다.

④ RBA는 위험을 국가위험, 회사위험, 개인위험, 시설위험으로 구분한다.

TIP RBA는 위험을 국가위험, 고객위험, 상품위험, 사업(서비스)위험으로 구분한다.

핵심포인트 해설 | 위험기반접근법(RBA : Risk Based Approach)

의 의	• FATF는 각 국가가 자금세탁위험을 사전에 평가하고 관리할 수 있는 RBA를 적용하여 이행할 것을 요구함 • RBA는 위험도가 높은 분야는 강화된 조치를, 위험도가 낮은 분야는 간소화된 조치를 취하는 자금세탁위험 관리방법을 말함 • RBA는 '사전'에 자금세탁 및 테러자금조달위험을 감소시키는 방법
권고사항	• 국가 : 국가위험평가 결과 및 조직체계 정비, 국가위험평가 결과 공유체제 마련 • 검사기관 : 위험기간 검사 및 감독실시 • 금융기관 : 전사적 위험평가 마련 및 실시, 내부통제 체계 마련 • 2019년 FATF 회원국 간 상호평가에서는 '효과성' 부분 새로 추가
위험분류	• 국가위험 : 비협조국가, 이행계획 미수립 국가 등 고위험 국가관리 • 고객위험 : UN 및 금융위원회 리스트, 외국의 정치적 주요인물 관리 • 상품위험 : 신상품 개발 시 새로운 유통구조, 판매채널, 신기술 사용 등에 대한 위험관리 • 사업(서비스)위험 : 신규사업의 수행, 신규 판매채널 도입, 신규 기술 적용 시 위험관리

정답 | ④

다음 중 자금세탁방지 관련 제도와 관계가 적은 것은?

① STR   ② FATCA

③ MCAA   ④ FTA

TIP   FTA(Free Trade Agreement)는 자유무역협정을 의미하는 것으로 자금세탁방지 제도와 거리가 멀다.

핵심포인트 해설   자금세탁방지 관련 제도

차명거래 금지제도	• 불법행위를 목적으로 하는 차명 금융거래 금지 • 금융기관 종사자의 불법 차명거래 알선 및 중개 금지 • 실명 확인된 계좌에 보유하고 있는 금융자산은 '명의자 소유'로 추정 • 금융기관 종사자는 거래자에게 불법차명계좌는 금지된다는 사실을 설명할 것 • 금융종사자가 위반 시 : 5년 이하의 징역 또는 5천만원 이하의 벌금
OECD 반부패협약	• 외국공무원의 뇌물공여행위를 형사처벌 하는 법 • 민간인, 뇌물수뢰행위는 처벌대상에서 제외
미국해외부패방지법 (FCPA)	• 자국인·자국기업뿐 아니라 외국인·외국기업의 뇌물제공행위도 규제를 강화함
해외금융계좌 신고제도(FBAR)	• 미국 납세의무자는 모든 해외금융계좌 잔고의 합계액이 1만달러를 초과하는 경우 미국 재무부에 신고 하게 하는 제도
해외금융계좌 납세자협력법 (FATCA)	• 미국국민의 역외탈세를 방지하기 위해 해외 금융기관에게 미국 국민의 금융거래정보를 미국국세청 에 보고하도록 의무화 한 제도 • 대상 : 미국시민권자 및 영주권자, 외국인 중 세법상 미국거주자
다자간 조세정보 자동교환 협정 (MCAA)	• OECD에서 납세의무가 있는 고객의 금융정보를 상호 교환하는 제도

정답 | ④

fn.Hackers.com

출제예상문제

☑ 다시 봐야 할 문제(틀린 문제, 풀지 못한 문제, 헷갈리는 문제 등)는 문제 번호 하단의 네모박스(□)에 체크하여 반복학습하시기 바랍니다.

01

중요도 ★

직무윤리에 대한 설명 중 잘못된 것은?

① 회사와 임직원은 정직과 신뢰를 가장 중요한 가치관으로 삼아야 한다.

② 직무윤리의 2대 기본원칙은 고객우선의 원칙과 신의성실의 원칙이다.

③ 직무윤리를 법제화 한 것에는 이해상충방지의무, 금융소비자 보호의무, 본인·회사·사회에 대한 윤리 등이 있다.

④ 윤리는 반드시 지켜야 하고, 어긴 사람에게는 책임을 묻는 규범으로 인간의 외면적 행위를 평가하는 것이다.

02

중요도 ★★★

금융투자산업에서의 직무윤리가 다른 분야에 비하여 더욱 강조되는 이유로 가장 거리가 먼 것은?

① 이해상충가능성

② 정보비대칭문제

③ 금융투자상품의 투자성

④ 금융투자업종사자의 기강 확립

03

중요도 ★★

금융분쟁 시 금융감독원 금융분쟁조정위원회를 통해 조정절차를 진행할 수 있다. 이에 관한 설명 중 잘못된 것은?

① 당사자가 조정안을 수락하여 조정안이 성립되더라도 이는 사적 조정안이기 때문에 법률상 효력을 갖는 것은 아니다.

② 조정위원회는 안건이 회부된 날로부터 60일 내에 이를 심의하여 조정안을 작성하고 이를 신청인과 상대방인 금융기관에게 통지하여 수락을 권고한다.

③ 조정신청 접수일로부터 30일 이내에 당사자 간에 합의가 이루어지지 않으면 조정위원회에 회부한다.

④ 양 당사자의 합의가 도출되지 않는 경우에는 분쟁처리가 지연될 수 있다.

04 중요도 ★★

☐ K펀드매니저는 A의 자금을 투자일임 받아 운용하고 있다. 그런데 K는 자기 개인계좌에서도 A의 자금을 운용하는 동일종목에 유리한 시점에 주문하여 A보다 더 많은 수익을 내고 있다. K펀드매니저가 위반한 것으로 옳은 것은?

① 신임의무 위반
② 적합성의 원칙 위반
③ 중요사실 표시의무 위반
④ 공시의 원칙 위반

05 중요도 ★★

☐ 부당권유로 인한 분쟁에 대한 설명 중 잘못된 것은?

① 증권사 직원이 '혼자만 알고 있는 호재인데 소문이 날까봐 밝힐 수 없다.', '지금 당장 투자하지 않으면 시기를 놓친다.' 등의 말로 매매를 권유하는 것은 부당권유에 해당한다.
② 풍문에 불과한 사항을 마치 조만간 공시될 것처럼 고객이 오해하도록 표현하는 행위는 부당권유에 해당한다.
③ 증권사 직원이 주식투자권유 시 고객의 투자성향이 보수적이라고 기재하였다면 과거 파생상품 및 주식투자경험이 있었더라도 그 권유는 부당권유에 해당한다.
④ 증권사 직원이 합리적 근거 없이 고수익 및 원금의 보장을 약속하면서 유치한 고객자금을 시세조종에 이용한 경우 부당권유로 인정된다.

정답 및 해설

01 ④ 윤리가 아니라 법에 대한 설명이다.

02 ④ 금융투자산업에서의 직무윤리가 다른 분야에 비하여 더욱 강조되는 이유는 이익상충가능성, 정보비대칭문제, 금융투자상품의 투자성(원본손실위험), 금융투자상품의 전문화·다양화·복잡화, 금융투자업종사자의 안전장치의 역할 등 때문이다.

03 ① 당사자가 조정안을 수락하여 조정안이 성립되면 재판상 화해와 동일한 법적 효력이 생긴다.

04 ① 고객에 대한 것보다 자기의 개인거래를 유리하게 처리하고 있으므로 고객거래 우선의무와 신임의무에 위반하고 있다.

05 ③ 증권사 직원이 주식투자권유 시 고객이 투자성향을 보수적이라고 기재하였더라도 과거 파생상품 및 주식투자경험이 있었다면 부당권유로 보기 어렵다.

06 중요도 ★★

금융투자회사(및 임직원)의 부당한 재산상 이익제공 및 수령 금지의무에 대한 설명 중 잘못된 것은?

① 금융투자협회 규정은 재산상 이익제공 및 수령에 관한 한도규제를 시행하고 있다.

② 금융투자회사의 재산상 이익제공 및 수령 금액이 10억원을 초과하는 즉시 인터넷 홈페이지를 통해 공시하도록 의무화하였다.

③ 금융투자회사는 재산상 이익 제공 시 금액의 초과여부와 상관없이 전체 건수에 대해 그 제공에 대한 적정성을 평가하고 점검해야 한다.

④ 금융투자회사는 재산상 이익제공 및 수령을 하는 경우 해당 사항을 기록하고 5년 이상의 기간 동안 관리하고 유지할 의무가 있다.

07 중요도 ★★★

다음 중 금융투자회사가 위반한 직무윤리로 알맞은 것은?

> C금융투자회사는 고객을 자산규모에 따라 분류하여 예탁자산규모가 큰 고객에 대하여 외화표시상품과 파생상품이 혼합된 복잡한 금융상품에 투자하라고 권장하고 있다.

① 적합성의 원칙　　　　　　　　② 적정성의 원칙

③ 신의성실의무　　　　　　　　④ 설명의무

08 중요도 ★★

금융투자업종사자가 증권가에 떠도는 소문을 믿고 고객에게 A기업의 장밋빛 전망을 기초로 투자를 권유했을 때 위반한 의무로 옳은 것은?

① 이익상충 금지의무

② 합리적 근거의 제시의무

③ 모든 고객에 대한 평등취급의무

④ 적합성의 원칙

09
중요도 ★★

금융투자업종사자 K는 업무상 비행기 출장(비용은 회사부담)이 잦아 그로 인하여 5만 마일리지가 적립되었다. 그는 연말 성탄절에 적립된 마일리지로 가족과 함께 제주도 여행을 다녀왔다. 이 경우 위반한 직무윤리로 옳은 것은?

① 사적이익 추구금지의무　　　　　　② 신의성실의무
③ 직무전념의무　　　　　　　　　　　④ 주의의무

10
중요도 ★

퇴직금 3억원을 주식형펀드에 가입하였다가 A는 현재 50% 손실을 보고 있다. 펀드가입 시 판매직원은 자신도 가입하였고 안전하다며 1년만 지나면 큰 수익이 날 것이라며 가입을 권유하였다. A는 안전하다는 말만 믿고 투자하였다. 판매직원이 위반한 직무윤리로 옳은 것은?

① 투자성과보장 금지의무　　　　　　② 설명의무
③ 기록 및 증거 유지의무　　　　　　④ 부당한 금품수수 금지의무

정답 및 해설

06 ① 재산상 이익제공 및 수령에 관한 한도규제를 폐지하고 내부통제절차를 강화하였다.

07 ① 예탁자산이 크다고 해서 반드시 위험감수수준이 큰 것이 아니므로 고객의 재무상황, 투자경험, 투자목적 등을 고려하여 개별적으로 고객에게 적합한 투자를 권유하여야 한다. 문제의 사례는 이를 고려하지 않았으므로 적합성의 원칙에 위반된다고 할 수 있다.

08 ② 금융투자업종사자는 합리적 근거의 제시의무에 따라 고객에게 객관적인 근거에 기초하여 투자를 권유해야 한다.

09 ① 회사비용으로 적립된 마일리지는 회사의 재산이므로 이를 사적 용도로 사용하는 것은 회사재산을 부당하게 이용한 행위가 되어 사적이익 추구금지의무에 위반한 것이 된다.

10 ② 투자상담업무 담당자는 고객에게 투자상품을 권유함에 있어서 상품의 중요 내용(특성, 위험 등)을 고지하고 이해할 수 있도록 설명하여야 한다. 문제의 경우는 설명의무를 위반한 것으로 투자자 A는 설명의무 위반을 근거로 손해배상을 청구할 수 있다.

11

중요도 ★★
다음 중 준법감시인에 대한 설명이 잘못된 것은?

① 이사회 및 대표이사의 지휘를 받아 금융투자회사 전반의 내부통제업무를 수행한다.

② 임면은 이사회의 의결을 거쳐야 하고, 임면사실을 금융감독원장에게 보고해야 한다.

③ 해임하려면 이사총수 2/3 이상의 찬성으로 의결해야 한다.

④ 사외이사 또는 감사 중에서 준법감시인을 선임해야 하고, 임기는 1년 이상이어야 한다.

12

중요도 ★★
임의매매 관련 분쟁(판례 기준)에 대한 설명 중 잘못된 것은?

① 직원이 고객으로부터 포괄적 일임을 받았다하더라도 별도의 권한을 위임받지 않고 행한 신용거래는 임의매매에 해당한다.

② 고객이 직원의 임의매매 사실을 알고도 즉시 임의매매에 대한 배상요구를 하지 않았다면 임의매매를 추인한 것으로 본다.

③ 고객이 주식매매에 대하여 포괄일임을 하였다고 하더라도 직원이 고객의 특정 종목에 대한 매수금지 지시에 불응하여 동 종목을 매수한 행위는 임의매매에 해당한다.

④ 임의매매의 판단은 고객과 직원 간 매매위탁경위, 투자자 나이 및 직업, 투자경험, 잔고현황 발송 여부 등을 종합적으로 고려해야 한다.

13

중요도 ★★
금융투자회사의 내부통제에 대한 설명 중 잘못된 것은?

① 준법감시인을 위원장으로 하는 내부통제위원회를 두고 연 1회 이상 회의를 개최해야 한다.

② 준법감시부서는 자산운용업무, 회사의 본질적인 업무 및 부수업무, 겸영업무, 위험관리업무 등의 업무를 수행하여서는 안 된다.

③ 임직원의 위법·부당한 행위를 사전에 방지하기 위하여 명령휴가제도를 운영해야 한다.

④ 내부통제기준을 위반하는 경우 개인과 회사에 대하여 강제적인 조치가 취해질 수 있다.

14

중요도 ★★

다음 중 과당매매 판단 시 고려사항과 거리가 먼 것은?

① 수수료 총액

② 실제 투자손실 여부

③ 일반투자자의 재산상태 및 투자목적

④ 일반투자자의 투자지식·경험에 비추어 당해 거래의 위험에 대한 이해 여부

15

중요도 ★★★

다음 중 요청하지 않은 투자권유에 대한 설명으로 적절하지 않은 것은?

① 원칙적으로 요청하지 않은 투자권유는 금지된다.

② 요청하지 않은 투자권유라도 투자권유 전에 금융소비자의 개인정보 취득경로, 권유하려는 상품의 종류 및 내용 등을 사전안내하고, 소비자가 투자권유 받을 의사를 표시한 경우에는 투자권유 할 수 있다.

③ 일반금융소비자에게 사모펀드는 사전안내 불가상품이다.

④ 전문금융소비자에게 장내파생상품은 사전안내 불가상품이다.

정답 및 해설

11 ④ 사내이사 또는 업무집행책임자 중에서 준법감시인을 선임해야 하고, 임기는 2년 이상이어야 한다.

12 ② 고객이 직원의 임의매매 사실을 알고도 즉시 임의매매에 대한 배상요구를 하지 않았다는 사실만으로 임의매매를 추인한 것으로 보기는 어렵다. (대판 2002다41503)

13 ① 대표이사를 위원장으로 하는 내부통제위원회를 두고, 매 반기별 1회 이상 회의를 개최해야 한다.

14 ② 과당거래인지 여부는 수수료 총액, 일반투자자의 재산상태 및 투자목적, 일반투자자의 투자지식·경험에 비추어 당해 거래의 위험에 대한 이해 여부, 개별 매매거래 시 권유내용의 타당성 등을 감안하여 판단한다.

15 ④ 전문금융소비자에게 장내파생상품은 사전안내 가능하나, 장외파생상품은 사전안내 불가상품이다.

16 중요도 ★★

직무윤리 위반 시 제재에 대한 내용이 잘못된 것은?

① 금융투자협회에 의한 자율규제 : 직무종사자의 등록 및 관리, 회원 및 임직원 제재
② 행정제재 : 감독권, 승인권, 검사권, 시정명령, 기관경고, 중지명령권 등
③ 민사책임 : 법률행위 실효, 손해배상
④ 형사책임 : 법에서 명시적으로 규정한 것만 한정하지 않음

17 중요도 ★★

금융소비자에게 제공하는 정보에 대한 설명 중 잘못된 것은?

① 그림이나 기호 등의 활용을 자제해야 한다.
② 가급적 글자크기는 크게 써야 한다.
③ 이해를 돕기 위해 전문용어보다는 일상적인 언어를 사용한다.
④ 향후 예상 투자성과보다는 객관적인 사실에 근거해야 한다.

18 중요도 ★★

정보주체의 개인정보에 대한 권리와 거리가 먼 것은?

① 개인정보처리자의 개인정보의 수집 및 이용을 원천봉쇄할 수 있는 권리
② 개인정보의 처리에 관한 동의 여부, 동의 범위 등을 선택하고 결정할 권리
③ 개인정보의 처리 여부를 확인하고 개인정보에 대하여 열람(사본발급 포함)요구권
④ 개인정보의 처리 정지, 정정, 삭제, 파기를 요구할 수 있는 권리

456   합격의 기준, 해커스금융   fn.Hackers.com

19 중요도 ★★★

개인정보 제공 시 정보주체에게 알려야 할 사항과 거리가 먼 것은?

① 개인정보처리를 담당하는 임원 및 실무자

② 제공하는 개인정보의 항목

③ 개인정보 제공받는 자의 개인정보의 보유 및 이용 기간

④ 동의를 거부할 권리가 있다는 사실 및 동의 거부에 따른 불이익이 있는 경우에는 그 불이익의 내용

20 중요도 ★

임의매매와 일임매매에 대한 설명 중 잘못된 것은?

① 임의매매는 금융소비자의 위임이 없었음에도 금융투자업종사자가 자의적으로 매매한 것으로 엄격히 금지하고 있다.

② 일임매매는 금융소비자의 위임이 있었더라도 금융소비자 분쟁이 많아 자본시장법은 소비자보호차원에서 엄격히 금지하고 있다.

③ 임의매매와 일임매매는 손해배상책임에 있어서 차이가 있다.

④ 임의매매를 한 금융투자업종사자에 대하여 5년 이하의 징역 또는 2억원 이하의 벌금에 처할 수 있다.

정답 및 해설

16 ④ 죄형법정주의 원칙상 법에서 명시적으로 규정하고 있는 것에 한정하며, 행위자와 법인 양자 모두를 처벌하는 양벌규정을 두는 경우가 많다.

17 ① 금융소비자가 쉽게 이해할 수 있도록 그림, 기호 등의 시각적 요소를 적극적으로 활용하는 것이 바람직하다.

18 ① 정보주체라 하여도 법령에 근거한 개인정보처리자의 개인정보의 수집 및 이용은 원천봉쇄를 할 수 없다.

19 ① 개인정보 제공 시 정보주체에게 동의를 구하고 알려야 할 사항은 개인정보를 제공받는 자, 개인정보 제공받는 자의 개인정보의 수집·이용 목적, 제공하는 개인정보의 항목, 개인정보 제공받는 자의 개인정보의 보유 및 이용 기간, 동의를 거부할 권리가 있다는 사실 및 동의 거부에 따른 불이익이 있는 경우에는 그 불이익의 내용 등이다. (개인정보보호법17조)

20 ② 일임매매는 전부 또는 일부에 대한 금융소비자의 위임이 있는 상태에서 매매한 것으로 자본시장법은 일정한 조건 하에서 제한적으로 허용하고 있다.

21
중요도 ★★
금융투자회사(및 임직원)**의 부당한 재산상 이익제공과 가장 거리가 먼 것은?**

① 고객업체의 고유재산관리를 담당하는 직원에게 문화상품권을 제공하는 경우
② 고객만 참석한 여가 및 오락 활동 등에 수반되는 비용을 제공하는 경우
③ 펀드운용사 직원이 펀드판매사 직원에게 백화점 상품권을 제공하는 경우
④ 증권사 직원이 타사고객을 자사고객으로 변경하면서 현금을 제공하는 경우

22
중요도 ★★★
고객확인제도(CDD：Customer Due Diligence)**의 주요 내용에 대한 설명으로 잘못된 것은?**

① 기본고객 확인 : 계좌신규개설이나 1회성 금융거래 시 고객신원, 실소유자 등을 확인해야 한다.
② 강화된 고객확인(EDD) : 고객이 실제소유자인지 여부가 의심되는 경우 금융거래목적, 자금출처 등 금융정보분석원장이 정한 고시사항을 추가로 확인해야 한다.
③ 간소화된 고객확인 : 자금세탁 위험이 낮은 고객(또는 거래)에 대하여 고객확인의 절차와 방법 중 일부(고객신원확인 제외)를 적용하지 않을 수 있는 확인방법이다.
④ 기존 고객이 고객확인을 거부하면 해당 고객과의 신규거래는 거절해야 하고, 기존 거래만 유지할 수 있다.

23
중요도 ★★★
STR(의심거래보고제도)**과 CTR**(고액현금거래보고제도)**을 비교한 설명 중 잘못된 것은?**

① STR은 자금세탁행위로 의심될 경우 보고해야 하나 CTR은 자금세탁행위 여부와 관계없이 보고해야 한다.
② STR은 보고대상 기준금액이 없으나 CTR은 보고대상 기준금액이 있다.
③ STR은 금융종사자의 객관적 기준으로 보고 여부를 판단하나 CTR은 주관적 기준으로 판단한다.
④ STR은 정확도가 높으나 CTR은 정확도가 낮다.

24

금융기관 등은 자금세탁방지와 관련하여 고위험고객(또는 거래)에 대하여 강화된 고객확인을 해야 한다. 다음 중 고위험군과 가장 거리가 먼 것은?

① 예탁자산 10억원 이상의 고액 고객
② 환거래계약
③ 외국의 정치적 주요인물
④ FATF 비협조국가

25

차명거래금지제도에 대한 설명 중 잘못된 것은?

① 모든 차명금융거래는 의심거래보고(STR)의 대상이 되며 금지된다.
② 실명이 확인된 계좌에 보유하고 있는 금융자산은 명의자 소유로 추정된다.
③ 금융종사자는 불법 차명거래의 알선 및 중개가 금지되고, 이를 위반 시 5년 이하의 징역 또는 5천만원 이하의 벌금에 처한다.
④ 차명거래금지 위반 시 의심거래보고(STR)를 해야 한다.

정답 및 해설

21 ① 사용범위가 공연·운동경기 관람, 도서·음반구입 등 문화 활동으로 한정된 상품권을 제공하는 경우에는 부당한 재산상 이익 제공으로 보지 않는다.

22 ④ 고객이 고객확인을 거부하여 고객확인을 할 수 없는 경우에는 계좌개설 등 해당 고객과의 신규거래를 거절하고, 이미 거래관계가 있는 경우에는 해당 거래를 종료해야 하며, 의심거래보고(STR) 여부를 검토해야 한다.

23 ③ STR은 금융종사자의 주관적 기준으로 보고 여부를 판단하나 CTR은 객관적 기준으로 판단한다.

24 ① 단지 예탁자산이 많은 고액 고객이라 하여 반드시 고위험군에 속하는 것은 아니다. 대표적인 고위험군에는 환거래계약 고객, 추가정보 확인이 필요한 종합자산관리서비스 고객, 공중협박자금조달 고객, 외국의 정치적 주요인물, FATF 비협조국가 등이 있다.

25 ① 불법행위를 목적으로 하는 차명금융거래는 금지되나 불법행위를 목적으로 하지 않는 합법적인 차명거래는 가능하고 STR의 보고대상이 아니다.

26 중요도 ★
해외금융계좌 납세자협력법(FATCA : Foreign Account Tax Compliance Act)**에 대한 규제 내용 중 잘못된 것은?**

① 대상계좌는 예금계좌, 수탁계좌, 지분증권 및 채무증권, 보험 및 연금계약 등이다.
② 대상자는 미국 시민권자에 한한다.
③ 기존계좌는 개인의 경우 5만달러를 초과하는 경우에만 해당된다.
④ 신규계좌의 미국인 여부 확인은 계좌개설 시에 해야 한다.

27 중요도 ★
다음 중 금융소비자보호법상 내부통제체계에 대한 기술이 잘못된 것은?

① 금융회사의 금융소비자보호 내부통제체계의 구축을 의무화하였다.
② 금융소비자보호에 관한 내부통제조직은 이사회, 대표이사, 준법감시인, 영업관리자 등으로 구성된다.
③ 이사회는 금융소비자보호에 관한 최고 의사결정기구로 금융소비자보호에 관한 기본방침과 내부통제 관련 주요사항을 심의·의결한다.
④ 대표이사로부터 금융소비자보호 업무를 위임받은 총괄책임자는 매년 1회 이상 위임이행사항을 내부통제위원회에 보고해야 한다.

28 중요도 ★
다음과 같은 권한과 의무가 있는 금융소비자보호에 관한 내부통제조직은?

> ㉠ 금융소비자보호 내부통제기준 위반 방지를 위한 예방대책 마련
> ㉡ 금융소비자보호 내부통제기준 준수여부에 대한 점검
> ㉢ 금융소비자보호 내부통제기준 위반 내용에 상응하는 조치방안 및 기준 마련
> ㉣ ㉠, ㉡을 위해 필요한 물적자원의 지원
> ㉤ 준법감시인과 금융소비자보호 총괄책임자의 업무분장 및 조정

① 이사회   ② 대표이사
③ 금융소비자보호 내부통제위원회   ④ 금융소비자보호 총괄기관

29

중요도 ★

다음 중 상품판매 이전 단계의 금융소비자보호의 내용과 가장 거리가 먼 것은?

① 금융투자회사는 교육체계를 마련하여 임직원 대상 금융상품에 관한 집합교육 또는 온라인 교육을 실시해야 한다.

② 금융투자회사는 임직원이 금융투자상품을 판매할 수 있는 자격증을 보유하고 있는지 관리해야 한다.

③ 금융투자회사는 임직원이 자격유지를 위한 보수교육을 이수하고 있는지 관리해야 한다.

④ 주식, ELB, DLB를 판매하기 위해서는 파생상품투자권유자문인력 자격을 보유해야 한다.

30

중요도 ★★★

적합성 원칙에 따른 KYC(Know-Your-Customer-Rule)**를 순서대로 나열한 것은?**

> ㉠ 투자권유 하기 전에 해당 금융소비자가 투자권유를 원하는지 원치 않는지를 확인한다.
> ㉡ 해당 금융소비자가 일반금융소비자인지 전문금융소비자인지 확인한다.
> ㉢ 일반금융소비자인 경우 면담·질문 등을 통하여 해당 금융소비자의 정보를 파악한다.
> ㉣ 금융소비자의 투자성향 분석 결과를 설명하고 확인서를 제공한다.
> ㉤ 투자자금의 성향을 파악한다.

① ㉠ → ㉡ → ㉢ → ㉣ → ㉤

② ㉠ → ㉢ → ㉣ → ㉤ → ㉡

③ ㉡ → ㉠ → ㉢ → ㉣ → ㉤

④ ㉡ → ㉢ → ㉣ → ㉤ → ㉠

정답 및 해설

26 ② 대상자는 미국 시민권자, 미국 영주권자, 외국인 중 세법상 미국 거주자 등이다.

27 ② 금융소비자보호에 관한 내부통제조직은 이사회, 대표이사, 금융소비자보호 내부통제위원회, 금융소비자보호 총괄기관 등으로 구성된다.

28 ② 금융소비자보호를 위한 대표이사의 권한과 의무에 대한 내용이다.

29 ④ 주식, ELB, DLB를 판매하기 위해서는 증권투자권유자문인력 자격을 보유해야 한다.

판매자격증	판매 가능상품
펀드투자권유자문인력	집합투자증권(주식형펀드, 채권형펀드, 혼합형펀드 등)
증권투자권유자문인력	주식, 채권, ELB, DLB, CP, RP, CMA 등
파생상품투자권유자문인력	선물, 옵션, ELW, ELS, DLS 등

30 ① KYC는 ㉠ → ㉡ → ㉢ → ㉣ → ㉤ 순으로 진행된다.

31

중요도 ★★★

다음 중 적정성 원칙에 대한 설명이 적절하지 않은 것은?

① 금융상품판매업자는 해당 금융상품이 일반금융소비자에게 적정하지 않다고 판단되는 경우에 그 사실을 알리고, 서명 등의 방법으로 확인을 받아야 한다.

② 일반금융소비자가 투자성 상품을 체결하는 경우에 한하여 적용된다.

③ 일반사모집합투자기구를 판매하는 경우에는 적용되지 않는 것이 원칙이나, 적격투자자 중 일반금융소비자가 요청하는 경우에는 적용된다.

④ 금융투자업종사자가 일반금융소비자에게 금융상품의 계약체결을 권유하지 않고, 해당 일반금융소비자가 해당상품의 계약체결을 원하는 경우에 적용된다.

32

중요도 ★★

다음 중 금융소비자의 청약철회권의 행사에 대한 설명이 옳은 것은?

① 대출성 상품의 경우에는 일반금융소비자가 청약 철회의사를 표시하기 위해 서면 등을 발송한 때 철회의 효력이 발생한다.

② 청약이 철회된 경우 금융상품판매업자는 일반금융소비자에 대하여 청약철회에 따른 손해배상을 청구할 수는 없으나 위약금을 청구할 수는 있다.

③ 금융소비자보호법상의 청약철회권 규정에 반하는 특약으로 일반금융소비자에게 불리한 것은 취소할 수 있다.

④ 금융소비자보호법상 청약철회권은 금융회사의 고의 또는 과실여부 등 귀책사유가 없더라도 일반금융소비자가 행사할 수 있다.

33

중요도 ★★★

다음 중 청약철회권 대상이 되는 상품과 가장 거리가 먼 것은?

① 자본시장법시행령에 따른 고난도금융투자상품

② 자본시장법시행령에 따른 고난도투자일임계약

③ 자본시장법에 따른 금전신탁

④ 자본시장법시행령에 따른 고난도금전신탁계약

34

중요도 ★★

다음 중 금융상품판매업자의 부당권유 금지의무와 거리가 먼 것은?

① 금융상품 내용의 일부에 대하여 비교대상 및 기준을 밝히지 않거나 객관적인 근거 없이 다른 금융상품과 비교하여 해당 금융상품이 우수하거나 유리하다고 알리는 행위

② 내부통제기준에 따른 직무수행교육을 받지 않은 자로 하여금 계약체결권유 관련 업무를 하게 하는 행위

③ 일반금융소비자의 정보를 조작하여 권유하는 행위

④ 전문금융소비자에게 투자성 상품에 관한 계약체결을 권유하면서 대출성 상품을 안내하는 행위

정답 및 해설

31 ② 적정성 원칙은 위험성이 높은 투자성 상품뿐만 아니라 대출성 상품, 보장성 상품에도 적용된다.

32 ④ ① 보장성 상품, 투자성 상품, 금융상품자문의 경우에는 일반금융소비자가 청약 철회의사를 표시하기 위해 서면 등을 발송한 때 철회의 효력이 발생한다. 반면, 대출성 상품의 경우에는 일반금융소비자가 청약 철회의사를 표시하기 위해 서면 등을 발송하고, 이미 공급받은 금전·재화 등을 반환한 때 철회의 효력이 발생한다.

② 청약이 철회된 경우 금융상품판매업자는 일반금융소비자에 대하여 청약철회에 따른 손해배상 또는 위약금 등 금전의 지급을 청구할 수 없다.

③ 금융소비자보호법상의 청약철회권 규정에 반하는 특약으로 일반금융소비자에게 불리한 것은 무효로 한다.

33 ③ 청약철회권의 대상이 되는 상품에 신탁계약이 포함되나, 자본시장법상의 금전신탁은 청약철회권 대상에서 제외된다.

34 ④ 일반금융소비자에게 투자성 상품에 관한 계약체결을 권유하면서 대출성 상품을 안내하거나 관련 정보를 제공하는 행위는 금지되나, 전문금융소비자에게는 가능하다.

35 중요도 ★★

다음 중 6대 판매원칙 중 하나인 광고 관련 준수사항에 대한 설명이 잘못된 것은?

① 원칙적으로 금융상품판매업자 등만이 금융상품 또는 업무에 대한 광고가 가능하다.

② 예외적으로 업권별로 법에서 정하고 있는 협회도 금융상품 및 업무에 대한 광고가 가능하다.

③ 예외적으로 증권시장에 상장된 모든 지주회사는 금융상품 및 업무에 대한 광고가 가능하다.

④ 광고에는 계약체결 전 설명서 및 약관을 읽어볼 것을 권유하는 내용, 금융회사의 명칭과 금융상품의 내용, 상품의 위험 및 조건 등 법에서 정하고 있는 사항을 포함해야 한다.

36 중요도 ★★

다음 중 금융소비자의 자료열람요구권에 대한 설명 중 잘못된 것은?

① 분쟁조정 또는 소송수행 등 권리구제를 목적으로 부여된 권리로 금융회사가 기록 및 유지·관리하는 자료에 대하여 금융소비자가 해당 자료의 열람, 제공, 청취(녹취인 경우)를 요구할 수 있는 권리이다.

② 금융회사는 금융소비자로부터 자료열람 등을 요구받은 날로부터 6영업일 이내에 해당 자료를 열람할 수 있게 하여야 한다.

③ 금융소비자의 자료열람요구에 대하여 금융회사가 무조건 승인해야 하는 것은 아니다.

④ 금융소비자가 자료열람을 요청하더라도 금융회사는 우송료 등을 금융소비자에게 비용으로 청구할 수 없다.

37 중요도 ★★★

다음 중 금융소비자의 위법계약해지권에 대한 설명 중 옳은 것은?

① 위법계약해지권은 금융회사의 귀책사유가 없어도 행사할 수 있다.

② 위법계약해지권은 금융회사가 광고규제를 위반한 경우에도 행사할 수 있다.

③ 금융회사는 위법계약해지권 행사로 계약이 해지되는 경우 별도의 수수료, 위약금 등 해지에 따라 발생하는 비용을 금융소비자에게 부과할 수 있다.

④ 금융회사는 금융소비자의 위법계약 해지요구일로부터 10일 이내에 계약해지의 수락여부를 결정하여 금융소비자에게 통지해야 한다.

38

중요도 ★

금융소비자의 위법계약해지 요구에 대하여 금융회사는 정당한 사유가 있으면 금융소비자의 해지요구를 거절할 수 있다. 금융회사가 금융소비자의 위법계약해지 요구를 거절할 수 있는 정당한 사유를 모두 고른 것은?

> ㉠ 위반사실에 대한 근거를 제시하지 않거나 거짓으로 제시한 경우
> ㉡ 계약체결 당시에는 위반사항이 없었으나 금융소비자가 계약체결 이후의 사정변경에 따라 위반사항을 주장하는 경우
> ㉢ 금융소비자의 동의를 받아 위반사항을 시정한 경우
> ㉣ 금융상품판매업자가 계약해지요구를 받은 날로부터 10일 이내에 법 위반사실이 없음을 확인하는 데 필요한 객관적·합리적 근거자료를 금융소비자에게 제시한 경우
> ㉤ 법 위반사실 관련 자료 확인을 이유로 금융소비자의 동의를 받아 통지기한을 연장한 경우
> ㉥ 금융소비자가 금융상품판매업자의 행위에 법 위반사실이 있다는 것을 계약체결 전에 알았다고 볼 수 있는 명백한 사유가 있는 경우

① ㉠, ㉢, ㉤

② ㉠, ㉢, ㉣, ㉥

③ ㉠, ㉡, ㉢, ㉣, ㉥

④ ㉠, ㉡, ㉢, ㉣, ㉤, ㉥

정답 및 해설

35 ③ 예외적으로 금융회사를 자회사 또는 손자회사로 둔 지주회사만 금융상품 및 업무에 대한 광고가 가능하다.

36 ④ 금융소비자가 자료열람을 요청한 경우 금융회사는 우송료 등을 금융소비자에게 청구할 수 있다. 또한 열람 승인을 한 자료의 생성 등에 추가비용이 발생한 경우에는 해당 수수료도 금융소비자에게 청구할 수 있다.

37 ④ ① 위법계약해지권은 금융회사의 귀책사유가 있고 계약이 최종적으로 체결된 이후에만 행사할 수 있다.
② 금융회사의 광고규제 위반은 위법계약해지권의 적용범위에 포함되지 않는다.
③ 별도의 수수료, 위약금 등 해지에 따라 발생하는 비용을 금융소비자에게 부과할 수 없다.

38 ④ ㉠, ㉡, ㉢, ㉣, ㉤, ㉥ 모두 금융회사가 금융소비자의 해지요구를 거절할 수 있는 정당한 사유에 해당한다.

39 중요도 ★★
다음 중 금융소비자의 사후 구제를 위한 법적제도와 가장 거리가 먼 것은?

① 법원의 소송중지제도
② 적합성 원칙
③ 소액분쟁사건의 분쟁조정이탈금지제도
④ 손해배상책임 및 입증책임전환

40 중요도 ★★★
다음 중 금융분쟁조정제도에 대한 설명이 적절하지 않은 것은?

① 중립적인 조정안에 제시하기 위한 분쟁조정위원회의 구성원에 분쟁의 양당사자는 포함되지 않는다.
② 금융감독원 금융분쟁조정위원회의 조정은 구속력이 있기 때문에 당사자가 이를 수락하지 않더라도 효력이 있다.
③ 금융감독원 금융분쟁조정위원회의 조정안을 양당사자가 수락하면 재판상 화해와 동일한 효력이 있다.
④ 금융감독원 이외의 기관의 조정안은 민법상 화해계약과 동일한 효력을 있다.

41 중요도 ★★★
다음 중 고객이 가상자산사업자인 경우에 확인해야 할 사항과 거리가 먼 것은?

① 고객을 최종적으로 지배하거나 통제하는 자연인(실소유자)에 대한 사항
② 가상자산사업자의 신고 수리에 관한 사항
③ 가상자산사업자의 최근 사업연도 당기순이익에 대한 사항
④ 예치금을 고유재산과 구분하여 관리하는지 그 이행에 관한 사항

42

중요도 ★★★

다음 중 자금세탁방지 관련 특정거래금융거래법상 5년 이하의 징역 또는 5천만원 이하의 벌금에 처해질 수 있는 경우는?

① STR 및 CTR를 거짓으로 보고하는 경우
② STR 관련 사실을 누설하는 경우
③ 가상자산거래 관련 변경신고를 하지 않는 경우
④ STR 관련 정보의 제공을 요구하는 경우

43

중요도 ★★★

금융상품판매업자의 방문(전화판매) 규제에 대한 설명으로 적절하지 않은 것은?

① 원칙적으로 고객의 요청을 받지 않고 방문(전화판매)하는 것은 부당권유행위에 해당한다.
② 금융상품판매업자가 투자권유 전에 개인정보 취득경로·금융상품 등을 사전안내하고, 고객이 투자권유 받을 의사를 표시한 경우에는 초청받은 권유로 본다.
③ 장외파생상품을 방문판매 하기 위해 전문금융소비자에게 사전 안내할 수 있다.
④ 방문(전화판매) 규제 위반 시 벌금 또는 과태료에 처할 수 있다.

정답 및 해설

39 ② 금융소비자의 사후 구제를 위한 법적제도에는 법원의 소송중지제도, 분쟁조정이탈금지제도, 손해배상책임 및 입증책임전환 등이 있다.

40 ② 조정은 법원 판결과 달리 그 자체로서는 구속력이 없고 당사자가 이를 수락하는 경우에 한하여 효력을 갖는다.

41 ③ 가상자산사업자의 최근 사업연도 당기순이익에 대한 사항은 확인 대상이 아니다.

42 ④ 특정거래금융거래법상 5년 이하의 징역 또는 5천만원 이하의 벌금에 처해질 수 있는 경우에는 STR 관련 정보의 제공을 요구하는 경우, 신고하지 않고 가상자산거래를 영업으로 하는 경우, 법령에 따라 제공받은 정보를 그 목적 외의 용도로 사용하는 경우 등이다.

43 ③

구 분	사전안내가 불가능한 투자성상품
일반금융소비자	고난도상품, 사모펀드, 장내파생상품, 장외파생상품
전문금융소비자	장외파생상품

제 4과목
파생상품법규
[총 25문항]

제1장
자본시장 관련 법규

학습전략

자본시장 관련 법규는 제4과목 전체 25문제 중 **총 17문제**가 출제된다.

주로 시험에 출제되는 법규는 자본시장법, 금융위원회규정, 금융소비자보호법이다.

자본시장 관련 법규는 본 자격시험 과목 중 출제비중이 가장 높을 뿐만 아니라 법률용어가 많고 내용도 방대하므로 문제뿐만 아니라 핵심포인트 해설을 꼼꼼히 학습하는 것이 중요하다.

출제예상 비중

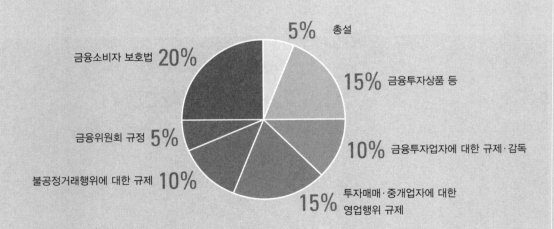

5% 총설

15% 금융투자상품 등

10% 금융투자업자에 대한 규제·감독

15% 투자매매·중개업자에 대한 영업행위 규제

10% 불공정거래행위에 대한 규제

5% 금융위원회 규정

금융소비자 보호법 20%

핵심포인트

자본시장법 제정의 의의와 거리가 먼 것은?

① 열거주의 규제체제의 도입 – 유가증권의 개념, 대상 등을 열거하여 규정
② 기능별 규제체제의 도입 – 금융투자상품·금융투자업·투자자를 각각 기능적으로 분류
③ 업무범위의 확대 – 겸영허용, 투자권유인제도 도입
④ 투자자보호의 강화 – 설명의무, 적합성의 원칙, 이해상충방지체제 마련

TIP 자본시장법은 금융투자상품을 투자성이 있는 모든 금융상품으로 규정하여 포괄주의로 전환하였으며, 기존에 없었던 파생결합증권과 투자계약증권의 개념도 도입하였다.

핵심포인트 해설 **자본시장법의 특징 및 기대효과**

특 징	• 금융투자상품의 열거주의 ⇨ 포괄주의로 전환 • 기관별 규제체제 ⇨ 기능별 규제체제로 전환 • 엄격한 업무규제 ⇨ 업무범위 확대 • 미흡한 투자자보호 ⇨ 투자자보호 강화
기대효과	• 자본시장의 유연성과 효율성 제고 • 자본시장의 지속 가능성 제고 • 종합적인 금융투자서비스 제공 가능 • 금융투자업자의 규제차익 유인 최소화

정답 | ①

02

금융투자상품의 정의에 대한 설명으로 잘못된 것은?

① 금융투자상품은 이익을 얻거나 손실을 회피할 목적이어야 한다.
② 금융투자상품은 투자금액이 회수금액을 초과하게 될 위험이 있다.
③ 판매수수료는 투자금액 산정 시 포함해야 한다.
④ 환매수수료는 회수금액 산정 시 포함해야 한다.

TIP 판매수수료는 투자금액 산정 시 제외한다.

핵심포인트 해설   **금융투자상품의 요건**

(1) 금융투자상품의 요건
  ① 이익을 얻거나 손실을 회피할 목적일 것
  ② 현재 또는 장래 특정 시점에 금전 등을 지급하기로 약정함으로써 취득하는 권리일 것
  ③ 투자성이 있을 것

(2) 투자성 판단
  ① 투자성 : 투자금액이 회수금액을 초과하게 될 위험. 원금손실의 가능성을 의미함
  ② 투자금액 산정 시 제외항목 : 판매수수료, 보험계약에 따른 사업비·위험보험료
  ③ 회수금액 산정 시 포함항목 : 환매·해지수수료, 세금, 채무불이행으로 인한 미지급액

정답 | ③

금융투자상품의 분류에 대한 설명 중 옳은 것은?

① 증권은 추가지급의무가 없는 금융투자상품이다.
② 파생상품은 원금초과손실의 가능성이 없는 금융투자상품이다.
③ 파생결합증권은 파생상품에 속한다.
④ 자본시장법상 주식매수선택권은 금융투자상품에 해당한다.

용어 알아두기

주식매수선택권	법인이 법인의 설립과 경영·기술혁신 등에 기여하였거나 기여할 능력을 갖춘 당해 법인의 임직원에게 특별히 유리한 가격으로 당해 법인의 신주를 매입할 수 있도록 부여한 권리를 말한다.

TIP   ② 파생상품은 원금초과손실의 가능성이 있는 금융투자상품이다.
          ③ 파생결합증권은 증권에 속한다.
          ④ 주식매수선택권은 금융투자상품에서 제외된다.

핵심포인트 해설   **금융투자상품의 분류**

(1) 증 권
     ① 원금손실의 가능성은 있으나 원본초과손실의 가능성(추가지급의무)은 없는 금융투자상품
     ② 채무증권, 지분증권, 수익증권, 투자계약증권, 파생결합증권, 증권예탁증권

(2) 파생상품
     ① 원본초과손실의 가능성(추가지급의무)이 있는 금융투자상품
     ② 장내파생상품(선물, 옵션), 장외파생상품(선도, 스왑)

(3) 금융투자상품에서 제외되는 상품
     ① 원화표시 CD
     ② 관리형신탁의 수익권
     ③ 주식매수선택권(Stock Option)

정답 | ①

자본시장법상 증권의 유형 중 파생결합증권에 해당하지 않는 것은?

① ELS
② ELW
③ CLN
④ ETF

TIP ETF(Exchange Traded Fund)는 상장지수펀드로 수익증권에 해당한다.

핵심포인트 해설   자본시장법상 증권의 종류

채무증권	• 의의 : 지급청구권이 표시된 것 • 유형 : 채권(국채, 지방채, 특수채, 사채), 기업어음
지분증권	• 의의 : 지분이 표시된 것 • 유형 : 주권·출자증권·출자지분·신주인수권이 표시된 증권
수익증권	• 의의 : 수익권이 표시된 것 • 유형 : 신탁의 수익권이 표시된 증권, 주택저당증권
파생결합증권	• 의의 : 기초자산의 변동에 따라 손익이 결정되는 권리가 표시된 것 • 유형 : ELS, DLS, ELW, CLN(신용연계증권), CAT Bond(재해연계증권)
증권예탁증권	• 의의 : 예탁받은 증권에 대한 권리가 표시된 것 • 유형 : DR, KDR, ADR, GDR 등
투자계약증권	• 공동사업의 결과에 따른 손익을 귀속받는 계약상의 권리가 표시된 것

정답 | ④

다음 중 파생결합증권에서 제외하고 있는 것은?

① 주가연계 파생결합증권
② 이자연계 파생결합증권
③ 신용연계 파생결합증권
④ 재해연계 파생결합증권

TIP   이자연계 파생결합증권은 파생결합증권에서 제외한다.

핵심포인트 해설　　**파생결합증권에서 제외되는 파생결합증권(규정 제1-2조의 2)**

파생결합증권의 기초자산	• 금융투자상품 • 통화(외국통화 포함) • 일반상품 • 신용위험 • 그 밖의 자연적·환경적·경제적 현상 등에 속하는 위험으로 합리적인 방법에 의하여 산출이나 평가가 가능한 것
파생결합증권의 종류	• 주가연계증권(ELS) • 주가연계워런트(ELW) • 파생연계증권(DLS) • 신용연계증권(CLN) • 재해연계증권(CAT Bond)
파생결합증권 제외대상	• 이자연계 파생결합증권 • 옵션 파생상품의 권리 • 신종사채 발행에 따라 주권상장법인이 발행하는 사채 • 교환사채·상환사채·전환사채·신주인수권부사채 규정에 따른 사채

정답 | ②

자본시장법상 파생상품에 대한 설명으로 잘못된 것은?

① 선물(Futures)은 장내시장에서 기초자산에 의해 산출된 금전 등을 장래 특정시점에 인도할 것을 약정하는 계약이다.
② 선도(Forwards)는 장외시장에서 기초자산에 의해 산출된 금전 등을 장래 특정시점에 인도할 것을 약정하는 계약이다.
③ 파생결합증권은 기초자산에 의해 산출된 금전 등을 거래시킬 수 있는 권리를 부여하는 것을 약정하는 계약이다.
④ 스왑은 기초자산에 의해 산출된 금전 등을 일정 기간 동안 교환할 것을 약정하는 계약이다.

TIP 옵션(Option)은 기초자산에 의해 산출된 금전 등을 거래시킬 수 있는 권리를 부여하는 것을 약정하는 계약이다.

핵심포인트 해설　　**파생상품의 의의 및 종류**

(1) 파생상품의 의의 및 유형
　① 의의 : 파생상품은 금전 등의 지급시기가 장래의 특정 시점이고, 투자원금 이상의 손실이 발생할 수 있는 금융투자상품
　② 유형
　　㉠ 장내파생상품 : 한국파생상품시장 또는 해외의 정형화된 파생상품거래소에서 거래되는 파생상품
　　㉡ 장외파생상품 : 장내파생상품이 아닌 파생상품

(2) 주요 파생상품의 종류

선 물	장내에서 기초자산에 의해 산출된 금전 등을 장래 특정 시점에 인도할 것을 약정하는 계약
선 도	장외에서 기초자산에 의해 산출된 금전 등을 장래 특정 시점에 인도할 것을 약정하는 계약
옵 션	기초자산에 의해 산출된 금전 등을 거래시킬 수 있는 권리를 부여하는 것을 약정하는 계약
스 왑	기초자산에 의해 산출된 금전 등을 일정 기간 동안 교환할 것을 약정하는 계약

정답 | ③

다음의 내용은 자본시장법상 금융투자업 중 어느 것에 해당하는가?

> ㉠ 누구의 명의로 하든지 자기의 계산으로 금융투자상품의 매매, 증권의 발행·인수 또는 그 청약의 권유, 청약, 청약의 승낙을 영업으로 하는 금융투자업
>
> ㉡ 누구의 명의로 하든지 타인의 계산으로 금융투자상품의 매매, 증권의 발행·인수에 대한 청약의 권유, 청약, 청약의 승낙을 중개하는 것을 영업으로 하는 금융투자업

	㉠	㉡
①	투자매매업	투자중개업
②	투자매매업	집합투자업
③	투자중개업	투자매매업
④	투자중개업	집합투자업

TIP 투자매매업과 투자중개업에 대한 내용이다.

핵심포인트 해설   **자본시장법상 금융투자업**

→ 타인의 계산 (X)

투자매매업	누구의 명의로 하든지 자기의 계산으로 금융투자상품 매매, 증권의 발행·인수 또는 그 청약의 권유, 청약, 청약의 승낙을 영업으로 하는 금융투자업
투자중개업	누구의 명의로 하든지 타인의 계산으로 금융투자상품 매매, 증권의 발행·인수에 대한 청약의 권유, 청약, 청약의 승낙을 중개하는 것을 영업으로 하는 금융투자업
집합투자업	2인 이상의 투자자로부터 모은 재산에 대한 집합투자를 영업으로 하는 금융투자업
투자자문업	금융투자상품의 가치 또는 투자판단에 관한 투자자문을 영업으로 하는 금융투자업
투자일임업	투자자로부터 금융투자상품에 대한 투자판단의 전부 또는 일부를 일임받아 투자자별로 구분하여 금융투자상품을 운용하는 것을 영업으로 하는 금융투자업
신탁업	신탁을 영업으로 하는 금융투자업
전담중개업무 (프라임 브로커)	일반 사모집합투자기구(헤지펀드) 등의 신용공여와 담보관리 등을 위한 금융투자업
온라인소액 투자중개업	온라인상에서 타인의 계산으로 증권모집 또는 중개를 하는 금융투자업(크라우드펀딩)

정답 | ①

08

다음 중 투자매매업에 대한 설명으로 잘못된 것은?

① 투자매매업은 누구의 명의로 하든지 자기의 계산으로 할 것을 요한다.

② 투자매매업은 금융투자상품의 매매, 증권의 발행·인수 또는 그 청약의 권유, 청약, 청약의 승낙을 영업으로 할 것을 요한다.

③ 자기가 증권을 발행하는 경우 투자매매업으로 보지 않는다.

④ 투자매매업자를 상대방으로 하거나 투자중개업자를 통하여 금융투자상품을 매매하는 경우 투자매매업으로 본다.

TIP 투자매매업자를 상대방으로 하거나 투자중개업자를 통하여 금융투자상품을 매매하는 경우 투자매매업으로 보지 않는다.

핵심포인트 해설 　　투자매매업의 법적 요건 및 적용배제 사유

채무증권, 지분증권, 수익증권, 투자계약증권, 파생결합증권, 증권예탁증권

법적 요건	• 누구의 명의로 하든지 자기의 계산으로 할 것 • 금융투자상품의 매매, 증권의 발행·인수 또는 그 청약의 권유, 청약, 청약의 승낙을 영업으로 할 것
적용배제 사유	• 자기가 증권을 발행하는 경우(단, 투자신탁의 수익증권, 투자성 있는 예금·보험, 파생결합증권을 발행하는 경우에는 해당 안 됨) • 투자매매업자를 상대방으로 하거나 투자중개업자를 통하여 금융투자상품을 매매하는 경우 • 국가·지자체가 공익을 위하여 관련 법령에 따라 금융투자상품을 매매하는 경우 • 한국은행이 공개시장조작을 하는 경우 • 특정 전문투자자 간에 환매조건부매매를 하는 경우 • 외국 투자매매업자가 일정 요건을 갖추고 국외에서 파생결합증권을 발행하는 경우 • 외국 투자매매업자가 국외에서 투자매매·중개업자를 상대로 투자매매업을 하거나 국내거주자를 상대로 투자권유 또는 투자광고를 하지 아니하고 국내 거주자의 매매주문을 받아 그 자를 상대방으로 투자매매업 또는 투자중개업을 하는 행위

정답 | ④

투자중개업에 대한 설명으로 잘못된 것은?

① 누구의 명의로 하든지 자기의 계산으로 할 것을 요한다.
② 금융투자상품의 매매, 그 중개나 청약의 권유, 청약, 청약의 승낙 또는 증권의 발행·인수에 대한 청약의 권유, 청약, 청약의 승낙을 중개하는 것을 영업으로 할 것을 요한다.
③ 투자권유대행인이 투자권유를 대행하는 경우 투자중개업으로 보지 않는다.
④ 거래소가 증권시장 및 파생상품시장을 개설·운영하는 경우 투자중개업으로 보지 않는다.

TIP 누구의 명의로 하든지 타인의 계산으로 할 것을 요한다.

핵심포인트 해설	투자중개업의 법적 요건 및 적용배제 사유

법적 요건	• 누구의 명의로 하든지 타인의 계산으로 할 것 • 금융투자상품의 매매, 그 중개나 청약의 권유, 청약, 청약의 승낙 또는 증권의 발행·인수에 대한 청약의 권유, 청약, 청약의 승낙을 중개하는 것을 영업으로 할 것
적용배제 사유	• 투자권유대행인이 투자권유를 대행하는 경우 • 거래소가 증권시장 및 파생상품시장을 개설·운영하는 경우 • 협회가 장외 주식중개시장(K-OTC)을 개설·운영하는 경우 • 외국 투자중개업자가 국외에서 투자매매·중개업자를 상대로 투자중개업을 하거나 국내거주자를 상대로 투자권유 또는 투자광고를 하지 않고 국내 거주자의 매매주문을 받아 그 자를 상대방으로 투자중개업을 하는 행위

정답 | ①

10

투자자문업의 적용배제 사유에 해당하는 것을 모두 고른 것은?

㉠ 불특정 다수인을 대상으로 발행 또는 송신되고, 불특정 다수인이 수시로 구입 또는 수신할 수 있는 간행물·출판물·통신물 또는 방송 등을 통하여 조언을 하는 경우
㉡ 역외영업 특례적용에 해당하는 역외 투자자문업
㉢ 따로 대가 없이 다른 영업에 부수하여 금융투자상품의 가치나 투자판단에 관한 자문에 응한 경우
㉣ 외국투자자문업자가 국외에서 국가, 한국은행, 한국투자공사, 법률에 따라 설립된 기금 및 그 기금을 관리·운용하는 법인을 상대로 투자권유 또는 투자광고를 하지 않고 그 자를 상대방으로 투자자문업을 하는 경우

① ㉠, ㉢
② ㉠, ㉡, ㉢
③ ㉠, ㉢, ㉣
④ ㉠, ㉡, ㉢, ㉣

TIP 모두 투자자문업의 적용배제 사유에 해당한다.

핵심포인트 해설   **투자자문업의 법적 요건 및 적용배제 사유**

(1) 법적 요건
① 금융투자상품의 가치 또는 투자판단에 관하여 자문할 것
② ①의 자문에 응하는 것을 영업으로 할 것

(2) 적용배제 사유
① 불특정 다수인을 대상으로 발행 또는 송신되고, 불특정 다수인이 수시로 구입 또는 수신할 수 있는 간행물·출판물·통신물 또는 방송 등을 통하여 조언을 하는 경우
② 역외영업 특례적용에 해당하는 역외 투자자문업
③ 따로 대가 없이 다른 영업에 부수하여 금융투자상품의 가치나 투자판단에 관한 자문에 응한 경우
④ 집합투자기구평가회사, 신용평가업자, 변호사, 회계사, 그 밖의 법령에 따라 자문용역을 제공하고 있는 자가 해당 업무와 관련된 분석정보 등을 제공하는 경우
⑤ 외국투자자문업자가 국외에서 국가, 한국은행, 한국투자공사, 법률에 따라 설립된 기금 및 그 기금을 관리·운용하는 법인을 상대로 투자권유 또는 투자광고를 하지 않고 그 자를 상대방으로 투자자문업을 하는 경우

정답 | ④

다음 중 절대적 전문투자자에 해당하지 않는 것은?

① 은 행
② 집합투자기구
③ 외국정부
④ 지방자치단체

TIP 지방자치단체는 상대적 전문투자자에 해당한다.

핵심포인트 해설 **자본시장법상 투자자 구분**

전문 투자자	절대적 전문투자자	• 의의 : 일반투자자 대우를 받을 수 없는 투자자 • 대상 : 국가, 한국은행, 금융기관, 예금보험공사, 한국자산관리공사, 금융투자협회, 한국거래소, 금감 　　원, 집합투자기구, 외국정부, 외국중앙은행, 국제기구 등
	상대적 전문투자자	• 의의 : 일반투자자 대우를 받겠다는 의사를 서면으로 통지하면 일반투자자로 간주되는 투자자 • 대상 : 주권상장법인, 지방자치단체, 기금관리·운용법인, 공제사업법인 • 주권상장법인 등이 장외파생상품거래를 하는 경우 별도의 의사표시가 없으면 일반투자자로 대우 　해야 함(전문투자자 대우를 받기 위해서는 서면으로 금융투자업자에게 통지해야 함 → 서면 요청 　시 거부 불가)
	자발적 전문투자자	• 의의 : 전문투자자 대우를 받고자 하는 법인 및 개인(금융위원회에 신고하면 금융위원회 확인 후 2 　년간 전문투자자로 대우) • 대 상 <table><tr><td>법 인</td><td>금융투자상품 잔고 100억원(외부감사법인은 50억원) 이상 법인</td></tr><tr><td>개 인</td><td>금융투자상품 잔고 5천만원 이상인 개인 중에서 아래 3가지 중 한 가지를 충족한 자 ・ 소득 : 연소득 1억원 이상(또는 부부합산 1.5억원 이상) ・ 자산 : 총자산 중 부동산 및 부채를 차감한 금액이 5억원 이상 ・ 전문성 : 전문분야(회계사, 변호사, 투자운용인력 등)에서 1년 이상 종사</td></tr></table>
일반투자자		• 의의 : 투자경험 및 지식 등이 적어서 투자자보호가 필요한 자 • 대상 : 전문투자자가 아닌 투자자 • 일반투자자에게는 적합성 원칙, 적정성 원칙, 설명의무 등이 적용됨

정답 | ④

12

다음 중 인가대상 금융투자업이 아닌 것은?

① 투자매매업
② 투자중개업
③ 투자일임업
④ 집합투자업

TIP 투자자문업과 투자일임업은 등록대상 금융투자업이다.

핵심포인트 해설 | **금융투자업의 인가**

대상	• 금융투자업자가 투자매매업, 투자중개업, 집합투자업, 신탁업

요건	• 법인격요건 : 상법상 주식회사, 금융기관 및 외국금융투자업자로서 지점 또는 영업소를 설치한 자
	• 자기자본요건 : 인가업무 단위별 5억원과 대통령령으로 정하는 금액 중 큰 금액 이상이어야 함
	• 인력요건
	  · 임원 : 미성년자, 피성년후견인 또는 피한정후견인이 아닌 자, 형집행이 면제된 날부터 5년이 경과한 자 등
	  · 최소전문인력 : 2년 이상 업무 종사자(집합투자업, 신탁업), 투자권유자문인력 5인 이상(투자매매업, 투자
	    중개업)
	• 물적시설요건 : 전산설비, 그 밖의 물적설비를 갖출 것
	• 사업계획요건 : 경영건전성기준 유지, 내부통제장치의 마련 등
	• 대주주요건 : 출자능력, 건전한 재무상태, 사회적 신용을 갖출 것
	• 이해상충방지체계요건 : 이해상충방지를 위한 장치를 마련해야 함

인가요건 유지	• 위반 시 제재 : 인가요건을 유지하지 못하면 금융위원회가 인가의 취소 가능
	• 자기자본요건 : 인가업무 단위별 최저 자기자본의 70% 이상을 유지해야 함
	• 대주주요건
	  · 최대주주의 경우 최근 5년간 5억원 이상의 벌금형을 받지 않을 것
	  · 부실금융기관의 최대주주, 주요주주 또는 그 특수관계인이 아닐 것

정답 | ③

금융위원회 등록대상 금융투자업에 대한 설명으로 잘못된 것은?

① 금융투자업자가 투자자문업, 투자일임업을 영위하려면 금융위원회에 등록하여야 한다.

② 임원의 요건은 인가대상 금융투자업의 임원요건과 동일하다.

③ 투자중개업의 경우 금융투자전문인력이 3인 이상 있어야 한다.

④ 일반사모집합투자업도 등록대상 금융투자업에 해당한다.

TIP 투자중개업은 금융위원회 인가대상 금융투자업에 해당한다.

핵심포인트 해설　　　**금융투자업의 등록**

대 상	• 투자자문업, 투자일임업, 온라인소액투자중개업, 일반사모집합투자업
요 건	• 법인격요건 　· 상법상 주식회사, 금융기관 및 외국금융투자자문업자로서 투자자문업(또는 투자일임업)의 수행에 필요한 지점, 　　그 밖의 영업소를 설치한 자 • 자기자본요건 　· 등록업무 단위별로 일정수준 이상의 자기자본을 갖출 것(둘 이상의 등록업무 단위 영위 시 각각의 최저자기자 　　본을 합산함) • 인력요건 　· 임원 : 인가대상 금융투자업 임원의 요건과 동일 　· 금융투자전문인력 : 투자자문업 1인 이상, 투자일임업 2인 이상, 투자자문업 및 투자일임업 둘 다 영위할 경우 　　　　　　　　　　　각각의 인력 확보(총 3인 이상) • 대주주요건 　· 최근 5년간 금융 관련 법령을 위반하여 벌금형 이상의 처벌사실이 없을 것 　· 최근 5년간 채무불이행 등으로 건전한 신용질서를 해친 사실이 없을 것 　· 부실금융기관 또는 인허가가 취소된 금융기관의 대주주 또는 특수관계인이 아닐 것 　· 그 밖에 금융위원회가 정하는 금융거래질서를 해친 사실이 없을 것 • 이해상충방지체계 요건 　· 다양한 업무를 겸영함에 따라 발생할 수 있는 이해상충방지를 위한 장치를 구비해야 함

정답 | ③

온라인소액투자중개업자의 등록요건과 거리가 먼 것은?

① 상법상 주식회사 또는 영업소를 설치한 외국 온라인투자중개업자일 것
② 3억원 이상의 자기자본이 있을 것
③ 사업계획이 타당하고 건전할 것
④ 투자자보호가 가능하고 그 영위하고자 하는 업을 수행하기에 충분한 인력, 전산장비, 그 밖의 물적장비를 갖추고 있을 것

TIP 5억원 이상의 자기자본금이 있어야 한다.

핵심포인트 해설	온라인소액투자업의 등록

의 의	• 온라인상에서 누구의 명의로 하든지 타인의 계산으로 소액투자중개를 영업으로 하는 것(증권형 크라우드펀딩) • 소액투자 중개대상 : 채무증권·지분증권·투자계약증권의 모집 또는 사모에 대한 중개
요 건	• 상법상 주식회사 또는 영업소를 설치한 외국 온라인투자중개업자 • 5억원 이상의 자기자본이 있을 것 • 사업계획이 타당하고 건전할 것 • 투자자보호 가능 & 인력·물적설비·전산설비 등 갖출 것
온라인소액 투자중개업자의 영업행위 규제	• 자신이 중개하는 증권을 자기계산으로 취득하거나 증권의 발행 또는 그 청약 주선 금지 • 증권 발행자의 신용 또는 투자 여부에 대한 투자자의 판단에 영향을 미칠 수 있는 자문이나 경영자문 금지 • 청약의 의사표시 수령 제한 • 발행인의 요청에 의하여 투자자자격 등 제한 가능 • 투자자가 청약의사 표시하지 않은 상태에서 투자자의 재산으로 증권을 청약하는 행위 금지 • 허용되는 청약권유 행위 4가지 · 투자광고를 자신의 홈페이지에 게시하거나 투자광고가 게시된 인터넷 홈페이지 주소 등을 제공하는 행위 · 발행인이 게재하는 내용을 자신의 홈페이지에 게시하는 행위 · 자신의 홈페이지를 통한 투자자들의 의견교환을 관리하는 행위 · 사모의 경우 발행인이 게재한 내용을 특정 투자자에게 전송하는 행위
투자광고 특례	• 대상 : 온라인소액투자중개업자, 온라인소액증권발행인 • 특례 : 개설한 인터넷 홈페이지 이외의 수단을 통한 투자광고 금지
투자한도	• 1년간 동일발행인에 대한 누적투자금액 한도는 대통령령으로 정하는 요건을 갖춘 자는 1천만원 이하, 대통령령으로 정하는 요건을 갖추지 못한 자는 5백만원 이하

정답 | ②

금융투자업자의 건전성 규제에 대한 설명 중 잘못된 것은?

① 금융투자업자는 매분기마다 자산 및 부채의 건전성에 대하여 정상, 요주의, 고정, 회수의문, 추정손실 등 5단계로 분류해야 한다.
② 고정분류자산의 대손충당금 적립비율은 20%이다.
③ 금융투자업자는 최소한 일별로 순자본비율을 산정해야 한다.
④ 순자본비율 50% 이상 100% 미만인 경우 경영개선명령조치를 받게 된다.

TIP 순자본비율이 50% 이상 100% 미만인 경우 경영개선권고조치를 받게 된다.

핵심포인트 해설   **순자본비율 규제**

적기시정조치 기준	• 순자본비율 50% 이상 100% 미만인 경우 : 경영개선권고 • 순자본비율 0% 이상 50% 미만인 경우 : 경영개선요구 • 순자본비율 0% 미만인 경우 : 경영개선명령
기본원칙	• 자산, 부채, 자본은 연결재무제표에 계상된 장부가액을 기준으로 함 • 시장위험과 신용위험을 동시에 내포하는 자산에 대하여는 시장위험액과 신용위험액을 모두 산정함 • 영업용순자본 차감항목은 원칙적으로 위험액을 산정하지 않음 • 위험회피효과가 있는 자산은 위험액 산정대상 자산의 위험액을 감액할 수 있음 • 원칙적으로 부외자산과 부외부채에 대해서도 위험액을 산정함
산정방식	• 순자본 : 영업용순자본 − 총위험액 ·영업용순자본 : 자산 − 부채 − 차감항목 + 가산항목 ·총위험액 : 시장위험액 + 신용위험액 + 운영위험액 • 순자본비율 : $\dfrac{영업용순자본 − 총위험액}{필요유지자기자본}$

정답 | ④

16

금융투자업자의 자산건전성 분류에 대한 설명으로 잘못된 것은?

① 금융투자업자는 매 분기마다 자산건전성을 5단계로 분류해야 한다.
② 매 분기 말 현재 요주의 이하로 분류된 채권에 대해 적정 회수예상가액을 산정해야 한다.
③ 금융투자업자는 회수의문 또는 추정손실로 분류된 자산을 조기에 상각하여 자산건전성을 확보해야 한다.
④ 정형화된 거래로 발생하는 미수금은 대손충당금을 적립하지 않을 수 있다.

TIP 매 분기 말 현재 고정 이하로 분류된 채권에 대해 적정 회수예상가액을 산정해야 한다.

핵심포인트 해설 **자산건전성 분류 및 충당금 적립**

(1) 자산건전성 분류의 개요
① 의의 : 금융투자업자는 매 분기마다 자산건전성을 5단계(정상, 요주의, 고정, 회수의문, 추정손실)로 분류해야 함
② 매 분기 말 현재 고정 이하로 분류된 채권에 대해 적정 회수예상가액을 산정해야 함
③ 금융투자업자는 회수의문 또는 추정손실로 분류된 자산(부실자산)을 조기에 상각하여 자산건전성을 확보해야 함
④ 금융감독원장은 금융투자업자의 자산건전성 분류 및 충당금의 적정성을 점검하고 부적정하다고 판단되는 경우에 시정을 요구할 수 있음
⑤ 금융투자업자는 자산건전성 분류기준의 설정, 변경, 동 기준에 따른 자산건전성 분류 결과 및 충당금적립 결과를 금융감독원장에게 보고해야 함

(2) 대손충당금 적립기준
① 적립기준
  ㉠ 정상 : 0.5%
  ㉡ 요주의 : 2%
  ㉢ 고정 : 20%
  ㉣ 회수의문 : 75%(부실자산)
  ㉤ 추정손실 : 100%(부실자산)
② 대손충당금을 적립하지 않을 수 있는 경우
  ㉠ 정형화된 거래로 발생하는 미수금
  ㉡ 정상으로 분류된 대출채권 중 콜론, 환매조건부매수, 당기손익인식금융자산이나 매도가능금융자산으로 지정하여 공정가치로 평가한 금융자산
③ 특례
  채권중개전문회사 및 다자간매매체결회사에 대하여는 자산건전성 분류 및 대손충당금의 적립기준에 관한 규정을 적용하지 않음

정답 | ②

금융투자업자에 대한 순자본비율 규제에 대한 설명 중 잘못된 것은?

① 순자본비율은 금융투자업자의 재무건전성을 도모함으로써 궁극적으로 투자자를 보호한다.

② 순자본비율은 적기시정조치의 기준비율이 된다.

③ 순자본비율은 금융투자업자의 체계적인 리스크관리를 촉진하는 역할을 한다.

④ 순자본비율은 개별적인 자산운용을 사전에 규제한다는 점이 단점이다.

TIP 순자본비율은 개별적인 자산운용에 대한 사전 규제를 배제함에 따라 경영자의 자율적인 판단에 따른 자산운용이 가능하며 나아가 금융투자업자의 전문화 및 차별화도 가능하게 한다.

핵심포인트 해설   **금융투자업자에 대한 순자본비율 규제**

의의 및 역할	• 금융투자업자의 재무건전성 도모 및 투자자보호 • 적기시정조치의 기준비율 • 금융투자업자의 체계적 리스크관리 촉진 및 자산운용 자율성 제고
산정방식	• 순자본비율 = $\dfrac{영업용순자본 - 총위험액}{필요유지자기자본}$ · 영업용순자본 : 자산 − 부채 − 차감항목 + 가산항목 · 총위험액 : 시장위험액 + 신용위험액 + 운영위험액 · 필요유지자기자본 : 인가(또는 등록)업무 단위별로 요구되는 자기자본을 합계한 금액
특수관계인	• 특수관계인에 대한 금전 또는 증권에 관한 청구권과 특수관계인이 발행한 증권은 전액 영업용순자본에서 차감함
산정주기 및 보고시기	• 산정주기 : 최소한 일별로 순자본비율을 산정해야 함 · 순자본비율과 산출내역을 매월 말 기준 1개월 이내에 업무보고서를 통하여 금융감독원장에게 제출해야 함 · 분기별 업무보고서 제출 시 순자본비율에 대한 외부감사인의 검토보고서를 첨부해야 함 • 순자본비율이 100% 미만이 된 경우 지체 없이 금융감독원장에게 보고해야 함

정답 | ④

다음 중 금융위원회의 경영개선권고 사유와 거리가 먼 것은?

① 순자본비율 100% 미만
② 경영실태평가 결과 종합평가등급이 3등급 이상으로서 자본적정성 부문 평가등급이 4등급 이하로 판정받은 경우
③ 2년 연속 적자이면서 레버리지비율이 500%를 초과한 경우
④ 레버리지비율이 1,100%를 초과한 경우

TIP   2년 연속 적자이면서 레버리지비율이 900%를 초과한 경우에 경영개선권고 사유에 해당한다.

핵심포인트 해설   **금융위원회의 적기시정조치**

적기시정조치	조치사유	조치내용
경영개선권고	• 순자본비율 100% 미만(㉠) • 종합평가등급 3등급 이상 & 자본적정성 4등급 이하(㉡) • 금융사고 또는 부실채권 발생으로 ㉠, ㉡에 해당되는 것이 명백하다고 판단되는 거액 • 2년 연속 적자 & 레버리지비율 900% 초과 • 레버리지비율 1,100% 초과	• 인력·조직운용 개선 • 점포관리 효율화 • 부실자산 처분 • 신규업무 진출 제한 • 자본금 증액 또는 감액 • 특별대손충당금 설정
경영개선요구	• 순자본비율 50% 미만(㉠) • 종합평가등급 4등급 이하(㉡) • 금융사고 또는 부실채권 발생으로 ㉠, ㉡에 해당되는 것이 명백하다고 판단되는 거액 • 2년 연속 적자 & 레버리지비율 1,100% 초과 • 레버리지비율 1,300% 초과	• 고위험자산보유 제한·처분 • 점포폐쇄·통합, 신설제한 • 조직축소, 자회사 정리 • 임원 교체 요구 • 영업 일부 정지 • 합병·영업양도·자회사편입
경영개선명령	• 순자본비율 0% 미만 • 부실금융기관에 해당	• 주식 일부·전부 소각 • 임원 직무 정지, 관리인 선임 • 합병, 영업양도, 자회사편입 • 제3자 당해 금융투자업 인수 • 6개월 이내 영업정지 • 계약 전부·일부 이전

정답 | ③

금융투자업자와 대주주와의 거래제한에 대한 설명 중 잘못된 것은?

① 금융투자업자는 원칙적으로 대주주가 발행한 증권을 소유할 수 없다.

② 금융투자업자는 계열회사가 발행한 주식, 채권 및 약속어음을 자기자본의 3%를 초과하여 소유할 수 없다.

③ 금융투자업자는 원칙적으로 대주주 또는 대주주의 특수관계인에 대하여 신용공여를 하는 것이 금지될 뿐만 아니라 그들로부터 신용공여를 받는 것도 금지된다.

④ 금융투자업자는 계열사 발행증권을 한도 내에서 예외적으로 취득하거나 대주주 및 그 특수관계인에 대하여 예외적으로 신용공여를 하는 경우 재적이사 전원 찬성의 이사회 결의를 거쳐야 한다.

TIP 금융투자업자는 계열회사가 발행한 주식, 채권 및 약속어음을 자기자본의 8%를 초과하여 소유할 수 없다.

핵심포인트 해설 **금융투자업자와 대주주와의 거래제한**

금융투자업자의 증권소유 제한 (법 제34조)	• 대주주가 발행한 증권을 소유할 수 없음 (예외 : 담보권 실행, 시장조성, 안정조작, 대주주가 아닌 자가 대주주가 되는 경우 등) • 계열회사가 발행한 주식, 채권 및 약속어음을 자기자본의 8%를 초과하여 소유할 수 없음 • 대주주 또는 대주주의 특수관계인에 대한 신용공여가 금지될 뿐만 아니라 그들로부터 신용공여를 받는 것도 금지됨
계열회사 발행증권의 예외 취득	• 금융투자업자가 계열회사의 발행증권을 한도 내에서 예외취득하거나 신용공여하는 경우 재적이사 전원의 찬성에 의한 이사회 결의를 요함 • 단, 단일거래금액이 자기자본의 0.1%와 10억원 중 적은 금액범위인 경우에는 이사회 결의 불필요 • 예외적 취득 시 금융위원회 보고 및 홈페이지 공시 요함
금융위원회의 자료제출명령 (법 제36조)	• 금융위원회는 금융투자업자의 대주주가 법 제35조를 위반한 혐의가 있다고 인정될 경우 금융투자업자 또는 그의 대주주에게 필요한 자료의 제출을 명할 수 있음

정답 | ②

20

자본시장법에서 규율하는 금융투자업자의 공통 영업행위 규칙에 대한 설명으로 잘못된 것은?

① 금융투자업자가 아닌 자는 금융투자, 증권, 파생, 선물 등의 문자를 상호에 쓰면 아니 된다.

② 금융투자업자는 자기의 명의를 대여하여 타인에게 금융투자업을 영위하게 하여서는 아니 된다.

③ 금융투자업자는 금융투자업·겸영업무·부수업무 등의 일부를 제3자에게 위탁할 수 있다.

④ 제3자에게 업무를 위탁하는 경우, 투자자의 금융투자상품 매매 등에 관한 정보를 제공하여서는 아니 된다.

TIP 금융투자업자는 위탁업무 범위 내에서 투자자의 금융투자상품 매매 등에 관한 정보를 제공할 수 있다.

핵심포인트 해설 | **금융투자업자의 공통 영업행위 규칙**

상호 규제	• 금융투자업자가 아닌 자가 금융투자업자로 오인될 수 있는 문자를 상호에 사용하면 안 됨 • 금융투자, 증권, 파생, 선물, 집합투자, 투자자문, 투자일임, 신탁 등의 문자를 상호에 사용 제한
명의대여 금지	• 금융투자업자는 자기명의를 대여하여 타인에게 금융투자업을 영위하게 하여서는 안 됨
겸영제한	• 신고의무 : 금융투자업자가 다른 금융업무를 겸영하고자 하는 경우 시작한 날로부터 2주 이내 금융위원회에 신고해야 함 • 겸영범위 : 인가·등록을 요하는 금융업무, 전자자금이체업무 등
업무위탁 규제	• 금융투자업자는 금융투자업·겸영업무·부수업무 등의 일부를 제3자에게 위탁할 수 있음 • 금융투자업의 본질적 업무(인가·등록과 직접 관련된 필수업무)를 위탁하는 경우 위탁받은 자가 당해 업무수행에 필요한 인가·등록한 자이어야 함 • 준법감시인 및 위험관리책임자의 업무 등 내부통제업무는 위탁이 금지됨
이해상충관리	• 일반 규제 : 자기 또는 제3자의 이익도모 금지, 직무 관련 정보이용 금지, 선관주의의무 • 직접 규제 : 선행매매 금지, 과당매매 금지, 이해관계인과의 거래제한

정답 | ④

금융투자업자의 외환건전성 규제에 대한 설명으로 잘못된 것은?

① 외화자산 및 외화부채를 각각 잔존만기별로 구분하여 관리해야 한다.
② 잔존만기 3개월 이내 부채에 대한 잔존만기 3개월 이내 자산의 비율이 50% 이상이어야 한다.
③ 총자산에 대한 외화부채비율이 1%에 미달하는 금융투자업자에게는 외화유동성비율 규정을 적용하지 않는다.
④ 종합매입(매각)초과포지션의 한도는 각 외국통화별 초과포지션의 합계액을 기준으로 전월 말 자기자본의 50%에 상당하는 금액이다.

TIP 잔존만기 3개월 이내 부채에 대한 잔존만기 3개월 이내 자산의 비율이 80% 이상이어야 한다.

핵심포인트 해설 | **금융투자업자의 외환건전성 규제**

(1) 외화유동성비율
① 외화자산 및 외화부채를 각각 잔존만기별로 구분하여 관리할 것
② 잔존만기 3개월 이내 부채에 대한 잔존만기 3개월 이내 자산의 비율이 80% 이상일 것
③ 외화자산 및 외화부채의 만기불일치비율을 유지할 것
  ㉠ 잔존만기 7일 이내 : 자산이 부채를 초과하는 비율이 0% 이상
  ㉡ 잔존만기 1개월 이내 : 부채가 자산을 초과하는 비율 10% 이내
④ 총자산에 대한 외화부채비율이 1%에 미달하는 금융투자업자에게는 적용하지 않음

(2) 외국환포지션 한도
① 종합매입(매각)초과포지션 : 각 외국통화별 초과포지션의 합계액을 기준으로 전월 말 자기자본의 50%에 상당하는 금액
② 선물환매입(매각)초과포지션 : 각 외국통화별 초과포지션의 합계액을 기준으로 전월 말 자기자본의 50%에 상당하는 금액
③ 적용기준 : 자기자본은 미 달러화로 환산한 금액을 기준으로 하며, 이때 적용되는 대미 달러환율은 금융감독원장이 정함
④ 별도한도 인정 : 외국환포지션 한도의 초과가 필요하다고 인정되는 외국환취급금융투자업자에 대하여 위 항목에서 정한 한도 외에 별도의 한도를 인정할 수 있음(별도한도 인정기간은 2년)

(3) 한도관리
① 금융투자업자는 외국환포지션 한도 준수 여부를 매 영업일 잔액기준으로 확인해야 함
② 외국환포지션 한도를 위반한 경우 위반한 날로부터 3영업일 이내에 금융감독원장에게 보고해야 함

정답 | ②

22

다음 중 금융투자업자의 경영공시사항과 가장 거리가 먼 것은?

① 동일 기업집단별로 금융투자업자의 직전 분기 말 자기자본의 3%에 상당하는 금액을 초과하는 부실채권이 발생한 경우

② 금융사고 등으로 직전 분기 말 자기자본의 2%에 상당하는 금액을 초과하는 손실이 발생하였거나 손실이 예상되는 경우

③ 민사소송의 패소로 직전 분기 말 자기자본의 1%에 상당하는 금액을 초과하는 손실이 발생한 경우

④ 회계기간의 변경을 결정한 경우

TIP 동일 기업집단별로 금융투자업자의 직전 분기 말 자기자본의 10%에 상당하는 금액을 초과하는 부실채권이 발생한 경우에 경영공시사항에 해당한다.

| 핵심포인트 해설 | 금융투자업자의 보고 및 공시 |

업무보고서 제출	• 업무보고서 작성의무 : 매 사업연도 개시일로부터 3·6·9·12개월간의 업무보고서를 작성해야 함 • 업무보고서 제출의무 : 해당 작성기간 경과 후 45일 이내에 금융위원회에 제출해야 함
결산서류 제출	• 금융투자업자는 감사보고서, 재무제표 및 부속명세서, 수정재무제표에 따라 작성한 순자본비율보고서 또는 영업용순자본비율보고서 및 자산부채비율보고서, 해외점포의 감사보고서 및 재무제표를 금융감독원장이 요청할 경우 제출해야 함 • 회계감사인의 감사보고서가 업무보고서의 내용과 다른 경우 그 내역 및 사유를 감사보고서와 함께 즉시 제출해야 함
경영공시사항	• 동일 기업집단별로 금융투자업자의 직전 분기 말 자기자본의 10%에 상당하는 금액을 초과하는 부실채권이 발생한 경우 • 금융사고 등으로 직전 분기 말 자기자본의 2%에 상당하는 금액을 초과하는 손실이 발생하였거나 손실이 예상되는 경우 • 민사소송의 패소로 직전 분기 말 자기자본의 1%에 상당하는 금액을 초과하는 손실이 발생한 경우 • 적기시정조치, 인가 또는 등록 취소 등의 조치를 받은 경우 • 회계기간의 변경을 결정한 경우 • 상장법인이 아닌 금융투자업자에게 재무구조·채권채무관계·경영환경·손익구조 등에 중대한 변경을 초래하는 사실이 발생하는 경우

정답 | ①

파생상품법규

제 **4** 과목

해커스 **파생상품투자권유자문인력** 최종핵심정리문제집

금융투자업자의 대주주와의 거래 제한에 대한 설명으로 잘못된 것은?

① 원칙적으로 금융투자업자는 대주주가 발행한 증권을 소유할 수 없다.

② 원칙적으로 금융투자업자는 그 계열회사가 발행한 주식, 채권 및 약속어음을 자기자본의 10%를 초과하여 소유할 수 없다.

③ 원칙적으로 금융투자업자는 대주주 및 그 특수관계인에 대한 신용공여가 금지되고, 대주주 및 그 특수관계인은 금융투자업자로부터 신용공여를 받는 것이 금지된다.

④ 금융투자업자는 계열회사의 발행 증권을 한도 내에서 예외적으로 취득하려면 재적이사 전원의 찬성에 의한 이사회 결의를 거쳐야 한다.

TIP 원칙적으로 금융투자업자는 그 계열회사가 발행한 주식, 채권 및 약속어음을 자기자본의 8%를 초과하여 소유할 수 없다.

핵심포인트 해설　　**금융투자업자의 대주주와의 거래 제한**

대주주 발행증권의 소유 제한	• 원칙 : 금융투자업자는 대주주가 발행한 증권을 소유할 수 없음 • 예외 : 담보권 실행 등 권리행사, 시장조성 안정조작, 대주주가 아닌 자가 대주주가 되는 경우, 인수, 보증사채 특수채증권의 경우는 가능
계열사 발행증권의 소유 제한	• 원칙 : 금융투자업자는 그 계열회사가 발행한 주식, 채권 및 약속어음을 자기자본의 8%를 초과하여 소유할 수 없음 • 예외 : 담보권 실행 등 권리행사, 시장조성 안정조작, 계열사 아닌 자가 계열사가 되는 경우, 인수, 보증사채 특수채증권, 경영참여목적의 출자, 차익거래, 투자위험회피거래, 자기자본 변동 등의 사유로 인한 한도 초과 등
대주주 신용공여의 제한	• 원칙 : 금융투자업자는 대주주 및 그 특수관계인에 대한 신용공여가 금지되고, 대주주 및 그 특수관계인은 금융투자업자로부터 신용공여를 받는 것이 금지됨 • 예외 : 임원에 대한 제한적 신용공여, 해외현지법인에 대한 채무보증, 담보권 실행 등의 권리행사
계열사 발행증권의 예외 취득	• 재적이사 전원 찬성 원칙 : 금융투자업자는 계열사 발행 증권을 한도 내에서 예외적으로 취득하거나 대주주 및 그 특수관계인에 대하여 예외적으로 신용공여하려면 재적이사 전원의 찬성에 의한 이사회 결의를 거쳐야 함 • 예외 : 단일거래금액이 자기자본의 0.1%와 10억원 중 적은 금액의 범위인 경우에는 이사회 결의가 불필요함

정답 | ②

24

투자매매업자(또는 투자중개업자)**의 최선집행기준이 적용되는 금융투자상품은?**

① 주 권
② 채무증권
③ 파생결합증권
④ 투자계약증권

TIP ②③④는 최선집행기준의 적용이 제외되는 상품이다.

핵심포인트 해설 **투자매매업자(또는 투자중개업자)의 매매 또는 중개업무 관련 규제**

매매형태 명시의무	• 투자매매·중개업자는 투자자로부터 금융투자상품 매매에 관해 주문받을 경우, 자기가 투자매매업자인지 투자중개업자인지 밝혀야 함 • 알리는 방법은 제한 없음
자기계약 금지의무	• 원칙 : 투자매매·중개업자는 금융투자상품 매매 시 자신이 본인이 됨과 동시에 상대방의 투자중개업자가 될 수 없음(자기계약 금지) • 예 외 · 공개시장(증권시장·파생상품시장·다자간매매체결회사)을 통하여 매매가 이루어지도록 한 경우 · 자기가 판매하는 집합투자증권을 매수하는 경우 · 종합금융투자사업자가 금융투자상품의 장외매매가 이뤄지도록 한 경우 · 그 밖에 금융위원회가 정하여 고시하는 경우
최선집행의무	• 원칙 : 최선집행기준에는 상품가격, 수수료 및 비용, 최선의 거래조건으로 집행하기 위한 방법과 그 이유 등이 포함되어야 함 • 예외 : 투자자가 주문에 관하여 별도의 지시를 하였을 경우에는 최선집행기준과 달리 처리할 수 있음
자기주식의 예외취득	• 투자자로부터 증권시장의 매매거래단위 미만에 해당하는 투자매매업자의 자기주식에 대한 매도청약을 받 은 경우 이를 증권시장 밖에서 취득할 수 있음 • 예외 취득한 자기주식은 취득일로부터 3개월 내에 처분해야 함
임의매매 금지의무	• 투자자나 그 대리인으로부터 금융투자상품 매매의 청약이나 주문을 받지 않고 매매하는 행위는 금지됨 (임의매매 금지) • 임의매매는 위탁 또는 위임이 없다는 점에서 일임매매와 구분됨

정답 | ①

투자매매업자 또는 투자중개업자는 매매에 있어서 자신이 본인이 됨과 동시에 상대방의 투자중개업자가 될 수 없는 것이 원칙이다. 그러나 예외적으로 가능한 경우가 있는데 이에 해당하지 않는 것은?

① 투자매매업자 또는 투자중개업자가 증권시장, 파생상품시장 또는 다자간매매체결회사를 통하여 매매가 이루어지도록 한 경우
② 종합금융투자사업가 금융투자상품의 장외매매가 이루어지도록 한 경우
③ 투자매매업자 또는 투자중개업자가 자기가 판매하는 집합투자증권을 매수하는 경우
④ 투자자보호에 우려가 없는 경우로서 금융투자협회가 정하여 고시하는 경우

TIP 공정한 가격형성과 매매, 거래의 안정성과 효율성 도모 및 투자자보호에 우려가 없는 경우로서 금융위원회가 정하여 고시하는 경우 자기매매가 예외적으로 허용된다.

핵심포인트 해설 　　　投资매매업자(또는 투자중개업자)의 불건전영업행위의 금지

자본시장법 (법 제71조)	• 고객의 주문 체결 전 선행매매 금지 • 조사분석자료 공표 후 24시간 경과 전 스캘핑 금지 • 조사분석자료의 작성자에 대한 성과보수 금지 • 모집·매출과 관련된 조사분석자료의 공표 및 제공 금지 • 투자권유대행인·투자권유자문인력이 아닌 자에 의한 투자권유 금지 • 일임매매 금지
자본시장법시행령 (제68조)	• 일반투자자와 같은 대우를 받겠다는 전문투자자의 요구에 정당한 사유 없이 동의하지 아니하는 행위 • 금융투자상품의 매매, 그 밖의 거래와 관련하여 결제가 이행되지 아니할 것이 명백하다고 판단되는 경우임에도 정당한 사유 없이 그 매매, 그 밖의 거래를 위탁받는 행위 • 투자자에게 해당 투자매매업자·투자중개업자가 발행한 자기주식의 매매를 권유하는 행위 • 투자자로부터 집합투자증권(상장된 집합투자증권 제외)을 매수하거나 그 중개·주선 또는 대리하는 행위 • 법 제55조 및 제71조에 따른 금지 또는 제한을 회피할 목적으로 하는 행위로서 장외파생상품거래, 신탁계약, 연계거래 등을 이용하는 행위 • 채권자로서 그 권리를 담보하기 위하여 백지수표나 백지어음을 받는 행위 • 집합투자증권의 판매업무와 집합투자증권의 판매업무 외의 업무를 연계하여 정당한 사유 없이 고객을 차별하는 행위 • 투자자정보를 파악한 결과 판매상품이 부적합하다고 판단되는 사람 또는 65세 이상인 사람을 대상으로 금융투자상품을 판매하는 경우, 판매과정을 녹취하지 않거나 숙려기간을 주지 않는 행위

정답 | ④

26

다음 중 투자권유대행인의 금지행위와 거리가 먼 것은?

① 위탁한 금융투자업자를 대리하여 계약을 체결하는 행위
② 투자권유대행업무를 제3자에게 재위탁하는 행위
③ 위탁계약을 체결한 금융투자업자가 이미 발행한 주식의 매수 또는 매도를 권유하는 행위
④ 금융투자상품 매매에 관한 정보를 금융투자업자가 관리하고 있다고 알리는 행위

TIP 투자권유대행인의 금지행위가 아니라 투자권유대행인이 투자자에게 알려야 할 고지사항이다.

핵심포인트 해설   **투자권유대행인**

자격요건	• 투자권유자문인력·투자운용인력 시험에 합격한 자일 것 • 보험모집에 종사하고 있는 보험설계사·중개사·대리점 등록요건을 갖춘 자로서 협회 교육 이수자일 것 • 1사 전속일 것 • 등록이 취소된 경우 취소된 날로부터 3년이 경과했을 것
금지행위	• 위탁한 금융투자업자를 대리하여 계약을 체결하는 행위 • 투자자로부터 금전·증권 등의 재산을 수취하는 행위 • 투자권유대행업무를 제3자에게 재위탁하는 행위 • 둘 이상의 금융투자업자와 투자권유 위탁계약을 체결하는 행위 • 보험설계사가 소속보험사가 아닌 보험사와 투자권유 위탁계약을 체결하는 행위 • 위탁계약을 체결한 금융투자업자가 이미 발행한 주식의 매수 또는 매도를 권유하는 행위 등

정답 | ④

27

투자매매업자 또는 투자중개업자의 스캘핑은 금지되는 것이 원칙이나 예외적으로 허용되는 경우가 있다. 다음 중 예외적으로 허용되는 경우와 거리가 먼 것은?

① 고객의 매수주문정보를 이용하여 고객의 주문 체결 전에 제3자에게 해당 주식의 매수를 권유한 경우
② 조사분석자료의 내용이 직·간접으로 특정 금융투자상품의 매매를 유도하는 것이 아닌 경우
③ 조사분석자료의 공표로 인한 매매유발이나 가격변동을 의도적으로 이용했다고 볼 수 없는 경우
④ 해당 조사분석자료가 이미 공표한 조사분석자료와 비교하여 새로운 내용을 담고 있지 않은 경우

TIP 선행매매로 금지되는 행위이다.

핵심포인트 해설 **주요 불건전 영업행위**

선행매매	• 원칙 : 투자매매·중개업자의 [선행매매] 금지 ↳ 고객의 주문 체결 전에 자기계산으로 매매하는 행위 • 예 외 · 투자자의 매매주문정보를 이용하지 않았음을 입증하는 경우 · 차익거래, 그 밖에 이에 준하는 거래로 투자정보를 의도적으로 이용하지 않았다는 사실이 객관적으로 명백한 경우
스캘핑	• 원칙 : 투자매매·중개업자의 [스캘핑] 금지 ↳ 조사분석자료 공표 후 24시간이 경과하기 전에 자기계산으로 매매하는 행위 • 예 외 · 조사분석자료의 내용이 직·간접으로 특정 금융투자상품의 매매를 유도하는 것이 아닌 경우 · 조사분석자료의 공표로 인한 매매유발이나 가격변동을 의도적으로 이용했다고 볼 수 없는 경우 · 공표된 조사분석자료의 내용을 이용하여 매매하지 않았음을 증명하는 경우 · 해당 조사분석자료가 이미 공표한 조사분석자료와 비교하여 새로운 내용을 담고 있지 않은 경우
일임매매	• 원칙 : 투자매매·중개업자의 일임매매 금지 • 예 외 · 투자일임업의 형태로 하는 경우 · 투자중개업자가 투자자의 매매주문을 받아 이를 처리하는 과정에서 투자판단의 전부나 일부를 일임 받을 필요가 있는 경우

정답 | ①

28

투자매매업자 또는 투자중개업자의 불건전 영업행위와 가장 거리가 먼 것은?

① 증권의 모집 또는 매출과 관련된 계약체결일로부터 그 증권이 최초 상장된 후 40일 이내에 그 증권에 대한 조사분석자료를 공표하거나 특정인에게 제공하는 행위
② 조사분석자료 작성담당자에 대하여 일정한 기업금융업무와 연동된 성과보수를 지급하는 행위
③ 투자자에게 해당 투자매매업자 또는 투자중개업자가 발행한 자기주식의 매매를 권유하는 행위
④ 투자자로부터 상장 집합투자증권을 매수하거나 그 중개·주선 또는 대리하는 행위

TIP 투자자로부터 상장 집합투자증권을 매수하거나 그 중개·주선 또는 대리하는 행위는 허용된다.

핵심포인트 해설 **투자매매업자 또는 투자중개업자의 불건전 영업행위**

조사분석자료 관련 금지행위	• 조사분석자료 작성자에 대한 성과보수 금지 • 모집·매출과 관련된 조사분석자료의 공표 및 제공 금지
기타 불건전 영업행위 금지사항	• 투자권유대행인·투자권유자문인력 이외의 자에 의한 투자권유 행위는 금지됨 • 투자자정보를 파악한 결과 판매상품이 부적합하다고 판단되는 사람 또는 65세 이상인 사람을 대상으로 금융투자상품을 판매하는 경우, 판매과정을 녹취하지 않거나 숙려기간을 주지 않는 행위는 금지됨 • 투자자에게 해당 투자매매업자 또는 투자중개업자가 발행한 자기주식의 매매를 권유하는 행위는 금지됨 • 투자자로부터 집합투자증권(상장 집합투자증권은 제외)을 매수하거나 그 중개·주선 또는 대리하는 행위는 금지됨

정답 | ④

파생상품II

제 4 과목

해커스 파생상품투자권유자문인력 최종핵심정리문제집

투자매매업자(또는 투자중개업자)**의 신용공여 규제에 대한 설명으로 잘못된 것은?**

① 신용공여의 구체적인 기준, 담보비율, 징수방법 등은 금융위원회의 규정으로 정한다.

② 신용공여행위는 투자매매업자(또는 투자중개업자)의 고유업무는 아니지만, 증권과 관련된 경우 예외적으로 허용한다.

③ 증권의 인수일부터 3개월 이내에 투자자에게 그 증권을 매수하게 하기 위하여 그 투자자에게 신용공여를 하는 것이 허용된다.

④ 위반 시 금융위원회는 회사 및 임직원에 대하여 행정조치를 할 수 있으나 투자매매업자(또는 투자중개업자)에 대한 형사처벌은 할 수 없다.

TIP 증권의 인수일부터 3개월 이내에 투자자에게 그 증권을 매수하게 하기 위하여 그 투자자에게 신용공여를 하는 것은 금지된다.

핵심포인트 해설 **투자매매업자(또는 투자중개업자)의 신용공여 규제**

의의 및 종류	• 의의 : 증권과 관련하여 금전의 융자 또는 증권대여의 방법으로 투자자에게 신용을 공여하는 것 • 종류 : 청약자금대출, 신용거래융자 및 신용거래대주, 예탁증권 담보융자
약정체결	• 투자자와 신용공여에 관한 약정을 체결해야 하고 서명 및 본인확인 요함 • 신용거래 수탁 시 신용거래계좌를 설정해야 함
공여한도	• 총 신용규모한도는 자기자본 범위 이내 • 신용공여 종류별 구체적인 한도는 금융위원장이 따로 정할 수 있음
담보징구	• 청약자금대출 : 청약하여 배정받은 증권을 담보로 징구 • 신용거래융자 : 매수한 주권 또는 ETF를 담보로 징구 • 신용거래대주 : 매도대금을 담보로 징구 • 예탁증권담보융자 : 예탁증권을 담보로 징구
담보비율	• 신용공여금액의 140%
신용거래 제한	• 신용거래 가능증권 : 상장주권(증권예탁증권 포함), ETF • 거래소가 투자경고종목, 투자위험종목, 관리종목으로 지정한 증권 등은 신용거래 불가
인수증권 신용공여 제한	• 투자매매업자는 증권의 인수일로부터 3개월 이내에 투자자에게 그 증권을 매수하게 하기 위해 그 투자자에게 신용공여를 할 수 없음

정답 | ③

투자매매업자 또는 투자중개업자의 신용공여에 대한 설명으로 잘못된 것은?

① 투자매매업자 또는 투자중개업자의 총신용공여 규모는 총자산의 범위 이내로 한다.
② 신용거래대주 시 매도대금을 담보로 징구한다.
③ 담보비율은 신용공여금액의 140% 이상에 상당하도록 설정한다.
④ 정한 납입기일까지 신용공여와 관련한 이자·매매수수료 및 제세금 등을 납입하지 않았을 때 담보증권을 임의처분하여 채무변제에 충당할 수 있다.

TIP 투자매매업자 또는 투자중개업자의 총신용공여 규모는 자기자본 범위 이내로 한다.

핵심포인트 해설 **투자매매업자 또는 투자중개업자의 신용공여에 대한 규제**

	대출
신용공여 개요 (제4-22조)	• 투자매매업자 또는 투자중개업자가 투자자로부터 신용거래를 수탁받은 경우 신용거래계좌 설정 • 신용공여 회사별 한도 : 자기자본 범위 내 • 신용공여 종류별 한도 : 금융위원장이 따로 결정할 수 있음
담보증권의 평가 (제4-26조)	• 청약하여 취득하는 주식 : 취득가액 • 상장주권(증권예탁증권 포함) 또는 ETF : 당일 종가 • 상장채권 및 공모파생결합증권(주가연계증권에 한함) : 2 이상의 채권평가회사가 제공하는 가격정보를 기초로 투자매매업자 또는 투자중개업자가 산정한 가격 • 집합투자증권 : 당일에 고시된 기준가격
임의상환방법	• 임의처분하여 채무변제에 충당할 수 있는 경우 · 상환기일 이내에 상환하지 아니하였을 때 · 정한 납입기일까지 담보를 추가로 납입하지 않았을 때 · 정한 납입기일까지 신용공여와 관련한 이자·매매수수료 및 제세금 등을 납입하지 않았을 때 • 증권을 처분하는 경우에는 투자자와 사전에 합의한 방법에 따라 호가를 제시하여야 함 • 처분대금은 처분제비용, 연체이자, 이자, 채무원금의 순서로 충당함

정답 | ①

투자자예탁금의 별도 예치에 대한 설명 중 잘못된 것은?

① 투자매매업자(또는 투자중개업자)는 투자자예탁금을 고유재산과 구분하여 증권금융에 예치 또는 신탁업자에 신탁해야 한다.

② 누구든지 투자자예탁금을 상계 또는 압류할 수 없다.

③ 예치금융투자업자의 인가취소는 투자자예탁금의 우선지급사유에 해당한다.

④ 투자매매업자는 금융투자상품의 매매에 따라 보관하게 되는 투자자 소유의 증권을 증권금융에 지체 없이 예탁해야 한다.

TIP 투자자 소유의 증권을 '예탁결제원'에 지체 없이 예탁해야 한다.

핵심포인트 해설	투자매매업자(또는 투자중개업자)의 투자자예탁금 관리

별도 예치의무 (법 제74조)	• 투자매매업자 등은 투자자예탁금을 고유재산과 구분하여 증권금융에 예치 또는 신탁해야 함 • 겸영금융투자업자 중 은행 및 보험회사는 신탁업자에게 신탁 가능
상계·압류 금지	• 누구든지 투자자예탁금을 상계 또는 압류할 수 없음 • 예탁기관에 예탁된 투자자예탁금은 양도 또는 담보로 제공이 불가함
투자자예탁금의 우선지급 사유	• 예치금융투자업자의 인가취소, 해산결의, 파산선고 등 • 투자매매업 또는 투자중개업 전부 양도·폐지가 승인된 경우 및 전부 정지명령을 받은 경우
투자자예탁증권의 예탁	• 투자매매업자(또는 투자중개업자)는 금융투자상품의 매매, 그 밖의 거래에 따라 보관하게 되는 투자자 소유의 증권을 예탁결제원에 지체 없이 예탁하여야 함(법 제75조)

정답 | ④

32

금융투자업자의 임직원이 특정 금융투자상품을 매매하는 경우 하나의 투자중개업자를 통하여 자기명의로 해야 하는 등의 규제가 있다. 다음 중 이러한 규제가 적용되는 특정 금융투자상품과 거리가 먼 것은?

① 집합투자증권
② 상장지분증권
③ 주권 관련 사채권
④ 장외파생상품

TIP 집합투자증권은 금융투자업자의 임직원 매매 시 규제와 거리가 멀다.

핵심포인트 해설 | **금융투자업자의 계약서류 교부 등**

계약서류 교부	• 원칙 : 투자자와 계약체결 후 지체 없이 교부해야 함
	• 예 외
	  · 기본계약은 체결하고 그 계약내용에 따라 금융투자상품을 계속적·반복적으로 거래하는 경우
	  · 투자자가 거부의사를 서면으로 표시한 경우
	  · 투자자의 서면의사 표시에 따라 우편이나 전자우편으로 제공하는 경우

계약의 해제	• 투자자문계약을 체결한 투자자는 계약서류 교부받은 날부터 7일 이내에 계약을 해제할 수 있음
임직원의 특정 금융투자상품 매매	• 자기명의로 하나의 투자중개업자를 통해 매매해야 함 • 매매명세를 분기별(주요직무종사자는 월별)로 소속회사에 통지해야 함 • 적용범위 : 상장지분증권, 협회중개시장 지분증권, 상장DR, 주권 관련 사채권, 파생결합증권, 장내파 생상품, 장외파생상품

외국 금융투자업자의
특례
	• 외국 금융투자업자의 지점·영업소의 영업기금 및 전입금은 자본금으로 보고, 자본금·적립금·이월이
	  익잉여금의 합계액은 자기자본으로 보며, 국내 대표자는 임원으로 봄
	• 외국 금융투자업자의 지점·영업소는 영업기금과 부채액의 합계액에 상당하는 자산을 국내에 두어
	  야 함
	• 외국 금융투자업자의 지점·영업소가 청산·파산하는 경우 국내 자산은 국내 채무변제에 우선 충당
	  해야 함

정답 | ①

33

회사에 근무하는 직원 중 미공개 중요정보를 알 수 있는 자로 인정하기 힘든 자는?

① 재무를 담당하는 과장
② 생산을 담당하는 차장
③ 기획을 담당하는 부장
④ 연구개발을 담당하는 팀장

TIP 미공개 중요정보를 알 수 있는 자는 회사의 모든 임직원이 아니라 회사에 근무하는 직원 중 재무, 회계, 기획, 연구개발, 공시 담당부서에서 근무하는 직원만 인정된다.

핵심포인트 해설　　　**미공개정보 이용(내부자거래) 규제 (1)**

(1) 의 의
　① 협의 : 상장법인의 내부자 등이 회사의 미공개 중요정보를 당해 회사의 증권거래에 이용하는 것
　② 광의 : 협의 + 미공개 중요정보의 사적 이용행위를 예방할 수 있는 제반 공시제도

(2) 자본시장법상 내부자거래 규제
　① 미공개 중요정보 이용행위 금지
　② 공개매수 관련 정보 이용행위 금지
　③ 대량취득·처분 관련 정보 이용행위 금지
　④ 단기매매차익 반환제도
　⑤ 임원 및 주요주주의 특정 증권 등 상황보고제도
　⑥ 장내파생상품 대량보유 보고제도

(3) 규제대상자
　① 내부자
　　㉠ 해당법인(계열사 포함)·그 임직원·대리인으로서 미공개 중요정보를 알게 된 자
　　㉡ 해당법인(계열사 포함)의 주요 주주로서 미공개 중요정보를 알게 된 자
　② 준내부자
　　㉢ 해당법인에 대하여 법령에 따른 인허가 등 권한을 가진 자로서 미공개 중요정보를 알게 된 자
　　㉣ 해당법인과 계약체결하고 있거나 체결을 교섭하고 있는 자로서 미공개 중요정보를 알게 된 자
　　㉤ ㉡~㉣에 해당하는 자의 대리인·사용인·그 밖의 종업원으로서 미공개 중요정보를 알게 된 자
　③ 정보수령자 : ㉠~㉣에 해당하는 자로부터 미공개 중요정보를 받은 자

정답 | ②

34

자본시장법상 미공개 중요정보 이용행위 금지에 대한 규정으로 잘못된 것은?

① 내부자가 업무와 관련된 미공개 중요정보를 특정 증권 등의 매매, 그 밖의 거래에 이용하거나 타인에게 이용하게 하는 행위는 금지된다.
② 내부자거래 규제대상의 특정 증권 등에는 파생결합증권도 포함된다.
③ 적용대상 법인은 상장법인뿐만 아니라 6개월 내 상장예정인 법인도 포함된다.
④ 규제대상자는 내부자뿐만 아니라 준내부자, 정보수령자도 포함된다.

TIP 내부자거래 규제대상 특정 증권 등에 채무증권, 수익증권, 파생결합증권 등은 제외된다.

핵심포인트 해설   **미공개정보 이용(내부자거래) 규제 (2)**

(1) 미공개 중요정보의 의미
① 투자자의 투자판단에 중대한 영향을 미칠 수 있는 정보
② 대통령령으로 정하는 방법에 따라 불특정 다수인이 알 수 있도록 공개되기 전의 것

(2) 적용대상 법인
① 상장법인
② 6개월 내 상장예정 법인

(3) 적용대상 증권
① 상장법인 발행 증권(채무증권, 수익증권, 파생결합증권 제외)
② 상장법인 발행 증권과 관련된 증권예탁증권
③ 상장법인 외의 자가 발행한 것으로서 ① 또는 ②의 증권과 교환을 청구할 수 있는 교환사채권
④ ①~③까지의 증권만을 기초자산으로 한 금융투자상품

정답 | ②

내부자의 단기매매차익 반환제도에 대한 설명으로 잘못된 것은?

① 내부자가 미공개 중요정보를 이용한 경우에 한하여 특정 증권 등의 단기매매차익을 회사에 반환하도록 하는 제도이다.

② 반환대상자에 그 법인의 연구개발에 관련된 업무에 종사하는 직원도 포함된다.

③ 반환대상은 특정 증권 등을 매수 후 6개월 이내에 매도하여 얻은 이익 또는 특정 증권 등을 매도 후 6개월 이내에 매수하여 얻은 이익이다.

④ 주권상장법인이 모집·매출하는 특정 증권 등을 인수한 투자매매업자에 대하여 단기매매차익제도를 준용한다.

TIP 내부자에 대하여 미공개 중요정보 이용 여부와 관계없이 특정 증권 등의 단기매매차익을 회사에 반환하도록 하는 제도이다.

핵심포인트 해설 | **내부자의 단기매매차익 반환제도(법 제172조)**

의 의	• 내부자에 대하여 미공개 중요정보의 이용 여부와 관계없이 특정 증권 등의 단기매매차익을 회사에 반환하도록 하는 제도
반환대상자	• 주요주주, 임원 • 다음에 해당하는 직원 중 미공개 중요정보를 알 수 있는 자 · 그 법인에서 주요보고사항의 수립·변경·추진, 그 밖에 이에 관련된 업무에 종사하고 있는 직원 · 그 법인의 재무·회계·기획·연구개발에 관련된 업무에 종사하는 직원
반환대상	• 특정 증권 등을 매수 후 6개월 이내에 매도하여 얻은 이익 • 특정 증권 등을 매도 후 6개월 이내에 매수하여 얻은 이익
공시대상	• 증선위는 단기매매차익의 발생 사실을 알게 된 경우 이를 해당 법인에 통보. 이 경우 그 법인은 통보받은 내용을 인터넷 홈페이지에 공시해야 함
준 용	• 주권상장법인이 모집·사모·매출하는 특정 증권 등을 인수한 투자매매업자에 대하여 단기매매차익제도를 준용함

정답 | ①

36

자본시장법상 공개매수 관련 정보의 이용행위 금지 규정이 적용되는 대상자와 가장 거리가 먼 사람은?

① 공개매수예정자의 계열사
② 공개매수예정자의 주요주주
③ 공개매수예정자의 종업원
④ 공개매수예정자의 4촌 이내 친인척

TIP 공개매수예정자의 4촌 이내 친인척이라고 하여 규제대상자가 되는 것은 아니다.

핵심포인트 해설 **공개매수 관련 정보의 이용행위 금지(법 제174조②)**

(1) 의의
주식 등에 대한 공개매수 실시 또는 중지에 관한 미공개정보를 특정 증권 등의 매매, 그 밖의 거래에 이용하거나 타인에게 이용하게 하는 행위는 금지됨

(2) 규제대상자
아래에 해당하는 자로서 공개매수 관련 미공개정보를 알게 된 자
① 공개매수예정자(계열사 포함) 및 공개매수예정자의 임직원·대리인
② 공개매수예정자의 주요주주
③ 공개매수예정자에 대하여 법령에 따른 허가·인가·지도·감독, 그 밖의 권한을 가지는 자
④ 공개매수예정자와 계약을 체결하고 있거나 체결을 교섭하고 있는 자
⑤ ②~④에 해당하는 자의 대리인·사용인, 그 밖의 종업원
⑥ ①~⑤에 해당하는 자로부터 공개매수의 실시·중지에 관한 미공개정보를 받은 자

정답 | ④

자본시장법 제174조 3항은 주식 등의 대량취득·처분의 실시·중지에 관한 미공개정보를 그 주식 등과 관련된 특정 증권 등의 매매, 그 밖의 거래에 이용하거나 타인에게 이용하게 하는 행위를 금지하고 있다. 다음 중 대량취득·처분의 요건과 거리가 먼 것은?

① 회사나 그 임원에 대하여 사실상 영향력을 행사할 목적의 취득일 것
② 금융위원회가 정하는 고시비율 이상의 대량취득·처분일 것
③ 그 취득·처분이 5% 보고대상에 해당할 것
④ 대량취득·처분으로 인하여 일반투자자에게 손해를 끼쳤을 것

TIP 대량취득·처분으로 인하여 일반투자자에게 손해를 끼쳐야 하는 것은 아니다.

핵심포인트 해설	대량취득 및 처분 관련 정보 이용행위 금지(법 제174조③)
의 의	• 주식 등의 대량취득·처분의 실시·중지에 관한 미공개정보를 그 주식 등과 관련된 특정 증권 등의 매매, 그 밖의 거래에 이용하거나 타인에게 이용하게 하는 행위는 금지됨
신규도입 취지	• 대량거래정보를 공개매수뿐만 아니라 경영권에 영향을 미칠 수 있는 대량취득·처분으로 확대하여 규제의 실효성을 강화함
규제대상자	• 내부자, 준내부자, 정보수령자
대량취득·처분의 요건	• 회사나 그 임원에 대하여 사실상 영향력을 행사할 목적의 취득 • 금융위원회가 정하는 고시비율 이상의 대량취득·처분일 것 • 그 취득·처분이 5% 보고대상에 해당할 것
준 용	• 특정 증권 등의 범위, 공개 여부 판단기준 등은 공개매수 규제 규정을 준용함

정답 | ④

38

자본시장법상 임원 및 주요주주의 특정 증권 등 소유상황 규제에 대한 설명으로 잘못된 것은?

① 임원 또는 주요주주는 임원 또는 주요주주가 된 날부터 5일 이내에 누구의 명의로 하든지 자기의 계산으로 소유하고 있는 특정 증권 등의 소유상황을 보고해야 한다.

② 임원 또는 주요주주는 그 특정 증권 등의 소유상황에 변동이 있는 경우 그 변동이 있는 날부터 5일까지 그 내용을 보고해야 한다.

③ 임원 및 주요주주의 특정 증권 등 소유상황은 금융위원회와 금융투자협회에 보고해야 한다.

④ 주주총회에서 임원으로 선임된 경우 소유상황 보고 기준일은 그 선임일이다.

TIP 임원 및 주요주주의 특정 증권 등 소유상황은 증권선물위원회와 거래소에 보고해야 한다.

핵심포인트 해설 **임원 및 주요주주의 특정 증권 등 소유상황 보고(법 제173조)**

의 의	• 신규보고 : 임원 또는 주요주주는 임원 또는 주요주주가 된 날부터 5일 이내에 누구의 명의로 하든지 자기의 계산으로 소유하고 있는 특정 증권 등의 소유상황을 보고해야 함 • 변동보고 : 그 특정 증권 등의 소유상황에 변동이 있는 경우에는 그 변동이 있는 날부터 5영업일까지 그 내용을 대통령령으로 정하는 방법에 따라 각각 증권선물위원회와 거래소에 보고해야 함
보고서 기재사항	• 보고자 • 해당 주권상장법인 • 특정 증권 등의 종류별 소유현황 및 그 변동에 관한 사항
소유상황 보고 기준일	• 주주총회에서 임원으로 선임된 경우 : 그 선임일 • 상법 제401조의2의 1항 각 호의 자인 경우 : 해당 지위를 갖게 된 날 • 주식 취득 등으로 주요주주가 된 경우 : 그 취득 등을 한 날 • 주권이 증권시장에 상장된 경우 : 그 상장일 • 비상장법인의 임원 또는 주요주주가 합병, 분할합병 또는 주식의 포괄적 교환·이전으로 주권상장법인의 임원이나 주요주주가 된 경우 : 그 합병, 분할합병, 포괄적 교환·이전으로 인하여 발행된 주식의 상장일

정답 | ③

자본시장법상 장내파생상품의 대량보유 보고에 대한 설명 중 잘못된 것은?

① 동일 품목의 장내파생상품을 금융위원회가 정하여 고시하는 수량 이상 보유하게 된 자는 그날부터 5일 이내에 그 보유 상황을 금융위원회와 거래소에 보고해야 한다.
② 보유 수량이 금융위원회가 정하여 고시하는 수량 이상으로 변동된 경우에도 보고해야 한다.
③ 보고내용에 해당 장내파생상품을 보유하게 된 시점이나 가격은 포함되지 않는다.
④ 장내파생상품의 기초자산의 중개·유통 또는 검사와 관련된 업무에 종사하는 자는 정보 누설금지 대상자에 포함된다.

TIP 보고내용에는 해당 장내파생상품을 보유하게 된 시점, 가격도 포함된다.

핵심포인트 해설   **장내파생상품의 대량보유 보고(법 제173조2①)**

의 의	• 신규보고 : 동일 품목의 장내파생상품을 금융위원회가 정하여 고시하는 수량 이상 보유하게 된 자는 그날부터 5일 이내에 그 보유 상황, 그 밖에 대통령령으로 정하는 사항을 대통령령으로 정하는 방법에 따라 금융위원회와 거래소에 보고하여야 함 • 변동보고 : 그 보유 수량이 금융위원회가 정하여 고시하는 수량 이상으로 변동된 경우에는 그 변동된 날부터 5일 이내에 그 변동 내용을 대통령령으로 정하는 방법에 따라 금융위원회와 거래소에 보고하여야 함
보고내용	• 대량보유자 및 그 위탁을 받은 금융투자업자에 관한 사항 • 해당 장내파생상품의 품목 및 종목 • 해당 장내파생상품을 보유하게 된 시점, 가격, 수량 • 위와 관련된 사항으로 금융위원회가 정하는 사항
파생상품 관련 정보의 누설금지 대상자	• 장내파생상품의 시세에 영향을 미칠 수 있는 정책을 입안·수립 또는 집행하는 자 • 장내파생상품의 시세에 영향을 미칠 수 있는 정보를 생성·관리하는 자 • 장내파생상품의 기초자산의 중개·유통 또는 검사와 관련된 업무에 종사하는 자

정답 | ③

40

자본시장법상 시세조종행위의 유형과 거리가 먼 것은?

① 통정매매
② 안정조작
③ 현·선연계
④ 헤지거래

TIP 헤지거래는 정상적인 거래로 시세조종행위와 거리가 멀다.

핵심포인트 해설 **시세조종행위 유형 및 규제(법 제176조)**

의 의	• 시장에서 자연스럽게 형성되어야 할 상장증권 또는 장내파생상품의 가격과 거래동향을 인위적으로 변동시킴으로써 부당이득을 취하는 행위를 금지함
위장거래	• 통정매매(증권 또는 장내파생상품을 서로 짜고 하는 매매) 금지 • 가장매매(권리의 이전을 목적으로 하지 않고 거짓으로 꾸민 매매) 금지
현실거래	• 매매가 성황을 이루는 듯이 잘못 알게 하는 행위 금지 • 그 시세를 변동시키는 매매·위탁·수탁행위 금지
허위표시	• 시세가 자기 또는 타인의 시장 조작에 의해 변동한다는 말을 유포하는 행위 금지 • 매매 시 중요한 사실에 관하여 거짓의 표시 또는 오해를 유발시키는 표시를 하는 행위 금지
가격고정 또는 안정조작	• 상장증권 또는 장내파생상품의 시세를 고정·안정시키는 매매·위탁·수탁행위 금지
현·선 및 현·현연계	• 장내파생상품 매매에서 부당한 이익을 얻기 위해 기초자산의 시세를 변동 또는 고정시키는 현·선연계 시세조종행위 금지 • 증권 매매에서 부당한 이익을 얻기 위해 그 증권과 연계된 증권의 시세를 변동 또는 고정시키는 현·현연계 시세조종행위 금지

정답 | ④

자본시장법상 시세관여 교란행위 규제에 대한 설명으로 잘못된 것은?

① 매매유인이나 부당이득의 목적으로 시세에 부당한 영향을 줄 우려가 있는 경우에만 규제할 수 있다.
② 거래성립 가능성이 희박한 호가를 대량으로 제출하거나 호가를 제출한 후 해당 호가를 반복적으로 정정·취소하는 것도 시세관여 교란행위에 해당된다.
③ 권리이전을 목적으로 하지 않고 거짓으로 꾸민 매매는 시세관여 교란행위에 해당된다.
④ 시세관여 교란행위에 대하여 5억원 이하의 과징금을 부과할 수 있고, 위반행위로 얻은 이익의 1.5배가 5억원이 넘는 경우 그 금액 이하의 과징금을 부과할 수 있다.

TIP 매매유인이나 부당이득의 목적이 없다고 할지라도 시세에 부당한 영향을 줄 우려가 있다고 판단되면 과징금을 부과할 수 있다.

핵심포인트 해설　　**시장질서 교란행위 규제(법 제178조2)**

(1) 의 의
시장질서 교란행위를 정보이용 교란행위와 시세관여 교란행위로 구분하여 위반 시 과징금을 부과할 수 있도록 함

(2) 정보이용 교란행위
① 규제대상자 확대 : 2차 이상의 다차 정보수령자의 미공개정보이용, 외부정보이용, 해킹 등 부정한 방법으로 취득한 정보이용 등을 규제함
② 규제대상 행위 : 상장증권, 장내파생상품 또는 이를 기초자산으로 하는 파생상품의 매매, 그 밖의 거래에 미공개정보를 이용하거나 타인에게 이용하게 하는 행위를 금지함
③ 규제대상자
　㉠ 내부자로부터 나온 미공개중요정보 또는 미공개정보인 것을 알면서 이를 받거나 전득한 자
　㉡ 직무와 관련하여 미공개정보를 생산하거나 알게 된 자
　㉢ 해킹, 절취, 기망, 협박 등 부정한 방법으로 정보를 알게 된 자
　㉣ ㉡과 ㉢의 자들로부터 나온 정보인 줄 알면서 이를 받거나 전득한 자

(3) 시세관여 교란행위
① 규제범위 확대 : 매매유인이나 부당이득의 목적이 없다고 할지라도 시세에 부당한 영향을 줄 우려가 있다고 판단되면 과징금을 부과할 수 있음
② 규제대상 행위
　㉠ 거래 성립 가능성이 희박한 호가를 대량으로 제출하거나 호가를 제출한 후 해당 호가를 반복적으로 정정·취소하는 행위
　㉡ 권리의 이전을 목적으로 하지 않지만 거짓으로 꾸민 매매
　㉢ 손익이전·조세회피목적으로 타인과 서로 짜고 하는 매매
　㉣ 풍문유포·거짓계책으로 가격에 오해유발 또는 왜곡할 우려가 있는 행위

(4) 과징금
5억원 이하의 과징금을 부과할 수 있음

정답 | ①

42

금융투자협회가 비상장주권의 장외거래에 관한 업무를 수행하는 경우 거래기준에 대한 설명 중 잘못된 것은?

① 금융투자협회는 주권종목, 매매호가와 그 수량을 공표해야 한다.
② 동시에 다수의 자를 당사자로 하여 당사자가 매매하고자 제시하는 매도호가와 매수호가가 일치하는 경우에는 그 가격으로 매매거래를 체결시켜야 한다.
③ 매매거래대상 주권의 지정·해제기준, 매매 및 결제방법 등에 관한 업무기준을 금융위원회에 보고하고 이를 일반인이 알 수 있도록 공표해야 한다.
④ 환매수 또는 환매도하는 날을 정해야 한다.

TIP 환매조건부매매의 경우에 준수해야 할 기준이며, 비상장주권의 장외거래에 적용되는 기준은 아니다.

핵심포인트 해설　　**장외거래 기준**

비상장주권의 장외거래 (금융투자협회 기준)	• 주권의 종목, 매매호가와 그 수량을 공표할 것 • 동시에 다수의 자를 당사자로 하여 당사자가 매매하고자 제시하는 매도호가와 매수호가가 일치하는 경우에는 그 가격으로 매매거래를 체결시킬 것 • 매매거래대상 주권의 지정·해제기준, 매매 및 결제방법 등에 관한 업무기준을 금융위원회에 보고하고 이를 일반인이 알 수 있도록 공표할 것
증권대차거래	• 금융위원회가 고시하는 방법에 따라 차입자로부터 담보를 받을 것 • 대상증권의 인도와 담보제공을 동시에 이행할 것 • 증권의 대차거래내역을 협회를 통해 당일 공시할 것
기업어음증권의 장외거래	• 둘 이상의 신용평가업자로부터 신용평가를 받은 기업어음증권일 것 • 기업어음증권에 대하여 직접 또는 간접의 지급보증을 하지 아니할 것

정답 | ④

환매조건부매매를 하는 경우 준수사항과 거리가 먼 것은?

① 국채, 지방채, 특수채, 그 밖에 금융위원회가 정하여 고시하는 증권을 대상으로 할 것
② 매매가격은 시장에서 정해지는 시가로 할 것
③ 환매수 또는 환매도하는 날을 정할 것
④ 환매조건부매도를 한 증권의 보관 및 교체에 관하여 금융위원회가 정하여 고시하는 기준을 따를 것

용어 알아두기

특수채	한국토지공사·한국도로공사 등과 같이 특별법에 의해 설립된 특별법인이 특별법에 따라 자금조달을 목적으로 발행하는 채권을 말한다.

TIP 금융위원회가 정하여 고시하는 매매가격으로 매매하여야 한다.

핵심포인트 해설　　**채권의 장외거래**

(1) 채권중개전문회사가 증권시장 외에서 중개업무를 하는 경우 준수사항
① 전문투자자, 체신관서, 그 밖에 금융위원회가 고시한 자 간의 매매의 중개일 것
② 동시에 다수의 자를 각 당사자로 하여 당사자가 매매하고자 제시하는 채무증권의 종목, 매수·매도호가와 그 수량을 공표할 것
③ 채무증권의 종목별로 당사자 간의 매도·매수호가가 일치하는 가격으로 매매를 체결시킬 것
④ 업무방법 등이 금융위원회가 정하여 고시하는 기준을 충족할 것

(2) 환매조건부매매를 하는 경우 준수사항
① 국채, 지방채, 특수채, 그 밖에 금융위원회가 정하여 고시하는 증권을 대상으로 할 것
② 금융위원회가 정하여 고시하는 매매가격으로 매매할 것
③ 환매수 또는 환매도하는 날을 정할 것
④ 환매조건부매도를 한 증권의 보관 및 교체에 관하여 금융위원회가 정하여 고시하는 기준을 따를 것

정답 | ②

44

금융감독원의 금융기관 검사에 대한 설명으로 잘못된 것은?

① 대부분의 종합검사는 서면검사의 방법으로 실시하며 원칙적으로 검사결과에 대한 조치는 금융감독원장이 한다.

② 금융기관업무 외에 재산상황에 대하여도 검사할 수 있다.

③ 자본시장법에 의한 조치 및 명령은 증선위의 사전 심의를 거쳐 조치한다.

④ 임직원이 2회 이상 주의조치를 받고도 3년 이내에 다시 주의조치에 해당하는 행위를 한 경우에는 제재를 가중할 수 있다.

용어 알아두기

명의개서	주주명부에 주주의 성명과 주소를 기재하는 것을 명의개서라 하며 주권을 새로 취득한 사람이 언제든지 할 수 있다.

TIP 대부분의 종합검사는 현장검사의 방법으로 실시하며, 검사결과에 대한 조치는 원칙적으로 금융위원회의 심의 및 의결을 거쳐 이루어진다. 다만 금융감독원장에게 위임한 사항에 대하여는 금융감독원장이 직접 조치할 수 있다.

핵심포인트 해설 **금융감독원의 금융기관 검사**

대상기관	• 은행, 금융투자업자, 증권금융회사, 종합금융회사, 명의개서대행회사 • 보험사, 상호저축은행, 신협, 여신전문금융회사 및 겸영여신업자, 농·수협 등
검사방법	• 검사구분 : 종합검사, 부분검사 • 검사방법 : 현장검사(대부분 종합검사는 현장검사의 방법으로 실시), 서면검사
검사절차	• 사전조사 : 검사를 위한 자료파악 • 검사실시 : 관련문서 징구, 관련자 진술 청취 등 • 결과보고 : 위법, 부당한 사항 적출 보고 • 검사결과조치 : 경고, 문책 등 • 사후관리 : 시정사항 이행보고 등
검사결과의 처리	• 금융감독원장은 검사결과를 검사서에 의하여 금융기관에 통보하고 필요한 조치를 취하거나 금융기관장에게 이를 요구할 수 있음 • 검사결과 조치는 금융위원회의 심의 및 의결을 거쳐 조치하고, 금융감독원장 위임사항은 금융감독원장이 직접 조치함 • 금융투자업자 또는 그 임직원에 대한 과태료 부과 가능 • 자본시장법에 의한 조치 및 명령은 증선위의 사전심의를 거쳐 조치함
제재효과	• 제재를 받은 금융기관의 임원은 일정 기간 임원 선임의 제한을 받음 • 임직원이 2회 이상 주의조치를 받고도 3년 이내에 다시 주의조치에 해당하는 행위를 한 경우에는 제재를 가중할 수 있음

정답 | ①

자본시장 조사업무규정에 의한 조사대상이 되는 행위와 거리가 먼 것은?

① 미공개정보이용행위
② 단기매매차익행위
③ 상장법인 공시위반행위
④ 임직원의 회사재산횡령행위

TIP 임직원의 회사재산횡령행위는 조사업무규정의 조사대상이 아니라 형법상 조사대상이다.

핵심포인트 해설 **자본시장 조사업무**

의 의	• 협의 : 시세조종 등 불공정행위에 대한 조사업무 • 광의 : 법령·규정 위반 여부 또는 투자자보호를 위해 필요하다고 인정되는 사항을 조사하여 필요한 조치를 취하는 업무
조사대상	• 금융위원회 및 금융감독원 업무와 관련하여 위법행위 혐의가 발견된 경우 • 한국거래소로부터 위법행위 혐의사실을 이첩받은 경우 • 각 급 검찰청의 장으로부터 위법행위에 대한 조사를 요청받거나 그 밖의 행정기관으로부터 위법행위의 혐의사실을 통보받은 경우 • 위법행위에 관한 제보를 받거나 조사를 의뢰하는 민원을 접수한 경우 • 기타 공익 및 투자자보호를 위하여 조사의 필요성이 인정되는 경우 • 주요 대상 : 미공개정보이용행위, 불공정거래행위, 내부자단기매매차익, 상장법인 공시의무 위반, 특정증권 등 소유 및 변동사항 보고 위반, 주식대량보유보고 위반 등
면제대상	• 당해 위법행위에 대한 충분한 증거가 확보되어 있고 다른 위법행위가 발견되지 않은 경우 • 당해 위법행위와 함께 다른 위법행위의 혐의가 있으나 그 혐의내용이 경미하여 조사의 실익이 없다고 판단되는 경우 • 공시자료, 언론보도 등에 의하여 알려진 사실이나 풍문만을 근거로 조사를 의뢰하는 경우 • 민원인의 사적인 이해관계에서 당해 민원이 제기된 것으로 판단되는 등 공익 및 투자자 보호와 직접적인 관련성이 적은 경우 • 당해 위법행위에 대한 제보가 익명 또는 가공인 명의의 진정·탄원·투서 등에 의해 이루어지거나 그 내용이 조사단서로서의 가치가 없다고 판단되는 경우 • 당해 위법행위나 동일한 사안에 대하여 검찰이 수사를 개시한 사실이 확인된 경우
조사결과 조치	• 형사제재 : 고발 또는 수사기관에 통보 • 금융위원회의 시정명령 또는 처분명령 • 과태료 또는 과징금 부과 • 1년 이내의 증권발행 제한, 임원 해임권고, 등록취소 등

정답 | ④

46

다음 중 금융소비자보호법의 규제체계에 대한 설명이 적절하지 않은 것은?

① 동일기능-동일규제의 원칙이 적용될 수 있도록 금융상품 및 판매업의 유형을 재분류하였다.

② 금융상품은 예금성 상품, 투자성 상품, 보장성 상품, 대출성 상품으로 분류하였다.

③ 금융상품판매업을 영위하더라도 금융관계법상 금융상품판매업 관련 인허가 또는 등록하지 않은 경우에는 금융상품판매업자에 해당되지 않는다.

④ 일반사모집합투자업자도 금융상품 직접판매업자에 해당된다.

TIP 금융관계법상 금융상품판매업 관련 인허가 또는 등록하지 않은 경우라도 금융상품판매업을 영위하도록 규정한 경우에는 금융상품판매업자에 해당된다. 원칙적으로 모든 집합투자업자가 금융상품판매업자에 해당된다.

핵심포인트 해설 금융소비자보호법상 기능별 규제체계

(1) 금융상품 분류

예금성 상품	은행법상 예금, 적금, 부금 등
투자성 상품	자본시장법상 금융투자상품, 투자일임계약, 신탁계약(관리형신탁 및 투자성 없는 신탁은 제외) 등
보장성 상품	보험업법상 보험상품 및 이와 유사한 것(생명보험, 손해보험 등)
대출성 상품	신용거래융자, 신용대주, 증권담보대출, 청약자금대출 등

(2) 금융상품판매업자 분류

직접판매업자	자신이 직접 계약의 상대방으로서 금융상품에 관한 계약체결을 영업으로 하는 자(예 은행, 보험사, 저축은행 등)
판매 대리·중개업자	금융회사와 금융소비자의 중간에서 금융상품 판매를 중개하거나 금융회사의 위탁을 받아 판매를 대리하는 자(예 투자권유대행인, 보험설계·중개사, 보험대리점, 카드·대출모집인 등)
자문업자	금융소비자가 본인에게 적합한 상품을 구매할 수 있도록 자문을 제공하는 자(예 투자자문업자)

정답 | ③

다음 중 금융소비자의 권익 강화제도에 대한 설명이 적절하지 않은 것은?

① 청약철회권은 보장성 상품과 대출성 상품에만 가능하다.
② 금융분쟁조정이 신청된 사건에 대하여 소송이 진행 중일 경우 법원은 그 소송을 중지할 수 있다.
③ 소비자가 신청한 소액분쟁이 있는 경우 분쟁조정 완료 시까지 금융회사의 제소가 금지된다.
④ 금융소비자가 분쟁조정·소송 등 대응 목적으로 금융회사 등이 유지·관리하는 자료의 열람 요구 시 금융회사는 수용할 의무가 있다.

TIP 청약철회권은 보장성·대출성·투자성 상품 및 자문 등까지 확대되어 적용된다.

핵심포인트 해설   금융소비자 권익강화를 위한 제도

(1) 청약철회권
　① 의의 : 일정기간 내 금융소비자가 금융상품 계약을 철회하는 경우 판매자는 이미 받은 금전·재화 등을 반환해야 함(보장성·대출성·투자성 상품 및 자문에 확대적용)
　② 청약철회 가능기간

투자성 상품	계약서류 제공일 또는 계약체결일로부터 7일 이내
대출성 상품	계약서류 제공일 또는 계약체결일로부터 14일 이내

(2) 계약서류 제공의무 및 기록 유지·관리의무

계약서류 제공의무	• 금융상품판매업자는 소비자와 계약체결 시 계약서, 약관, 설명서 등 계약서류를 지체 없이 교부해야 함
자료기록·유지·관리의무	• 금융상품판매업자는 업무관련 자료를 기록하고 유지·관리해야 함 • 유지관리기간 : 원칙 10년

(3) 사후구제 제도

금융분쟁조정제도	소비자는 금융분쟁 발생 시 금융감독원에 분쟁조정 신청할 수 있으며, 분쟁의 당사자가 조정안을 수락한 경우 재판상 화해와 같은 효력이 있음
소송중지제도	분쟁조정이 신청된 사건에 대하여 소송이 진행 중일 경우 법원이 그 소송을 중지할 수 있도록 한 제도
조정이탈금지제도	소비자가 신청한 소액분쟁(2천만원 이하의 분쟁)이 있는 경우 분쟁조정 완료 시까지 금융회사의 제소를 금지하는 제도
자료열람요구권	금융소비자가 분쟁조정·소송 등 대응 목적으로 금융회사 등이 유지·관리하는 자료의 열람 요구 시 금융회사는 수용할 의무가 있음
손해배상책임	금융상품판매업자가 설명의무를 위반하여 소비자에게 손해를 입힌 경우, 자신의 고의 또는 과실을 입증하지 못하면 손해배상책임을 면할 수 없음(입증책임을 금융소비자에서 금융상품판매업자로 전환시킴)

정답 | ①

다음 중 금융소비자보호법상 금융소비자의 위법계약해지권에 대한 설명이 옳은 것은?

① 금융상품판매업자가 광고규제를 위반한 경우에도 적용된다.
② 위법계약해지권이 적용되는 상품에 금융상품자문계약은 포함되지 않는다.
③ 계약체결일로부터 5년 이내의 범위에서 위법사실을 안 날로부터 1년 이내에 해지요구가 가능하다.
④ 위법계약의 해지는 소급적 효력이 있기 때문에 금융상품판매업자는 원상회복의무가 있다.

TIP ① 위법계약해지권은 5대 판매규제(적합성 원칙, 적정성 원칙, 설명의무, 불공정영업행위금지, 부당권유행위금지) 위반 시 적용된다.
② 위법계약해지권이 적용되는 상품에는 투자일임계약, 금전신탁계약, 금융상품자문계약 등이 있고, 적용되지 않는 상품에는 P2P업자와 체결하는 계약, 양도성예금증서, 표지어음 등이 있다.
④ 위법계약해지의 효력은 장래에 대하여만 효력이 있으므로 금융상품판매업자의 원상회복의무는 없다.

핵심포인트 해설   **금융소비자의 위법계약해지권**

행사요건	• 5대 판매규제 위반(적합성 원칙, 적정성 원칙, 설명의무, 불공정영업행위 금지, 부당권유행위 금지) • 적용상품 : 투자일임계약, 금전신탁계약, 금융상품자문계약 • 적용제외상품 : P2P업자와 체결하는 계약, 양도성예금증서, 표지어음
해지요구기간	• 계약체결일로부터 5년 이내의 범위에서 위법사실을 안 날로부터 1년 이내
수락통지	• 금융상품판매업자는 10일 이내에 소비자의 해지요구에 대한 수락여부를 통지해야 함 • 해지요구를 거절할 경우 거절사유를 함께 통지해야 함
위법계약해지의 효력	• 장래효(비소급효) : 금융상품판매업자의 원상회복의무는 없음 • 금융소비자에 대한 해지관련 비용 요구 불가

정답 | ③

금융소비자보호법상 6대 판매원칙에 대한 설명 중 잘못된 것은?

① 적합성 원칙에 의하여 재산상황, 금융상품 취득·처분 경험 등에 비추어 적합하지 아니하다고 인정되는 금융상품 계약체결의 권유를 금지한다.
② 적정성 원칙은 파생상품, 파생결합증권, 파생상품펀드 등에만 적용된다.
③ 금융상품 계약체결을 권유하거나 소비자가 설명을 요청하는 경우 상품의 중요사항을 소비자가 이해할 수 있도록 설명해야 한다.
④ 금융상품 계약체결 권유 시 소비자가 오인할 우려가 있는 허위 사실 등을 알리는 행위를 금지한다.

TIP 금융소비자보호법상 적정성 원칙은 파생상품 관련 상품뿐만 아니라 대출성·보장성 상품에도 확대 적용된다.

핵심포인트 해설　　**금융소비자보호법상 6대 판매원칙**

적합성 원칙	• 투자성상품에만 도입되었던 적합성 원칙을 대출성·보장성 상품까지 확대 • 금융소비자의 재산상황, 금융상품취득·처분경험 및 목적 등에 비추어 투자성향에 부적합한 상품의 계약체결의 권유를 금지함
적정성 원칙	• 파생상품 등에만 도입되었던 적정성 원칙을 일부 대출성·보장성 상품에도 확대적용 • 위험도가 높은 투자성·대출성 상품은 투자권유가 없는 경우에도 소비자의 투자성향을 파악하고, 해당투자의 적정성 여부를 해당 소비자에게 알려야 함
설명의무	• 은행법·자본시장법 등에 각각 규정된 설명의무를 금융소비자보호법으로 통합·이관함 • 금융상품 계약체결을 권유하거나 소비자가 설명을 요청하는 경우 상품의 중요사항을 소비자가 이해할 수 있도록 설명해야 함
불공정영업행위 금지	• 판매업자가 금융상품 판매 시 우월적 지위를 이용하여 소비자의 권익을 침해하는 행위 금지함 • 제3자 연대보증 요구, 업무 관련 편익요구, 연계·제휴서비스 부당하게 축소·변경하는 행위, 대출실행 후 3년 경과 시 중도상환수수료 부과 등이 금지됨
부당권유행위 금지	• 금융상품 계약체결 권유 시 소비자가 오인할 우려가 있는 허위 사실 등을 알리는 행위를 금지함 • 불확실한 사항에 대한 단정적 판단을 제공하는 행위, 내부통제기준에 따른 교육을 받지 않은 자로 하여금 계약체결 권유와 관련된 업무를 하게 하는 행위 등 금지
광고 규제	• 금융상품 또는 판매업자등의 업무에 관한 광고 시 필수 포함사항 및 금지행위 등을 규정함 • 필수 포함사항 : 설명서·약관을 읽어볼 것을 권유하는 내용, 판매업자 명칭, 금융상품 내용, 운용실적이 미래수익률을 보장하지 않는다는 사실, 보험료인상 및 보장내용 변경 가능여부

정답 | ②

금융소비자보호법상 6대 판매원칙 위반에 대한 제재와 가장 거리가 먼 것은?

① 금융소비자는 위법계약해지권을 행사할 수 있다.
② 금융위원회는 판매제한 명령을 할 수 있다.
③ 금융상품판매업자에 대하여 수입의 50%까지 과징금을 부과할 수 있다.
④ 금융소비자는 설명의무위반에 따른 손해배상청구 소송 시 판매업자의 고의·과실에 대한 입증책임이 있다.

TIP 설명의무위반에 따른 손해배상청구 소송 시 고의·과실 입증책임을 금융소비자에서 금융회사로 전환하여 금융소비자의 입증부담을 완화하였다.

핵심포인트 해설   **판매원칙 위반에 대한 제재**

금융소비자의 위법계약해지권	• 위법한 계약체결에 대하여 소비자의 해지 요구 시 금융회사가 정당한 사유를 제시하지 못하는 경우에 소비자가 일방적으로 계약해지 할 수 있음 • 위법계약해지권 행사기간 : 계약체결 후 5년 안에 위법사실을 안 날로부터 1년 이내에 행사해야 함
금융위원회의 판매제한 명령	• 시정·중지 명령 : 금융소비자의 권익 보호 및 건전한 거래질서를 위해 필요하다고 인정하는 경우 명령가능 • 판매제한 명령 : 금융상품으로 인하여 금융소비자의 재산상 현저한 피해가 발생할 우려가 있다고 명백히 인정되는 경우에 명령가능
징벌적 과징금	• 주요 판매원칙(설명의무, 불공정영업행위·부당권유행위 금지, 광고규제) 위반 시 징벌적 과징금 부과 • 판매업자가 주요 판매원칙 등을 위반한 경우, 그로 인해 얻은 수익의 50%까지 과징금 부과 가능
과태료	• 1억원 이하 과태료를 부과하는 경우 : 설명의무, 불공정영업행위 금지, 부당권유행위 금지, 광고규제 위반 등 • 3천만원 이하 과태료를 부과하는 경우 : 적합성·적정성 원칙 미준수 등

정답 | ④

☑ 다시 봐야 할 문제(틀린 문제, 풀지 못한 문제, 헷갈리는 문제 등)는 문제 번호 하단의 네모박스(□)에 체크하여 반복학습하시기 바랍니다.

01
중요도 ★★
자본시장법상 증권의 개념에 대한 설명으로 잘못된 것은?

① 파생결합증권의 기초자산 범위는 통화, 일반상품, 신용위험, 그 밖에 자연적·환경적 현상 등에 속하는 위험으로서 평가가 가능한 것은 모두 포함한다.

② 특정 투자자가 그 투자자와 타인과의 공동사업에 금전 등을 투자하고 주로 타인이 수행한 공동사업에 결과에 따른 손익을 귀속받는 계약상의 권리는 투자계약증권에 해당한다.

③ 채무증권은 발행인에 의하여 원금이 보장되나 유통과정에서 원금손실이 발생할 수 있는 증권이다.

④ 해외예탁증권은 자본시장법상 증권의 대상에 포함되지 않는다.

02
중요도 ★★★
다음 중 서면통지로 의사표시를 하면 일반투자자의 대우를 받을 수 있는 전문투자자는?

① 보험회사

② 여신전문금융회사

③ 산림조합중앙회

④ 지방자치단체

03
중요도 ★
파생상품(또는 파생결합증권)**의 기초자산이 될 수 없는 것은?**

① 장외파생상품

② 외국통화

③ 에너지

④ 정치적 현상으로 평가가 불가능한 것

04

다음 중 파생상품의 정의에 대한 설명으로 잘못된 것은?

① 파생결합증권은 기초자산의 가격·이자율·지표·단위 또는 이를 기초로 하는 지수 등의 변동과 연계하여 미리 정해진 방법에 따라 지급금액(회수금액)이 결정되는 권리가 표시된 파생상품이다.

② 선도(Forwards) 또는 선물(Futures)은 기초자산이나 기초자산의 가격·이자율·지표·단위 또는 이를 기초로 하는 지수 등에 의하여 산출된 금전 등을 장래의 특정 시점에 인도할 것을 약정하는 계약이다.

③ 스왑(Swap)은 장래의 일정 기간 동안 미리 정한 가격으로 기초자산이나 기초자산의 가격·이자율·지표·단위 또는 이를 기초로 한 지수 등에 의하여 산출된 금전 등을 교환할 것을 약정하는 계약이다.

④ 옵션(Option)은 당사자 어느 한쪽의 의사표시에 의하여 기초자산이나 기초자산의 가격·이자율·지표·단위 또는 이를 기초로 하는 지수 등에 의하여 산출된 금전 등을 수수하는 거래를 성립시킬 수 있는 권리를 부여하는 것을 약정하는 계약이다.

정답 및 해설

01 ④ 해외예탁증권도 증권의 대상에 포함하고 있다.

02 ④ ①②③은 어떠한 경우에도 일반투자자 대우를 받을 수 없는 절대적 전문투자자이다.

03 ④ 파생상품(또는 파생결합증권)의 기초자산이 되려면 자연적·환경적·경제적 현상 등에 속하는 위험으로 합리적이고 적정한 방법에 의하여 가격·이자율·지표·단위의 산출이나 평가가 가능한 것이어야 한다.

04 ① 파생결합증권은 자본시장법상 증권에 속하는 것으로 파생상품의 범주에 속하지 않는다.

05 중요도 ★★
자본시장법상 금융투자업에 대한 설명으로 잘못된 것은?

① 투자매매업은 누구의 명의로 하든지 자기계산으로 매매가 이루어진다는 점에서 투자중개 업과 구별된다.
② 투자중개업은 법률적 명의의 경제적 계산관계가 다르다.
③ 투자자문업은 금융상품 투자에 대한 자문에 응할 수는 있으나 운용을 영업으로 할 수 없다.
④ 신탁업의 경우 순수관리신탁의 수익권도 투자자보호를 위하여 금융투자상품에 포함시 켰다.

06 중요도 ★★★
다음 중 자본시장법상 금융투자상품에서 배제한 것과 거리가 먼 것은?

① 원화표시 양도성예금증서(CD)
② 자산담보부증권(ABS)
③ 관리형신탁의 수익권
④ 주식매수선택권(Stock Option)

07 중요도 ★★
다음 중 금융감독원장의 비조치의견서에 대한 설명이 적절하지 않은 것은?

① 금융회사가 수행하려는 행위에 대하여 금융감독원장이 법령 등에 근거하여 향후 제재 등 의 조치를 취할지 여부를 회신하는 문서다.
② 금융감독원장은 어떠한 경우에도 이미 회신한 비조치의견서의 내용과 다른 법적 조치를 취할 수 없다.
③ 법령 제정 또는 개정 당시 예상치 못한 상황이 발생하여 해당 법령이 당해 행위에 적용할 수 있는지 불명확한 경우에 적용될 수 있다.
④ 비조치의견서는 법규 유권해석과는 다른 개념이다.

08 자본시장법상 투자자에 대한 설명 중 잘못된 것은?

① 상호저축은행중앙회는 절대적 전문투자자이므로 전문투자자로 대우받겠다는 취지의 서면 없이도 장외파생상품의 거래를 할 수 있다.

② 비상장법인은 금융위원회로부터 전문투자자로 확인받아도 자발적 전문투자자이므로 장외파생상품거래 시 일반투자자로 대우받는다.

③ 예금보험공사는 일반투자자 대우를 받겠다는 의사를 금융투자업자에게 서면으로 통지하면 일반투자자로 간주된다.

④ 불초청금지 원칙은 전문투자자와 일반투자자 구분 없이 적용되므로 전문투자자라도 장외파생상품은 실시간 대화 등의 투자권유 요청 없이는 투자권유할 수 없다.

정답 및 해설

05 ④ 자본시장법은 처분·운용이 결부되지 않은 순수관리신탁은 처분·운용신탁에 비해 원본손실 가능성이 적고 투자자보호의 필요성이 크지 않아 관리신탁의 수익권은 금융투자상품에서 제외하였다.

06 ② 자본시장법은 원화표시 CD, 관리형신탁의 수익권, 주식매수선택권(Stock Option) 등을 정책적으로 금융투자상품에서 배제하였다.

07 ② 금융감독원장은 비조치의견서를 회신한 경우 회신내용과 부합하지 않는 법적 조치를 취하지 않으나 다음 ㉠~㉢ 경우에는 이미 회신한 비조치의견서의 내용과 다른 법적 조치를 취할 수 있다. (㉠ 신청인이 요청서에 기재한 내용이 사실과 다른 경우 ㉡ 신청인이 중요한 자료를 제출하지 아니한 사실이 발견된 경우 ㉢ 신청인이 요청서에 기재된 내용과 상이한 행위를 한 경우 ㉣ 관련 법령 등이 변경된 경우 ㉤ 사정변경으로 인하여 기존의 의견을 유지할 수 없는 특별한 사유가 있는 경우)

08 ③ 예금보험공사는 절대적 전문투자자이므로 금융투자업자에게 서면 통보하여도 일반투자자로 대우 받을 수 없다.

09

중요도 ★

투자중개업자가 따로 대가 없이 금융투자상품에 대한 투자판단을 전부 또는 일부를 일임 받는 경우 투자일임업으로 보지 않는 것을 모두 고르면?

> ㉠ 투자자가 CMA계좌에서 입출금하면 따로 의사표시가 없어도 자동으로 MMF를 매매하도 록 일임받은 경우
> ㉡ 투자자가 투자중개업자로부터 신용공여를 받아 주식을 매수한 후 상환하지 않으면 주식을 매도하도록 일임받은 경우
> ㉢ 투자자가 여행으로 일시적으로 부재하는 중에 주가가 폭락하면 주식을 매도하도록 미리 일임받은 경우
> ㉣ 주식매매주문을 받으면서 하루를 정하여 총매매수량, 총매매금액, 가격, 수량 및 시기에 대한 투자판단을 일임받은 경우

① ㉠, ㉡
② ㉠, ㉡, ㉢
③ ㉠, ㉢
④ ㉠, ㉡, ㉢, ㉣

10

중요도 ★★

금융투자업의 인가에 대한 설명 중 옳은 것은?

① 투자일임업과 투자자문업은 금융위원회의 인가가 필요하다.
② 금융투자업 인가를 받기 위하여 금융위원회에 예비인가를 신청할 수 없다.
③ 금융위원회는 금융투자업을 인가할 때엔 경영건전성 확보에 필요한 조건을 붙일 수 있다.
④ 새마을금고는 집합투자증권의 투자중개업, 투자매매업에 대한 인가를 받을 수 없다.

11

중요도 ★★

자본시장법상 금융투자업의 진입규제에 대한 설명으로 잘못된 것은?

① 투자자에게 노출되는 위험의 크기에 따라 인가제와 등록제를 차별적으로 적용한다.
② 위험이 높은 장외파생상품 등을 대상으로 하는 인가는 진입요건을 강화하였다.
③ 투자자보호를 위해 투자중개업보다 투자일임업의 진입요건을 더 강화하였다.
④ 투자자의 위험감수능력에 따라 일반투자자를 상대로 하는 경우에는 전문투자자를 상대하 는 경우보다 진입요건을 강화하였다.

12

중요도 ★

금융투자업 중 투자매매업의 적용이 배제되는 경우와 거리가 먼 것은?

① 자기가 증권을 발행하는 경우

② 투자매매업자를 상대방으로 하거나 투자중개업자를 통하여 금융투자상품을 매매하는 경우

③ 전문투자자 간에 환매조건부매매를 하는 경우

④ 투자권유대행인이 투자권유를 대행하는 경우

정답 및 해설

09 ② 주식매매주문을 받으면서 하루를 정하여 총매매수량, 총매매금액, 가격, 수량 및 시기에 대한 투자판단을 일임받은 경우는 투자일임업에 해당한다. 투자일임업으로 보지 않으려면 총매매수량 또는 총매매금액은 지정해 두어야 한다.

10 ③ ① 투자일임업과 투자자문업은 금융위원회의 등록이 필요하다.

② 금융투자업 인가를 받기 위하여 금융위원회에 예비인가를 신청할 수 있다.

④ 새마을금고는 집합투자증권의 투자중개업, 투자매매업에 대한 인가를 받을 수 있다.

11 ③ 자본시장법은 투자자보호를 위하여 인가대상 금융투자업의 진입요건을 등록대상 금융투자업의 진입요건보다 더 강화하였다. 인가대상 금융투자업에는 투자매매업, 투자중개업, 집합투자업, 신탁업이 있고 등록대상 금융투자업에는 투자자문업, 투자일임업이 있다. 따라서 투자자보호를 위하여 투자일임업보다 투자중개업의 진입요건을 더 강화하였다.

12 ④ 투자중개업의 적용이 배제되는 경우에 해당한다.

참고 투자매매업의 적용이 배제되는 경우

- 자기가 증권을 발행하는 경우(단, 수익증권, 파생결합증권, 투자성 있는 예금 및 보험의 발행은 투자매매업에 해당)
- 투자매매업자를 상대방으로 하거나 투자중개업자를 통해 금융투자상품을 매매하는 경우
- 국가·지자체가 공익을 위해 법령에 따라 금융투자상품을 매매하는 경우
- 한국은행이 공개시장조작을 하는 경우
- 전문투자자 간에 환매조건부매매를 하는 경우

13

중요도 ★

금융투자업의 인가업무 구분기준 3가지와 거리가 먼 것은?

① 금융투자업의 종류   ② 금융투자상품의 범위

③ 금융투자업자의 겸업 여부   ④ 투자자의 유형

14

중요도 ★★

금융투자업자가 되기 위한 인가요건과 거리가 먼 것은?

① 상법상 주식회사이거나 대통령령이 정하는 금융기관이어야 한다.

② 인가업무단위별로 5억원 이상으로서 대통령령에서 정하는 금액 이상의 자기자본을 보유해야 한다.

③ 투자자보호를 위하여 인적설비뿐만 아니라 물적설비도 모두 충족해야 한다.

④ 대주주요건은 면제되었다.

15

중요도 ★★★

금융투자업을 영위하려면 인가 또는 등록이 되어야 한다. 다음 중 등록만 하면 되는 것으로 모두 고른 것은?

㉠ 투자자문업	㉡ 투자일임업	㉢ 온라인소액투자중개업
㉣ 투자중개업	㉤ 일반사모집합투자업	

① ㉠   ② ㉠, ㉡

③ ㉠, ㉡, ㉢, ㉣   ④ ㉠, ㉡, ㉢, ㉤

16 중요도 ★★

금융투자업자의 순자본비율규제에 대한 설명 중 잘못된 것은?

① 금융투자업자는 위험손실을 감안한 현금화 가능자산의 규모가 상환의무 있는 부채의 규모보다 항상 크게 유지되어야 한다.

② 금융투자업자는 최소한 월별로 순자본비율을 산정해야 한다.

③ 주식위험액, 외환위험액, 금리위험액 등은 시장위험액에 해당하나 신용위험액은 시장위험액에 해당하지 않는다.

④ 금융투자업자는 순자본비율이 100% 미만이 된 경우에는 지체 없이 금융감독원장에게 보고해야 한다.

정답 및 해설

13 ③ 금융투자업을 영위하려는 자는 금융투자업의 종류, 금융투자상품의 범위, 투자자의 유형을 조합하여 설정되는 1단위의 금융기능을 인가업무단위로 하여 그 전부나 일부를 선택하여 금융위원회로부터 1개의 금융투자업 인가를 받아야 한다. 2가지 업무단위를 모두 선택하는 것도 가능하다. 인가업무단위의 전제로서 인정되는 금융투자업의 종류에는 투자매매업, 투자중개업, 집합투자업, 신탁업 등이 있는데 투자매매업 중 인수업만을 업무단위로 하는 것도 가능하다.

14 ④ 대주주는 충분한 출자능력, 건전한 재무상태 및 사회적 신용을 구비해야 하는 등의 요건을 갖추어야 한다.

15 ④ 금융투자업 중 투자매매업, 투자중개업, 집합투자업, 신탁업은 인가를 받아야 하고(인가제), 투자일임업, 투자자문업, 온라인소액투자중개업, 전문사모집합투자업은 등록만 하면 가능하여(등록제) 보다 완화된 진입규제가 적용된다.

16 ② 금융투자업자는 최소한 일별로 순자본비율을 산정하여야 한다. 순자본비율과 산출내역은 매월 말 기준으로 1개월 이내에 업무보고서를 통해 금융감독원장에게 제출해야 한다. 분기별 업무보고서 제출 시에는 순자본비율에 대한 외부감사인의 검토보고서를 첨부해야 한다. (단, 최근 자산총액이 1천억원 미만이거나 장외파생상품(또는 증권)에 대한 투자매매업을 영위하지 않는 금융투자업자는 외부감사인의 검토보고서를 반기별로 제출함)

17 중요도 ★
자본시장법은 자기매매와 위탁매매의 업무를 겸영함으로써 발생할 수 있는 이해상충 문제를 해결하기 위해 여러 가지 영업행위규칙을 마련하였다. 이에 대한 내용과 거리가 먼 것은?

① 매매형태 명시   ② 자기계약 허용
③ 임의매매 금지   ④ 신용공여 제한

18 중요도 ★
금융투자업 인가를 받을 수 있는 금융기관에 속하지 않는 것은?

① 새마을금고   ② 체신관서
③ 창업투자회사   ④ 외국보험회사의 국내지점

19 중요도 ★
금융투자업자의 자산건전성 분류에 대한 설명 중 옳은 것은?

① 매 분기마다 자산·부채에 대한 건전성을 정상, 요주의, 회수의문, 추정손실의 4단계로 분류해야 한다.
② 매 분기 말 현재 회수의문 이하로 분류된 채권에 대하여 금융위원회가 정한 적정한 회수예상가액을 산정해야 한다.
③ 금융투자업자는 회수의문 또는 추정손실로 분류된 자산을 조기에 상각하여 자산건전성을 확보해야 한다.
④ 자산건전성 분류 결과 및 대손충당금 적립 결과를 금융투자협회에 보고해야 한다.

20

중요도 ★★★

금융투자업자의 순자본비율 규제의 기본구조에 대한 설명과 거리가 먼 것은?

① 순자본비율은 적기시정조치의 기준비율 역할을 한다.

② 금융투자업자는 위험손실을 감안한 현금화 가능자산의 규모가 상환의무 있는 부채규모보다 항상 크도록 유지해야 한다.

③ 영업용순자본은 현재 금융투자업자의 순자산가치로서 순재산액에서 현금화가 곤란한 자산을 차감하고 보완자산을 가산하여 계산한다.

④ 부외자산과 부외부채에 대해서는 위험액을 산정하지 않는다.

정답 및 해설

17 ② 자본시장법은 자기매매와 위탁매매의 업무를 겸영함으로써 발생할 수 있는 이해상충 방지를 위하여 매매형태 명시의무, 자기계약 금지, 임의매매 금지, 자기주식의 예외적 취득규정, 신용공여 제한, 매매명세 통지, 투자자 예탁금의 별도예치, 예탁증권의 예탁 등의 규정을 두고 있다.

18 ③ 금융투자업 인가대상 금융기관에는 한국산업은행, 중소기업은행, 한국수출입은행, 농업협동조합중앙회, 수산업협동조합중앙회, 외국금융기관의 국내지점, 외국보험회사의 국내지점, 신용협동조합, 신용사업을 영위하는 농업협동조합, 신용사업을 영위하는 수산업협동조합, 새마을금고, 체신관서 등이다.

19 ③ ① 매 분기마다 자산·부채에 대한 건전성을 정상, 요주의, 고정, 회수의문, 추정손실의 5단계로 분류해야 한다.
② 회수의문 → 고정
④ 금융투자협회 → 금융감독원장

20 ④ 부외자산과 부외부채에 대해서도 위험액을 산정하는 것이 원칙이다.

21

중요도 ★★

영업용순자본 규제의 기본원칙과 거리가 먼 것은?

① 순자본비율의 기초가 되는 금융투자업자의 자산, 부채, 자본은 연결재무제표에 계상된 장부가액을 기준으로 한다.

② 시장위험과 신용위험을 동시에 내포하는 자산에 대하여는 시장위험액과 신용위험액을 모두 산정한다.

③ 영업용순자본 산정 시 차감항목에 대하여는 원칙적으로 위험액을 산정하지 않는다.

④ 영업용순자본의 차감항목과 위험액 산정대상자산 사이에 위험회피효과가 있는 경우에는 위험액 산정대상자산의 위험액을 산정하지 않는다.

22

중요도 ★★

금융투자업자의 위험관리에 대한 설명 중 잘못된 것은?

① 금융투자업자는 부서별, 거래별 또는 상품별 위험부담한도, 거래한도 등을 적절히 설정·운영해야 한다.

② 금융투자업자의 준법감시인은 위험관리 기본방침을 수립하고 위험관리지침의 제정 및 개정에 관한 심의와 의결을 한다.

③ 금융투자업자는 리스크평가 및 관리를 최우선과제로 인식하고 독립적인 리스크평가와 통제를 위한 리스크 관리체제를 구축해야 한다.

④ 장외파생상품에 대한 투자매매업을 인가받은 금융투자업자는 경영상 발생할 수 있는 위험을 실무적으로 종합관리하고 이사회와 경영진을 보조할 수 있는 전담조직을 두어야 한다.

23

중요도 ★

외국환업무취급 금융투자업자의 위험관리에 대한 설명 중 잘못된 것은?

① 외국환업무취급 금융투자업자는 외국환파생상품거래 위험관리기준을 자체적으로 설정·운영해야 한다.

② 외국환업무취급 금융투자업자는 외환파생상품, 통화옵션 및 외환스왑 거래를 체결할 경우 거래상대방에 대하여 그 거래가 위험회피목적인지 여부를 확인해야 한다.

③ 외국환업무취급 금융투자업자는 거래상대방별로 거래한도를 설정해야 하며 이미 체결된 외환파생상품의 거래잔액을 감안하여 운영해야 한다.

④ 금융투자협회장은 외국환업무취급 금융투자업자의 건전성을 위하여 외국환파생상품거래 위험관리기준의 변경 및 시정을 요구할 수 있다.

24

중요도 ★

영업용순자본 산정 시 시장위험액에 포함하지 않는 것은?

① 주식위험액

② 금리위험액

③ 신용집중위험액

④ 일반상품위험액

정답 및 해설

21 ④ 영업용순자본의 차감항목과 위험액 산정대상자산 사이에 위험회피효과가 있는 경우에는 위험액 산정대상자산의 위험액을 감액할 수 있다.

22 ② 금융투자업자의 이사회는 위험관리 기본방침을 수립하고 위험관리지침의 제정 및 개정에 관한 심의와 의결을 한다.

23 ④ 금융감독원장은 외국환업무취급 금융투자업자의 건전성을 위하여 외국환파생상품거래 위험관리기준의 변경 및 시정을 요구할 수 있다.

24 ③ 시장위험액은 주식·금리·집합투자증권·외환·일반상품·옵션위험액 등을 합한 것이다.

25 중요도 ★

금융투자업자의 경영개선을 위한 금융위원회의 적기시정조치 기준에 대한 설명 중 적절하지 않은 것은?

① 순자본비율이 100% 미만인 경우 경영개선권고를 한다.
② 순자본비율이 50% 미만인 경우 경영개선요구를 한다.
③ 순자본비율이 10% 미만인 경우 경영개선명령을 한다.
④ 자본확충, 자산매각 등의 경우에 일정기간 적기시정조치를 유예할 수 있다.

26 중요도 ★★

금융위원회의 경영개선권고 시 조치내용에 해당하는 것으로 옳은 것은?

① 인력 및 조직운용의 개선
② 고위험자산 보유제한 및 자산처분
③ 점포의 폐쇄·통합 또는 신설제한
④ 임원의 직무집행정지 및 관리인 선임

27 중요도 ★

금융위원회로부터 적기시정조치를 받은 금융투자업자는 경영개선계획을 제출하고 이행해야 한다. 이에 대한 설명으로 잘못된 것은?

① 당해 조치일로부터 2개월 범위 내에서 당해 조치권자가 정하는 기간 내에 경영개선계획을 금융감독원장에게 제출해야 한다.
② 금융위원회는 당해 경영개선계획을 제출받은 날로부터 1개월 이내에 승인 여부를 결정해야 한다.
③ 경영개선계획의 이행기간은 경영개선권고의 경우 승인일로부터 3개월 이내이다.
④ 금융투자업자는 매 분기 말부터 10일 이내에 계획의 분기별 이행실적을 감독원장에게 제출해야 한다.

28

금융투자업자와 대주주의 거래에 대한 설명으로 잘못된 것은?

① 금융투자업자는 대주주 발행증권의 소유가 제한된다.

② 대주주에 대한 신용공여는 제한되나 해외현지법인에 대한 채무보증은 가능하다.

③ 금융투자업자는 예외적으로 허용된 대주주와의 거래를 하는 경우 사전에 이사회 과반수의 찬성에 의해야 한다.

④ 예외적으로 허용된 주식·채권·약속어음의 소유나 신용공여의 경우 이를 금융위원회에 분기별로 보고하고 공시해야 한다.

정답 및 해설

25 ③ 순자본비율이 0% 미만인 경우 경영개선명령을 한다.

26 ① ②③은 경영개선요구 시 조치내용, ④는 경영개선명령 시 조치내용이다.

27 ③ 경영개선계획의 이행기간은 경영개선권고의 경우 승인일로부터 6개월 이내(부동산신탁업자의 경우는 1년), 경영개선요구의 경우 승인일로부터 1년 이내(부동산신탁업자의 경우는 1년 6개월), 경영개선명령의 경우에는 금융위원회가 승인하면서 그 이행기한을 정한다. 경영개선권고를 받은 금융투자업자가 그 경영개선계획 이행 중 경영개선요구를 받은 경우에는 경영개선권고에 따른 경영개선계획의 승인일로부터 1년 이내로 한다.

28 ③ 금융투자업자는 예외적으로 허용된 대주주와의 거래를 하는 경우 사전에 이사회 전원의 찬성에 의해야 한다. 다만, 단일거래금액이 자기자본의 0.1%와 10억원 중 적은 금액 범위에서 소유 또는 신용공여하는 경우에는 이사회의 결의가 필요 없다.

29
자본시장법상 불공정 거래행위에 대한 설명 중 잘못된 것은?

① 내부자거래 금지규정 적용대상은 상장법인뿐만 아니라 비상장법인이라도 6개월 내에 상장예정법인 또는 6개월 내 우회상장예정법인도 포함된다.

② 임원 및 주요주주의 소유상황보고가 면제되는 경미한 변동의 기준은 변동수량 1천주 미만, 그 취득 및 처분금액 1천만원 미만이다.

③ 단기매매차익반환의무의 적용대상은 상장법인의 주요주주 및 모든 임직원이다.

④ 소유하지 아니한 상장증권의 매도뿐만 아니라 차입할 상장증권으로 결제하고자 하는 매도도 공매도에 해당한다.

30
금융투자업자의 대주주와의 거래제한에 대한 설명 중 잘못된 것은?

① 금융투자업자는 원칙적으로 대주주가 발행한 증권을 소유할 수 있다.

② 금융투자업자는 원칙적으로 그 계열회사가 발행한 주식, 채권 및 약속어음을 자기자본의 8%를 초과하여 소유할 수 없다.

③ 금융투자업자는 원칙적으로 대주주 및 대주주의 특수관계인에 대하여 신용공여가 금지되며, 이들로부터 신용공여를 받는 것도 금지된다.

④ 금융투자업자가 대주주 및 대주주의 특수관계인으로부터 예외적으로 신용공여를 받는 경우에는 제적이사 전원찬성의 이사회 결의를 거쳐야 한다.

31
투자매매업자 및 투자중개업자의 매매 관련 규제에 대한 설명으로 옳은 것은?

① 금융투자업자가 고객에게 주문을 받은 경우 사후에 투자매매업자인지 투자중개업자인지를 구두나 문서로 밝혀야 한다.

② 투자매매업자나 투자중개업자가 증권시장이나 파생상품시장을 통하여 거래를 하는 경우 자기계약 금지규정이 적용된다.

③ 투자매매업자는 금융투자상품의 매매에 관한 투자자의 청약 또는 주문을 처리하기 위해 최선집행기준을 마련하고 이를 공표해야 한다.

④ 임의매매는 투자자의 위탁이 없다는 점에서 일임매매와 동일하게 규제된다.

32

중요도 ★★

자본시장법상 불건전 영업행위에 대한 규제의 내용으로 잘못된 것은?

① 가격에 중대한 영향을 미칠 수 있는 고객의 주문을 체결하기 전에 자기의 계산으로 매매하는 행위(선행매매)는 금지되나 차익거래와 같이 투자자정보를 의도적으로 이용했다고 볼 수 없는 경우에는 예외적으로 인정된다.
② 조사분석자료 작성자(애널리스트)는 기업금융업무와 연동된 성과보수 지급이 금지된다.
③ 주권의 모집·매출과 관련된 조사분석자료는 그 계약 체결일로부터 최초 상장 후 40일 이내에 공표·제공할 수 없다.
④ 자본시장법은 모든 일임매매에 대하여 금지하고 있다.

33

중요도 ★★

투자매매업자 또는 투자중개업자의 투자자예탁금 별도예치에 대한 설명으로 잘못된 것은?

① 투자중개업자의 고유재산과 구분하여 한국예탁결제원에 예치 또는 신탁하여야 한다.
② 투자자예탁금이 투자자의 재산이라는 것을 밝혀야 한다.
③ 누구든지 투자예탁금을 양도하거나 담보로 제공하여서는 아니 된다.
④ 예치기관은 투자자예탁금에 안정적 운용을 해할 우려가 없는 것으로서 대통령령으로 정하는 방법으로 운용하여야 한다.

정답 및 해설

29 ③ 단기매매차익반환의무의 적용대상은 직무상 미공개 중요정보를 알 수 있는 직원(재무, 회계, 기획, 연구개발, 공시담당부서 직원)으로 한정되었다.

30 ① 금융투자업자는 원칙적으로 대주주가 발행한 증권을 소유할 수 없다.

31 ③ ① 사후 → 사전
② 적용된다. → 적용되지 않는다.
④ 임의매매는 투자자로부터 매매에 대한 위탁 또는 위임이 없다는 점에서 일임매매와 구별되며, 각기 달리 규제되고 있다.

32 ④ 자본시장법은 투자자로부터 금융투자상품에 대한 투자판단의 전부 또는 일부를 일임받아 투자자별로 구분하여 금융투자상품을 취득·처분, 그 밖의 방법으로 운용하는 행위를 금지한다. 다만, 투자일임업으로 행하는 경우, 투자중개업자가 투자자의 매매주문을 받아 이를 처리하는 과정에서 금융투자상품에 대한 투자판단의 전부 또는 일부를 일임받을 필요가 있는 경우로서 별도의 대가 없이 투자판단의 전부 또는 일부를 일임받는 경우에는 예외적으로 허용한다.

33 ① 투자자예탁금은 투자매매업자 또는 투자중개업자의 고유재산과 구분하여 증권금융회사에 예치 또는 신탁하여야 한다.

34 중요도 ★★
금융투자업자의 투자자 예탁자산 관리에 대한 설명으로 잘못된 것은?

① 의무예치액은 각 예수금의 100% 이상에 해당하는 금액의 합계액이다.
② 의무예치액을 영업일 단위로 산정하여 영업일 또는 다음 영업일에 증권금융에 예치해야 한다.
③ 예치금은 안정성의 원칙에 입각하여야 하므로 주식 관련 사채로 운용할 수 없다.
④ 별도로 예치된 투자자예탁금은 어떤 경우에도 인출할 수 없다.

35 중요도 ★★★
자본시장법은 '파생상품 등'의 거래 시 자본시장법상 적정성의 원칙을 준수하도록 의무화하였다. 적용대상이 되는 '파생상품 등'에 해당하지 않는 것은?

① 파생상품매매의 매매에 따른 위험평가액이 집합투자기구 자산총액의 5%를 초과하여 투자할 수 있는 집합투자증권
② 집합투자재산의 50%를 초과하여 파생결합증권에 운용하는 집합투자기구의 집합투자증권
③ 원금보장형을 제외한 파생결합증권
④ 조건부자본증권

36 중요도 ★★
투자권유대행인의 금지행위와 거리가 먼 것은?

① 금융투자상품의 매매
② 위탁계약을 체결한 금융투자업자가 이미 발행한 주식의 매수 또는 매도를 권유하는 행위
③ 금융투자상품의 가치에 중대한 영향을 미치는 사항을 사전에 알고 있으면서 이를 투자자에게 알리지 아니하고 당해 금융투자상품의 매수 또는 매도를 권유하는 행위
④ 주식투자비중이 90% 이상인 금융투자상품의 투자권유를 대행하는 행위

37

장외파생상품의 매매에 대한 설명 중 옳은 것은?

① 일반투자자가 위험회피 외의 목적으로 거래를 한 경우에 한하여 매매 또는 중개를 할 수 있다.

② 영업용순자본이 총위험액의 3배에 미달하는 경우 새로운 장외파생상품의 매매를 중지하고, 미종결거래의 정리나 위험회피 관련 업무만 수행해야 한다.

③ 장외파생상품 매매를 할 때마다 파생상품업무책임자의 승인을 받아야 한다.

④ 월별 장외파생상품(파생결합증권 포함)의 거래내역을 다음 달 5일까지 금융위원회에 보고해야 한다.

정답 및 해설

34 ④ 예치 금융투자업자는 감독원장이 인정하는 사유에는 투자자예탁금이 대량으로 지급청구되거나 지급청구될 것이 예상되는 경우, 증권시장, 파생상품시장 또는 증권중개회사를 통해서 체결된 투자자의 주문결제를 위해서 필요한 경우, 투자자 보호 및 건전한 거래질서유지를 위해 필요한 경우에 한하여 투자자의 예탁금을 인출할 수 있다.

35 ① 5% → 10%

> 참고 적정성의 원칙이 적용되는 '파생상품 등'에 해당하는 금융투자상품
> - 파생상품 : 장내파생상품 및 장외파생상품
> - 파생결합증권 (단, 원금보장형은 제외)
> - 파생상품 집합투자증권 : 파생상품의 매매에 따른 위험평가액이 집합투자기구 자산총액의 10%를 초과하여 투자할 수 있는 집합투자기구의 집합투자증권
> - 파생결합증권을 편입하는 파생상품집합투자증권
> - 조건부자본증권
> - 위 5가지 금융투자상품에 운용하는 금전신탁계약의 수익증권

36 ④ 주식투자비중이 90% 이상인 금융투자상품의 투자권유를 대행하는 행위는 가능하다.

37 ③ ① 일반투자자가 위험회피 목적으로 거래를 한 경우에 한하여 매매 또는 중개를 할 수 있다.
② $\dfrac{\text{영업용순자본} - \text{총위험액}}{\text{업무 단위별 자기자본합계액}}$ 이 150%에 미달하는 경우에는 새로운 장외파생상품의 매매를 중지하고, 미종결거래의 정리나 위험회피 관련 업무만 수행해야 한다.
④ 다음 달 10일까지 금융위원회에 보고해야 한다.

38 중요도 ★★

금융투자업자가 장외파생상품의 영업을 하는 경우 규제사항으로 잘못된 것은?

① 원칙적으로 장외파생상품을 매매할 때마다 파생상품업무책임자의 승인을 받아야 한다.
② 겸영금융투자업자 이외의 투자매매·중개업자의 경우 위험액이 자기자본의 100%를 초과할 수 없다.
③ 위험액은 시장위험액, 신용위험액, 운영위험액을 합산하여 산정한다.
④ 장외파생상품 매매에 따른 위험액이 금융위원회가 고시하는 한도를 초과하여서는 아니된다.

39 중요도 ★

비상장주권의 장외거래 시 준수해야 할 사항으로 잘못된 것은?

① 동시에 다수를 당사자로 하여 매매하고자 제시하는 주권의 종목, 호가, 수량을 공표할 것
② 주권 종목별로 금융위원회가 정하여 고시하는 단일가격 또는 당사자 간 매매호가가 일치하는 경우에는 그 가격으로 매매거래를 체결시킬 것
③ 매매거래대상 주권의 지정·해제기준, 매매 및 결제방법 등에 관한 업무기준을 정하여 금융투자협회에 보고할 것
④ 금융위원회가 정하여 고시하는 방법에 따라 재무상태, 영업실적, 자본변동 등 발행인의 현황을 공시할 것

40 중요도 ★

채권중개전문회사가 증권시장 외에서 채무증권의 매매·중개 업무를 하는 경우 준수사항으로 잘못된 것은?

① 전문투자자 및 일반투자자 간의 매매·중개일 것
② 동시에 다수의 자를 각 당사자로 하여 당사자가 매매하고자 제시하는 채무증권의 종목, 매매호가, 수량을 공표할 것
③ 채무증권의 종목별로 당사자 간 매도호가와 매수호가가 일치하는 가격으로 매매거래를 체결시킬 것
④ 업무방법 등이 금융위원회가 정하여 고시하는 기준을 충족할 것

41

중요도 ★

☐

채권을 대상으로 투자매매업을 하는 자가 소유하고 있는 채권에 대하여 매도호가 및 매수호가를 동시에 제시하는 방법으로 해당 채권거래를 원활하게 하는 역할을 수행하는 자로서 금융위원회가 지정하는 자는?

① 채권전문자기매매업자
② 채권중개전문회사
③ 채권평가회사
④ 채권매매·중개업자

42

중요도 ★★

☐

투자매매업자 또는 투자중개업자가 장외파생상품을 대상으로 투자매매업 또는 투자중개업을 하는 경우 준수해야 할 사항으로 잘못된 것은?

① 장외파생상품 매매를 할 때마다 파생상품업무책임자의 승인을 받아야 한다.
② 금융위원회가 정하는 기준을 충족하는 계약으로 당사자 간 미리 합의된 계약조건에 따라 장외파생상품을 매매하는 경우 파생상품업무책임자의 승인을 받지 않아도 된다.
③ 월별 장외파생상품(파생결합증권 포함)의 매매, 그 중개·주선 또는 대리의 거래내역을 다음 달 10일까지 금융위원회에 보고해야 한다.
④ 기초자산이 신용위험인 장외파생상품을 신규로 취급하는 경우 금융위원회의 사전심의를 받아야 한다.

정답 및 해설

38 ② 겸영금융투자업자 이외의 투자매매·중개업자의 경우 위험액이 자기자본의 30%를 초과할 수 없다.

39 ③ 매매거래대상 주권의 지정·해제기준, 매매 및 결제방법 등에 관한 업무기준을 정하여 금융위원회에 보고하고, 이를 일반인이 알 수 있도록 공표해야 한다.

40 ① 전문투자자, 체신관서, 그 밖의 금융위원회가 고시하는 자 간의 매매·중개일 것을 요한다.

41 ① 채권전문자기매매업자는 채권을 대상으로 투자매매업을 하는 자가 소유하고 있는 채권에 대하여 매도호가 및 매수호가를 동시에 제시하는 방법으로 해당 채권거래를 원활하게 하는 역할을 수행하는 자로서 금융위원회가 지정하는 자이다.

42 ④ 기초자산이 신용위험인 장외파생상품 또는 일반투자자를 대상으로 하는 장외파생상품을 신규로 취급하는 경우 금융투자협회의 사전심의를 받아야 한다.

43
중요도 ★★
해외파생상품시장거래에 대한 설명 중으로 잘못된 것은?

① 일반투자자는 해외 증권시장이나 해외 파생상품시장에서 외화증권 또는 장내파생상품의 매매거래를 하려는 경우 투자중개업자를 통해 매매거래를 해야 한다.
② 투자중개업자가 일반투자자로부터 해외 파생상품시장에서의 매매거래를 수탁 받은 경우에는 자기매매거래계좌를 통하여 매매하면 된다.
③ 투자매매업자 또는 투자중개업자의 외화증권 및 장내파생상품의 국내거래에 관하여 필요한 사항은 금융위원회가 정한다.
④ 런던금속거래소 규정에 따라 장외에서 이루어지는 금속거래도 장내파생상품거래에 포함된다.

44
중요도 ★★
우리나라의 내부자거래 규제제도와 거리가 먼 것은?

① 미공개정보이용 금지
② 단기매매차익반환의무
③ 공개매수 관련 정보이용행위 금지
④ 허위표시에 의한 시세조정 금지

45
중요도 ★★
시세조종행위의 규제에 대한 설명으로 잘못된 것은?

① 위장거래 및 이를 수탁하는 행위는 금지된다.
② 통정매매는 복수인이 미리 통정한 후 동일유가증권에 대하여 같은 시기에 같은 가격으로 매수·매도하는 행위를 하는 위장거래의 일종이다.
③ 시세조종금지를 위반한 자는 1년 이상의 유기징역 또는 이익(또는 회피한 손실액)의 3배에서 5배 이하에 상당하는 벌금에 처한다.
④ 현실거래, 허위표시, 가격고정에 의한 시세조종은 규제되나 안정조작에 의한 시세조종은 규제대상이 아니다.

46

중요도 ★

□

자본시장법 제174조는 미공개 중요정보 이용행위에 대하여 규제하고 있다. 이에 대한 설명으로 잘못된 것은?

① 상장법인이 발행하는 채권이나 수익증권은 적용대상증권에 포함된다.

② 내부자거래 규제대상증권에는 상장법인 외의 자가 발행한 것으로서 상장법인이 발행한 증권과 교환을 청구할 수 있는 교환사채권도 포함된다.

③ 규제대상자의 범위에는 내부자뿐만 아니라 준내부자, 정보수령자도 포함된다.

④ 규제대상행위는 증권의 매매거래 자체가 아니라 미공개 중요정보의 이용행위를 금지하고자 하는 것이다.

47

중요도 ★★

□

자본시장법상 미공개 중요정보의 규제대상자와 거리가 먼 것은?

① 회사 내부자로부터 미공개 중요정보를 받은 자

② 해당 법인과 계약체결을 하고 있는 자로서 계약체결과정에서 미공개 중요정보를 알게 된 자

③ 권리행사 과정에서 미공개 중요정보를 알게 된 해당 법인의 주주

④ 직무와 관련하여 미공개 중요정보를 알게 된 해당 법인의 임직원

정답 및 해설

43 ② 투자중개업자가 일반투자자로부터 해외 파생상품시장에서의 매매거래를 수탁 받은 경우에는 자기매매거래계좌와는 별도의 매매거래계좌를 개설해야 한다.

44 ④ 우리나라의 내부자거래 규제제도

• 미공개정보이용 금지	• 주요주주와 임원의 주식소유상황 보고의무
• 단기매매차익반환제도	• 대량취득·처분 관련 정보이용행위 금지
• 공개매수 관련 정보이용행위 금지	• 장내파생상품 대량보유보고 등

45 ④ 안정조작에 의한 시세조정은 규제대상이다.

46 ① 상장법인이 발행하는 증권 중 일반채권, 수익증권, 파생결합증권 등은 적용대상증권에서 제외된다.

47 ③ 미공개 중요정보의 이용행위에 대한 주주의 금지규정은 해당 법인의 10% 이상 보유주주(주요주주) 및 법인의 주요 경영사항에 대해 사실상 영향력을 행사하고 있는 주주에 한하여 규제하고 있다.

48 중요도 ★
내부자거래 규제에 있어서 공개매수 등의 특칙에 대한 설명으로 잘못된 것은?

① 규제대상자는 그 법인의 임직원 및 대리인도 포함된다.

② 주식 등에 대한 공개매수실시 또는 중지에 관한 미공개정보를 증권의 매매에 이용하는 행위는 금지된다.

③ 자본시장법상 미공개정보 이용행위의 규제대상자가 종전보다 축소되었다.

④ 공개매수예정자가 공개매수를 목적으로 거래하는 것은 가능하다.

49 중요도 ★★
단기매매차익 반환제도에 대한 설명으로 잘못된 것은?

① 회사내부자가 자기회사의 발행주식 등을 6개월 내에 단기매매하여 생기는 이득을 당해 법인에게 반환하는 제도이다.

② 미공개정보를 이용하여 단기매매차익을 얻은 경우에 한하여 반환한다.

③ 대상자 중 직원은 원칙적으로 규제대상에서 제외하는 것으로 하되, 직무상 미공개 중요정보의 접근 가능성이 있는 자는 포함한다.

④ 주식매수선택권을 행사하여 취득한 주식을 매도하는 경우에는 단기매매차익의 반환의무가 없다.

50 중요도 ★
시세조종행위에 대한 규제내용으로 잘못된 것은?

① 시세조종행위규제는 시세조종 목적 내지 매매유인의 목적에 따라 불법성을 판별하는 방식을 채택하고 있다.

② 자본시장법은 증권시장과 파생상품시장 간 현·선 연계 시세조종행위뿐만 아니라 파생결합증권과 그 기초자산인 증권 간 연계 시세조종행위도 규제하고 있다.

③ 모집 또는 매출되는 증권의 인수인이 투자매매업자에게 시장조성을 위탁하는 경우 시세조종행위에 해당한다.

④ 모집 또는 매출되는 증권 발행인의 임원 등이 투자매매업자에게 안정조작을 위탁하는 경우에는 예외적으로 안정조작이 허용된다.

51

중요도 ★★

금융투자업자의 영업규제에 대한 설명으로 잘못된 것은?

① 금융투자회사의 위법행위로 인한 손해를 배상하는 것은 손실보전행위로 보지 않는다.

② 금융투자회사는 불공정거래와 관련된 매매거래의 수탁이 금지된다.

③ 차익거래 등과 같은 특별한 경우를 제외하고는 금융투자회사의 선행매매가 금지된다.

④ 미공개 중요정보라 하더라도 고객의 이익을 증진할 목적으로 매매에 이용하는 것은 무방하다.

52

중요도 ★★★

다음 중 금융소비자보호법상 적합성 원칙에 대한 설명이 잘못된 것은?

① 투자성 상품에 대한 적합성 판단기준은 손실에 대한 감수능력이 적정수준인지 여부에 달려있다.

② 대출성 상품에 대한 적합성 판단기준은 상환능력이 적정수준인지 여부에 달려있다.

③ 일반사모펀드를 판매하는 경우에도 원칙적으로 적합성 원칙이 적용된다.

④ 금융상품판매업자는 투자권유 또는 자문업무를 하는 경우 금융소비자가 일반금융소비자인지 전문금융소비자인지 확인해야 한다.

정답 및 해설

48 ③ 자본시장법상 미공개정보 이용행위의 규제대상자의 범위가 확대되었다.

49 ② 미공개정보의 이용 여부와 관계없이 단기매매차익을 반환해야 한다. 회사내부자의 단기매매차익 반환과 관련하여 회사내부자가 내부정보를 이용하지 않았음을 입증하는 경우에도 반환의무가 있다.

50 ③ 모집 또는 매출되는 증권의 인수인이 투자매매업자에게 시장조성을 위탁하는 경우는 시세조종행위에 해당하지 않는다.

51 ④ 일반인에게 공개되지 아니한 중요한 정보를 유가증권의 매매 기타 거래와 관련하여 당해 정보를 이용해서는 아니 된다.

52 ③ 일반사모펀드 판매 시에는 원칙적으로 적합성 원칙의 적용이 면제된다. 다만, 예외적으로 적격투자자 중 일반금융소비자가 요청할 경우에는 적합성 원칙이 적용된다.

53

중요도 ★★★

다음 중 금융소비자보호법상 적정성 원칙에 대한 설명이 적절하지 않은 것은?

① 일반사모펀드는 원칙적으로 적정성 원칙의 적용이 면제되지만 적격투자자 중 일반금융소비자가 요청할 경우에는 적정성 원칙이 적용된다.

② 적정성 원칙은 금융상품판매업자의 계약체결의 권유가 있는 경우에만 적용된다.

③ 사채 중 주식으로 전환되거나 원리금을 상환해야 할 의무가 감면될 수 있는 사채도 적정성 원칙의 대상이 된다.

④ 적정성 원칙은 위험도가 높은 투자성 상품 또는 대출성 상품에 적용된다.

54

중요도 ★★★

다음 중 금융소비자보호법상 설명의무에 대한 설명이 가장 적절하지 않은 것은?

① 전문금융소비자에게는 금융상품판매업자의 설명의무가 면제된다.

② 본인이 아닌 대리인에게 설명하는 경우, 전문금융소비자 여부는 본인 기준으로 판단한다.

③ 본인이 아닌 대리인에게 설명하는 경우, 설명의무 이행여부는 본인 기준으로 판단한다.

④ 기존계약과 동일한 내용으로 계약을 갱신하거나 기본계약을 체결하고 계속적·반복적으로 거래하는 경우에는 설명서를 교부하지 않아도 된다.

55

중요도 ★★★

다음 중 금융소비자보호법상 금융상품판매업자의 불공정영업행위 금지의무에 대한 설명 중 잘못된 것은?

① 금융상품판매업자의 불공정영업행위 금지의무는 일반금융소비자에게만 적용된다.

② 개인의 대출과 관련하여 제3자의 연대보증을 요구하는 것도 불공정영업행위에 해당한다.

③ 대출성 계약을 체결하고 최초로 이행된 전·후 1개월 이내에 대출액의 1%를 초과하는 투자성 상품의 계약체결을 하는 행위는 금지된다.

④ 금융소비자가 같은 금융상품판매업자에게 같은 유형의 금융상품에 관한 계약에 대하여 1개월 2번 이상 청약철회 의사를 표시하는 경우에는 금융상품판매업자가 그에게 불이익을 부과하더라도 불공정영업행위라고 볼 수 없다.

56 중요도 ★★

다음 중 금융소비자보호법상 광고규제에 대한 설명이 적절하지 않은 것은?

① 광고의 대상은 금융상품뿐만 아니라 금융상품판매업자가 제공하는 각종 서비스도 될 수 있다.

② 투자성 상품의 경우 금융상품판매·대리업자는 금융상품뿐만 아니라 금융상품판매업자의 업무에 관한 광고도 수행할 수 있다.

③ 광고주체가 금융상품 등의 광고를 하는 경우에는 준법감시인(준법감시인이 없는 경우에는 감사)의 심의를 받아야 한다.

④ 금융투자협회는 금융상품판매업자의 광고규제 준수여부를 확인하고, 그 결과에 대한 의견을 해당 금융상품판매업자에게 통보할 수 있다.

57 중요도 ★★★

다음 중 투자성 상품과 관련하여 금융상품판매대리·중개업자가 금융소비자에게 알려야 하는 고지의무의 내용이 적절하지 않은 것은?

① 하나의 금융상품직접판매업자만을 대리하거나 중개하는 금융상품판매·중개업자인지 여부

② 금융상품판매·중개업자 자신에게 금융상품계약을 체결할 권한이 없다는 사실

③ 금융소비자의 금융상품 매매를 대신할 수 있다는 사실

④ 금융소비자보호법상 손해배상책임에 관한 사항

정답 및 해설

53 ② 위험도가 높은 투자성 상품 또는 대출성 상품은 계약체결의 권유가 없는 경우에도 적정성 여부를 금융소비자에게 알려야 한다. 적합성 원칙은 금융상품판매업자의 계약체결의 권유가 있는 경우에만 적용되지만, 적정성 원칙은 소비자가 자발적으로 계약체결의사를 밝힌 경우에도 적용된다.

54 ③ 본인이 아닌 대리인에게 설명하는 경우, 설명의무 이행여부는 대리인 기준으로 판단한다.

55 ① 금융상품판매업자의 불공정영업행위 금지의무는 일반금융소비자뿐만 아니라 전문금융소비자에게도 적용된다.

56 ② 투자성 상품의 경우 금융상품판매·대리업자는 금융상품뿐만 아니라 금융상품판매업자의 업무에 관한 광고도 수행할 수 없다.

57 ③ 금융상품판매·중개업자는 금융소비자의 금융상품매매를 대신할 수 없다.

58
중요도 ★★★

다음 중 금융소비자보호법상 금융소비자의 투자성 상품 청약철회권에 대한 설명이 잘못된 것은?

① 금융소비자는 투자성 상품에 대하여 7일 이내에 청약을 철회할 수 있다.
② 투자성 상품 계약의 경우 일반금융소비자가 예탁한 금전 등을 지체 없이 운용하는데 동의한 경우에는 청약철회권을 행사하지 못한다.
③ 금융상품판매업자는 청약철회를 접수한 날로부터 3영업일 이내에 이미 받은 금전 등과 상품과 관련하여 수취한 보수·수수료 등을 반환해야 한다.
④ 비금전신탁은 청약철회가 가능한 상품이 아니다.

59
중요도 ★★

다음 중 금융소비자보호법상 금융분쟁조정에 대한 설명이 잘못된 것은?

① 금융감독원장에게 분쟁조정을 신청할 수 있으며, 분쟁의 당사자가 조정안을 수락할 경우 재판상 화해와 동일한 효과가 있다.
② 분쟁조정의 신청은 시효중단의 효과가 있다.
③ 분쟁조정 신청 전후에 소송이 제기된 경우, 법원은 조정이 있을 때까지 소송절차를 중지할 수 있고, 법원이 소송절차를 중지하지 않으면 조정위원회가 중지해야 한다.
④ 금융회사는 일반금융소비자가 신청한 소액(2천만원 이하)분쟁사건에 대하여 언제라도 소를 제기할 수 있다.

60
중요도 ★★★

다음 중 금융소비자보호법상 금융상품판매업자의 손해배상책임에 대한 설명이 잘못된 것은?

① 설명의무를 위반하여 금융소비자에게 손해를 끼친 경우에 금융상품판매업자는 손해배상책임이 부과된다.
② 금융소비자가 손해배상을 받기 위해서는 금융상품판매업자의 고의 또는 과실을 입증해야 한다.
③ 금융상품판매대리·중개업자가 판매과정에서 소비자에게 손해를 발생시킨 경우, 금융상품판매업자에게도 손해배상책임이 부과된다.
④ 금융상품직접판매업자가 금융상품판매대리·중개업자에 대한 선임과 감독에 대하여 적절한 주의를 하고 손해방지를 위해 노력한 사실을 입증하면 손해배상책임을 면할 수 있다.

61 중요도 ★★★

다음 중 금융소비자보호법상 금융상품판매업자에 대한 징벌적 과징금 제도에 대한 설명이 잘못된 것은?

① 6대 판매원칙 중 4개만 적용되고, 적합성 원칙·적정성 원칙 위반은 징벌적 과징금 대상이 아니다.

② 부과대상은 금융상품직접판매업자, 금융상품판매대리·중개업자, 금융상품자문업자 등이다.

③ 투자성 상품은 투자액, 대출성 상품은 대출액 등을 기준으로 하여 거래규모가 클수록 과징금 제재강도가 높아진다.

④ 수입의 50%까지 과징금을 부과할 수 있으나 수입금액이 없거나 산정이 곤란한 경우에는 10억원 이내의 범위에서 과징금을 부과할 수 있다.

62 중요도 ★★
□

다음 중 금융소비자보호법상 금융상품판매업자에 대한 과징금과 과태료 제도에 대한 설명이 잘못된 것은?

① 과징금이 부당이득환수를 목적으로 부과하는 반면, 과태료는 의무위반에 대하여 부과하는 것이다.

② 과징금은 금융상품판매대리·중개업자에게 부과할 수 없으나, 과태료는 관리책임이 있는 금융상품판매대리·중개업자에게 부과할 수 있다.

③ 적합성 원칙·적정성 원칙은 과징금 부과대상에 해당되나 과태료 부과대상에는 해당되지 않는다.

④ 과징금의 법정한도액은 업무정지기간(6개월 내) 동안 얻을 이익인 반면, 과태료의 법정한도액은 사유에 따라 1천만원, 3천만원, 1억원으로 구분되어 있다.

정답 및 해설

58 ④ 청약철회가 가능한 투자성 상품에는 ⊙ 고난도 금융투자상품 ⊙ 고난도 투자일임계약 ⊙ 고난도 금전신탁계약 ⊛ 비금전신탁 등이 있다.

59 ④ 금융회사는 일반금융소비자가 신청한 소액(2천만원 이하)분쟁사건에 대하여 금융분쟁조정위원회의 조정안 제시 전까지는 법원 소송을 제기할 수 없다.

60 ② 금융소비자는 금융상품판매업자의 설명의무 위반사실, 손해발생 등의 요건만 입증하면 된다. 반면 금융상품판매업자는 자신에게 고의 또는 과실이 없었음을 입증하지 못하면 손해배상책임을 져야 한다. (입증책임의 전환)

61 ② 부과대상은 금융상품직접판매업자와 금융상품자문업자이다. 금융상품판매대리·중개업자의 위반행위는 판매를 대리·중개하게 한 금융상품직접판매업자에게 과징금을 부과한다.

62 ③ 적합성 원칙·적정성 원칙은 과징금 부과대상에 해당되지 않으나 3천만원 이하의 과태료가 부과될 수 있다.

제2장
한국금융투자협회규정

학습전략

한국금융투자협회규정은 제4과목 전체 25문제 중 총 **4문제**가 출제된다.

한국금융투자협회규정은 직무윤리, 자본시장법, 금융위원회규정 등에서 공부한 내용과 겹치는 부분이 많으므로 상대적으로 분량이 적은 편이다. 출제문항 수는 적으나 제대로 공부하지 않으면 다른 과목 득점에도 영향을 줄 수 있다는 점에서 소홀히 하면 안 되는 과목이다.

출제예상 비중

기타규정 **10%**

90% 금융투자회사의 영업 및 업무에 관한 규정

핵심포인트

다음 중 파생상품 등의 투자권유 시 적합성 확보에 대한 설명이 잘못된 것은?

① 일반투자자인 경우 투자목적, 재산상황, 투자경험 등 확인해야 한다.

② 일반투자자에게 파생상품 등에 관한 판매계약을 체결하려는 경우에는 투자권유를 하는 경우에 한하여 면담·질문 등을 통하여 그 일반투자자의 투자자정보를 파악하여야 한다.

③ 일반투자자의 투자자정보에 비추어 해당 파생상품 등이 그 일반투자자에게 적정하지 아니하다고 판단되는 경우에 그 사실을 알리고, 서명 등의 방법으로 확인받아야 한다.

④ 부적합투자자, 투자권유불원투자자를 대상으로 금융투자상품을 판매한 경우 금융투자협회 인터넷 홈페이지 그 판매실적을 공시해야 한다.

TIP 일반투자자에게 파생상품 등에 관한 판매계약을 체결하려는 경우에는 투자권유를 하지 아니하더라도 면담·질문 등을 통하여 그 일반투자자의 투자자정보를 파악하여야 한다.

핵심포인트 해설   **투자권유의 적합성 확보**

구 분	주요 내용
투자자 정보 확인의무 (적합성 원칙)	• 일반투자자인지 전문투자자인지 여부 확인 • 일반투자자인 경우 투자목적, 재산상황, 투자경험 등 확인 • 서명(전자서명 포함), 기명날인, 녹취, 전자우편, 전자통신, 우편, 전화자동 응답 등으로 확인
적정성 원칙	• 파생상품 등 거래 시 적정성 원칙 준수 의무화 • 일반투자자의 투자자정보에 비추어 해당 파생상품 등이 그 일반투자자에게 적정하지 아니하다고 판단되는 경우에 그 사실을 알리고, 서명 등의 방법으로 확인받아야 함 • 일반투자자에게 투자성 상품(파생상품 등)에 관한 판매계약을 체결하려는 경우에는 투자권유를 하지 아니하더라도 면담·질문 등을 통하여 그 일반투자자의 투자자정보를 파악하여야 함
판매현황 공시	• 공시대상 : 부적합투자자, 투자권유불원투자자를 대상으로 금융투자상품을 판매한 경우 • 공시장소 : 금융투자협회 인터넷 홈페이지

정답 | ②

02

다음 중 금융투자업자의 설명의무 및 위험고지의무에 대한 설명이 적절하지 않은 것은?

① 위험성이 높은 금융투자상품 거래에 대하여는 설명서 또는 위험고지서를 제공해야 한다.
② 공모로 발행된 파생결합증권을 매매하는 경우에는 핵심설명서를 교부해야 한다.
③ 공모 ELS를 판매한 경우, 분기 1회 이상 공정가액 및 기초자산가격을 제공해야 한다.
④ 일반투자자가 장내파생상품에 투자하려면 1시간 이상의 파생상품모의거래를 해야 한다.

TIP 일반투자자가 장내파생상품에 투자하려면 협회 또는 금융투자회사가 개설한 사전 교육 1시간 이상, 사전 모의
거래 3시간 이상을 이수하여야 한다.

핵심포인트 해설   금융투자업자의 설명의무 및 위험고지의무

설명의무	• 일반투자자를 대상으로 투자권유 하는 경우 투자설명서를 교부하고 이해할 수 있도록 설명해야 함 • 투자설명서, 설명서(간이투자설명서 제외), 핵심상품설명서는 준법감시인 또는 금융소비자보호총괄책임자의 사전심의를 받아야 함 • 중요한 내용은 부호, 색채, 굵고 큰 글자 등으로 명확하게 표시하여 알아보기 쉽게 작성해야 함
핵심설명서 교부	다음의 어느 하나에 해당되면 핵심설명서를 추가로 교부하고, 충분히 설명해야 함 • 공모로 발행된 파생결합증권(단, ELW, ETN, 금적립계좌 제외)을 매매하는 경우 • 공모 또는 사모로 발행된 고난도 금융투자상품·금전신탁계약·투자일임계약을 체결하는 경우 • 일반투자자가 신용융자거래를 하는 경우 • 일반투자자가 유사해외통화선물거래를 하는 경우
파생결합증권 특례	공모 파생결합증권(ELW, ETN, 금적립계좌 제외)은 아래의 정보를 제공할 의무가 있음 • 만기이전 최초 원금손실조건에 해당되는 경우 : 원금손실 조건에 해당되었다는 사실, 기초자산 현재가격 정보, 중도상환청구 관련사항, 공정가액 등을 통지해야 함 • 정기적인 정보제공의무 : 분기 1회 이상 공정가액 및 기초자산가격 제공해야 함 • 비정기적인 정보제공의무 : 최초기준가격 확정 시, 자동조기상환조건 미충족 시, 발행사 신용등급 하락 등 중요한 이벤트가 발생한 경우 그 내용을 일반투자자에게 제공해야 함
ELW·ETN·ETF의 특례	• 별도의 거래신청서(전자문서 포함) 작성(서명 등의 방법으로 매매의사 확인) • ELW, 레버리지ETN, 레버리지ETF를 매매하려면 사전교육 이수해야 함
장내파생상품시장 적격 개인투자자 요건	• 파생상품교육과정 1시간 이상 사전 이수 • 파생상품모의거래과정 3시간 이상 사전 이수 • 기본예탁금 예탁
판매 후 확인절차 모든 상품에 적용	• 일반투자자 대상으로 금융투자상품 매매, 투자자문계약·투자일임계약·신탁계약을 체결하는 경우에 7영업일 이내에 적정이행 여부를 투자자로부터 확인 • 금융투자회사는 인력현황, 계약건수, 상품의 위험도 등을 감안하여 확인하고자 하는 금융투자상품 또는 투자자의 범위 등을 조정할 수 있음
위험고지서 교부 및 설명의무 대상	• 일중매매거래(Day Trading) : 일중매매거래 위험고지서 교부&설명의무 • 시스템매매(투자자 자신의 판단이 배제된 전산소프트웨어에 의한 자동매매) : 시스템매매 위험고지서 교부&설명의무

정답 | ④

다음 중 금융투자회사의 직원채용 및 복무기준에 대한 설명이 적절하지 않은 것은?

① 직원 채용 시 지원자의 비위행위를 사전에 조회하는 것은 협회규정상 불가하다.
② 위법·부당행위로 금고 이상의 형을 선고받고 그 집행이 종료되거나 면제된 후 5년이 경과하지 않은 경우 채용하지 않을 수 있다.
③ 임직원이 금고 이상의 형을 선고받거나 징계처분을 부과한 경우, 10영업일 이내에 협회에 보고해야 한다.
④ 감봉 이상의 징계로 인하여 투자전문인력 자격제재를 부과받은 임직원(퇴직자 포함)은 1개월 이내에 자율규제위원장이 정하는 준법교육을 이수해야 한다.

TIP 직원 채용결정 전 비위행위 확인의뢰서 또는 전자통신방법으로 협회에서 지원자의 비위행위 조회가 가능하다.

핵심포인트 해설   **금융투자회사의 직원채용 및 복무기준**

직원 채용결정 전 사전조회	• 사전조회 내용 : 징계면직 전력 여부, 금융투자전문인력 자격시험 응시제한기간 경과 여부, 금융투자전 문인력 등록거부기간 경과 여부
	• 사전조회 방법 : 비위행위 확인의뢰서 또는 전자통신방법으로 협회에서 조회함
	• 징계전력에 대한 채용기준
	  · 위법부당행위로 징계면직처분을 받거나 퇴직 후 징계면직 상당의 처분을 받은 후 5년이 경과했는 지 여부
	  · 위법·부당행위로 금고 이상의 형을 선고받고 그 집행이 종료되거나 면제된 후 5년이 경과했는지 여부

직원의 금지행위	• 관계법규를 위반하는 행위 • 투자자에게 금융거래 체결 등과 관련하여 본인 또는 제3자의 명의나 주소를 사용하도록 하는 행위 • 본인의 계산으로 금융거래 체결 시 타인의 명의나 주소 등을 사용하는 행위 • 금융거래 체결 등과 관련하여 투자자와 금전대차를 하거나 제3자와의 금전대차를 중개·주선·대리하 는 경우
징 계	• 징계내역 보고 : 임직원이 금고 이상의 형을 선고받거나 징계처분을 부과한 경우 10영업일 이내에 협 회에 보고해야 함 • 징계내역 열람신청 : 투자자가 자신의 자산관리직원(또는 관리예정직원)의 징계내역을 서면으로 신청 하는 경우 회사는 지체 없이 해당 직원의 동의서를 첨부하여 협회에 징계내역 열 람신청을 해야 함(해당 직원의 동의가 없으면 불가) • 징계내역 조회제도 안내 : 금융투자회사는 투자자가 신규로 계좌개설하거나 투자계약을 체결하고자 하 는 경우 '징계내역 열람제도 이용안내'를 교부하고 설명하여야 함 • 징계자에 대한 준법교육 : 감봉 이상의 징계로 인하여 투자전문인력 자격제재를 부과받은 임직원(퇴직 자 포함)은 1개월 이내에 자율규제위원장이 정하는 준법교육을 이수해야 함

정답 | ①

04

금융투자협회의 금융투자전문인력에 대한 등록거부 사유와 거리가 먼 것은?

① 자격요건을 갖춘 날로부터 1년이 경과하여 전문성 강화교육을 이수하여야 하는 자를 신청한 경우
② 금융투자회사의 임직원이 아닌 자를 신청한 경우
③ 다른 회사의 금융투자전문인력으로 등록되어 있는 자를 신청한 경우
④ 금융투자전문인력 등록의 효력정지, 등록거부 기간이 미경과한 자를 등록신청 한 경우

TIP 자격요건을 갖춘 날 또는 최근 업무수행일 등으로부터 5년이 경과하여 전문성 강화교육을 이수하여야 하는 자를 등록신청한 경우 협회는 금융투자전문인력의 등록을 거부할 수 있다.

핵심포인트 해설 　금융투자전문인력의 개요

금융투자전문인력	• 투자권유자문인력 : 펀드·증권·파생상품투자권유자문인력 • 투자상담관리인력 : 투자권유자문인력·투자권유대행인 관리감독 • 투자운용인력 : 집합투자재산·신탁재산·투자일임재산 운용인력 • 조사분석인력 : 조사분석자료 작성·심사·승인업무수행인력 • 위험관리전문인력 : 회사의 재무위험을 관리하는 인력 • 신용평가전문인력 : 신용평가회사에서 신용평가업무수행인력
투자권유자문인력의 등록요건	• 원칙 : 해당 투자자보호교육 이수 + 해당 적격성인증시험 합격 • 예외 : 아래 요건 갖추면 해당 투자권유자문인력 등록 가능 · 전문투자자 대상 펀드·증권·파생상품 투자자문 업무 : 금융투자회사 또는 해외금융투자회사 근무경력 1년 이상인 자 · 채무증권의 투자권유업무(겸영금융투자업자의 임직원인 경우에 한함) : 채권증권의 투자권유업무에 대한 등록교육을 이수한 자
등록 및 관리	• 금융투자회사 등이 임직원을 전문인력으로 등록하려면 협회에 등록을 신청해야 함 • 협회는 심사 후 하자가 없으면 등록을 수리하고 등록원부에 등재 • 등록말소 사유 · 전문인력이 금융투자회사를 퇴직한 경우 · 소속 금융투자회사가 해산하거나 영업을 폐지한 경우 · 금융투자회사 등이 등록말소를 신청한 경우

정답 | ①

다음 중 금융투자회사가 조사분석자료를 공표하거나 특정인에게 제공해서는 안 되는 것은?

① 자신이 발행한 금융투자상품
② 공개세미나에서 브리핑한 금융투자상품
③ 내국법인이 외국에서 발행한 주권
④ 외국법인이 국내에서 발행한 주권

TIP   금융투자회사의 이해상충 방지를 위하여 자신이 발행한 금융투자상품, 자신이 발행한 주식을 기초자산으로
      하는 주식선물·주식옵션·주식워런트증권(ELW) 등에 대한 조사분석자료의 공표를 금지하고 있다.

핵심포인트 해설　　**조사분석대상법인의 제한 및 이해관계 고지**

(1) 의 의
금융투자회사가 조사분석자료를 작성하지 못하게 하거나 이해관계를 고지하도록 하는 것은 이해상충 방지를 위한 것임

(2) 조사분석대상법인의 제한
① 금융투자회사는 ②의 어느 하나에 해당하는 금융투자상품에 대하여 조사분석자료를 공표하거나 특정인에게 제공하면 아니 됨
② 제한 금융투자상품
　　㉠ 자신이 발행한 금융투자상품
　　㉡ 자신이 발행한 주식을 기초자산으로 하는 주식선물·주식옵션·주식워런트증권(ELW)
　　㉢ 다음 어느 하나에 해당하는 법인이 발행한 주식 및 주식 관련 금융투자상품
　　　　- 자신이 안정조작 또는 시장조성업무를 수행하고 있는 증권을 발행한 법인
　　　　- 자신이 인수·합병 등의 업무를 수행하고 있는 법인 및 그 상대 법인
　　　　- 자신이 공개입찰 방식에 의한 지분매각 또는 매입을 위한 중개·주선업무를 수행하는 경우 그에 해당하는 법인

(3) 회사와의 이해관계 고지
① 자신이 채무이행을 직·간접적으로 보장하는 경우
② 발행주식의 1% 이상 주식을 보유하는 경우 등

정답 | ①

06

금융투자분석사의 매매거래 제한에 대한 설명으로 잘못된 것은?

① 금융투자분석사는 자신이 담당하는 업종에 속하는 법인이 발행한 주식을 매매할 수 없다.

② 금융투자분석사 개인에게도 이해상충문제 해소를 위해 매매거래제한 및 이해관계고 지의무를 협회 자율규제 차원에서 부과하고 있다.

③ 금융투자분석사는 자료 공표 시 자신과 이해관계가 있는 금융투자상품의 매매를 권유하는 경우 그 재산적 이해관계를 고지해야 한다.

④ 금융투자분석사는 금융투자상품 및 주식매수선택권의 보유가액이 5백만원 이하이면 고지하지 않아도 된다.

TIP 금융투자분석사는 금융투자상품 및 주식매수선택권의 보유가액 합계가 3백만원 이하인 경우에는 고지대상에서 제외할 수 있다. 다만, 이 경우라도 레버리지 효과가 큰 주식선물·주식옵션 및 주식워런트증권은 보유가액의 크기와 관계없이 고지해야 한다.

핵심포인트 해설 **금융투자분석사의 매매거래 제한**

담당업종 매매 제한	• 금융투자분석사는 자신이 담당하는 업종에 속하는 법인이 발행한 주식 등의 매매가 금지됨 • 주식 등 : 주식, 주권 관련 사채권, 신주인수권이 표시된 것, 이러한 주식을 기초자산으로 하는 주식선물·주식옵션 및 주식워런트증권
소속회사 분석자료의 매매제한	• 소속 금융투자회사에서 분석자료를 공표한 금융투자상품을 매매하는 경우에는 공표 후 24시간이 경과해야 가능함 • 매매하는 경우 공표일로부터 7일 동안은 공표한 투자의견과 같은 방향으로 매매해야 함
24시간 매매제한의 예외	• 자료내용이 직·간접적으로 특정상품의 매매를 유도하는 것이 아닌 경우 • 자료 공표로 인한 매매유발이나 가격변동을 의도적으로 이용했다고 볼 수 없는 경우 • 공표된 조사분석자료를 이용하여 매매하지 않았음을 증명하는 경우 • 해당 조사분석자료가 이미 공표한 조사분석자료와 비교하여 새로운 내용을 담고 있지 않은 경우
재산적 이해관계의 고지	• 금융투자분석사는 자료 공표 시 자신과 이해관계가 있는 금융투자상품의 매매를 권유하는 경우 그 재산적 이해관계를 고지해야 함 • 예외 : 금융투자상품 및 주식매수선택권의 보유액 합계가 3백만원 이하인 경우
각종 공시	• 투자등급 및 목표가격 등 구체적 내용 표기 : 투자등급의 의미와 공표일부터 과거 2년간 제시한 투자등급, 목표가격 변동 추이를 게재하고, 목표가격과 해당 상품의 가격 변동 추이를 그래프로 표기 • 투자의견 비율공시 : 최근 1년간 투자의견을 3단계(매수·중립·매도)로 구분, 분기 1회 이상 갱신 공시 • 괴리율 공시 : 제시된 목표가격과 실제 주가 간의 괴리율(최고·최저·평균) 명기

정답 | ④

다음 중 투자광고 시 규제에 대한 설명 중 잘못된 것은?

① 투자일임재산을 각각 투자자별로 운용하는 행위는 금지된다.

② 사모의 방법으로 발행하거나 발행된 금융투자상품에 관한 내용을 표시하는 행위는 금지되나 일반 사모펀드의 투자광고는 허용된다.

③ 수수료 등을 특별히 우대하여 제시하면서 우대조건 등을 분리하여 표시하거나 수상실적, 통계수치를 강조하면서 그 출처 등을 분리하여 표시하는 행위는 금지된다.

④ 여러 신탁재산을 집합하여 운용한다는 내용을 표시하는 행위는 금지된다.

TIP 투자일임재산을 각각 투자자별로 운용하지 않고 여러 투자자의 자산을 집합하여 운용하는 것처럼 표시하는 행위는 금지되나 각각 투자자별로 운용하는 행위는 정당한 행위이다.

핵심포인트 해설   투자광고의 의무표시사항 및 금지행위

의무표시사항	• 계약체결 전 설명서 및 약관을 읽어볼 것을 권유하는 내용 • 금융투자업자의 명칭, 금융상품의 내용, 투자에 따르는 위험, 수수료 • 과거운용실적이 미래수익률을 보장하지 않는다는 사실 • 설명을 받을 권리가 있다는 사실 • 광고 관련 절차의 준수에 관한 사항 • 예금보험관계 성립 여부와 그 내용 • 광고의 유효기간, 자료의 출처 등 • 최소비용을 표기하는 경우 그 최대비용 • 최대수익을 표기하는 경우 그 최소수익

투자광고 시
금지행위
	• 수익률이나 운용실적을 표시하면서 다음 어느 하나에 해당하는 경우
	  · 수익률이나 운용실적이 좋은 기간만을 표시하는 행위
	  · 세전·세후 여부를 누락하여 표시하는 행위
	  · 파생결합증권 및 ELF의 상환별 예상수익률을 표시하면서 예상손실률을 근접 기재하지 않거나 크기, 색상,
	   배열 등에 있어서 동등하지 않은 수준으로 표시하는 행위
	• 집합투자증권 투자광고 시 명칭, 종류, 투자목적 및 운용전략, 기타 법령에서 정한 사항 이외의 사항을 표
	  시하는 행위
	• 사모의 방법으로 발행하거나 발행된 금융투자상품에 관한 내용을 표시하는 행위(단, 일반 사모펀드의 투자
	  광고는 허용)
	• 투자일임재산을 각각 투자자별로 운용하지 않고 여러 투자자의 자산을 집합하여 운용하는 것처럼 표시하
	  는 행위
	• 여러 신탁재산을 집합하여 운용한다는 내용을 표시하는 행위
	• 특정금전신탁의 특정한 상품에 대한 내용을 표시하는 행위
	• 금융투자회사의 경영실태평가와 영업용순자본비율 등을 다른 금융투자회사의 그것과 비교하여 표시하는
	  행위
	• 수익률, 수수료, 수상실적 및 통계수치를 표시하는 경우 우대조건 또는 수상시기 및 조건 등을 쉽게 인식할
	  수 있도록 표시하지 않는 행위
	• 휴대전화 메시지·메시지·알람, 이메일 광고에 파생결합증권 등의 수익률, 만기, 조기상환 조건을 기재하
	  는 행위

정답 | ①

다음 중 협회 규정상 재산상 이익제공으로 보아 수수가 제한되는 것은?

① 매매정보·주문 집행 등을 위해 개발한 소프트웨어 및 그 활용에 불가피한 컴퓨터
② 금융투자회사가 자체적으로 작성한 조사분석자료
③ 경제적 가치가 5만원인 물품 또는 식사
④ 국내에서 불특정 다수를 대상으로 개최되는 세미나 또는 설명회로서 1인당 재산상 이익의 제공금액을 산정하기 곤란한 경우

TIP 경제적 가치가 3만원 이하의 물품 또는 식사인 경우에는 재산상 이익 제공으로 보지 아니한다.

핵심포인트 해설 | 재산상 이익의 제공한도

(1) 재산상 이익의 제공으로 보지 않아 수수가 허용되는 경우(제2-63조②)
① 매매정보·주문집행 등을 위해 개발한 소프트웨어 및 그 활용에 불가피한 컴퓨터 등
② 금융투자회사가 자체적으로 작성한 조사분석자료
③ 경제적 가치가 3만원 이하의 물품 또는 식사
④ 20만원 이하의 경조비 및 조화·화환
⑤ 국내에서 불특정 다수를 대상으로 하여 개최되는 세미나 또는 설명회로서 1인당 재산상 이익의 제공금액을 산정하기 곤란한 경우 그 비용

(2) 재산상 이익제공 및 수령내역 공시
① 인별(회당, 연간), 회사별(연간) 한도규제를 폐지하고 특정한 거래상대방과의 거래를 목적으로 고액의 편익을 제공하거나 제공받는 행위에 대해 공시의무 부과
② 공시대상 : 금전·물품·편익 등을 10억원(최근 5개 사업연도 합산)을 초과하여 제공하거나 수령한 경우
③ 공시내용 : 제공(수령)기간, 제공(수령)자가 속하는 업종, 제공(수령)목적, 합계액
④ 공시방법 : 인터넷 홈페이지 등

(3) 재산상 이익제공의 한도 및 내부통제
① 재산상 이익제공의 한도는 규제를 폐지하였으나 위험성 높은 파생상품 등에 대하여는 예외적으로 유지함
② 파생상품과 관련하여 추첨 기타 우연성을 이용한 방법 또는 특정 행위의 우열이나 정오의 방법 등의 경우 동일 일반투자자에게 1회당 300만원 초과할 수 없음
③ 한도 폐지 후 내부통제 강화 : 재산상 이익제공(수령)한 경우 그 내용을 5년 이상 기록 보관하여야 하며, 이사회가 정하는 금액을 초과하는 재산상 이익을 제공하고자 하는 경우 미리 이사회의 의결을 거쳐야 하고, 매년 제공현황 및 적정성 점검 결과를 이사회에 보고해야 함

정답 | ③

금융투자회사에서 행하는 고객의 계좌관리에 대한 설명으로 잘못된 것은?

① 예탁자산의 평가액이 10만원 이하이면 통합계좌로 별도 관리할 수 있다.
② 계좌잔액(잔량)이 0이 된 날로부터 6개월이 경과하면 계좌를 폐쇄할 수 있다.
③ 장내파생상품거래예수금 중 현금예탁필요액은 고객예탁금이용료를 반드시 지급해야 한다.
④ 통합계좌로 분류된 계좌의 투자자가 매매거래의 재개 등을 요청하는 경우 본인확인 및 통합계좌의 해제 절차를 거친 후 처리해야 한다.

TIP 장내파생상품거래예수금 중 현금예탁필요액은 고객예탁금이용료 지급대상에서 제외할 수 있다.

핵심포인트 해설　　　　계좌관리 및 예탁금이용료의 지급

계좌의 통합 (제3-2조)	• 예탁자산의 평가액이 10만원 이하이고 최근 6개월간 투자자의 매매거래 및 입출금·입출고 등이 발생하지 아니한 계좌는 다른 계좌와 구분하여 통합계좌로 별도의 관리가 가능 • 통합계좌로 분류된 계좌의 투자자가 입·출금(고) 또는 매매거래의 재개 등을 요청하는 경우 본인확인 및 통합계좌 해제 절차를 거친 후 처리해야 함
계좌의 폐쇄	• 폐쇄사유 · 투자자의 폐쇄 요청 · 계좌의 잔액(잔량)이 0이 된 날로부터 6개월 경과 • 금융투자회사는 계좌가 폐쇄된 날부터 6개월이 경과한 때에는 해당 계좌의 계좌번호를 새로운 투자자에게 부여 가능
고객예탁금이용료의 지급	• 지급대상 : 위탁자예수금, 집합투자증권투자자예수금, 장내파생상품거래예수금(현금예탁필요액은 제외 가능) • 지급방법 : 투자자의 계좌에 입금

정답 | ③

신용공여 시 담보로 제공할 수 없는 증권은?

① 상장주식
② 상장채권
③ ETF
④ ELW

용어 알아두기

ETF	특정지수의 수익율을 얻을 수 있도록 설계된 지수연동형 펀드를 말한다.
ELW	개별 주식 또는 주가지수와 연계해 미리 매매 시점과 가격을 정한 뒤 약정된 방법에 따라 해당 주식 또는 현금을 사고 팔 수 있는 권리가 주어진 증권이다.

TIP ELW는 담보로 제공할 수 없는 증권에 해당한다.

핵심포인트 해설 | **신용공여에 관한 규제**

담보가격 평가방법	• 청약하여 취득하는 주식 : 취득가액 • 상장주권, ETF : 당일 종가 • 상장채권 및 공모주가연계증권 : 2 이상의 채권평가회사가 제공하는 가격정보를 기초로 투자매매업자 또는 투자중개업자가 산정한 가격 • 집합투자증권 : 당일 고시된 기준가격
담보증권 제한 (담보불가증권)	• 상장주권 중 투자경고종목, 투자위험종목 또는 관리종목, 한국거래소가 매매호가 전(또는 결제 전) 예납 조치를 취한 증권, 상장폐지예고 증권, 매매거래 정지증권 • 비상장주권 중 감사의견이 적정의견이 아닌 법인이 발행한 증권, 투자적격 미만 판정을 받은 회사채·기업어음증권·주권 • 비상장채권 • 투자적격 등급 미만의 판정을 받은 기업어음증권 또는 유가증권시장 상장채권 • 중도환매 또는 중도해지가 불가한 집합투자증권 및 신탁수익증권 • 주식워런트증권(ELW), 신주인수권을 표시하는 것, 예탁결제원에 의무보호예수 중인 증권

정답 | ④

유사해외통화선물거래(FX마진거래)**에 대한 설명 중 잘못된 것은?**

① 거래대상은 달러–유로화, 유로–엔화, 달러–엔화 등 이종통화 간의 환율이다.
② 유지증거금은 위탁증거금의 70% 이상이어야 한다.
③ 금융투자회사는 2개 이상의 해외파생상품시장회원으로부터 호가를 제공받아 투자자에게 제시하여야 한다.
④ 투자권유와 관계없이 FX마진거래에 따른 투자위험, 투자구조 및 성격 등을 고지하고 확인받아야 한다.

TIP 유지증거금은 위탁증거금의 50% 이상이어야 한다.

핵심포인트 해설	유사해외통화선물거래(FX마진거래)

거래대상	• 원화를 제외한 이종통화 • 달러–유로화, 유로–엔화, 달러–엔화 등 이종 통화 간의 환율
거래단위	• 기준통화의 100,000단위
증거금	• 위탁증거금 : 거래단위당 미화 1만달러 • 유지증거금 : 위탁증거금의 50% 이상
거래방법	• 금융투자회사의 명의와 투자자의 계산으로 거래함
양방향 포지션 보유 금지	• 기존 미결제약정을 보유한 투자자가 동일 상품에 대하여 반대방향 매매 시 기보유 미결제약정에 대하여 상계처리를 해야 함 • 동일 투자자가 동일 통화상품에 대하여 매수와 매도 양방향 포지션을 동시에 취할 수 없음
금융투자회사의 복수호가제공의무	• 금융투자회사는 2개 이상의 해외파생상품시장회원으로부터 호가를 제공받아 투자자에게 제시하여야 함
설명의무 강화	• 위험고지 및 확인의무 : 투자권유와 관계없이 FX마진거래에 따른 투자위험, 투자구조 및 성격 등을 고지하고 확인받아야 함 • 핵심설명서 추가교부 및 설명의무 : 핵심설명서를 교부하고 투자위험 및 수익구조 등 상품의 핵심사항을 중점적으로 설명해야 함
손익계좌비율 공시	• 금융투자회사는 매분기 종료 후 15일 이내에 직전 4개 분기에 대한 손실계좌비율과 이익계좌비율을 협회에 제출해야 함

정답 | ②

12

파생결합증권 및 파생결합사채에 대한 설명으로 잘못된 것은?

① 파생결합증권(ELW 제외) 및 파생결합사채의 만기는 3개월 이상으로 해야 한다.
② 조기상환조건이 있는 경우 최초 조기상환 기간을 3개월 이상으로 설정해야 한다.
③ 공모발행의 경우 발행 후 90일 이내에 기초자산의 유동성이 풍부하도록 조치해야 한다.
④ 금융투자회사는 파생증권 및 파생사채의 발행대금을 헤지자산의 운용에 사용해야 한다.

TIP 공모발행의 경우 발행 당시 기초자산의 유동성이 풍부해야 한다.

핵심포인트 해설 　　　**파생결합증권 및 파생결합사채**

발행제한	• 파생결합증권(ELW 제외) 및 파생결합사채의 만기(또는 조기상환기간)는 3개월 이상으로 해야 함 • 단, 즉시지급조건의 달성에 의해 상환금지급기간이 3개월 미만이 될 수 있는 파생결합증권 및 파생결합사채 발행은 가능
공모발행 시 기초자산 요건	• 발행 당시 기초자산의 유동성이 풍부할 것 • 기초자산이 지수인 경우 공신력 있는 기관이 합리적이고 적정한 방법에 의해 산출·공표한 지수일 것 • 일반투자자가 기초자산에 대한 정보를 당해 금융사의 인터넷 홈페이지 등을 통해 쉽게 확인할 수 있을 것 • 일반투자자가 충분한 설명을 통해 당해 기초자산의 특성을 이해할 수 있을 것
헤지자산의 구분관리 및 건전성 확보	• 금융투자회사는 파생증권 및 파생사채의 발행대금을 헤지자산의 운용에 사용해야 함 • 헤지자산은 고유재산과 구분하여 관리해야 함 • 헤지자산운용에 대한 기준으로 투자가능등급 및 위험의 종류별 한도를 내부규정에 반영하고 이를 준수해야 함 • 계열사가 발행한 증권(상장주식 제외) 및 계열사 자산을 기초로 발행된 유동화증권으로 헤지자산을 운용하면 아니 됨

정답 | ③

금융투자회사의 약관운용에 대한 설명으로 잘못된 것은?

① 금융투자협회는 금융투자업영위와 관련된 표준약관을 정할 수 있다.

② 금융투자회사는 협회가 정한 표준약관을 수정하여 사용할 수 있다.

③ 외국집합투자증권 매매거래에 관한 표준약관은 반드시 수정하여 사용해야 한다.

④ 협회의 약관변경 통보를 받은 금융투자회사가 해당 약관의 내용을 변경하지 않는 경우, 협회는 이를 금융위원회에 보고해야 한다.

TIP 외국집합투자증권 매매거래에 관한 표준약관은 표준약관을 그대로 사용해야 한다.

핵심포인트 해설   **금융투자회사의 약관운용**

표준약관 사용 및 수정사용	• '금융투자협회'는 표준약관을 정할 수 있음 • 금융투자회사는 협회가 정한 표준약관을 사용하거나 이를 수정하여 사용할 수 있음 • 모든 표준약관을 다 수정하여 사용할 수 있는 것은 아님(외국집합투자증권 매매거래에 관한 표준약관은 표준약관 그대로 사용해야 함)
약관 제정·변경 시 신고	• 원칙(법56조①) : 사후신고(약관 제정·변경 시 제정·변경 후 7일 이내에 금융위원회 및 협회에 보고해야 함) • 예외(법56조① 단서) : 사전신고(투자자의 권리나 의무에 중대한 영향을 미칠 우려가 있는 경우에는 약관 제정·변경 전에 미리 금융위원회에 신고해야 함) ·기존 금융서비스의 제공 내용·방식·형태 등과 차별성 있는 내용을 포함하는 경우 ·투자자의 권리를 축소하거나 의무를 확대하기 위한 약관의 변경으로서 기존 투자자에게 변경된 약관을 적용하는 경우 또는 기존 금융서비스의 제공 내용·방식·형태 등과 차별성이 있는 내용을 포함하는 경우 (영59조2)
협회의 약관 검토사항	• 관계법령에 위반되는 내용 • 금융투자회사의 고의 또는 중과실로 인한 법률상 책임을 배제하는 내용 • 고객에 대하여 부당하게 불리한 내용 등
협회의 약관 검토결과 통보	• 협회는 약관 검토결과 변경이 필요한 경우 금융투자회사에 변경 필요 사유 등을 통보함 • 협회의 통보를 받은 금융투자회사가 해당 약관의 내용을 변경하지 않는 경우 금융위원회에 보고함 • 협회는 법56조① 단서에 의하여 사전 신고를 받은 경우 법에 적합하면 수리하고 지체 없이 그 결과를 해당 금융투자회사에 통보해야 함

정답 | ③

fn.Hackers.com

출제예상문제

☑ 다시 봐야 할 문제(틀린 문제, 풀지 못한 문제, 헷갈리는 문제 등)는 문제 번호 하단의 네모박스(□)에 체크하여 반복학습하시기 바랍니다.

01

중요도 ★★★

투자권유 시 파생상품의 특례에 대한 설명으로 잘못된 것은?

① 주권상장법인은 전문투자자로 간주하나 장외파생상품 거래 시에는 전문투자자의 대우를 받겠다는 의사를 서면으로 통지하여야 전문투자자가 될 수 있다.

② 금융투자업자는 파생상품 등의 투자권유 시 일반투자자 등급별 차등화된 투자권유준칙을 제정해서는 아니 된다.

③ 파생상품 등에 대해서는 투자권유대행인의 위탁이 허용되지 않는다.

④ 금융투자업자가 일반투자자와 장외파생상품의 매매를 할 수 있는 경우는 일반투자자가 위험회피목적의 거래를 하는 경우로 한정한다.

02

중요도 ★★

투자광고 시 일반적인 의무표시사항(약식광고의 경우에는 면제)**으로 잘못된 것은?**

① 최소비용을 표기한 경우 그 최대비용, 최대수익을 표기한 경우 그 최소수익

② 타 기관 등으로부터 수상·선정·인증·특허 등을 받은 내용을 표기하는 경우 당해 기관의 명칭, 수상 등의 시기 및 내용

③ 정기적으로 잔고현황을 통보한다는 내용

④ 과거의 재무상태 또는 영업실적을 표기하는 경우 투자광고 시점 및 미래에는 이와 다를 수 있다는 내용

03

중요도 ★★

계좌관리 및 예탁금이용료의 지급에 대한 설명으로 잘못된 것은?

① 10만원 이하이며 최근 6개월간 거래가 없는 계좌는 다른 계좌와 구분하여 통합계좌로 별도 관리할 수 있다.

② 계좌의 잔량이 0이 된 날로부터 6개월이 경과한 경우 해당 계좌를 폐쇄할 수 있다.

③ 상장채권 및 공모 주가연계증권의 예탁자산 평가는 2 이상의 채권평가회사가 제공하는 가격정보를 기초로 금융투자회사가 산정하는 가격으로 한다.

④ 예탁금이용료의 지급대상에는 장내파생상품거래예수금 중 현금예탁필요액도 포함된다.

04

투자권유의 적합성 확보와 관련된 설명으로 잘못된 것은?

① 일반투자자인지 전문투자자인지 여부를 확인한다.

② 일반투자자의 경우 투자권유를 하기 전에 면담 질문을 통하여 고객의 투자목적·재산상황 및 투자경험 등의 정보를 파악한다.

③ 고객의 정보 파악은 대면뿐만 아니라 전화 등 사실상 기록·보관이 가능한 여러 가지 매체를 통하여 가능하다.

④ 일반투자자가 자신의 투자성향 등과 맞지 않는 금융투자상품의 거래를 하고자 한다면 금융투자회사는 투자위험성을 다시 고지하고 이를 다시 확인받을 필요는 없다.

정답 및 해설

01 ② 금융투자업자는 파생상품 등의 투자권유 시, 투자목적·경험 등을 고려하여 일반투자자 등급별 차등화된 투자권유준칙을 마련해야 한다.

02 ③ 일반적인 의무표시사항

> - 금융투자업자의 명칭
> - 투자상품의 내용과 위험
> - 회사는 금융투자상품에 대하여 충분히 설명할 의무가 있다는 내용
> - 수수료에 관한 사항
> - 타 기관 등으로부터 수상·선정·인증·특허 등을 받은 내용을 표기하는 경우 당해 기관의 명칭, 수상 등의 시기 및 내용
> - 과거의 재무상태 또는 영업실적을 표기하는 경우 투자광고 시점 및 미래에는 이와 다를 수 있다는 내용
> - 최소비용을 표기하는 경우 그 최대비용
> - 최대수익을 표기하는 경우 그 최소수익
> - 투자자가 당해 거래의 시기 및 조건을 이해하는 데 필요한 내용
> - 통계수치나 도표를 인용하는 경우 그 자료의 출처

03 ④ 예탁금이용료 지급대상에는 위탁자예수금, 집합투자증권투자자예수금, 장내파생상품거래예수금이 있다. 다만, 장내파생상품 거래예수금 중 현금예탁필요액은 지급대상에서 제외할 수 있다.

04 ④ 일반투자자가 자신의 투자성향 등과 맞지 않는 금융투자상품의 거래를 하고자 한다면 금융투자회사는 투자위험성을 다시 고지하고 해당 고객으로부터 투자위험성을 고지 받았다는 사실을 서명 등의 방법으로 확인받아야 한다.

05 중요도 ★★

일반투자자를 대상으로 투자권유 시 설명의무에 대한 설명 중 옳은 것은?

① 투자설명서는 고객이 서면 또는 기명날인의 방법으로 설명서의 수령을 거부하는 경우 교부하지 않아도 된다.

② 설명은 고객이 이해할 수 있을 정도로 하면 되고 별도의 확인은 받지 않아도 된다.

③ 핵심설명서는 공모의 방법으로 발행한 것에 한하며 모든 파생결합증권에 적용된다.

④ 투자설명서를 대신하여 핵심설명서만 교부하는 것도 가능하다.

06 중요도 ★★

파생결합증권(ELS, DLS)**에 대한 특례의 내용 중 옳은 것은?**

① 일반투자자에게 만기 전(또는 최종환매청구일 전)에 손실요건이 발생한 경우 3영업일 이내에 통보해야 한다.

② 원금손실조건에 해당하는 사실의 발생 시 통보해야 하나 조기상환 시 예상수익률은 통보하지 않아도 된다.

③ 고지방법은 일반투자자가 미리 지정한 서신, 전자우편 등 전자통신의 방법으로 하여야 한다.

④ 주식워런트증권도 위험고지 대상상품이다.

07 중요도 ★★★

다음 중 일반투자자로 전환될 수 없는 전문투자자는?

① 주권상장법인

② 한국자산관리공사

③ 지방자치단체

④ 금융투자상품 잔고가 100억원 이상인 법인

08

중요도 ★

금융투자회사가 작성하는 조사분석자료에 대한 설명으로 옳은 것은?

① 소속회사에서 조사분석자료를 공표하는 경우 금융투자분석사는 자신이 담당하는 업종이 아니라도 공표일로부터 7일간 해당 종목의 매매가 금지된다.

② 금융투자회사는 자신이 발행주식총수의 5% 이상의 주식을 보유하고 있는 법인에 대하여 조사분석자료를 공표할 때는 그 이해관계를 고지해야 한다.

③ 금융투자분석사는 자신의 금융투자상품 매매내역을 분기별로 회사에 보고해야 한다.

④ 금융투자회사는 자신이 발행한 주식을 기초자산으로 하는 ELW에 대하여는 조사분석자료를 공표할 수 없다.

정답 및 해설

05 ① ② 설명은 고객이 이해할 수 있을 정도로 설명해야 하고, 고객이 이해했음을 서명 등의 방법으로 확인받아야 된다.

③ 파생결합증권(주식워런트증권은 제외)의 경우 구조가 복잡하고 이해하기가 어려운 경우가 많아 주요 내용을 알기 쉽게 요약 및 정리한 핵심설명서를 투자설명서와 함께 추가로 교부하도록 하고 있다. (신용거래융자에 대하여도 핵심설명서 추가 교부)

④ 핵심설명서는 투자설명서의 보조자료일 뿐이므로 투자설명서는 반드시 교부해야 한다. 핵심설명서 교부 시에는 고객의 확인을 별도로 받을 필요가 없고, 교부하는 임직원의 실명만 기입하면 된다.

06 ③ ① 일반투자자에게 만기 전(또는 최종환매청구일 전)에 손실요건이 발생한 경우 지체 없이 통보해야 한다.

② 통보사항에는 원금손실조건에 해당되었다는 사실, 조기상환조건 및 조기상환 시 예상수익률, 환매청구방법·기한·수수료 등이 있다.

④ 주식워런트증권은 고지대상고객을 파악하기 어려우므로 위험고지 대상상품에서 제외된다.

07 ② 한국자산관리공사는 절대적 전문투자자이기 때문에 일반투자자로 전환될 수 없다.

08 ④ ① 자신이 담당하는 업종이 아닐 경우 매매는 가능하다. 다만 공표일로부터 7일간 같은 방향으로 매매해야 한다.

② 5% 이상의 주식을 보유하고 있는 경우 조사분석자료를 공표할 수 없다.

③ 매월 보고해야 한다.

09 중요도 ★
투자광고 의무표시사항 중 위험고지와 관련된 사항의 표시방법으로 잘못된 것은?

① 바탕색과 구별되는 색상으로 선명하게 표시할 것
② 인터넷배너를 통한 광고의 경우 위험고지내용이 2초(파생상품 등 위험성이 큰 거래는 3초) 이상 보일 수 있도록 할 것
③ TV 등 영상매체를 이용한 투자광고의 경우 1회당 투자광고 시간의 3분의 1 이상의 시간 동안 투자자가 해당 위험고지내용을 시청할 수 있도록 할 것
④ A4기준 9포인트 이상(신문전면광고의 경우 10포인트) 활자체로 투자자들이 용이하게 인지할 수 있도록 표시할 것

10 중요도 ★★
투자광고 시 금지행위와 거리가 먼 것은?

① 수익률이나 운용실적이 좋은 기간의 수익률이나 운용실적만을 표시하는 행위
② 집합투자기구의 상환목표수익률을 표시하는 행위
③ 사모의 방법으로 발행하거나 발행된 금융투자상품에 관한 내용을 표시하는 행위
④ 여러 신탁재산을 집합하여 운용한다는 내용을 표시하는 행위

11 중요도 ★
투자광고의 심사에 대한 설명으로 잘못된 것은?

① 금융투자회사는 협회의 투자광고 심사결과에 이의가 있는 경우 심사결과 통보서를 받은 날부터 7영업일 이내에 협회에 재심사를 청구할 수 있다.
② 금융투자회사가 재심사를 청구한 투자광고는 자율규제위원회에서 심사한다.
③ 금융투자회사는 자율규제위원회의 심사결과에 대하여 다시 재심사를 청구할 수 있다.
④ 협회는 필요하다고 인정되는 경우 금융투자회사에 대하여 투자광고의 수정 또는 추가 자료의 제출을 요구할 수 있다.

12 중요도 ★
□ 금융투자회사가 거래상대방 등에게 제공하거나 제공받는 재산상 이익의 가치의 산정방법이 잘못된 것은?

① 물품의 경우 구입비용

② 접대의 경우 해당 접대에 소요된 비용(다만, 금융투자회사 임직원과 공동으로 참석한 경우 해당 비용은 전체 소요경비 중 1/2만 산정함)

③ 연수·기업설명회·기업탐방·세미나의 경우 거래상대방에게 직접적으로 제공되었거나 제공받은 비용

④ 금전의 경우 해당 금액

정답 및 해설

09 ② 인터넷배너를 통한 투자광고의 경우 위험고지내용이 3초(위험성이 큰 거래에 관한 내용을 포함하는 경우에는 5초) 이상 보일 수 있도록 해야 한다.

10 ② 집합투자기구 등 운용실적에 따라 수익이 결정되는 금융투자상품 및 투자자문계약, 투자일임계약 또는 신탁계약 등에 대하여 예상수익률 또는 목표수익률 등 실현되지 아니한 수익률을 표시하는 행위는 금지된다. 다만, 집합투자기구의 상환목표수익률, 전환형 집합투자기구의 전환목표수익률, 주식워런트증권을 제외한 파생결합증권을 투자대상으로 하는 집합투자기구의 조건별 예상수익률은 표시할 수 있다. (규정 제2-38조)

11 ③ 금융투자회사는 자율규제위원회의 심사결과에 대하여 다시 재심사를 청구할 수 없다.

12 ② 접대의 경우 해당 접대에 소요된 비용으로 산정한다. 다만, 금융투자회사 소속 임직원 및 투자권유대행인과 거래상대방이 공동으로 참석한 경우 해당 비용은 전체 소요경비 중 거래상대방이 점유한 비율에 따라 산정된 금액으로 한다.

13

중요도 ★★

금융투자회사(임직원 포함)의 재산상 이익의 제공 및 수령에 대한 설명 중 잘못된 것은?

① 금융투자회사는 특정 거래상대방과의 거래를 목적으로 고액의 편익을 제공하거나 제공받는 경우 공시해야 한다.

② 금융투자회사가 동일 거래상대방(그의 배우자와 직계존비속 포함)에게 1회당 제공할 수 있는 재산상 이익은 20만원을 초과할 수 없다.

③ 파생상품과 관련하여 추첨 기타 우연성을 이용한 방법 등의 경우 동일 일반투자자에게 1회당 제공할 수 있는 재산상 이익은 300만원을 초과할 수 없다.

④ 금융투자회사가 재산상 이익을 제공하거나 제공받은 경우 제공목적, 제공내용, 제공일자, 거래상대방, 경제적 가치 등을 5년 이상 기록 보관하여야 한다.

14

중요도 ★★

금융투자회사의 재산상 이익의 제공 및 수령에 대한 설명 중 잘못된 것은?

① 경제적 가치가 3만원 이하의 물품, 식사, 신유형상품권, 포인트 및 마일리지 등은 재산상 이익으로 보지 않는다.

② 금전·물품·편익 등을 10억원(최근 5사업연도 합산)을 초과하여 특정 거래상대방에게 제공한 경우 공시의무가 있다.

③ 거래상대방만 참석한 여가 및 오락활동 등에 수반되는 비용을 제공하는 경우는 허용된다.

④ 금융투자상품 및 경제정보 등과 관련된 전산기기의 구입이나 통신서비스 이용에 소요되는 비용을 제공하는 것도 금지된다.

15

중요도 ★★

금융투자회사가 예탁증권담보융자를 하고자 하는 경우, 협회에서 담보증권으로 인정하지 않는 증권에 해당하는 것으로 짝지어진 것은?

① 상장채권, 한국예탁결제원에 의무보호예수 중인 증권

② 주식워런트증권, 투자경고종목

③ 공모파생결합증권, 신주인수권을 표시하는 것

④ 중도 환매가 가능한 집합투자증권

16

중요도 ★

다음 중 신용공여 시 담보가격의 산정이 잘못된 것은?

① 청약하여 취득하는 주식 : 취득가격

② 상장주권, ETF : 당일종가

③ 공모 ELS : 2 이상의 채권평가사가 제공하는 가격정보를 기초로 금융투자회사가 산정한 가격

④ 집합투자증권 : 전일 기준가격

정답 및 해설

13 ② 금융투자업규정 개정(2017. 3. 22.)으로 재산상 이익의 제공 시 부과되어 온 인별(회당, 연간), 회사별(연간) 한도규제가 폐지되었다.

14 ③ 거래상대방만 참석한 여가 및 오락활동 등에 수반되는 비용을 제공하는 경우는 부당한 재산상 이익제공으로 보아 금지하고 있다.

15 ② 주식워런트증권, 투자경고종목은 협회규정상 담보증권으로 인정하지 않는 증권이다.

16 ④ 집합투자증권의 담보가격은 당일 고시된 기준가격이다.

17 중요도 ★★
유사해외통화선물(FX마진)**거래에 대한 설명으로 잘못된 것은?**

① 원화를 제외한 이종 통화 간의 환율변동을 이용하여 시세차익을 추구하는 거래이다.

② 거래단위당 미화 1만 달러 이상의 위탁증거금이 필요하다.

③ 위탁증거금의 50% 이상의 미화가 최저 유지증거금이다.

④ 투자자의 명의와 투자자의 계산으로 거래하여야 한다.

18 중요도 ★★
다음 중 협회의 금융투자전문인력 등록거부 사유와 가장 거리가 먼 것은?

① 금융투자회사 등의 임직원이 아닌 자를 등록신청하는 경우

② 다른 금융투자회사의 금융투자전문인력으로 등록되어 있는 자를 등록신청한 경우

③ 협회의 심사결과 부적격하다고 판단되는 경우

④ 등록요건을 최초로 갖춘 날로부터 3년을 경과하여 신청한 경우

19 중요도 ★
금융투자회사의 약관에 대한 설명으로 잘못된 것은?

① 금융투자회사는 업무와 관련하여 협회가 정한 표준약관을 사용하거나 수정할 수 있다.

② 약관을 제정하거나 변경하는 경우 협회에 사후보고를 해야 한다.

③ 금융투자회사는 일반투자자를 대상으로 한 외국집합투자증권의 매매거래에 관한 표준약
관을 수정하여 사용할 수 없다.

④ 약관 내용 중 고객의 권리 또는 의무와 관련이 없는 사항을 변경하는 경우 협회에 보고하
지 않아도 된다.

20 다음 중 투자일임회사가 투자일임재산으로 수요예측 참여하는 경우, 투자일임계약을 체결한 투자자가 갖추어야 할 조건과 거리가 먼 것은?

① 기관투자자일 것(단, 투자일임회사는 제외)

② 이해관계인 등이 공모주식 배정 금지 대상에 해당되지 않을 것

③ 투자일임계약 체결일로부터 3개월이 경과하고, 투자일임재산의 평가액이 5억원 이상일 것

④ 투자일임회사의 투자일임업 등록일로부터 2년 경과하고 운용하고 있는 전체 투자일임자산 평가액이 50억원 이상일 것

정답 및 해설

17 ④ 금융투자회사의 명의와 투자자의 계산으로 거래하여야 한다.

18 ④ 협회는 등록요건을 최초로 갖춘 날(또는 해당 업무 종사한 기간의 최종일, 같은 종류의 금융투자전문인력 등록말소일, 보수교육 이수일)로부터 5년이 경과한 자를 등록신청하는 경우에 등록을 거부할 수 있다.

19 ④ 사후보고사항이다.

20 ④ 투자일임회사가 수요예측에 참여하는 방법 2가지는 첫째, 투자일임재산(또는 신탁재산)으로 수요예측을 참여하는 방법, 둘째 고유재산으로 수요예측에 참여하는 방법이다. ①, ②, ③은 투자일임재산(또는 신탁재산)으로 수요예측에 참여하는 조건이고, ④는 고유재산으로 수요예측에 참여하는 조건에 해당한다.

제3장
한국거래소규정

학습전략

한국거래소규정은 제4과목 전체 25문제 중 **총 4문제**가 출제된다.
한국거래소규정은 공부할 분량은 많고 파생상품 거래를 해보지 않은 사람은 이해하기 어려운 측면이
있어 수험생에게 어려운 과목이다. 따라서 고득점을 얻으려 하기보다 상장상품과 매매거래제도 등을
집중 공략하는 것이 효율적이다.

출제예상 비중

거래의 수탁 등 20%
거래소와 회원 간 결제방법 10%
거래증거금 10%
매매거래제도 20%
10% 파생상품시장의 개요 및 회원구조
30% 상장상품

핵심포인트

구 분	핵심포인트	중요도	페이지
파생상품시장의 개요 및 회원구조 (10%)	01 파생상품시장의 현황	★★	p. 578
	02 파생상품시장의 결제	★★	p. 579
상장상품 (30%)	03 주식상품거래	★★★	p. 580
	04 금리상품거래	★★	p. 583
	05 통화상품거래	★★	p. 584
매매거래제도 (20%)	06 호가의 종류, 방법 등	★★★	p. 586
	07 호가의 가격제한 및 수량제한	★★	p. 587
	08 거래계약의 체결 및 중단	★★★	p. 588
거래증거금 (10%)	09 거래증거금 개요 및 예탁수단	★★	p. 590
거래소와 회원 간 결제방법 (10%)	10 선물거래의 결제방법	★★★	p. 591
	11 옵션거래의 결제방법	★★	p. 592
거래의 수탁 등 (20%)	12 위탁증거금	★★★	p. 593

다음 중 우리나라 파생상품시장에 개설된 시장과 거리가 먼 것은?

① 농산물선물시장

② 섹터지수선물시장

③ 유로스톡스50선물

④ 금선물시장

TIP 농산물선물시장은 우리나라 파생상품시장에 개설되어 있지 않다.

핵심포인트 해설   **우리나라 파생상품시장의 상품**

주식상품시장	• 주가지수 관련 상품 : (미니)코스피200선물, (미니)코스피200옵션, 섹터지수선물, 코스피200변동성지수선물, 코스닥150선물, 해외지수선물(유로스톡스50선물), ETF선물, KRX300선물 및 코스닥150옵션 • 개별주식 관련 상품 : 주식선물, 주식옵션
금리상품시장	• 3년·5년·10년 국채선물
통화상품시장	• 선물시장 : 미국달러·유로·엔·위안선물 • 옵션시장 : 미국달러옵션
일반상품시장	• 금선물 • 돈육선물
선물스프레드시장	• 의의 : 결제월이 다른 두 종목의 선물 중 한 종목은 매수하고 다른 한 종목은 매도하는 거래 • 선물스프레드 매수 : 원월종목 매수 + 최근월종목 매도(금리선물의 경우에는 원월종목 매도 + 최근월종목 매수) • 선물스프레드 종목수 : 상장결제월종목수보다 1종목 적음 · 3년·5년·10년 국채선물 : 1종목 · 해외지수선물 : 2종목 · ETF선물, KRX300선물 : 3종목 · 미니코스피200선물, 코스피200변동성지수선물, 돈육선물 : 5종목 · 코스피200선물, 코스닥150선물, 섹터지수선물, 금선물 : 6종목 · 엔선물, 유로선물, 위안선물 : 7종목 · 주식선물 : 8종목 · 미국달러선물 : 19종목
기타 (플렉스선물시장)	• 플렉스선물 : 최종거래일과 최종결제방법이 표준화된 선물거래와 별도로 거래당사자가 최종거래일과 최종결제일을 협의할 수 있도록 하는 선물시장 • 사례 : 미국달러플렉스선물시장

정답 | ①

02

파생상품 거래소의 위험관리제도와 가장 거리가 먼 것은?

① 접속거래제도
② 일일정산제도
③ 증거금제도
④ 미결제약정 제한

TIP 접속거래(복수가격에 의한 개별경쟁거래)는 호가의 우선순위에 따라 매매가격이 합치하는 가격으로 즉시 연속적으로 거래를 체결하는 것으로 위험관리제도와는 거리가 먼 매매제도의 하나이다.

핵심포인트 해설	파생상품 거래소의 위험관리제도

일일정산제도	• 가격변동에 따른 손익을 매일 정산하여 채무불이행위험의 크기를 1일치로 제한함
사전 위탁증거금	• 일반투자자에 대하여 주문위탁 전에 위탁증거금을 예탁해야 함(예외 : 적격기관투자자는 사후위탁증거금 인정)
장중 추가증거금	• 외부충격 등에 의한 시황급변 또는 결제회원의 일시적 결제이행능력 악화 시 장중추가위탁증거금을 부과함
미결제약정 제한	• 투기방지를 위해 계좌별 미결제약정 보유한도를 설정하고 있음
결제이행수단 확보	• 증거금제도 : 일일정산에 대한 결제대금(담보금 성격) • 공동기금 : 결제불이행으로 인한 손해배상을 위해 결제회원별로 5억원 이상 일평균 거래증거금비율에 따라 총 5천억원의 공동기금 적립 • 회원보증금 : 채무이행보증을 위한 회원보증금을 예탁해야 함 • 결제적립금 : 거래소 이익잉여금의 일정액을 결제적립금으로 적립 • 은행과의 차입약정 : 원활한 채무이행을 위해 은행과 당좌차월 체결
위험고지제도	• 파생상품계좌설정 시 파생상품거래위험고지서 교부 및 설명 • 적정성의 원칙 준수의무 부과 • 내부통제기준 마련
고객자금의 분리보관	• 고객재산을 회원재산과 분리하여 외부에 예치해야 함 • 고객예탁금(현금)은 증권금융, 고객예탁증권(대용증권)은 예탁결제원에 각각 분리예탁함

정답 | ①

코스피200선물의 내용과 거리가 먼 것은?

① 결제월은 3, 6, 9, 12월이다.
② 호가가격단위는 0.05포인트이다.
③ 최종거래일은 각 결제월의 두 번째 목요일(공휴일인 경우 순차적으로 앞당김)이다.
④ 최종결제가격은 최종거래일의 선물가격 종가이다.

TIP 최종결제가격은 최종거래일의 최종 코스피200지수이다.

핵심포인트 해설 **코스피200선물**

기초자산	코스피200지수
거래단위	코스피200선물가격 × 25만(거래승수)
결제월	3, 6, 9, 12월
상장결제월	3년 이내 7개 결제월(3, 9월 : 각 1개, 6월 : 2개, 12월 : 3개)
가격의 표시	코스피200선물 수치(포인트)
호가가격단위	0.05포인트
최소가격변동금액	12,500원(25만원 × 0.05)
거래시간	09:00 ~ 15:45(최종거래일 09:00 ~ 15:20)
최종거래일	각 결제월의 두 번째 목요일(공휴일인 경우 순차적으로 앞당김)
최종결제일	최종거래일의 다음 거래일
결제방법	현금결제(최종결제가격 : 최종거래일의 최종 코스피200지수)
가격제한폭	기준가격(전일정산가격) ± 기준가격 × 단계별가격제한비율(8%, 15%, 20%, 글로벌거래 5%)
미결제약정 보유한도	2만계약(개인 1만계약)

정답 | ④

코스피200옵션에 대한 설명으로 잘못된 것은?

① 결제월은 3, 6, 9, 12월이다.
② 가격의 표시는 프리미엄(포인트)으로 한다.
③ 호가가격단위는 프리미엄 10포인트 이상인 경우 0.05포인트이다.
④ 권리행사는 최종거래일에만 가능하다.

TIP 결제월은 매월이다.

핵심포인트 해설　　　**코스피200옵션**

기초자산	• 코스피200지수
거래단위	• 코스피200옵션가격 × 25만(거래승수)
결제월	• 매 월
상장결제월(거래기간)	• 비분기월 4개(6개월), 3월·9월 각 1개(1년), 12월 3개(3년)
가격의 표시	• 프리미엄(포인트)
호가가격단위	• 프리미엄 10포인트 미만 : 0.01포인트 • 프리미엄 10포인트 이상 : 0.05포인트
최소가격변동금액	• 프리미엄 10포인트 미만 : 2,500원(25만 × 0.01포인트) • 프리미엄 10포인트 이상 : 12,500원(25만 × 0.05포인트)
거래시간	• 09:00 ~ 15:45(최종거래일 09:00 ~ 15:20)
최종거래일	• 각 결제월의 두 번째 목요일(공휴일인 경우 순차적으로 앞당김)
최종결제일	• 최종거래일의 다음 거래일
권리행사	• 최종거래일에만 가능(권리행사 유형 : European형)
결제방법	• 현금결제(최종거래일의 최종 코스피200지수와 행사가격 간의 차에 거래승수와 권리행사결제수량을 곱하여 산출되는 금액을 권리행사차금으로 수수)
가격제한폭	• 기초자산 기준가격 대비 아래에 해당하는 옵션이론가격을 단계적으로 확대적용 　① ±8%　　② ±15%　　③ ±20%
미결제약정 보유한도	• 2만계약(개인 1만계약)

정답 | ①

코스피200변동성지수선물의 결제월은?

① 매 월
② 3, 6, 9, 12월
③ 최근 연속 3개월
④ 최근 연속 6개월

TIP 코스피200변동성지수선물의 결제월은 매월이고, 상장결제월은 연속 6개월이다.

핵심포인트 해설　　　**코스피200변동성지수선물**

기초자산	코스피200변동성지수
거래단위	코스피200변동성지수선물가격 × 25만(거래승수)
결제월	매 월
상장결제월(거래기간)	연속월 6개(6개월)
가격의 표시	지수(소수점 둘째자리까지 표시)
호가가격단위	0.05포인트
최소가격변동금액	12,500원(25만원 × 0.05)
거래시간	09:00 ~ 15:45(최종거래일 09:00 ~ 15:35)
최종거래일	결제월의 다음 달 코스피200옵션거래 최종거래일의 30일 전의 날(휴장일인 경우 순차적으로 앞당김)
최종결제일	최종거래일의 다음 거래일
결제방법	현금결제(최종결제가격 : 최종거래일의 최종 코스피200변동성지수)
가격제한폭	기준가격(전일정산가격) ± 기준가격 × 단계별가격제한비율(30%, 45%, 60%)

정답 | ①

06

3년 국채선물의 거래대상으로 옳은 것은?

① 표면금리 2%, 3개월 단위 이자지급방식의 3년 만기 국고채
② 표면금리 3%, 3개월 단위 이자지급방식의 3년 만기 국고채
③ 표면금리 4%, 6개월 단위 이자지급방식의 3년 만기 국고채
④ 표면금리 5%, 6개월 단위 이자지급방식의 3년 만기 국고채

용어 알아두기

표면금리	표면금리란 채권의 액면가액에 대한 연간 이자지급률을 채권 표면에 표시한 것이다. 세금계산 시 원천징수 대상이 되기 때문에 표면이율이 낮은 채권이 유리하다.

TIP 3년 국채선물의 거래대상은 표면금리 5%, 6개월 단위 이자지급방식의 3년 만기 국고채이다.

핵심포인트 해설   **3년 국채선물**

거래대상	표면금리 5%, 6개월 단위 이자지급방식의 3년 만기 국고채
거래단위	액면가 1억원(거래승수 100만)
결제월	분기월(3, 6, 9, 12월)
상장결제월(거래기간)	2개(6개월)
가격의 표시	액면가 100원당 원화표시
호가가격단위	0.01포인트
최소가격변동금액	10,000원(100만 × 0.01)
최종거래일	결제월의 세 번째 화요일(공휴일인 경우 순차적으로 앞당김)
최종결제일	최종거래일의 다음 거래일
결제방법	현금결제(당일 정산가격과 최종결제가격 간의 차에 거래승수와 최종결제수량을 곱하여 산출되는 최종결제차금 수수)
호가한도가격	기준가격(전일정산가격) ± 기준가격 × 1.5%
미결제약정 보유한도	없음(거래소가 필요하다고 인정할 경우 설정 가능)

정답 | ④

미국달러선물에 대한 설명 중 잘못된 것은?

① 상장결제월은 1년 이내의 4개 결제월이다.
② 미국달러선물의 거래단위는 1만달러이다.
③ 최종거래일은 결제월의 세 번째 월요일이다.
④ 결제방법은 인수도결제이다.

TIP 상장결제월은 분기월 12개, 비분기월 8개이다.

핵심포인트 해설   미국달러선물

거래대상	• 미국달러화(USD)
거래단위	• US $10,000
거래승수	• 10,000
결제월	• 매 월
상장결제월(거래기간)	• 분기월 12개(3년) • 비분기월 8개(1년)
가격의 표시	• US $1당 원화
최소가격변동폭	• 0.10원
최소가격변동금액	• 1,000원(US $10,000 × 0.10원)
최종거래일	• 결제월의 세 번째 월요일(공휴일인 경우 순차적으로 앞당김)
최종결제일	• 최종거래일로부터 기산하여 3일째 거래일
최종결제가격	• 최종거래일의 정산가격으로 함 · 최종결제대금 : 최종결제가격 × 거래승수 × 최종결제수량 · 미국달러화 : 10,000달러 × 최종결제수량
결제방법	• 인수도결제(최종결제수량에 대하여 미국달러와 최종결제대금 수수)
호가한도가격	• 기준가격(전일정산가격) ± 기준가격 × 4.5%

정답 | ①

08

파생상품과 관련된 설명 중 잘못된 것은?

① KOSPI200선물과 KOSPI200옵션의 거래승수는 같다.

② KOSPI200옵션, 미국달러선물, 금선물의 결제월은 모두 매월이라는 점에서 같다.

③ KOSPI200선물과 3년 국채선물의 최종거래일은 같다.

④ 미국달러선물과 3년 국채선물은 모두 미결제약정 보유한도가 없다.

TIP KOSPI200선물의 최종거래일은 결제월의 두 번째 목요일이고, 3년 국채선물의 최종거래일은 결제월의 세 번째 화요일이다.

핵심포인트 해설 　**주요 파생상품 명세**

구 분	거래승수	호가가격단위	결제월	최종거래일	미결제약정 보유한도
KOSPI200선물	250,000	0.05p	3, 6, 9, 12월	결제월 두 번째(목)	2만계약(개인 1만)
KOSPI200옵션	250,000	0.05p 0.01p	매 월	결제월 두 번째(목)	2만계약(개인 1만)
미국달러선물	10,000	0.1원	매 월	결제월 세 번째(월)	없 음
3년 국채선물	1,000,000	0.01p	3, 6, 9, 12월	결제월 세 번째(화)	없 음
금선물	100	10원	매 월	결제월 세 번째(수)	순미결제 3천계약

정답 | ③

파생상품 거래 시 호가에 대한 설명으로 잘못된 것은?

① 최근월물 종목은 시장가·지정가·최유리지정가·조건부지정가호가가 모두 가능하다.
② 원월물 종목은 지정가호가만 가능하다.
③ 시가 단일가 거래에서는 최유리지정가호가를 할 수 없다.
④ 종가 단일가 거래에서는 시장가·지정가호가를 할 수 없다.

TIP 종가 단일가 거래에서는 최유리지정가·조건부지정가호가를 할 수 없다.

핵심포인트 해설　　**주식상품거래**

(1) 종목별 호가 허용 여부

호 가	최근월물	원월물	FOK/IOC
시장가호가	O	X	O
지정가호가	O	O	O
최유리지정가호가	O	X	O
조건부지정가호가	O	X	X

(2) 거래유형별 호가 허용 여부(최종거래일 제외)

호 가	시가 단일가 거래	종가 단일가 거래	접속거래
시장가호가	O	O	O
지정가호가	O	O	O
최유리지정가호가	X	X	O
조건부지정가호가	O	X	O
선물스프레드호가	X	X	O

정답 | ④

10

파생상품별 가격제한비율의 연결이 잘못된 것은?

① 주가지수선물거래 : 1단계 8%, 2단계 15%, 3단계 20%
② 주가지수옵션거래 : 1단계 8%, 2단계 15%, 3단계 20%
③ 주식선물거래 : 1단계 10%, 2단계 20%, 3단계 30%
④ 변동성지수선물거래 : 1단계 10%, 2단계 20%, 3단계 30%

TIP 변동성지수선물거래의 가격제한비율은 1단계 30%, 2단계 45%, 3단계 60%이다.

핵심포인트 해설　　파생상품 거래의 가격제한비율

주가지수선물거래, 주가지수옵션거래	1단계 8%, 2단계 15%, 3단계 20%
주식선물거래, 주식옵션거래	1단계 10%, 2단계 20%, 3단계 30%
변동성지수선물거래	1단계 30%, 2단계 45%, 3단계 60%
국채선물거래	3년 1.5%, 5년 1.8%, 10년 2.7%
통화선물거래	미국달러·중국위안선물 4.5%, 엔·유로선물 5.25%, 미국달러옵션 4.5%
상품선물거래	금선물 10%, 돈육선물 21%

정답 | ④

KRX 파생상품시장의 협의거래에 대한 설명 중 잘못된 것은?

① 투자자 편의를 위해 장외시장에서 이용되는 거래자 쌍방의 협의에 의한 거래체결방법이다.

② 협의대량거래의 목적은 기관투자자의 결제월 간 미결제약정의 이전(roll-over)을 위함이다.

③ 협의대량거래는 주식상품거래의 경우 협의완료 후 당일 정규거래시간 이내에 신청해야 한다.

④ 통화선물스프레드거래는 협의대량거래 대상에 포함되지 않는다.

TIP 통화선물스프레드거래는 협의대량거래 대상에 포함된다.

핵심포인트 해설	협의거래

협의거래의 의의	• 의의 : 투자자 편의를 위해 장외시장에서 이용되는 거래자 쌍방의 협의에 의한 거래체결방법(상대거래방식) • 종류 : 협의대량거래, 기초자산조기인수도부거래(EFP), 플렉스협의거래, 장 개시 전 협의거래
협의대량거래 (Block Trade)	• 체결방식 : 쌍방의 협의에 의한 상대거래 방식 • 목적 : 기관투자자의 결제월 간 미결제약정의 이전(Roll-over) • 대 상 · KOSPI지수선물거래(단, KOSPI200변동성지수선물 제외) · 주식선물거래, 주식옵션거래 · 금리선물거래(3년·10년 국채선물거래), 통화선물거래, 금선물거래 · 스프레드거래 : 국채선물스프레드거래(3년·10년), 통화선물스프레드거래(미국달러·엔·유로·위안) · KRX300선물거래, 코스닥150옵션거래 • 신청시기 · 주식상품거래의 경우 : 협의완료 후 당일 정규거래시간 이내 · 그 외 파생상품거래 : 협의완료 후 1시간 이내 • 신청방법 · 협의대량거래를 하려면 거래소에 해당 협의대량거래를 신청해야 함 · 회원은 협의대량거래내역을 회원파생상품시스템 또는 회원파생상품단말기로 거래소파생상품시스템에 입력하는 방법으로 신청함
장 개시 전 협의거래	• 의의 : EUREX코스피200옵션선물의 인수도결제를 위해 정규시장 개장 전 코스피200옵션의 미결제약정을 인수도하기 위한 거래 • 신청시간 : 7:30 ~ 8:30 • 신청방법 : 회원이 해당 내용을 회원파생상품시스템을 통해 거래소파생상품시스템에 입력하는 방식 (이 경우 호가한도수량은 적용 안 함)

정답 | ④

12

다음 중 필요적 거래중단 사유와 거리가 먼 것은?

① 코스피·코스닥지수가 직전 거래일 종가보다 5% 이상 하락하여 1분간 지속된 경우
② 코스피·코스닥지수가 직전 거래일 종가보다 8% 이상 하락하여 1분간 지속된 경우
③ 코스피·코스닥지수가 직전 거래일 종가보다 15% 이상 하락하여 1분간 지속된 경우
④ 코스피·코스닥지수가 직전 거래일 종가보다 20% 이상 하락하여 1분간 지속된 경우

TIP 코스피·코스닥지수가 직전 거래일 종가보다 5% 이상 하락하여 1분간 지속된 경우에는 필요적 거래중단이 되지 않는다.

핵심포인트 해설　　거래의 중단

(1) 임의적 거래중단

임의적 거래 중단 사유	• 거래소파생상품시스템 또는 회원파생상품시스템 장애 시 • 주식시장 전산장애로 주가지수 구성종목의 매매거래 중단 시 • 기초주권의 매매거래 중단·정지 시 해당 주식선물·옵션거래 중단 • 스프레드 구성종목 중 한 종목의 거래가 중단된 경우 선물스프레드거래 중단 • 축산물도매시장의 과반수가 거래를 중단하는 경우 돈육선물거래 중단 • 미국달러선물거래가 중단된 경우 미국달러플렉스선물거래 중단 • 금선물거래에 있어서 KRX금시장의 매매거래가 중단되는 경우
거래재개	• 거래 중단 후 그 사유가 해소된 경우에 지체 없이 거래를 재개하며, 그때마다 거래소가 지정하는 시간 동안 단일가거래에 의해 거래재개

(2) 필요적 거래중단(CB, Circuit Breakers)

필요적 거래 중단 사유	• 코스피·코스닥지수가 직전 거래일 종가보다 8% 이상 하락하여 1분간 지속된 경우 : 20분간 중단 • 코스피·코스닥지수가 직전 거래일 종가보다 15% 이상 하락하여 1분간 지속된 경우 : 20분간 중단 • 코스피·코스닥지수가 직전 거래일 종가보다 20% 이상 하락하여 1분간 지속된 경우 : 당일 정규거래 종결
거래재개	• 필요적 거래중단 후 매매거래를 재개하는 경우 거래소는 지체 없이 10분간 단일가호가접수시간을 거쳐 단일가거래로 거래재개
기 타	• 필요적 거래중단은 14시 50분 이후에는 발동하지 않음 • 필요적 거래종결은 14시 50분 이후에도 적용됨 • 선물가격 급변에 따른 필요적 거래중단(선물CB)제도는 폐지됨

정답 | ①

다음 중 거래증거금의 예탁수단과 거리가 먼 것은?

① 위안화
② 미국 장기 재무부 국채
③ 코넥스시장에 상장된 주권
④ K-OTC시장에서 거래되는 주권

용어 알아두기

코넥스시장	코넥스시장은 코스닥시장 상장 요건을 충족시키지 못하는 벤처기업과 중소기업이 상장할 수 있도록 2013년 7월 1일부터 상장한 중소기업 전용 주식시장이다.
K-OTC시장	K-OTC시장은 금융투자협회가 운영하는 '장외'주식시장이다.

TIP K-OTC시장에서 거래되는 주권은 상장주권에 비하여 위험이 크기 때문에 거래증거금의 예탁수단으로 활용하기 곤란하다.

핵심포인트 해설   거래증거금의 의의 및 예탁수단

의 의	• 결제회원이 자신의 명의로 결제하는 거래에 대하여 계약이행을 보증하기 위하여 거래소에 예치하는 금액 • 파생상품계좌별 기초자산의 가격과 옵션변동성이 일정 수준으로 변동할 경우 발생할 수 있는 최대순손실상 당액 이상의 금액으로 예치해야 함
예탁수단	• 현 금 • 외화 10종 : 미국달러, 캐나다달러, 호주달러, 홍콩달러, 싱가포르달러, 유로화, 파운드화, 엔화, 위안화, 스위스프랑화 • 외화증권 : 미국 단기·중기·장기 재무부 국채, 기타 거래소가 인정하는 외화증권 • 대용증권 · 유가증권·코스닥·코넥스시장에 상장된 주권 · 상장외국주식예탁증서(유동화기간 10일 이하 & 직전 1년간 거래성립일 75% 이상) · 상장 국공채, 상장 회사채(BBB+ 이상) · ETF : 단, 레버리지ETF, 인버스ETF는 대용증권 불가함 · ETN(채권형) : 레버리지ETN, 인버스ETN은 대용증권 불가함

정답 | ④

14

선물의 결제에 대한 설명으로 잘못된 것은?

① 선물거래의 최종결제방법에는 현금결제와 인수도결제 방법이 있다.

② 현금결제는 최종거래일의 정산가격과 최종결제가격의 차에 의하여 산출되는 최종결제차금을 최종결제일에 수수하여 거래를 종결시키는 것이다.

③ 인수도결제는 최종결제수량에 대하여 매도자는 매수자에게 인도물품을 인도하고 그 대가로 최종결제가격을 기준으로 산출한 최종결제대금을 수수하는 방법이다.

④ 최종결제를 현금결제방법으로 하는 경우 매수 미결제약정의 산출식은 (당일정산가격 − 최종결제가격) × 수량 × 거래승수이다.

TIP 최종결제를 현금결제방법으로 하는 경우 매수 미결제약정의 산출식은 (최종결제가격 − 당일정산가격) × 수량 × 거래승수이다.

핵심포인트 해설　　선물의 결제

(1) 선물의 일일결제(일일정산차금 결제)

① 일일결제 : 거래소, 회원은 선물거래 각 종목에 대하여 거래일마다 정산가격으로 정산해야 함

② 일일정산차금 = 당일차금 + 갱신차금

(2) 선물의 최종결제(최종결제차금 결제)

① 현금결제 : 최종거래일에 최종결제금액을 현금으로 수수하는 방법으로 대부분 현금결제방식으로 결제함

> * 현금결제방식의 최종결제대금 산식
> • 매수미결제 약정 : (최종결제가격 − 당일정산가격) × 매수수량 × 거래승수
> • 매도미결제 약정 : (당일정산가격 − 최종결제가격) × 매도수량 × 거래승수

② 인수도 결제 : 최종거래일에 최종결제금액을 기초자산(실물)으로 인수도하고 그에 대한 결제대금을 수수하는 방식으로 통화선물(미국달러선물, 엔선물, 유로선물, 위안선물)만 인수도결제 방식을 취함

> * 인수도결제방식의 최종결제대금 산식
> • 최종결제대금(인수도금액) : 최종결제수량 × 승수 × 최종결제가격
> • 외화금액 : 최종결제수량 × 거래단위

정답 | ④

옵션거래의 결제에 대한 설명으로 잘못된 것은?

① 현금결제방식에 의해 최종결제되는 옵션거래의 경우 손실종목에 대하여 권리행사를 신고할 수 없다.
② 권리행사로 이익이 발생하는 종목에 대하여는 회원이 권리행사를 신고하지 않아도 권리행사를 신청한 것으로 의제한다.
③ 옵션거래의 대부분은 현금결제방식이나 미국달러옵션은 인수도결제방식이다.
④ 코스피200콜옵션의 권리행사차금은 권리행사수량 × (권리행사결제가격 – 행사가격) × 거래승수이다.

TIP 미국달러옵션이 투자자의 거래 편의를 위하여 인수도결제방식에서 현금결제방식으로 변경되어 현재 인수도결제방식의 옵션상품은 없다. (선물상품의 경우에는 인수도결제방식이 있음)

핵심포인트 해설   옵션의 결제

(1) 옵션의 일일결제(옵션대금 결제)
① 결제회원은 당일 성립된 옵션거래에 때하여 거래일마다 옵션대금을 수수해야 함
② 옵션대금 = 약정가격 × 약정수량 × 거래승수
(2) 옵션의 최종결제(권리행사차금 결제)
① 권리행사불가종목
  • 콜옵션 권리행사 불가종목 : 행사가격 ≥ 권리행사결제기준가격
  • 풋옵션 권리행사 불가종목 : 행사가격 ≤ 권리행사결제기준가격
② 콜옵션 자동권리행사 기준
  • 코스피 200옵션 : 권리행사결제기준가격 – 행사가격 ≥ 0.01
  • 주식옵션 : 권리행사결제기준가격 – 행사가격 ≥ 5원
  • 미국달러옵션 : 권리행사결제기준가격 – 행사가격 ≥ 0.1원
③ 권리행사차금 산식
  • 콜옵션 : (권리행사결제가격 – 행사가격) × 권리행사수량 × 거래승수
  • 풋옵션 : (행사가격 – 권리행사결제가격) × 권리행사수량 × 거래승수
  * 권리행사결제가격 : 최종거래일의 현물종가

정답 | ③

16

위탁증거금에 대한 설명으로 잘못된 것은?

① 사전위탁증거금은 미체결된 신규위탁증거금과 체결분 증거금을 모두 고려해야 한다.
② 위탁증거금은 위탁자의 신용, 투자목적 등을 고려하여 고객별 차등징수가 가능하다.
③ 전문투자자 중에서 주권상장법인은 사후위탁증거금을 납부하면 된다.
④ 추가증거금은 위탁자의 예탁총액 또는 예탁현금이 일정수준 이하로 떨어져 부족액이 발생하는 경우 위탁자로부터 추가로 예탁받아야 하는 증거금이다.

TIP 사후위탁증거금이 적용되는 대상자는 적격기관투자자인데 주권상장법인은 적격기관투자자 범위에 포함되지 않으므로 사전위탁증거금을 납부해야 한다.

핵심포인트 해설 · **위탁증거금**

위탁증거금의 의의	• 파생상품 실제 거래 시 위탁자가 회원에게 예탁해야 하는 증거금으로 사전위탁증거금과 사후위탁증거금으로 구분됨 • 사전위탁증거금은 신규위탁증거금과 체결분 증거금을 모두 고려해야 하나, 사후위탁증거금은 체결분 증거금만 고려하면 됨 • 위탁증거금은 위탁자의 신용, 투자목적 등을 고려하여 고객별 차등징수가 가능함
사전 위탁증거금	• 주로 일반투자자가 주문 또는 인출 시 회원에게 납부해야 하는 사전증거금 • 산출방법 : 신규위탁증거금(미체결주문분) + 체결분 증거금
사후 위탁증거금	• 적격기관투자자가 거래성립일 익일에 회원에게 납부하면 되는 사후증거금 　· 적격기관투자자 : 전문투자자, 전문투자자로 신고한 법인 및 개인, 알고리즘계좌를 보유한 법인으로 회원의 위험관리부서가 심사하여 선정한 법인 등(다만, 전문투자자 중 주권상장법인, 금융위원회에 전문투자자로 신고한 법인·개인, 투자자문업자는 제외) • 산출방법 : 체결분 증거금 합계
유지증거금	• 미결제약정 보유 시 반드시 유지하고 있어야 하는 일정수준 이상의 증거금 • 일반적으로 유지증거금은 위탁증거금의 2/3 수준으로 설정되어 있음
추가증거금 (Margin call)	• 위탁자의 예탁총액 또는 예탁현금이 일정수준 이하로 떨어져 부족액이 발생하는 경우 위탁자로부터 추가로 예탁받아야 하는 증거금 • 추가증거금 발생 시 부족액 발생일의 익일 12시까지 추가증거금을 납부해야 함

정답 | ③

☑ 다시 봐야 할 문제(틀린 문제, 풀지 못한 문제, 헷갈리는 문제 등)는 문제 번호 하단의 네모박스(□)에 체크하여 반복학습하시기 바랍니다.

01

중요도 ★

KRX 회원별 영업범위에 대한 설명 중 잘못된 것은?

□

① 증권회원은 주식, 채권뿐만 아니라 수익증권에 대하여도 거래할 수 있다.
② 지분증권회원은 주권, 신주인수권 등을 거래할 수 있다.
③ 주권기초파생상품전문회원은 파생상품 전체를 거래할 수 있다.
④ 통화·금리기초파생상품전문회원은 통화 또는 채무증권을 기초로 한 파생상품만 거래할 수 있다.

02

중요도 ★★

선물스프레드 종목에 대한 설명 중 잘못된 것은?

□

① 기초자산 및 거래승수가 동일한 선물거래에 대하여 최근월종목과 원월종목 간의 종목으로 구분한다.
② 기초자산, 거래단위 및 최종결제방법은 동일하나 결제월이 다른 두 종목의 선물종목을 하나의 종목으로 구성한다.
③ 한 종목을 매수하고 동시에 다른 종목을 매도한다.
④ 코스피200선물스프레드 종목은 3종목이다.

03

중요도 ★★

KRX 파생상품거래에 대한 설명 중 잘못된 것은?

□

① 호가가격단위당 금액은 코스피200선물은 12,500원, 3년 국채선물은 10,000원이다.
② 상장결제월 종목수는 코스닥150선물 7종목, 금선물도 7종목이다.
③ 코스피200옵션, 엔선물, 5년 국채선물 중 최종거래일의 거래시간은 5년 국채선물이 가장 길다.
④ 미국달러선물의 최종결제방법은 인수도결제이고, 미국달러옵션의 최종결제방법은 현금결제이다.

04

다음 설명 중 잘못된 것은?

① 3년 국채선물의 결제월 종목수는 3, 6, 9, 12월 중 6개월 이내의 2개 결제월이 상장된다.

② 미국달러선물의 종가 단일가호가 접수시간에는 실시간 예상체결가격이 공표되지 않는다.

③ 선물스프레드거래에 최유리지정가호가는 허용되지 않는다.

④ 시장가호가는 종목 및 수량은 지정하되, 가격지정 없이 시장에서 형성되는 가격으로 거래하고자 하는 호가이다.

05

3년 국채선물에 대한 설명으로 잘못된 것은?

① 액면가 1억원의 국고채권표준물로 결제방법은 현금결제 방식을 취한다.

② 결제월 수는 6개월 이내의 분기월 2개이며, 최종거래일 도래종목의 거래시간은 09:00 ~ 11:30까지이다.

③ 최종거래일은 결제월의 세 번째 화요일(공휴일인 경우 순차적으로 앞당김)이다.

④ 최종결제기준채권의 결제수익률은 최종거래일에 협회가 공시하는 11시 수익률과 11:30에 공시된 수익률을 평균한 수익률이다.

정답 및 해설

01 ③ 주권기초파생상품전문회원은 주권을 기초로 한 파생상품(코스피200선물, 주식선물, 주식옵션 등)만 거래할 수 있다.

02 ④ 선물스프레드 종목수는 상장결제월 종목수보다 1종목 적다. 코스피200선물의 상장결제월 종목수는 7종목이고, 코스피200선물스프레드 종목은 6종목이다.

03 ③ 코스피200옵션, 엔선물, 5년 국채선물 중 최종거래일의 거래시간은 코스피200옵션이 가장 길다. 최종거래일의 거래시간은 코스피200옵션의 경우 9시 ~ 15시 20분이고, 엔선물과 5년 국채선물의 경우 9시 ~ 11시 30분이다.

04 ② 종가 단일가호가 접수시간에 예상체결가격이 공표된다.

05 ④ 결제수익률은 협회가 공시하는 10시, 10시 30분, 11시의 수익률 중 가장 높은 것과 가장 낮은 것을 제외한 수익률과 11시 30분에 공시된 수익률을 평균한 수익률로 한다.

06 중요도 ★

다음 설명 중 잘못된 것은?

① 9시 50분은 필요적 거래중단이 발동될 수 있는 시간이지만 15시 20분은 필요적 거래중단이 발동될 수 없는 시간이다.

② 위탁자명은 호가입력사항이 아니다.

③ 주식옵션의 가격제한비율은 기초주권가격의 10%(1단계), 20%(2단계), 30%(3단계) 변동을 적용하여 산출한 최대 이론가격과 최소 이론가격으로 한다.

④ 최종결제가격확정 전 거래증거금액은 금선물에만 적용되는 증거금액이다.

07 중요도 ★★

금선물에 대한 설명 중 잘못된 것은?

① 거래대상은 KRX금시장운영기준에 따른 금지금이다.

② 거래단위는 100g이고, 1계약의 크기는 가격 × 거래승수이다.

③ 가격표시는 g당 원화로 한다.

④ 호가한도가격은 기준가격 ± 기준가격 × 9%이다.

08 중요도 ★★★

선물스프레드거래에 대한 설명 중 잘못된 것은?

① 선물스프레드거래에 있어서 가격은 원월종목의 가격에서 근월종목의 가격을 뺀 가격이다.

② 선물스프레드거래에 있어서 매수는 최근월종목의 매도 및 원월종목의 매수를 하는 거래로 한다.

③ 선물스프레드거래에 있어서 금리상품의 매도는 최근월종목의 매수 및 원월종목의 매도를 하는 거래로 한다.

④ 국채선물스프레드거래종목은 1개이다.

09 중요도 ★★

□ 투자자 A씨가 2019년 8월 24일 코스피200선물스프레드 매도주문 100계약을 2p 체결하였다면 어떤 포지션과 같은가? (단, 현재 9월 선물 가격은 206p)

① 9월물 100계약 매수 206p + 12월물 100계약 매도 208p
② 9월물 100계약 매도 206p + 12월물 100계약 매수 208p
③ 9월물 100계약 매수 206p + 12월물 100계약 매도 206p
④ 9월물 100계약 매도 206p + 12월물 100계약 매도 206p

10 중요도 ★★

□ 파생상품 호가에는 지정가, 시장가, 최유리지정가, 조건부지정가 등이 있다. 다음 중 최유리지정가와 거리가 먼 것은?

① 시장가호가처럼 호가할 때에는 가격을 지정하지 않으나 호가가 시장에 도달된 때 가장 빨리 집행할 수 있는 가격을 지정한 것으로 간주하는 호가로 시장가호가와 지정가호가의 성격을 동시에 갖고 있다.
② 시장에 도달된 때에는 지정가호가로 거래되지만 종가 단일가거래 전까지 체결되지 않은 경우에는 종가 단일가거래 시에 시장가호가로 전환된다.
③ 매도의 최유리지정가호가는 가장 높은 매수호가의 가격을 지정한 것으로 한다.
④ 매수의 최유리지정가호가는 가장 낮은 매도호가의 가격을 지정한 것으로 한다.

정답 및 해설

06 ④ 최종결제가격확정 전 거래증거금액은 돈육선물에만 적용되는 것이다. 돈육선물은 최종결제가격이 최종거래일의 다음 거래일에 발표됨에 따라 최종거래일로부터 최종거래일 익일까지의 가격변동위험을 커버하기 위한 증거금이다.

07 ④ 호가한도가격은 기준가격 ± 기준가격 × 10%이다.

08 ③ 선물스프레드거래에 있어서 매도는 근월종목의 매수 및 원월종목의 매도를 하는 거래로 한다. 다만, 선물스프레드거래에 있어서 금리상품의 매수는 근월종목의 매수 및 원월종목의 매도를 하는 거래로 하고, 금리상품의 매도는 근월종목의 매도 및 원월종목의 매수를 하는 거래로 한다.

09 ① 선물스프레드 매도 = 최근월물 매수 + 원월물 매도
원월물 가격 = 최근월물 가격 + 스프레드 가격 = 206p + 2p = 208p

10 ② 조건부지정가호가에 대한 내용이다.

11

중요도 ★

코스피200선물·옵션거래의 호가 입력에 대한 설명으로 잘못된 것은?

① 시장가호가인 경우에는 일부충족조건, 전량충족조건을 입력할 수 있다.
② 최종약정가격을 결정하는 단일가호가에는 최우리지정가호가를 입력할 수 없다.
③ 선물스프레드호가는 접속거래에만 허용된다.
④ 최근월물 이외의 종목은 시장가호가 및 지정가호가를 입력해야 한다.

12

중요도 ★★

다음 중 선물거래의 가격제한비율로 잘못된 것은?

① 주가지수선물거래 : 1단계 8%, 2단계 15%, 3단계 20%
② 변동성지수선물거래 : 1단계 30%, 2단계 45%, 3단계 60%
③ 국채선물거래 : 3년 국채선물 1.5%, 5년 국채선물 1.8%, 10년 국채선물 2.7%
④ 통화선물거래 : 미국달러선물 4.5%, 중국위안선물 5.25%

13

중요도 ★★

호가에 대한 설명 중 잘못된 것은?

① 조건부지정가호가는 일부·전량충족조건을 사용할 수 없다.
② 단일가호가인 경우 최우리지정가호가를 사용할 수 없다.
③ 선물스프레드거래의 호가수량한도는 기본적으로 5,000계약이다.
④ 종가 단일가호가 접수시간에 조건부지정가호가는 사용할 수 없다.

14

중요도 ★★

파생상품의 거래증거금에 대한 설명으로 잘못된 것은?

① 거래증거금은 결제회원이 최대순손실상당액과 신용위험손실상당액을 합한 금액 이상으로 거래소에 예치하는 금액이다.

② 선물스프레드 거래증거금액은 매수의 종목별 선물스프레드거래증거금액과 매도의 종목별 선물스프레드거래증거금액 중 적은 금액으로 한다.

③ 모든 주가연계증권은 거래증거금으로 예탁할 수 있다.

④ 순위험거래증거금은 가격변동거래증거금액, 선물스프레드거래증거금액, 인수도거래증거 금액과 최종결제가격확정 전 거래증거금액의 합계액과 최소순위험거래증거금액 중 큰 금액에 옵션가격거래증거금액을 합산하여 산출된다.

15

중요도 ★

파생상품시장에서 인수도결제방식에 의하여 최종결제되는 상품의 단일가거래에 관한 설명 중 잘못된 것은?

① 시가 단일가호가 접수시간에는 예상체결가격이 실시간으로 공표된다.

② 종가 단일가호가 접수시간에는 예상체결가격이 공표되지 않고 매매별 총호가수량이 공표된다.

③ 최종거래일에 도래한 종목의 종가 단일가호가 접수시간은 11:20 ~ 11:30이다.

④ 최종거래일에 도래한 종목의 경우 최종거래일에 시가와 종가 모두 단일가거래에 의해 가격이 결정된다.

정답 및 해설

11 ④ 최근월물 이외의 종목은 지정가호가만 입력해야 한다.

12 ④ 가격제한비율은 미국달러·중국위안선물 4.5%, 엔·유로선물 5.25%, 금선물 10%, 돈육선물 21%이다.

13 ③ 선물스프레드거래의 호가수량한도는 기본적으로 1,000계약으로 하되, 국채선물스프레드거래 및 일반상품스프레드거래는 2,000계약, 미니코스피200선물스프레드거래는 5,000계약, 통화선물스프레드거래는 10,000계약으로 한다.

14 ③ 상장된 주가연계증권은 거래증거금으로 예탁할 수 있으나 비상장 주가연계증권은 거래증거금으로 예탁할 수 없다.

15 ② 종가 단일가호가 접수시간에도 예상체결가격이 실시간으로 공표된다.

16 중요도 ★★
아래 호가창을 보고 일부충족조건의 지정가 354.95p에 250계약의 매도주문을 낸 경우 주문결과로 옳은 것은?

매도호가	가격(포인트)	매수호가
200	355.15	
150	355.10	
100	355.05	
50	355.00	
	354.95	150
	354.90	50
	269.85	50

① 체결가격 및 수량은 없고, 25계약 전량 취소된다.
② 354.95포인트에 150계약 체결되고, 100계약은 취소된다.
③ 354.95포인트에 150계약 체결되고, 354.90포인트에 50계약 체결되고, 50계약은 취소된다.
④ 355.00포인트에 50계약 체결되고, 200계약은 취소된다.

17 중요도 ★★★
다음 중 협의대량거래 대상에 해당하지 않는 것은?

① 코스피200선물, 코스피200옵션
② 코스피200변동성지수선물, 5년 국채선물
③ 미국달러선물, 금선물
④ 위안선물, 해외지수선물거래

18 중요도 ★★
우리나라 파생상품시장의 결제에 대한 설명 중 잘못된 것은?

① 최종결제가격확정 전 거래증거금액은 금선물에만 적용된다.
② 주식선물은 현금결제방식으로 최종결제하며, 최종결제차금은 다음 거래일 16시에 거래소와 회원 간 수수한다.
③ 10년 국채선물의 최종결제차금 결제시한은 최종결제일의 16시이다.
④ 미국달러선물은 인수도결제방식으로 최종결제하며, 인수도결제시한은 최종거래일로부터 3일째 되는 날(T + 2)의 12시이다.

19 중요도 ★★

선물거래의 결제방법에 대한 설명으로 잘못된 것은?

① 일일정산에 따른 차금은 당일차금과 갱신차금으로 구성된다.

② 당일차금은 당일의 약정가격과 당일의 정산가격의 차에 당일 약정수량과 거래승수를 곱하여 산출한다.

③ 갱신차금은 전일의 정산가격과 당일의 정산가격의 차에 당일의 약정수량과 거래승수를 곱하여 산출한다.

④ 일일정산이 기준이 되는 정산가격은 거래소가 결정한다.

정답 및 해설

16 ② 일부충족조건은 체결 가능한 수량은 체결하고 나머지 호가수량은 취소하는 조건이다. 따라서 354.95p에 250계약의 매도주문을 낸 경우 150계약은 체결되고 100계약은 취소된다.

17 ② 코스피200변동성지수선물, 5년 국채선물, 돈육선물은 협의대량거래 대상에 포함되지 않는다.

18 ① 최종결제가격확정 전 거래증금액은 돈육선물에만 적용된다. 이는 돈육선물의 최종결제가격이 최종거래일의 다음 거래일에 발표됨에 따라 최종거래일로부터 최종거래일의 다음 날까지의 가격변동에 대한 위험을 커버하기 위한 증거금이다.

19 ③ 갱신차금은 전일의 정산가격과 당일의 정산가격의 차에 전일의 미결제약정수량과 거래승수를 곱하여 산출한다.

20 중요도 ★★★

다음 중 최종결제방법이 다른 하나는 어느 것인가?

① 3년 국채선물　　　　　　　　　　② 미국달러선물
③ 금선물　　　　　　　　　　　　　④ 주식선물

21 중요도 ★★

우리나라 코스피200옵션의 거래 및 결제에 대한 설명 중 잘못된 것은?

① 결제회원은 최종거래일의 장 종료 후 30분 이내에 권리행사 수량을 계좌별, 옵션종목별로 신고해야 한다.
② 현금결제방식으로 최종결제되는 옵션거래의 경우 손실종목에 대하여 권리행사를 신고할 수 없다.
③ 권리행사로 이익이 발생하는 종목에 대하여는 회원이 권리신고를 하지 않아도 권리행사를 신청한 것으로 본다.
④ A전자 주식옵션을 5계약 시장가로 매도하는 경우 위탁증거금 전액을 대용증권으로 예탁하는 것이 불가능하다.

22 중요도 ★★

아래 상황에서 코스피200선물의 최유리지정가호가로 20계약을 매도주문한 경우 체결가격과 체결수량은?

매도수량	가 격	매수수량
45	270.15	
30	270.10	
25	270.05	
	270.00	
	269.95	15
	269.90	25
	269.85	50

① 269.95p에 15계약 체결　　　　② 269.85p에 20계약 체결
③ 270.05p에 20계약 체결　　　　④ 270.15p에 15계약 체결

23 중요도 ★★
오늘이 코스피200옵션의 최종거래일일 때 다음 중 권리행사신고가 의제되는 경우는?

□ (단, 오늘 코스피200 최종지수가 250p)

① 콜옵션 행사가격 251p를 매수한 경우
② 콜옵션 행사가격 255p를 매수한 경우
③ 풋옵션 행사가격 257p를 매수한 경우
④ 풋옵션 행사가격 249p를 매수한 경우

정답 및 해설

20 ② 미국달러선물은 인수도결제방식이며 3년 국채선물, 금선물, 주식선물은 현금결제방식이다. 대부분의 결제방식은 현금결제방식을 취하고 있으며, 인수도결제방식을 취하는 것은 통화선물(미국달러선물, 엔선물, 유로선물, 위안선물)뿐이다.

21 ④ 선물거래의 경우에는 신규주문 시 위탁증거금액의 1/2은 현금예탁필요액이 있어야 하므로 위탁증거금을 대용증권으로 전액 예탁하는 것은 불가하다. 한편, 코스피200옵션과 주식옵션의 경우 매수주문 시 전액 현금으로 위탁증거금을 예탁해야 하나, 매도주문 시에는 현금예탁필요액의 적용을 받지 않아 전액 대용증권으로 예탁할 수 있다. 따라서 A전자 주식옵션을 5계약 시장가로 매도하려는 경우에는 위탁증거금 전액을 대용증권으로 예탁할 수 있다.

22 ① 매도의 최유리지정가호가는 매수의 가장 높은 매수호가 가격으로 호가가격을 지정하는 호가이므로 269.95p에 20계약 매도 호가를 제출한 것과 동일하다. 따라서 269.95p에 매수호가가 제출되어 있는 15계약이 체결되고, 5계약은 호가창에 대기한다.

23 ③ 콜옵션의 자동권리행사기준은 (최종 코스피200지수 − 행사가격 ≧ 0.01)이고, 풋옵션의 자동권리행사기준은 (행사가격 − 최종 코스피200지수 ≧ 0.01)이므로 이에 충족하는 것은 풋옵션 행사가격 257p를 매수한 경우이다.

24 중요도 ★

오늘 미국달러선물 기초자산의 기준가격이 1,000원이다. 이 경우 미국달러선물의 거래증거금을 산정하기 위한 증거금 구간은? (단, 거래증거금률은 3%)

① 970원 ~ 1,000원
② 1,000원 ~ 1,030원
③ 970원 ~ 1,030원
④ 1,000원 ~ 1,015원

25 중요도 ★★

사전위탁증거금을 적용받는 위탁자가 위탁증거금의 전액을 대용증권으로 예탁할 수 있는 거래는 다음 중 어느 것인가?

① 국채선물 1계약 매수
② 코스피200선물 100계약 매수
③ 코스피200옵션 10계약 매수
④ 삼성전자주식옵션 50계약 매도

26 중요도 ★★

파생상품계좌를 이미 개설한 투자자가 추가로 파생상품계좌를 설정하는 경우의 내용과 거리가 먼 것은?

① 파생상품거래약관 및 파생상품거래위험고지서를 교부하고 설명해야 한다.
② 파생상품거래위험고지서 교부확인서 징구 및 위탁자 관련 사항의 확인을 생략할 수 있다.
③ 약관 및 위험고지서 등의 중요사항이 변경이 있는 경우 설명 등의 절차를 생략할 수 없다.
④ 회원은 파생상품계좌설정계약서, 파생상품위험고지서 교부확인서, 위탁자 관련 사항에 관한 서면을 10년 동안 기록·유지해야 한다.

27 중요도 ★★

□ 다음 중 최종거래일 장 종료 전 10분간 종가결정을 위한 단일가 주문접수시간을 두고 있는 것은?

① 코스피200선물

② 3년 국채선물

③ 미국달러선물

④ 금선물

정답 및 해설

24 ③ 미국달러선물의 거래증거금률이 3%이므로 증거금 구간은 (기초자산기준가격 ± 기초자산기준가격의 3%)이다. 따라서 가장 낮은 증거금 수치는 {1,000 − (1,000 × 3%)}, 가장 높은 증거금 수치는 {1,000 + (1,000 × 3%)}이므로 증거금 구간은 970원 ~1,030원이다.

25 ④ 선물거래의 경우 위탁증거금액의 1/2은 현금예탁필요액이므로 현금으로 예탁해야 한다. 반면 코스피200옵션 매수주문과 주식옵션 매수주문은 전액 현금예탁요요액이므로 전액 현금으로 예탁해야 한다. 그러나 옵션의 매도주문은 현금예탁필요액의 적용을 받지 않으므로 현금으로 예탁하지 않고 전액 대용증권으로 예탁할 수 있다.

26 ① 파생상품거래약관 및 파생상품거래위험고지서의 교부 및 설명을 생략할 수 있다.

27 ③ 최종거래일 장 종료 전 10분간 종가결정을 위한 단일가 주문접수시간을 두고 있는 것에는 통화상품(미국달러·엔·유로선물 달러옵션), 해외지수선물, 돈육선물에 한하고, 그 이외의 파생상품은 최종거래일에 종가의 단일가거래를 실시하지 않는다.

필수암기공식 30

01 선물가격결정

① 선물가격(F) = 현물가격(S) + 순보유비용(CC)
② 순보유비용(CC) = 이자비용(r) + 보관비용(c) − 현금수입(d) − 편의수익(y)
③ 순보유비용이 양(+)의 값이면 F > S, 음(−)의 값이면 F < S

02 주식선물이론가격(보유비용모형)

① $F = S + S \times (r - d) \times \dfrac{t}{365}$ (S : 현물가격, r : 이자율, d : 배당수익률, t : 잔존만기)
② 주식관련 선물의 가격결정요인(r > d인 경우)
    ㉠ 현물가격(S)의 상승 ⇨ 선물이론가격(F)의 상승
    ㉡ 이자율(r)의 상승 ⇨ 선물이론가격(F)의 상승
    ㉢ 배당수익률(d)의 상승 ⇨ 선물이론가격(F)의 하락
    ㉣ 잔존만기(t)의 증가 ⇨ 선물이론가격(F)의 상승

03 헤지선물계약 수 산출식

$$헤지선물계약 \ 수 = \frac{헤지비율(h) \times 주식 \ 포트폴리오의 \ 가치}{선물가격 \times 거래단위 \ 승수}$$

04 베타조정헤지(선물을 이용하여 시장리스크를 관리하는 방법)

① 주가 상승 예상 ⇨ 베타 상향조정 ⇨ 현물 대신 선물 추가매입
② 주가 하락 예상 ⇨ 베타 하향조정 ⇨ 현물 대신 선물 추가매도
③ 계약 수(n) = $\dfrac{(목표\beta - 기존\beta) \times 포트폴리오 \ 금액}{선물가격 \times 거래승수}$

05 선도금리(Forward Rate)

$$선도금리 = \frac{r_2 \times t_2 - r_1 \times t_1}{t_2 - t_1}$$

$(r_1 : 단기금리, \ r_2 : 장기금리, \ t_1 : 단기기간, \ t_2 : 장기기간)$

06 채권가격변동률

$$\frac{\Delta P}{P} = (-)D \times \Delta y + \frac{1}{2} \times C \times (\Delta y)^2$$

07 금리선물가격결정

① 단기금리선물 : $F = 100 - R(선도금리) \Rightarrow IMM지수 방식$

② 채권선물 : $F = S + S \times (r - d) \times \dfrac{t}{365}$ (r : 시장이자율, d : 표면이율)

08 금리선물 헤지계약 수

$$계약 수 = \frac{목표D - 기존D}{선물D} \times \frac{현물보유금액}{선물가격 \times 승수}$$

$$(D : 듀레이션)$$

09 선물환율결정

$$F = S \times \frac{1 + r_d}{1 + r_f}$$

$$(r_d : 자국통화금리, r_f : 외국통화금리)$$

10 상품선물가격결정

$$F = S + S \times (r + u - y) \times \frac{t}{365}$$

$$(S : 현물가격, r : 이자율, u : 저장비용, y : 편의수익, t : 잔존만기)$$

11 상품선물 베이시스

$$베이시스(B) = 현물가격(S) - 선물가격(F)$$

12 순매도가격의 산출

① 순매도가격(NSP) = $S_2 + (F_1 - F_2)$ ② 순매도가격(NSP) = $F_1 + B_2$

13 순매입가격의 산출

① 순매입가격(NBP) = $S_2 + (F_2 - F_1)$ ② 순매입가격(NBP) = $F_1 + B_2$

14 미결제 약정수량 산출식

① 매수 미결제약정수량 = 전일 매수 미결제수량 + 당일 매수수량 - 당일 매도수량
② 매도 미결제약정수량 = 전일 매도 미결제수량 + 당일 매도수량 - 당일 매수수량

15 일일정산에 따른 당일차금

① 당일 매수거래 = 당일 매수수량 × (당일 정산가격 - 당일 약정가격) × 거래승수
② 당일 매도거래 = 당일 매도수량 × (당일 약정가격 - 당일 정산가격) × 거래승수

16 일일정산에 따른 갱신차금

① 매수 미결제약정 = 전일 매수 미결제수량 × (당일 정산가격 - 전일 정산가격) × 거래승수
② 매도 미결제약정 = 전일 매도 미결제수량 × (전일 정산가격 - 당일 정산가격) × 거래승수

17 최종결제차금 산출식

① 매수 미결제약정 = (최종결제가격 - 당일 정산가격) × 매수 최종결제수량 × 거래승수
② 매도 미결제약정 = (당일 정산가격 - 최종결제가격) × 매도 최종결제수량 × 거래승수

18 옵션가격결정

옵션프리미엄(옵션가격) = 내재가치 + 시간가치

19 기어링비율

$$기어링비율 = \frac{주식가격}{ELW가격} \times 전환비율$$

20 레버리지 및 패리티

- 레버리지 = 기어링비율 × 델타
- 패리티(%) = (주식가격 ÷ 행사가격) × 100

21 이항분포 옵션가격결정모형

$$\bullet \, c = \frac{pc_u + (1 - p)c_d}{r}$$

$$\bullet \, p = \frac{(1 + r) - d}{u - d}$$

(p : 리스크 중립적 확률(Risk Neutral Probability))

22 현물 풋—콜 패리티

$$P + S = C + \frac{X}{1 + r}$$

23 선물 풋—콜 패리티

$$P + \frac{F}{1 + r} = C + \frac{X}{1 + r}$$

24 옵션의 민감도

- 델타(Delta) $= \dfrac{\text{옵션가격 변화분}}{\text{기초자산가격 변화분}}$

- 감마(Gamma) $= \dfrac{\text{델타 변화분}}{\text{기초자산가격 변화분}}$

- 세타(Theta) $= \dfrac{\text{옵션가격 변화분}}{\text{시간 변화분}}$

- 베가(Vega, Kappa) $= \dfrac{\text{옵션가격 변화분}}{\text{변동성 변화분}}$

- 로(Rho) $= \dfrac{\text{옵션가격 변화분}}{\text{금리 변화분}}$

25 컨버전(Conversion)과 리버설(Reversal)

컨버전	리버설
콜 고평가 시 $P + S < C + \dfrac{X}{1 + r}$	콜 저평가 시 $P + S > C + \dfrac{X}{1 + r}$

26 개별 VaR

① 개별 VaR = α × σ × V

② N일의 VaR = 1일 VaR × $\sqrt{N}$

(α : 신뢰수준 상수, σ : 일일변동성, V : 기초자산가격)

27 포트폴리오 VaR

$$VaR_p = \sqrt{VaR_A{}^2 + VaR_B{}^2 + 2 \times \rho_{AB} \times VaR_A \times VaR_B}$$

① 상관관계가 1인 경우 : $VaR_p = VaR_A + VaR_B$

② 상관관계가 0인 경우 : $VaR_p = \sqrt{VaR_A{}^2 + VaR_B{}^2}$

③ 상관관계가 −1인 경우 : $VaR_p = |VaR_A - VaR_B|$

28 콜옵션 VaR

$$기초자산 1주의 VaR \times 델타 = (α \times V \times σ \times \frac{1}{\sqrt{N}} \times 델타$$

29 기대손실과 기대외손실의 계산

① 신용손실 = EAD × LGD

② 기대손실(예상손실) = PD × EAD × LGD

③ 신용손실의 변동성 = $\sqrt{PD \times (1 - PD)} \times EAD \times LGD$

(EAD : 리스크노출금액, LGD : 채무불이행 시 손실률, PD : 채무불이행확률)

30 장외파생상품 신용리스크의 측정

① 신용위험 노출금액 = 현재노출(Current Exposure) + 잠재노출(Potential Exposure)

② 현재노출(Current Exposure) = Max[대체비용, 0]

③ 잠재노출(Potential Exposure) = 명목원금 × 신용환산율

실전모의고사 1,2

제1과목 · 파생상품 Ⅰ

01 선물거래의 증거금과 일일정산제도에 관한 설명 중 잘못된 것은?

① 전일의 선물가격과 당일의 선물가격의 차이에 해당하는 금액을 익일에 결제하도록 하는 일일정산제도가 있다.

② 일일정산 결과, 계좌의 잔액이 유지증거금(Maintenance Margin) 수준 이하로 떨어지면 선물회사는 마진콜(Margin Call)을 통보한다.

③ 마진콜을 통보받았을 때 고객은 다음 날 12시까지 선물회사에 추가증거금(Variation Margin)을 현금으로 납입해야 한다.

④ 추가증거금의 납입수준은 유지증거금(Maintenance Margin) 수준에 맞추면 된다.

02 선물과 옵션거래에 관한 설명 중 잘못된 것은?

① 풋옵션의 경우 기초자산가격이 행사가격보다 높을 때 내재가치는 양(+)의 값을 갖는다.

② 선물거래는 매수자와 매도자 모두 증거금을 내지만, 옵션은 매도자만 증거금을 납부하면 된다.

③ 선물의 경우 거래자 모두 계약이행 의무를 갖지만, 옵션의 경우 매수자는 권리를 갖고 매도자는 의무를 가진다.

④ 내가격 콜옵션의 내재가치는 기초자산가격에서 행사가격을 차감하여 결정된다.

다음 상황에서 적절한 선물투자전략으로 올바른 것은?

> 선물 근월물 가격이 250, 원월물 가격이 254인 상태에서 근월물 가격이 오르면서 가격 차이가 급격히 축소되었다. 투자자는 이러한 상황이 일시적인 것이고 스프레드가 다시 넓어질 것이라고 예상하고 있다.

① 근월물 매수 + 원월물 매도
② 근월물 매수 + 원월물 매수
③ 근월물 매도 + 원월물 매수
④ 근월물 매도 + 원월물 매도

A주식의 주가가 20만원, 주식의 연배당수익률이 2%, 선물 잔존만기가 90일, 이자율이 6%라고 할 때 주식선물의 이론가격으로 올바른 것은? (이산복리 가정)

① 201,052원
② 201,972원
③ 202,135원
④ 202,684원

주가지수선물의 가격결정 변수와 선물이론가격의 관계를 나타낸 것 중 잘못된 것은?
(이자율이 배당수익률보다 높다고 가정함)

	변 수	선물이론가격
①	KOSPI200 ↓	↓
②	이자율 ↑	↓
③	배당수익률 ↓	↑
④	잔존만기 ↑	↑

06 주가지수가 200, 단기 이자율이 6%, 주가지수의 배당수익률이 2%, 선물 잔존만기가 6개월인 주가지수선물의 시장가격이 203.30이다. 거래비용이 없다고 가정할 때 시장 상황에 관한 설명으로 올바른 것은?

① 보유비용모형에 의하면 주가지수선물의 이론가격은 204.50이다.
② 주가지수선물이 저평가되어 있으므로 역 현물보유전략(Reverse Cash&Carry)이 적합하다.
③ 선물을 매도하고 주식 현물을 매수하는 현물보유전략(Cash&Carry)이 적합한 시장 상황이다.
④ 백워데이션이므로 매수차익거래가 유리하다.

07 4월 10일 현재 1개월 금리는 4%이다. 4월 10일부터 4개월 금리는 5%이다. 5월 10일 만기인 90일물 금리선물가격이 95.00이고 선물이론가격이 94.67이라면 어떤 거래전략을 통하여 이익을 발생시킬 수 있는가? (단, 4월 10일부터 1개월간은 단기, 4월 10일부터 4개월간은 장기)

① 금리선물 매도 + 단기조달 + 장기운용
② 금리선물 매수 + 단기운용 + 장기조달
③ 금리선물 매도 + 단기운용 + 장기조달
④ 금리선물 매수 + 단기조달 + 장기운용

08 국채선물거래에서 98.50에 매도계약을 체결한 투자자가 99.30에 반대매매로 청산하였다면 손익을 계산한 내용으로 옳은 것은?

① 80만원 이익
② 80만원 손실
③ 800만원 이익
④ 800만원 손실

09 한국거래소(KRX)에 상장된 국채선물에 대한 설명으로 옳은 것은?

① 표면금리 연 5%, 3개월 이표지급 방식의 가상국채이다.

② 최소가격 변동폭은 0.05이고 1틱의 가치는 5,000원이다.

③ 국채선물 5년물의 액면가는 5,000만원이다.

④ 국채선물 10년물의 최종결제방법은 현금결제이다.

10 현재 원/달러 현물환율이 달러당 1,080원이고 3개월 선물환율이 달러당 1,120원이다. 선물환 할증률(할인율)은 얼마인가? (근삿값임)

① 10% ② 12%

③ 15% ④ 18%

11 다음과 같이 단기금융시장과 외환시장에 관한 정보가 주어졌을 때 시장상황에 대한 설명과 거리가 먼 것은?

- 원/달러 현물환율 : 1,120원
- 달러화 3개월 금리 : 1%(act/360)
- 원화 3개월 금리 : 2%(act/365)
- 만기가 3개월(92일)인 원/달러 선물환율 : 1,121.52원

① 이론선물환율은 1,122.77원이다.

② 시장선물환율은 이론선물환율보다 저평가되어 있다.

③ 원화를 차입하고 이를 달러화로 바꾸어 달러로 예금하고, 달러선물환을 매수하는 차익거래를 할 수 있다.

④ 시장선물환율은 할증(Premium) 상태이다.

12 상품선물의 보유비용(Cost of Carry)을 구성하는 요소가 아닌 것은?

① 저장비용
② 보험료
③ 이자비용
④ 표면이자

13 7월 25일 현재 돈육현물가격이 6,500원/kg, 9월물 돈육선물가격이 6,750원/kg인 상황에서 육가공업체가 매수헤지를 실시하였다. 8월 29일에 이르러 헤지를 청산할 때 돈육현물가격과 9월물 선물가격의 차이인 베이시스가 −200원/kg이라면 순매수가격(NBP)은 얼마인가?

① 6,500원
② 6,550원
③ 6,650원
④ 6,750원

14 옵션의 시간가치에 대한 설명과 거리가 먼 것은?

① 옵션이 등가격일 때 옵션가격은 모두 내재가치를 반영한 값이라고 할 수 있다.
② 옵션의 시간가치는 옵션의 만기가 길수록 높으며, 만기일이 다가올수록 급속히 감소하게 된다.
③ 만기일이 가까워지면 시간가치는 점점 작아지므로 만기가 되면 시간가치는 소멸하게 된다.
④ 시간가치의 특성으로 인해 옵션을 소모성 자산이라고도 한다.

15 A전자 주식옵션의 투자자는 만기 3개월, 행사가격 29만원인 콜옵션을 6,000원에 매수하였다. 현재 A전자 주식가격이 27만원이라고 할 때 콜옵션의 시간가치로 옳은 것은?

① 4,000원
② 6,000원
③ 14,000원
④ 20,000원

16 현재 주식가격은 30만원이고, 1년 후에 36만원으로 상승하거나 21만원으로 하락할 것으로 예상된다. 무위험이자율은 연 5%이다. 이 주식에 대한 유럽형 풋옵션(만기 : 1년, 행사가격 : 30만원)의 현재가치로 옳은 것은? (이산복리 가정)

① 2.57만원
② 2.91만원
③ 3.35만원
④ 3.88만원

17 다음 상황에 부합하는 옵션전략으로 올바른 것은?

> 기초자산의 현재가격이 100이다. 이때 행사가격이 102인 콜옵션을 1계약 매수함과 동시에 행사가격이 98인 풋옵션을 1계약 매수하였다.

① 스프레드
② 버터플라이
③ 스트래들
④ 스트랭글

18 다음과 같은 상황에서 일어날 수 있는 거래가 아닌 것은?

> 풋옵션 프리미엄 + 주식가격 < 콜옵션 프리미엄 + 채권가격

① 컨버전
② 주식매수
③ 차익거래
④ 콜옵션 매수 + 풋옵션 매도

19 예금상품에 가입한 고객이 은행으로부터 금리가 4% 이하가 되더라도 4%는 무조건 지급하겠다는 제안을 받았다면 이 예금상품에는 어떤 상품이 추가로 편입되어 있는가?

① 금리우대상품   ② 금리캡

③ 금리플로어   ④ 금리칼라

20 기초자산인 금리가 한동안 큰 폭으로 움직이지 않고 일정한 범위 안에서 등락을 거듭할 것으로 예상될 때 취할 수 있는 전략으로 옳은 것은?

① 버터플라이 매도   ② 스트랭글 매수

③ 콜옵션 매수   ④ 스트래들 매도

21 T-Bond 선물가격이 93 – 00일 때 다음 중 내가격 상태인 T-Bond옵션으로 옳은 것은?

① 행사가격 92 – 00 풋 ② 행사가격 94 – 00 풋

③ 행사가격 94 – 00 콜 ④ 행사가격 93 – 00 콜

22 행사가격이 1,085원, 만기가 한 달인 원 / 달러 콜옵션은 19원에, 동일한 행사가격과 만기를 가진 원 / 달러 풋옵션은 45원에 거래되고 있다. 현물환율이 달러당 1,070원이라고 할 때 콜옵션과 풋옵션의 내재가치의 합으로 옳은 것은?

① 10원   ② 15원

③ 20원   ④ 25원

23 3개월 후 500만달러의 수입대금을 지급해야 하는 수입업자가 환리스크를 헤지하고자 원/달러 통화옵션을 이용할 때의 전략으로 옳은 것은?

① 달러 풋옵션 매수
② 달러 풋옵션 매도
③ 달러 콜옵션 매수
④ 달러 콜옵션 매도

24 상품선물 풋옵션을 이용한 매도헤지에 대한 설명 중 옳은 것은?

① 상한가격을 설정하여 가격이 하락하는 불리한 리스크를 제거하고, 가격이 상승하는 유리한 리스크는 보존할 수 있다.
② 가격이 하락하는 경우 풋옵션을 행사하는 것이 풋옵션을 매도하는 것보다 유리하다.
③ 상품선물 풋옵션은 행사가격에 선물계약을 매도할 수 있는 권리이므로 풋옵션을 매수함으로써 최고매도(상한) 가격을 설정할 수 있다.
④ 가격이 하락하여 풋옵션을 행사하는 경우 순매도가격은 '현물매도가격 + 선물거래이익 − 풋옵션 프리미엄'으로 결정된다.

25 상품선물 콜옵션을 이용한 매수헤지에 대한 설명 중 옳은 것은?

① 하한가격을 설정하여 가격이 상승하는 불리한 리스크를 제거하고, 가격이 하락하는 유리한 리스크는 보존할 수 있다.
② 가격이 상승하여 콜옵션을 행사하는 경우 순매수가격은 '현물매수가격 + 선물거래이익 − 콜옵션 프리미엄'으로 결정된다.
③ 가격이 상승하는 경우 콜옵션을 매도하는 것보다 콜옵션을 행사하는 것이 유리하다.
④ 상품선물 콜옵션은 행사가격에 선물계약을 매수할 수 있는 권리이므로 콜옵션을 매수함으로써 최고매수(상한) 가격을 설정할 수 있다.

26 스왑거래에 대한 설명으로 잘못된 것은?

① 외환스왑(Foreign Exchange Swap)에서 Swap Rate의 부호는 금리평가이론에 따라 프리미엄과 디스카운트로 결정된다.

② 외환스왑(Foreign Exchange Swap)은 단기자금시장 스왑거래이다.

③ 통화스왑(Currency Swap) 거래에서 만기 현금흐름은 선물환율에 의해 결정된다.

④ Back-to-Back Loan은 Parallel Loan이 갖는 신용위험 문제를 상당히 개선했다.

27 스왑거래에서 스왑가격(Swap Price)을 지불하고 매매하는 상품에 대한 내용으로 올바른 것은?

① 스왑거래에서 고정금리와 교환되는 변동금리를 말한다.

② 스왑시장에서 딜러에게 지불하는 Up-Front-Fee를 말한다.

③ 스왑거래에서 변동금리와 교환되는 고정금리를 말한다.

④ 변동금리 지표에 부가되는 스프레드를 말한다.

28 스왑스프레드(Swap Spread)에 대한 설명과 거리가 먼 것은?

① 스왑스프레드는 금융시장의 변화에 따라 조금씩 변한다.

② '스왑스프레드 = 재무부 채권수익률 - 스왑금리'가 성립한다.

③ 음의 스왑스프레드 지속 원인은 고정금리 수취에 대한 수요 증가 때문이다.

④ 장래에 금리상승이 예상될 때에는 스왑스프레드가 축소된다.

29 유로달러 선물 3년 Strip 거래의 평균금리가 3.20%이고, 현재 스왑시장에서 3년 스왑금리가 3.60 - 3.54%로 고시되고 있다면 어떤 차익거래가 가능한가?

① ED선물 매도 + Short 스왑   ② ED선물 매도 + Long 스왑

③ ED선물 매입 + Short 스왑   ④ ED선물 매입 + Long 스왑

30 스왑시장에서의 결제관행에 대한 설명으로 가장 거리가 먼 것은?

① 원화 이자율스왑은 고정금리와 변동금리가 모두 6개월마다 교환된다.
② 원화 이자율스왑의 만기는 1~10년이다.
③ 통화스왑은 만기환율과 관계없이 거래시점의 환율이 동일하게 적용된다.
④ 통화스왑은 일반적으로 각 통화의 이자뿐 아니라 원금도 교환한다.

31 Payer's 스왑으로부터 발생하는 금리변동위험을 제거하는 방법으로 옳은 것은?

① 고정금리를 지급하고, 변동금리를 수취하는 이자율스왑 거래를 체결한다.
② 고정금리채를 발행하고, 변동금리채를 매입한다.
③ T-Bond를 매입하고, Repo를 실행하고, TED Spread를 매도한다.
④ 여러 만기의 유로달러선물을 매도(Strip 매도)한다.

32 달러 Receiver's 스왑을 거래한 금융기관이 있다. 스왑포지션의 리스크를 관리하기 위한 헤지수단으로 가장 올바른 것은?

① 유로달러선물을 매입한다.　　② 유로달러선물을 매도한다.
③ 미국채선물을 매입한다.　　④ 고정금리채권에 투자한다.

33 통화스왑을 시행한 기업이 있다. 원화 고정금리 수취의 현재가치가 138,000,000원이고 미국달러 변동금리 지급의 현재가치가 US $120,000이다. 2019년 4월 10일 현재 대미환율이 US $1당 1,120원일 경우, A은행의 평가손익으로 옳은 것은?

① 150만원 손실　　② 150만원 이익
③ 360만원 손실　　④ 360만원 이익

34 다음 중 장내파생상품과 장외파생상품의 특징으로 잘못된 것은?

① 글로벌 위기 이후 총 시장가치 및 총 신용익스포저가 현저히 감소하였으며 이는 장외파생 상품이 향후 쇠퇴할 것임을 의미한다.

② 장내파생상품은 모든 거래의 이행을 거래소가 보증하나 장외파생상품은 보증해주는 기관 이 없어 당사자 간의 신용도에 의존한다.

③ 장내파생상품은 표준화되어 있으나 장외파생상품은 거래조건이 당사자 간의 협의에 따라 정해진다.

④ 장내파생상품은 거래소가 규정한 시간에만 거래를 할 수 있으나 장외파생상품은 24시간 언제든지 거래할 수 있다.

35 장애옵션(Barrier Option)에 관한 설명 중 잘못된 것은?

① 장애옵션은 경로의존형 옵션(Path Dependent Option)이다.

② 장애옵션은 낙아웃 옵션(Knock-Out)과 낙인 옵션(Knock-In)으로 나눌 수 있다.

③ 장애옵션은 표준옵션보다 프리미엄이 비싸다.

④ 낙아웃 옵션과 낙인 옵션을 합성하면 표준옵션과 동일하다.

36 다음 옵션 중 가장 저렴한 것은?

① 기초자산가격이 행사가격보다 낮은 풋옵션

② 기초자산가격이 촉발가격(Trigger Price)에 근접한 Knock-Out 옵션

③ 행사가격 재조정시점에 도달한 ATM 클리켓옵션(Cliquet Option)

④ 기초자산가격이 행사가격보다 높은 콜옵션

37

다음 데이터에 따른 평균행사가격 콜옵션(Average Strike Call Option)의 만기 수익으로 올바른 것은? (단, 프리미엄은 고려하지 않음)

- 1일 : 100
- 3일 : 104
- 5일 : 107
- 2일 : 104
- 4일 : 106
- 6일(만기) : 103

① 0

② 1

③ 3

④ 6

38

장애옵션(Barrier Options)에 대한 설명으로 잘못된 것은?

① 장애옵션은 첨점수익구조형(Singular Payoff) 옵션이라 할 수 있다.
② 장애옵션을 분류하면 크게 낙아웃 옵션(Knock-out)과 낙인 옵션(Knock-in)으로 분류할 수 있다.
③ 장애옵션의 프리미엄은 표준옵션보다 프리미엄이 저렴하다.
④ 낙아웃 옵션과 낙인 옵션을 합성하면 표준옵션과 동일해진다.

39

다음 중 다중변수의존형 옵션으로 옳은 것은?

① 아시안옵션

② 클리켓옵션

③ 래더옵션

④ 레인보우옵션

40 **한국거래소의 주식워런트증권(ELW)에 대한 설명으로 가장 거리가 먼 것은?**

① 장외파생상품 영업을 인가받은 금융투자회사만 발행할 수 있다.

② 기초자산은 KOSPI200 지수를 구성하는 종목이면 어느 주식이든 가능하다.

③ 자본시장법상 ELW는 증권으로 분류된다.

④ ELW 투자자는 ELW에 대한 순매도포지션의 설정이 불가능하다.

41 **다음의 계약내용에 부합하는 통화관련 파생상품으로 옳은 것은?**

만기 현물환율	행사되는 옵션	만기 결제내용
1,070원 이하	풋옵션	수출업체가 US$50만불을 1,070원에 매도
1,070원 ~ 1,185원	없 음	수출업체는 시장환율로 매도
1,185원 이상	콜옵션	수출업체가 US$50만불을 1,185원에 매도

① 범위 선물환(Range Forward)

② 목표 선물환(Target Forward)

③ 낙아웃 목표 선물환(Knock-Out Target Forward)

④ 키코 선물환(KIKO Forward)

42 **신용파생상품에 대한 설명으로 잘못된 것은?**

① 신용파생상품(Credit Derivatives)이란 채권이나 대출 등 신용위험이 내재된 부채에서 신용위험만을 분리하여 거래당사자 간에 이전하는 금융계약을 말한다.

② 신용위험은 채무자의 신용등급 변화, 부도확률(Default Rate), 부도 시 회수율(Recovery Rate) 등에 따라 달라진다.

③ 신용 보장매도자는 일정한 프리미엄을 지급하고 준거자산의 부도위험으로부터 벗어날 수 있다.

④ 만기 이전에 서로 정한 신용사건이 발생할 경우 보장매도자는 손실금(채무원금 − 회수금액)을 보장매입자에게 지급한다.

43 **주가연계 구조화상품**(Equity Linked Products)**에 대한 설명과 거리가 먼 것은?**

① ELD의 경우 은행이 정기예금 금리의 할인된 현재가치만을 이용하여 옵션을 매도할 수 있다.

② ELD 등 원금보장형 구조화상품은 만기 시에만 원금이 보장된다.

③ ELS는 발행조건에 따라 원금 전체를 장외파생상품에 투자할 수 있다.

④ ELF는 법적인 성질과 판매 형식상 ELS와 차별화될 뿐, 운용하는 파생상품의 내용과 ELS의 발행조건에 내재된 파생상품이 같을 수 있다.

44 **신용디폴트스왑**(CDS)**의 프리미엄을 높이는 요인이 아닌 것은?**

① 거래의 만기(Maturity)가 길고 채무불이행(Default)의 가능성이 높다.

② 준거기업(준거자산)의 신용도가 낮다.

③ 보장매도자의 신용도가 낮다.

④ 신용사건 발생 시 준거자산의 회수율이 낮다.

45 **신용디폴트스왑**(CDS)**의 프리미엄을 결정하는 요인으로 모두 묶인 것은?**

> ㉠ 채무불이행(Default)의 가능성
> ㉡ 준거기업의 신용도
> ㉢ 보장매입자의 신용도
> ㉣ 보장매도자의 신용도
> ㉤ 준거자산의 수익률(Rate of Return)
> ㉥ 준거자산의 회수율(Recovery Rate)

① ㉠, ㉡, ㉣, ㉥

② ㉠, ㉢, ㉤, ㉥

③ ㉡, ㉢, ㉣, ㉤

④ ㉡, ㉢, ㉣, ㉥

46 다음 상품 중 파생결합증권인 것은?

① ELD

② ETN

③ MMF

④ CMA

47 공모발행 파생결합증권(ELW 제외)의 만기일 또는 최종 환매청구일 이전에 최초로 원금손실조건에 해당하는 경우 일반투자자에게 통지해야 하는 내용과 거리가 먼 것은?

① 조기상환 시 예상수익률

② 핵심설명서 추가고지

③ 환매청구기간

④ 환매수수료

48 다음 보기에서 설명하는 파생결합증권으로 옳은 것은?

> 특정 주가 또는 주가지수의 변동과 연계해 미리 정해진 방법에 따라 만기 시 주권의 매매 또는 현금을 수수하는 권리가 부여된 파생결합증권

① ELW

② ELS

③ DLS

④ ETN

49 주식워런트증권(ELW)과 관련된 설명으로 잘못된 것은?

① 현금결제방식의 ELW에서 만기일에 보유자에게 이익이 발생한다면 권리행사를 신청하지 않아도 자동적으로 권리가 행사된다.

② 역사적 변동성은 과거의 값으로부터 구하기 쉬운 장점이 있는 반면, 미래의 변동성에 대한 정확한 예측으로 볼 수 없다는 단점이 있다.

③ ELW의 잔존만기가 감소하면 다른 가격결정요인의 변화가 없어도 ELW의 가격이 점차 증가하는 것이 일반적이다.

④ 매수 또는 매도호가를 제공함으로써 투자자의 원활한 거래를 돕는 유동성공급자가 지정되어야 한다.

50 주가연계증권(ELS)과 일반적인 증권 발행시장의 차이점에 대한 설명으로 잘못된 것은?

① ELS는 발행사가 자금조달목적으로 발행하기보다는 다양한 위험선호도를 갖고 있는 투자자에게 위험을 이전하고 그 대가를 받는 형태이다.

② 발행을 통해 들어온 투자금은 대부분 상환금을 준비하는 목적으로 사용되고 있다.

③ 잠재적인 투자자의 위험선호도를 파악하여 그에 알맞은 상품을 발행하는 것이 중요하다.

④ 상환금을 준비하는 방법으로는 외국계 금융기관으로부터 동일한 상품을 매입하는 '자체 헤지'가 있다.

51 장외파생상품 거래의 특성에 대한 설명으로 옳은 것은?

① 가격정보가 없으므로 가치는 가치평가모형을 통해 이론적으로 평가되어야 한다.

② 사적인 계약이므로 유동성이 높다.

③ 거래소가 이행을 보장하므로 신용리스크가 없다.

④ 거래자들 간의 계약관계가 매우 단순하고 명확하다.

52 99% 신뢰수준에서 추정한 VaR가 25억원이면 25억원보다 더 큰 손실이 발생할 확률로 옳은 것은?

① 1% ② 5%

③ 10% ④ 99%

53 A자산의 VaR가 80억원이고 B자산의 VaR가 150억원이다. 두 자산 간의 상관계수가 −0.5이면 포트폴리오 구성 시 기대되는 분산효과는 얼마인가?

① 없 음

② 70억원

③ 100억원

④ 130억원

54 다음의 자료를 보고 계산한 기대손실로 옳은 것은?

> • 익스포저 : 150억원　　　• 부도 시 회수율 : 38%　　　• 채무불이행확률 : 5%

① 4.05억원　　　　　　　　② 4.65억원
③ 5.05억원　　　　　　　　④ 5.65억원

55 고정금리와 변동금리를 교환하는 금리스왑에서 리스크 노출금액에 영향을 미치는 다음 현상으로 옳은 것은?

> 시간이 지남에 따라 변동금리가 고정금리로부터 멀어지는 현상을 말한다. 이 효과로 만기일에 접근할수록 리스크 노출금액은 증가한다.

① 만기효과　　　　　　　　② 금리확산효과
③ 상각효과　　　　　　　　④ 잠식효과

56 다음 중 VaR에 대한 설명으로 잘못된 것은?

① 주어진 신뢰구간에서 최대손실금액을 나타낸다.
② 데이터량 및 신뢰수준이 변수로 작용한다.
③ 큰 시장충격 등의 비정상적인 상황에서도 적용이 가능하다.
④ 일정 기간의 자료를 축적한 뒤 사후검증(Back Testing)을 이용하여 모형의 정확성을 검증한다.

57 가장 효과적으로 VaR를 계산할 수 있으며 비선형성, 변동성의 변화, 두터운 꼬리, 극단적인 상황 등을 모두 고려할 수 있는 방법은?

① 몬테카를로 시뮬레이션
② 역사적 시뮬레이션
③ 분석적 분산-공분산
④ 위기상황분석

58 옵션의 내재변동성에 대한 설명으로 잘못된 것은?

① 옵션가격으로부터 블랙-숄즈 공식을 역산하여 추정하는 변동성이다.
② 변동성이 예측 가능한 패턴으로 움직인다는 것을 의미한다.
③ 변동성스마일이란 외가격 또는 내가격 옵션의 내재변동성이 등가격 옵션의 내재변동성보다 높은 경향을 말한다.
④ 대표적인 변동성 지수로는 VIX지수, VKOSPI가 있다.

59 최종결제방법이 바르게 짝지어진 것은?

① 주식선물 - 인수도결제
② 미국달러선물 - 인수도결제
③ 엔선물 - 현금결제
④ 금선물 - 인수도결제

60 파생상품 착오거래의 처리에 대한 설명 중 잘못된 것은?

① 착오거래의 정정 신청은 착오일 장 종료 후 30분 이내에 할 수 있다.

② 착오거래 시 위탁자의 원주문은 정상적으로 재실행하고 이미 착오로 집행된 주문은 귀책사유를 따져 거래소 또는 회원이 부담하는 것이 원칙이다.

③ 종목, 수량, 가격, 매도와 매수, 호가의 종류, 위탁자의 파생계좌번호 등에 대한 착오는 회원의 자기거래로 인수한다.

④ 거래소 착오거래는 회원의 자기거래로 인수한 즉시 당일 종가로 반대매매를 한다.

61 위탁증거금에 대한 설명 중 잘못된 것은?

① 회원은 고객이 보유한 미결제약정 및 주문위험을 고려하여 위탁증거금을 예탁 받아야 한다.

② 거래소가 정한 위탁증거금은 고객별로 차등징수가 가능하다.

③ 옵션매도 주문 시 사전위탁증거금은 전액 현금으로 납부해야 한다.

④ 예탁현금이 현금예탁필요액을 초과하는 경우 위탁자는 이를 새로이 납부해야 할 위탁증거금에 충당할 수 있고, 초과액에 대해 인출을 하는 것도 가능하다.

62 KRX의 기본예탁금제도에 대한 설명 중 잘못된 것은?

① 미결제약정이 0이 된 경우에도 익일 12시까지는 기본예탁금의 체크 없이 신규주문이 가능하다.

② 금선물거래 또는 돈육선물거래만을 위해 계좌를 설정하는 위탁자에 대하여는 기본예탁금액을 10만원 이상으로 할 수 있다.

③ 기본예탁금의 예탁면제계좌는 적격기관투자자의 사후예탁금 적용계좌이다.

④ 미결제약정이 없는 위탁자가 파생상품거래를 하기 위해 금융투자업자에게 예탁해야 하는 최소한의 개시증거금이다.

63 파생상품거래의 정산에 대한 설명으로 잘못된 것은?

① 당일 정규거래시간 중 성립된 약정가격이 있는 경우 일일정산의 기준이 되는 정산가격은 가장 나중에 성립된 약정가격이다.

② 일일정산의 기준이 되는 정산가격은 당일의 최종약정가격과 다르다.

③ 당일 차금은 당일 약정가격과 당일 정산가격의 차에 당일 약정수량과 거래승수를 곱하여 산출한다.

④ 갱신차금은 전일의 약정수량에 대해 전일의 약정가격과 전일의 정산가격과의 차이로 평가한다.

64 최근 직무윤리의 필요성이 더욱 강조되는 이유와 거리가 먼 것은?

① 신뢰와 평판이 실추되면 이를 만회하는 데 더 큰 비용과 시간이 소요된다.

② 윤리경영은 선택사항이 아니라 필수사항이 되고 있다.

③ 윤리경영은 사회적 압박에 의하여 소극적으로 변화하고 있다.

④ 윤리경영이 확산되려면 이를 위한 시스템 구축 및 국가와 사회적으로 반부패와 윤리경영에 대한 인프라 구축이 선행되어야 한다.

65 다음 중 금융투자회사의 직무윤리 관련 법령 및 표준윤리준칙에 근거한 내용이 가장 적절하지 않은 것은?

① 금융투자업 직무윤리의 기본원칙은 고객우선의 원칙과 신의성실의 원칙이다.

② 금융소비자는 본인의 투자금액 이외의 판매수수료, 해지수수료 등 추가적인 비용을 금융투자회사에게 지불해야 한다.

③ 금융투자상품은 금융소비자가 일정한 대가를 바라고 지불한 금액보다 기대했던 대가가 적어질 수 있는 위험성을 내포한 상품이다.

④ 금융소비자보호법은 금융소비자보호의 대상을 투자성 있는 금융투자상품으로 보고 있다.

66 금융투자업종사자의 소속회사에 대한 의무에 관한 설명 중 잘못된 것은?

① 금융투자업종사자가 회사, 주주, 고객과 이해상충이 발생할 수 있는 대외활동을 하고자 하는 경우 소속부점장, 준법감시인 또는 대표이사의 사전승인을 받아야 한다.
② 대외활동 시 회사의 공식의견이 아닌 경우 사견임을 명백히 밝혀야 한다.
③ 임직원과 고객 간의 이메일은 사용장소에 관계없이 내부통제기준 및 법령의 적용을 받는다.
④ 고용기간이 종료된 이후에는 회사의 간섭 없이 비밀정보를 출간, 공개 또는 제3자가 이용하게 할 수 있다.

67 일반적으로 금융투자회사와 고객과의 관계에서 이해상충의 가능성이 가장 큰 것은?

① 위탁매매
② 일임매매
③ 시간외매매
④ 과당매매

68 투자권유 전 투자자정보를 파악할 때 확인사항과 거리가 먼 것은?

① 투자목적
② 재산상황
③ 투자경험
④ 소비성향

69 파생상품과 같은 위험이 큰 상품에 대하여 적용되는 원칙과 관계가 가장 거리가 먼 것은?

① 적합성의 원칙
② 적정성의 원칙
③ Know-Your-Customer-Rule
④ 자기매매금지의 원칙

70 설명의무의 이행과 관련된 사항 중 옳은 것은?

① 사후 투자자의 손실 일부를 보전하는 약정은 허용된다.

② 사전 투자자의 손실 일부를 보전하는 약정은 허용된다.

③ 사전 또는 사후 투자자의 손실보전 또는 이익보장을 하는 약정은 허용된다.

④ 회사가 자신의 위법행위 여부가 불분명한 경우 사적 화해의 수단으로 손실을 보상한 경우는 허용된다.

71 다음 중 금융소비자보호법상 내부통제조직에 대한 기술이 적절하지 않은 것은?

① 이사회는 내부통제에 영향을 미치는 경영전략 및 정책을 승인한다.

② 금융회사는 금융소비자보호 내부통제기준에 따라 금융소비자보호 총괄책임자(CCO)를 지정해야 하며, CCO는 대표이사 직속의 독립적인 지위를 갖는다.

③ 금융소비자보호 총괄기관은 금융상품 개발 및 판매업무로부터 독립하여 업무를 수행해야 하고, 대표이사 직속기관으로 두어야 한다.

④ 금융소비자 내부통제위원회는 설치가 의무화 되어 있고, 준법감시인을 의장으로 한다.

72 내부통제기준 준수시스템에 대한 설명 중 잘못된 것은?

① 모든 임직원으로 하여금 준법서약서를 징구한다.

② 내부제보제도를 운영한다.

③ 내부통제 우수자에 대한 인센티브를 제공한다.

④ 감독기관 또는 주주들에 의하여 운영되어야 한다.

73 위반 시 3년 이하의 징역 또는 1억원 이하의 벌금에 해당하는 사항과 거리가 먼 것은?

① 투자광고규정 위반
② 부당권유 금지조항 위반
③ 등록 전 투자권유행위
④ 손실보전 금지조항 위반

74 개인정보보호법에 대한 설명 중 옳은 것은?

① 개인정보보호법은 개인정보에 대한 특별법이다.
② 개인정보보호법은 피해액을 입증하지 못해도 일정 금액을 보상받는 법정손해배상제도를 도입하였다.
③ 개인정보보호법은 피해액의 3배까지 배상액을 중과할 수 있는 징벌적 배상제도는 아직 도입하고 있지 않다.
④ 개인정보보호법은 금융투자법인에 대한 처벌규정만 있고 개인에 대한 처벌규정은 없다.

75 자금세탁제도에 대한 설명으로 잘못된 것은?

① 자금세탁이란 불법재산을 합법재산인 것처럼 은폐하거나 가장하는 것을 의미한다.
② 자금세탁의 단계는 '은폐단계 ⇨ 예치단계 ⇨ 합법화단계' 순으로 이루어진다.
③ 자금세탁방지를 위한 주요 금융제도에는 CDD, EDD, STR, CTR 등이 있다.
④ 최근에는 파생상품과 보험을 이용한 자금세탁형식도 등장하고 있다.

76 투자매매·중개업자의 신용공여에 대한 설명으로 잘못된 것은?

① 자본시장법은 신용공여를 원칙적으로 인정하지 않는다.

② 투자매매업자는 증권의 인수일부터 3개월 이내에 투자자에게 그 증권을 매수하게 하기 위하여 그 투자자에게 금전의 융자, 그 밖의 신용공여를 해서는 안 된다.

③ 투자매매업자 또는 투자중개업자에게 증권 매매거래계좌를 개설하고 있는 자에 대하여 증권의 매매를 위한 매수대금을 융자하거나 매도하려는 증권을 대여하는 방법으로 신용공여를 할 수 있다.

④ 투자매매업자 또는 투자중개업자에게 증권을 예탁하고 있는 자에 대하여 그 증권을 담보로 금전을 융자하는 방법으로 신용공여를 할 수 있다.

77 자본시장법상 금융투자상품 중 증권에 해당하지 않는 것은?

① 채무증권

② 증권예탁증권

③ 장내파생상품

④ 파생결합증권

78 금융투자업자는 자신의 대주주(계열사 포함)가 발행한 증권에 대한 소유가 금지되는 것이 원칙이다. 그러나 예외적으로 허용하는 경우가 있는데 이와 거리가 먼 것은?

① 담보권실행 등 권리행사의 경우

② 시장조성이나 안정조작의 경우

③ 계열사가 발행하는 주식을 자기자본의 10%를 소유하는 경우

④ 대주주가 아닌 자가 대주주가 되는 경우

79 자본시장법은 금융투자업종에 따라 겸영할 수 있는 업무의 내용이 제한되기도 하는데, 그와 관련된 설명으로 잘못된 것은?

① 증권에 대한 투자매매업자만이 법71조3호(기업인수·합병의 중개 등과 관련된 대출업무)를 겸영할 수 있다.

② 투자중개업자만이 취급하는 증권에 대한 대차거래와 그 중개·주선·대리업무를 겸영할 수 있다.

③ 증권 및 장외파생상품에 대한 투자매매업자만이 지급보증업무를 겸영할 수 있다.

④ 채무증권에 대한 투자매매업자나 투자중개업자만이 원화로 표시된 CD의 매매와 그 중개·주선 또는 대리업무, 대출의 중개·주선 또는 대리업무를 겸영할 수 있다.

80 자본시장법상 내부자의 범위에 해당하지 않는 자는?

① 계열회사의 임직원

② 당해 법인 임직원의 대리인

③ 당해 법인의 주식을 10년 보유한 자

④ 당해 법인의 주요 주주

81 다음 중 단기매매차익의 반환의무가 면제되는 경우와 가장 거리가 먼 것은?

① 주요 주주가 매도·매수를 한 시기 중 어느 한 시기에 주요 주주가 아닌 경우

② 주식매수선택권 행사로 인한 취득·처분

③ 모집·사모·매출하는 특정 증권의 인수에 따라 취득하거나 인수한 특정 증권을 처분하는 경우

④ 회사의 연구개발에 종사하는 직원이 회사증권을 매수하여 3개월만에 매도한 경우

82 금융투자업의 인가 및 등록에 관한 설명으로 잘못된 것은?

① 장외파생상품의 경우 일반 금융투자상품에 비해 강화된 진입요건을 설정하였다.

② 일반투자자를 상대로 금융투자업을 영위하는 경우 전문투자자를 상대로 하는 것보다 강화된 진입요건을 설정하였다.

③ 금융투자업 중 투자매매업, 투자중개업, 집합투자업, 신탁업은 인가를 받아야 하고, 투자일임업, 투자자문업은 등록만 하면 가능하다.

④ 금융투자업 등록 시 인가의 경우보다 진입규제가 강화되었다.

83 자본시장법상 금융투자업자에 대한 규제에 대한 설명 중 잘못된 것은?

① 금융투자업을 영위하려면 금융투자업 인가 또는 등록을 승인받아야 한다.

② 금융투자업에 대한 건전성 규제는 겸영금융투자업자에 대하여는 적용하지 않는다.

③ 금융투자업자는 매분기말 현재 고정 이하로 분류된 채권에 대하여 적정한 회수예상가액을 산정해야 한다.

④ 금융투자업자는 자본적정성의 유지를 위하여 순자본비율을 150% 이상 유지해야 하며 이에 미달한 경우 경영개선조치를 받을 수 있다.

84 금융투자업자의 매매 또는 중개의 규제에 대한 설명 중 잘못된 것은?

① 투자매매·중개업자는 투자자로부터 금융투자상품의 매매에 관한 주문을 받은 경우 사전에 그 투자자에게 자기가 투자매매업자인지 투자중개업자인지 밝혀야 한다.

② 투자매매·중개업자는 금융투자상품의 매매에 있어서 원칙적으로 자신이 본인이 됨과 동시에 상대방의 투자중개업자가 될 수 없다.

③ 투자매매·중개업자가 증권시장 또는 파생상품시장을 통하여 매매가 이루어지도록 한 경우에도 자기계약은 금지된다.

④ 자기계약 금지규정을 위반하여 고객과 거래한 투자매매·중개업자는 1년 이하의 징역 또는 3천만원 이하의 벌금에 처할 수 있다.

85 금융투자업자의 투자광고 시 포함될 사항에 대한 내용으로 잘못된 것은?

① 타 기관 등으로부터 수상, 선정, 인증, 특허 등을 받은 내용을 표기하는 경우 당해 기관의 명칭, 수상 등의 시기 및 내용을 표시해야 한다.

② 통계수치나 도표 등을 인용하는 경우 해당 자료의 출처를 표기해야 한다.

③ 최소비용을 표기하는 경우 최대비용까지 표기해야 하는 것은 아니다.

④ 과거의 재무상태 또는 영업실적을 표기하는 경우 투자광고 시점 및 미래에는 이와 다를 수 있다는 내용을 표기해야 한다.

86 금융소비자보호법상 금융투자업자의 상품판매와 관련한 투자성 상품에 해당하지 않는 것은?

① 금융투자상품

② 투자일임계약

③ 신탁계약(관리형신탁 및 투자성 없는 신탁은 제외)

④ 연계투자(P2P투자)

87 금융투자업자의 영업행위규칙에 대한 설명으로 잘못된 것은?

① 금융투자업자는 원칙적으로 재위탁하는 것이 허용되나 전산관리 및 조사분석업무는 재위탁이 금지된다.

② 이해상충 가능성이 있다고 판단되는 경우 투자자에게 그 사실을 미리 알리고 투자자보호에 문제가 없는 수준으로 낮춘 후 거래해야 한다.

③ 투자자가 예탁한 증권의 총액과 증권의 종류별 총액에 관한 정보제공은 내부정보교류금지의 예외에 해당한다.

④ 금융투자업 영위와 관련하여 약관을 제정하거나 변경하고자 하는 경우 미리 금융위원회에 신고하여야 한다.

88

다음 중 장외파생상품 매매에 대한 설명으로 잘못된 것은?

① 거래상대방이 일반투자자인 경우 위험회피목적의 거래이어야 한다.

② 월별 장외파생상품(파생결합증권 포함)의 매매, 그 중개·주선 또는 대리의 거래내역을 다음 달 10일까지 금융위원회에 보고해야 한다.

③ 금융투자업자는 $\dfrac{\text{영업용순자본} - \text{총위험액}}{\text{업무 단위별 자기자본합계액}}$ 이 150%에 미달하는 경우에는 그 미달상태가 해소될 때까지 모든 장외파생상품의 매매를 중지해야 한다.

④ 파생상품업무책임자의 승인을 받은 기본계약서에 근거하여 체결하는 장외파생상품의 매매는 파생상품업무책임자로부터 위임받은 자가 승인할 수 있다.

89

순자본비율에 따른 적기시정조치가 잘못된 것은?

① 적기시정조치를 받지 않으려면 순자본비율이 100% 이상이어야 한다.

② 순자본비율이 100% 미만인 경우 경영개선권고조치가 내려진다.

③ 순자본비율이 50% 미만인 경우 경영개선요구조치가 내려진다.

④ 순자본비율이 20% 미만인 경우 경영개선명령조치가 내려진다.

90

다음 중 금융상품판매대리·중개업자에 대한 금지행위에 해당하는 것은?

> ㉠ 금융소비자로부터 투자금, 보험료 등 계약의 이행으로서 급부를 받는 행위
>
> ㉡ 금융상품판매대리·중개업자가 대리·중개하는 업무를 제3자에게 하게 하거나 그러한 행위에 관하여 수수료·보수나 그 밖의 대가를 지급하는 행위
>
> ㉢ 금융상품직접판매업자로부터 정해진 수수료 외의 금품, 그 밖의 재산상 이익을 요구하거나 받는 행위
>
> ㉣ 금융상품직접판매업자를 대신하여 계약을 체결하는 행위
>
> ㉤ 투자일임재산이나 신탁재산을 모아서 운용하는 것처럼 투자일임계약이나 신탁계약의 계약체결 등을 대리·중개하거나 광고하는 행위
>
> ㉥ 금융소비자로부터 금융투자상품을 매매할 수 있는 권한을 위임받는 행위
>
> ㉦ 투자성상품에 관한 계약체결과 관련하여 제3자가 금융소비자에 금전을 대여하도록 대리·중개하는 행위

① ㉡, ㉢, ㉤

② ㉠, ㉡, ㉢, ㉤, ㉦

③ ㉡, ㉢, ㉣, ㉤, ㉥, ㉦

④ ㉠, ㉡, ㉢, ㉣, ㉤, ㉥, ㉦

91 투자권유대행인에 대한 설명으로 잘못된 것은?

① 투자권유대행인은 금융투자회사의 임직원이 아닌 자로서 금융투자회사와의 계약에 의하여 투자권유업무를 위탁받은 개인이다.

② 펀드투자권유대행인은 파생상품펀드에 대한 투자권유를 할 수 있다.

③ 증권투자권유대행인은 펀드 및 파생결합증권에 대한 투자권유를 할 수 없다.

④ 투자권유대행인은 고객으로부터 금융투자상품에 대한 매매권한을 위탁받는 행위를 할 수 없다.

92 금융투자회사가 신용공여와 관련하여 담보로 징구한 증권의 담보가격이 잘못된 것은?

① 유가증권시장에 상장되지 아니한 투자회사의 주식 : 기준가격

② 기업어음증권 및 주가연계증권을 제외한 공모파생결합증권 : 금융위원회에 등록된 채권평가회사 중 2 이상의 채권평가회사가 제공하는 가격정보를 기초로 금융투자회사가 산정한 가격

③ 집합투자증권 : 당일에 고시된 기준가격

④ 청약하여 취득한 주식 : 7영업일 평균 장외시장가격

93 위험고지에 대한 설명으로 잘못된 것은?

① 일중매매거래(데이트레이딩)의 경우 일중매매 위험고지서를 교부하고 이를 충분히 설명한 후 서명 또는 기명날인을 받아야 한다.

② 회사는 일중매매거래에 대하여 회사의 인터넷 홈페이지 및 온라인 거래를 위한 컴퓨터 화면에 일중매매위험을 설명하는 설명서를 게시해야 한다.

③ 시스템매매의 경우 시스템매매 위험고지서를 교부하고 이를 충분히 설명한 후 서명 또는 기명날인을 받아야 한다.

④ 일반투자자가 시스템매매프로그램에 의하여 매매거래를 신청하는 경우 컴퓨터 화면에 사용방법을 게시해 놓으면 별도의 확인을 하지 않아도 된다.

94 투자권유대행인의 업무와 금지행위에 대한 내용이 잘못된 것은?

① 투자권유대행인은 금융투자회사로부터 위탁받은 업무범위 내에서만 투자권유가 가능하며 금융투자회사를 통하여 협회에 등록을 신청한다.

② 펀드투자권유대행인과 증권투자권유대행인은 있으나 파생상품투자권유대행인은 없다.

③ 투자권유대행인은 고객으로부터 금융상품의 매매주문을 위탁받을 수 있다.

④ 투자권유대행인은 협회가 실시하는 소정의 보수교육을 2년마다 1회 이상 이수해야 한다.

95 투자광고에 대한 설명 중 잘못된 것은?

① 투자광고란 이용매체 및 방법, 형식 등에 관계없이 금융투자회사가 다수인에게 금융투자상품 또는 영위업무에 관한 정보를 제공하거나 홍보하는 행위를 말한다.

② 조사분석자료의 공표도 일종의 투자광고로 볼 수 있다.

③ 약식광고란 회사명(영문명칭을 포함), 로고, 프로그램·시스템 등의 명칭, 전화 등 통신매체의 번호 및 인터넷 홈페이지 주소 등으로만 구성되어 금융투자상품의 구체적인 정보를 포함하지 않은 광고를 말한다.

④ 원칙적으로 자본시장법상 금융투자업자가 아닌 자는 투자광고를 하지 못한다.

96 코스피200옵션의 최종결제일에 최종결제지수가 150.00인 경우 권리행사신고가 의제되는 것은?

① 콜옵션 행사가격 150.50   ② 콜옵션 행사가격 150.25

③ 풋옵션 행사가격 150.25   ④ 풋옵션 행사가격 147.50

97 KRX 파생상품시장의 휴장일과 거리가 먼 것은?

① 근로자의 날

② 12월 31일(공휴일 또는 토요일인 경우 직전 거래일)

③ 토요일

④ 돈육선물시장의 경우 축산부류도매시장 및 축산물공판장의 1/3 이상이 휴장하는 날

98 호가의 유효기간에 대한 설명으로 잘못된 것은?

① 일부충족조건(FAK)은 해당 호가의 접수시점에서 호가한 수량 중 체결할 수 있는 수량에 대해서만 거래를 체결하고 체결되지 않은 호가잔량은 호가를 취소하는 조건이다.

② 전량충족조건(FOK)은 해당 호가의 접수시점에서 호가한 수량의 전량을 체결할 수 있는 경우 거래를 체결하고 전량의 체결이 안되는 경우에는 호가수량의 전량을 취소하는 조건이다.

③ 일부충족조건과 전량충족조건은 시장가호가에만 사용이 가능하다.

④ 최근월 종목은 지정가, 시장가, 최유리지정가, 조건부지정가호가 4가지 모두 가능하나 원월 종목은 지정가호가만 가능하다.

99 파생상품 시장조성자에 대한 설명으로 잘못된 것은?

① 거래소와 계약을 체결하여 시장조성상품 및 종목에 대한 매도호가와 매수호가를 동시에 집행하여 시장을 조성하는 자를 말한다.

② 시장조성자는 투자매매업자이면서 거래소의 파생상품회원이어야 한다.

③ 거래소는 시장조성자 이외에 시장기여자에 대하여 대가를 지급할 수 없다.

④ 시장조성자가 되고자 하는 자는 사전에 거래소와 계약을 체결해야 하며, 시장조성상품에 대한 시장조성계약기간은 분기단위로 한다.

100 선물거래의 결제(일일정산)에 대한 설명으로 잘못된 것은?

① 선물거래의 결제금액은 일일정산차금과 최종결제차금(또는 최종결제대금)으로 구분한다.

② 일일정산에 대한 차금은 당일차금과 갱신차금으로 구성한다.

③ '당일차금(당일 매수거래) = 당일 매수수량 × (당일 정산가격 − 당일 약정가격) × 거래승수'이다.

④ '갱신차금(매수 미결제약정) = 전일 매수미결제약정 × (당일 정산가격 − 당일 약정가격) × 거래승수'이다.

제1과목 ■ 파생상품 Ⅰ

01 **선물가격결정에 관한 설명으로 잘못된 것은?**

① 편의수익이란 현물을 실제로 보유할 때 선물매수 포지션이 주지 못하는 편익을 말한다.

② 상품선물의 가격결정 시 현물가격에 이자비용을 더하고 현금수입(배당금, 이표 등)을 차감한다.

③ 보유비용모형에 의하면 선물이론가격은 현물가격에 순보유비용을 더하여 결정된다.

④ 보유비용모형에 의하면 금융선물의 경우 순보유비용은 음(−)의 값을 가질 수 있다.

02 **다음의 선물거래 자료를 보고 10시 30분 현재 미결제계약수를 계산한 것으로 옳은 것은?**

10 : 00	투자자 A−10계약 매도, 투자자 B−10계약 매수
10 : 20	투자자 B−5계약 추가매수, 투자자 C−5계약 매도
10 : 30	투자자 A−5계약 매수, 투자자 D−5계약 매도

① 10계약

② 15계약

③ 20계약

④ 25계약

03 **주가지수 산정방법에 관한 설명으로 올바른 것은?**

① 가격가중지수의 경우 구성종목의 가격평균으로 주가지수를 산출하기 위해서는 평균값을 구하는 제수가 필요하다.

② 가격가중지수의 경우 시가총액이 큰 기업의 주가가 지수에 미치는 영향이 크다.

③ 대표적인 가격가중지수에는 S&P500, KOSPI200, KOSDAQ150 등이 있다.

④ 시가총액가중지수는 기본적으로 구성종목의 주식가격에 가중치를 둔 주가지수이다.

04 다음 상황을 보고 주식형 펀드매니저가 주가지수선물을 이용하여 헤지하고자 할 때 가장 적절한 전략에 해당하는 것은?

- 보유 주식 포트폴리오의 현재가치 : 20억원
- 주식 포트폴리오 베타 : 1.2
- KOSPI200선물가격 : 200

① KOSPI200선물 48계약을 매도
② KOSPI200선물 44계약을 매도
③ KOSPI200선물 48계약을 매수
④ KOSPI200선물 44계약을 매수

05 다음의 자료를 바탕으로 차익거래가 발생하지 않는 선물의 시장가격에 해당하는 것은?

- 현재 KOSPI200 : 100.00pt
- 배당수익률 : 2%
- 무위험이자율 : 6%
- 잔존기간 : 3개월
- 선물거래수수료 : 0.02pt
- 주식거래수수료 : 0.06pt

① 100.85
② 100.95
③ 101.09
④ 101.12

06 400억원 규모의 주식형펀드를 운용하는 펀드매니저는 향후 주식시장의 약세를 예상하여 펀드의 목표베타를 0.9로 줄이고자 한다. 이때 매도해야 할 주가지수선물의 계약 수로 옳은 것은? (KOSPI200선물가격은 200, 주식형펀드의 베타는 1.10이라고 가정함)

① 160계약
② 180계약
③ 200계약
④ 220계약

07 주식 관련 선물의 베이시스에 관한 설명으로 옳은 것은?

① 선물시장가격과 현물가격의 차이를 이론 베이시스라고 한다.
② 선물이론가격과 현물가격의 차이를 시장 베이시스라고 한다.
③ 이론 베이시스가 0보다 크다는 것은 순보유비용이 양(+)이라는 것을 의미한다.
④ 선물가격이 저평가되어 있으면 시장 베이시스가 이론 베이시스보다 크다.

08 스트립헤지와 스택헤지에 관한 설명으로 잘못된 것은?

① 스트립헤지는 미래의 일정 기간에 걸친 리스크 노출을 완벽하게 일치시킬 수 있다.
② 스트립헤지는 사후관리가 필요하지 않지만 원월물로 갈수록 유동성이 저하되는 문제가 발생한다.
③ 스택헤지는 원월물의 유동성이 부족한 금리선물의 경우 유용한 헤지기법이며 스트립헤지에 비해 거래비용이 저렴하다는 장점도 갖고 있다.
④ 스택헤지는 헤지 대상물량 전체에 해당하는 최근월물을 모두 매수(매도)한 후 만기가 될 때 해당 기간 경과분만큼을 제외한 나머지를 그 다음의 최근월물로 치환하는 방법이다.

09 빈칸에 들어갈 내용을 순서대로 올바르게 나열한 것은?

> 금리하락을 예상하는 강세전략은 수익률 곡선의 단기영역에 해당하는 채권을 (   )하고, 수익률 곡선의 장기영역에 해당하는 채권을 (   )함으로써 보유하고 있는 채권 포트폴리오의 듀레이션을 (   )시키는 전략이다.

① 매수, 매도, 감소
② 매도, 매수, 감소
③ 매수, 매도, 증가
④ 매도, 매수, 증가

10 단기금융시장과 외환시장에 관한 정보가 다음과 같을 때 만기가 3개월(92일)인 원/달러 선물환율로 올바른 것은?

- 원/달러 현물환율 : 1,080원
- 달러화 3개월 금리 : 2%(act/360)
- 원화 3개월 금리 : 3%(act/365)

① 1,080.51   ② 1,082.63

③ 1,083.95   ④ 1,091.33

11 현재 한국의 이자율은 연 3%, 미국의 이자율은 연 2%, 그리고 일본의 이자율은 연 1%로 알려져 있다. 이자율 평형이론이 성립할 때 1년 만기 원/달러(₩/$) 선물환율과 원/엔(₩/¥) 선물환율의 할증 및 할인상태가 올바르게 묶인 것은?

① 원/달러 선물환 할증, 원/엔 선물환 할증

② 원/달러 선물환 할증, 원/엔 선물환 할인

③ 원/달러 선물환 할인, 원/엔 선물환 할증

④ 원/달러 선물환 할인, 원/엔 선물환 할인

12 다음의 자료를 보고 금선물의 순매수가격(NBP)과 베이시스의 변동 내용이 올바르게 묶인 것은?

일 자	현물가격	7월물 선물가격
3월 25일(헤지 시점)	25,380원	25,480원
7월 1일(구매 시점)	25,810원	25,970원

① 25,320원, 60원 강화   ② 25,320원, 60원 약화

③ 25,380원, 60원 강화   ④ 25,380원, 60원 약화

13 1개월 후 500만달러를 결제하여야 하는 수입업자가 있다. 현재 환율이 1달러당 1,000원인 경우 수입업자가 아래의 내용과 같은 포지션을 보유하다가 1개월 후에 청산할 경우 수입업자의 총결제비용으로 올바른 것은?

> • 수입업자는 환리스크관리를 위하여 행사가격 1,000원인 콜옵션을 프리미엄 25원에 500계약을 매입하였다.
> • 1개월 후 환율은 1,050원이다.

① 48억 5천만원   ② 48억 2천 5백만원
③ 50억 5천만원   ④ 51억 2천 5백만원

14 선물옵션 행사 후의 선물포지션에 대하여 빈칸에 들어갈 내용으로 올바른 것은?

구 분	콜옵션	풋옵션
선물옵션 매수자	선물(㉠)포지션	선물(㉡)포지션
선물옵션 매도자	선물(㉢)포지션	선물(㉣)포지션

	㉠	㉡	㉢	㉣
①	매 수	매 도	매 수	매 도
②	매 수	매 도	매 도	매 수
③	매 도	매 수	매 도	매 수
④	매 도	매 수	매 수	매 도

15 다음 중 합성 포지션의 구성방법이 잘못된 것은?

① 합성 풋 매수 = 콜 매수 + 기초자산 매도
② 합성 콜 매수 = 풋 매수 + 기초자산 매수
③ 합성 콜 매도 = 풋 매도 + 기초자산 매도
④ 합성 기초자산 매도 = 콜 매수 + 풋 매도

16 투자자 A는 만기 3개월, 행사가격 200인 콜옵션을 3에 매수하였다. 현재 주가지수가 199 라고 할 때 콜옵션의 시간가치로 올바른 것은?

① 0   ② 1   ③ 2   ④ 3

17 델타에 관한 설명과 거리가 먼 것은?

① 델타는 주식가격의 변화에 대한 옵션가격의 변화율을 나타내며, 보통 헤지비율로 알려져 있다.

② 델타값은 콜옵션의 경우 주식가격이 상승할수록 1의 값에 근접하며, 주식가격이 하락할수 록 0의 값에 가까워진다.

③ 델타값은 풋옵션의 경우 주식가격이 상승할수록 0의 값에 근접하며, 주식가격이 하락할수 록 −1의 값에 가까워진다.

④ 델타는 해당 행사가격의 콜옵션이 등가격으로 만기를 맞을 확률로도 해석이 가능하다.

18 커버드 콜(Covered Call)에 관한 설명으로 잘못된 것은?

① 콜옵션을 매도하여 옵션 프리미엄을 획득함으로써 자산운용수익률의 향상을 도모하는 전 략이다.

② 주가하락 시 콜옵션의 매도 프리미엄만큼 손익분기점이 하향 조정되지만 결과적으로 주가 하락의 손실을 막을 수 없다.

③ 주식 포트폴리오와 콜옵션의 매도 포지션으로 구성되기 때문에 풋−콜 패리티에 의해 결과 적으로 풋옵션 매수 포지션과 동일하다.

④ 주식 포트폴리오를 보유하고 있는 투자자는 향후 시장이 횡보국면을 유지하거나 하락할 가 능성이 있는 경우 콜옵션을 매도하여 포트폴리오의 수익률을 제고할 수 있다.

19 금리옵션에 관한 설명으로 잘못된 것은?

① 옵션 보유자가 옵션을 행사하면 선물 포지션을 획득한다.

② 현물옵션은 채권을 기초자산으로 하는 금리옵션으로, 일반적으로 현금결제방식을 택한다.

③ 금리옵션이란 금리 또는 금리에 의해 가격이 결정되는 채권 및 채권선물을 거래대상으로 하는 금리파생상품이다.

④ 선물 콜옵션을 매수한 투자자가 옵션을 행사하면 선물의 매도 포지션을 취하게 되며, 선물 가격과 행사가격의 차액을 수취한다.

20 장외금리옵션에 관한 설명으로 올바른 것은?

① 금리캡은 여러 개의 금리에 대한 콜옵션으로 구성된 포트폴리오이며, 각 콜옵션을 캡릿(Caplet)이라고 한다.

② 금리캡은 계약상의 최저금리 이하로 기준금리가 하락하면 캡 매도자가 캡 매수자에게 차액만큼을 지급하기로 하는 계약이다.

③ 금리플로어는 계약상의 최고금리 이상으로 기준금리가 상승하면 플로어 매도자가 플로어 매수자에게 차액만큼을 지급하기로 하는 계약이다.

④ 금리칼라(5~9%)를 매수하는 것은 금리캡(9%)을 매도하고 금리플로어(5%)를 매수하는 것과 동일하다.

21 A기업은 Libor 연계 변동금리 조건으로 자금을 조달하였다. A기업이 향후 Libor의 상승 리스크를 관리하기 위해 선택할 수 있는 전략으로 올바른 것은?

① Libor 캡 매도　　　　　　　　② 유로달러선물 매도

③ Libor 칼라 매도　　　　　　　　④ 유로달러선물 콜옵션 매수

22 행사가격이 1,072이고, 만기가 1개월인 원/달러 콜옵션의 가격이 3원이고, 동일한 행사가격과 만기를 가진 풋옵션이 28원에 거래되고 있다. 원/달러 현물환율이 1,063원이라고 할 때 콜옵션과 풋옵션의 시간가치의 합으로 올바른 것은?

① 10원   ② 12원   ③ 20원   ④ 22원

23 A기업은 다음 달에 수출대금 1천만달러를 수취할 예정이다. 그런데 환율하락을 염려하여 행사가격 1,200원인 달러 풋옵션을 20원에 매수하였다. 이것이 의미하는 바로 올바른 것은?

① 달러 최고매도가격을 1달러당 1,200원에 고정시킨 것이다.
② 달러 최고매도가격을 1달러당 1,220원에 고정시킨 것이다.
③ 달러 최저매도가격을 1달러당 1,200원에 고정시킨 것이다.
④ 달러 최저매도가격을 1달러당 1,180원에 고정시킨 것이다.

24 상품선물과 상품선물옵션을 이용한 헤지를 비교한 설명으로 잘못된 것은?

① 옵션 매수자는 결코 마진콜을 당하지 않는 반면, 옵션 매도자는 마진콜이 가능하다.
② 상품선물의 경우 매도자만 증거금을 납부하나, 상품선물옵션의 경우 매수자와 매도자 모두 증거금을 납부한다.
③ 콜옵션 매수자는 선물가격이 행사가격과 지불한 프리미엄의 합계 이상으로 상승할 경우 가격 상승에 따른 혜택을 볼 수 있다.
④ 상품선물 매도 포지션의 경우 설정 후 가격이 상승하더라도 이에 따른 이익실현이 불가하다.

25 2019년 5월 7일 금 도매업자가 A기업으로부터 1kg의 금괴를 15,300원/g에 구입하였다. 금 도매업자는 1개월 후에 금괴를 판매할 계획이며 그동안 금괴가격이 하락할 우려가 있어 6월물 풋옵션(행사가격 : 15,600원/g) 10계약을 80원/g에 매수하였다. 6월 10일 금 현물가격이 15,250원/g이고, 6월물 금선물 가격이 15,320원/g일 때 풋옵션을 행사하는 경우 금괴의 순매도가격으로 올바른 것은?

① 15,250원   ② 15,320원   ③ 15,450원   ④ 15,600원

26 표준형 스왑에 대한 설명으로 잘못된 것은?

① 변동금리와 고정금리 채무 간의 교환이 일반적이다.

② 고정금리 조건은 해당 통화표시 장기채권시장 관행을 따른다.

③ Plain Vanilla Swap이라고도 한다.

④ 변동금리 채무 간의 교환이다.

27 Parallel Loan과 Back-to-Back Loan에 대한 설명으로 거리가 먼 것은?

① 두 거래 모두 파생상품이 아니라 Loan계약으로서 부외거래가 아니다.

② Back-to-Back Loan에서는 Set-off Risk가 크다.

③ Back-to-Back Loan에서는 모기업끼리 직접 상호대출 계약을 체결한다.

④ 두 거래 모두 원천징수 부담의 문제가 있다.

28 투자자 A는 미 달러화 고정금리 수취 스왑거래를 하려고 한다. 다음 중 가장 유리한 거래를 할 수 있는 경우에 해당하는 것은?

① 딜러 A : T + 25 − 12(s.a., 30/360)

② 딜러 B : T + 27 − 12(annual, MMB)

③ 딜러 C : T + 23 − 14(annual, act/365)

④ 딜러 D : T + 24 − 14(s.a., MMB)

29 Libor + 1.5%의 변동금리채를 발행하고 이자율스왑을 통해 지급이자를 고정하려고 하는 기업이 있다. 현재 스왑딜러가 Libor 금리에 대해 제시하고 있는 스왑금리의 Offer-Bid 가격이 5.13 - 5.07%라고 할 때 기업이 최종적으로 부담해야 하는 고정금리로 올바른 것은?

① 6.57% ② 6.63%

③ 6.70% ④ 6.77%

30 현재 Q사와 P사는 자금을 차입하려고 하는데 자금시장에서 요구되는 금리는 아래와 같다. Q사는 변동금리 차입을 원하고 P사는 고정금리 차입을 원하고 있으나, 각각 비교우위가 있는 방식으로 자금을 조달하고 이자율스왑을 할 경우에 두 회사가 절약하게 될 금리는 총 얼마가 되는가? (단, 거래비용은 무시함)

구 분	고정금리	변동금리
Q사	5.4%	Libor + 1.1%
P사	6.9%	Libor + 1.5%

① 0.40% ② 0.95%

③ 1.10% ④ 1.50%

31 통화스왑에 대한 설명으로 가장 거리가 먼 것은?

① 서로 다른 통화에 대한 원금과 이자를 교환하는 스왑이다.

② 이자율스왑과는 달리 초기원금과 만기원금의 교환이 발생한다.

③ 만기원금교환의 적용환율은 만기시점의 환율이 아닌 거래시점의 환율로 적용된다.

④ 초기원금교환과 이자교환은 동일한 방향이고, 만기원금교환과 이자교환은 반대방향이다.

32 향후 2년간 120억원에 대한 투자수입을 기대하고 있는 기업이 있다. 이 기업은 천만달러의 차관 원리금 상환을 2년간 해야 한다. 현재 환율은 1$ = 1,200원 수준이나 향후 2년간 안정 여부가 불확실하다. 향후 2년간 위험관리를 위한 대안으로 가장 옳은 것은?

① 달러 Receiver's 이자율스왑 거래를 한다.
② 달러 Payer's 이자율스왑 거래를 한다.
③ 달러 원리금을 지급하고 원화 원리금을 수취하는 통화스왑 거래를 한다.
④ 원화 원리금을 지급하고 달러 원리금을 수취하는 통화스왑 거래를 한다.

33 고정금리를 지급하고 변동금리를 수취하는 스왑이 요구되는 경우가 아닌 것은?

① 변동금리 차입자가 금리리스크에 노출된 경우
② 변동이자율자산 소유자가 금리리스크에 노출된 경우
③ 변동금리 채권을 발행한 기업이 금리리스크에 노출된 경우
④ 자산듀레이션이 부채듀레이션보다 큰 기업이 금리리스크에 노출된 경우

34 장외파생상품에 대한 설명으로 잘못된 것은?

① 장외파생상품은 리스크관리 수단뿐 아니라 투자수단도 될 수 있다.
② 장외파생상품은 거래소의 규정에 따라 표준화된 파생상품 계약으로 거래한다.
③ 장외파생상품은 거래자들의 다양한 욕구를 충족시킴으로써 훨씬 광범위하게 사용되고 있다.
④ 장외파생상품은 금융공학(Financial Engineering)의 성과를 적극적으로 응용하고 있다.

35 기초자산의 만기시점 가격이 옵션수익구조의 기본이 되는 일반적인 옵션과는 달리 일정 기간의 평균가격이 옵션의 수익구조를 결정하는 것은?

① 아시안 옵션(Asian Option)   ② 후불옵션(Pay-later Option)
③ 장애옵션(Barrier Option)   ④ 선택옵션(Chooser Option)

36 다음 데이터를 보고 행사가격이 100인 평균가격 콜옵션의 만기 수익으로 옳은 것은?
(단, 프리미엄은 고려하지 않음)

- 1일 : 100
- 3일 : 106
- 5일 : 103
- 2일 : 103
- 4일 : 106
- 6일(만기) : 100

① 0   ② 1
③ 3   ④ 6

37 다음 데이터를 보고 룩백 콜옵션(Lookback Call Option)의 만기수익으로 옳은 것은?
(단, 프리미엄은 고려하지 않음)

- 1일 : 100
- 3일 : 104
- 5일 : 107
- 2일 : 104
- 4일 : 106
- 6일(만기) : 106

① 0   ② 1
③ 3   ④ 6

38 만기일 이전의 일정 시점에서 풋옵션인지 콜옵션인지 여부를 결정할 수 있는 옵션은?

① 레인보우옵션(Rainbow Option)
② 낙인옵션(Knock-in Option)
③ 낙아웃옵션(Knock-out Option)
④ 선택옵션(Chooser Option)

39 둘 또는 그 이상의 자산 중에서 실적이 가장 좋은 것의 손익구조에 따라 가치가 결정되는 옵션은?

① 레인보우옵션(Rainbow Option)
② 낙인옵션(Knock-in Option)
③ 낙아웃옵션(Knock-out Option)
④ 선택옵션(Chooser Option)

40 A기업은 자동차부품을 수출하고 3개월 후 100만달러의 대금을 수령할 예정이다. 그런데 수입업체의 사정으로 1개월 입금지연을 통보받게 되었다. A기업은 달러가치의 하락에 대비하여 미리 선물환 매도를 해놓았는데 선물환거래 만기일과 외환 수령 시기의 불일치가 발생한 것이다. 이를 해결하기 위한 가장 올바른 거래는?

① 달러 Receiver's 통화스왑
② 달러 Payer's 통화스왑
③ Buy & Sell(현물환 매입 + 선물환 매도) 외환스왑
④ Sell & Buy(현물환 매도 + 선물환 매입) 외환스왑

41 파생결합사채(ELB)의 수익구조 중 미리 정한 행사가격 미만에서는 원금을 지급하고, 그 행사가격 이상에서는 미리 정한 고정수익을 지급하는 형태는?

① 낙아웃 옵션형
② 콜 스프레드형
③ 디지털형
④ 양방향 낙아웃형

42 신용연계채권(CLN)에 대한 일반적인 설명을 올바르게 묶은 것은?

> ㉠ CLN에 투자하면 일반채권보다 더 낮은 이자수익률에 만족해야 한다.
> ㉡ CLN 투자자는 대상기업에 대한 보장매입자이다.
> ㉢ 특수목적회사를 이용하면 준거자산의 신용위험을 제거할 수 있다.
> ㉣ 고정금리채권에 신용파생상품이 내장된 형태의 신용구조화상품(Structured Credit Products)이다.
> ㉤ 채권에 TRS, 신용스프레드상품 또는 CDS 등의 신용파생상품이 가미된 것이다.
> ㉥ 현재 시장에서는 CDS가 가미된 CLN이 가장 일반적이고 대부분을 차지한다.
> ㉦ CLN 투자자 입장에서는 준거자산의 신용위험과 CLN 발행자의 신용위험이 모두 존재한다.

① ㉠, ㉡, ㉢, ㉣
② ㉡, ㉢, ㉣, ㉤
③ ㉢, ㉣, ㉤, ㉥
④ ㉣, ㉤, ㉥, ㉦

43 장외파생상품에 대한 설명 중 내용이 잘못된 것은?

① 기초자산(Underlying Asset)에 기반을 두고 각종 파생상품이 결합되어 만들어진 새로운 형태의 금융상품을 구조화상품(Structured Products)이라고 한다.
② 장외파생상품을 응용하여 새로운 위험－손익구조를 만들어 내는 일은 결국 새로운 구조화 상품을 만들어 내는 것이다.
③ 손실이 제한될 뿐만 아니라 이익 또한 제한되는 것이 범위 선물환(Range Forward)의 손익구조이다.
④ 스왑과 스왑을 합쳐 만든 상품으로는 스왑션(Swaption)이 있다.

44 조기상환형 스텝다운 ELS에 대한 설명으로 잘못된 것은?

① 만기시점에 만기수익상환조건을 달성하지 못하면 원금손실이 발생한다.

② 만기를 단기화하여 제시수익률을 낮췄다.

③ 다양한 장외파생상품을 사용하여 조기상환조건을 삽입하였다.

④ 원금비보장형으로 고위험 또는 초고위험상품으로 분류된다.

45 조기상환형 스텝다운 ELS 중 가장 보편적인 형태로서, 매 조기상환 시점마다 일정 비율씩 조기상환가격 수준을 낮춰줌으로써 조기상환의 가능성을 높인 구조는?

① 낙인형　　　　　　　　　　② 스프레드형

③ 노낙인형　　　　　　　　　④ 양방향 낙아웃형

46 주식워런트증권(ELW)에 관한 설명으로 올바른 것은?

① 적은 투자금액으로도 큰 수익을 얻을 수 있는 레버리지효과가 있다.

② 콜 ELW의 기초자산가격에서 권리행사가격을 뺀 부분을 시간가치라고 부른다.

③ 델타는 기초자산가격이 만기까지 얼마나 크게 변동할 것인가를 계량화한 것이다.

④ 역사적 변동성은 시장의 ELW 가격에서 역으로 모형에 내재된 변동성을 추출한 것이다.

47 만기에 ELW 1증권을 행사하여 얻을 수 있는 기초자산의 수는?

① 패리티　　　　　　　　　　② 전환비율

③ 유효기어링　　　　　　　　④ 손익분기점

48 ELS, ELD, ELF에 대한 설명 중 잘못된 것은?

① ELD는 은행에서 발행되는 정기예금으로 예금자보호대상이다.

② ELF는 투신사에서 운용하며 원금은 보장되지 않는다.

③ ELS는 증권사에서 발행하는 파생결합증권이다.

④ ELD는 실적에 따라 배당하며 원금이 100% 보장된다.

49 조기상환형 ELS의 투자전략에 대한 설명으로 가장 거리가 먼 것은?

① 기초자산의 개수는 적을수록 더 안정적이다.

② 기초자산의 가격은 고점일 때 보다 저점일 때 상대적으로 유리하다.

③ 만기상환조건은 최초 기준가격 대비 낮으면 낮을수록 안전성 측면에서 투자자에게 유리하다.

④ 낙인(KI)조건은 최초 기준가격 대비 높으면 높을수록 안전성 측면에서 투자자에게 유리하다.

50 ETN의 특징에 대한 설명 중 잘못된 것은?

① ETN의 발행을 위해서는 증권사의 신용등급이 AA− 이상이어야 한다.

② ETN은 거래소에 상장되어 거래되는 파생결합증권이다.

③ ETN은 주식형식으로 발행되어 신속하고 유연하다.

④ ETN은 신상품에 대한 접근성이 뛰어나다.

51 BIS 바젤위원회에서 3대 리스크로 간주하여 자본을 보유하도록 요구하는 리스크와 가장 거리가 먼 것은?

① 신용리스크
② 유동성리스크
③ 시장리스크
④ 운영리스크

52 95% 신뢰수준(신뢰상수 Z = 1.65), 1일 VaR가 5억원이면 99% 신뢰수준(신뢰상수 Z = 2.33)에서 9일 기준으로 추정한 VaR는 얼마인가? (단, 근삿값으로 구함)

① 19.3억원
② 20.7억원
③ 21.2억원
④ 22.5억원

53 장외파생상품 중 신용리스크 노출금액이 0인 포지션은?

① Payer's 금리 Swap포지션
② Receiver's 통화 Swap포지션
③ 금리 Cap 매도포지션
④ FRA 매입포지션

54 다음 중 장외파생상품의 거래리스크에 관한 설명으로 거리가 먼 것은?

① 시장위험 : 금리, 주가, 환율 등 기초자산가격의 불리한 변화로 인하여 손실을 초래할 수 있는 상황

② 신용위험 : 거래상대방 또는 채권의 발행기관이 경영상태 악화, 신용도 하락 또는 채무불이행 등의 이유로 계약상의 의무를 이행할 수 없거나 고의적으로 의무를 이행하지 않으려 할 때 손실을 입을 수 있는 위험

③ 유동성위험 : 거래당사자가 지급을 완료한 반면, 상대방이 지급을 하지 않았을 때 지급액 전체에 대한 위험

④ 운영위험 : 부적절한 관리시스템, 시장과 괴리된 모델의 이용, 시스템 마비 또는 중단, 자금이체의 지연 등으로 발생하는 위험

55 A기업의 포지션은 매입포지션이고 개별 VaR는 30억원이며, B기업의 포지션은 매도포지션이고 개별 VaR는 40억원이다. 두 포지션의 상관관계가 0.7이면 포트폴리오 VaR는 얼마인가?

① 54.7억원
② 32억원
③ 28.6억원
④ 18억원

56 A기업 펀드매니저는 이미 보유 중인 포트폴리오에 자산 A와 B를 추가로 편입하는 방안을 검토하고 있다. 다음 설명 중 잘못된 것은?

자산 구분	포지션	VaR	한계 VaR
기존 포트폴리오	매 입	2,500억원	
자산 A	매 입	500억원	350억원
자산 B	매 도	600억원	250억원

① 자산 A와 자산 B로 이루어진 포트폴리오 VaR는 1,100억원보다 클 수 없다.

② 자산 A와 자산 B의 결합 포트폴리오 VaR는 100억원보다 작을 수 없다.

③ 전체 포지션의 리스크관리를 위해서는 편입자산 변동성의 크기보다는 기존포지션과의 상관관계가 더 중요하다.

④ 자산 A와 자산 B 중 한 가지만 편입한다면 전체포지션의 리스크관리를 위하여 자산 A를 편입하는 것이 유리하다.

57 포지션을 마감할 때 발생하는 비용에 대한 위험은?

① 유동성리스크   ② 법률리스크

③ 전략리스크   ④ 시스템리스크

58 정치와 경제환경의 근본적인 변화로 인해 발생 가능한 손실위험은?

① 유동성리스크   ② 법률리스크

③ 전략리스크   ④ 시스템리스크

59 파생상품 투자권유 시 적합성과 관련된 의무에 대한 설명으로 잘못된 것은?

① 파생상품투자상담사 자격시험에 합격한 증권사 임직원은 파생상품에 대한 투자권유를 할 수 있다.

② 일반투자자를 대상으로 투자권유하는 경우 그 설명내용을 이해했음을 서명, 기명날인, 녹취 등의 방법으로 확인받아야 한다.

③ 금융투자업자는 파생상품 투자권유 시 투자목적, 경험 등을 고려하여 일반투자자 등급별로 차등화된 투자권유준칙을 마련해야 한다.

④ 금융투자업자는 2인 이상의 파생상품업무책임자를 지정해야 한다.

60 다음 중 최종결제방법이 다른 하나는?

① 미국달러선물   ② 미국달러옵션

③ 10년 국채선물   ④ 금선물

61 금융투자업종사자의 투자자보호의무에 대한 설명으로 잘못된 것은?

① 자본시장법은 투자자를 전문투자자와 일반투자자로 구분하여 차등 보호한다.

② 전문투자자가 일반투자자로 보호받기를 원하는 경우 서면통지와 금융투자업자의 동의를 얻어 가능하다.

③ 장외파생상품거래를 하는 경우 주권상장법인은 전문투자자로 간주된다.

④ 일반투자자도 일정요건을 갖춘 경우 전문투자자로 간주될 수 있다.

62 서명거래에 대한 설명으로 잘못된 것은?

① 서명등록은 위임장에 의하여 대리권을 받은 대리인이 할 수 있다.

② 인감 없이 서명만 등록할 수 있다.

③ 서명거래 시 필수적으로 실명확인증표에 의한 본인확인을 해야 한다.

④ 성명과 서명은 필히 별도로 기재해야 한다.

63 다음 중 KRX 파생상품시장의 휴장일과 거리가 먼 것은?

① 12월 31일

② 기초자산이 변동성지수인 경우에 변동성지수를 산출하는 대상이 되는 옵션시장의 휴장일

③ 근로자의 날

④ 한국거래소 창립일

64 다음 중 투자성 상품을 일반금융소비자에게 권유하는 경우 설명해야 할 사항과 가장 거리가 먼 것은?

① 투자성 상품의 내용과 위험
② 투자성 상품에 대한 금융상품직접판매업자가 정하는 위험등급
③ 금리 및 변동여부
④ 금융상품과 연계되거나 제휴된 금융상품 또는 서비스

65 금융관계자의 직무윤리에 대한 설명 중 잘못된 것은?

① 투자상담업무종사자는 고객 등으로부터 신임을 얻어 업무를 수행하는 자이기 때문에 전문가로서의 주의의무가 요구되며 그 기준은 신중한 투자자의 원칙이다.
② 금융투자업자는 Chinese Wall의 구축의무가 있으므로 이해상충 가능성이 많은 정보제공행위, 겸직행위, 공간 및 설비의 공동이용행위 등이 금지된다.
③ 금융투자업자는 이해상충이 발생할 가능성을 파악·평가한 결과 이해상충이 발생할 가능성이 있다고 인정되는 경우 그 사실을 미리 해당 투자자에게 알리고 투자자보호에 문제가 없는 수준으로 맞추어 거래해야 한다.
④ 투자상담업무종사자는 본인이 직접 당사자가 되는 것은 안 되지만 이해관계자의 대리인이 되는 것은 가능하다.

66 다음 중 자본시장법상 설명의무에 대한 설명 중 잘못된 것은?

① 일반투자자를 상대로 투자권유를 하는 경우 투자설명서의 교부뿐만 아니라 일반투자자가 이해할 수 있도록 설명해야 한다.
② 설명을 했음에도 불구하고 투자자가 주요 손익 및 위험에 대해 이해하지 못하면 투자자가 제대로 이해할 때까지 투자권유를 해야 한다.
③ 회사의 위법행위 여부가 불분명한 경우 사적 화해의 수단으로 손실을 보상하는 행위는 허용된다.
④ 예상수익률의 보장, 확정적인 단언 및 암시하는 표현, 실적배당상품의 본질에 반하는 주장이나 설명은 할 수 없다.

67 금융투자업종사자의 의무에 대한 설명 중 잘못된 것은?

① 회사의 재산은 오직 회사의 이익을 위한 용도로만 사용되어야 한다.
② 고객 관련 정보, 회사정보 등 일체의 비밀정보는 정보차단의 원칙에 의하여 관리되어야 하고, 적절한 보안장치를 구축하고 관리하여야 한다.
③ 금융투자업종사자는 그 직업 및 직책에 합당한 체면과 위신을 손상하는 데 직접적인 영향이 있는 행위를 하지 않아야 한다.
④ 회사에 대한 선관의무는 퇴직과 함께 종료된다.

68 금융투자업종사자의 보고 및 기록의무에 대한 설명 중 잘못된 것은?

① 고객으로부터 위임받은 업무에 대하여 그 결과를 고객에게 지체 없이 보고하고 그에 따른 필요한 조치를 해야 한다.
② 보고는 위임받은 업무를 처리하였다는 사실을 통지하는 것으로 족하다.
③ 보고의 방법은 구두, 문서, 이메일 등 제한이 없다.
④ 금융투자업자는 업무를 처리함에 있어서 필요한 기록 및 증거물을 절차에 따라 보관해야 한다.

69 금융투자업종사자의 대외활동 규제에 대한 설명 중 잘못된 것은?

① 금융투자업종사자는 대외활동 시 회사, 주주 또는 고객과 이해상충이 발생하지 않도록 필요한 준법절차를 밟아야 한다.
② 금융투자업종사자가 회사, 주주 또는 고객과 이해상충이 발생할 수 있는 대외활동을 하고자 하는 경우 준법감시인의 승인 여부와 관계 없이 금지된다.
③ 임직원이 인터넷 게시판에 자료의 출처를 명시하고 그 내용을 인용하거나 기술적 분석에 따른 투자권유를 하는 경우 준법감시인의 사전승인 없이 가능하다.
④ 회사의 재산은 오로지 회사의 이익을 위하여 사용되어야 하고, 회사의 이익이 아닌 사적용도로 이용하는 일체의 행위가 금지된다.

70 내부통제기준에 대한 설명 중 잘못된 것은?

① 금융투자업자는 내부통제기준을 제정하거나 변경할 때 주주총회의 결의를 거쳐야 하며, 주주총회는 내부통제체제의 구축 및 운영에 관한 기준을 정해야 한다.

② 대표이사는 내부통제체제의 구축 및 운영에 관한 제반사항을 수행 및 지원하고 적절한 내부통제정책을 수립해야 한다.

③ 준법감시인은 내부통제기준을 기초로 내부통제의 구체적인 지침, 컴플라이언스 매뉴얼, 임직원의 윤리강령 등을 제정하여 시행할 수 있다.

④ 준법감시인은 준법감시업무의 효율적인 수행을 위해 부점별 또는 수개의 부점을 1단위로 하여 준법감시인의 업무 중 일부를 위임받아 관계 법령의 준수 여부를 감독할 관리자를 지명할 수 있다.

71 개인정보보호법 관련 고객정보의 관리에 대한 설명 중 잘못된 것은?

① 개인정보처리방침 등 개인정보처리에 관한 사항을 공개해야 하며, 열람청구권 등 정보주체의 권리가 보장되어야 한다.

② 개인정보처리자는 개인정보의 처리 정지, 정정, 삭제 및 파기를 요구할 수 있다.

③ 최소한의 개인정보수집이라는 입증책임은 개인정보처리자가 부담한다.

④ 개인정보보호법은 정보유출에 대한 손해배상을 강화하면서 징벌적 손해배상제도를 도입하였다.

72 윤리경영에 대한 설명으로 잘못된 것은?

① 윤리경영은 경제적으로는 손해가 발생한다.

② 윤리경영은 기업의 생존조건이 되고, 기업의 지속 가능한 성장의 원동력이 된다.

③ 윤리경영의 시대에 전문가에게 필요한 2대 핵심요소는 능력과 윤리이다.

④ 직무윤리는 공공재이자 무형의 자본이 되고 있다.

73 다음 중 금융상품판매업자의 불공정영업행위 금지의무와 거리가 먼 것은?

① 업무와 관련하여 편익을 요구하거나 제공받는 행위

② 특정 대출상환방식을 강요하는 행위

③ 대출계약 성립일로부터 3년 이전에 중도상환수수료를 부과하는 행위

④ 연계제휴서비스 등이 있는 경우 이를 부당하게 축소하거나 변경하는 행위

74 고객확인제도에 대한 설명으로 잘못된 것은?

① 금융거래 시 고객의 신원, 실소유자 여부, 거래목적 등을 파악하는 등 고객에 대한 합당한 주의를 기울이는 제도이다.

② 미화 1만 달러 이상의 1회성 금융거래 시에도 적용된다.

③ 자금세탁의 위험이 낮은 고객은 고객의 신원확인을 생략할 수 있다.

④ 고객이 신원확인 등을 위한 정보제공을 거부하여 고객확인을 할 수 없는 경우 금융투자업자는 그 고객과의 신규거래를 거절해야 한다.

75 특정금융거래보고법상 자금세탁방지제도와 거리가 먼 것은?

① 고객확인제도

② 의심거래보고제도

③ 고액현금거래보고제도

④ 금융분쟁조정제도

76 자본시장법의 내용과 거리가 먼 것은?

① 금융투자업자의 임직원은 자기의 계산으로 금융투자상품의 매매가 불가능하다.

② 투자매매업은 인가대상이고 투자일임업은 등록대상이다.

③ 신용공여행위는 투자매매업자 또는 투자중개업자의 고유업무는 아니지만 증권과 관련된 경우 예외적으로 허용한다.

④ 내부자거래규제의 적용대상은 상장법인 및 6개월 내 상장이 예정된 법인이다.

77 자본시장법상 투자권유제도에 대한 설명으로 잘못된 것은?

① 금융투자업자는 손실(또는 이익)의 전부 또는 일부를 보전(또는 보장)하는 약속에 대하여 사전·사후를 불문하고 모두 금지된다.

② 투자권유대행인에 대해서도 금융투자회사에 적용되는 설명의무, 적합성의 원칙 등 투자권유규제가 동일하게 적용된다.

③ 무작위 전화통화와 같은 투자자가 요청하지 않은 투자권유(Unsolicited Call)를 명문으로 금지하였다.

④ 금융투자업자는 고객 등급별로 차등화된 투자권유준칙을 마련해서는 안 된다.

78 자본시장법상 내부자거래 규제에 대한 설명으로 잘못된 것은?

① 내부자거래 규제는 증권 및 파생상품시장에서의 정보비대칭을 야기하는 행위를 사전적 또는 사후적으로 방지하기 위한 제도이다.

② 미공개 중요정보 이용행위 금지규정의 적용대상이 되는 증권에는 상장법인이 발행한 일반채권, 수익증권 등이 포함된다.

③ 공개매수인의 내부자가 대상회사의 증권을 거래하는 경우 내부자거래로 금지된다.

④ 회사내부자, 준내부자에 해당하지 않게 된 날로부터 1년이 경과되지 아니한 자도 내부자의 범위에 포함된다.

79 내부자거래 규제대상이 되는 증권과 거리가 먼 것은?

① 상장법인이 발행한 주식

② 상장법인이 발행한 전환사채

③ 상장법인 외의 자가 발행한 것으로서 상장법인의 증권과 교환청구할 수 있는 교환사채권

④ 상장법인이 발행한 수익증권

80 상대적 전문투자자에 대한 설명으로 옳은 것은?

① 주권상장법인, 기금관리·운용법인, 공제사업법인, 지자체, 자발적 전문투자자 등이 상대적 전문투자자에 속한다.

② 주권상장법인 등이 장외파생상품거래를 하는 경우 별도의 의사표시를 하지 않는 한 전문투자자로 대우한다.

③ 주권상장법인 등이 장외파생상품거래를 위해 일반투자자로 대우받기를 원할 경우 그 내용을 서면으로 금융투자업자에게 통지해야 한다.

④ 절대적 전문투자자가 일반투자자로 대우받기를 원할 경우 그 내용을 서면으로 금융투자업자에게 통지해야 한다.

81 금융투자업 인가요건의 유지의무에 대한 설명이 잘못된 것은?

① 금융투자업자는 인가·등록 후 인가·등록요건을 계속 유지하지 못할 경우 인가가 취소될 수 있다.

② 매 회계연도말 기준 자기자본이 인가업무별 최저 자기자본의 70% 이상을 유지해야 하며, 다음 회계연도말까지 자본의 보완이 이루어지는 경우 요건을 충족한 것으로 간주한다.

③ 대주주 출자능력(자기자본이 출자금액의 4배일 것), 재무건전성, 부채비율(300%) 요건은 반드시 유지해야 한다.

④ 대주주 요건의 경우 최대주주는 최근 5년간 5억 이상의 벌금형을 받지 않아야 한다.

82 다음 중 금융소비자보호법상 금융소비자의 대출성 상품 청약철회권에 대한 설명이 잘못된 것은?

① 금융투자회사와 관련하여 청약철회의 대상은 자본시장법 제72조 1항에 따른 신용공여가 대표적이다.

② 대출성 상품에 대하여 일반금융소비자는 계약서류제공일 또는 계약체결일로부터 7일 이내에만 청약을 철회할 수 있다.

③ 담보로 제공된 증권이 자본시장법에 따라 처분된 경우에는 청약철회권을 행사할 수 없다.

④ 청약철회는 일반금융소비자가 금융상품판매업자에게 청약철회의 의사를 서면 등으로 발송하고, 금융상품판매업자에게 이미 공급받은 금전 등을 회사에 반환한 때 효력이 발생한다.

83 외국인 또는 외국법인이 증권 또는 장내파생상품을 매매하려고 하는 경우 준수해야 될 사항과 거리가 먼 것은?

① 증권시장(또는 다자간매매체결회사)을 통하여 매매해야 한다.

② 계좌개설, 국내대리인의 선임 등 금융위원회가 정하여 고시하는 기준을 충족해야 한다.

③ 공공적 법인의 종목별 외국인 1인의 취득한도는 공공적 법인의 정관에서 정한 한도까지 가능하다.

④ 공공적 법인의 종목별 외국인 전체의 취득한도는 해당 종목 지분의 30%까지 가능하다.

84 단기매매차익을 반환할 의무가 면제되는 경우가 아닌 것은?

① 안정조작 또는 시장조성을 위하여 매매하는 경우

② 특정 증권 등을 매수하여 3개월이 경과된 후 매도한 경우

③ 주식매수선택권의 행사에 따라 주식을 취득하는 경우

④ 주식매수청구권의 행사에 따라 주식을 처분하는 경우

85 투자매매업 적용의 배제 사유와 거리가 먼 것은?

① 자기가 파생결합증권을 발행하는 경우
② 투자매매업자를 상대방으로 하거나 투자중개업자를 통하여 금융투자상품을 매매하는 경우
③ 특정 전문투자자 간에 환매조건부매매를 하는 경우
④ 외국투자매매업자가 일정 요건을 갖추고 국외에서 파생결합증권을 발행하는 경우

86 금융투자업자의 대주주 거래에 대한 설명으로 잘못된 것은?

① 금융투자업자는 원칙적으로 그 계열사가 발행한 주식, 채권 및 약속어음을 자기자본의 8%를 초과하여 소유할 수 없다.
② 금융투자업자는 계열사의 발행증권을 한도 내에서 예외적으로 취득할 수 있다.
③ 대주주 및 그 특수관계인에 대하여 예외적으로 신용공여할 경우 재적이사 과반수의 찬성에 의한 이사회의 결의를 거쳐야 한다.
④ 단일거래금액이 자기자본의 0.1% 또는 10억원 중 적은 금액의 범위인 경우 이사회의 결의가 필요 없다.

87 다음 중 금융소비자보호법상 금융위원회의 판매제한명령에 대한 설명이 잘못된 것은?

① 금융위원회가 판매제한명령권을 행사하려면 명령대상자에게 명령의 필요성 및 판단근거, 절차 및 예상시기, 의견제출방법 등을 사전에 고지해야 한다.
② 금융위원회는 명령 발동 전에 명령대상자에게 의견을 제출할 수 있는 충분한 기간을 보장해야 한다.
③ 금융위원회는 명령 발동 후 지체 없이 그 내용을 홈페이지에 게시해야 한다.
④ 판매제한명령을 하면 신규판매행위를 중단하더라도 판매제한명령권 행사를 중단할 수 없다.

88 투자매매업자 또는 투자중개업자의 신용공여와 관련하여 담보 및 보증금으로 제공되는 증권의 평가로 잘못된 것은?

① 청약하여 취득하는 주식 : 매도가액
② 상장주권 또는 상장지수집합투자기구의 집합투자증권 또는 ETF : 당일 종가
③ 상장채권 및 공모파생결합증권(주가연계증권에 한함) : 2 이상의 채권평가회사가 제공하는 가격정보를 기초로 투자매매업자 또는 투자중개업자가 산정한 가격
④ 집합투자증권 : 당일에 고시된 기준가격

89 자본시장법 174조는 대량취득 및 처분 관련 정보이용행위를 금지하고 있다. 주식 등의 대량취득 및 처분요건과 거리가 먼 것은?

① 회사나 그 임원에 대하여 사실상의 영향력을 행사할 목적으로 취득할 것
② 금융위원회가 정한 고시비율 이상의 대량취득·처분일 것
③ 그 취득·처분이 5% 보고대상에 포함될 것
④ 그 취득·처분으로 해당 주식이 크게 상승 또는 하락했을 것

90 다음 중 금융분쟁조정위원회 위원의 제척사유가 올바르게 묶인 것은?

> ㉠ 조정위원 또는 조정위원의 배우자나 배우자이었던 자가 당해 사건의 당사자가 되거나 당해 사건에 관하여 공동관리자 또는 의무자의 관계에 있는 경우
> ㉡ 조정위원이 당해 사건의 당사자와 친족관계에 있거나 있었던 경우
> ㉢ 조정위원이 당해 사건에 관하여 당사자의 대리인으로서 관여하거나 관여하였던 경우
> ㉣ 조정위원이 당해 사건에 관하여 법률자문 또는 손해사정 등을 한 경우

① ㉠, ㉡
② ㉠, ㉡, ㉢
③ ㉠, ㉢, ㉣
④ ㉠, ㉡, ㉢, ㉣

91 내부자의 단기매매차익 반환제도에 대한 설명 중 잘못된 것은?

① 내부자의 미공개 중요정보 이용 여부와 관계없이 단기매매차익을 반환해야 한다.

② 단기매매차익의 반환대상자는 주요주주 및 임직원이다.

③ 단기매매차익이란 특정 증권 등을 매수한 후 1년 이내에 매도하거나 특정 증권 등을 매도한 후 1년 이내에 매수하여 얻은 이익을 말한다.

④ 증권선물위원회는 단기매매차익의 발생사실을 알게 된 경우 해당 법인에 통보하여야 하며 법인은 해당 내용을 공시하여야 한다.

92 금융투자업자에게 적용되는 대손충당금의 적립기준이 잘못된 것은?

① 정상 : 분류자산의 100분의 0.5

② 요주의 : 분류자산의 100분의 2

③ 고정 : 분류자산의 100분의 20

④ 회수의문 : 분류자산의 100분의 50

93 자본시장법시행령은 금융투자회사가 업무와 관련하여 투자자 또는 거래상대방 등에게 직접 또는 간접으로 재산상의 이익을 제공하거나 제공받는 행위를 제한하고 있으며 그 절차 및 한도를 협회가 정하도록 하였다. 협회규정상 재산상의 이익으로 판단하지 않아 수수가 허용되는 것과 거리가 먼 것은?

① 금융투자상품에 대한 가치분석·매매정보 또는 주문의 집행 등을 위하여 자체적으로 개발한 소프트웨어 및 해당 소프트웨어의 활용에 불가피한 컴퓨터 등 전산기기

② 금융투자회사가 자체적으로 작성한 조사분석자료 또는 특정 금융투자상품의 매매, 투자자문계약, 투자일임계약 또는 신탁계약의 체결을 권유하는 자료

③ 경제적 가치가 5만원 이하인 물품 또는 식사, 신유형상품권

④ 20만원 이하의 경조비 및 조화·화환

94 금융투자업자의 신용공여에 대한 설명 중 잘못된 것은?

① 예탁증권담보융자 시 주식워런트증권은 담보로 허용되지 않는다.

② 예탁증권담보융자 시 상장채권은 담보로 허용된다.

③ 예탁증권담보융자 시 중도환매가 불가능한 신탁수익증권은 담보로 허용되지 않는다.

④ 예탁증권담보융자 시 파생결합증권은 담보로 허용되지 않는다.

95 금융투자협회규정에 의할 경우 금융투자전문인력과 가장 관계가 적은 인력은?

① 집합투자기구평가전문인력

② 투자권유자문인력

③ 투자자산운용사

④ 위험관리전문인력

96 다음 중 일반투자자로 전환이 가능한 전문투자자로 옳은 것은?

① 지방자치단체   ② 한국주택금융공사

③ 여신전문금융회사   ④ 상호저축은행

97 코스닥150선물에 대한 설명 중 잘못된 것은?

① 1계약의 금액은 코스닥150지수에 거래승수(10,000)를 곱하여 산출한다.

② 상장결제월은 총 7개이다.

③ 호가가격 단위당 금액은 1,000원이다.

④ 최종거래일은 결제월의 둘째 주 목요일이다.

98 파생상품거래위험고지서에 포함되는 내용을 올바르게 모두 묶은 것은?

> ㉠ 위탁증거금 이상의 손실발생 가능성
> ㉡ 위탁증거금의 추가예탁 가능성
> ㉢ 위탁증거금의 추가예탁, 사후위탁증거금의 예탁, 결제불이행 시 미결제약정의 해소 및 예탁대용증권 또는 외화의 처분가능성
> ㉣ 시장의 상황에 다른 위탁증거금의 인상 가능성
> ㉤ 시장의 상황 및 거래소의 시장조치 등에 따른 거래의 체결 및 미결제약정의 해소 곤란성

① ㉠, ㉡, ㉢
② ㉠, ㉢, ㉤
③ ㉠, ㉢, ㉣, ㉤
④ ㉠, ㉡, ㉢, ㉣, ㉤

99 코스피200선물의 거래중단에 대한 설명 중 잘못된 것은?

① 코스피지수 또는 코스닥지수가 직전 거래일의 종가보다 8% 이상 하락하고 1분간 지속된 경우 20분간 거래를 중단한다.
② 10분 이상 거래소 파생상품시스템의 장애발생으로 정상적인 거래를 할 수 없는 경우 거래를 중단할 수 있다.
③ 필요적 거래 중단 후 거래를 재개하는 경우 10분간 단일가호가접수시간을 갖은 후 단일가 거래로 거래를 개시한다.
④ 개장 5분 후 코스피200선물이 5% 이상 낮은 상태가 1분 이상 지속된 경우 10분간 거래를 중단한다.

100 선물거래의 위탁자가 결제를 이행하지 않을 경우 발생할 수 있는 조치에 대한 설명으로 잘못된 것은?

① 위탁자는 당일차금은 발생일의 다음 거래일의 16시까지 결제해야 하나, 결제가 불이행되더라도 회원이 위탁자의 미결제약정을 소멸시킬 수 없다.
② 매도 또는 매수를 하거나 위탁증거금으로 예탁받은 대용증권 또는 외화를 매도할 수 있다.
③ 반대매매 후 부족액이 발생하면 해당 위탁자에게 그 부족액을 징수할 수 있다.
④ 결제금액에 대한 연체료 및 결제금액 연체로 인한 회원의 손실 및 제반비용을 징수할 수 있다.

제1과목 · 파생상품 I

01 ④	02 ①	03 ③	04 ②	05 ②
06 ②	07 ①	08 ②	09 ④	10 ③
11 ③	12 ④	13 ②	14 ①	15 ②
16 ①	17 ④	18 ④	19 ③	20 ④
21 ②	22 ②	23 ③	24 ④	25 ④

제2과목 · 파생상품 II

26 ③	27 ①	28 ④	29 ①	30 ①
31 ③	32 ②	33 ④	34 ①	35 ③
36 ②	37 ①	38 ①	39 ④	40 ②
41 ①	42 ③	43 ①	44 ④	45 ①
46 ②	47 ②	48 ①	49 ③	50 ④

제3과목 · 리스크관리 및 직무윤리

51 ①	52 ①	53 ③	54 ②	55 ②
56 ③	57 ①	58 ②	59 ④	60 ④
61 ③	62 ②	63 ④	64 ③	65 ④
66 ④	67 ④	68 ④	69 ④	70 ④
71 ④	72 ④	73 ①	74 ④	75 ②

제4과목 · 파생상품법규

76 ①	77 ③	78 ③	79 ②	80 ③
81 ④	82 ④	83 ④	84 ④	85 ③
86 ④	87 ①	88 ③	89 ④	90 ④
91 ②	92 ④	93 ④	94 ③	95 ②
96 ③	97 ④	98 ③	99 ③	100 ④

제1과목 · 파생상품 I

01 일일정산 결과, 계좌의 잔액이 유지증거금 수준 이하로 떨어지면 선물회사는 마진콜을 통보한다. 이때 고객은 다음 날 12시까지 선물회사에 추가증거금을 현금으로 납입해야 한다. 추가증거금의 납입 수준은 개시증거금(Initial Margin) 수준에 맞추면 된다.

02 옵션가격 = 내재가치 + 시간가치
- 콜옵션의 내재가치
  - 기초자산가격 > 행사가격 : 기초자산 − 행사가격
  - 기초자산가격 < 행사가격 : 0
- 풋옵션의 내재가치
  - 기초자산가격 < 행사가격 : 행사가격 − 기초자산
  - 기초자산가격 > 행사가격 : 0

03 원월물과 근월물의 가격 차이인 스프레드가 확대될 것으로 예상된다면 상대적으로 오를 것으로 보이는 원월물을 매수하고 떨어질 것으로 보이는 근월물을 매도해야 한다.

04
$$F_t = S_t + S_t \times (r - d) \times \frac{t}{365}$$
$$= 200,000 + 200,000 \times (0.06 - 0.02)$$
$$\times \frac{90}{365}$$
$$= 201,972$$

05 이자율과 선물이론가격은 비례관계이다. 즉, 이자율이 상승하면 선물이론가격도 상승한다.

06 선물이론가격은 204.00이다. 현재 선물시장가격이 선물이론가격보다 낮은 저평가 상태이므로 선물을 매수하고 현물을 매도하는 역 현물보유전략(Reverse Cash & Carry)이 적합하다.

07 선물이론가격보다 시장선물가격이 고평가되었으므로 선물을 매도하고 매도한 선물을 단기조달한 후 싼 차입조건을 이용하여 장기로 운용하면 차익이 발생한다.

08 $(98.50 - 99.30) \times 1,000,000원 = -800,000원$

09 ① 6개월 이표지급 방식의 가상국채이다.

② 최소가격 변동폭은 0.01이고 1틱의 가치는 10,000원이다.

③ 국채선물 3·5·10년물의 액면가는 1억원이다.

10 $\dfrac{1{,}120 - 1{,}080}{1{,}080} \times \dfrac{12}{3} = 14.81\%$

11 ① 이론선물환율

$$= 1{,}120 \times \dfrac{\left(1 + 0.02 \times \dfrac{92}{365}\right)}{\left(1 + 0.01 \times \dfrac{92}{360}\right)}$$

$$= 1{,}122.77$$

② 시장선물환율은 이론선물환율보다 낮기 때문에 저평가상태이다.

③ 달러화를 차입하고 이를 원화로 바꾸어 원화로 예금하고(달러선물환 매도 복제), 달러선물환을 매수하는 차익거래를 할 수 있다.

④ 시장선물환율은 현물환율보다 높으므로 할증 (Premium) 상태이다.

12 표면이자는 금융자산인 채권을 보유할 때 발생한다.

13 순매수가격(NBP) $= F_1 + B_2$
$= 6{,}750$원 $- 200$원 $= 6{,}550$원

14 옵션이 등가격일 때 옵션가격은 모두 시간가치를 반영한 값이라고 할 수 있다.

15 내재가치 $= \text{Max}[27만원 - 29만원, 0] = 0$
⇨ 시간가치 $= 6{,}000$원 $- 0 = 6{,}000$원

16 상승배수(u) = 1.2, 하락배수(d) = 0.7,
무위험이자율(r) = 0.05

리스크 중립적 확률(p) $= \dfrac{(1 + r) - d}{u - d}$
$$= \dfrac{1.05 - 0.7}{1.2 - 0.7}$$
$$= 0.7$$

풋옵션가치 $= \dfrac{p \times p_u + (1 - p) \times p_d}{1 + r}$
$$= \dfrac{0.7 \times 0 + (1 - 0.7) \times 9}{1.05}$$
$$= 2.5714만원$$

17 보기의 사례는 스트랭글 매수이다. 주가의 변동성이 확대될 가능성이 높을 때 사용하며, 외가격 (OTM) 종목의 콜옵션과 풋옵션을 동일 수량으로 매수하는 구조이다.

18 콜옵션이 고평가되고 풋옵션이 저평가된 상황에서 '콜옵션 매수 + 풋옵션 매도'의 조합은 있을 수 없다.

19 금리플로어란 계약상의 최저금리 이하로 기준금리가 하락하면 플로어 매도자가 플로어 매수자에게 차액만큼 지급하기로 하는 계약이다. 예금상품에 이용될 때는 금리에 하한선을 두어 하한선 이하로 금리가 떨어지더라도 약정한 금리를 지급하는 방식으로 운용한다.

20 변동성이 축소됨에 따라 콜옵션과 풋옵션을 동시에 매도하는 스트래들 매도 전략이 가장 적절하다.

21 풋옵션은 행사가격이 시장가격보다 높을 때, 콜옵션은 행사가격이 시장가격보다 낮을 때 내가격이 된다.

22 현재 현물환율이 행사가격보다 낮으므로 풋옵션의 내재가치는 $1{,}085 - 1{,}070 = 15$원이 되며, 콜옵션의 내재가치는 0이다. 따라서 콜옵션과 풋옵션의 내재가치의 합은 15원이다.

23 수입업자는 원/달러 환율이 상승하면 지급해야 할 원화금액이 증가하여 손실을 보게 되므로 원/달러 콜옵션을 매수해야 한다. (수출업자의 경우 풋옵션 매수)

24 ① 하한가격을 설정하여 가격이 하락하는 불리한 리스크를 제거하고, 가격이 상승하는 유리한 리스크는 보존할 수 있다.

② 가격이 하락하는 경우 풋옵션을 행사하는 것보다 풋옵션을 매도하는 것이 유리하다.

③ 상품선물 풋옵션은 행사가격에 선물계약을 매도할 수 있는 권리이므로 풋옵션을 매수함으로써 최저매도(하한) 가격을 설정할 수 있다.

25 ① 상한가격을 설정하여 가격이 상승하는 불리한 리스크를 제거하고, 가격이 하락하는 유리한 리스크는 보존할 수 있다.

② 가격이 상승하여 콜옵션을 행사하는 경우 순매수가격은 '현물매수가격 – 선물거래이익 + 프리미엄'으로 결정된다.

③ 가격이 상승하는 경우 콜옵션을 행사하는 것보다 콜옵션을 매도하는 것이 유리하다.

26 통화스왑(Currency Swap) 거래에서 만기 현금흐름은 초기시점의 환율을 적용하는 것이 특징이다.

27 스왑가격은 고정금리이며 이 스왑가격을 지불하고 거래하는 상품은 변동금리이다. 국제스왑거래에서는 관행적으로 Libor를, 우리나라에서는 CD금리를 변동금리 상품으로 하고 있다.

28 금리변동에 대한 예상에 따라 스왑스프레드는 변동한다. 금리상승이 예상될 때에는 차입자의 금리고정화 수요가 증가하고 스왑스프레드가 확대된다. 반대로, 금리하락이 예상될 때에는 투자기관의 금리고정화 수요가 증가하고 스왑스프레드가 축소된다.

29 유로달러 선물을 이용한 금리가 스왑금리보다 낮으므로 스왑시장에서 고정금리 3.54%를 수취하고 유로달러 선물거래로 3.20%의 고정금리를 지급하면 된다. 이를 위해 유로달러선물을 매도하고 Short 스왑포지션을 취한다.

30 원화 이자율스왑은 고정금리와 변동금리가 모두 3개월마다 교환된다.

31 ①②④ Receiver's 스왑으로부터 발생하는 금리변동위험을 제거하는 방법이다.

32 Receiver's 스왑은 금리상승 시 위험에 노출되어 있다. 금리상승 시 이익이 발생하는 포지션으로 헤지해야 하는데 해당되는 것은 유로달러선물 매도밖에 없으며 ①③④는 모두 금리상승 시 손실이 발생하는 포지션이다.

33 138,000,000 − (US$120,000 × 1,120)
　 = 3,600,000원

34 글로벌 위기 이후로 전 세계의 금융패러다임이 감독과 규제를 강화하는 추세로 나아가고 있으며, 주요국의 장외파생상품시장에 대한 규제 및 감독의 움직임도 본격화되고 있다. 하지만 총 시장가치 및 총 신용익스포저(장외파생계약이 모두 청산되었을 때 은행들이 감당해야 할 금액)는 여전히 증가하고 있으며, 이는 아직까지 장외파생상품시장이 큰 영향력을 가지고 있음을 의미한다.

35 낙아웃 옵션과 낙인 옵션의 합성은 표준옵션과 동일하기 때문에, 장애옵션은 표준옵션보다 프리미엄이 저렴하다.

36 Knock-Out 옵션의 기초자산가격이 Trigger Price에 도달하면 옵션이 무효화되므로 옵션가치는 사실상 없어진다.

37 Max[S_T − S_{AVG}, 0] = Max[103 − 104, 0]이므로 만기수익은 0이다.

38 장애옵션은 첨점수익구조형(Singular Payoff)이 아니라 경로의존형 옵션이라 할 수 있다.

39 다중변수의존형 옵션에는 레인보우옵션, 퀀토옵션 등이 있다.

40 KOSPI200 구성종목 중 시가총액, 거래대금을 감안하여 분기별로 선정된 종목이어야 한다.

41 범위 선물환(Range Forward)은 최저환율 ~ 최고환율의 범위를 구성함으로써 환율상승 시에는 일정 수준의 이익 실현이 가능하고, 환율하락 시에는 일정 수준의 손실을 감수해야 한다.

42 일정한 프리미엄을 지급하고 준거자산의 부도위험으로부터 벗어나는 것은 신용 보장매입자이다.

43 ELD는 옵션을 매입만 할 수 있고 매도는 불가능하다.

44 보장매도자의 신용도가 낮으면 신용디폴트스왑(CDS)의 프리미엄은 낮아진다.

45 보장매입자의 신용도와 준거자산의 수익률(Rate of Return)은 프리미엄을 결정하는 요인이 아니다.

46 ETN은 기초지수의 변동과 수익률이 연동되도록 증권회사가 발행한 파생결합증권이다.

47 공모발행 파생결합증권(ELW 제외)의 원금손실조건에 해당하는 경우 일반투자자에게 통지해야 하는 내용은 다음과 같다.

> • 원금손실조건에 해당되었다는 사실
> • 조기상환조건 및 조기상환 시 예상수익률
> • 환매청구방법, 환매청구기간 및 환매수수료

48 주식워런트증권(ELW)에 대한 설명이다.
　 ELW는 개별 주식 및 주가지수 등의 기초자산을 만기시점에 미리 정해진 가격으로 사거나 팔 수 있는 권리를 나타내는 옵션이다.
　 거래소에서 요구하는 일정 요건을 갖출 경우 유가증권시장에 상장되며 일반투자자도 기존 주식계좌를 이용하여 주식과 동일하게 매매 가능하다.

49 다른 가격결정요인이 일정할 경우, 잔존만기가 감소하면(만기일에 근접) 시간가치가 점차 감소하여 ELW의 가격이 낮아진다.

> • ELW 가격 = 내재가치 + 시간가치
> • 시간가치는 만기일에 근접할수록 감소하여 0에 근접

50 ELS의 상환금을 준비하는 방법 중 외국계 금융기관으로부터 동일한 상품을 매입하는 방법을 'Back-to-Back'이라고 한다.

참고 ELS 상환금 준비방법

> • Back-to-Back : 외국계 금융기관으로부터 동일한 상품 매입
> • 자체헤지 : 현물주식, 장내파생상품, 장외파생상품의 매매를 통해 ELS의 지급구조를 복제

제3과목 리스크관리 및 직무윤리

51 ② 사적인 계약이므로 유동성이 낮다.
　③ 사적인 계약이므로 상대방 부도리스크에 직접 노출된다.
　④ 장외파생상품시장에 대한 규제가 상대적으로 약하며, 거래자들 간 계약관계가 상호 복잡하게 얽혀있다.

52 VaR$_p$보다 더 큰 손실이 발생할 확률은 100 − 99 = 1%이다.

53 VaR$_p$ = $\sqrt{80^2 + 150^2 + 2 \times (-0.5) \times 80 \times 150}$ = 130억원
　∴ 분산효과는 (80 + 150) − 130 = 100억원이다.

54 기대손실(EL)은 익스포저, 채무불이행확률, 손실률의 곱이므로 150 × 0.05 × (1 − 0.38) = 4.65억원이다.

55 금리확산효과에 대한 설명으로 변동성효과(Volatility Effect)라고 부르기도 한다.

56 VaR는 정상여건에서만 적용이 가능하다는 한계점을 갖고 있다.

57 몬테카를로 시뮬레이션(Monte Carlo Simulation)에 대한 설명이다. 이 방법의 단점은 계산비용이 많이 들고, 생성된 가격이 실제 가격이 아니기 때문에 모형리스크(Model Risk)가 크다는 점이다.

58 내재변동성이란 옵션의 만기까지 기초자산의 변동성에 대한 기대치라고 볼 수 있다. 변동성이 예측 가능한 패턴으로 움직인다고 보는 것은 변동성의 군집현상으로 설명한다.

59 대부분 현금결제방식을 택하고 있으나 통화선물(미국달러선물, 엔선물, 유로선물, 위안선물 등)은 인수도결제방식을 택하고 있다.

60 거래소 착오거래는 회원의 자기거래로 인수한 즉시 단일가호가로 반대매매를 한다.

61 옵션매수 주문 시 사전위탁증거금은 전액 현금으로 납부해야 하며, 매도 주문은 전액 외화 또는 대용증권으로도 가능하다.

62 금선물거래 또는 돈육선물거래만을 위해 계좌를 설정하는 위탁자에 대하여는 기본예탁금액을 50만원 이상으로 할 수 있다.

63 갱신차금은 전일의 정산가격과 당일의 정산가격 차에 전일 미결제약정수량과 거래승수를 곱하여 산출한다.

64 윤리경영의 필요성은 사회적 분위기나 압박에 의한 소극적 자세에서 탈피하여 경영전략과 생존전략상 필요하다는 적극적인 자세로 변화하고 있다.

65 자본시장법은 금융소비자의 보호대상을 금융투자상품으로 정의하고 있으나, 금융소비자보호법은 금융소비자의 보호대상을 금융상품으로 정의하여 투자성 있는 금융투자상품뿐만 아니라 예금성 상품, 대출성 상품, 보험성 상품까지 그 범위를 확대 적용하고 있다.

66 고용기간이 종료된 이후에도 회사로부터 명시적으로 서면에 의해 권한을 부여받지 않으면 비밀정보를 출간, 공개 또는 제3자가 이용하게 하면 안 된다.

67 과당매매는 금융투자회사에게는 수수료 수입을 증가시켜 이익이 되나, 고객에게는 거래비용을 증가시켜 이해상충 가능성이 크다고 할 수 있다.

68 투자자정보 파악 시 소비성향은 확인하지 않는다.

69 파생상품은 위험이 크므로 적정성의 원칙, 적합성의 원칙, 설명의무, Know-Your-Customer-Rule 등이 다른 금융투자상품에 비하여 더 중요하다.

70 사전·사후를 불문하고 투자자의 손실 전부(또는 일부) 보전 또는 투자자에 대한 이익보장 약속은 금지되며, 그 권유에 의한 위탁이 없어도 금지규정 위반으로 간주한다. 다만, 사전에 준법감시인에게 보고한 행위로서 회사가 자신의 위법행위 여부가 불분명한 경우 사적 화해의 수단으로 손실을 보상한 경우, 회사의 위법행위로 인하여 회사가 손해를 배상하는 행위, 분쟁조정 또는 재판상 화해절차에 의해 손실보상 또는 손해배상 하는 경우 등은 허용된다.

71 금융소비자 내부통제위원회는 설치가 의무화 되어 있고, 대표이사를 의장으로 한다.

72 준법감시체제가 유지되기 위해서는 임직원이 감독기관 또는 주주에 의하여 피동적으로 움직이기보다는 임직원 스스로가 적극적으로 준법감시체제를 유지하고 이를 실천에 옮기는 것이 필요하다. 특히 효율적인 준법감시체제의 구축 및 운영은 경영진의 경영방침에 의해 크게 좌우되므로 경영진의 인식제고가 필요하다.

73 직무윤리 위반 시 형사제재로 3년 이하의 징역 또는 1억원 이하의 벌금(부당권유 금지조항 위반, 등록 전 투자권유행위, 투자권유대행인 외의 자에게 투자권유를 대행하게 한 경우, 손실보전 금지조항 위반), 1년 이하의 징역 또는 3천만원 이하의 벌금(투자광고규정 위반, 투자매매·중개업자의 여부를 밝히지 않고 주문한 경우)에 처해질 수 있다.

74 ① 개인정보보호법은 특별법(신용정보법·금융실명법·전자금융거래법 등)에 정함이 없는 경우에 적용되는 일반법이다.
③ 개인정보보호법은 피해액의 3배까지 배상액을 중과할 수 있는 징벌적 배상제도를 도입하였다.
④ 개인정보보호법은 개인에 대하여도 부정한 방법으로 개인정보를 취득하여 타인에게 제공하는 자에게 5년 이하의 징역 또는 5천만원 이하의 벌금에 처하도록 하고 있다.

75 자금세탁의 단계는 '예치단계 ⇨ 은폐단계 ⇨ 합법화단계' 순으로 이루어진다. 1단계 예치단계는 불법재산을 덜 의심스런 형태로 변형하여 경찰 등에 적발되지 않도록 금융회사에 유입시키거나 국외로 이송하는 단계이다. 2단계 은폐단계는 여러 가지 복잡한 금융거래를 하여 자금추적을 불가능하게 만드는 단계이다. 3단계 합법화단계는 자금출처의 추적이 불가능하게 된 불법자금을 정상적인 경제활동에 재투입하는 단계이다.

제4과목 파생상품법규

76 자본시장법은 신용공여를 원칙적으로 인정하되 인수업무와 관련된 일정한 경우에만 금지하고 있다.

77 증권은 원본을 초과한 손실가능성이 없는 금융투자상품으로 채무증권, 지분증권, 수익증권, 투자계약증권, 증권예탁증권, 파생결합증권 등을 의미한다.

78 금융투자업자는 계열사가 발행한 주식, 채권 및 약속어음을 자기자본의 8%를 초과하여 소유할 수 없다.

79 투자매매업자 또는 투자중개업자만이 취급하는 증권에 대한 대차거래와 그 중개·주선·대리업무를 겸영할 수 있다.

80 단순히 당해 법인의 주식을 10년 보유하였다고 하여 내부자가 되는 것은 아니다.

81 단기매매차익을 반환해야 한다.

82 등록업무 단위는 인가업무 단위와 동일하나 인가제보다 진입규제가 완화되어 사업계획의 타당성, 건전성과 같은 적합성의 기준은 적용되지 않는다.

83 금융투자업자는 자본적정성의 유지를 위하여 순자본비율을 100%(영업용순자본비율은 150%) 이상 유지해야 하며, 이에 미달한 경우 경영개선조치를 받을 수 있다.

84 자기계약은 원칙적으로 금지된다. 다만, 예외적으로 투자매매·중개업자가 증권시장 또는 파생상품시장을 통하여 매매가 이루어지도록 한 경우, 투자매매·중개업자가 자기가 판매하는 집합투자증권을 매수하는 경우, 투자매매·중개업자가 다자간 매매체결회사를 통해 매매가 이루어지도록 한 경우 등에는 허용된다.

85 투자광고 시 포함사항(제4-11조①)에는 타 기관 등으로부터 수상, 선정, 인증, 특허 등을 받은 내용을 표기하는 경우 당해 기관의 명칭, 수상 등의 시기 및 내용, 과거의 재무상태 또는 영업실적을 표기하는 경우 투자광고 시점(또는 기간) 및 미래에는 이와 다를 수 있다는 내용, 최소비용을 표기하는 경우 그 최대비용(최대수익을 표기하는 경우 그

최소수익), 관련 법령·약관 등의 시행일 또는 관계
기관의 인·허가 전에 실시하는 광고의 경우 투자
자가 당해 거래 또는 계약 등의 시기 및 조건 등을
이해하는 데에 필요한 내용, 통계수치나 도표 등을
인용하는 경우 해당 자료의 출처, 그 밖에 투자자
보호를 위하여 필요한 사항으로서 협회가 정하는
사항 등이 있다.

86 연계투자(P2P투자)는 「온라인투자연계금융업 및
이용자보호에 관한 법률」에 따른 것으로 온라인플
랫폼을 통하여 투자자의 자금을 투자자가 지정한
해당 차입자에게 대출 등의 방법으로 자금을 공급
하고 그에 따른 원리금수취권을 투자자에게 제공
하는 것이다.

87 원칙적으로 재위탁은 금지되나 전산관리, 고지서
발송, 조사분석, 법률검토, 회계관리업무 등은 위
탁자의 동의를 받아 재위탁할 수 있다.

88 금융투자업자는 $\dfrac{\text{영업용순자본 − 총위험액}}{\text{업무 단위별 자기자본합계액}}$ 이
150%에 미달하는 경우에는 그 미달상태가 해소
될 때까지 새로운 장외파생상품의 매매를 중지하
고, 미종결거래의 정리나 위험회피와 관련된 업무
만 수행해야 한다.

89 순자본비율이 0% 미만인 경우 경영개선명령조치
가 내려진다.

90 ㉠, ㉡, ㉢, ㉣, ㉤, ㉥, ㉦ 모두 금융상품판매대
리·중개업자에 대한 금지행위에 해당한다.

91 펀드투자권유대행인은 파생상품펀드에 대한 투자
권유를 할 수 없다.

92 청약하여 취득한 주식 : 취득가액(단, 당해 주식이
상장된 후에는 당일 종가)

93 일반투자자가 시스템매매프로그램에 의하여 매매거
래를 신청하는 경우 프로그램에 내제된 가격예측이론
및 사용방법 등에 대한 사전교육 이수 여부를 확인하
여야 하며, 별도의 신청서에 의하여 처리해야 한다.

94 고객 또는 그 대리인으로부터 매매주문을 수탁하
는 행위는 허용되지 않는다.

95 조사분석자료의 공표는 투자광고로 보지 않는다.

96 콜옵션의 자동권리행사 기준은 (권리행사결제기준
가격 − 행사가격) ≥ 0.01이고, 풋옵션의 자동권리
행사 기준은 (행사가격 − 권리행사결제기준가격)
≥ 0.01이므로 정답은 ③이다.

97 돈육선물시장의 경우 축산부류도매시장 및 축산물
공판장의 과반수가 휴장하는 날이다.

98 일부충족조건과 전량충족조건은 지정가호가에만
사용이 가능하다.

99 거래소는 시장조성자 이외에 시장기여자에 대하여
대가를 지급할 수 있다.

100 갱신차금(매수 미결제약정) = 전일 매수미결제약정
× (당일 정산가격 − 전일 정산가격) × 거래승수

제1과목 • 파생상품 Ⅰ

01 ②	02 ②	03 ①	04 ①	05 ②
06 ①	07 ③	08 ③	09 ④	10 ②
11 ①	12 ②	13 ④	14 ②	15 ④
16 ④	17 ④	18 ③	19 ④	20 ①
21 ②	22 ④	23 ④	24 ②	25 ③

제2과목 • 파생상품 Ⅱ

26 ④	27 ②	28 ④	29 ②	30 ③
31 ④	32 ④	33 ②	34 ②	35 ①
36 ③	37 ④	38 ④	39 ①	40 ③
41 ③	42 ④	43 ④	44 ②	45 ①
46 ①	47 ②	48 ④	49 ④	50 ③

제3과목 • 리스크관리 및 직무윤리

51 ②	52 ③	53 ③	54 ③	55 ③
56 ④	57 ①	58 ③	59 ④	60 ①
61 ③	62 ①	63 ④	64 ③	65 ④
66 ②	67 ④	68 ②	69 ②	70 ①
71 ②	72 ①	73 ③	74 ③	75 ④

제4과목 • 파생상품법규

76 ①	77 ④	78 ②	79 ④	80 ①
81 ③	82 ②	83 ④	84 ②	85 ①
86 ③	87 ④	88 ①	89 ④	90 ④
91 ③	92 ④	93 ③	94 ④	95 ①
96 ①	97 ④	98 ④	99 ④	100 ①

제1과목 • 파생상품 Ⅰ

01 금융선물의 가격결정 시 현물가격에 이자비용을 더하고 현금수입(배당금, 이표 등)을 차감한다.
반면에 상품선물의 가격결정 시에는 현물가격에 이자비용과 보관비용을 더하고 편의수익을 차감한다.

02 10 : 30 투자자 A의 5계약 매수는 시장을 빠져나가는 청산목적의 환매수이므로 미결제계약수는 그만큼 감소한다.

03 ② 시가총액가중지수의 경우 시가총액이 큰 기업의 주가가 지수에 미치는 영향이 크다.
③ 대표적인 시가총액가중지수에는 S&P500, KOSPI200, KOSDAQ150 등이 있다.
④ 가격가중지수는 기본적으로 구성종목의 주식가격에 가중치를 둔 주가지수이다.

04 선물계약수 $= \dfrac{\beta \times 주식\ 포트폴리오의\ 가치}{선물가격 \times 250,000원}$

$= \dfrac{1.2 \times 2,000,000,000}{200 \times 250,000원}$

$= 48계약$

∴ KOSPI200선물 48계약을 매도하면 된다.

05 선물이론가격 $= 100.00pt + 100.00pt \times (6\% - 2\%) \times \dfrac{1}{4}$

$= 101.00pt$

선물거래수수료가 0.02pt, 주식거래수수료가 0.06pt이면 거래비용(TC)은 0.08pt이므로 차익거래 불가능영역은 $101.00pt - 0.08pt \leqq F \leqq 101.00pt + 0.08pt$이다. 즉, 100.92 ~ 101.08 사이의 선물시장가격은 차익거래가 발생하지 않는다.

06 $N = (0.9 - 1.1) \times \dfrac{400억원}{200 \times 25만원} = -160계약$

07 ① 선물시장가격과 현물가격의 차이를 시장 베이시스라고 한다.
② 선물이론가격과 현물가격의 차이를 이론 베이시스라고 한다.
④ 선물가격이 저평가되어 있으면 시장 베이시스가 이론 베이시스보다 작다.

08 스택헤지는 원월물의 유동성이 부족한 금리선물의 경우 유용한 헤지기법이나, 스트립헤지에 비해 거래비용이 높다는 단점을 갖고 있다.

스트립 헤지	장 점	헤지가 거의 완벽, 사후관리 필요 없음
	단 점	원월물 유동성이 낮아 거래에 한계
스택 헤지	장 점	만기이월 방식으로 원월물의 유동성 문제를 해결
	단 점	사후관리가 필요

09 금리하락을 예상하는 투자자는 강세전략을 취하게 된다. 수익률 곡선의 단기영역에 해당하는 채권은 매도하고 장기영역에 해당하는 채권은 매수함으로써 채권 포트폴리오의 듀레이션은 증가한다.

10 선물환율 $= 1,080 \times \dfrac{1 + 0.03 \times \dfrac{92}{365}}{1 + 0.02 \times \dfrac{92}{365}}$

$\qquad\quad = 1,082.63$

11 한국의 이자율이 미국과 일본의 이자율보다 높으므로 선물환율은 할증상태에 있다. 또한 일본의 이자율은 미국의 이자율보다 낮으므로 엔/달러 선물환율은 할인 상태에 있다.

12 순매수가격은 $25,480 + (25,810 - 25,970) = 25,320$이며, 베이시스는 -100에서 -160으로 60원 약화되었다.

13 • 수입결제비용 $= 500$만달러 $\times 1,050$
$\qquad\qquad\qquad = 52$억 5천만원
• 옵션행사이익 $= \{(1,050 - 1,000) - 25\}$
$\qquad\qquad\qquad \times 10,000 \times 500$계약
$\qquad\qquad\qquad = 1$억 2천 5백만원
∴ 총결제비용 $=$ 수입결제비용 $-$ 옵션행사이익
$\qquad\qquad\qquad = 51$억 2천 5백만원

14 권리행사 시 선물옵션 매수자는 콜옵션에 대해 선물 매수 포지션, 풋옵션에 대해 선물 매도 포지션을 가지며, 반대로 선물옵션 매도자는 콜옵션에 대해 선물 매도 포지션, 풋옵션에 대해 선물 매수 포지션을 가진다.

15 합성 기초자산 매도 = 콜 매도 + 풋 매수

16 시간가치 = 옵션가격 − 내재가치 = 3 − 0 = 3
(내재가치 = Max[(199 − 200), 0] = 0)

17 델타는 해당 행사가격의 콜옵션이 내가격으로 만기를 맞을 확률로도 해석이 가능하다.

18 커버드 콜(Covered Call)은 '주식 매수 + 콜옵션 매도 = 풋옵션 매도'이다.

19 선물 콜옵션을 매수한 투자자가 옵션을 행사하면 선물의 매수 포지션을 취하게 되며, 선물가격과 행사가격의 차액을 수취한다.

구 분	포지션	권리행사 시
콜옵션	콜옵션 매수자	선물 매수 포지션
	콜옵션 매도자	선물 매수 포지션
풋옵션	풋옵션 매수자	선물 매수 포지션
	풋옵션 매도자	선물 매수 포지션

20 ② 금리캡은 계약상의 최고금리(Cap Rate) 이상으로 기준금리가 상승하면 캡 매도자가 캡 매수자에게 차액만큼을 지급하기로 하는 계약이다.
③ 금리플로어는 계약상의 최저금리(Floor Rate) 이하로 기준금리가 하락하면 플로어 매도자가 플로어 매수자에게 차액만큼을 지급하기로 하는 계약이다.
④ 금리칼라(5~9%)를 매수하는 것은 금리캡(9%)을 매수하고 금리플로어(5%)를 매도하는 것과 동일하다.

21 유로달러선물 매도만이 금리상승 리스크의 관리 방안이 된다. 나머지는 모두 금리하락 리스크의 관리 방안이다.

22 • 콜옵션의 내재가치 $= Max[1,063 - 1,072, 0]$
$\qquad\qquad\qquad\qquad = 0$
• 콜옵션의 시간가치 $= 3 - 0 = 3$
• 풋옵션의 내재가치 $= Max[1,072 - 1,063, 0]$
$\qquad\qquad\qquad\qquad = 9$
• 풋옵션의 시간가치 $= 28 - 9 = 19$
∴ 콜옵션의 시간가치 + 풋옵션의 시간가치
$\qquad\qquad = 3 + 19 = 22$

23 수출업자가 헤징을 위한 풋옵션을 매수 시 콜옵션 매수 포지션의 수익구조와 동일하다. (현물 매수 + 풋 매수 = 콜 매수) 이러한 포지션은 최저매도 수익을 고정하는 것과 같은 효과를 나타낸다.

⇨ 최저매도가격 = 행사가격(X) − 풋옵션가격(P)
= 1,200 − 20 = 1,180원

24 상품선물의 경우 매수자와 매도자 모두 증거금을 납부하나, 상품선물옵션의 경우 매도자만 증거금을 납부한다.

25 순매도가격 = 15,250원(현물매도가격) + 280원 (선물거래이익) − 80원(프리미엄) = 15,450원

제2과목 파생상품 II

26 변동금리와 변동금리를 서로 교환하는 것은 비표준형 스왑 중 베이시스(Basis)스왑이다.

27 Set-off(상계) Risk는 Parallel Loan에서 부담한다. Back-to-Back Loan의 경우 Set-off문제는 해결했지만 세금문제는 여전히 남아 있다.

28 고정금리를 수취할 때는 Bid Rate를 적용하며, Bid Rate가 가장 높은 것을 선택한다. 동일한 Rate이면 반기복리가 연복리보다 유리하고, act/360계산이 30/360 혹은 act/365보다 유리하다. MMB란 Money Market Basis로 actual/360을 말한다.

29 해당 기업은 변동금리를 수취하고, 고정금리를 지급하는 Payer 이자율스왑 거래가 필요하다. 시장조성자가 아닌 시장 Follower의 입장에서 지급해야 할 고정금리는 5.13%이고, 여기에 스프레드 1.5%를 더하면, 6.63%를 최종적으로 지급해야 한다.

30 Q사가 P사보다 고정금리에서 비교우위에 있고, P사는 변동금리 차입에서 비교우위에 있다고 할 수 있다. 만약 스왑금리가 4.80%라고 한다면, Q사는 고정금리 차입 후 이자율스왑을 통해 변동금리로 전환할 경우, 차입금리는 Libor + 0.6%가 된다. (+0.5% 이익) P사는 변동금리 차입 후 이자율스왑을 통해 고정금리로 전환할 경우, 차입금리는 6.3%가 된다. (+0.6% 이익) 따라서 두 회사의 총이익은 +1.10%가 된다.

31 초기원금교환과 이자교환은 반대방향이고, 만기원금교환과 이자교환은 동일한 방향이다.

32 현금흐름을 상쇄시키면서 환율위험까지 방어할 수 있는 거래는 통화스왑이므로 120억원의 투자수입을 달러로 바꾸어 통화스왑을 한다. 통화스왑은 초기환율이 만기까지 적용되므로 환율상승(원화절하) 리스크는 헤지된다.

33 변동이자율자산 소유자는 금리하락 리스크에 노출되어 있기 때문에 자산으로 유입되는 변동금리자산을 딜러에게 주고 고정금리를 받아서 금리리스크를 관리한다. 이에 필요한 스왑은 Receiver's Swap이다. 나머지는 모두 금리상승 리스크에 노출되어 있기 때문에 Payer's Swap이 필요하다.

34 장내파생상품에 관한 설명이다. 장외파생상품은 거래에 관한 강제적인 규정이 없으며 당사자 간의 필요에 따라 언제든지 계약내용을 변경할 수 있다.

35 평균가격옵션(Average Option) 혹은 아시안 옵션 (Asian Option)은 기초자산의 만기시점 가격이 옵션수익구조의 기본이 되는 일반적인 옵션과는 달리 일정 기간의 기초자산가격 평균이 옵션의 수익구조를 결정한다는 특징을 가지고 있다.
이에 반해 평균행사가격옵션(Average Strike Option)은 일정 기간 동안의 기초자산가격을 평균으로 하여 활용한다는 측면에서 평균가격옵션과 유사하지만 이 평균가격이 행사가격으로 설정되어 옵션의 수익이 만기시점의 기초자산가격과 평균가격(행사가격)의 차액으로 결정된다는 특징을 지닌다.

36 평균가격 콜옵션의 만기 수익
$= Max[S_{AVG} − X, 0]$
$= Max[103 − 100, 0] = 3$

37 룩백 콜옵션의 가치 $= Max[S_T − S_{low}, 0],$
$= Max[106 − 100, 0] = 6$

38 선택옵션(Chooser Option)의 매입자는 만기일 이전에 미래의 특정 시점에서 이 옵션이 풋인지 콜인지 여부를 선택할 수 있는 권리를 가진다. 이 옵션은 스트래들과 비슷한 측면이 많은데, 비용면에서 선택옵션이 더 유리하다. 스트래들 매입자는 만기일까지 콜과 풋을 함께 계속해서 보유하는 데 반해, 선택옵션 매입자는 일단 풋, 콜 여부에 대한 선택을 한 후에는 선택한 한 가지 종류의 옵션만 보유할 수 있기 때문이다.

39 레인보우옵션(Rainbow Option)은 같은 종류의 여러 자산을 포함하고 있는데, 이 자산들의 가격 중 가장 좋은 것을 투자자가 취하게 한다.

40 선물환 매도를 위해서는 일단 달러가 필요하므로 달러를 차입(달러현물환 매입 + 달러선물환 매도)하는 외환스왑 거래가 필요하다.

41 디지털형에 대한 설명이다.

42 ㉠ CLN의 투자자는 일반채권보다 더 높은 이자수
　　익률을 기대할 수 있다.
　　㉡ CLN 투자자는 대상기업에 대한 보장매도자이다.
　　㉢ 특수목적회사를 이용하면 CLN 발행자의 신용
　　위험을 제거할 수 있다.

43 스왑션(Swaption)은 옵션과 스왑이 결합된 전형
　　적인 상품이다. 선도스왑(Forward Start Swap)
　　이 스왑과 스왑을 합쳐 만든 상품이다.

44 조기상환형 스텝다운 ELS는 만기를 장기화하여
　　제시수익률을 높이되, 다양한 장외파생상품을 사
　　용하여 조기상환조건을 삽입함으로써 시장에서 주
　　력상품으로 성장하였다.

45 낙인형에 대한 설명이다.

46 ② 콜 ELW의 기초자산가격에서 권리행사가격을
　　뺀 부분을 내재가치라고 부른다.
　　③ 기초자산가격이 만기까지 얼마나 크게 변동할
　　것인가를 계량화하여 수치화한 변수는 변동성
　　이다.
　　④ ELW 가격모형을 블랙–숄즈 모형으로 가정하
　　고 시장의 ELW 가격에서 역으로 모형에 내재
　　된 변동성을 추출한 것은 내재변동성이다.

47 예를 들어 전환비율이 0.2인 ELW 1증권으로는 해
　　당 기초자산의 1/5에 대해서만 권리를 행사할 수
　　있다.

48 ELD는 만기에 사전약정수익률을 배당하며 실적배
　　당상품이 아니다.

49 낙인(KI)조건이 있는 조기상환형 스텝다운 ELS는
　　원금손실 발생조건이라는 의미대로 낙인조건이 최
　　초 기준가격 대비 낮으면 낮을수록 안전성 측면에
　　서 투자자에게 유리하다.

50 ETN은 채권형식으로 발행되어 신속하고 유연하다.

제3과목　리스크관리 및 직무윤리

51 BIS 3대 리스크는 시장리스크, 신용리스크, 운영리
　　스크이다. 이들 리스크에 대해서는 자본을 보유하
　　도록 요구한다. 유동성리스크는 해당하지 않는다.

52 $5억원 × \dfrac{2.33}{1.65} × \sqrt{9} = 21.2억원$

53 옵션을 매도하면 미래에 잠재적 채무만 존재하기
　　때문에 장외옵션 매도포지션의 현재노출과 잠재노
　　출은 모두 0이므로 노출금액이 0인 포지션은 금리
　　Cap 매도포지션이다.

54 결제위험에 대한 설명이다.

55 포트폴리오 VaR
　　$= \sqrt{30^2 + (-40)^2 + 2 × 0.7 × 30 × (-40)}$
　　$= 28.6억$

56 전체포지션의 리스크관리를 위해서는 한계 VaR가
　　낮은 자산 B를 편입하여야 한다.

57 유동성리스크에 대한 내용이다.

58 전략리스크에 대한 내용이다.

59 금융투자업자는 1인(임원급) 이상의 파생상품업무
　　책임자를 지정해야 한다.

60 ②③④는 현금결제방식, ①은 인수도결제방식이다.

61 장외파생상품거래를 하는 경우 주권상장법인은 일
　　반투자자로 간주된다.

62 서명등록은 반드시 본인이 등록해야 한다.

63 한국거래소 창립일은 휴장일이 아니다.

64 금리 및 변동여부는 대출성 상품을 일반금융소비
　　자에게 권유하는 경우에 설명해야 할 사항에 해당
　　한다.

65 투자상담업무종사자는 이해관계자의 대리인이 되는
　　경우도 금지된다.

66 설명을 했음에도 불구하고 투자자가 주요 손익 및
　　위험에 대해 이해하지 못하면 투자권유를 중지해
　　야 한다.

67 회사에 대한 선관의무는 재직 중에는 물론 퇴직 등
　　의 사유로 회사와의 고용관계가 종료된 이후에도
　　상당 기간 지속된다.

68 보고는 단순히 위임업무를 처리했다는 사실의 통
　　지만으로는 부족하고, 그 보고에 의하여 고객이 업
　　무처리내용을 구체적으로 알 수 있도록 해야 한다.
　　또한 고객이 적절한 지시를 함에 있어서 필요한 구
　　체적인 사항을 포함해야 한다. 예를 들어 주식의
　　위탁매매를 위임받았다면 매매시기, 종목, 수량,
　　가격 등을 보고해야 한다.

69 금융투자업종사자는 회사, 주주 또는 고객과 이해상충이 발생할 수 있는 대외활동을 하고자 하는 경우 활동의 성격, 이해상충의 정도 등에 따라 소속 부점장, 준법감시인 또는 대표이사의 사전승인을 받아야만 할 수 있다.

70 금융투자업자는 내부통제기준을 제정하거나 변경할 때 이사회의 결의를 거쳐야 하며, 이사회는 내부통제체제의 구축 및 운영에 관한 기준을 정해야 한다.

71 개인정보의 처리 정지, 정정, 삭제 및 파기를 요구할 수 있는 자는 개인정보처리자가 아니라 정보주체이다.

72 윤리경영은 결과적으로 경제적 이득이 된다는 측면이 강조되고 있다. 윤리경영이 실천될 때 구성원은 보람을 느끼고 기업활동에 대한 몰입도가 강화되어 경영성과가 개선되기 때문이다.

73 대출계약 성립일로부터 3년 경과 후 수수료, 위약금 또는 그 밖에 어떤 명목이든 중도상환수수료를 부과하는 행위는 금지된다. 다만, 대출계약 성립일로부터 3년 이내에 상환하는 경우, 다른 법령에 따라 중도상환수수료 부과가 허용되는 경우에는 예외적으로 중도해지수수료의 부과가 가능하다.

74 자금세탁의 위험이 낮은 고객은 고객확인절차와 방법을 간소화하여 확인할 수 있으나 그 경우에도 고객의 신원확인은 해야 한다.

75 특정금융거래보고법상 자금세탁방지제도에는 고객확인제도, 의심거래보고제도, 고액현금거래보고제도 등이 있다.

제4과목 · 파생상품법규

76 금융투자업자의 임직원은 자기의 계산으로 금융투자상품의 매매가 가능하다. 자본시장법상 금융투자업자의 임직원에 대한 직접투자를 원칙적으로 허용하되 내부통제장치를 강화하여 불공정행위 및 이해상충행위를 규제하는 방식을 택하고 있다.

77 금융투자업자는 일반투자자에 투자목적, 재산상황 및 투자경험 등을 고려하여 등급별로 차등화된 투자권유준칙을 마련해야 한다.

78 미공개 중요정보 이용행위 금지규정의 적용대상이 되는 증권에는 상장법인 발행증권(일반채권, 수익증권, 파생결합증권 제외), 증권예탁증권(DR), 교환사채권 및 이를 기초자산으로 한 금융투자상품 등이다.

79 상장법인이 발행한 증권이라도 CB, BW, PB, EB 이외의 채무증권, 수익증권, 파생결합증권 등은 규제대상증권이 아니다.

80 ② 주권상장법인 등이 장외파생상품거래를 하는 경우 별도의 의사표시를 하지 않는 한 일반투자자로 대우한다.
③ 장외파생상품거래를 위해 전문투자자로 대우받기를 원할 경우 그 내용을 서면으로 금융투자업자에게 통지해야 한다.
④ 상대적 전문투자자가 일반투자자로 대우받기를 원할 경우 그 내용을 서면으로 금융투자업자에게 통지해야 한다.

81 대주주 출자능력(자기자본이 출자금액의 4배일 것), 재무건전성, 부채비율(300%) 요건은 출자 이후인 점을 감안하여 인가요건의 유지의무에서 배제되었다.

82 대출성 상품에 대하여 일반소비자는 계약서류제공일 또는 계약체결일로부터 14일 이내에 청약을 철회할 수 있다.

83 공공적 법인의 종목별 외국인 전체의 취득한도는 해당 종목 지분의 40%까지 가능하다.

84 특정 증권 등을 매수하여 6개월이 경과한 후 매도하여야 한다.

85 자기가 증권을 발행하는 경우 투자매매업의 적용이 배제된다. 다만, 투자신탁의 수익증권, 투자성 있는 예금·보험, 파생결합증권을 발행하는 경우에는 적용된다.

86 대주주 및 그 특수관계인에 대하여 예외적으로 신용공여를 할 경우 재적이사 전원의 찬성에 의한 이사회의 결의를 거쳐야 한다.

87 금융위원회는 ㉠ 이미 금융소비자의 재산상 피해발생 우려가 제거된 경우 ㉡ 신규판매행위를 중단한 경우 등의 사유가 발생한 경우 판매제한명령권의 행사를 중단할 수 있다.

88 청약하여 취득하는 주식의 담보증권 평가는 취득가액으로 한다.

89 그 취득·처분으로 해당 주식의 등락 여부는 요건과 관계없다.

90 모두 위원의 제척사유에 해당한다.

91 단기매매차익이란 특정 증권 등을 매수한 후 6개월 이내에 매도하거나 특정 증권 등을 매도한 후 6개월 이내에 매수하여 얻은 이익을 말한다.

92 회수의문 분류자산의 대손충당금 적립기준은 100분의 75이다.

93 경제적 가치가 3만원 이하인 물품 또는 식사, 신유형상품권은 협회의 규정상 재산상의 이익으로 판단하지 않는다.

94 예탁증권담보융자 시 파생결합증권은 담보로 허용된다.

95 금융투자전문인력은 수행하는 업무에 따라 투자권유자문인력, 투자상담관리인력, 투자자산운용사, 금융투자분석사, 위험관리전문인력, 신용평가전문인력 등으로 구분된다.

96 지방자치단체는 일반투자자로 전환이 가능하다.

97 최종거래일은 결제월의 두 번째 목요일이다.

98 파생상품거래위험고지서에 포함되는 내용은 ㉠~㉤ 및 그 밖의 위탁자보호를 위하여 금융위원회가 정하는 사항이다.

99 선물 Circuit Breakers는 폐지되었다.

100 위탁자는 당일차금은 발생일의 다음 거래일의 12시까지 결제해야 하나, 결제가 불이행되더라도 회원이 위탁자의 미결제약정을 소멸시킬 수 없다.

2024 최신개정판

해커스
파생상품투자
권유자문인력
최종핵심정리문제집

개정 10판 2쇄 발행 2024년 11월 1일

개정 10판 1쇄 발행 2024년 3월 27일

지은이	민영기, 송영욱 공편저
펴낸곳	해커스패스
펴낸이	해커스금융 출판팀
주소	서울특별시 강남구 강남대로 428 해커스금융
고객센터	02-537-5000
교재 관련 문의	publishing@hackers.com
	해커스금융 사이트(fn.Hackers.com) 교재 Q&A 게시판
동영상강의	fn.Hackers.com
ISBN	979-11-6999-874-1 (13320)
Serial Number	10-02-01

금융자격증 1위,
해커스금융(fn.Hackers.com)

ff 해커스금융

- 계산문제 완벽 대비를 위한 시험장 필수 자료! 필수계산문제집
- 금융자격증 무료 강의, 1:1 질문/답변 서비스, 시험후기/합격수기 등 다양한 금융 학습 콘텐츠
- 금융 전문 교수님의 본 교재 인강(교재 내 할인쿠폰 수록)
- 내 점수와 석차를 확인하는 무료 바로 채점 및 성적 분석 서비스

주간동아 선정 2022 올해의 교육 브랜드 파워 온·오프라인 금융자격증 부문 1위

해커스금융 단기 합격생이 말하는
투자권유자문인력 합격의 비밀!

해커스금융과 함께라면
다음 합격의 주인공은 바로 여러분입니다.

4일 단기 합격!

익*명
합격생

꼭 봐야하는 내용을 짚어주는 강의!

인강만 보고 합격했습니다.
'핵심포인트 해설'만 놓고 봐도 양이 방대한데 교수님께서
꼭 봐야되는 걸 짚어주셔서 그 부분만 봐도 합격 가능했습니다.
인강 없이는 중요도 높은 부분을 추려내기가 어려울 것 같아요.

3주 만에 합격!

김*민
합격생

문제집과 인강만으로 시험 준비!

굳이 기본서 없이도 최종핵심정리문제집만 가지고 공부하고
강의 들으면서 교수님이 알려주시는 것만 정독해도
합격할 수 있습니다. 교수님이 강의 해주신 부분만 딱 공부하니,
정말 3주도 안 되어서 합격했습니다.

취준생 단기 합격!

박*민
합격생

반복 학습을 통한 효율적인 공부!

문제집 1권 1회독하고, 별표 3개인 것들을 계속 외웠습니다.
바로 채점 서비스가 정말 좋았는데 합격/불합격 여부랑
석차도 나오고 과목별로 부족한 부분까지 분석해서 피드백도 해줘서
도움이 되었어요.
